中国高技术产业统计年鉴

CHINA STATISTICS YEARBOOK ON HIGH TECHNOLOGY INDUSTRY

2008

国　家　统　计　局
国家发展和改革委员会　编
科　学　技　术　部

Edited By
National Bureau of Statistics
National Development and Reform Commission
Ministry of Science and Technology

（京）新登字 041 号

图书在版编目（CIP）数据

中国高技术产业统计年鉴.2008/国家统计局，国家发展和改革委员会，科学技术部编.
—北京：中国统计出版社，2008.9
ISBN 978-7-5037-5537-8

Ⅰ.中…
Ⅱ.①国… ②国… ③中…
Ⅲ.高技术产业-统计资料-中国-2008-年鉴
Ⅳ.F279.244.4-54

中国版本图书馆 CIP 数据核字(2008)第 137386 号

中国高技术产业统计年鉴—2008

作　者/国家统计局，国家发展和改革委员会，科学技术部编
责任编辑/徐　涛
装帧设计/艺编广告
出版发行/中国统计出版社
通信地址/北京市西城区月坛南街 57 号　邮政编码/100826
办公地址/北京市丰台区西三环南路甲 6 号
电　话/邮购（010）63376907 书店（010）68783172
印　刷/河北天普润印刷厂
经　销/新华书店
开　本/880×1230mm　1/16
印　张/30.5
字　数/976 千字
版　别/2008 年 10 月第 1 版
版　次/2008 年 10 月第 1 次印刷
书　号/ISBN 978-7-5037-5537-8/F·2762
定　价/280.00 元

《中国高技术产业统计年鉴—2008》

指导委员会、编辑委员会、编辑部

CHINA TATISTICS YEARBOOK ON HIGH TECHNOLOGY INDUSTRY-2008

Consultant Board, Editorial Board and Staff

编辑说明

为反映我国高技术产业发展状况和国际竞争能力，满足国家宏观管理部门制订调整产业政策和产业发展规划的需要，我们根据国家统计局2002年颁布的《高技术产业统计分类目录》，加工整理了这本高技术产业发展状况的统计资料书。

本书收集了1995-2007年我国高技术产业生产经营、科技、就业、投资、出口等资料以及相关的国际比较数据，较为全面地描述了"九五"以来我国高技术产业发展的基本状况，是有关管理部门和社会各界了解我国高技术产业发展情况的主要资料工具书。

本书共分六部分。第一部分，主要反映高技术产业企业的生产经营情况，1995年的数据口径为全部独立核算工业企业，2000-2007年的数据口径为全部国有及年销售收入在500万元以上的非国有工业企业，其中按经济类型分组的数据中1995年国有及国有控股企业的数据口径为国有企业。第二部分，主要反映高技术产业企业的科技活动情况，数据口径为大中型工业企业。第三部分，主要反映高技术产业企业的从业人员情况，数据口径同第一部分。第四部分，为高技术产业企业的固定资产投资情况，1995年、2000年、2002年数据口径为投资额在50万元以上的基本建设项目和更新改造项目的基本情况合计，2003-2007年数据口径投资额在50万元以上的全部项目的基本情况。第五部分，反映高技术产业企业的产品出口情况，出口交货值数据口径同第一部分，新产品出口销售收入数据口径同第二部分。第六部分，反映国际比较资料，根据经济合作与发展组织（OECD）等国际组织公布的高技术产业统计资料整理。

本书各部分资料数据口径均未包括年销售收入在500万元以下的非国有工业企业。按地区分组东部地区包括：北京、天津、河北、辽宁、上海、江苏、浙江、福建、山东、广东、广西和海南；中部地区包括：山西、内蒙古、吉林、黑龙江、安徽、江西、河南、湖北和湖南；西部地区包括：重庆、四川、贵州、云南、西藏、陕西、甘肃、青海、宁夏和新疆。

PREFACE

This Yearbook of High-technology Industry is based on the Statistics Catalogue of High-technology Industry Classification, which has been published by the National Bureau of Statistics in 2002. The purposes of the Yearbook are to summarize the development and international competitive position of China's hi-tech industry and to facilitate the goals of the state macro administration in formulating policy and programming in support of China's hi-tech industry.

The Yearbook describes the development of China's hi-tech industry during the period from 1995 to 2007. Statistical series for the years 1995 to 2007 include production, sales, science and technology, employment, investment, export, and relative international comparative measures of this fast-growing industry. The Yearbook should serve as a useful source for the public planning and administration sector as well as the broader business and research communities for understanding recent developments in China's hi-tech industry.

The Yearbook contains six parts. The first part focuses on the production and sales of hi-tech industry, for which the data spanning 1995 cover all independent accounting enterprises, and for 2000-2007 reporting covers all state-owned enterprises and non-state-owned enterprises with annual sales over 5 million RMB, among which data grouped by type of registration of state-owned and state-controlled enterprises in 1995 covers only state-owned enterprises. The second part of the Yearbook focuses on science and technology activities in hi-tech enterprises, in which the statistics cover large and medium-sized enterprises. The third part focuses on employment for all included enterprises. The fourth part of the Yearbook focuses on the investment of fixed assets in hi-tech industry, for which the data from 1995 to 2002 covers projects with investment in capital construction and renovation over 500,000 RMB, for which the data from 2003 to 2007 covers all projects over 500,000 RMB. The fifth part focuses on the products export of hi-tech industry, for which the coverage of the export data is the same as the first part and the coverage of the data of sales revenue from new products for export is the same as the second part. The sixth part focuses on international comparisons among China and the OECD countries.

The scope of this Yearbook does not cover the small-sized enterprises with annual sales under 5 million yuan.

目 录

Contents

按地区分组

Grouped by Region

第二部分　科技活动情况

Indicators on Scientific and Technologic Activities

科技活动基本情况

Basic Statistics

按行业分组

Grouped by Industry

按地区分组

Grouped by Region

第四部分　国定资产投资情况

Indicators of Investment in Fixed Assets

按行业分组

Grouped by Industry

按地区分组

Grouped by Region

出口交货值按地区分组

Export Grouped by Region

新产品出口销售收入按行业分组

Sales Revenue from New Products for Export Grouped by Industry

新产品出口销售收入按地区分组

Sales Revenue from New Products for Export Grouped by Region

第六部分　国际比较情况

International Comparison

第七部分、附录

Appendix

生产经营情况
Production and Financial Indicators

1-1 高技术产业主要经济指标

Main Economic Indicators of High Technology Industry

指　标 Indicator	1995	2000	2001	2002	2003	2004	2005	2006	2007
企业数(个) Number of Enterprises(unit)	18834	9758	10479	11333	12322	17898	17527	19161	21517
从业人员年平均人数（万人） Annual Average Number of Employed Personnel (person)	448	390	398	424	477	587	663	744	843
当年价总产值（亿元） Gross Industrial Output Value at Current Prices (100million yuan)	4098	10411	12263	15099	20556	27769	34367	41996	50461
增加值（亿元） Value Added of Industry (100million yuan)	1081	2759	3095	3769	5034	6341	8128	10056	11621
主营业务收入（亿元） Sales Revenue (100million yuan)	3917	10034	12015	14614	20412	27846	33922	41585	49714
利润（亿元） Profits (100million yuan)	178	673	688	741	971	1245	1423	1777	2396
利税（亿元） Taxes and Profits (100million yuan)	326	1033	1108	1166	1465	1784	2090	2611	3353
出口交货值（亿元） Export (100million yuan)	1125	3388	4282	6020	9098	14831	17636	23476	28423

1-2 制造业主要经济指标

Main Economic Indicators of Manufacturing Industry

指　标 Indicator	1995	2000	2001	2002	2003	2004	2005	2006	2007
企业数(个) Number of Enterprises(unit)	461203	148279	156816	166868	181186	259374	251499	279282	313046
从业人员年平均人数（万人） Annual Average Number of Employed Personnel (person)	7077	4606	4529	4617	4884	5667	5935	6347	6856
当年价总产值（亿元） Gross Industrial Output Value at Current Prices (100million yuan)	48700	75108	84421	98326	127352	175287	217836	274572	353631
增加值（亿元） Value Added of Industry (100million yuan)	12221	19701	22312	26313	34089	45778	57232	72437	93977
主营业务收入（亿元） Sales Revenue (100million yuan)	46207	71698	80272	94114	124035	171837	213844	270478	347890
利润（亿元） Profits (100million yuan)	1225	2733	3121	4146	6165	8662	9704	12811	19622
利税（亿元） Taxes and Profits (100million yuan)	4002	6700	7522	9091	12119	10969	18441	23665	33855
出口交货值（亿元） Export (100million yuan)	7539	14193	15881	19671	26526	40006	47082	59873	72889

1–3 企 业 数
Number of Enterprises

单位：个 (unit)

行 业 Industry	1995	2000	2003	2004	2005	2006	2007
合计 **Total**	**18834**	**9758**	**12322**	**17898**	**17527**	**19161**	**21517**
医药制造业 **Manufacture of Medicines**	**5388**	**3301**	**4063**	**4765**	**4971**	**5368**	**5748**
#化学药品制造 Manufacture of Chemical Medicine	2348	1619	1747	2023	2037	2138	2218
中成药制造 Manufacture of Finished Traditional Chinese Herbal Medicine	1974	1180	1014	1221	1288	1348	1386
生物、生化制品的制造 Manufacture of Biological and Biochemical Chemical Products	398	271	352	435	478	527	622
航空航天器制造业 **Manufacture of Aircrafts and Spacecrafts**	**219**	**176**	**148**	**177**	**167**	**173**	**181**
1.飞机制造及修理 Manufacture and Repairing of Airplanes	152	130	126	154	143	144	155
2.航天器制造 Manufacture of Spacecrafts	67	46	22	23	24	29	26
电子及通信设备制造业 **Manufacture of Electronic Equipment and Communication Equipment**	**7202**	**3977**	**5166**	**8044**	**7781**	**8606**	**9963**
1.通信设备制造 Manufacture of Communication Equipment	1414	806	911	1279 2	1195	1224	1333
#通信传输设备制造 Manufacture of Communication Transmitting Equipment	271	145	156	295	263	255	285
通信交换设备制造 Manufacture of Communication Exchanging Equipment	335	178	149	167	163	154	161
通信终端设备制造 Manufacture of Communication Terminal Equipment	227	129	189	242	223	220	243
2.雷达及配套设备制造 Manufacture of Radar and Its Fittings	50	47	47	47	47	52	47
3.广播电视设备制造 Manufacture of Broadcasting and TV Equipment	262	96	151	399	361	359	379
4.电子器件制造 Manufacture of Electronic Appliances	824	513	715	1413	1285	1433	1671
#电子真空器件制造 Manufacture of Electronic Vacuum Appliances	156	105	121	150	134	141	162
半导体分立器件制造 Manufacture of Semiconductor Discreting Appliances	444	236	205	321	258	286	313
集成电路制造 Manufacture of Integrate Circuit	224	172	211	396	362	404	434
5.电子元件制造 Manufacture of Electronic Components	2890	1598	2281	3548	3558	4033	4746
6.家用视听设备制造 Manufacture of Domestic TV Set and Radio Receiver	930	453	621	919	855	898	990
7.其他电子设备制造 Manufacture of Other Electronic Equipment	832	464	440	439	480	607	797
电子计算机及办公设备制造业 **Manufacture of Computers and Office Equipments**	**715**	**494**	**810**	**1374**	**1267**	**1293**	**1450**
1.电子计算机整机制造 Manufacture of Entired Computer	225	139	170	246	201	166	180
2.电子计算机外部设备制造 Manufacture of Computer Peripheral Equipment	379	272	520	929	886	937	1077
3.办公设备制造 Manufacture of Office Equipment	111	83	120	199	180	190	193
医疗设备及仪器仪表制造业 **Manufacture of Medical Equipments and Measuring Instrument**	**5310**	**1810**	**2135**	**3538**	**3341**	**3721**	**4175**
1.医疗设备及器械制造 Manufacture of Medical Equipment and Appliances	1494	565	462	741	704	780	881
2.仪器仪表制造 Manufacture of Measuring Instrument	3816	1245	1673	2797	2637	2941	3294

1-4 当年价总产值

Gross Industrial Output Value at Current Prices

单位：亿元 (100 million yuan)

行 业 Industry	1995	2000	2003	2004	2005	2006	2007
合计 Total	**4097.76**	**10411.47**	**20556.10**	**27768.60**	**34367.11**	**41995.99**	**50461.17**
医药制造业 Manufacture of Medicines	**961.26**	**1781.37**	**2889.90**	**3241.30**	**4250.45**	**5018.94**	**6361.90**
#化学药品制造 Manufacture of Chemical Medicine	641.74	1077.51	1653.51	1852.00	2405.91	2720.53	3426.97
中成药制造 Manufacture of Finished Traditional Chinese Herbal Medicine	232.06	533.01	661.83	838.30	1048.18	1234.64	1472.09
生物、生化制品的制造 Manufacture of Biological and Biochemical Chemical Products	46.72	135.65	246.87	209.60	353.65	438.76	601.02
航空航天器制造业 Manufacture of Aircrafts and Spacecrafts	**268.97**	**387.58**	**550.80**	**501.60**	**797.23**	**828.01**	**1024.44**
1.飞机制造及修理 Manufacture and Repairing of Airplanes	231.08	340.77	514.69	469.70	750.80	771.26	959.85
2.航天器制造 Manufacture of Spacecrafts	37.90	46.81	36.11	31.90	46.43	56.75	64.59
电子及通信设备制造业 Manufacture of Electronic Equipment and Communication Equipment	**2181.67**	**5981.38**	**10217.16**	**14006.70**	**16867.13**	**21217.64**	**25088.04**
1.通信设备制造 Manufacture of Communication Equipment	605.60	2178.66	3523.30	4818.50	5804.84	7284.14	7792.76
#通信传输设备制造 Manufacture of Communication Transmitting Equipment	125.59	251.68	184.73	295.70	277.38	272.63	368.90
通信交换设备制造 Manufacture of Communication Exchanging Equipment	161.17	675.98	779.58	931.00	990.56	1252.22	1574.46
通信终端设备制造 Manufacture of Communication Terminal Equipment	116.06	284.81	331.77	366.80	493.29	576.31	580.13
2.雷达及配套设备制造 Manufacture of Radar and Its Fittings	109.11	37.64	71.89	64.50	102.69	129.25	133.56
3.广播电视设备制造 Manufacture of Broadcasting and TV Equipment	18.05	34.77	67.42	188.10	200.35	251.80	316.96
4.电子器件制造 Manufacture of Electronic Appliances	349.97	950.35	1807.44	2672.60	3039.28	3894.51	5043.25
#电子真空器件制造 Manufacture of Electronic Vacuum Appliances	207.81	541.62	794.00	605.70	582.81	564.27	591.27
半导体分立器件制造 Manufacture of Semiconductor Discreting Appliances	56.89	136.42	160.50	214.30	254.75	361.50	441.32
集成电路制造 Manufacture of Integrate Circuit	85.27	272.31	469.55	986.10	1155.49	1636.25	2030.08
5.电子元件制造 Manufacture of Electronic Components	407.61	1050.52	2068.56	3275.60	4303.25	5809.10	7419.28
6.家用视听设备制造 Manufacture of Domestic TV Set and Radio Receiver	616.01	1458.82	2382.73	2790.10	3062.11	3303.86	3592.52
7.其他电子设备制造 Manufacture of Other Electronic Equipment	75.32	270.63	295.82	197.20	354.61	544.98	789.70
电子计算机及办公设备制造业 Manufacture of Computers and Office Equipments	**354.46**	**1676.95**	**5986.80**	**8691.50**	**10666.95**	**12510.73**	**14858.57**
1.电子计算机整机制造 Manufacture of Entired Computer	142.19	685.29	2953.52	4526.00	5570.16	6381.15	7932.45
2.电子计算机外部设备制造 Manufacture of Computer Peripheral Equipment	181.15	807.37	2668.96	3727.70	4557.09	5478.79	6203.28
3.办公设备制造 Manufacture of Office Equipment	31.11	184.29	364.32	437.90	539.70	650.79	722.84
医疗设备及仪器仪表制造业 Manufacture of Medical Equipments and Measuring Instrument	**331.40**	**584.20**	**911.44**	**1327.40**	**1785.35**	**2420.66**	**3128.21**
1.医疗设备及器械制造 Manufacture of Medical Equipment and Appliances	94.26	163.23	203.63	296.40	352.50	473.82	610.39
2.仪器仪表制造 Manufacture of Measuring Instrument	237.14	420.97	707.81	1031.00	1432.85	1946.84	2517.83

1-5 增 加 值

Value Added of Industry

单位：亿元 (100 million yuan)

行业 Industry	1995	2000	2003	2004	2005	2006	2007
合计 Total	**1080.52**	**2758.75**	**5034.02**	**6341.30**	**8127.79**	**10055.51**	**11620.66**
医药制造业 Manufacture of Medicines	**264.67**	**633.88**	**1024.92**	**1173.00**	**1529.80**	**1808.09**	**2286.60**
#化学药品制造 Manufacture of Chemical Medicine	155.09	342.91	545.15	617.70	808.37	914.40	1158.50
中成药制造 Manufacture of Finished Traditional Chinese Herbal Medicine	80.94	220.92	266.48	357.20	433.52	516.94	613.60
生物、生化制品的制造 Manufacture of Biological and Biochemical Chemical Products	18.97	59.99	91.47	86.50	137.60	163.51	230.94
航空航天器制造业 Manufacture of Aircrafts and Spacecrafts	**80.04**	**105.64**	**140.90**	**149.20**	**209.02**	**241.24**	**292.34**
1.飞机制造及修理 Manufacture and Repairing of Airplanes	69.70	92.22	126.02	136.50	190.03	219.92	266.85
2.航天器制造 Manufacture of Spacecrafts	10.34	13.42	14.88	12.80	18.99	21.32	25.49
电子及通信设备制造业 Manufacture of Electronic Equipment and Communication Equipment	**543.23**	**1471.26**	**2571.67**	**3366.00**	**4015.74**	**5118.24**	**5808.03**
1.通信设备制造 Manufacture of Communication Equipment	195.78	560.86	998.84	1189.80	1287.56	1671.95	1609.05
#通信传输设备制造 Manufacture of Communication Transmitting Equipment	22.01	59.12	47.56	94.00	82.48	77.64	105.32
通信交换设备制造 Manufacture of Communication Exchanging Equipment	62.11	225.64	336.81	418.40	317.43	432.63	524.62
通信终端设备制造 Manufacture of Communication Terminal Equipment	31.57	53.92	79.49	59.60	83.95	113.91	113.39
2.雷达及配套设备制造 Manufacture of Radar and Its Fittings	26.65	9.59	21.32	20.90	33.00	40.48	37.89
3.广播电视设备制造 Manufacture of Broadcasting and TV Equipment	4.93	8.96	17.57	46.80	59.81	70.29	83.46
4.电子器件制造 Manufacture of Electronic Appliances	121.51	248.60	481.14	724.90	836.65	1103.66	1332.98
#电子真空器件制造 Manufacture of Electronic Vacuum Appliances	79.88	148.35	203.79	168.30	130.27	130.32	131.19
半导体分立器件制造 Manufacture of Semiconductor Discreting Appliances	16.70	33.50	49.22	62.50	71.44	105.45	120.94
集成电路制造 Manufacture of Integrate Circuit	24.94	66.75	148.74	264.80	390.66	518.90	598.30
5.电子元件制造 Manufacture of Electronic Components	94.80	271.70	526.41	802.50	1108.19	1461.88	1804.14
6.家用视听设备制造 Manufacture of Domestic TV Set and Radio Receiver	82.58	288.11	437.81	519.60	584.72	621.87	732.65
7.其他电子设备制造 Manufacture of Other Electronic Equipment	16.97	83.44	88.58	61.40	105.80	148.11	207.87
电子计算机及办公设备制造业 Manufacture of Computers and Office Equipments	**92.68**	**374.28**	**1021.55**	**1226.30**	**1823.91**	**2111.33**	**2272.98**
1.电子计算机整机制造 Manufacture of Entired Computer	44.61	159.40	359.01	470.70	788.15	848.18	927.22
2.电子计算机外部设备制造 Manufacture of Computer Peripheral Equipment	42.04	173.13	552.02	651.40	918.22	1117.88	1189.32
3.办公设备制造 Manufacture of Office Equipment	6.03	41.75	110.52	104.20	117.54	145.28	156.44
医疗设备及仪器仪表制造业 Manufacture of Medical Equipments and Measuring Instrument	**99.91**	**173.69**	**274.98**	**426.80**	**549.32**	**776.61**	**960.71**
1.医疗设备及器械制造 Manufacture of Medical Equipment and Appliances	27.87	49.09	68.58	107.70	110.94	166.24	199.00
2.仪器仪表制造 Manufacture of Measuring Instrument	72.04	124.60	206.40	319.10	438.39	610.37	761.71

1-6 主营业务收入
Revenue from Principal Business

单位：亿元 (100 million yuan)

行业 Industry	1995	2000	2003	2004	2005	2006	2007
合计 Total	**3917.12**	**10033.72**	**20411.52**	**27846.20**	**33921.79**	**41584.56**	**49714.10**
医药制造业 Manufacture of Medicines	**902.67**	**1627.48**	**2750.73**	**3033.00**	**4019.83**	**4718.82**	**5967.13**
#化学药品制造 Manufacture of Chemical Medicine	596.08	1000.67	1622.29	1757.80	2325.55	2586.48	3251.90
中成药制造 Manufacture of Finished Traditional Chinese Herbal Medicine	224.57	482.52	602.86	760.00	970.82	1147.63	1350.53
生物、生化制品的制造 Manufacture of Biological and Biochemical Chemical Products	42.90	112.28	228.37	194.00	318.23	408.52	557.57
航空航天器制造业 Manufacture of Aircrafts and Spacecrafts	**262.49**	**377.83**	**547.20**	**498.40**	**781.37**	**798.88**	**1006.36**
1.飞机制造及修理 Manufacture and Repairing of Airplanes	232.11	335.07	512.82	468.20	735.35	746.74	943.51
2.航天器制造 Manufacture of Spacecrafts	30.38	42.76	34.38	30.10	46.02	52.14	62.86
电子及通信设备制造业 Manufacture of Electronic Equipment and Communication Equipment	**2052.78**	**5871.15**	**9927.14**	**13819.10**	**16646.25**	**21068.86**	**24823.58**
1.通信设备制造 Manufacture of Communication Equipment	560.20	2162.21	3511.14	4860.40	5834.04	7328.43	7798.96
#通信传输设备制造 Manufacture of Communication Transmitting Equipment	123.10	275.54	220.27	403.70	316.71	302.06	382.73
通信交换设备制造 Manufacture of Communication Exchanging Equipment	158.66	637.71	722.91	966.00	1086.80	1309.28	1758.97
通信终端设备制造 Manufacture of Communication Terminal Equipment	108.70	283.06	345.93	360.40	490.35	576.33	567.78
2.雷达及配套设备制造 Manufacture of Radar and Its Fittings	100.22	34.10	67.18	60.60	92.46	121.70	130.00
3.广播电视设备制造 Manufacture of Broadcasting and TV Equipment	16.67	33.13	67.05	183.30	196.02	247.57	310.47
4.电子器件制造 Manufacture of Electronic Appliances	332.91	920.14	1751.69	2619.00	2958.62	3861.12	4908.02
#电子真空器件制造 Manufacture of Electronic Vacuum Appliances	202.65	533.04	761.03	589.30	563.04	557.57	563.95
半导体分立器件制造 Manufacture of Semiconductor Discreting Appliances	49.84	126.83	143.67	203.90	248.96	355.78	433.51
集成电路制造 Manufacture of Integrate Circuit	80.43	260.27	464.62	970.00	1118.79	1639.51	1937.34
5.电子元件制造 Manufacture of Electronic Components	379.20	993.82	1968.82	3172.40	4167.03	5700.58	7253.47
6.家用视听设备制造 Manufacture of Domestic TV Set and Radio Receiver	592.93	1467.80	2274.18	2730.50	3049.01	3285.80	3642.80
7.其他电子设备制造 Manufacture of Other Electronic Equipment	70.66	259.95	287.08	193.00	349.07	523.66	779.86
电子计算机及办公设备制造业 Manufacture of Computers and Office Equipments	**378.51**	**1599.12**	**6305.97**	**9192.70**	**10722.15**	**12634.18**	**14887.28**
1.电子计算机整机制造 Manufacture of Entired Computer	156.91	657.31	3246.70	5041.10	5688.97	6600.16	8128.67
2.电子计算机外部设备制造 Manufacture of Computer Peripheral Equipment	189.65	763.02	2702.43	3705.20	4508.79	5385.41	6061.89
3.办公设备制造 Manufacture of Office Equipment	31.95	178.80	356.84	446.50	524.38	648.61	696.71
医疗设备及仪器仪表制造业 Manufacture of Medical Equipments and Measuring Instrument	**320.67**	**558.13**	**880.48**	**1303.00**	**1752.18**	**2363.82**	**3029.75**
1.医疗设备及器械制造 Manufacture of Medical Equipment and Appliances	90.50	150.16	194.53	285.00	341.58	454.01	588.12
2.仪器仪表制造 Manufacture of Measuring Instrument	230.17	407.97	685.95	1018.00	1410.60	1909.81	2441.63

1-7 利　润
Profits

单位：亿元 (100 million yuan)

行　业 Industry	1995	2000	2003	2004	2005	2006	2007
合计 Total	**178.04**	**673.46**	**971.41**	**1244.60**	**1423.23**	**1777.27**	**2395.76**
医药制造业 Manufacture of Medicines	**51.48**	**136.58**	**259.58**	**275.00**	**338.20**	**372.55**	**581.28**
#化学药品制造 Manufacture of Chemical Medicine	25.65	67.20	140.66	143.50	174.54	186.34	289.89
中成药制造 Manufacture of Finished Traditional Chinese Herbal Medicine	17.84	53.71	67.06	80.30	97.39	103.27	157.11
生物、生化制品的制造 Manufacture of Biological and Biochemical Chemical Products	6.77	14.14	25.86	24.90	37.99	44.09	71.15
航空航天器制造业 Manufacture of Aircrafts and Spacecrafts	**2.10**	**3.75**	**14.91**	**18.40**	**32.40**	**45.95**	**64.17**
1.飞机制造及修理 Manufacture and Repairing of Airplanes	3.70	3.76	12.72	15.20	27.46	40.84	58.00
2.航天器制造 Manufacture of Spacecrafts	-1.60	-0.01	2.19	3.20	4.95	5.11	6.17
电子及通信设备制造业 Manufacture of Electronic Equipment and Communication Equipment	**109.73**	**425.80**	**460.70**	**643.60**	**650.83**	**886.30**	**1036.34**
1.通信设备制造 Manufacture of Communication Equipment	49.16	211.12	194.38	323.10	277.85	348.30	292.49
#通信传输设备制造 Manufacture of Communication Transmitting Equipment	7.82	25.74	11.87	17.30	5.58	19.43	19.19
通信交换设备制造 Manufacture of Communication Exchanging Equipment	17.42	74.49	63.30	84.50	71.48	67.54	85.25
通信终端设备制造 Manufacture of Communication Terminal Equipment	2.45	11.73	10.96	8.00	8.22	20.43	27.96
2.雷达及配套设备制造 Manufacture of Radar and Its Fittings	11.86	-0.13	4.09	4.70	6.52	8.64	11.46
3.广播电视设备制造 Manufacture of Broadcasting and TV Equipment	0.47	1.62	2.96	10.10	9.16	10.13	18.23
4.电子器件制造 Manufacture of Electronic Appliances	35.89	82.73	74.99	122.30	65.40	119.30	201.86
#电子真空器件制造 Manufacture of Electronic Vacuum Appliances	26.36	57.10	48.53	40.30	-13.29	-23.19	-18.23
半导体分立器件制造 Manufacture of Semiconductor Discreting Appliances	0.04	7.94	9.33	10.10	7.08	15.49	28.67
集成电路制造 Manufacture of Integrate Circuit	9.50	17.69	10.33	42.90	32.58	75.13	89.83
5.电子元件制造 Manufacture of Electronic Components	12.38	65.48	100.06	178.70	209.79	299.18	363.87
6.家用视听设备制造 Manufacture of Domestic TV Set and Radio Receiver	-0.38	40.82	60.25	-6.10	64.19	69.94	103.41
7.其他电子设备制造 Manufacture of Other Electronic Equipment	0.34	24.16	23.97	10.80	17.92	30.80	45.01
电子计算机及办公设备制造业 Manufacture of Computers and Office Equipments	**6.65**	**75.77**	**170.72**	**213.50**	**262.65**	**276.34**	**443.85**
1.电子计算机整机制造 Manufacture of Entired Computer	2.88	36.30	75.97	91.70	103.56	94.15	144.34
2.电子计算机外部设备制造 Manufacture of Computer Peripheral Equipment	3.15	33.62	80.42	102.20	137.29	157.16	265.22
3.办公设备制造 Manufacture of Office Equipment	0.62	5.85	14.33	19.50	21.80	25.03	34.30
医疗设备及仪器仪表制造业 Manufacture of Medical Equipments and Measuring Instrument	**8.08**	**31.56**	**65.50**	**94.10**	**139.14**	**196.13**	**270.12**
1.医疗设备及器械制造 Manufacture of Medical Equipment and Appliances	3.76	8.49	16.45	29.80	30.48	42.90	62.11
2.仪器仪表制造 Manufacture of Measuring Instrument	4.32	23.07	49.05	64.30	108.66	153.23	208.01

1-8 利　　税
Taxes and Profits

单位：亿元 (100 million yuan)

行业 Industry	1995	2000	2003	2004	2005	2006	2007
合计 Total	**326.24**	**1033.44**	**1464.60**	**1783.80**	**2089.57**	**2611.17**	**3353.38**
医药制造业 Manufacture of Medicines	**101.72**	**262.63**	**446.91**	**479.80**	**584.44**	**643.15**	**927.55**
#化学药品制造 Manufacture of Chemical Medicine	55.48	139.43	241.76	254.30	306.40	327.72	476.74
中成药制造 Manufacture of Finished Traditional Chinese Herbal Medicine	33.12	97.38	119.74	146.50	177.16	188.64	256.13
生物、生化制品的制造 Manufacture of Biological and Biochemical Chemical Products	10.31	22.91	40.33	37.30	56.13	64.28	99.03
航空航天器制造业 Manufacture of Aircrafts and Spacecrafts	**14.00**	**17.22**	**27.94**	**25.70**	**44.49**	**60.77**	**76.16**
1.飞机制造及修理 Manufacture and Repairing of Airplanes	15.15	16.48	25.46	22.40	39.26	55.36	69.45
2.航天器制造 Manufacture of Spacecrafts	-1.15	0.74	2.48	3.30	5.23	5.41	6.71
电子及通信设备制造业 Manufacture of Electronic Equipment and Communication Equipment	**173.53**	**592.08**	**674.79**	**860.50**	**927.29**	**1269.57**	**1453.69**
1.通信设备制造 Manufacture of Communication Equipment	71.02	280.91	289.28	413.40	392.32	490.23	455.43
#通信传输设备制造 Manufacture of Communication Transmitting Equipment	10.49	34.73	15.61	31.10	11.74	25.21	25.63
通信交换设备制造 Manufacture of Communication Exchanging Equipment	27.21	103.90	104.01	126.50	137.58	153.65	196.52
通信终端设备制造 Manufacture of Communication Terminal Equipment	4.70	17.76	18.84	11.90	12.49	29.74	34.79
2.雷达及配套设备制造 Manufacture of Radar and Its Fittings	14.92	0.29	4.84	5.00	7.78	10.55	13.07
3.广播电视设备制造 Manufacture of Broadcasting and TV Equipment	1.25	3.08	5.28	13.80	14.97	16.76	24.54
4.电子器件制造 Manufacture of Electronic Appliances	53.10	114.73	113.48	165.30	108.75	177.42	253.17
#电子真空器件制造 Manufacture of Electronic Vacuum Appliances	38.96	79.68	68.61	56.70	-0.15	-8.32	-9.08
半导体分立器件制造 Manufacture of Semiconductor Discreting Appliances	1.91	11.49	12.95	13.70	10.78	21.86	34.80
集成电路制造 Manufacture of Integrate Circuit	12.22	23.57	18.97	54.40	46.23	88.49	104.80
5.电子元件制造 Manufacture of Electronic Components	22.92	96.12	137.04	229.20	272.66	399.43	472.86
6.家用视听设备制造 Manufacture of Domestic TV Set and Radio Receiver	8.75	64.42	92.76	17.70	105.46	132.47	172.06
7.其他电子设备制造 Manufacture of Other Electronic Equipment	1.57	32.54	32.11	16.10	25.35	42.71	62.57
电子计算机及办公设备制造业 Manufacture of Computers and Office Equipments	**11.60**	**103.69**	**209.93**	**269.50**	**331.04**	**358.77**	**521.69**
1.电子计算机整机制造 Manufacture of Entired Computer	4.84	52.42	89.67	113.60	125.54	120.32	164.46
2.电子计算机外部设备制造 Manufacture of Computer Peripheral Equipment	5.15	42.45	98.35	130.90	177.52	199.34	313.67
3.办公设备制造 Manufacture of Office Equipment	1.61	8.82	21.91	25.00	27.98	39.11	43.56
医疗设备及仪器仪表制造业 Manufacture of Medical Equipments and Measuring Instrument	**25.40**	**57.82**	**105.03**	**148.20**	**202.31**	**278.91**	**374.29**
1.医疗设备及器械制造 Manufacture of Medical Equipment and Appliances	8.19	15.85	25.52	42.20	42.23	60.11	85.77
2.仪器仪表制造 Manufacture of Measuring Instrument	17.22	41.97	79.51	106.00	160.08	218.80	288.51

1-9 大型企业数
Number of Large-sized Enterprises

单位：个 (unit)

行　业 Industry	1995	2000	2003	2004	2005	2006	2007
合计 **Total**	**704**	**935**	**266**	**299**	**385**	**466**	**527**
医药制造业 **Manufacture of Medicines**	**172**	**264**	**43**	**38**	**55**	**60**	**67**
#化学药品制造 Manufacture of Chemical Medicine	136	175	25	24	33	37	41
中成药制造 Manufacture of Finished Traditional Chinese Herbal Medicine	25	62	14	11	19	18	23
生物、生化制品的制造 Manufacture of Biological and Biochemical Chemical Products	8	22	2		1	2	1
航空航天器制造业 **Manufacture of Aircrafts and Spacecrafts**	**122**	**112**	**23**	**25**	**29**	**34**	**36**
1.飞机制造及修理 Manufacture and Repairing of Airplanes	84	84	21	23	27	32	34
2.航天器制造 Manufacture of Spacecrafts	38	28	2	2	2	2	2
电子及通信设备制造业 **Manufacture of Electronic Equipment and Communication Equipment**	**291**	**406**	**133**	**153**	**201**	**245**	**277**
1.通信设备制造 Manufacture of Communication Equipment	55	85	22	25	37	37	44
#通信传输设备制造 Manufacture of Communication Transmitting Equipment	15	24	4	3	4	4	3
通信交换设备制造 Manufacture of Communication Exchanging Equipment	14	23	3	3	4	4	5
通信终端设备制造 Manufacture of Communication Terminal Equipment	15	19	4	3	6	7	7
2.雷达及配套设备制造 Manufacture of Radar and Its Fittings	11	15	4	2	5	6	6
3.广播电视设备制造 Manufacture of Broadcasting and TV Equipment	5	5			1		2
4.电子器件制造 Manufacture of Electronic Appliances	51	78	34	31	43	56	71
#电子真空器件制造 Manufacture of Electronic Vacuum Appliances	30	37	18	9	10	11	13
半导体分立器件制造 Manufacture of Semiconductor Discreting Appliances	9	21	3	1	1	4	3
集成电路制造 Manufacture of Integrate Circuit	12	20	8	13	16	20	26
5.电子元件制造 Manufacture of Electronic Components	97	142	42	58	84	106	112
6.家用视听设备制造 Manufacture of Domestic TV Set and Radio Receiver	65	66	28	35	26	31	34
7.其他电子设备制造 Manufacture of Other Electronic Equipment	7	15	3	2	5	9	8
电子计算机及办公设备制造业 **Manufacture of Computers and Office Equipments**	**31**	**43**	**57**	**69**	**86**	**105**	**121**
1.电子计算机整机制造 Manufacture of Entired Computer	16	12	15	25	28	33	34
2.电子计算机外部设备制造 Manufacture of Computer Peripheral Equipment	9	22	35	39	52	66	79
3.办公设备制造 Manufacture of Office Equipment	6	9	7	5	6	6	8
医疗设备及仪器仪表制造业 **Manufacture of Medical Equipments and Measuring Instrument**	**88**	**110**	**10**	**14**	**14**	**22**	**26**
1.医疗设备及器械制造 Manufacture of Medical Equipment and Appliances	15	20	2	1		1	4
2.仪器仪表制造 Manufacture of Measuring Instrument	73	90	8	13	14	21	22

1-10 大型企业当年价总产值

Gross Industrial Output Value at Current Prices of Large-sized Enterprises

单位：亿元 (100 million yuan)

行 业 Industry	1995	2000	2003	2004	2005	2006	2007
合计 Total	**1925.68**	**4906.69**	**9508.79**	**12378.00**	**17364.88**	**21482.19**	**26411.23**
医药制造业 Manufacture of Medicines	**363.02**	**774.45**	**581.31**	**502.10**	**800.35**	**943.55**	**1357.18**
#化学药品制造 Manufacture of Chemical Medicine	299.12	558.23	385.34	350.50	517.29	596.03	923.74
中成药制造 Manufacture of Finished Traditional Chinese Herbal Medicine	51.62	177.67	159.28	127.70	227.48	259.59	350.33
生物、生化制品的制造 Manufacture of Biological and Biochemical Chemical Products	10.73	35.40	28.08		38.13	48.85	46.34
航空航天器制造业 Manufacture of Aircrafts and Spacecrafts	**238.61**	**343.58**	**406.46**	**350.10**	**622.60**	**624.44**	**763.92**
1.飞机制造及修理 Manufacture and Repairing of Airplanes	205.99	301.81	395.48	340.60	610.63	609.68	746.87
2.航天器制造 Manufacture of Spacecrafts	32.62	41.77	10.98	9.50	11.98	14.76	17.05
电子及通信设备制造业 Manufacture of Electronic Equipment and Communication Equipment	**1113.93**	**3193.36**	**4431.62**	**5664.00**	**8085.62**	**10263.01**	**12496.39**
1.通信设备制造 Manufacture of Communication Equipment	327.05	1230.94	1570.07	2202.60	3692.44	4493.96	5284.78
#通信传输设备制造 Manufacture of Communication Transmitting Equipment	65.79	144.01	91.60	150.60	102.26	82.20	86.27
通信交换设备制造 Manufacture of Communication Exchanging Equipment	99.82	435.80	522.39	604.10	745.95	1021.62	1287.38
通信终端设备制造 Manufacture of Communication Terminal Equipment	27.63	177.11	59.29	95.20	161.40	164.80	158.84
2.雷达及配套设备制造 Manufacture of Radar and Its Fittings	101.46	28.47	34.88	17.70	55.39	71.55	74.10
3.广播电视设备制造 Manufacture of Broadcasting and TV Equipment	2.91	5.15			9.57		29.99
4.电子器件制造 Manufacture of Electronic Appliances	243.97	594.31	911.00	1135.60	1315.88	1779.68	2408.82
#电子真空器件制造 Manufacture of Electronic Vacuum Appliances	192.48	478.36	598.85	363.10	354.80	344.23	396.98
半导体分立器件制造 Manufacture of Semiconductor Discreting Appliances	9.09	27.88	25.12	11.20	14.29	72.01	63.28
集成电路制造 Manufacture of Integrate Circuit	42.40	88.07	159.80	456.70	555.50	809.86	1003.06
5.电子元件制造 Manufacture of Electronic Components	112.19	341.98	533.17	939.00	1571.14	2204.94	2844.71
6.家用视听设备制造 Manufacture of Domestic TV Set and Radio Receiver	316.50	955.05	1315.16	1330.30	1317.52	1496.15	1598.09
7.其他电子设备制造 Manufacture of Other Electronic Equipment	9.86	37.46	67.34	38.80	123.66	216.72	255.90
电子计算机及办公设备制造业 Manufacture of Computers and Office Equipments	**123.62**	**410.00**	**3989.83**	**5746.10**	**7615.33**	**9256.99**	**11227.95**
1.电子计算机整机制造 Manufacture of Entired Computer	86.11	116.34	2411.58	3633.10	4643.77	5504.24	6934.26
2.电子计算机外部设备制造 Manufacture of Computer Peripheral Equipment	27.71	270.86	1443.25	1964.70	2735.35	3453.31	3922.02
3.办公设备制造 Manufacture of Office Equipment	9.79	22.80	135.00	148.30	236.20	299.44	371.67
医疗设备及仪器仪表制造业 Manufacture of Medical Equipments and Measuring Instrument	**86.50**	**185.29**	**99.57**	**115.60**	**240.99**	**394.21**	**565.79**
1.医疗设备及器械制造 Manufacture of Medical Equipment and Appliances	15.75	50.92	10.89	3.70		16.04	65.00
2.仪器仪表制造 Manufacture of Measuring Instrument	70.74	134.37	88.68	111.90	240.99	378.18	500.79

1-11 大型企业增加值

Value Added of Industry of Large-sized Enterprises

单位：亿元 (100 million yuan)

行业 Industry	1995	2000	2003	2004	2005	2006	2007
合计 **Total**	**557.02**	**1272.66**	**2066.51**	**2484.20**	**3519.27**	**4441.33**	**4901.26**
医药制造业 **Manufacture of Medicines**	**104.62**	**269.12**	**191.42**	**169.70**	**275.50**	**304.22**	**456.44**
#化学药品制造 Manufacture of Chemical Medicine	77.81	171.43	116.80	102.90	157.43	172.16	273.57
中成药制造 Manufacture of Finished Traditional Chinese Herbal Medicine	22.05	81.51	60.23	58.90	101.79	105.29	159.82
生物、生化制品的制造 Manufacture of Biological and Biochemical Chemical Products	4.47	14.86	10.28		10.56	13.84	12.87
航空航天器制造业 **Manufacture of Aircrafts and Spacecrafts**	**67.59**	**89.12**	**85.60**	**93.10**	**144.42**	**163.33**	**194.20**
1.飞机制造及修理 Manufacture and Repairing of Airplanes	59.18	77.44	82.15	89.10	139.75	157.29	186.38
2.航天器制造 Manufacture of Spacecrafts	8.41	11.68	3.45	4.00	4.67	6.04	7.82
电子及通信设备制造业 **Manufacture of Electronic Equipment and Communication Equipment**	**314.75**	**771.23**	**1142.45**	**1474.80**	**1909.48**	**2492.47**	**2639.74**
1.通信设备制造 Manufacture of Communication Equipment	131.23	297.09	506.57	684.00	880.00	1155.68	995.24
#通信传输设备制造 Manufacture of Communication Transmitting Equipment	9.05	27.15	18.33	46.30	29.12	14.85	19.17
通信交换设备制造 Manufacture of Communication Exchanging Equipment	46.78	121.52	279.57	350.90	259.33	383.79	459.95
通信终端设备制造 Manufacture of Communication Terminal Equipment	10.89	26.51	9.37	9.00	21.41	26.87	28.91
2.雷达及配套设备制造 Manufacture of Radar and Its Fittings	25.20	6.42	11.55	8.30	17.00	20.43	19.71
3.广播电视设备制造 Manufacture of Broadcasting and TV Equipment	0.72	1.52			5.38		10.97
4.电子器件制造 Manufacture of Electronic Appliances	93.67	164.76	234.30	282.60	342.07	509.43	671.07
#电子真空器件制造 Manufacture of Electronic Vacuum Appliances	76.85	126.36	141.16	101.50	77.88	77.74	92.61
半导体分立器件制造 Manufacture of Semiconductor Discreting Appliances	2.97	6.47	6.39	2.50	4.04	18.27	18.13
集成电路制造 Manufacture of Integrate Circuit	13.85	31.93	68.24	135.70	180.20	276.29	330.94
5.电子元件制造 Manufacture of Electronic Components	20.70	89.69	126.27	225.80	381.21	496.00	604.64
6.家用视听设备制造 Manufacture of Domestic TV Set and Radio Receiver	39.05	200.20	243.00	258.10	244.05	257.41	295.20
7.其他电子设备制造 Manufacture of Other Electronic Equipment	4.18	11.54	20.76	16.00	39.78	53.51	42.91
电子计算机及办公设备制造业 **Manufacture of Computers and Office Equipments**	**41.55**	**88.56**	**621.27**	**718.70**	**1125.39**	**1359.01**	**1481.35**
1.电子计算机整机制造 Manufacture of Entired Computer	33.88	42.06	243.03	359.50	609.69	686.10	723.90
2.电子计算机外部设备制造 Manufacture of Computer Peripheral Equipment	6.47	44.00	322.62	311.20	470.83	607.46	694.20
3.办公设备制造 Manufacture of Office Equipment	1.21	2.50	55.62	48.00	44.87	65.45	63.25
医疗设备及仪器仪表制造业 **Manufacture of Medical Equipments and Measuring Instrument**	**28.51**	**54.63**	**25.77**	**28.00**	**64.47**	**122.30**	**129.53**
1.医疗设备及器械制造 Manufacture of Medical Equipment and Appliances	6.38	14.57	3.50	1.00		10.92	19.86
2.仪器仪表制造 Manufacture of Measuring Instrument	22.13	40.06	22.27	27.00	64.47	111.38	109.66

1-12 大型企业主营业务收入

Revenue from Principal Business of Large-sized Enterprises

单位：亿元 (100 million yuan)

行业 Industry	1995	2000	2003	2004	2005	2006	2007
合计 Total	**1882.00**	**4934.51**	**9446.44**	**12446.60**	**17534.44**	**21760.91**	**26641.12**
医药制造业 Manufacture of Medicines	**375.07**	**803.09**	**688.79**	**555.40**	**908.66**	**1021.18**	**1400.69**
#化学药品制造 Manufacture of Chemical Medicine	293.04	562.43	460.29	372.60	599.52	625.10	953.38
中成药制造 Manufacture of Finished Traditional Chinese Herbal Medicine	71.10	208.95	183.31	158.70	252.77	307.53	359.58
生物、生化制品的制造 Manufacture of Biological and Biochemical Chemical Products	9.60	28.78	29.29		40.20	51.60	47.08
航空航天器制造业 Manufacture of Aircrafts and Spacecrafts	**234.94**	**333.02**	**408.44**	**355.90**	**612.54**	**608.49**	**755.55**
1.飞机制造及修理 Manufacture and Repairing of Airplanes	208.22	294.90	398.66	346.50	601.18	594.72	738.77
2.航天器制造 Manufacture of Spacecrafts	26.72	38.12	9.78	9.40	11.36	13.77	16.79
电子及通信设备制造业 Manufacture of Electronic Equipment and Communication Equipment	**1050.28**	**3207.21**	**4254.20**	**5699.60**	**8057.56**	**10285.46**	**12547.74**
1.通信设备制造 Manufacture of Communication Equipment	290.63	1274.83	1508.49	2283.70	3706.58	4535.74	5341.33
#通信传输设备制造 Manufacture of Communication Transmitting Equipment	67.24	173.31	124.95	248.00	140.68	110.02	106.06
通信交换设备制造 Manufacture of Communication Exchanging Equipment	96.99	448.00	460.32	636.30	828.48	1054.02	1461.33
通信终端设备制造 Manufacture of Communication Terminal Equipment	22.39	181.33	59.10	94.30	161.23	171.77	157.53
2.雷达及配套设备制造 Manufacture of Radar and Its Fittings	93.08	25.53	34.76	15.90	49.98	69.00	72.89
3.广播电视设备制造 Manufacture of Broadcasting and TV Equipment	3.06	5.13			8.46		28.80
4.电子器件制造 Manufacture of Electronic Appliances	237.61	582.69	874.12	1118.90	1293.06	1774.31	2345.43
#电子真空器件制造 Manufacture of Electronic Vacuum Appliances	188.23	479.58	568.97	356.10	346.90	337.81	370.81
半导体分立器件制造 Manufacture of Semiconductor Discreting Appliances	8.24	22.94	18.58	11.10	14.21	70.48	64.85
集成电路制造 Manufacture of Integrate Circuit	41.14	80.18	156.05	446.50	547.96	816.07	966.64
5.电子元件制造 Manufacture of Electronic Components	109.29	320.65	513.19	898.20	1513.48	2184.93	2809.61
6.家用视听设备制造 Manufacture of Domestic TV Set and Radio Receiver	306.30	955.95	1253.75	1341.30	1361.86	1513.11	1694.86
7.其他电子设备制造 Manufacture of Other Electronic Equipment	10.31	42.45	69.89	41.60	124.15	208.36	254.83
电子计算机及办公设备制造业 Manufacture of Computers and Office Equipments	**135.06**	**412.30**	**3995.39**	**5713.20**	**7715.02**	**9458.80**	**11385.34**
1.电子计算机整机制造 Manufacture of Entired Computer	94.93	119.48	2397.63	3595.80	4745.95	5739.47	7175.80
2.电子计算机外部设备制造 Manufacture of Computer Peripheral Equipment	28.73	268.78	1471.36	1962.90	2739.21	3421.20	3851.80
3.办公设备制造 Manufacture of Office Equipment	11.41	24.04	126.40	154.50	229.86	298.13	357.75
医疗设备及仪器仪表制造业 Manufacture of Medical Equipments and Measuring Instrument	**86.65**	**178.88**	**99.62**	**122.50**	**240.65**	**386.99**	**551.81**
1.医疗设备及器械制造 Manufacture of Medical Equipment and Appliances	16.30	46.86	10.79	3.30		15.01	61.94
2.仪器仪表制造 Manufacture of Measuring Instrument	70.36	132.01	88.83	119.20	240.65	371.98	489.87

1-13 大型企业利润

Profits of Large-sized Enterprises

单位：亿元 (100 million yuan)

行　业 Industry	1995	2000	2003	2004	2005	2006	2007
合计 **Total**	**129.18**	**366.93**	**361.96**	**526.10**	**639.09**	**754.91**	**1013.16**
医药制造业 **Manufacture of Medicines**	**30.29**	**67.58**	**64.54**	**45.20**	**74.43**	**80.35**	**139.84**
#化学药品制造 Manufacture of Chemical Medicine	20.80	36.86	39.45	24.10	37.63	43.20	71.19
中成药制造 Manufacture of Finished Traditional Chinese Herbal Medicine	8.20	27.62	21.62	16.40	32.61	29.86	60.85
生物、生化制品的制造 Manufacture of Biological and Biochemical Chemical Products	1.47	2.87	2.11		1.84	3.08	2.34
航空航天器制造业 **Manufacture of Aircrafts and Spacecrafts**	**1.64**	**-0.03**	**8.47**	**10.90**	**17.61**	**26.38**	**37.67**
1.飞机制造及修理 Manufacture and Repairing of Airplanes	2.99	-0.23	8.05	10.40	16.88	25.51	36.62
2.航天器制造 Manufacture of Spacecrafts	-1.35	0.20	0.42	0.50	0.73	0.87	1.05
电子及通信设备制造业 **Manufacture of Electronic Equipment and Communication Equipment**	**91.15**	**272.83**	**176.16**	**336.10**	**354.92**	**445.45**	**496.25**
1.通信设备制造 Manufacture of Communication Equipment	39.93	148.17	82.15	226.00	220.81	241.96	197.04
#通信传输设备制造 Manufacture of Communication Transmitting Equipment	3.50	15.80	4.56	8.70	-5.75	0.03	-4.47
通信交换设备制造 Manufacture of Communication Exchanging Equipment	15.95	63.72	57.36	75.90	73.33	62.07	79.09
通信终端设备制造 Manufacture of Communication Terminal Equipment	0.17	7.94	1.03	1.70	0.83	4.91	10.13
2.雷达及配套设备制造 Manufacture of Radar and Its Fittings	12.26	-0.63	2.12	1.70	3.22	4.48	5.66
3.广播电视设备制造 Manufacture of Broadcasting and TV Equipment	-0.20	-0.41			0.54		1.28
4.电子器件制造 Manufacture of Electronic Appliances	33.27	60.24	39.91	71.10	40.06	67.61	114.85
#电子真空器件制造 Manufacture of Electronic Vacuum Appliances	26.36	50.55	33.12	32.30	-0.50	-3.91	-4.63
半导体分立器件制造 Manufacture of Semiconductor Discreting Appliances	0.09	0.48	0.94	0.80	1.29	3.41	3.60
集成电路制造 Manufacture of Integrate Circuit	6.82	9.20	4.82	31.80	27.22	35.96	62.61
5.电子元件制造 Manufacture of Electronic Components	4.86	26.91	17.60	51.90	67.08	105.72	124.06
6.家用视听设备制造 Manufacture of Domestic TV Set and Radio Receiver	0.97	32.62	28.49	-15.20	20.89	16.77	40.78
7.其他电子设备制造 Manufacture of Other Electronic Equipment	0.07	5.93	5.89	0.60	2.32	8.90	12.58
电子计算机及办公设备制造业 **Manufacture of Computers and Office Equipments**	**3.55**	**17.85**	**107.24**	**134.30**	**180.96**	**186.80**	**304.23**
1.电子计算机整机制造 Manufacture of Entired Computer	2.21	2.69	67.29	80.10	94.77	79.18	109.42
2.电子计算机外部设备制造 Manufacture of Computer Peripheral Equipment	1.27	14.36	35.40	48.70	77.43	96.39	181.17
3.办公设备制造 Manufacture of Office Equipment	0.06	0.79	4.55	5.50	8.76	11.23	13.64
医疗设备及仪器仪表制造业 **Manufacture of Medical Equipments and Measuring Instrument**	**2.56**	**8.70**	**5.55**	**-0.40**	**11.18**	**15.93**	**35.18**
1.医疗设备及器械制造 Manufacture of Medical Equipment and Appliances	1.25	3.68	0.68	0.10		4.68	10.24
2.仪器仪表制造 Manufacture of Measuring Instrument	1.31	5.03	4.87	-0.60	11.18	11.25	24.94

1-14 大型企业利税

Taxes and Profits of Large-sized Enterprises

单位：亿元 (100 million yuan)

行业 Industry	1995	2000	2003	2004	2005	2006	2007
合计 Total	**203.34**	**553.13**	**516.72**	**674.20**	**851.62**	**1038.38**	**1339.12**
医药制造业 Manufacture of Medicines	**49.02**	**131.26**	**104.35**	**77.20**	**127.77**	**139.52**	**227.42**
#化学药品制造 Manufacture of Chemical Medicine	35.14	78.10	63.37	43.10	67.30	78.07	128.73
中成药制造 Manufacture of Finished Traditional Chinese Herbal Medicine	11.78	47.01	35.19	27.20	54.47	50.39	87.78
生物、生化制品的制造 Manufacture of Biological and Biochemical Chemical Products	2.23	5.77	3.69		2.90	4.62	3.59
航空航天器制造业 Manufacture of Aircrafts and Spacecrafts	**12.29**	**11.79**	**18.24**	**14.00**	**25.89**	**37.81**	**45.74**
1.飞机制造及修理 Manufacture and Repairing of Airplanes	13.36	10.88	17.75	13.40	25.06	36.76	44.41
2.航天器制造 Manufacture of Spacecrafts	-1.06	0.90	0.49	0.60	0.83	1.05	1.33
电子及通信设备制造业 Manufacture of Electronic Equipment and Communication Equipment	**129.58**	**371.89**	**262.37**	**417.80**	**467.90**	**614.34**	**679.98**
1.通信设备制造 Manufacture of Communication Equipment	53.46	193.35	122.67	271.20	289.20	335.16	315.28
#通信传输设备制造 Manufacture of Communication Transmitting Equipment	4.37	21.20	4.99	18.00	-4.41	0.56	-3.57
通信交换设备制造 Manufacture of Communication Exchanging Equipment	23.01	89.13	87.87	106.40	127.02	138.76	181.25
通信终端设备制造 Manufacture of Communication Terminal Equipment	0.48	10.29	1.73	1.80	1.41	5.53	11.07
2.雷达及配套设备制造 Manufacture of Radar and Its Fittings	15.17	-0.44	2.32	1.60	3.77	5.39	6.54
3.广播电视设备制造 Manufacture of Broadcasting and TV Equipment		-0.31			1.34		1.51
4.电子器件制造 Manufacture of Electronic Appliances	47.72	82.17	59.17	84.50	52.57	87.36	128.07
#电子真空器件制造 Manufacture of Electronic Vacuum Appliances	38.29	70.47	47.31	39.10	4.69	3.63	-0.11
半导体分立器件制造 Manufacture of Semiconductor Discreting Appliances	0.52	1.21	1.26	1.00	1.57	4.65	4.22
集成电路制造 Manufacture of Integrate Circuit	8.90	10.48	8.94	36.10	33.13	38.91	66.36
5.电子元件制造 Manufacture of Electronic Components	7.59	37.44	22.49	62.80	79.45	133.84	145.02
6.家用视听设备制造 Manufacture of Domestic TV Set and Radio Receiver	5.45	51.77	48.81	-3.30	38.83	41.69	68.16
7.其他电子设备制造 Manufacture of Other Electronic Equipment	0.20	7.91	6.91	1.00	2.74	10.89	15.39
电子计算机及办公设备制造业 Manufacture of Computers and Office Equipments	**5.32**	**21.05**	**121.30**	**163.20**	**212.18**	**220.84**	**338.75**
1.电子计算机整机制造 Manufacture of Entired Computer	3.19	3.40	74.01	95.00	109.76	96.20	123.70
2.电子计算机外部设备制造 Manufacture of Computer Peripheral Equipment	1.49	16.53	38.74	62.10	92.20	105.90	199.26
3.办公设备制造 Manufacture of Office Equipment	0.64	1.12	8.55	6.00	10.23	18.75	15.78
医疗设备及仪器仪表制造业 Manufacture of Medical Equipments and Measuring Instrument	**7.12**	**17.14**	**10.46**	**2.00**	**17.87**	**25.87**	**47.23**
1.医疗设备及器械制造 Manufacture of Medical Equipment and Appliances	1.93	5.71	1.12	0.30		5.28	13.76
2.仪器仪表制造 Manufacture of Measuring Instrument	5.19	11.43	9.34	1.70	17.87	20.59	33.47

1-15 中型企业数

Number of Medium-sized Enterprises

单位：个 (unit)

行业 Industry	1995	2000	2003	2004	2005	2006	2007
合计 Total	**1264**	**1077**	**2296**	**2819**	**3069**	**3430**	**3860**
医药制造业 Manufacture of Medicines	**463**	**448**	**669**	**713**	**740**	**780**	**820**
#化学药品制造 Manufacture of Chemical Medicine	313	269	373	393	408	425	453
中成药制造 Manufacture of Finished Traditional Chinese Herbal Medicine	132	140	175	223	221	224	206
生物、生化制品的制造 Manufacture of Biological and Biochemical Chemical Products	9	30	41	37	44	49	66
航空航天器制造业 Manufacture of Aircrafts and Spacecrafts	**61**	**44**	**94**	**88**	**80**	**82**	**92**
1.飞机制造及修理 Manufacture and Repairing of Airplanes	43	32	79	77	67	68	77
2.航天器制造 Manufacture of Spacecrafts	18	12	15	11	13	14	15
电子及通信设备制造业 Manufacture of Electronic Equipment and Communication Equipment	**501**	**375**	**1085**	**1435**	**1590**	**1833**	**2109**
1.通信设备制造 Manufacture of Communication Equipment	77	82	194	216	233	244	261
#通信传输设备制造 Manufacture of Communication Transmitting Equipment	14	17	27	35	36	44	53
通信交换设备制造 Manufacture of Communication Exchanging Equipment	24	21	26	24	31	25	23
通信终端设备制造 Manufacture of Communication Terminal Equipment	17	15	60	51	53	50	50
2.雷达及配套设备制造 Manufacture of Radar and Its Fittings	18	20	18	20	16	18	20
3.广播电视设备制造 Manufacture of Broadcasting and TV Equipment	8	8	18	39	41	52	51
4.电子器件制造 Manufacture of Electronic Appliances	93	64	183	288	327	368	432
#电子真空器件制造 Manufacture of Electronic Vacuum Appliances	11	8	30	33	37	35	41
半导体分立器件制造 Manufacture of Semiconductor Discreting Appliances	68	42	42	58	58	65	70
集成电路制造 Manufacture of Integrate Circuit	14	14	64	87	110	121	127
5.电子元件制造 Manufacture of Electronic Components	190	140	469	633	706	833	994
6.家用视听设备制造 Manufacture of Domestic TV Set and Radio Receiver	97	42	161	210	221	254	260
7.其他电子设备制造 Manufacture of Other Electronic Equipment	18	19	42	29	46	64	91
电子计算机及办公设备制造业 Manufacture of Computers and Office Equipments	**38**	**42**	**233**	**321**	**350**	**374**	**406**
1.电子计算机整机制造 Manufacture of Entired Computer	17	15	38	63	57	52	53
2.电子计算机外部设备制造 Manufacture of Computer Peripheral Equipment	18	18	161	219	256	279	305
3.办公设备制造 Manufacture of Office Equipment	3	9	34	39	37	43	48
医疗设备及仪器仪表制造业 Manufacture of Medical Equipments and Measuring Instrument	**201**	**168**	**215**	**262**	**309**	**361**	**433**
1.医疗设备及器械制造 Manufacture of Medical Equipment and Appliances	44	43	42	61	65	80	96
2.仪器仪表制造 Manufacture of Measuring Instrument	157	125	173	201	244	281	337

1-16 中型企业当年价总产值

Gross Industrial Output Value at Current Prices of Medium-sized Enterprises

单位：亿元 (100 million yuan)

行业 Industry	1995	2000	2003	2004	2005	2006	2007
合计 Total	**626.60**	**1265.94**	**7651.07**	**10695.40**	**11585.67**	**13509.26**	**16014.79**
医药制造业 Manufacture of Medicines	**219.80**	**322.51**	**1339.31**	**1533.20**	**1904.05**	**2146.08**	**2516.72**
#化学药品制造 Manufacture of Chemical Medicine	154.83	179.62	816.33	932.50	1186.01	1285.74	1479.50
中成药制造 Manufacture of Finished Traditional Chinese Herbal Medicine	55.98	100.78	294.08	439.20	476.02	547.32	571.05
生物、生化制品的制造 Manufacture of Biological and Biochemical Chemical Products	3.06	39.40	103.46	73.10	119.68	142.90	227.65
航空航天器制造业 Manufacture of Aircrafts and Spacecrafts	**21.90**	**20.25**	**134.59**	**122.50**	**146.47**	**163.30**	**212.11**
1.飞机制造及修理 Manufacture and Repairing of Airplanes	17.15	16.28	110.53	104.90	117.68	133.92	179.04
2.航天器制造 Manufacture of Spacecrafts	4.75	3.98	24.06	17.60	28.80	29.38	33.07
电子及通信设备制造业 Manufacture of Electronic Equipment and Communication Equipment	**286.18**	**597.31**	**4297.35**	**6254.70**	**6482.36**	**7855.54**	**9082.65**
1.通信设备制造 Manufacture of Communication Equipment	57.72	204.75	1554.09	2103.90	1547.60	1895.57	1872.13
#通信传输设备制造 Manufacture of Communication Transmitting Equipment	6.73	18.17	38.05	62.40	80.61	90.15	163.01
通信交换设备制造 Manufacture of Communication Exchanging Equipment	16.13	96.69	200.56	214.30	190.07	172.09	216.75
通信终端设备制造 Manufacture of Communication Terminal Equipment	24.84	54.84	213.96	213.70	261.77	331.29	310.21
2.雷达及配套设备制造 Manufacture of Radar and Its Fittings	6.21	6.68	28.46	38.50	38.59	47.68	49.39
3.广播电视设备制造 Manufacture of Broadcasting and TV Equipment	1.33	1.98	24.87	90.80	93.17	151.25	167.30
4.电子器件制造 Manufacture of Electronic Appliances	27.72	51.42	671.02	1143.60	1337.80	1649.31	2025.73
#电子真空器件制造 Manufacture of Electronic Vacuum Appliances	6.68	6.74	140.20	207.40	191.79	179.67	144.98
半导体分立器件制造 Manufacture of Semiconductor Discreting Appliances	15.74	21.32	93.01	131.80	172.25	197.68	259.71
集成电路制造 Manufacture of Integrate Circuit	5.31	23.36	233.32	421.90	501.30	704.02	876.40
5.电子元件制造 Manufacture of Electronic Components	74.58	150.68	997.54	1588.60	1870.30	2433.86	3080.32
6.家用视听设备制造 Manufacture of Domestic TV Set and Radio Receiver	111.85	165.67	918.94	1241.40	1499.53	1540.73	1665.28
7.其他电子设备制造 Manufacture of Other Electronic Equipment	6.78	16.12	102.43	47.90	95.36	137.14	222.49
电子计算机及办公设备制造业 Manufacture of Computers and Office Equipments	**35.70**	**241.62**	**1550.95**	**2294.70**	**2369.45**	**2455.40**	**3051.44**
1.电子计算机整机制造 Manufacture of Entired Computer	6.04	53.84	411.54	768.80	815.74	788.65	913.69
2.电子计算机外部设备制造 Manufacture of Computer Peripheral Equipment	26.94	157.17	957.58	1290.20	1322.87	1375.66	1837.65
3.办公设备制造 Manufacture of Office Equipment	2.72	30.62	181.83	235.70	230.84	291.08	300.10
医疗设备及仪器仪表制造业 Manufacture of Medical Equipments and Measuring Instrument	**63.02**	**84.25**	**328.87**	**490.40**	**683.33**	**888.94**	**1151.87**
1.医疗设备及器械制造 Manufacture of Medical Equipment and Appliances	14.48	22.85	75.45	141.20	174.95	237.66	261.28
2.仪器仪表制造 Manufacture of Measuring Instrument	48.54	61.40	253.42	349.20	508.38	651.29	890.59

1-17 中型企业增加值

Value Added of Industry of Medium-sized Enterprises

单位：亿元 (100 million yuan)

行 业 Industry	1995	2000	2003	2004	2005	2006	2007
合计 **Total**	**148.30**	**374.78**	**1977.96**	**2457.40**	**2975.30**	**3518.97**	**4176.04**
医药制造业 **Manufacture of Medicines**	**57.35**	**119.79**	**497.45**	**568.00**	**715.24**	**814.82**	**956.53**
#化学药品制造 Manufacture of Chemical Medicine	34.37	56.64	282.24	320.00	417.97	458.10	544.80
中成药制造 Manufacture of Finished Traditional Chinese Herbal Medicine	21.04	44.79	126.86	186.60	201.48	236.31	235.30
生物、生化制品的制造 Manufacture of Biological and Biochemical Chemical Products	0.90	17.65	36.88	30.70	50.43	60.35	94.73
航空航天器制造业 **Manufacture of Aircrafts and Spacecrafts**	**9.18**	**7.85**	**52.02**	**47.40**	**55.11**	**60.97**	**82.45**
1.飞机制造及修理 Manufacture and Repairing of Airplanes	7.41	6.45	40.99	39.80	41.99	49.08	68.29
2.航天器制造 Manufacture of Spacecrafts	1.77	1.40	11.03	7.60	13.12	11.89	14.15
电子及通信设备制造业 **Manufacture of Electronic Equipment and Communication Equipment**	**57.41**	**179.00**	**1020.73**	**1342.50**	**1501.98**	**1829.67**	**2149.56**
1.通信设备制造 Manufacture of Communication Equipment	13.34	104.65	367.73	375.20	288.76	367.70	424.99
#通信传输设备制造 Manufacture of Communication Transmitting Equipment	1.16	5.33	13.06	20.50	25.03	28.96	53.71
通信交换设备制造 Manufacture of Communication Exchanging Equipment	5.27	80.32	36.13	40.80	43.24	33.63	46.47
通信终端设备制造 Manufacture of Communication Terminal Equipment	4.62	9.57	52.50	36.00	45.79	64.98	43.93
2.雷达及配套设备制造 Manufacture of Radar and Its Fittings	1.31	2.28	7.56	9.80	12.90	15.99	15.06
3.广播电视设备制造 Manufacture of Broadcasting and TV Equipment	0.28	0.61	6.74	21.60	23.10	43.01	39.84
4.电子器件制造 Manufacture of Electronic Appliances	7.13	13.65	187.52	333.40	382.56	444.44	480.03
#电子真空器件制造 Manufacture of Electronic Vacuum Appliances	1.15	1.60	44.41	58.40	44.04	40.82	21.35
半导体分立器件制造 Manufacture of Semiconductor Discreting Appliances	4.57	5.80	32.31	41.00	46.93	61.60	71.58
集成电路制造 Manufacture of Integrate Circuit	1.42	6.25	63.81	101.00	179.70	199.62	219.90
5.电子元件制造 Manufacture of Electronic Components	19.76	38.62	257.97	367.10	478.57	624.64	769.83
6.家用视听设备制造 Manufacture of Domestic TV Set and Radio Receiver	13.72	15.35	162.62	220.50	289.60	299.78	357.42
7.其他电子设备制造 Manufacture of Other Electronic Equipment	1.87	3.83	30.59	14.90	26.48	34.11	62.38
电子计算机及办公设备制造业 **Manufacture of Computers and Office Equipments**	**6.48**	**41.40**	**309.62**	**339.90**	**503.14**	**540.36**	**630.93**
1.电子计算机整机制造 Manufacture of Entired Computer	1.07	7.57	96.20	83.40	155.96	148.48	187.91
2.电子计算机外部设备制造 Manufacture of Computer Peripheral Equipment	4.59	29.79	173.88	212.30	298.53	329.29	365.02
3.办公设备制造 Manufacture of Office Equipment	0.81	4.04	39.54	44.20	48.66	62.59	78.01
医疗设备及仪器仪表制造业 **Manufacture of Medical Equipments and Measuring Instrument**	**17.87**	**26.74**	**98.14**	**159.50**	**199.82**	**273.15**	**356.57**
1.医疗设备及器械制造 Manufacture of Medical Equipment and Appliances	3.60	7.06	24.13	49.50	50.22	77.30	81.29
2.仪器仪表制造 Manufacture of Measuring Instrument	14.27	19.69	74.01	109.90	149.60	195.85	275.28

1-18 中型企业主营业务收入

Revenue from Principal Business of Medium-sized Enterprises

单位：亿元 (100 million yuan)

行业 Industry	1995	2000	2003	2004	2005	2006	2007
合计 Total	**577.33**	**1144.68**	**7580.05**	**10952.10**	**11254.33**	**13198.63**	**15474.85**
医药制造业 Manufacture of Medicines	**197.87**	**265.91**	**1255.29**	**1424.30**	**1766.00**	**1992.12**	**2321.16**
#化学药品制造 Manufacture of Chemical Medicine	138.58	148.78	777.13	885.40	1104.24	1202.86	1367.87
中成药制造 Manufacture of Finished Traditional Chinese Herbal Medicine	50.34	79.71	261.11	383.10	442.11	499.98	522.99
生物、生化制品的制造 Manufacture of Biological and Biochemical Chemical Products	3.00	34.94	99.76	70.10	107.77	130.57	212.86
航空航天器制造业 Manufacture of Aircrafts and Spacecrafts	**18.72**	**19.24**	**129.77**	**115.90**	**141.37**	**156.55**	**209.10**
1.飞机制造及修理 Manufacture and Repairing of Airplanes	15.81	15.74	106.28	99.00	112.95	128.41	175.55
2.航天器制造 Manufacture of Spacecrafts	2.91	3.50	23.49	16.90	28.42	28.14	33.55
电子及通信设备制造业 Manufacture of Electronic Equipment and Communication Equipment	**263.19**	**533.04**	**4259.04**	**6102.30**	**6359.39**	**7773.35**	**8913.63**
1.通信设备制造 Manufacture of Communication Equipment	58.06	156.02	1610.12	2071.40	1565.52	1887.67	1859.46
#通信传输设备制造 Manufacture of Communication Transmitting Equipment	8.09	14.91	44.26	72.10	81.23	93.53	157.58
通信交换设备制造 Manufacture of Communication Exchanging Equipment	16.88	57.66	215.85	223.70	200.45	190.52	226.64
通信终端设备制造 Manufacture of Communication Terminal Equipment	23.75	51.41	212.43	209.10	262.89	323.38	310.82
2.雷达及配套设备制造 Manufacture of Radar and Its Fittings	5.66	6.04	25.45	36.40	33.66	42.97	47.35
3.广播电视设备制造 Manufacture of Broadcasting and TV Equipment	1.31	1.56	23.89	88.30	91.86	147.38	161.99
4.电子器件制造 Manufacture of Electronic Appliances	26.06	49.34	664.40	1118.90	1300.82	1647.81	1987.50
#电子真空器件制造 Manufacture of Electronic Vacuum Appliances	6.54	6.59	140.81	200.60	182.08	182.57	149.22
半导体分立器件制造 Manufacture of Semiconductor Discreting Appliances	14.58	20.16	87.86	124.40	170.32	195.70	254.84
集成电路制造 Manufacture of Integrate Circuit	4.93	22.59	234.09	417.80	477.20	706.89	831.41
5.电子元件制造 Manufacture of Electronic Components	67.71	144.07	957.90	1564.00	1828.29	2401.65	3012.91
6.家用视听设备制造 Manufacture of Domestic TV Set and Radio Receiver	98.47	157.80	877.81	1176.30	1447.16	1513.67	1627.56
7.其他电子设备制造 Manufacture of Other Electronic Equipment	5.91	18.21	99.47	47.00	92.09	132.21	216.87
电子计算机及办公设备制造业 Manufacture of Computers and Office Equipments	**35.90**	**244.53**	**1615.59**	**2828.90**	**2319.24**	**2410.00**	**2918.90**
1.电子计算机整机制造 Manufacture of Entired Computer	7.88	59.99	468.76	1321.50	831.24	771.11	861.34
2.电子计算机外部设备制造 Manufacture of Computer Peripheral Equipment	25.37	149.58	964.29	1270.20	1262.54	1346.04	1767.97
3.办公设备制造 Manufacture of Office Equipment	2.65	34.97	182.54	237.30	225.46	292.85	289.60
医疗设备及仪器仪表制造业 Manufacture of Medical Equipments and Measuring Instrument	**61.66**	**81.96**	**320.36**	**480.70**	**668.33**	**866.61**	**1112.06**
1.医疗设备及器械制造 Manufacture of Medical Equipment and Appliances	14.76	20.94	71.39	137.20	171.49	226.69	252.28
2.仪器仪表制造 Manufacture of Measuring Instrument	46.90	61.03	248.97	343.50	496.84	639.92	859.78

1-19 中型企业利润

Profits of Medium-sized Enterprises

单位：亿元 (100 million yuan)

行 业 Industry	1995	2000	2003	2004	2005	2006	2007
合计 Total	**10.94**	**67.44**	**441.41**	**510.80**	**514.60**	**661.19**	**893.21**
医药制造业 Manufacture of Medicines	**8.15**	**23.24**	**142.71**	**161.90**	**178.81**	**191.09**	**278.59**
#化学药品制造 Manufacture of Chemical Medicine	2.60	8.43	79.30	92.20	102.03	104.43	156.87
中成药制造 Manufacture of Finished Traditional Chinese Herbal Medicine	5.16	10.08	36.02	49.80	47.93	52.61	62.12
生物、生化制品的制造 Manufacture of Biological and Biochemical Chemical Products	0.12	4.68	12.90	12.10	19.63	22.04	38.31
航空航天器制造业 Manufacture of Aircrafts and Spacecrafts	**-0.22**	**0.50**	**8.19**	**7.30**	**11.96**	**15.31**	**21.22**
1.飞机制造及修理 Manufacture and Repairing of Airplanes	0.05	0.76	6.08	5.20	8.40	12.17	17.55
2.航天器制造 Manufacture of Spacecrafts	-0.27	-0.26	2.11	2.20	3.56	3.14	3.67
电子及通信设备制造业 Manufacture of Electronic Equipment and Communication Equipment	**2.35**	**23.00**	**220.52**	**253.60**	**218.03**	**313.35**	**376.21**
1.通信设备制造 Manufacture of Communication Equipment	1.72	6.82	94.85	77.10	46.61	75.72	65.63
#通信传输设备制造 Manufacture of Communication Transmitting Equipment	0.18	0.27	3.86	4.50	6.38	13.16	13.85
通信交换设备制造 Manufacture of Communication Exchanging Equipment	0.31	3.66	6.12	5.70	-0.20	2.61	4.74
通信终端设备制造 Manufacture of Communication Terminal Equipment	1.01	0.72	10.16	4.30	7.45	8.55	9.89
2.雷达及配套设备制造 Manufacture of Radar and Its Fittings	-0.37	0.15	1.68	2.20	2.59	3.92	4.58
3.广播电视设备制造 Manufacture of Broadcasting and TV Equipment	-0.04	0.05	0.65	5.70	5.28	6.03	10.73
4.电子器件制造 Manufacture of Electronic Appliances	-0.52	3.05	27.37	38.10	15.25	33.82	57.98
#电子真空器件制造 Manufacture of Electronic Vacuum Appliances	-0.13	0.74	13.16	7.20	-13.41	-20.56	-13.40
半导体分立器件制造 Manufacture of Semiconductor Discreting Appliances	-0.31	0.97	7.05	6.10	3.52	7.89	18.13
集成电路制造 Manufacture of Integrate Circuit	-0.07	1.34	2.01	8.90	1.41	34.87	19.63
5.电子元件制造 Manufacture of Electronic Components	3.00	7.72	58.08	93.70	100.76	137.66	168.16
6.家用视听设备制造 Manufacture of Domestic TV Set and Radio Receiver	-1.34	2.49	29.82	31.80	38.56	47.84	57.24
7.其他电子设备制造 Manufacture of Other Electronic Equipment	-0.10	2.71	8.07	5.20	8.98	8.36	11.89
电子计算机及办公设备制造业 Manufacture of Computers and Office Equipments	**0.53**	**15.49**	**43.64**	**50.80**	**50.94**	**63.27**	**110.69**
1.电子计算机整机制造 Manufacture of Entired Computer	0.02	5.90	4.75	9.20	9.43	14.43	30.94
2.电子计算机外部设备制造 Manufacture of Computer Peripheral Equipment	0.39	8.42	31.62	29.30	32.44	37.40	60.79
3.办公设备制造 Manufacture of Office Equipment	0.12	1.17	7.27	12.20	9.07	11.44	18.96
医疗设备及仪器仪表制造业 Manufacture of Medical Equipments and Measuring Instrument	**0.12**	**5.21**	**26.35**	**37.10**	**54.86**	**78.17**	**106.51**
1.医疗设备及器械制造 Manufacture of Medical Equipment and Appliances	0.09	0.81	5.05	16.80	15.94	18.39	27.81
2.仪器仪表制造 Manufacture of Measuring Instrument	0.03	4.40	21.30	20.30	38.92	59.78	78.69

1-20 中型企业利税

Taxes and Profits of Medium-sized Enterprises

单位:亿元 (100 million yuan)

行　业 Industry	1995	2000	2003	2004	2005	2006	2007
合计 **Total**	**36.03**	**112.88**	**658.09**	**745.50**	**786.88**	**997.06**	**1250.14**
医药制造业 **Manufacture of Medicines**	**20.11**	**45.54**	**241.48**	**272.80**	**300.66**	**321.95**	**430.07**
#化学药品制造 Manufacture of Chemical Medicine	9.60	19.22	134.39	155.60	172.60	176.99	241.93
中成药制造 Manufacture of Finished Traditional Chinese Herbal Medicine	9.76	18.90	63.36	88.00	86.79	96.54	107.33
生物、生化制品的制造 Manufacture of Biological and Biochemical Chemical Products	0.28	7.23	19.21	16.90	27.39	30.24	50.09
航空航天器制造业 **Manufacture of Aircrafts and Spacecrafts**	**0.46**	**1.44**	**11.09**	**9.40**	**14.73**	**18.14**	**24.15**
1.飞机制造及修理 Manufacture and Repairing of Airplanes	0.68	1.66	8.77	7.20	11.03	14.93	20.35
2.航天器制造 Manufacture of Spacecrafts	-0.22	-0.22	2.32	2.20	3.70	3.20	3.79
电子及通信设备制造业 **Manufacture of Electronic Equipment and Communication Equipment**	**10.63**	**36.54**	**306.73**	**338.00**	**321.36**	**450.91**	**512.52**
1.通信设备制造 Manufacture of Communication Equipment	4.71	10.28	137.18	109.10	79.12	107.45	90.44
#通信传输设备制造 Manufacture of Communication Transmitting Equipment	0.42	0.73	5.41	5.80	8.06	14.97	15.87
通信交换设备制造 Manufacture of Communication Exchanging Equipment	1.57	4.34	13.90	15.40	10.22	9.78	9.96
通信终端设备制造 Manufacture of Communication Terminal Equipment	2.20	1.67	15.89	6.50	9.37	14.52	12.71
2.雷达及配套设备制造 Manufacture of Radar and Its Fittings	-0.35	0.29	1.92	2.50	2.88	4.65	4.96
3.广播电视设备制造 Manufacture of Broadcasting and TV Equipment	-0.02	0.14	1.30	6.70	6.92	9.58	13.21
4.电子器件制造 Manufacture of Electronic Appliances	0.81	4.89	41.34	58.40	36.72	60.39	80.43
#电子真空器件制造 Manufacture of Electronic Vacuum Appliances	0.18	1.01	18.20	15.90	-6.46	-14.50	-10.13
半导体分立器件制造 Manufacture of Semiconductor Discreting Appliances	0.47	1.67	9.29	7.70	5.53	11.07	20.35
集成电路制造 Manufacture of Integrate Circuit	0.16	2.20	4.65	13.60	6.80	42.04	26.59
5.电子元件制造 Manufacture of Electronic Components	5.63	13.73	76.05	113.80	127.66	178.63	215.17
6.家用视听设备制造 Manufacture of Domestic TV Set and Radio Receiver	-0.14	4.10	38.67	40.60	56.90	78.10	90.83
7.其他电子设备制造 Manufacture of Other Electronic Equipment	-0.02	3.11	10.27	6.90	11.16	12.11	17.49
电子计算机及办公设备制造业 **Manufacture of Computers and Office Equipments**	**1.13**	**19.56**	**58.89**	**68.60**	**74.66**	**100.27**	**141.69**
1.电子计算机整机制造 Manufacture of Entired Computer	0.15	8.16	8.51	14.70	14.83	21.79	34.87
2.电子计算机外部设备制造 Manufacture of Computer Peripheral Equipment	0.75	9.69	41.22	37.90	48.16	62.03	82.29
3.办公设备制造 Manufacture of Office Equipment	0.23	1.71	9.16	16.00	11.66	16.45	24.53
医疗设备及仪器仪表制造业 **Manufacture of Medical Equipments and Measuring Instrument**	**3.69**	**9.81**	**39.90**	**56.80**	**75.48**	**105.78**	**141.70**
1.医疗设备及器械制造 Manufacture of Medical Equipment and Appliances	0.81	2.01	8.36	21.60	20.37	25.34	35.83
2.仪器仪表制造 Manufacture of Measuring Instrument	2.89	7.80	31.54	35.20	55.11	80.44	105.86

1-21 国有及国有控股企业数

Number of State-owned and State-controlled Enterprises

单位：个 (unit)

行业 Industry	1995	2000	2003	2004	2005	2006	2007
合计 Total	**5002**	**3711**	**2620**	**2856**	**2179**	**1960**	**1817**
医药制造业 Manufacture of Medicines	**2099**	**1496**	**1001**	**871**	**676**	**590**	**559**
#化学药品制造 Manufacture of Chemical Medicine	1012	723	446	370	320	274	253
中成药制造 Manufacture of Finished Traditional Chinese Herbal Medicine	100	565	282	272	207	182	165
生物、生化制品的制造 Manufacture of Biological and Biochemical Chemical Products	123	104	83	72	54	50	66
航空航天器制造业 Manufacture of Aircrafts and Spacecrafts	**193**	**167**	**136**	**142**	**125**	**119**	**124**
1.飞机制造及修理 Manufacture and Repairing of Airplanes	132	123	115	125	107	100	106
2.航天器制造 Manufacture of Spacecrafts	61	44	21	17	18	19	18
电子及通信设备制造业 Manufacture of Electronic Equipment and Communication Equipment	**1455**	**1204**	**831**	**980**	**753**	**695**	**666**
1.通信设备制造 Manufacture of Communication Equipment	306	308	224	263	199	190	182
#通信传输设备制造 Manufacture of Communication Transmitting Equipment	24	73	47	72	58	56	54
通信交换设备制造 Manufacture of Communication Exchanging Equipment	24	66	43	39	35	31	34
通信终端设备制造 Manufacture of Communication Terminal Equipment	18	60	50	46	34	34	29
2.雷达及配套设备制造 Manufacture of Radar and Its Fittings	40	41	36	35	37	37	32
3.广播电视设备制造 Manufacture of Broadcasting and TV Equipment	54	38	30	42	24	24	23
4.电子器件制造 Manufacture of Electronic Appliances	220	190	170	211	161	142	142
#电子真空器件制造 Manufacture of Electronic Vacuum Appliances	20	52	44	41	29	26	28
半导体分立器件制造 Manufacture of Semiconductor Discreting Appliances	61	113	72	63	46	41	33
集成电路制造 Manufacture of Integrate Circuit	15	25	29	37	28	26	26
5.电子元件制造 Manufacture of Electronic Components	483	381	239	281	234	214	190
6.家用视听设备制造 Manufacture of Domestic TV Set and Radio Receiver	206	133	82	97	59	52	49
7.其他电子设备制造 Manufacture of Other Electronic Equipment	146	113	50	51	39	36	48
电子计算机及办公设备制造业 Manufacture of Computers and Office Equipments	**139**	**125**	**115**	**117**	**83**	**78**	**72**
1.电子计算机整机制造 Manufacture of Entired Computer	63	65	45	40	24	23	25
2.电子计算机外部设备制造 Manufacture of Computer Peripheral Equipment	61	47	56	62	53	44	35
3.办公设备制造 Manufacture of Office Equipment	15	13	14	15	6	11	12
医疗设备及仪器仪表制造业 Manufacture of Medical Equipments and Measuring Instrument	**1116**	**719**	**537**	**746**	**542**	**478**	**396**
1.医疗设备及器械制造 Manufacture of Medical Equipment and Appliances	268	195	114	142	109	90	69
2.仪器仪表制造 Manufacture of Measuring Instrument	848	524	423	604	433	388	327

1-22 国有及国有控股企业当年价总产值

Gross Industrial Output Value at Current Prices of State-owned and State-controlled Enterprises

单位：亿元 (100 million yuan)

行 业 Industry	1995	2000	2003	2004	2005	2006	2007
合计 Total	**1508.57**	**4304.48**	**5266.36**	**5023.30**	**5629.85**	**4612.53**	**5010.86**
医药制造业 Manufacture of Medicines	**492.59**	**883.93**	**1063.42**	**891.10**	**1017.76**	**996.39**	**1143.23**
#化学药品制造 Manufacture of Chemical Medicine	364.51	590.75	675.19	549.10	670.73	641.62	713.41
中成药制造 Manufacture of Finished Traditional Chinese Herbal Medicine	48.99	228.35	238.23	260.40	257.85	245.02	298.26
生物、生化制品的制造 Manufacture of Biological and Biochemical Chemical Products	17.52	56.12	81.94	40.40	48.38	48.87	78.05
航空航天器制造业 Manufacture of Aircrafts and Spacecrafts	**257.20**	**379.79**	**538.28**	**469.90**	**743.07**	**732.56**	**885.38**
1.飞机制造及修理 Manufacture and Repairing of Airplanes	219.33	333.47	502.42	439.20	698.24	683.38	831.80
2.航天器制造 Manufacture of Spacecrafts	37.87	46.32	35.86	30.70	44.83	49.18	53.58
电子及通信设备制造业 Manufacture of Electronic Equipment and Communication Equipment	**590.97**	**2445.25**	**3086.46**	**2565.90**	**2729.61**	**2155.53**	**2193.03**
1.通信设备制造 Manufacture of Communication Equipment	170.30	876.38	1397.77	1111.70	858.67	386.63	554.81
#通信传输设备制造 Manufacture of Communication Transmitting Equipment	63.13	149.52	117.61	106.40	76.04	82.74	83.60
通信交换设备制造 Manufacture of Communication Exchanging Equipment	34.45	336.68	391.60	479.00	402.76	68.72	235.80
通信终端设备制造 Manufacture of Communication Terminal Equipment	14.27	75.12	81.26	48.90	61.20	47.83	56.86
2.雷达及配套设备制造 Manufacture of Radar and Its Fittings	108.89	34.92	61.56	57.50	98.49	122.43	120.57
3.广播电视设备制造 Manufacture of Broadcasting and TV Equipment	5.42	6.79	10.07	13.90	13.13	16.74	16.32
4.电子器件制造 Manufacture of Electronic Appliances	108.35	459.23	463.15	428.50	471.89	422.09	557.14
#电子真空器件制造 Manufacture of Electronic Vacuum Appliances	80.30	354.04	341.22	194.70	229.73	203.43	218.09
半导体分立器件制造 Manufacture of Semiconductor Discreting Appliances	19.68	46.25	33.75	27.30	31.67	27.00	35.13
集成电路制造 Manufacture of Integrate Circuit	3.36	58.94	50.62	60.10	43.45	39.92	36.35
5.电子元件制造 Manufacture of Electronic Components	80.11	187.43	177.86	301.70	460.31	414.25	274.40
6.家用视听设备制造 Manufacture of Domestic TV Set and Radio Receiver	106.00	810.20	946.93	634.00	806.57	768.15	619.73
7.其他电子设备制造 Manufacture of Other Electronic Equipment	11.88	70.29	29.12	18.70	20.55	25.24	50.06
电子计算机及办公设备制造业 Manufacture of Computers and Office Equipments	**48.22**	**406.55**	**386.78**	**840.70**	**846.86**	**397.28**	**373.81**
1.电子计算机整机制造 Manufacture of Entired Computer	30.36	277.42	162.94	657.20	609.76	218.76	275.68
2.电子计算机外部设备制造 Manufacture of Computer Peripheral Equipment	13.02	123.90	214.92	159.60	229.47	165.80	81.25
3.办公设备制造 Manufacture of Office Equipment	4.83	5.23	8.92	23.90	7.63	12.72	16.88
医疗设备及仪器仪表制造业 Manufacture of Medical Equipments and Measuring Instrument	**119.59**	**188.96**	**191.42**	**255.70**	**292.56**	**330.78**	**415.41**
1.医疗设备及器械制造 Manufacture of Medical Equipment and Appliances	18.61	31.31	27.63	35.80	31.63	29.52	59.05
2.仪器仪表制造 Manufacture of Measuring Instrument	100.99	157.65	163.79	219.90	260.92	301.26	356.37

1-23 国有及国有控股企业增加值

Value Added of Industry of State-owned and State-controlled Enterprises

单位：亿元 (100 million yuan)

行业 Industry	1995	2000	2003	2004	2005	2006	2007
合计 Total	**393.12**	**1225.57**	**1454.54**	**1356.30**	**1421.66**	**1270.00**	**1502.97**
医药制造业 Manufacture of Medicines	**123.17**	**321.05**	**377.04**	**313.70**	**370.25**	**343.82**	**410.56**
#化学药品制造 Manufacture of Chemical Medicine	79.92	189.57	223.37	170.80	218.75	190.10	220.84
中成药制造 Manufacture of Finished Traditional Chinese Herbal Medicine	18.14	102.30	98.07	109.90	115.02	102.91	125.77
生物、生化制品的制造 Manufacture of Biological and Biochemical Chemical Products	7.25	27.19	26.79	16.90	22.57	23.23	43.91
航空航天器制造业 Manufacture of Aircrafts and Spacecrafts	**74.17**	**103.65**	**135.42**	**135.80**	**191.72**	**202.13**	**232.62**
1.飞机制造及修理 Manufacture and Repairing of Airplanes	63.84	90.42	120.58	123.60	173.32	183.98	212.35
2.航天器制造 Manufacture of Spacecrafts	10.33	13.23	14.84	12.30	18.39	18.15	20.27
电子及通信设备制造业 Manufacture of Electronic Equipment and Communication Equipment	**146.66**	**621.08**	**776.15**	**689.30**	**605.03**	**525.98**	**593.60**
1.通信设备制造 Manufacture of Communication Equipment	33.95	240.46	396.41	343.20	186.60	101.08	169.31
#通信传输设备制造 Manufacture of Communication Transmitting Equipment	7.75	31.45	27.01	28.50	20.00	27.48	26.98
通信交换设备制造 Manufacture of Communication Exchanging Equipment	9.37	136.46	182.24	245.50	118.22	18.27	70.61
通信终端设备制造 Manufacture of Communication Terminal Equipment	3.21	15.75	16.08	12.00	12.34	10.01	14.26
2.雷达及配套设备制造 Manufacture of Radar and Its Fittings	26.63	8.75	18.44	19.20	31.35	38.45	34.41
3.广播电视设备制造 Manufacture of Broadcasting and TV Equipment	1.36	1.90	2.88	0.80	3.07	5.05	4.40
4.电子器件制造 Manufacture of Electronic Appliances	45.53	122.65	125.02	122.10	109.41	104.00	134.58
#电子真空器件制造 Manufacture of Electronic Vacuum Appliances	36.87	90.31	83.96	55.60	43.81	44.49	48.42
半导体分立器件制造 Manufacture of Semiconductor Discreting Appliances	6.02	12.92	13.55	10.00	10.60	9.06	10.34
集成电路制造 Manufacture of Integrate Circuit	1.21	19.43	15.93	25.30	12.25	19.30	13.20
5.电子元件制造 Manufacture of Electronic Components	23.54	50.50	53.03	79.60	116.39	128.73	84.05
6.家用视听设备制造 Manufacture of Domestic TV Set and Radio Receiver	11.49	168.33	168.93	114.50	149.29	136.44	134.97
7.其他电子设备制造 Manufacture of Other Electronic Equipment	4.15	28.49	11.44	9.90	8.92	12.23	31.89
电子计算机及办公设备制造业 Manufacture of Computers and Office Equipments	**10.14**	**120.58**	**105.12**	**133.40**	**157.27**	**83.80**	**116.40**
1.电子计算机整机制造 Manufacture of Entired Computer	6.82	82.63	57.07	95.50	113.55	56.81	84.76
2.电子计算机外部设备制造 Manufacture of Computer Peripheral Equipment	2.70	37.02	45.80	32.00	42.03	23.61	26.74
3.办公设备制造 Manufacture of Office Equipment	0.62	0.93	2.25	5.90	1.68	3.38	4.90
医疗设备及仪器仪表制造业 Manufacture of Medical Equipments and Measuring Instrument	**38.98**	**59.21**	**60.81**	**84.00**	**97.40**	**114.26**	**149.78**
1.医疗设备及器械制造 Manufacture of Medical Equipment and Appliances	6.52	10.42	9.47	12.90	12.64	9.62	24.16
2.仪器仪表制造 Manufacture of Measuring Instrument	32.46	48.78	51.34	71.00	84.76	104.64	125.63

1-24 国有及国有控股企业主营业务收入

Revenue from Principal Business of State-owned and State-controlled Enterprises

单位：亿元 (100 million yuan)

行业 Industry	1995	2000	2003	2004	2005	2006	2007
合计 **Total**	**1471.25**	**4188.08**	**5145.71**	**5037.30**	**5712.52**	**4664.08**	**5196.18**
医药制造业 **Manufacture of Medicines**	**472.38**	**853.83**	**1117.21**	**913.00**	**1113.13**	**1034.58**	**1218.61**
#化学药品制造 Manufacture of Chemical Medicine	338.18	567.11	731.24	569.60	741.43	671.14	769.33
中成药制造 Manufacture of Finished Traditional Chinese Herbal Medicine	64.14	236.74	241.08	263.90	290.43	262.59	320.30
生物、生化制品的制造 Manufacture of Biological and Biochemical Chemical Products	15.57	42.65	79.66	37.70	40.11	42.79	73.91
航空航天器制造业 **Manufacture of Aircrafts and Spacecrafts**	**250.74**	**369.06**	**535.25**	**467.60**	**727.70**	**704.56**	**876.93**
1.飞机制造及修理 Manufacture and Repairing of Airplanes	220.39	326.71	501.13	438.60	683.39	659.42	824.57
2.航天器制造 Manufacture of Spacecrafts	30.36	42.35	34.12	28.90	44.31	45.14	52.36
电子及通信设备制造业 **Manufacture of Electronic Equipment and Communication Equipment**	**555.58**	**2386.87**	**2908.52**	**2562.90**	**2735.31**	**2188.63**	**2317.31**
1.通信设备制造 Manufacture of Communication Equipment	161.53	832.15	1327.70	1099.00	859.92	400.40	560.15
#通信传输设备制造 Manufacture of Communication Transmitting Equipment	58.52	168.17	158.29	137.00	82.04	87.82	96.99
通信交换设备制造 Manufacture of Communication Exchanging Equipment	32.16	300.35	328.69	471.00	391.40	68.55	232.91
通信终端设备制造 Manufacture of Communication Terminal Equipment	13.84	60.91	76.15	46.40	59.75	54.50	58.18
2.雷达及配套设备制造 Manufacture of Radar and Its Fittings	99.98	31.51	57.04	53.20	87.96	114.88	117.35
3.广播电视设备制造 Manufacture of Broadcasting and TV Equipment	5.61	6.27	10.00	16.50	11.57	14.57	14.39
4.电子器件制造 Manufacture of Electronic Appliances	102.73	450.63	439.64	429.90	447.08	425.85	549.60
#电子真空器件制造 Manufacture of Electronic Vacuum Appliances	77.28	357.95	326.70	191.00	219.10	202.34	202.27
半导体分立器件制造 Manufacture of Semiconductor Discreting Appliances	18.05	38.62	29.84	24.90	29.52	28.98	35.75
集成电路制造 Manufacture of Integrate Circuit	2.97	54.07	49.82	61.70	38.44	37.94	34.90
5.电子元件制造 Manufacture of Electronic Components	74.57	178.38	174.12	293.60	445.67	401.04	269.00
6.家用视听设备制造 Manufacture of Domestic TV Set and Radio Receiver	99.38	823.12	871.70	651.80	861.10	804.89	757.95
7.其他电子设备制造 Manufacture of Other Electronic Equipment	11.78	64.81	28.32	18.90	21.99	27.01	48.86
电子计算机及办公设备制造业 **Manufacture of Computers and Office Equipments**	**73.66**	**393.49**	**397.58**	**835.00**	**841.31**	**408.71**	**380.93**
1.电子计算机整机制造 Manufacture of Entired Computer	44.80	263.49	145.31	656.80	629.45	221.54	274.20
2.电子计算机外部设备制造 Manufacture of Computer Peripheral Equipment	23.39	123.75	242.33	154.70	204.56	174.43	90.32
3.办公设备制造 Manufacture of Office Equipment	5.46	6.25	9.94	23.50	7.30	12.75	16.41
医疗设备及仪器仪表制造业 **Manufacture of Medical Equipments and Measuring Instrument**	**118.89**	**184.83**	**187.15**	**258.90**	**295.08**	**327.60**	**402.40**
1.医疗设备及器械制造 Manufacture of Medical Equipment and Appliances	18.71	28.99	26.31	35.20	30.76	29.33	58.63
2.仪器仪表制造 Manufacture of Measuring Instrument	100.18	155.84	160.84	223.70	264.32	298.27	343.77

1–25 国有及国有控股企业利润

Profits of State-owned and State-controlled Enterprises

单位：亿元 (100 million yuan)

行　业 Industry	1995	2000	2003	2004	2005	2006	2007
合计 **Total**	**32.83**	**248.40**	**242.31**	**199.00**	**182.15**	**168.95**	**305.23**
医药制造业 **Manufacture of Medicines**	**13.95**	**67.83**	**102.33**	**81.40**	**94.57**	**79.17**	**115.13**
#化学药品制造 Manufacture of Chemical Medicine	6.75	36.50	62.42	42.60	51.40	38.12	57.31
中成药制造 Manufacture of Finished Traditional Chinese Herbal Medicine	4.47	25.54	26.19	29.10	33.80	28.60	36.58
生物、生化制品的制造 Manufacture of Biological and Biochemical Chemical Products	2.08	5.69	8.78	5.90	6.15	8.29	16.63
航空航天器制造业 **Manufacture of Aircrafts and Spacecrafts**	**1.12**	**2.26**	**14.38**	**16.00**	**27.27**	**32.12**	**47.13**
1.飞机制造及修理 Manufacture and Repairing of Airplanes	2.73	2.06	11.87	12.90	22.52	28.83	43.42
2.航天器制造 Manufacture of Spacecrafts	-1.60	0.20	2.51	3.10	4.76	3.29	3.71
电子及通信设备制造业 **Manufacture of Electronic Equipment and Communication Equipment**	**18.07**	**150.92**	**109.59**	**59.70**	**20.11**	**14.37**	**86.00**
1.通信设备制造 Manufacture of Communication Equipment	4.42	69.08	59.97	26.30	10.92	11.20	22.64
#通信传输设备制造 Manufacture of Communication Transmitting Equipment	1.05	15.22	5.51	4.70	5.34	7.46	10.65
通信交换设备制造 Manufacture of Communication Exchanging Equipment	1.67	30.83	16.83	24.90	13.41	-3.04	8.51
通信终端设备制造 Manufacture of Communication Terminal Equipment	-0.76	1.80	3.36	0.50	-2.52	2.31	4.01
2.雷达及配套设备制造 Manufacture of Radar and Its Fittings	11.85	-0.39	3.02	3.90	5.88	8.42	10.74
3.广播电视设备制造 Manufacture of Broadcasting and TV Equipment	-0.26	-0.22	-0.17	0.10	-0.03	1.17	0.34
4.电子器件制造 Manufacture of Electronic Appliances	8.45	38.17	14.27	25.00	-24.12	-29.90	18.65
#电子真空器件制造 Manufacture of Electronic Vacuum Appliances	9.28	32.69	22.44	15.10	-32.39	-25.89	-9.40
半导体分立器件制造 Manufacture of Semiconductor Discreting Appliances	-0.35	1.32	1.60	1.10	1.85	1.23	3.88
集成电路制造 Manufacture of Integrate Circuit	-0.26	4.16	-7.27	4.40	2.10	2.90	11.08
5.电子元件制造 Manufacture of Electronic Components	0.13	11.58	9.17	17.00	16.31	18.27	13.10
6.家用视听设备制造 Manufacture of Domestic TV Set and Radio Receiver	-6.52	20.24	20.75	-12.70	10.93	4.19	18.60
7.其他电子设备制造 Manufacture of Other Electronic Equipment	-0.01	12.46	2.58	0.10	0.23	1.03	1.94
电子计算机及办公设备制造业 **Manufacture of Computers and Office Equipments**	**1.11**	**22.50**	**9.78**	**35.50**	**18.41**	**13.46**	**14.01**
1.电子计算机整机制造 Manufacture of Entired Computer	0.49	18.22	3.08	30.00	19.40	3.66	2.70
2.电子计算机外部设备制造 Manufacture of Computer Peripheral Equipment	0.77	4.20	6.36	3.30	-1.49	8.66	8.61
3.办公设备制造 Manufacture of Office Equipment	-0.16	0.09	0.34	2.20	0.50	1.14	2.71
医疗设备及仪器仪表制造业 **Manufacture of Medical Equipments and Measuring Instrument**	**-1.41**	**4.89**	**6.23**	**6.40**	**21.78**	**29.83**	**42.95**
1.医疗设备及器械制造 Manufacture of Medical Equipment and Appliances	-0.07	1.03	1.44	2.80	2.59	1.77	11.26
2.仪器仪表制造 Manufacture of Measuring Instrument	-1.34	3.86	4.79	3.60	19.19	28.06	31.70

1-26 国有及国有控股企业利税

Taxes and Profits of State-owned and State-controlled Enterprises

单位：亿元 (100 million yuan)

行业 Industry	1995	2000	2003	2004	2005	2006	2007
合计 Total	**97.29**	**414.53**	**406.72**	**337.30**	**357.06**	**321.58**	**462.90**
医药制造业 Manufacture of Medicines	**37.76**	**134.09**	**178.33**	**144.50**	**166.80**	**146.75**	**191.52**
#化学药品制造 Manufacture of Chemical Medicine	21.80	76.98	106.58	77.00	92.49	75.70	98.08
中成药制造 Manufacture of Finished Traditional Chinese Herbal Medicine	8.34	47.73	48.58	52.70	59.83	51.23	64.40
生物、生化制品的制造 Manufacture of Biological and Biochemical Chemical Products	3.26	8.86	13.16	8.50	9.22	11.54	21.49
航空航天器制造业 Manufacture of Aircrafts and Spacecrafts	**12.55**	**15.61**	**27.14**	**21.30**	**37.73**	**44.76**	**56.72**
1.飞机制造及修理 Manufacture and Repairing of Airplanes	13.71	14.66	24.34	18.20	32.72	41.22	52.66
2.航天器制造 Manufacture of Spacecrafts	-1.16	0.95	2.80	3.10	5.01	3.54	4.05
电子及通信设备制造业 Manufacture of Electronic Equipment and Communication Equipment	**38.23**	**218.41**	**169.56**	**108.50**	**93.76**	**65.00**	**133.00**
1.通信设备制造 Manufacture of Communication Equipment	9.26	90.29	83.73	42.80	45.02	20.25	31.95
#通信传输设备制造 Manufacture of Communication Transmitting Equipment	1.56	20.85	6.90	7.20	6.65	8.88	12.06
通信交换设备制造 Manufacture of Communication Exchanging Equipment	3.84	40.00	25.31	35.20	42.14	-0.32	10.81
通信终端设备制造 Manufacture of Communication Terminal Equipment	-0.22	3.14	4.59	1.50	-1.64	3.09	5.13
2.雷达及配套设备制造 Manufacture of Radar and Its Fittings	14.90	-0.03	3.58	4.00	6.86	10.09	12.02
3.广播电视设备制造 Manufacture of Broadcasting and TV Equipment	0.06	0.13	0.38	0.60	0.35	1.75	0.92
4.电子器件制造 Manufacture of Electronic Appliances	14.64	57.21	28.66	40.10	-11.91	-18.50	31.61
#电子真空器件制造 Manufacture of Electronic Vacuum Appliances	13.96	48.23	31.99	23.30	-26.44	-20.84	-4.03
半导体分立器件制造 Manufacture of Semiconductor Discreting Appliances	0.65	2.91	2.95	2.10	2.89	2.18	5.09
集成电路制造 Manufacture of Integrate Circuit	-0.07	6.07	-5.95	7.30	3.29	3.71	12.98
5.电子元件制造 Manufacture of Electronic Components	3.63	19.32	16.08	25.70	25.73	28.58	20.52
6.家用视听设备制造 Manufacture of Domestic TV Set and Radio Receiver	-4.67	35.88	33.42	-5.60	26.74	20.91	32.84
7.其他电子设备制造 Manufacture of Other Electronic Equipment	0.41	15.61	3.71	0.80	0.98	1.92	3.15
电子计算机及办公设备制造业 Manufacture of Computers and Office Equipments	**2.78**	**31.20**	**15.65**	**44.90**	**24.41**	**20.99**	**20.96**
1.电子计算机整机制造 Manufacture of Entired Computer	1.33	24.50	5.48	36.30	22.82	8.26	6.46
2.电子计算机外部设备制造 Manufacture of Computer Peripheral Equipment	1.36	6.30	9.45	6.00	0.70	10.78	10.98
3.办公设备制造 Manufacture of Office Equipment	0.09	0.41	0.72	2.70	0.89	1.95	3.51
医疗设备及仪器仪表制造业 Manufacture of Medical Equipments and Measuring Instrument	**5.97**	**15.22**	**16.04**	**17.90**	**34.36**	**44.08**	**60.70**
1.医疗设备及器械制造 Manufacture of Medical Equipment and Appliances	1.15	3.03	3.01	4.80	3.96	3.47	15.31
2.仪器仪表制造 Manufacture of Measuring Instrument	4.82	12.19	13.03	13.10	30.40	40.61	45.39

1–27 三资企业数
Number of Joint Ventures

单位: 个 (unit)

行 业 Industry	1995	2000	2003	2004	2005	2006	2007
合计 **Total**	**4581**	**3046**	**4208**	**6560**	**6491**	**6999**	**8028**
医药制造业 **Manufacture of Medicines**	**868**	**542**	**701**	**883**	**890**	**955**	**1035**
#化学药品制造 Manufacture of Chemical Medicine	390	277	334	389	387	407	436
中成药制造 Manufacture of Finished Traditional Chinese Herbal Medicine	15	179	130	182	192	201	212
生物、生化制品的制造 Manufacture of Biological and Biochemical Chemical Products	106	70	92	129	128	131	149
航空航天器制造业 **Manufacture of Aircrafts and Spacecrafts**	**13**	**8**	**13**	**27**	**30**	**29**	**32**
1.飞机制造及修理 Manufacture and Repairing of Airplanes	11	7	12	26	29	27	31
2.航天器制造 Manufacture of Spacecrafts	2	1	1	1	1	2	1
电子及通信设备制造业 **Manufacture of Electronic Equipment and Communication Equipment**	**2509**	**1829**	**2517**	**3953**	**3947**	**4268**	**4966**
1.通信设备制造 Manufacture of Communication Equipment	541	300	344	479	461	476	531
#通信传输设备制造 Manufacture of Communication Transmitting Equipment	4	54	48	83	84	80	89
通信交换设备制造 Manufacture of Communication Exchanging Equipment	8	55	42	54	51	44	52
通信终端设备制造 Manufacture of Communication Terminal Equipment	7	56	98	102	98	94	103
2.雷达及配套设备制造 Manufacture of Radar and Its Fittings	3		1	4	3	4	2
3.广播电视设备制造 Manufacture of Broadcasting and TV Equipment	44	21	41	138	121	111	121
4.电子器件制造 Manufacture of Electronic Appliances	301	260	402	772	728	791	929
#电子真空器件制造 Manufacture of Electronic Vacuum Appliances	6	42	51	50	52	53	66
半导体分立器件制造 Manufacture of Semiconductor Discreting Appliances		112	104	166	136	153	167
集成电路制造 Manufacture of Integrate Circuit	4	106	140	247	237	250	269
5.电子元件制造 Manufacture of Electronic Components	1024	796	1227	1890	1946	2158	2487
6.家用视听设备制造 Manufacture of Domestic TV Set and Radio Receiver	333	228	333	496	486	497	568
7.其他电子设备制造 Manufacture of Other Electronic Equipment	263	224	169	174	202	231	328
电子计算机及办公设备制造业 **Manufacture of Computers and Office Equipments**	**390**	**301**	**498**	**852**	**800**	**812**	**925**
1.电子计算机整机制造 Manufacture of Entired Computer	114	54	70	126	111	87	98
2.电子计算机外部设备制造 Manufacture of Computer Peripheral Equipment	216	186	350	605	579	610	718
3.办公设备制造 Manufacture of Office Equipment	60	61	78	121	110	115	109
医疗设备及仪器仪表制造业 **Manufacture of Medical Equipments and Measuring Instrument**	**801**	**366**	**479**	**845**	**824**	**935**	**1070**
1.医疗设备及器械制造 Manufacture of Medical Equipment and Appliances	327	116	106	200	201	231	272
2.仪器仪表制造 Manufacture of Measuring Instrument	474	250	373	645	623	704	798

1-28 三资企业当年价总产值

Gross Industrial Output Value at Current Prices of Joint Ventures

单位：亿元 (100 million yuan)

行业 Industry	1995	2000	2003	2004	2005	2006	2007
合计 Total	**1818.20**	**6136.29**	**13591.11**	**20411.00**	**25178.49**	**30257.03**	**36813.23**
医药制造业 Manufacture of Medicines	**188.31**	**403.73**	**635.99**	**813.30**	**1047.90**	**1271.02**	**1628.12**
#化学药品制造 Manufacture of Chemical Medicine	113.54	252.30	390.91	494.30	680.53	815.71	1061.07
中成药制造 Manufacture of Finished Traditional Chinese Herbal Medicine	24.94	110.76	114.16	140.20	163.14	180.52	226.00
生物、生化制品的制造 Manufacture of Biological and Biochemical Chemical Products	9.64	33.74	60.32	77.90	111.68	147.08	177.82
航空航天器制造业 Manufacture of Aircrafts and Spacecrafts	**14.84**	**23.55**	**30.47**	**53.80**	**76.23**	**87.91**	**124.41**
1.飞机制造及修理 Manufacture and Repairing of Airplanes	14.84	23.15	30.22	53.20	75.42	86.57	123.12
2.航天器制造 Manufacture of Spacecrafts		0.40	0.25	0.70	0.81	1.34	1.29
电子及通信设备制造业 Manufacture of Electronic Equipment and Communication Equipment	**1268.31**	**4124.46**	**7082.95**	**10844.70**	**13232.50**	**16605.24**	**19590.93**
1.通信设备制造 Manufacture of Communication Equipment	380.56	1508.85	2311.72	3539.80	4520.93	5729.33	5940.16
#通信传输设备制造 Manufacture of Communication Transmitting Equipment	8.58	111.47	52.12	156.70	144.92	154.03	211.61
通信交换设备制造 Manufacture of Communication Exchanging Equipment	66.26	359.90	242.17	323.80	273.74	287.93	387.82
通信终端设备制造 Manufacture of Communication Terminal Equipment	14.03	232.85	249.86	298.30	385.27	461.06	437.18
2.雷达及配套设备制造 Manufacture of Radar and Its Fittings	0.10		0.86	2.50	1.28	1.09	1.18
3.广播电视设备制造 Manufacture of Broadcasting and TV Equipment	4.80	16.44	24.00	96.10	93.79	126.34	144.16
4.电子器件制造 Manufacture of Electronic Appliances	195.74	652.96	1410.06	2344.20	2538.40	3247.30	4285.31
#电子真空器件制造 Manufacture of Electronic Vacuum Appliances	32.34	328.12	553.71	506.60	420.37	383.73	374.04
半导体分立器件制造 Manufacture of Semiconductor Discreting Appliances		100.31	113.11	162.90	178.56	284.22	348.05
集成电路制造 Manufacture of Integrate Circuit	35.50	224.53	424.99	921.10	1073.69	1479.99	1855.86
5.电子元件制造 Manufacture of Electronic Components	224.98	763.84	1627.63	2673.70	3570.62	4824.53	6142.81
6.家用视听设备制造 Manufacture of Domestic TV Set and Radio Receiver	408.58	1002.38	1506.01	2070.20	2261.24	2292.13	2543.69
7.其他电子设备制造 Manufacture of Other Electronic Equipment	53.56	180.00	202.67	118.30	246.24	384.53	533.62
电子计算机及办公设备制造业 Manufacture of Computers and Office Equipments	**255.15**	**1386.24**	**5473.38**	**8090.40**	**9989.44**	**11173.68**	**14039.76**
1.电子计算机整机制造 Manufacture of Entired Computer	78.74	533.06	2708.53	4217.10	5249.11	5638.80	7496.03
2.电子计算机外部设备制造 Manufacture of Computer Peripheral Equipment	153.87	681.46	2417.60	3463.80	4230.69	4928.21	5879.75
3.办公设备制造 Manufacture of Office Equipment	22.55	171.71	347.25	409.50	509.64	606.67	663.98
医疗设备及仪器仪表制造业 Manufacture of Medical Equipments and Measuring Instrument	**91.58**	**198.31**	**368.32**	**608.90**	**832.42**	**1119.17**	**1430.02**
1.医疗设备及器械制造 Manufacture of Medical Equipment and Appliances	29.46	64.13	88.21	154.60	191.83	245.22	303.39
2.仪器仪表制造 Manufacture of Measuring Instrument	62.12	134.17	280.11	454.20	640.58	873.95	1126.62

1-29 三资企业增加值

Value Added of Industry of Joint Ventures

单位：亿元 (100 million yuan)

行业 Industry	1995	2000	2003	2004	2005	2006	2007
合计 Total	**478.69**	**1437.20**	**2894.86**	**3988.50**	**5323.90**	**6465.70**	**7285.75**
医药制造业 Manufacture of Medicines	**67.74**	**155.71**	**244.67**	**316.40**	**393.91**	**473.23**	**624.32**
#化学药品制造 Manufacture of Chemical Medicine	38.69	90.83	145.17	183.00	251.61	303.41	401.67
中成药制造 Manufacture of Finished Traditional Chinese Herbal Medicine	11.57	47.97	46.83	66.10	68.36	73.73	98.50
生物、生化制品的制造 Manufacture of Biological and Biochemical Chemical Products	3.02	14.21	24.87	34.30	44.08	55.76	69.95
航空航天器制造业 Manufacture of Aircrafts and Spacecrafts	**8.41**	**8.66**	**14.29**	**24.00**	**29.37**	**37.86**	**53.95**
1.飞机制造及修理 Manufacture and Repairing of Airplanes	8.41	8.51	14.25	23.70	28.95	37.31	53.43
2.航天器制造 Manufacture of Spacecrafts		0.16	0.04	0.30	0.41	0.55	0.52
电子及通信设备制造业 Manufacture of Electronic Equipment and Communication Equipment	**312.82**	**932.78**	**1660.00**	**2390.90**	**3000.60**	**3790.56**	**4138.19**
1.通信设备制造 Manufacture of Communication Equipment	147.26	329.40	556.84	705.40	888.93	1158.51	981.83
#通信传输设备制造 Manufacture of Communication Transmitting Equipment	2.13	28.90	14.53	53.50	43.62	38.34	50.40
通信交换设备制造 Manufacture of Communication Exchanging Equipment	37.96	88.90	60.43	74.90	55.95	82.95	93.08
通信终端设备制造 Manufacture of Communication Terminal Equipment	2.49	36.49	57.15	40.40	50.59	87.84	68.10
2.雷达及配套设备制造 Manufacture of Radar and Its Fittings	-0.01		0.16	0.70	0.04	0.25	0.24
3.广播电视设备制造 Manufacture of Broadcasting and TV Equipment	1.29	3.36	5.22	23.90	25.78	34.02	32.40
4.电子器件制造 Manufacture of Electronic Appliances	59.35	171.67	363.43	619.40	693.73	886.37	1089.53
#电子真空器件制造 Manufacture of Electronic Vacuum Appliances	7.54	96.54	140.88	137.60	93.66	80.23	72.57
半导体分立器件制造 Manufacture of Semiconductor Discreting Appliances		22.62	31.71	45.70	46.74	82.15	94.57
集成电路制造 Manufacture of Integrate Circuit	11.33	52.52	134.66	244.10	364.20	456.45	528.91
5.电子元件制造 Manufacture of Electronic Components	43.29	192.29	395.18	611.10	883.01	1177.21	1433.52
6.家用视听设备制造 Manufacture of Domestic TV Set and Radio Receiver	50.39	183.80	282.71	396.40	439.19	440.14	492.05
7.其他电子设备制造 Manufacture of Other Electronic Equipment	11.25	52.25	56.46	34.00	69.92	94.07	108.62
电子计算机及办公设备制造业 Manufacture of Computers and Office Equipments	**62.08**	**281.14**	**870.06**	**1067.50**	**1663.48**	**1816.21**	**2060.21**
1.电子计算机整机制造 Manufacture of Entired Computer	22.10	95.43	280.27	382.50	707.56	718.48	819.35
2.电子计算机外部设备制造 Manufacture of Computer Peripheral Equipment	35.71	147.79	484.38	588.30	847.50	966.43	1103.35
3.办公设备制造 Manufacture of Office Equipment	4.27	37.91	105.41	96.60	108.42	131.30	137.51
医疗设备及仪器仪表制造业 Manufacture of Medical Equipments and Measuring Instrument	**27.64**	**58.91**	**105.84**	**189.80**	**236.54**	**347.84**	**409.08**
1.医疗设备及器械制造 Manufacture of Medical Equipment and Appliances	8.88	18.92	29.42	57.40	55.39	86.81	94.18
2.仪器仪表制造 Manufacture of Measuring Instrument	18.76	40.00	76.42	132.30	181.15	261.03	314.91

1-30 三资企业主营业务收入

Revenue from Principal Business of Joint Ventures

单位：亿元 (100 million yuan)

行业 Industry	1995	2000	2003	2004	2005	2006	2007
合计 Total	**1728.08**	**6006.81**	**13734.14**	**20610.70**	**24789.74**	**30115.81**	**36281.01**
医药制造业 Manufacture of Medicines	**179.64**	**365.83**	**576.72**	**734.00**	**967.03**	**1186.56**	**1508.61**
#化学药品制造 Manufacture of Chemical Medicine	110.12	240.11	362.02	444.70	646.04	777.06	997.32
中成药制造 Manufacture of Finished Traditional Chinese Herbal Medicine	26.63	89.05	97.09	123.30	136.16	156.85	193.60
生物、生化制品的制造 Manufacture of Biological and Biochemical Chemical Products	8.45	29.60	54.88	72.60	99.11	136.71	164.96
航空航天器制造业 Manufacture of Aircrafts and Spacecrafts	**15.84**	**25.10**	**29.18**	**52.90**	**76.50**	**87.27**	**117.38**
1.飞机制造及修理 Manufacture and Repairing of Airplanes	15.84	24.76	28.92	52.20	75.70	86.11	116.10
2.航天器制造 Manufacture of Spacecrafts		0.34	0.26	0.70	0.80	1.16	1.28
电子及通信设备制造业 Manufacture of Electronic Equipment and Communication Equipment	**1193.63**	**4116.68**	**6988.75**	**10638.30**	**12914.02**	**16416.73**	**19157.17**
1.通信设备制造 Manufacture of Communication Equipment	345.86	1538.53	2379.84	3556.60	4454.60	5725.41	5789.54
#通信传输设备制造 Manufacture of Communication Transmitting Equipment	15.53	117.59	58.80	241.90	181.93	177.35	219.83
通信交换设备制造 Manufacture of Communication Exchanging Equipment	66.95	364.94	254.41	325.10	280.94	300.42	396.19
通信终端设备制造 Manufacture of Communication Terminal Equipment	13.34	242.60	269.10	295.90	382.05	454.62	437.51
2.雷达及配套设备制造 Manufacture of Radar and Its Fittings	0.10		0.86	2.60	1.41	1.21	1.18
3.广播电视设备制造 Manufacture of Broadcasting and TV Equipment	4.39	16.69	24.36	91.20	91.79	124.65	141.37
4.电子器件制造 Manufacture of Electronic Appliances	187.39	621.70	1387.08	2298.80	2477.88	3218.29	4197.17
#电子真空器件制造 Manufacture of Electronic Vacuum Appliances	32.20	306.97	539.16	496.60	407.41	380.79	365.41
半导体分立器件制造 Manufacture of Semiconductor Discreting Appliances		97.92	103.50	155.60	177.90	278.77	342.30
集成电路制造 Manufacture of Integrate Circuit	34.58	216.82	422.50	906.90	1039.97	1482.48	1790.40
5.电子元件制造 Manufacture of Electronic Components	214.55	728.95	1551.60	2597.00	3469.86	4747.51	6024.98
6.家用视听设备制造 Manufacture of Domestic TV Set and Radio Receiver	392.45	1038.01	1444.70	1973.90	2177.87	2231.94	2471.61
7.其他电子设备制造 Manufacture of Other Electronic Equipment	48.88	172.80	200.31	118.20	240.62	367.71	531.34
电子计算机及办公设备制造业 Manufacture of Computers and Office Equipments	**251.59**	**1306.00**	**5776.85**	**8577.50**	**10004.11**	**11315.41**	**14096.30**
1.电子计算机整机制造 Manufacture of Entired Computer	78.13	504.20	3007.96	4725.40	5348.71	5856.90	7721.74
2.电子计算机外部设备制造 Manufacture of Computer Peripheral Equipment	151.11	636.21	2429.67	3434.00	4160.47	4852.51	5730.76
3.办公设备制造 Manufacture of Office Equipment	22.36	165.60	339.22	418.20	494.93	606.00	643.80
医疗设备及仪器仪表制造业 Manufacture of Medical Equipments and Measuring Instrument	**87.38**	**193.20**	**362.64**	**607.90**	**828.08**	**1109.84**	**1401.54**
1.医疗设备及器械制造 Manufacture of Medical Equipment and Appliances	30.57	60.64	85.54	149.80	188.24	239.87	296.86
2.仪器仪表制造 Manufacture of Measuring Instrument	56.82	132.56	277.10	458.10	639.84	869.97	1104.68

1-31 三资企业利润
Profits of Joint Ventures

单位：亿元 (100 million yuan)

行业 Industry	1995	2000	2003	2004	2005	2006	2007
合计 **Total**	**107.79**	**406.38**	**561.79**	**873.50**	**928.00**	**1155.99**	**1485.53**
医药制造业 **Manufacture of Medicines**	**20.75**	**32.86**	**69.14**	**85.60**	**103.23**	**117.80**	**188.69**
#化学药品制造 Manufacture of Chemical Medicine	12.50	19.78	42.54	48.00	61.22	70.92	114.89
中成药制造 Manufacture of Finished Traditional Chinese Herbal Medicine	4.35	9.54	11.47	16.30	19.64	19.80	33.34
生物、生化制品的制造 Manufacture of Biological and Biochemical Chemical Products	0.73	2.87	7.31	9.80	15.32	18.89	28.05
航空航天器制造业 **Manufacture of Aircrafts and Spacecrafts**	**1.41**	**3.47**	**2.23**	**4.10**	**7.92**	**11.42**	**13.47**
1.飞机制造及修理 Manufacture and Repairing of Airplanes	1.41	3.66	2.55	4.00	7.78	11.23	13.29
2.航天器制造 Manufacture of Spacecrafts		-0.19	-0.32	0.10	0.14	0.20	0.17
电子及通信设备制造业 **Manufacture of Electronic Equipment and Communication Equipment**	**76.18**	**292.38**	**303.33**	**545.50**	**504.65**	**694.06**	**731.26**
1.通信设备制造 Manufacture of Communication Equipment	39.26	137.63	121.23	244.50	199.66	262.13	186.52
#通信传输设备制造 Manufacture of Communication Transmitting Equipment	2.07	12.03	4.89	9.30	4.10	8.17	2.95
通信交换设备制造 Manufacture of Communication Exchanging Equipment	12.57	31.93	11.04	16.80	10.70	13.04	12.38
通信终端设备制造 Manufacture of Communication Terminal Equipment	0.88	10.00	4.09	6.80	8.35	12.86	18.97
2.雷达及配套设备制造 Manufacture of Radar and Its Fittings			0.04	0.30	0.01	-0.04	0.09
3.广播电视设备制造 Manufacture of Broadcasting and TV Equipment	0.63	0.99	1.15	5.80	3.41	3.78	6.06
4.电子器件制造 Manufacture of Electronic Appliances	23.32	65.61	51.26	104.30	69.16	100.13	146.12
#电子真空器件制造 Manufacture of Electronic Vacuum Appliances	3.15	42.12	33.81	35.30	10.34	-8.41	-20.73
半导体分立器件制造 Manufacture of Semiconductor Discreting Appliances		7.42	6.82	7.40	2.56	11.29	20.93
集成电路制造 Manufacture of Integrate Circuit	6.30	16.08	7.27	38.10	26.72	63.15	67.54
5.电子元件制造 Manufacture of Electronic Components	8.55	48.63	72.25	138.90	173.54	249.66	293.56
6.家用视听设备制造 Manufacture of Domestic TV Set and Radio Receiver	4.27	29.83	41.61	45.30	48.26	58.32	70.95
7.其他电子设备制造 Manufacture of Other Electronic Equipment	0.14	9.68	15.79	6.30	10.61	20.08	27.96
电子计算机及办公设备制造业 **Manufacture of Computers and Office Equipments**	**3.48**	**62.48**	**153.81**	**190.20**	**241.12**	**232.57**	**411.22**
1.电子计算机整机制造 Manufacture of Entired Computer	1.31	28.95	70.03	79.50	94.09	76.19	134.52
2.电子计算机外部设备制造 Manufacture of Computer Peripheral Equipment	1.72	27.56	70.24	93.30	126.91	134.51	248.69
3.办公设备制造 Manufacture of Office Equipment	0.45	5.97	13.54	17.50	20.11	21.87	28.01
医疗设备及仪器仪表制造业 **Manufacture of Medical Equipments and Measuring Instrument**	**5.98**	**15.19**	**33.28**	**48.10**	**71.07**	**100.14**	**140.90**
1.医疗设备及器械制造 Manufacture of Medical Equipment and Appliances	1.29	4.03	7.41	15.30	19.05	28.57	41.07
2.仪器仪表制造 Manufacture of Measuring Instrument	4.69	11.16	25.87	32.80	52.03	71.57	99.83

1-32 三资企业利税

Taxes and Profits of Joint Ventures

单位：亿元 (100 million yuan)

行业 Industry	1995	2000	2003	2004	2005	2006	2007
合计 Total	**154.81**	**555.67**	**770.24**	**1117.80**	**1214.49**	**1524.44**	**1875.92**
医药制造业 Manufacture of Medicines	**31.30**	**64.53**	**115.82**	**143.70**	**174.55**	**195.68**	**290.69**
#化学药品制造 Manufacture of Chemical Medicine	18.85	40.52	71.95	85.00	109.26	123.41	183.15
中成药制造 Manufacture of Finished Traditional Chinese Herbal Medicine	5.54	17.50	20.30	27.40	33.85	34.36	51.39
生物、生化制品的制造 Manufacture of Biological and Biochemical Chemical Products	1.40	5.57	11.60	14.60	21.00	25.61	36.38
航空航天器制造业 Manufacture of Aircrafts and Spacecrafts	**2.37**	**4.57**	**3.60**	**7.00**	**10.83**	**13.92**	**15.97**
1.飞机制造及修理 Manufacture and Repairing of Airplanes	2.37	4.75	3.92	6.90	10.70	13.72	15.79
2.航天器制造 Manufacture of Spacecrafts		-0.19	-0.32	0.10	0.14	0.20	0.17
电子及通信设备制造业 Manufacture of Electronic Equipment and Communication Equipment	**106.43**	**378.75**	**423.11**	**665.00**	**642.23**	**887.68**	**920.11**
1.通信设备制造 Manufacture of Communication Equipment	53.24	175.52	176.94	291.20	247.21	309.23	226.73
#通信传输设备制造 Manufacture of Communication Transmitting Equipment	2.58	16.28	6.57	19.10	-1.08	10.92	5.43
通信交换设备制造 Manufacture of Communication Exchanging Equipment	17.33	43.08	26.05	27.70	22.80	20.40	18.64
通信终端设备制造 Manufacture of Communication Terminal Equipment	1.11	14.22	9.62	8.60	10.03	19.00	22.26
2.雷达及配套设备制造 Manufacture of Radar and Its Fittings			0.04	0.40	0.10	0.01	0.14
3.广播电视设备制造 Manufacture of Broadcasting and TV Equipment	0.76	1.66	1.77	6.70	4.77	5.99	7.42
4.电子器件制造 Manufacture of Electronic Appliances	30.99	82.68	74.80	134.70	96.75	138.27	175.43
#电子真空器件制造 Manufacture of Electronic Vacuum Appliances	4.05	53.47	46.21	47.60	19.41	1.43	-16.43
半导体分立器件制造 Manufacture of Semiconductor Discreting Appliances		9.37	8.67	9.10	3.97	15.04	24.12
集成电路制造 Manufacture of Integrate Circuit	8.08	19.84	14.55	47.40	37.29	72.84	76.87
5.电子元件制造 Manufacture of Electronic Components	11.52	66.21	91.90	165.30	209.66	313.10	360.88
6.家用视听设备制造 Manufacture of Domestic TV Set and Radio Receiver	9.38	40.18	58.19	58.50	70.18	95.24	113.14
7.其他电子设备制造 Manufacture of Other Electronic Equipment	0.53	12.51	19.47	8.30	13.56	25.84	36.38
电子计算机及办公设备制造业 Manufacture of Computers and Office Equipments	**5.44**	**85.65**	**182.88**	**235.50**	**296.09**	**298.13**	**471.70**
1.电子计算机整机制造 Manufacture of Entired Computer	1.76	43.26	79.70	97.00	111.02	95.18	148.64
2.电子计算机外部设备制造 Manufacture of Computer Peripheral Equipment	2.60	33.75	82.63	116.70	160.00	169.14	288.74
3.办公设备制造 Manufacture of Office Equipment	1.08	8.65	20.55	21.80	25.07	33.80	34.32
医疗设备及仪器仪表制造业 Manufacture of Medical Equipments and Measuring Instrument	**9.28**	**22.17**	**44.83**	**66.60**	**90.77**	**129.04**	**177.45**
1.医疗设备及器械制造 Manufacture of Medical Equipment and Appliances	2.40	6.17	9.63	19.90	23.17	35.50	51.22
2.仪器仪表制造 Manufacture of Measuring Instrument	6.88	16.00	35.20	46.70	67.60	93.54	126.23

1-33 企业数
Number of Enterprises

单位：个 (unit)

地区 Region		1995	2000	2003	2004	2005	2006	2007
全国	**Total**	**18834**	**9758**	**12322**	**17898**	**17527**	**19161**	**21517**
东部地区	Eastern Region	12916	7028	9145	14227	13721	14940	16867
中部地区	Mid Region	3903	1706	1989	2259	2321	2650	2972
西部地区	Western Region	2015	1024	1188	1412	1485	1571	1678
北京	Beijing	990	575	625	1125	1101	1107	1163
天津	Tianjin	730	490	497	607	602	698	708
河北	Hebei	557	254	275	288	312	338	346
山西	Shanxi	217	127	137	147	145	164	151
内蒙古	Neimenggu	142	55	67	65	71	82	89
辽宁	Liaoning	1164	349	363	614	547	687	779
吉林	Jilin	555	236	217	285	246	294	329
黑龙江	Heilongjiang	413	124	151	171	155	154	174
上海	Shanghai	1467	722	915	1364	1248	1229	1318
江苏	Jiangsu	2166	1130	1575	2668	2220	2501	2936
浙江	Zhejiang	1759	863	1294	1945	1991	2301	2695
安徽	Anhui	515	175	220	258	287	332	391
福建	Fujian	657	310	417	547	517	572	605
江西	Jiangxi	391	173	197	248	272	314	371
山东	Shandong	787	420	677	1035	1219	1378	1591
河南	Henan	608	296	289	386	383	460	546
湖北	Hubei	552	331	441	381	446	489	534
湖南	Hunan	510	189	270	318	316	361	387
广东	Guangdong	2267	1707	2280	3757	3693	3829	4424
广西	Guangxi	306	158	176	212	214	242	254
海南	Hainan	66	50	51	65	57	58	48
重庆	Chongqing		116	113	130	149	159	172
四川	Sichuan	870	277	383	523	563	643	739
贵州	Guizhou	192	156	162	183	178	167	151
云南	Yunnan	148	92	100	125	122	128	137
西藏	Tibet	8	15	15	14	12	13	8
陕西	Shaanxi	551	244	284	302	307	304	320
甘肃	Gansu	123	68	84	83	84	86	80
青海	Qinghai	16	9	14	18	24	25	26
宁夏	Ningxia	37	16	13	15	20	17	15
新疆	Xinjiang	70	31	20	19	26	29	30

1-34 当年价总产值

Gross Industrial Output Value at Current Prices

单位：亿元 (100 million yuan)

地区 Region		1995	2000	2003	2004	2005	2006	2007
全　国	**Total**	**4097.76**	**10411.47**	**20556.10**	**27768.60**	**34367.11**	**41995.99**	**50461.17**
东部地区	Eastern Region	3110.05	8566.52	17989.82	25038.70	30772.26	37654.47	44841.03
中部地区	Mid Region	519.16	1003.90	1434.23	1478.10	2079.88	2544.48	3280.47
西部地区	Western Region	468.55	841.05	1132.05	1251.70	1514.97	1797.04	2339.68
北　京	Beijing	212.82	972.68	1188.50	1539.80	2134.26	2659.90	3186.67
天　津	Tianjin	250.82	675.57	1021.97	1519.60	1793.04	2258.94	2211.02
河　北	Hebei	81.04	158.83	251.37	250.70	301.13	338.05	437.35
山　西	Shanxi	19.81	38.92	54.18	61.00	74.76	109.70	154.90
内蒙古	Neimenggu	13.71	20.58	64.41	82.10	112.66	138.31	171.32
辽　宁	Liaoning	168.59	358.44	524.29	610.90	641.10	752.55	1018.99
吉　林	Jilin	45.12	101.87	141.47	155.40	185.84	231.34	314.29
黑龙江	Heilongjiang	86.19	176.69	254.64	155.40	303.94	211.52	246.47
上　海	Shanghai	378.07	1004.10	2251.19	3259.70	3905.10	4473.45	5631.04
江　苏	Jiangsu	477.93	1264.40	3122.42	5029.70	6178.36	7557.14	9661.04
浙　江	Zhejiang	221.30	528.09	1054.51	1379.00	1734.21	2435.38	2847.81
安　徽	Anhui	59.17	81.93	122.23	147.50	172.91	220.01	281.91
福　建	Fujian	130.41	449.61	1002.01	1292.40	1438.81	1654.78	1797.81
江　西	Jiangxi	69.66	118.89	141.66	165.30	234.03	331.56	445.65
山　东	Shandong	180.58	368.88	891.44	1203.50	1785.65	2372.19	3134.67
河　南	Henan	93.50	138.26	194.62	258.10	328.92	462.33	642.24
湖　北	Hubei	84.70	218.61	305.79	274.10	447.53	584.63	695.64
湖　南	Hunan	47.30	108.16	155.23	179.10	219.30	255.09	328.06
广　东	Guangdong	965.36	2713.48	6583.81	8838.30	10710.74	12975.46	14701.95
广　西	Guangxi	35.83	50.15	70.94	84.50	114.75	139.05	173.75
海　南	Hainan	7.30	22.28	27.37	30.70	35.11	37.58	38.93
重　庆	Chongqing		71.26	100.53	129.30	145.45	167.78	218.89
四　川	Sichuan	222.38	333.80	447.51	464.70	617.85	771.35	1107.33
贵　州	Guizhou	44.24	78.06	115.41	125.20	156.22	175.26	204.14
云　南	Yunnan	20.68	35.93	47.88	56.30	65.03	78.89	100.63
西　藏	Tibet	0.05	2.48	3.29	4.10	4.17	5.16	5.74
陕　西	Shaanxi	158.06	262.23	353.20	406.00	443.99	505.44	590.85
甘　肃	Gansu	14.77	42.63	43.14	35.60	43.56	52.44	54.95
青　海	Qinghai	1.55	2.98	5.84	6.70	8.29	10.24	14.14
宁　夏	Ningxia	2.42	6.48	10.65	14.00	19.14	16.36	22.64
新　疆	Xinjiang	4.40	5.20	4.60	9.80	11.26	14.12	20.34

1-35 增加值

Value Added of Industry

单位：亿元 (100 million yuan)

地区 Region		1995	2000	2003	2004	2005	2006	2007
全 国	**Total**	**1080.52**	**2758.75**	**5034.02**	**6341.30**	**8127.79**	**10055.51**	**11620.66**
东部地区	Eastern Region	798.97	2166.02	4228.04	5433.70	6937.69	8553.93	9575.28
中部地区	Mid Region	136.08	321.03	453.46	492.60	687.54	887.71	1198.76
西部地区	Western Region	145.48	271.70	352.52	415.10	502.55	613.86	846.63
北 京	Beijing	66.73	246.68	290.92	315.10	404.19	488.89	558.09
天 津	Tianjin	87.65	171.35	223.04	371.60	392.65	595.96	608.68
河 北	Hebei	24.38	53.06	87.14	77.70	93.23	103.51	135.27
山 西	Shanxi	5.50	13.88	20.15	23.90	27.07	37.06	58.41
内蒙古	Neimenggu	2.57	7.26	25.48	32.20	35.47	43.55	56.85
辽 宁	Liaoning	50.29	88.40	124.02	148.50	173.16	212.86	298.84
吉 林	Jilin	14.17	45.81	56.56	62.60	77.05	102.04	133.15
黑龙江	Heilongjiang	22.06	45.37	59.95	50.20	73.56	66.79	81.26
上 海	Shanghai	112.59	235.28	389.85	601.10	786.33	929.58	933.07
江 苏	Jiangsu	112.43	302.00	780.86	1032.10	1460.27	1743.09	2093.37
浙 江	Zhejiang	48.22	132.06	261.39	314.20	368.38	457.28	596.91
安 徽	Anhui	10.65	19.95	36.51	42.60	55.24	73.23	91.37
福 建	Fujian	26.20	127.82	226.63	289.60	317.37	415.45	444.95
江 西	Jiangxi	19.23	37.54	41.56	51.60	75.84	106.95	140.46
山 东	Shandong	41.48	106.47	254.34	358.70	533.32	700.46	954.63
河 南	Henan	26.41	51.20	65.22	80.60	103.04	159.15	234.43
湖 北	Hubei	22.24	70.40	106.09	87.10	165.40	214.56	301.01
湖 南	Hunan	13.25	29.61	41.94	61.70	74.88	84.38	101.82
广 东	Guangdong	216.99	677.77	1552.11	1880.00	2353.02	2836.10	2867.30
广 西	Guangxi	10.22	19.11	28.53	34.60	42.59	56.94	67.96
海 南	Hainan	1.79	6.03	9.21	10.50	13.20	13.81	16.21
重 庆	Chongqing		17.68	28.00	42.00	46.36	58.35	82.59
四 川	Sichuan	63.27	112.98	133.85	143.50	203.60	245.29	394.72
贵 州	Guizhou	11.67	26.40	39.96	43.70	53.47	67.49	78.10
云 南	Yunnan	4.96	13.31	20.24	22.20	24.53	31.43	40.03
西 藏	Tibet	0.03	1.38	1.81	2.50	1.93	2.50	3.59
陕 西	Shaanxi	59.16	80.53	107.72	134.50	136.57	171.17	199.23
甘 肃	Gansu	3.94	14.43	13.73	15.10	21.38	22.46	25.20
青 海	Qinghai	0.61	0.77	2.13	3.60	4.03	6.04	8.17
宁 夏	Ningxia	0.75	2.42	3.57	4.70	6.82	5.27	8.32
新 疆	Xinjiang	1.09	1.79	1.51	3.20	3.86	3.86	6.68

1-36 主营业务收入

Revenue from Principal Business

单位：亿元 (100 million yuan)

地区	Region	1995	2000	2003	2004	2005	2006	2007
全国	**Total**	**3917.12**	**10033.72**	**20411.52**	**27846.20**	**33921.79**	**41584.56**	**49714.10**
东部地区	Eastern Region	3010.59	8425.65	18081.45	25341.60	30614.51	37602.63	44596.89
中部地区	Mid Region	467.64	885.55	1319.96	1353.00	1915.17	2341.40	2962.03
西部地区	Western Region	438.88	722.52	1010.11	1151.70	1392.10	1640.52	2155.17
北京	Beijing	254.36	1018.88	1256.51	1571.60	2168.47	2831.92	3362.08
天津	Tianjin	214.23	656.47	1056.87	1505.30	1908.97	2335.95	2146.96
河北	Hebei	76.78	155.65	270.86	252.20	300.17	327.25	423.22
山西	Shanxi	17.61	29.05	42.63	51.00	67.62	95.47	137.43
内蒙古	Neimenggu	12.47	19.42	60.26	74.80	102.81	132.99	162.70
辽宁	Liaoning	163.36	354.07	507.56	569.30	608.45	721.28	973.51
吉林	Jilin	37.17	79.99	106.83	113.80	145.39	188.13	250.56
黑龙江	Heilongjiang	81.88	165.76	251.44	142.70	313.34	227.51	271.03
上海	Shanghai	390.85	1051.76	2536.42	3850.90	4030.28	4609.91	5792.14
江苏	Jiangsu	438.77	1229.28	3128.55	4916.10	6137.52	7536.66	9557.31
浙江	Zhejiang	202.18	493.77	1069.58	1405.40	1741.78	2406.99	2774.87
安徽	Anhui	53.39	79.24	100.43	133.90	156.49	203.71	267.69
福建	Fujian	121.78	414.58	988.48	1272.60	1421.93	1605.72	1715.87
江西	Jiangxi	63.20	99.67	141.28	172.70	229.87	322.04	430.36
山东	Shandong	174.02	365.11	837.68	1186.50	1737.89	2286.29	3094.96
河南	Henan	81.61	119.52	181.38	247.80	297.59	425.50	553.63
湖北	Hubei	75.08	194.90	285.03	254.50	396.92	508.72	575.96
湖南	Hunan	45.23	98.00	150.68	161.70	205.13	237.33	312.66
广东	Guangdong	937.09	2623.81	6345.32	8712.50	10434.38	12794.13	14582.93
广西	Guangxi	31.25	44.19	62.09	72.50	94.22	111.10	137.60
海南	Hainan	5.92	18.07	21.53	26.60	30.44	35.42	35.44
重庆	Chongqing		60.59	87.71	107.90	135.99	155.44	200.41
四川	Sichuan	209.25	297.05	415.54	440.70	578.27	725.11	1020.14
贵州	Guizhou	41.79	67.48	93.66	107.20	127.93	132.96	171.16
云南	Yunnan	19.68	32.29	41.69	50.60	59.76	76.63	91.76
西藏	Tibet	0.12	1.92	2.86	3.30	3.65	4.51	4.85
陕西	Shaanxi	147.66	230.44	318.95	379.90	414.29	466.64	566.60
甘肃	Gansu	13.12	19.97	31.72	36.40	39.17	43.24	49.73
青海	Qinghai	1.48	2.11	4.62	5.00	6.87	8.44	12.61
宁夏	Ningxia	2.18	5.94	8.93	11.20	15.67	14.21	19.03
新疆	Xinjiang	3.60	4.74	4.43	9.30	10.49	13.35	18.87

1-37 利 润

Profits

单位：亿元 (100 million yuan)

地 区 Region		1995	2000	2003	2004	2005	2006	2007
全 国	**Total**	**178.04**	**673.46**	**971.41**	**1244.60**	**1423.23**	**1777.27**	**2395.76**
东部地区	Eastern Region	146.21	572.73	831.67	1165.10	1261.28	1554.77	2021.45
中部地区	Mid Region	13.44	62.44	78.00	84.50	102.21	134.79	224.40
西部地区	Western Region	18.38	38.29	61.74	-5.00	59.74	87.70	149.92
北 京	Beijing	16.89	82.57	84.87	82.10	96.81	121.73	184.91
天 津	Tianjin	27.50	78.17	34.49	150.30	156.00	141.84	97.86
河 北	Hebei	5.50	8.02	25.84	20.20	18.04	22.38	42.05
山 西	Shanxi	0.11	1.97	2.01	2.60	2.74	1.06	6.32
内 蒙 古	Neimenggu	-0.22	0.55	10.51	14.40	6.31	8.52	12.84
辽 宁	Liaoning	-2.82	14.27	17.23	19.80	16.83	24.71	43.90
吉 林	Jilin	0.84	9.55	8.88	7.40	11.76	17.66	39.31
黑 龙 江	Heilongjiang	1.95	7.63	10.29	6.40	14.42	14.06	20.38
上 海	Shanghai	26.49	92.01	73.99	132.40	93.86	121.56	152.97
江 苏	Jiangsu	11.59	66.38	123.26	193.30	252.35	325.85	457.28
浙 江	Zhejiang	11.57	42.25	73.47	88.60	81.95	118.40	164.80
安 徽	Anhui	-0.01	2.45	6.15	7.80	9.47	13.40	16.89
福 建	Fujian	5.93	19.60	64.92	76.20	69.09	101.34	118.19
江 西	Jiangxi	1.83	3.75	6.32	8.90	10.76	15.52	22.65
山 东	Shandong	8.32	21.09	40.15	62.60	95.73	114.66	173.15
河 南	Henan	7.16	11.91	11.17	16.10	14.96	25.35	55.90
湖 北	Hubei	2.26	18.99	13.71	10.60	21.32	27.74	34.07
湖 南	Hunan	-0.48	5.64	8.96	10.50	10.47	11.49	16.03
广 东	Guangdong	34.77	143.10	284.32	329.20	367.34	447.14	571.40
广 西	Guangxi	0.62	3.75	5.66	6.20	7.75	7.76	8.04
海 南	Hainan	-0.15	1.50	3.47	4.30	5.53	7.40	6.89
重 庆	Chongqing		0.27	5.61	6.90	9.06	10.28	12.19
四 川	Sichuan	15.19	17.22	24.05	-39.80	27.61	32.23	71.77
贵 州	Guizhou	-1.29	2.12	4.76	4.90	3.01	7.36	14.11
云 南	Yunnan	0.95	3.59	4.50	6.30	6.62	8.09	9.54
西 藏	Tibet	-0.01	0.59	0.84	0.90	1.58	1.11	0.95
陕 西	Shaanxi	4.94	13.90	19.61	17.90	6.48	22.08	28.94
甘 肃	Gansu	-1.15	-0.21	1.00	0.50	2.55	3.31	7.51
青 海	Qinghai	0.01	0.14	0.61	0.90	0.77	1.10	1.49
宁 夏	Ningxia	-0.14	0.62	0.38	-4.70	0.94	1.17	1.13
新 疆	Xinjiang	-0.12	0.06	0.38	1.30	1.12	0.98	2.27

1-38 利 税

Taxes and Profits

单位：亿元 (100 million yuan)

地 区	Region	1995	2000	2003	2004	2005	2006	2007
全 国	**Total**	**326.24**	**1033.44**	**1464.60**	**1783.80**	**2089.57**	**2611.17**	**3353.38**
东部地区	Eastern Region	248.27	838.95	1212.58	1591.30	1788.84	2229.38	2768.82
中部地区	Mid Region	38.10	117.20	141.63	148.30	184.64	229.39	344.33
西部地区	Western Region	39.89	77.29	110.39	44.20	116.09	152.39	240.24
北 京	Beijing	25.22	110.42	123.31	116.60	139.37	170.15	242.97
天 津	Tianjin	37.07	97.68	54.29	175.20	183.88	174.73	126.72
河 北	Hebei	10.34	16.30	37.78	32.00	31.06	36.80	59.10
山 西	Shanxi	0.95	3.93	4.83	5.60	6.02	5.39	11.77
内 蒙 古	Neimenggu	0.25	1.26	14.08	17.80	9.09	11.92	18.02
辽 宁	Liaoning	3.00	26.72	25.96	28.20	27.89	37.23	66.98
吉 林	Jilin	3.71	15.89	16.14	15.60	20.10	26.83	51.46
黑 龙 江	Heilongjiang	6.49	20.42	25.98	16.20	30.67	30.31	34.25
上 海	Shanghai	43.17	123.76	115.71	179.40	136.53	164.12	199.51
江 苏	Jiangsu	29.73	116.75	181.48	268.30	334.44	418.36	571.13
浙 江	Zhejiang	19.08	66.76	117.10	139.10	133.01	177.43	237.08
安 徽	Anhui	1.94	5.84	9.93	12.40	14.80	21.02	27.07
福 建	Fujian	9.15	31.46	78.24	97.70	85.32	120.88	135.57
江 西	Jiangxi	5.25	10.35	13.23	16.40	22.61	28.79	37.24
山 东	Shandong	14.59	36.23	67.02	100.10	149.16	180.92	260.29
河 南	Henan	11.71	19.36	18.87	26.00	27.96	42.00	81.14
湖 北	Hubei	5.60	29.08	22.91	19.90	33.67	42.58	52.87
湖 南	Hunan	2.20	11.07	15.66	18.50	19.73	20.56	30.50
广 东	Guangdong	54.16	202.70	395.04	435.90	545.69	723.96	843.28
广 西	Guangxi	2.66	7.31	11.19	12.00	14.10	14.21	16.18
海 南	Hainan	0.10	2.88	5.46	6.70	8.39	10.59	9.99
重 庆	Chongqing		3.93	10.64	12.50	15.18	17.49	24.32
四 川	Sichuan	25.21	33.33	41.64	-25.40	47.30	55.70	105.28
贵 州	Guizhou	0.22	5.24	9.13	10.00	9.30	13.36	22.32
云 南	Yunnan	2.01	5.85	8.41	10.00	11.16	13.74	16.46
西 藏	Tibet	0.02	0.88	1.28	1.30	2.08	1.84	1.75
陕 西	Shaanxi	12.72	25.41	34.11	34.00	21.64	39.41	51.72
甘 肃	Gansu	-0.53	0.82	2.52	2.20	4.66	5.44	10.53
青 海	Qinghai	0.13	0.35	0.99	1.30	1.24	1.79	2.52
宁 夏	Ningxia	0.03	1.00	0.90	-4.00	1.44	1.47	1.76
新 疆	Xinjiang	0.08	0.49	0.77	2.30	2.08	2.13	3.58

1-39 医药制造业企业数

Number of Enterprises of Medical and Pharmaceutical Products Manufacturing

单位：个 (unit)

地 区	Region	1995	2000	2003	2004	2005	2006	2007
全 国	**Total**	**5388**	**3301**	**4063**	**4765**	**4971**	**5368**	**5748**
东部地区	Eastern Region	2696	1746	2169	2687	2731	2915	3124
中部地区	Mid Region	1804	995	1215	1339	1422	1595	1725
西部地区	Western Region	888	560	679	739	818	858	899
北 京	Beijing	138	115	147	196	181	178	191
天 津	Tianjin	119	95	101	112	112	115	130
河 北	Hebei	233	150	161	151	164	161	168
山 西	Shanxi	118	82	89	94	95	101	102
内蒙古	Neimenggu	83	38	50	48	53	64	72
辽 宁	Liaoning	323	132	127	185	200	246	259
吉 林	Jilin	345	185	175	206	202	237	256
黑龙江	Heilongjiang	164	64	92	96	99	100	105
上 海	Shanghai	226	142	196	233	213	208	223
江 苏	Jiangsu	403	264	326	465	416	456	504
浙 江	Zhejiang	304	217	336	412	410	419	445
安 徽	Anhui	207	93	111	124	133	150	173
福 建	Fujian	140	61	80	81	77	89	95
江 西	Jiangxi	173	97	125	143	166	192	214
山 东	Shandong	238	185	253	355	456	512	576
河 南	Henan	301	189	199	248	252	290	325
湖 北	Hubei	234	157	234	216	248	263	270
湖 南	Hunan	179	90	140	164	174	198	208
广 东	Guangdong	356	241	280	305	312	324	334
广 西	Guangxi	176	107	121	136	140	156	155
海 南	Hainan	40	37	41	56	50	51	44
重 庆	Chongqing		51	44	52	64	71	81
四 川	Sichuan	343	138	196	246	271	307	341
贵 州	Guizhou	87	81	104	108	116	110	101
云 南	Yunnan	88	68	74	78	87	89	97
西 藏	Tibet	8	15	15	14	12	13	8
陕 西	Shaanxi	209	127	161	156	162	157	162
甘 肃	Gansu	73	35	50	45	52	53	53
青 海	Qinghai	11	7	11	16	22	24	25
宁 夏	Ningxia	18	11	6	9	12	12	10
新 疆	Xinjiang	51	27	18	15	20	22	21

1-40 医药制造业当年价总产值

Gross Industrial Output Value at Current Prices of Medical and Pharmaceutical Products Manufacturing

单位：亿元 (100 million yuan)

地区	Region	1995	2000	2003	2004	2005	2006	2007
全国	**Total**	**961.26**	**1781.37**	**2889.90**	**3241.30**	**4250.45**	**5018.94**	**6361.90**
东部地区	Eastern Region	598.88	1094.37	1823.17	2076.40	2711.41	3141.85	3909.75
中部地区	Mid Region	251.53	428.42	679.61	722.40	971.41	1224.47	1616.94
西部地区	Western Region	110.85	258.59	387.12	442.50	567.63	652.63	835.20
北京	Beijing	21.26	56.57	106.26	119.70	131.07	150.10	202.30
天津	Tianjin	27.55	65.63	107.03	117.80	139.70	166.35	183.71
河北	Hebei	55.96	111.01	181.02	172.00	215.43	227.21	295.93
山西	Shanxi	12.69	27.81	38.32	42.70	49.08	54.56	67.08
内蒙古	Neimenggu	6.32	9.29	22.56	32.40	46.77	58.11	76.04
辽宁	Liaoning	44.16	60.46	74.62	84.70	129.23	155.64	210.99
吉林	Jilin	32.70	67.94	114.61	117.90	153.79	196.59	262.39
黑龙江	Heilongjiang	29.70	74.71	99.60	94.40	120.11	124.10	142.56
上海	Shanghai	78.81	126.91	175.12	196.00	217.07	236.50	272.23
江苏	Jiangsu	99.39	158.87	307.06	371.80	465.18	524.53	642.60
浙江	Zhejiang	56.98	151.80	277.91	300.00	423.08	485.42	576.13
安徽	Anhui	31.67	23.49	35.80	40.80	50.73	61.75	89.66
福建	Fujian	17.28	23.59	44.75	52.10	64.09	80.47	93.02
江西	Jiangxi	27.97	42.76	84.90	94.80	122.64	174.60	218.43
山东	Shandong	70.11	101.46	225.62	317.20	534.58	632.44	872.84
河南	Henan	53.72	60.34	99.68	136.30	183.85	262.78	375.68
湖北	Hubei	39.98	93.15	128.09	93.00	147.41	173.50	224.61
湖南	Hunan	16.78	28.93	56.05	70.10	97.03	118.48	160.50
广东	Guangdong	99.62	183.88	246.52	258.80	286.75	372.09	432.12
广西	Guangxi	21.41	33.38	51.68	58.70	73.96	79.50	96.02
海南	Hainan	6.36	20.81	25.58	27.50	31.30	31.59	31.84
重庆	Chongqing		34.47	47.51	53.50	72.71	77.95	102.60
四川	Sichuan	56.07	76.30	113.59	138.90	179.32	218.95	315.25
贵州	Guizhou	7.89	31.32	51.37	58.20	84.29	96.12	109.60
云南	Yunnan	8.65	26.05	37.48	41.90	50.22	59.07	79.01
西藏	Tibet	0.05	2.48	3.29	4.10	4.17	5.16	5.74
陕西	Shaanxi	26.30	61.52	98.34	109.20	124.60	133.80	153.20
甘肃	Gansu	5.80	15.25	20.49	20.20	28.32	32.98	33.55
青海	Qinghai	1.23	2.85	5.17	5.90	7.28	9.38	12.85
宁夏	Ningxia	0.95	3.50	5.60	7.40	12.69	14.28	16.45
新疆	Xinjiang	3.92	4.84	4.28	3.20	4.01	4.95	6.94

1-41 医药制造业增加值

Value Added of Industry of Medical and Pharmaceutical Products Manufacturing

单位：亿元 (100 million yuan)

地 区	Region	1995	2000	2003	2004	2005	2006	2007
全 国	**Total**	**264.67**	**633.88**	**1024.92**	**1173.00**	**1529.80**	**1808.09**	**2286.60**
东部地区	Eastern Region	169.33	372.79	634.24	722.90	928.29	1055.95	1314.87
中部地区	Mid Region	62.87	163.25	239.85	268.50	372.19	481.02	614.19
西部地区	Western Region	32.47	97.84	150.83	181.60	229.31	271.11	357.54
北 京	Beijing	7.31	28.70	45.86	44.70	50.87	56.99	81.59
天 津	Tianjin	11.39	24.36	43.47	42.80	47.28	69.19	77.12
河 北	Hebei	15.61	36.77	58.51	51.70	65.94	65.07	90.33
山 西	Shanxi	3.31	10.88	14.82	16.80	18.83	20.98	28.32
内蒙古	Neimenggu	1.51	3.44	9.72	14.80	18.37	23.67	33.65
辽 宁	Liaoning	10.72	22.17	27.64	31.00	52.04	55.47	70.74
吉 林	Jilin	11.66	34.08	46.24	52.80	66.91	88.53	115.24
黑龙江	Heilongjiang	6.97	21.69	34.43	30.20	42.70	46.45	50.10
上 海	Shanghai	18.33	38.36	54.76	67.40	79.22	83.51	98.72
江 苏	Jiangsu	25.33	50.59	109.40	136.70	163.04	184.78	210.75
浙 江	Zhejiang	14.02	42.48	81.22	84.60	114.58	131.16	167.97
安 徽	Anhui	5.56	8.04	11.70	12.70	17.16	20.85	30.56
福 建	Fujian	5.64	9.72	18.28	19.50	23.54	30.52	33.64
江 西	Jiangxi	8.46	16.53	25.97	33.80	47.09	64.03	74.93
山 东	Shandong	21.73	34.94	77.44	105.70	175.48	200.18	279.31
河 南	Henan	11.84	22.93	32.11	45.30	63.67	104.05	141.79
湖 北	Hubei	9.01	34.29	45.33	33.20	59.20	67.11	84.47
湖 南	Hunan	4.56	11.36	19.53	29.00	38.25	45.36	55.12
广 东	Guangdong	30.90	65.16	87.48	103.70	113.82	133.85	152.94
广 西	Guangxi	6.78	13.80	21.35	25.10	30.46	33.66	39.22
海 南	Hainan	1.57	5.74	8.83	9.80	12.03	11.56	12.54
重 庆	Chongqing		10.72	13.85	19.90	27.39	31.39	44.62
四 川	Sichuan	15.29	29.01	45.32	58.70	73.56	91.30	130.41
贵 州	Guizhou	2.94	12.14	20.67	22.50	32.87	41.80	46.04
云 南	Yunnan	2.56	10.13	16.71	18.00	21.08	26.48	34.42
西 藏	Tibet	0.03	1.38	1.81	2.50	1.93	2.50	3.59
陕 西	Shaanxi	7.71	23.76	40.81	42.80	46.41	50.05	66.06
甘 肃	Gansu	2.16	7.01	6.41	9.80	16.36	16.19	17.38
青 海	Qinghai	0.54	0.75	1.83	3.10	3.41	5.46	6.99
宁 夏	Ningxia	0.23	1.31	2.03	2.90	4.88	4.27	5.33
新 疆	Xinjiang	1.01	1.62	1.39	1.30	1.42	1.67	2.70

1-42 医药制造业主营业务收入

Revenue from Principal Business of Medical and Pharmaceutical Products Manufacturing

单位：亿元 (100 million yuan)

地区	Region	1995	2000	2003	2004	2005	2006	2007
全　国	**Total**	**902.67**	**1627.48**	**2750.73**	**3033.00**	**4019.83**	**4718.82**	**5967.13**
东部地区	Eastern Region	586.10	1054.39	1825.94	2027.30	2662.49	3055.88	3786.81
中部地区	Mid Region	217.66	357.12	596.99	630.20	884.23	1126.43	1474.36
西部地区	Western Region	98.92	215.97	327.80	375.50	473.12	536.52	705.96
北　京	Beijing	29.72	66.50	102.16	115.20	128.29	143.25	197.93
天　津	Tianjin	26.99	67.12	149.94	131.50	190.83	216.78	217.66
河　北	Hebei	53.88	112.68	211.46	181.90	219.55	225.39	288.65
山　西	Shanxi	11.28	18.80	30.66	34.30	44.31	44.47	54.68
内蒙古	Neimenggu	5.91	7.76	18.68	29.20	39.37	53.42	71.16
辽　宁	Liaoning	39.77	50.65	64.16	75.60	115.18	143.17	198.86
吉　林	Jilin	25.41	48.40	83.01	81.80	119.26	153.44	202.44
黑龙江	Heilongjiang	28.71	76.32	106.79	86.20	135.35	141.83	172.83
上　海	Shanghai	84.01	131.28	192.68	214.90	228.57	246.60	281.67
江　苏	Jiangsu	90.52	156.57	294.50	360.40	453.90	518.75	637.93
浙　江	Zhejiang	51.61	137.57	269.63	285.90	411.96	462.23	546.00
安　徽	Anhui	28.43	22.45	31.74	39.80	49.96	60.71	91.51
福　建	Fujian	15.87	20.79	40.95	48.40	58.82	72.74	85.46
江　西	Jiangxi	24.76	33.96	83.76	94.80	120.27	171.90	215.82
山　东	Shandong	69.26	107.60	225.00	313.90	514.30	604.18	840.06
河　南	Henan	44.63	47.14	85.53	122.90	161.44	239.94	317.58
湖　北	Hubei	33.79	79.54	110.78	84.40	131.98	154.99	196.75
湖　南	Hunan	14.74	22.76	46.04	56.60	82.29	105.71	151.58
广　东	Guangdong	100.35	156.88	209.60	225.10	254.10	325.76	382.89
广　西	Guangxi	19.04	30.15	46.10	50.90	60.08	67.24	80.79
海　南	Hainan	5.08	16.60	19.76	23.50	26.91	29.79	28.91
重　庆	Chongqing		31.01	39.74	45.90	66.00	71.96	94.45
四　川	Sichuan	50.02	63.63	105.52	123.60	153.74	186.39	271.81
贵　州	Guizhou	6.29	23.70	35.65	43.30	55.43	57.24	82.80
云　南	Yunnan	7.38	23.30	31.94	36.50	45.32	54.56	65.67
西　藏	Tibet	0.12	1.92	2.86	3.30	3.65	4.51	4.85
陕　西	Shaanxi	24.37	54.58	86.51	93.30	104.45	112.12	126.80
甘　肃	Gansu	5.51	8.27	12.89	16.20	23.79	25.46	28.48
青　海	Qinghai	1.19	2.02	4.10	4.40	5.88	7.58	11.37
宁　夏	Ningxia	0.94	3.13	4.49	5.90	11.21	12.32	13.68
新　疆	Xinjiang	3.10	4.42	4.10	3.10	3.65	4.38	6.06

1-43 医药制造业利润

Profits of Medical and Pharmaceutical Products Manufacturing

单位：亿元 (100 million yuan)

地区	Region	1995	2000	2003	2004	2005	2006	2007
全　国	**Total**	**51.48**	**136.58**	**259.58**	**275.00**	**338.20**	**372.55**	**581.28**
东部地区	Eastern Region	37.92	83.19	180.55	193.50	238.86	248.19	367.22
中部地区	Mid Region	7.60	31.66	43.12	45.30	58.92	80.18	147.95
西部地区	Western Region	5.96	21.73	35.91	36.20	40.41	44.19	66.11
北　京	Beijing	1.79	8.56	15.89	17.10	20.93	15.94	20.51
天　津	Tianjin	4.14	9.10	11.83	15.40	20.44	17.34	26.21
河　北	Hebei	4.18	6.58	21.34	15.10	13.17	15.61	29.37
山　西	Shanxi	0.18	1.97	1.80	2.10	1.77	1.72	4.11
内蒙古	Neimenggu	-0.18	0.29	1.11	1.70	2.40	3.57	7.90
辽　宁	Liaoning	0.82	2.28	4.00	4.90	6.84	5.77	13.37
吉　林	Jilin	1.87	8.59	11.76	11.60	12.79	14.99	35.63
黑龙江	Heilongjiang		4.80	7.47	5.50	10.85	11.64	15.96
上　海	Shanghai	2.74	4.21	15.01	17.90	15.86	18.38	23.89
江　苏	Jiangsu	4.32	11.78	33.17	35.90	40.31	42.35	61.57
浙　江	Zhejiang	3.41	13.04	28.95	29.20	38.46	38.21	51.83
安　徽	Anhui	1.04	0.66	1.53	1.40	1.83	2.34	3.79
福　建	Fujian	1.91	1.94	4.39	4.60	7.05	7.46	9.72
江　西	Jiangxi	1.36	1.75	4.53	6.50	6.19	8.97	13.37
山　东	Shandong	6.13	7.40	16.04	23.50	44.38	49.25	81.91
河　南	Henan	2.52	2.19	4.76	7.60	10.69	20.59	36.23
湖　北	Hubei	1.09	8.47	6.48	4.00	7.37	9.37	18.06
湖　南	Hunan	-0.29	2.93	3.68	5.00	5.03	6.98	12.90
广　东	Guangdong	7.34	13.45	21.68	21.20	19.79	25.82	37.79
广　西	Guangxi	0.97	3.35	4.79	4.60	6.44	5.29	4.84
海　南	Hainan	0.17	1.51	3.46	4.10	5.19	6.77	6.20
重　庆	Chongqing		1.12	3.12	3.90	5.21	4.58	7.76
四　川	Sichuan	2.89	6.76	10.67	10.20	10.83	12.58	21.25
贵　州	Guizhou	-0.24	1.83	2.92	3.20	4.27	6.04	9.46
云　南	Yunnan	0.48	3.20	4.02	5.60	6.03	6.37	7.50
西　藏	Tibet	-0.01	0.59	0.84	0.90	1.58	1.11	0.95
陕　西	Shaanxi	2.28	7.26	11.72	9.00	8.71	9.12	10.56
甘　肃	Gansu	0.47	0.27	1.11	1.40	1.78	2.12	5.66
青　海	Qinghai	0.13	0.22	0.60	0.80	0.67	0.69	1.27
宁　夏	Ningxia		0.40	0.67	1.00	1.04	1.21	0.85
新　疆	Xinjiang	-0.04	0.08	0.24	0.40	0.30	0.38	0.86

1-44 医药制造业利税

Taxes and Profits of Medical and Pharmaceutical Products Manufacturing

单位：亿元 (100 million yuan)

地 区	Region	1995	2000	2003	2004	2005	2006	2007
全 国	**Total**	**101.72**	**262.63**	**446.91**	**479.80**	**584.44**	**643.15**	**927.55**
东部地区	Eastern Region	69.17	158.90	301.41	326.40	395.52	421.63	579.86
中部地区	Mid Region	19.77	62.75	82.93	87.80	115.19	141.63	227.09
西部地区	Western Region	12.77	40.98	62.57	65.60	73.73	79.88	120.59
北 京	Beijing	3.27	13.67	25.23	27.20	31.87	28.71	36.25
天 津	Tianjin	6.24	14.89	21.01	24.20	31.19	29.12	38.98
河 北	Hebei	7.51	12.40	30.22	23.90	56.00	26.08	42.50
山 西	Shanxi	0.84	3.72	4.29	4.70	4.68	4.89	7.72
内蒙古	Neimenggu	0.17	0.80	2.39	3.40	4.71	5.77	11.77
辽 宁	Liaoning	2.86	5.26	7.49	9.10	12.34	10.80	20.18
吉 林	Jilin	4.14	13.46	17.87	18.90	20.23	23.04	46.00
黑龙江	Heilongjiang	1.72	13.48	17.55	13.20	21.85	22.09	27.87
上 海	Shanghai	6.09	13.38	27.20	32.20	30.50	33.02	40.00
江 苏	Jiangsu	8.73	23.88	56.32	61.60	70.90	76.87	103.94
浙 江	Zhejiang	6.11	23.05	44.81	47.00	59.46	61.31	80.47
安 徽	Anhui	1.93	2.31	3.28	3.30	4.28	5.51	8.35
福 建	Fujian	2.61	3.62	6.62	7.10	10.23	10.47	13.61
江 西	Jiangxi	2.83	5.03	9.37	12.80	16.07	20.03	24.55
山 东	Shandong	10.31	14.82	29.18	39.60	67.09	76.72	120.62
河 南	Henan	4.59	5.26	9.14	13.10	19.04	30.89	51.96
湖 北	Hubei	2.83	13.29	12.05	8.50	13.60	16.58	28.06
湖 南	Hunan	0.71	5.40	6.99	9.90	10.73	12.83	20.83
广 东	Guangdong	12.57	24.73	38.36	38.30	39.07	48.31	63.20
广 西	Guangxi	2.49	6.33	9.53	9.80	11.95	10.45	10.89
海 南	Hainan	0.38	2.86	5.44	6.60	7.96	9.76	9.21
重 庆	Chongqing		3.63	6.19	7.40	8.97	9.17	15.87
四 川	Sichuan	6.20	12.66	18.69	18.80	20.47	23.65	39.57
贵 州	Guizhou	0.09	3.74	5.79	7.00	8.98	10.45	15.80
云 南	Yunnan	0.99	5.15	7.39	9.10	10.23	11.62	13.87
西 藏	Tibet	0.02	0.88	1.28	1.30	2.08	1.84	1.75
陕 西	Shaanxi	4.19	12.55	18.43	16.10	16.87	16.01	21.33
甘 肃	Gansu	0.84	0.86	2.28	2.70	3.23	3.68	7.97
青 海	Qinghai	0.24	0.42	0.95	1.20	1.07	1.31	1.93
宁 夏	Ningxia	0.07	0.62	0.96	1.30	1.22	1.43	1.17
新 疆	Xinjiang	0.13	0.47	0.61	0.70	0.62	0.71	1.33

1-45 航空航天制造业企业数

Number of Enterprises of Aircraft and Spacecraft Manufacturing

单位: 个 (unit)

地 区	Region	1995	2000	2003	2004	2005	2006	2007
全 国	**Total**	**219**	**176**	**148**	**177**	**167**	**173**	**181**
东部地区	Eastern Region	70	44	46	70	74	75	80
中部地区	Mid Region	43	38	31	36	24	27	30
西部地区	Western Region	106	94	71	71	69	71	71
北 京	Beijing	14	11	13	15	17	19	17
天 津	Tianjin	2	1	1	2	2	2	3
河 北	Hebei	6	4	5	4	4	4	4
山 西	Shanxi	3	3	2	2	1	1	1
内蒙古	Neimenggu	2	2					
辽 宁	Liaoning	11	7	4	9	10	10	11
吉 林	Jilin	2	2	2	2	2	2	2
黑龙江	Heilongjiang	4	4	5	10	5	4	3
上 海	Shanghai	19	8	8	19	16	10	11
江 苏	Jiangsu	6	7	7	9	10	11	14
浙 江	Zhejiang	2			1	1	5	6
安 徽	Anhui	3	3	3	3	3	3	3
福 建	Fujian	4	3	3	4	4	4	4
江 西	Jiangxi	4	3	2	3	3	3	5
山 东	Shandong	2	1	2	4	6	6	6
河 南	Henan	6	8	4	6	2	6	6
湖 北	Hubei	15	9	8	7	5	6	6
湖 南	Hunan	4	4	5	3	3	2	4
广 东	Guangdong	3	1	2	3	4	3	4
广 西	Guangxi	1	1	1			1	
海 南	Hainan							
重 庆	Chongqing			1	1	1	1	1
四 川	Sichuan	23	17	13	19	17	18	18
贵 州	Guizhou	44	40	23	24	23	23	23
云 南	Yunnan	1	1					
西 藏	Tibet							
陕 西	Shaanxi	35	32	31	22	25	26	26
甘 肃	Gansu	3	4	3	5	3	3	3
青 海	Qinghai							
宁 夏	Ningxia							
新 疆	Xinjiang							

1-46 航空航天制造业当年价总产值

Gross Industrial Output Value at Current Prices of Aircraft and Spacecraft Manufacturing

单位：亿元 (100 million yuan)

地 区	Region	1995	2000	2003	2004	2005	2006	2007
全　国	**Total**	**268.97**	**387.58**	**550.80**	**501.60**	**797.23**	**828.01**	**1024.44**
东部地区	Eastern Region	90.27	93.10	157.50	169.30	226.44	272.24	348.33
中部地区	Mid Region	82.22	161.42	201.95	103.70	266.16	198.25	252.64
西部地区	Western Region	96.49	133.06	191.35	228.60	304.63	357.52	423.47
北　京	Beijing	18.82	23.05	32.93	37.20	42.53	54.51	60.41
天　津	Tianjin	0.07	0.16	0.46	1.70	2.20	3.37	3.90
河　北	Hebei	1.87	3.46	5.46	3.70	5.10	6.81	6.70
山　西	Shanxi	2.54	4.76	2.11	2.40	0.52	0.40	0.44
内蒙古	Neimenggu	0.81	0.91					
辽　宁	Liaoning	24.52	31.19	62.91	83.40	103.48	86.68	118.44
吉　林	Jilin	1.97	2.92	2.18	2.80	3.11	2.60	3.62
黑龙江	Heilongjiang	32.48	62.95	131.09	35.20	157.12	57.56	69.53
上　海	Shanghai	7.83	7.32	8.73	12.30	17.35	22.01	29.34
江　苏	Jiangsu	33.30	15.54	30.08	4.40	10.42	43.05	51.19
浙　江	Zhejiang	0.22			0.10	0.18	0.62	1.97
安　徽	Anhui	2.89	3.64	7.70	9.30	12.65	13.76	16.59
福　建	Fujian	0.07	6.92	9.00	11.20	26.04	30.01	39.91
江　西	Jiangxi	19.76	48.61	15.19	21.20	34.19	50.13	68.86
山　东	Shandong	0.39	0.67	1.17	1.90	1.78	2.42	4.30
河　南	Henan	2.20	9.86	13.73	8.50	20.56	32.62	42.08
湖　北	Hubei	7.15	10.31	16.07	15.10	25.61	24.11	32.00
湖　南	Hunan	12.42	17.45	13.88	9.30	12.40	17.08	19.51
广　东	Guangdong	3.01	4.67	6.59	13.50	17.36	22.71	32.15
广　西	Guangxi	0.17	0.11	0.17			0.05	
海　南	Hainan							
重　庆	Chongqing			0.46	0.30	0.42	0.52	0.57
四　川	Sichuan	23.79	30.50	50.33	66.30	98.95	123.54	139.37
贵　州	Guizhou	27.21	34.05	34.24	34.90	40.15	49.61	61.88
云　南	Yunnan	1.11	0.02					
西　藏	Tibet							
陕　西	Shaanxi	42.71	66.64	103.99	124.10	161.66	179.31	217.10
甘　肃	Gansu	1.66	1.86	2.33	3.10	3.44	4.54	4.54
青　海	Qinghai							
宁　夏	Ningxia							
新　疆	Xinjiang							

1-47 航空航天制造业增加值

Value Added of Industry of Aircraft and Spacecraft Manufacturing

单位：亿元 (100 million yuan)

地 区	Region	1995	2000	2003	2004	2005	2006	2007
全 国	**Total**	**80.04**	**105.64**	**140.90**	**149.20**	**209.02**	**241.24**	**292.34**
东部地区	Eastern Region	28.29	24.74	44.92	50.90	69.89	86.04	111.34
中部地区	Mid Region	22.99	41.03	40.00	33.50	51.39	47.19	71.44
西部地区	Western Region	28.77	39.86	55.98	64.90	87.74	108.01	109.56
北 京	Beijing	6.03	8.77	14.77	15.60	18.69	23.70	25.36
天 津	Tianjin	-0.05	0.27	0.25	0.80	1.00	1.49	1.85
河 北	Hebei	0.46	1.03	1.48	0.80	1.64	2.34	2.38
山 西	Shanxi	0.97	1.50	0.75	0.90	0.14	0.10	0.12
内蒙古	Neimenggu	0.21	0.26					
辽 宁	Liaoning	6.77	6.52	10.22	13.60	21.19	16.30	21.35
吉 林	Jilin	0.59	1.05	0.85	1.20	1.04	1.60	1.56
黑龙江	Heilongjiang	8.84	14.15	18.79	12.10	22.35	10.94	20.76
上 海	Shanghai	2.45	2.05	3.96	4.90	7.33	6.61	10.83
江 苏	Jiangsu	9.85	1.91	6.22	1.80	3.37	12.33	13.77
浙 江	Zhejiang	0.10				0.02	0.15	0.45
安 徽	Anhui	0.35	0.51	2.11	2.40	3.99	4.34	5.02
福 建	Fujian	0.03	1.62	4.14	7.20	8.60	13.09	19.61
江 西	Jiangxi	4.71	12.62	3.96	4.70	6.20	8.91	13.96
山 东	Shandong	0.18	0.29	0.52	0.70	0.82	0.80	3.41
河 南	Henan	0.89	3.39	4.73	3.50	5.47	8.73	13.08
湖 北	Hubei	2.63	3.05	5.72	6.30	8.34	6.60	9.15
湖 南	Hunan	3.80	4.50	3.09	2.40	3.85	5.97	7.80
广 东	Guangdong	2.43	2.26	3.30	5.20	7.22	9.24	12.33
广 西	Guangxi	0.03	0.02	0.06			0.00	
海 南	Hainan							
重 庆	Chongqing			0.19		0.14	0.15	0.18
四 川	Sichuan	6.91	10.18	14.38	20.10	31.55	34.05	28.82
贵 州	Guizhou	7.20	10.50	11.61	12.40	13.11	17.02	20.29
云 南	Yunnan	0.07	0.01					
西 藏	Tibet							
陕 西	Shaanxi	14.01	18.37	29.03	31.20	41.77	55.27	58.40
甘 肃	Gansu	0.58	0.80	0.77	1.30	1.17	1.52	1.88
青 海	Qinghai							
宁 夏	Ningxia							
新 疆	Xinjiang							

1-48 航空航天制造业主营业务收入

Revenue from Principal Business of Aircraft and Spacecraft Manufacturing

单位: 亿元 (100 million yuan)

地区	Region	1995	2000	2003	2004	2005	2006	2007
全国	**Total**	**262.49**	**377.83**	**547.20**	**498.40**	**781.37**	**798.88**	**1006.36**
东部地区	Eastern Region	87.52	104.90	151.91	162.50	220.85	265.81	343.50
中部地区	Mid Region	81.50	147.65	201.71	107.70	266.73	194.60	232.62
西部地区	Western Region	93.46	125.28	193.58	228.10	293.79	338.46	430.24
北京	Beijing	15.49	22.80	30.05	36.10	43.84	53.20	59.92
天津	Tianjin	0.10	0.21	0.39	1.60	2.28	3.12	3.74
河北	Hebei	2.16	3.48	5.17	4.10	5.46	6.08	6.60
山西	Shanxi	2.33	4.41	2.07	2.50	0.52	0.41	0.46
内蒙古	Neimenggu	0.53	1.01					
辽宁	Liaoning	24.02	34.71	63.52	80.00	97.77	86.84	118.44
吉林	Jilin	2.14	2.41	2.41	2.80	3.22	3.51	3.92
黑龙江	Heilongjiang	31.53	56.67	122.15	34.90	151.76	56.12	63.55
上海	Shanghai	7.54	6.31	8.92	11.40	16.44	19.86	26.63
江苏	Jiangsu	34.59	24.30	27.32	3.80	9.11	41.72	52.16
浙江	Zhejiang	0.14			0.10	0.26	0.57	1.85
安徽	Anhui	3.14	3.42	7.57	9.50	12.83	14.33	16.47
福建	Fujian	0.07	7.67	8.44	11.20	26.14	29.97	39.91
江西	Jiangxi	19.73	45.41	17.64	24.00	37.39	46.59	61.80
山东	Shandong	0.41	0.60	1.15	1.90	2.12	3.07	3.74
河南	Henan	2.21	9.53	12.08	8.00	19.24	30.43	37.31
湖北	Hubei	5.48	9.92	18.07	13.50	25.63	25.95	32.73
湖南	Hunan	14.41	14.87	19.72	12.60	16.15	17.27	16.37
广东	Guangdong	2.83	4.67	6.76	12.50	17.43	21.33	30.53
广西	Guangxi	0.17	0.15	0.19			0.05	
海南	Hainan							
重庆	Chongqing			1.04	0.40	0.50	0.54	0.65
四川	Sichuan	25.76	29.72	47.82	62.90	89.64	114.41	136.49
贵州	Guizhou	26.83	31.46	31.27	35.20	38.64	46.07	57.94
云南	Yunnan	1.41	0.02					
西藏	Tibet							
陕西	Shaanxi	37.91	62.47	111.21	126.80	161.73	173.23	230.52
甘肃	Gansu	1.55	1.61	2.24	2.80	3.28	4.21	4.64
青海	Qinghai							
宁夏	Ningxia							
新疆	Xinjiang							

1-49 航空航天制造业利润

Profits of Aircraft and Spacecraft Manufacturing

单位：亿元　　　　　　　　　　　　　　　　　　　　　　　　　　　　(100 million yuan)

地区	Region	1995	2000	2003	2004	2005	2006	2007
全　国	**Total**	**2.10**	**3.75**	**14.91**	**18.40**	**32.40**	**45.95**	**64.17**
东部地区	Eastern Region	1.75	4.28	6.54	9.10	14.93	21.21	27.66
中部地区	Mid Region	1.91	0.18	3.64	3.50	7.71	8.46	12.13
西部地区	Western Region	-1.56	-0.71	4.73	5.80	9.76	16.27	24.38
北　京	Beijing	0.58	1.52	3.02	3.40	5.83	5.62	5.45
天　津	Tianjin	0.11	0.15	0.27	0.10	0.50	0.81	1.37
河　北	Hebei	-0.12		0.21	0.20	0.49	0.81	1.27
山　西	Shanxi	0.11	0.11	0.11	0.20	0.04	-0.02	0.03
内蒙古	Neimenggu	-0.05	0.02					
辽　宁	Liaoning	-1.16		0.95	1.50	2.81	2.55	3.65
吉　林	Jilin	0.01	-0.53	0.01	0.10	0.44	0.54	0.61
黑龙江	Heilongjiang	1.22	0.78	1.69	0.30	2.37	0.90	1.73
上　海	Shanghai	-0.45	-0.14	0.12	0.50	1.02	1.23	2.19
江　苏	Jiangsu	2.58	0.27	0.63	-0.10	0.48	2.28	3.65
浙　江	Zhejiang	0.01				0.01	0.07	0.12
安　徽	Anhui	-0.28	-0.04	0.40	0.60	1.29	1.47	1.58
福　建	Fujian	0.01	1.62	2.12	2.40	2.90	5.73	6.35
江　西	Jiangxi	0.15	0.64	0.33	0.70	0.82	1.71	2.04
山　东	Shandong	0.01	0.01	0.06	0.20	-0.05	0.19	0.58
河　南	Henan	-0.09	0.39	0.61	0.70	0.59	2.01	3.51
湖　北	Hubei	0.19	0.33	1.03	0.80	1.73	1.30	1.66
湖　南	Hunan	0.66	-1.52	-0.54	0.10	0.43	0.55	0.98
广　东	Guangdong	0.20	0.86	-0.85	0.70	0.95	1.93	3.01
广　西	Guangxi	-0.03	-0.03	0.01			0.00	
海　南	Hainan							
重　庆	Chongqing			0.10		0.01	0.01	0.09
四　川	Sichuan	-0.43	0.01	1.47	1.30	3.42	5.84	8.98
贵　州	Guizhou	-0.20	0.12	1.21	1.50	1.85	2.69	3.00
云　南	Yunnan	-0.03						
西　藏	Tibet							
陕　西	Shaanxi	-0.74	-0.53	2.28	2.80	4.04	7.12	11.62
甘　肃	Gansu	-0.16	-0.31	-0.33	0.30	0.45	0.60	0.69
青　海	Qinghai							
宁　夏	Ningxia							
新　疆	Xinjiang							

1-50 航空航天制造业利税

Taxes and Profits of Aircraft and Spacecraft Manufacturing

单位：亿元 (100 million yuan)

地区	Region	1995	2000	2003	2004	2005	2006	2007
全国	**Total**	**14.00**	**17.22**	**27.94**	**25.70**	**44.49**	**60.77**	**76.16**
东部地区	Eastern Region	6.61	7.99	9.58	11.40	17.97	25.09	31.65
中部地区	Mid Region	6.57	7.92	10.19	5.50	12.92	14.76	14.64
西部地区	Western Region	0.82	1.32	8.17	8.80	13.60	20.92	29.86
北京	Beijing	0.84	2.14	3.46	3.80	6.56	6.58	6.45
天津	Tianjin	0.11	0.16	0.29	0.10	0.51	0.82	1.37
河北	Hebei	-0.06	0.08	0.29	0.30	0.57	0.91	1.38
山西	Shanxi	0.16	0.18	0.19	0.20	0.04	0.00	0.03
内蒙古	Neimenggu	-0.05	0.02					
辽宁	Liaoning	-0.62	0.46	1.08	1.70	3.05	2.90	4.00
吉林	Jilin	0.09	-0.52	0.11	0.10	0.44	0.55	0.61
黑龙江	Heilongjiang	3.57	3.93	6.68	1.40	6.11	5.25	2.06
上海	Shanghai	-0.21	-0.03	0.30	0.80	1.23	1.40	2.91
江苏	Jiangsu	6.19	2.04	1.93		0.61	2.96	4.43
浙江	Zhejiang	0.01				0.01	0.10	0.22
安徽	Anhui	-0.13	0.02	0.53	0.70	1.42	1.63	1.77
福建	Fujian	0.01	1.68	2.21	2.60	2.94	5.83	6.46
江西	Jiangxi	1.25	2.92	0.46	0.70	0.92	1.95	2.29
山东	Shandong	0.06	0.07	0.13	0.30	0.05	0.28	0.64
河南	Henan	-0.02	0.95	1.13	0.90	1.31	2.78	4.36
湖北	Hubei	0.32	0.52	1.29	1.20	2.18	1.79	2.24
湖南	Hunan	1.38	-0.10	-0.20	0.20	0.49	0.82	1.29
广东	Guangdong	0.29	1.40	-0.12	1.80	2.44	3.31	3.80
广西	Guangxi	-0.03	-0.02	0.01			0.00	
海南	Hainan							
重庆	Chongqing			0.10		0.01	0.01	0.10
四川	Sichuan	-0.03	0.39	2.18	1.80	4.28	6.71	10.03
贵州	Guizhou	0.70	0.83	1.92	2.00	2.54	3.45	3.94
云南	Yunnan	0.07						
西藏	Tibet							
陕西	Shaanxi	0.18	0.36	4.26	4.70	6.31	10.13	15.09
甘肃	Gansu	-0.10	-0.26	-0.29	0.30	0.48	0.62	0.71
青海	Qinghai							
宁夏	Ningxia							
新疆	Xinjiang							

1-51 电子及通信设备制造业企业数

Number of Enterprises of Electronic and Telecommunication Equipments Manufacturing

单位：个 (unit)

地 区 Region		1995	2000	2003	2004	2005	2006	2007
全 国	**Total**	**7202**	**3977**	**5166**	**8044**	**7781**	**8606**	**9963**
东部地区	Eastern Region	4971	3414	4565	7314	7027	7725	8907
中部地区	Mid Region	852	357	377	426	439	528	645
西部地区	Western Region	449	206	224	304	315	353	411
北 京	Beijing	352	242	235	382	390	407	414
天 津	Tianjin	294	224	224	306	315	395	388
河 北	Hebei	174	59	58	71	76	96	95
山 西	Shanxi	38	20	21	25	21	32	26
内蒙古	Neimenggu	38	11	14	13	15	16	15
辽 宁	Liaoning	328	118	119	204	154	191	219
吉 林	Jilin	77	23	17	30	16	23	28
黑龙江	Heilongjiang	83	24	22	24	13	15	19
上 海	Shanghai	609	312	387	592	570	565	618
江 苏	Jiangsu	1040	531	858	1442	1184	1330	1609
浙 江	Zhejiang	757	393	623	966	980	1157	1399
安 徽	Anhui	136	47	63	80	93	115	140
福 建	Fujian	370	176	230	313	305	334	354
江 西	Jiangxi	119	40	42	53	58	69	94
山 东	Shandong	270	147	265	414	481	562	646
河 南	Henan	108	51	38	44	51	57	87
湖 北	Hubei	147	78	91	81	100	119	138
湖 南	Hunan	195	63	69	76	72	82	98
广 东	Guangdong	1469	1168	1527	2570	2524	2634	3097
广 西	Guangxi	86	34	33	47	43	48	64
海 南	Hainan	21	10	6	7	5	6	4
重 庆	Chongqing		23	21	21	23	24	25
四 川	Sichuan	246	88	111	168	184	217	260
贵 州	Guizhou	33	25	17	27	19	16	19
云 南	Yunnan	22	5	4	9	7	9	10
西 藏	Tibet							
陕 西	Shaanxi	159	51	57	62	67	69	79
甘 肃	Gansu	16	10	11	14	11	13	13
青 海	Qinghai	3	2	1				
宁 夏	Ningxia	5		1	2	2	1	
新 疆	Xinjiang	7	2	1	1	2	4	5

1-52 电子及通信设备制造业当年价总产值

Gross Industrial Output Value at Current Prices of Electronic and Telecommunication Equipments Manufacturing

单位：亿元 (100 million yuan)

地 区	Region	1995	2000	2003	2004	2005	2006	2007
全 国	**Total**	**2181.67**	**5981.38**	**10217.16**	**14006.70**	**16867.13**	**21217.64**	**25088.04**
东部地区	Eastern Region	1273.46	5314.57	9374.17	13112.20	15831.12	19954.42	23414.30
中部地区	Mid Region	87.89	295.76	396.94	461.10	534.91	653.46	829.22
西部地区	Western Region	204.31	371.05	446.05	433.40	501.10	609.77	844.52
北 京	Beijing	105.54	593.80	635.62	889.90	1357.26	1792.72	2269.51
天 津	Tianjin	204.69	544.62	786.82	1224.70	1484.78	1906.11	1810.61
河 北	Hebei	16.76	38.06	49.97	56.60	54.38	69.67	88.69
山 西	Shanxi	2.54	4.21	7.97	8.60	8.03	32.31	70.16
内蒙古	Neimenggu	6.20	8.71	39.44	48.60	63.20	78.40	93.50
辽 宁	Liaoning	52.27	151.52	243.08	262.10	263.54	342.63	466.72
吉 林	Jilin	6.88	27.21	15.88	21.40	16.94	16.98	27.97
黑龙江	Heilongjiang	7.01	10.32	6.80	7.60	6.18	6.74	8.51
上 海	Shanghai	227.08	658.36	1075.69	1320.70	1661.48	1546.88	1871.26
江 苏	Jiangsu	262.08	725.98	1486.51	2369.30	2803.18	3731.20	4929.75
浙 江	Zhejiang	120.23	281.85	616.36	763.00	826.65	1283.32	1269.12
安 徽	Anhui	15.50	42.20	56.26	71.80	80.12	109.63	126.30
福 建	Fujian	77.79	228.56	450.20	525.40	589.55	669.79	699.95
江 西	Jiangxi	16.34	19.75	31.59	30.50	52.36	68.92	98.27
山 东	Shandong	86.35	218.29	487.63	619.00	909.07	1282.37	1683.09
河 南	Henan	30.85	58.07	70.34	81.90	85.52	88.06	105.82
湖 北	Hubei	22.54	81.17	101.84	113.10	147.65	171.74	201.85
湖 南	Hunan	11.20	44.12	66.82	77.60	74.91	80.67	96.83
广 东	Guangdong	681.78	1859.59	3526.84	5060.00	5845.47	7280.34	8257.03
广 西	Guangxi	11.26	12.80	13.89	18.50	31.96	43.40	61.49
海 南	Hainan	0.92	1.14	1.56	3.10	3.78	5.99	7.09
重 庆	Chongqing		14.94	17.95	35.00	25.80	34.30	50.71
四 川	Sichuan	120.91	202.84	253.91	223.60	302.64	382.07	569.37
贵 州	Guizhou	8.09	11.56	24.35	21.10	26.08	24.26	25.98
云 南	Yunnan	3.34	0.57	1.14	2.70	4.54	5.07	5.30
西 藏	Tibet							
陕 西	Shaanxi	76.44	117.18	130.99	133.90	125.43	142.74	166.58
甘 肃	Gansu	6.04	23.52	16.92	9.90	9.22	12.63	14.28
青 海	Qinghai	0.25	0.13	0.09				
宁 夏	Ningxia	0.37		0.65	1.00	0.96	0.38	
新 疆	Xinjiang	0.41	0.32	0.05	6.20	6.42	8.31	12.30

1-53 电子及通信设备制造业增加值
Value Added of Industry of Electronic and Telecommunication Equipments Manufacturing

单位：亿元 (100 million yuan)

地区	Region	1995	2000	2003	2004	2005	2006	2007
全　国	**Total**	**543.23**	**1471.26**	**2571.67**	**3366.00**	**4015.74**	**5118.24**	**5808.03**
东部地区	Eastern Region	362.03	1280.70	2335.32	3120.20	3722.11	4757.78	5248.31
中部地区	Mid Region	27.54	79.29	124.38	123.20	152.56	186.17	269.96
西部地区	Western Region	71.08	111.26	111.97	122.50	141.07	174.29	289.76
北　京	Beijing	28.04	121.45	146.82	149.30	218.73	264.93	271.34
天　津	Tianjin	70.25	137.22	162.67	296.60	321.36	483.02	498.86
河　北	Hebei	6.61	13.23	21.26	18.50	16.45	24.94	26.71
山　西	Shanxi	0.78	0.81	2.41	3.50	3.00	9.95	23.37
内蒙古	Neimenggu	0.79	2.97	14.96	17.10	16.12	19.27	22.67
辽　宁	Liaoning	11.57	32.83	54.12	63.60	61.35	93.13	142.82
吉　林	Jilin	0.85	9.32	7.45	5.50	4.63	6.13	8.51
黑龙江	Heilongjiang	1.18	2.56	2.14	2.30	1.91	1.92	2.38
上　海	Shanghai	74.26	160.99	239.50	310.50	393.33	456.31	424.06
江　苏	Jiangsu	57.81	156.84	356.46	545.80	667.32	883.82	1097.90
浙　江	Zhejiang	22.26	63.50	139.73	169.70	148.66	184.73	221.29
安　徽	Anhui	2.45	6.91	15.29	18.40	22.03	34.97	37.98
福　建	Fujian	14.29	74.37	117.41	127.20	125.88	171.13	176.34
江　西	Jiangxi	4.24	5.62	8.83	7.30	15.28	21.86	32.23
山　东	Shandong	12.32	59.07	114.01	153.90	239.71	347.23	472.40
河　南	Henan	11.95	21.20	24.15	22.90	22.13	20.70	32.31
湖　北	Hubei	5.87	19.95	35.05	24.60	46.90	50.74	89.11
湖　南	Hunan	3.19	9.94	14.10	21.80	20.56	20.62	21.42
广　东	Guangdong	139.07	457.09	978.27	1277.90	1519.74	1829.69	1890.84
广　西	Guangxi	2.73	3.91	4.76	6.60	8.43	16.60	22.08
海　南	Hainan	0.21	0.20	0.31	0.60	1.15	2.25	3.67
重　庆	Chongqing		1.40	4.34	10.20	5.85	10.24	17.16
四　川	Sichuan	35.20	66.50	63.55	52.40	83.92	103.16	200.54
贵　州	Guizhou	1.35	3.45	6.17	5.60	7.05	7.39	8.24
云　南	Yunnan	0.70	0.17	0.49	1.40	1.77	1.15	1.63
西　藏	Tibet							
陕　西	Shaanxi	34.21	33.44	31.63	48.00	37.08	46.44	53.49
甘　肃	Gansu	0.88	6.12	5.48	3.00	2.89	3.98	5.00
青　海	Qinghai	0.04	0.03	0.05				
宁　夏	Ningxia	0.08		0.23	0.30	0.33	0.10	
新　疆	Xinjiang	0.06	0.14	0.03	1.60	2.18	1.83	3.71

1-54 电子及通信设备制造业主营业务收入

Revenue from Principal Business of Electronic and Telecommunication Equipments Manufacturing

单位：亿元 (100 million yuan)

地 区	Region	1995	2000	2003	2004	2005	2006	2007
全 国	**Total**	**2052.78**	**5871.15**	**9927.14**	**13819.10**	**16646.25**	**21068.86**	**24823.58**
东部地区	Eastern Region	1188.84	5293.19	9167.15	12975.60	15676.30	19862.94	23273.25
中部地区	Mid Region	79.13	270.20	371.33	430.60	478.31	609.38	744.82
西部地区	Western Region	191.88	307.76	388.66	412.90	491.64	596.54	805.50
北 京	Beijing	117.69	658.47	668.88	906.00	1344.56	1840.51	2291.30
天 津	Tianjin	168.21	524.65	770.40	1196.10	1544.16	1939.82	1708.74
河 北	Hebei	15.18	34.08	40.02	49.00	50.21	62.82	83.78
山 西	Shanxi	2.16	3.89	5.89	7.40	5.93	28.53	65.66
内蒙古	Neimenggu	5.68	8.60	38.40	44.50	60.72	78.03	89.73
辽 宁	Liaoning	49.95	149.82	233.18	241.20	250.20	324.88	438.00
吉 林	Jilin	6.09	25.58	11.29	16.60	12.85	16.44	25.19
黑龙江	Heilongjiang	6.43	8.71	6.76	6.50	6.13	6.57	8.14
上 海	Shanghai	228.19	693.08	1088.16	1344.00	1660.54	1542.28	1881.41
江 苏	Jiangsu	237.81	700.90	1490.25	2307.40	2765.10	3712.57	4902.28
浙 江	Zhejiang	108.64	267.24	645.53	817.70	859.48	1293.48	1260.46
安 徽	Anhui	13.78	40.62	39.89	59.80	65.82	93.98	111.08
福 建	Fujian	73.48	208.72	428.33	496.00	570.36	636.40	655.81
江 西	Jiangxi	13.56	12.83	27.90	28.30	47.27	65.40	93.61
山 东	Shandong	81.53	207.22	450.77	625.20	911.71	1258.90	1729.57
河 南	Henan	28.53	53.60	74.34	84.30	76.97	85.57	92.20
湖 北	Hubei	20.86	74.99	102.19	110.20	130.65	158.04	165.70
湖 南	Hunan	9.96	41.37	64.67	73.10	71.97	76.82	93.52
广 东	Guangdong	652.01	1837.50	3338.54	4974.80	5690.02	7215.37	8271.43
广 西	Guangxi	9.25	10.38	11.55	15.10	26.42	30.26	43.94
海 南	Hainan	0.83	1.13	1.54	3.00	3.53	5.63	6.52
重 庆	Chongqing		9.62	15.65	24.90	26.64	31.15	46.30
四 川	Sichuan	113.02	181.15	234.07	221.70	300.63	379.27	544.57
贵 州	Guizhou	7.57	11.36	22.55	20.80	27.94	26.27	26.13
云 南	Yunnan	3.36	0.55	1.05	2.50	4.24	4.98	5.08
西 藏	Tibet							
陕 西	Shaanxi	73.17	96.27	101.10	122.20	115.65	134.82	157.25
甘 肃	Gansu	4.90	8.44	13.46	14.40	9.66	11.61	14.62
青 海	Qinghai	0.24	0.10	0.02				
宁 夏	Ningxia	0.28		0.68	0.80	0.98	0.37	
新 疆	Xinjiang	0.44	0.27	0.08	5.70	5.90	8.07	11.56

1-55 电子及通信设备制造业利润

Profits of Electronic and Telecommunication Equipments Manufacturing

单位：亿元 (100 million yuan)

地 区	Region	1995	2000	2003	2004	2005	2006	2007
全 国	**Total**	**109.73**	**425.80**	**460.70**	**643.60**	**650.83**	**886.30**	**1036.34**
东部地区	Eastern Region	86.11	385.85	418.42	662.10	620.10	848.35	966.66
中部地区	Mid Region	5.01	24.68	24.73	25.40	18.82	18.79	26.18
西部地区	Western Region	18.98	15.27	17.55	-43.90	11.91	19.16	43.49
北 京	Beijing	10.48	50.13	44.91	39.00	45.51	78.83	113.59
天 津	Tianjin	22.50	66.49	16.76	125.40	126.68	116.06	59.27
河 北	Hebei	1.61	1.09	2.52	3.10	1.81	2.48	6.52
山 西	Shanxi	-0.03	-0.03	0.05	0.20	0.13	-2.42	1.31
内 蒙 古	Neimenggu	0.08	0.01	9.00	12.40	3.83	4.94	4.86
辽 宁	Liaoning	-3.78	8.25	7.20	2.80	-0.13	8.95	15.51
吉 林	Jilin	-0.75	1.55	-3.53	-6.50	-2.78	0.41	1.16
黑 龙 江	Heilongjiang	0.02	0.84	0.38	0.60	0.25	0.14	0.50
上 海	Shanghai	21.40	72.92	32.97	72.90	32.60	58.88	62.50
江 苏	Jiangsu	4.30	37.23	57.53	111.60	133.61	186.60	250.81
浙 江	Zhejiang	5.70	22.37	33.20	42.80	16.25	38.74	41.17
安 徽	Anhui	-0.85	0.70	1.99	3.60	3.16	4.98	6.22
福 建	Fujian	2.83	7.33	26.83	28.50	14.82	35.39	20.44
江 西	Jiangxi	0.39	1.17	1.29	1.00	2.83	3.35	4.65
山 东	Shandong	1.76	11.50	16.79	26.30	29.49	46.21	61.63
河 南	Henan	4.95	8.47	5.27	5.60	1.24	-4.68	3.65
湖 北	Hubei	0.72	8.83	5.40	3.80	7.32	11.22	7.55
湖 南	Hunan	-0.34	3.15	4.88	4.70	2.85	0.85	-3.71
广 东	Guangdong	24.21	108.15	179.17	208.70	218.52	274.42	332.47
广 西	Guangxi	-0.13	0.42	0.57	0.80	0.61	1.15	2.05
海 南	Hainan	-0.31	-0.06	-0.03	0.10	0.34	0.63	0.69
重 庆	Chongqing		-0.87	0.44	1.00	1.38	2.25	-0.02
四 川	Sichuan	13.06	8.77	10.60	-52.80	14.57	10.33	36.57
贵 州	Guizhou	-0.55	0.33	0.63	-0.20	2.35	2.30	1.51
云 南	Yunnan	0.20	-0.10	0.12	0.40	0.17	0.53	0.51
西 藏	Tibet							
陕 西	Shaanxi	3.48	7.05	5.27	8.00	-7.43	2.71	2.60
甘 肃	Gansu	-1.00	0.19	0.60	-1.00	0.26	0.61	1.17
青 海	Qinghai	-0.11	-0.07					
宁 夏	Ningxia	-0.02		-0.12	-0.20	-0.07		
新 疆	Xinjiang	-0.07	-0.02	0.01	0.90	0.69	0.41	1.15

1-56 电子及通信设备制造业利税

Taxes and Profits of Electronic and Telecommunication Equipments Manufacturing

单位：亿元 (100 million yuan)

地区	Region	1995	2000	2003	2004	2005	2006	2007
全国	**Total**	**173.53**	**592.08**	**674.79**	**860.50**	**927.29**	**1269.57**	**1453.69**
东部地区	Eastern Region	126.61	525.96	606.53	854.90	870.97	1198.38	1343.07
中部地区	Mid Region	9.67	36.11	36.34	38.30	30.89	34.89	45.70
西部地区	Western Region	28.50	30.02	31.92	-32.60	25.43	36.31	64.93
北京	Beijing	14.72	63.44	61.79	50.30	60.06	92.75	132.16
天津	Tianjin	29.17	78.75	25.30	137.20	142.00	132.29	72.42
河北	Hebei	2.76	3.17	4.75	5.30	3.76	4.82	8.50
山西	Shanxi	0.05		0.14	0.40	0.26	-1.67	2.73
内蒙古	Neimenggu	0.16	0.14	11.20	14.10	4.30	6.14	6.17
辽宁	Liaoning	-1.64	15.66	9.89	5.20	3.09	13.32	26.74
吉林	Jilin	-0.44	2.75	-3.10	-6.20	-2.43	0.93	1.82
黑龙江	Heilongjiang	0.26	1.10	0.65	0.80	0.53	0.33	0.80
上海	Shanghai	30.73	89.15	53.30	97.10	48.44	73.15	77.17
江苏	Jiangsu	11.57	64.37	83.27	144.60	169.66	227.63	296.28
浙江	Zhejiang	8.62	32.50	54.67	66.60	32.51	57.04	63.70
安徽	Anhui	-0.44	1.74	3.08	5.10	4.85	7.82	9.43
福建	Fujian	4.54	12.78	32.49	33.50	22.28	44.77	28.75
江西	Jiangxi	1.02	1.90	2.15	1.70	4.05	4.64	6.38
山东	Shandong	2.84	17.02	26.31	39.20	48.88	70.63	94.65
河南	Henan	6.97	11.79	7.44	8.80	3.87	-1.70	7.20
湖北	Hubei	1.52	12.49	7.75	6.90	10.91	16.39	11.01
湖南	Hunan	0.19	4.20	7.03	6.70	4.54	2.00	0.15
广东	Guangdong	36.20	148.35	253.68	274.60	338.75	479.36	538.52
广西	Guangxi	0.26	0.83	1.11	1.20	1.11	1.79	3.40
海南	Hainan	-0.28	-0.05	-0.03	0.10	0.44	0.83	0.78
重庆	Chongqing		-0.65	0.77	1.40	1.73	2.70	1.37
四川	Sichuan	18.14	17.93	18.52	-48.80	22.43	20.05	48.39
贵州	Guizhou	-0.32	0.78	1.29	0.30	3.02	2.91	2.17
云南	Yunnan	0.45	-0.08	0.14	0.50	0.34	0.70	0.70
西藏	Tibet							
陕西	Shaanxi	7.53	11.58	10.44	13.40	-4.01	7.69	8.64
甘肃	Gansu	-0.88	0.52	0.85	-0.70	0.73	1.08	1.74
青海	Qinghai	-0.11	-0.07					
宁夏	Ningxia	-0.01		-0.10	-0.10	-0.06	0.00	
新疆	Xinjiang	-0.06	0.01	0.01	1.50	1.26	1.18	1.92

1-57 电子计算机及办公设备制造业企业数

Number of Enterprises of Computers and Office Equipments Manufacturing

单位：个 (unit)

地区 Region		1995	2000	2003	2004	2005	2006	2007
全国	**Total**	**715**	**494**	**810**	**1374**	**1267**	**1293**	**1450**
东部地区	Eastern Region	613	449	732	1285	1185	1211	1361
中部地区	Mid Region	68	30	57	56	57	61	68
西部地区	Western Region	34	15	21	33	25	21	21
北京	Beijing	112	57	57	126	111	107	112
天津	Tianjin	44	31	43	34	31	26	24
河北	Hebei	10	1	4	5	6	7	8
山西	Shanxi	4	1	3	4	4	5	3
内蒙古	Neimenggu	2	2	2	3	3	2	2
辽宁	Liaoning	28	17	20	36	26	26	36
吉林	Jilin	3	2	1	5	3	5	6
黑龙江	Heilongjiang	20	5	7	8	7	6	7
上海	Shanghai	65	52	83	128	112	112	106
江苏	Jiangsu	42	60	107	214	178	184	220
浙江	Zhejiang	36	9	30	70	79	97	119
安徽	Anhui	5	4	9	7	7	9	11
福建	Fujian	37	24	40	64	57	66	62
江西	Jiangxi	2	2	2	3	4	7	9
山东	Shandong	40	16	43	55	45	36	44
河南	Henan	13	3	4	2	3	4	5
湖北	Hubei	8	9	21	13	16	14	16
湖南	Hunan	11	2	8	11	10	9	9
广东	Guangdong	195	179	301	548	537	541	623
广西	Guangxi	3	3	2	5	3	9	7
海南	Hainan	1		2				
重庆	Chongqing		2	2	3	2	1	1
四川	Sichuan	17	7	13	18	15	13	17
贵州	Guizhou	2	1	2	3	3	3	
云南	Yunnan	3	1	1	3	2	2	2
西藏	Tibet							
陕西	Shaanxi	11	4	3	6	3	2	1
甘肃	Gansu							
青海	Qinghai							
宁夏	Ningxia							
新疆	Xinjiang	1						

1-58 电子计算机及办公设备制造业当年价总产值

Gross Industrial Output Value at Current Prices of Computers and Office Equipments Manufacturing

单位：亿元 (100 million yuan)

地 区	Region	1995	2000	2003	2004	2005	2006	2007
全 国	**Total**	**354.46**	**1676.95**	**5986.80**	**8691.50**	**10666.95**	**12510.73**	**14858.57**
东部地区	Eastern Region	331.49	1603.92	5888.13	8590.90	10513.14	12278.87	14582.76
中部地区	Mid Region	16.06	45.44	73.58	61.20	131.47	216.31	238.18
西部地区	Western Region	6.91	27.59	25.09	39.40	22.34	15.55	37.63
北 京	Beijing	42.86	248.86	307.96	363.00	438.73	461.26	424.31
天 津	Tianjin	8.13	48.93	100.99	145.30	134.43	141.28	172.06
河 北	Hebei	0.27	0.06	0.65	0.70	3.03	4.32	5.64
山 西	Shanxi	0.69	0.32	1.63	2.00	7.00	10.89	2.98
内 蒙 古	Neimenggu		1.50	2.41	1.00	2.69	1.80	1.77
辽 宁	Liaoning	30.03	92.65	106.85	135.80	89.59	93.28	113.56
吉 林	Jilin	0.16	0.29	1.03	0.50	1.69	2.96	4.35
黑 龙 江	Heilongjiang	11.48	19.00	12.84	9.70	10.30	10.57	6.97
上 海	Shanghai	18.19	139.00	888.13	1567.60	1829.96	2432.38	3175.16
江 苏	Jiangsu	23.47	257.16	1156.04	2088.40	2620.94	2834.01	3444.89
浙 江	Zhejiang	5.89	2.93	17.09	153.20	221.93	306.47	552.08
安 徽	Anhui	0.63	5.72	7.39	6.40	4.59	3.65	5.72
福 建	Fujian	31.42	179.60	473.39	676.90	728.69	833.94	914.28
江 西	Jiangxi	0.34	0.03	0.35	1.70	5.37	9.00	14.81
山 东	Shandong	7.78	23.01	125.69	183.90	192.84	219.77	280.98
河 南	Henan	0.19	0.32	0.69	0.30	3.29	4.55	13.60
湖 北	Hubei	0.74	12.35	39.61	32.80	86.11	164.81	179.13
湖 南	Hunan	1.83	5.90	7.63	6.80	10.43	8.09	8.85
广 东	Guangdong	162.26	609.71	2710.55	3274.40	4251.83	4945.00	5496.29
广 西	Guangxi	1.19	2.01	0.74	1.70	1.17	7.17	3.51
海 南	Hainan			0.05				
重 庆	Chongqing		1.61	1.79	2.50	3.09	2.70	3.50
四 川	Sichuan	3.10	18.78	15.73	18.60	12.51	7.03	27.88
贵 州	Guizhou	0.06		2.98	7.40	1.69	0.46	
云 南	Yunnan	1.94	3.57	3.58	5.80	3.91	5.26	6.17
西 藏	Tibet							
陕 西	Shaanxi	1.81	3.63	1.01	5.00	1.16	0.10	0.08
甘 肃	Gansu							
青 海	Qinghai							
宁 夏	Ningxia							
新 疆	Xinjiang							

1-59 电子计算机及办公设备制造业增加值

Value Added of Industry of Computers and Office Equipments Manufacturing

单位：亿元 (100 million yuan)

地区	Region	1995	2000	2003	2004	2005	2006	2007
全国	**Total**	**92.68**	**374.28**	**1021.55**	**1226.30**	**1823.91**	**2111.33**	**2272.98**
东部地区	Eastern Region	87.02	352.65	992.53	1192.40	1772.55	2023.18	2149.12
中部地区	Mid Region	4.60	14.48	21.54	22.90	45.89	82.90	107.95
西部地区	Western Region	1.06	7.15	7.48	10.90	5.47	5.25	15.91
北京	Beijing	17.22	70.85	50.10	52.30	66.97	71.83	104.85
天津	Tianjin	2.11	4.67	9.55	18.80	11.79	27.94	15.58
河北	Hebei	0.05	0.02	0.25	0.20	0.94	1.19	1.85
山西	Shanxi	0.07	0.09	0.62	0.70	1.72	1.78	1.48
内蒙古	Neimenggu		0.49	0.80	0.40	0.97	0.61	0.53
辽宁	Liaoning	14.40	21.42	19.28	25.20	23.42	19.77	26.73
吉林	Jilin	0.11	0.25	1.01		0.48	0.93	1.80
黑龙江	Heilongjiang	3.59	4.08	3.29	3.10	3.41	3.55	2.19
上海	Shanghai	2.38	13.43	59.04	166.40	237.86	289.62	293.37
江苏	Jiangsu	3.09	62.00	267.45	293.80	555.98	548.64	613.56
浙江	Zhejiang	1.51	0.48	3.23	15.80	28.72	45.14	90.66
安徽	Anhui	0.09	1.84	1.50	1.80	1.24	1.20	1.97
福建	Fujian	5.08	38.39	78.29	124.90	148.54	185.63	197.65
江西	Jiangxi	0.08	0.01	0.03	0.50	0.91	2.72	4.35
山东	Shandong	2.69	5.35	47.21	72.70	74.27	73.84	103.64
河南	Henan	0.02	0.08	0.15	0.10	1.00	1.39	4.64
湖北	Hubei	0.18	6.40	12.41	14.20	33.18	68.60	88.27
湖南	Hunan	0.46	1.24	1.73	2.20	2.98	2.11	2.72
广东	Guangdong	38.32	135.28	457.90	421.60	623.53	756.90	699.63
广西	Guangxi	0.17	0.74	0.21	0.70	0.54	2.68	1.59
海南	Hainan			0.02				
重庆	Chongqing		0.23	0.53	0.60	0.82	0.74	0.96
四川	Sichuan	0.69	4.99	4.47	5.50	4.69	2.83	13.29
贵州	Guizhou	-0.07	-0.05	0.97	2.20	-0.94	-0.30	
云南	Yunnan	0.16	0.76	1.15	1.40	0.49	1.97	1.63
西藏	Tibet							
陕西	Shaanxi	0.28	1.24	0.36	1.20	0.42	0.00	0.04
甘肃	Gansu							
青海	Qinghai							
宁夏	Ningxia							
新疆	Xinjiang							

1-60 电子计算机及办公设备制造业主营业务收入

Revenue from Principal Business of Computers and Office Equipments Manufacturing

单位：亿元 (100 million yuan)

地 区	Region	1995	2000	2003	2004	2005	2006	2007
全 国	**Total**	**378.51**	**1599.12**	**6305.97**	**9192.70**	**10722.15**	**12634.18**	**14887.28**
东部地区	Eastern Region	357.38	1530.48	6209.46	9105.00	10578.81	12437.20	14654.56
中部地区	Mid Region	14.40	41.73	73.48	53.30	121.30	181.49	197.74
西部地区	Western Region	6.74	26.91	23.03	34.40	22.05	15.48	34.97
北 京	Beijing	63.85	219.35	347.76	379.30	477.38	584.03	571.28
天 津	Tianjin	8.41	48.34	107.91	147.40	135.19	134.55	172.63
河 北	Hebei	0.23	0.05	0.60	0.70	2.86	4.13	5.37
山 西	Shanxi	0.61	0.23	1.34	1.70	7.00	10.73	2.37
内蒙古	Neimenggu		1.90	3.18	1.10	2.73	1.54	1.81
辽 宁	Liaoning	31.02	96.70	109.99	128.60	89.41	93.26	110.49
吉 林	Jilin	0.17	0.13	0.88	0.40	2.43	4.42	5.04
黑龙江	Heilongjiang	9.67	16.16	11.83	7.70	9.68	10.58	6.97
上 海	Shanghai	23.15	147.61	1142.09	2111.90	1937.23	2562.97	3321.98
江 苏	Jiangsu	23.35	248.11	1180.05	2055.30	2630.95	2838.58	3381.47
浙 江	Zhejiang	6.33	2.56	16.03	151.70	219.25	306.34	537.66
安 徽	Anhui	0.55	6.30	7.16	6.40	4.89	4.54	6.40
福 建	Fujian	28.73	166.23	487.81	692.80	738.01	828.21	886.03
江 西	Jiangxi	0.39	0.03	0.35	1.60	5.34	8.95	13.83
山 东	Shandong	7.27	25.63	115.16	169.10	177.75	200.35	247.83
河 南	Henan	0.22	0.32	0.61	0.30	3.28	4.07	12.96
湖 北	Hubei	0.61	10.91	36.95	28.30	74.07	127.32	138.21
湖 南	Hunan	2.16	5.75	11.18	5.80	11.88	9.34	10.15
广 东	Guangdong	163.85	574.10	2701.30	3266.60	4169.64	4879.33	5417.29
广 西	Guangxi	1.19	1.80	0.72	1.70	1.14	5.45	2.54
海 南	Hainan			0.04				
重 庆	Chongqing		1.60	1.60	2.40	2.58	2.90	3.20
四 川	Sichuan	2.98	17.07	14.63	16.70	11.34	7.01	23.65
贵 州	Guizhou	0.02		2.77	5.30	3.29	0.32	
云 南	Yunnan	2.06	3.50	2.93	5.40	3.80	5.18	8.04
西 藏	Tibet							
陕 西	Shaanxi	1.68	4.73	1.10	4.70	1.04	0.08	0.08
甘 肃	Gansu							
青 海	Qinghai							
宁 夏	Ningxia							
新 疆	Xinjiang							

1-61 电子计算机及办公设备制造业利润

Profits of Computers and Office Equipments Manufacturing

单位：亿元 (100 million yuan)

地区 Region	1995	2000	2003	2004	2005	2006	2007
全国 Total	**6.65**	**75.77**	**170.72**	**213.50**	**262.65**	**276.34**	**443.85**
东部地区 Eastern Region	6.30	71.54	167.67	210.60	266.75	273.75	433.29
中部地区 Mid Region	0.30	2.34	2.20	1.30	3.23	4.99	7.78
西部地区 Western Region	0.04	1.89	0.85	1.50	-7.33	-2.39	2.78
北京 Beijing	2.16	17.24	10.21	8.50	3.83	-7.63	7.99
天津 Tianjin	0.39	1.75	4.55	6.70	4.73	2.47	6.29
河北 Hebei	-0.07		0.05		0.15	0.21	0.47
山西 Shanxi	-0.07		-0.28	-0.40	-0.11	0.84	-0.19
内蒙古 Neimenggu	-0.03	0.29	0.41	0.30	0.08	0.01	0.08
辽宁 Liaoning	0.88	2.19	1.87	3.10	3.72	2.88	3.46
吉林 Jilin	0.05	-0.02	0.15	1.00	0.62	0.78	0.65
黑龙江 Heilongjiang	0.41	0.35	0.63	0.30	0.35	0.44	0.09
上海 Shanghai	0.37	10.46	16.43	23.90	25.57	15.81	32.12
江苏 Jiangsu	-0.54	12.93	23.74	33.50	57.36	62.55	92.07
浙江 Zhejiang	0.56	0.06	0.38	3.50	8.86	18.61	41.06
安徽 Anhui	-0.01	0.22	0.11		0.29	0.35	0.65
福建 Fujian	1.18	6.99	28.87	38.40	42.23	48.23	75.29
江西 Jiangxi			-0.01		-0.03	-0.07	0.08
山东 Shandong	0.12	0.68	4.25	6.10	12.27	4.96	7.87
河南 Henan		0.03	0.05		0.44	0.61	2.09
湖北 Hubei	0.01	0.79	0.83	0.50	1.20	1.41	3.23
湖南 Hunan	-0.07	0.68	0.31	-0.30	0.39	0.60	1.11
广东 Guangdong	1.42	19.26	77.28	86.60	108.00	125.08	166.60
广西 Guangxi	-0.15	-0.01	0.04	0.20	0.05	0.57	0.07
海南 Hainan							
重庆 Chongqing			0.10	0.10	0.06	0.05	0.06
四川 Sichuan	-0.02	1.32	0.67	0.80	-2.12	0.86	2.36
贵州 Guizhou	-0.12	-0.06	-0.07	0.10	-5.44	-3.53	
云南 Yunnan	0.02	0.38	0.09	0.20	0.18	0.26	0.41
西藏 Tibet							
陕西 Shaanxi	0.16	0.26	0.06	0.30	-0.01	-0.03	-0.05
甘肃 Gansu							
青海 Qinghai							
宁夏 Ningxia							
新疆 Xinjiang							

1-62 电子计算机及办公设备制造业利税

Taxes and Profits of Computers and Office Equipments Manufacturing

单位：亿元 (100 million yuan)

地区	Region	1995	2000	2003	2004	2005	2006	2007
全　国	**Total**	**11.60**	**103.69**	**209.93**	**269.50**	**331.04**	**358.77**	**521.69**
东部地区	Eastern Region	10.89	97.78	204.72	264.80	332.33	353.91	504.81
中部地区	Mid Region	0.59	3.41	3.57	2.30	5.40	6.85	13.22
西部地区	Western Region	0.12	2.49	1.64	2.40	-6.69	-1.99	3.66
北　京	Beijing	3.30	23.48	15.92	14.90	12.12	2.89	18.43
天　津	Tianjin	0.69	2.51	5.39	9.70	5.23	5.34	7.46
河　北	Hebei	-0.07		0.08	0.10	0.23	0.32	0.60
山　西	Shanxi	-0.06		-0.25	-0.40	-0.08	0.92	-0.14
内蒙古	Neimenggu	-0.03	0.34	0.50	0.30	0.08	0.01	0.08
辽　宁	Liaoning	1.11	2.95	1.92	3.10	4.02	3.23	4.73
吉　林	Jilin	0.07	-0.02	0.20	1.00	0.71	0.96	0.86
黑龙江	Heilongjiang	0.42	0.45	0.84	0.50	1.02	1.06	0.32
上　海	Shanghai	0.98	12.96	21.11	25.90	30.34	20.84	37.86
江　苏	Jiangsu	-0.27	17.42	26.55	42.30	64.49	67.70	99.46
浙　江	Zhejiang	0.75	0.12	0.76	5.60	12.33	24.23	47.84
安　徽	Anhui	0.01	0.38	0.21	0.10	0.38	0.44	0.81
福　建	Fujian	1.75	11.15	33.68	51.70	47.07	54.13	79.01
江　西	Jiangxi	0.01				0.05	0.00	0.46
山　东	Shandong	0.43	1.63	6.24	10.30	18.37	12.15	12.56
河　南	Henan		0.04	0.06		0.51	0.78	3.19
湖　北	Hubei	0.04	1.39	1.33	0.90	1.84	1.69	6.04
湖　南	Hunan	0.12	0.82	0.68	-0.10	0.89	0.99	1.59
广　东	Guangdong	2.31	25.52	92.98	100.90	138.04	162.33	196.60
广　西	Guangxi	-0.11	0.04	0.09	0.30	0.07	0.75	0.26
海　南	Hainan							
重　庆	Chongqing			0.14	0.10	0.09	0.08	0.08
四　川	Sichuan	0.01	1.64	1.09	1.40	-1.61	1.17	3.01
贵　州	Guizhou	-0.12	-0.06	-0.07	0.20	-5.44	-3.53	
云　南	Yunnan	0.04	0.56	0.41	0.20	0.26	0.31	0.62
西　藏	Tibet							
陕　西	Shaanxi	0.19	0.35	0.07	0.50	0.01	-0.03	-0.05
甘　肃	Gansu							
青　海	Qinghai							
宁　夏	Ningxia							
新　疆	Xinjiang							

1-63 医疗设备及仪器仪表制造业企业数

Number of Enterprises of Medical Treatment Instrument and Meter Manufacturing

单位：个 (unit)

地 区	Region	1995	2000	2003	2004	2005	2006	2007
全 国	**Total**	**5310**	**1810**	**2135**	**3538**	**3341**	**3721**	**4175**
东部地区	Eastern Region	3767	1375	1633	2871	2704	3014	3395
中部地区	Mid Region	1047	286	309	402	379	439	504
西部地区	Western Region	496	149	193	265	258	268	276
北 京	Beijing	374	150	173	406	402	396	429
天 津	Tianjin	271	139	128	153	142	160	163
河 北	Hebei	134	40	47	57	62	70	71
山 西	Shanxi	54	21	22	22	24	25	19
内 蒙 古	Neimenggu	17	2	1	1			
辽 宁	Liaoning	474	75	93	180	157	214	254
吉 林	Jilin	128	24	22	42	23	27	37
黑 龙 江	Heilongjiang	142	27	25	33	31	29	40
上 海	Shanghai	548	208	241	392	337	334	360
江 苏	Jiangsu	675	268	277	538	432	520	589
浙 江	Zhejiang	660	244	305	496	521	623	726
安 徽	Anhui	164	28	34	44	51	55	64
福 建	Fujian	106	46	64	85	74	79	90
江 西	Jiangxi	93	31	26	46	41	43	49
山 东	Shandong	237	71	114	207	231	262	319
河 南	Henan	180	45	44	86	75	103	123
湖 北	Hubei	148	78	87	64	77	87	104
湖 南	Hunan	121	30	48	64	57	70	68
广 东	Guangdong	244	118	170	331	316	327	366
广 西	Guangxi	40	13	19	24	28	28	28
海 南	Hainan	4	3	2	2	2	1	
重 庆	Chongqing		40	45	53	59	62	64
四 川	Sichuan	241	27	50	72	76	88	103
贵 州	Guizhou	26	9	16	21	17	15	8
云 南	Yunnan	34	17	21	35	26	28	28
西 藏	Tibet							
陕 西	Shaanxi	137	30	32	56	50	50	52
甘 肃	Gansu	31	19	20	19	18	17	11
青 海	Qinghai	2		2	2	2	1	1
宁 夏	Ningxia	14	5	6	4	6	4	5
新 疆	Xinjiang	11	2	1	3	4	3	4

1-64 医疗设备及仪器仪表制造业当年价总产值

Gross Industrial Output Value at Current Prices of Medical Treatment Instrument and Meter Manufacturing

单位：亿元　　(100 million yuan)

地区 Region		1995	2000	2003	2004	2005	2006	2007
全　国	**Total**	**331.40**	**584.20**	**911.44**	**1327.40**	**1785.35**	**2420.66**	**3128.21**
东部地区	Eastern Region	242.66	460.56	746.85	1089.90	1490.14	2007.10	2585.88
中部地区	Mid Region	50.30	72.87	82.15	129.70	175.93	251.99	343.48
西部地区	Western Region	38.44	50.76	82.44	107.80	119.28	161.57	198.85
北　京	Beijing	24.34	50.40	105.73	130.10	164.68	201.31	230.14
天　津	Tianjin	10.38	16.24	26.67	30.10	31.92	41.84	40.73
河　北	Hebei	6.19	6.25	14.27	17.70	23.19	30.03	40.39
山　西	Shanxi	1.35	1.81	4.15	5.30	10.13	11.55	14.23
内蒙古	Neimenggu	0.37	0.17		0.10			
辽　宁	Liaoning	17.61	22.62	36.83	44.80	55.26	74.31	109.28
吉　林	Jilin	3.40	3.51	7.77	12.90	10.31	12.21	15.96
黑龙江	Heilongjiang	5.52	9.71	4.31	8.40	10.23	12.55	18.90
上　海	Shanghai	46.16	72.51	103.52	163.20	179.23	235.69	283.05
江　苏	Jiangsu	59.69	106.86	142.73	195.80	278.63	424.35	592.61
浙　江	Zhejiang	37.98	91.50	143.15	162.70	262.38	359.56	448.51
安　徽	Anhui	8.49	6.88	15.08	19.20	24.82	31.22	43.64
福　建	Fujian	3.84	10.94	24.67	26.80	30.44	40.57	50.65
江　西	Jiangxi	5.25	7.73	9.63	17.10	19.47	28.91	45.27
山　东	Shandong	15.95	25.45	51.33	81.50	147.38	235.18	293.45
河　南	Henan	6.55	9.66	10.18	31.20	35.70	74.31	105.05
湖　北	Hubei	14.29	21.63	20.18	20.10	40.75	50.47	58.05
湖　南	Hunan	5.07	11.77	10.85	15.40	24.53	30.77	42.37
广　东	Guangdong	18.70	55.63	93.31	231.60	309.32	355.33	484.35
广　西	Guangxi	1.80	1.84	4.46	5.50	7.67	8.92	12.73
海　南	Hainan	0.02	0.33	0.18	0.10	0.03	0.00	
重　庆	Chongqing		20.24	32.82	37.80	43.43	52.31	61.51
四　川	Sichuan	18.50	5.39	13.95	17.30	24.44	39.76	55.46
贵　州	Guizhou	0.99	1.13	2.47	3.60	4.02	4.81	6.68
云　南	Yunnan	5.63	5.72	5.68	5.90	6.36	9.49	10.15
西　藏	Tibet							
陕　西	Shaanxi	10.81	13.26	18.87	33.70	31.14	49.50	53.90
甘　肃	Gansu	1.26	2.00	3.40	2.50	2.57	2.29	2.57
青　海	Qinghai	0.08		0.58	0.90	1.00	0.87	1.29
宁　夏	Ningxia	1.11	2.99	4.40	5.60	5.49	1.70	6.19
新　疆	Xinjiang	0.07	0.05	0.27	0.50	0.83	0.86	1.10

1-65 医疗设备及仪器仪表制造业增加值

Value Added of Industry of Medical Treatment Instrument and Meter Manufacturing

单位：亿元 (100 million yuan)

地区 Region		1995	2000	2003	2004	2005	2006	2007
全　国	**Total**	**99.91**	**173.69**	**274.98**	**426.80**	**549.32**	**776.61**	**960.71**
东部地区	Eastern Region	74.91	135.14	221.03	347.20	444.85	630.97	751.65
中部地区	Mid Region	14.35	22.97	27.69	44.50	65.51	90.44	135.22
西部地区	Western Region	10.65	15.58	26.26	35.10	38.97	55.20	73.84
北　京	Beijing	8.14	16.90	33.37	53.10	48.94	71.45	74.94
天　津	Tianjin	3.94	4.82	7.10	12.60	11.21	14.32	15.28
河　北	Hebei	1.66	2.01	5.64	6.40	8.26	9.97	14.01
山　西	Shanxi	0.38	0.60	1.55	2.00	3.38	4.25	5.11
内蒙古	Neimenggu	0.06	0.08					
辽　宁	Liaoning	6.83	5.47	12.76	15.00	15.17	28.20	37.21
吉　林	Jilin	0.96	1.11	1.01	3.20	3.99	4.86	6.04
黑龙江	Heilongjiang	1.48	2.89	1.30	2.50	3.19	3.93	5.84
上　海	Shanghai	15.17	20.44	32.59	51.90	68.59	93.53	106.08
江　苏	Jiangsu	16.34	30.65	41.33	54.10	70.55	113.53	157.40
浙　江	Zhejiang	10.33	25.60	37.21	44.00	76.41	96.10	116.54
安　徽	Anhui	2.20	2.66	5.91	7.40	10.82	11.88	15.84
福　建	Fujian	1.16	3.72	8.51	10.70	10.80	15.07	17.70
江　西	Jiangxi	1.75	2.76	2.77	5.30	6.36	9.43	15.00
山　东	Shandong	4.55	6.83	15.16	25.60	43.05	78.41	95.87
河　南	Henan	1.72	3.59	4.08	8.90	10.76	24.28	42.62
湖　北	Hubei	4.56	6.72	7.58	8.80	17.78	21.50	30.00
湖　南	Hunan	1.24	2.56	3.49	6.30	9.25	10.32	14.77
广　东	Guangdong	6.27	17.97	25.16	71.60	88.71	106.41	111.56
广　西	Guangxi	0.51	0.63	2.15	2.20	3.15	3.99	5.06
海　南	Hainan		0.10	0.05		0.02	0.00	
重　庆	Chongqing		5.34	9.09	11.30	12.17	15.84	19.67
四　川	Sichuan	5.19	2.30	6.13	6.80	9.89	13.94	21.66
贵　州	Guizhou	0.25	0.35	0.54	1.10	1.38	1.59	3.53
云　南	Yunnan	1.47	2.24	1.89	1.30	1.19	1.82	2.36
西　藏	Tibet							
陕　西	Shaanxi	2.95	3.72	5.89	11.20	10.89	19.40	21.24
甘　肃	Gansu	0.32	0.50	1.07	1.00	0.96	0.77	0.95
青　海	Qinghai	0.03		0.25	0.50	0.62	0.58	1.18
宁　夏	Ningxia	0.43	1.11	1.31	1.60	1.61	0.90	2.99
新　疆	Xinjiang	0.02	0.02	0.09	0.20	0.26	0.36	0.27

1-66 医疗设备及仪器仪表制造业主营业务收入

Revenue from Principal Business of Medical Treatment Instrument and Meter Manufacturing

单位：亿元 (100 million yuan)

地区 Region		1995	2000	2003	2004	2005	2006	2007
全　国	**Total**	**320.67**	**558.13**	**880.48**	**1303.00**	**1752.18**	**2363.82**	**3029.75**
东部地区	Eastern Region	236.82	442.68	726.99	1071.20	1476.07	1980.81	2538.77
中部地区	Mid Region	47.05	68.85	76.45	131.10	164.61	229.49	312.49
西部地区	Western Region	36.80	46.61	77.04	100.60	111.50	153.52	178.49
北　京	Beijing	27.62	51.76	107.66	135.00	174.39	210.93	241.65
天　津	Tianjin	10.52	16.15	28.23	28.80	36.52	41.68	44.19
河　北	Hebei	5.33	5.36	13.61	16.40	22.10	28.82	38.83
山　西	Shanxi	1.23	1.73	2.67	5.00	9.87	11.33	14.26
内蒙古	Neimenggu	0.35	0.15		0.10			
辽　宁	Liaoning	18.59	22.18	36.71	44.00	55.89	73.13	107.73
吉　林	Jilin	3.35	3.47	9.24	12.20	7.64	10.32	13.98
黑龙江	Heilongjiang	5.55	7.90	3.91	7.50	10.41	12.41	19.54
上　海	Shanghai	47.96	73.48	104.57	168.70	187.51	238.21	280.46
江　苏	Jiangsu	52.49	99.40	136.43	189.20	278.46	425.04	583.46
浙　江	Zhejiang	35.47	86.40	138.39	150.10	250.83	344.37	428.91
安　徽	Anhui	7.49	6.43	14.07	18.40	23.00	30.14	42.22
福　建	Fujian	3.63	11.17	22.95	24.20	28.60	38.40	48.65
江　西	Jiangxi	4.76	7.43	11.63	24.10	19.61	29.20	45.30
山　东	Shandong	15.55	24.05	45.60	76.40	132.00	219.80	273.76
河　南	Henan	6.02	8.94	8.82	32.40	36.65	65.48	93.58
湖　北	Hubei	14.34	19.54	17.04	18.10	34.59	42.42	42.56
湖　南	Hunan	3.95	13.26	9.07	13.50	22.84	28.18	41.05
广　东	Guangdong	18.04	50.67	89.12	233.50	303.19	352.33	480.79
广　西	Guangxi	1.61	1.71	3.53	4.80	6.58	8.09	10.33
海　南	Hainan	0.01	0.34	0.19	0.10	0.01	0.00	
重　庆	Chongqing		18.35	29.68	34.40	40.26	48.88	55.81
四　川	Sichuan	17.47	5.48	13.50	15.80	22.92	38.04	43.63
贵　州	Guizhou	1.08	0.96	1.42	2.70	2.62	3.05	4.29
云　南	Yunnan	5.47	4.92	5.77	6.20	6.40	11.92	12.98
西　藏	Tibet							
陕　西	Shaanxi	10.54	12.39	19.03	32.90	31.43	46.40	51.95
甘　肃	Gansu	1.16	1.65	3.13	3.00	2.44	1.95	2.00
青　海	Qinghai	0.06		0.50	0.60	0.99	0.86	1.24
宁　夏	Ningxia	0.96	2.80	3.76	4.50	3.48	1.52	5.36
新　疆	Xinjiang	0.06	0.05	0.25	0.50	0.95	0.90	1.25

1-67 医疗设备及仪器仪表制造业利润

Profits of Medical Treatment Instrument and Meter Manufacturing

单位：亿元 (100 million yuan)

地区	Region	1995	2000	2003	2004	2005	2006	2007
全　国	**Total**	**8.08**	**31.56**	**65.50**	**94.10**	**139.14**	**196.13**	**270.12**
东部地区	Eastern Region	9.68	27.87	58.49	89.70	120.63	163.28	226.62
中部地区	Mid Region	-0.54	3.58	4.31	8.90	13.52	22.37	30.35
西部地区	Western Region	-1.06	0.11	2.70	-4.50	4.99	10.48	13.15
北　京	Beijing	1.88	5.12	10.84	14.10	20.71	28.98	37.38
天　津	Tianjin	0.36	0.67	1.08	2.70	3.65	5.15	4.72
河　北	Hebei	-0.09	0.34	1.72	1.70	2.43	3.26	4.41
山　西	Shanxi	-0.08	-0.07	0.33	0.50	0.91	0.94	1.05
内蒙古	Neimenggu	-0.03	-0.06	-0.01				
辽　宁	Liaoning	0.42	1.55	3.21	7.40	3.59	4.57	7.92
吉　林	Jilin	-0.34	-0.05	0.49	1.10	0.69	0.93	1.28
黑龙江	Heilongjiang	0.30	0.87	0.12	-0.30	0.61	0.94	2.10
上　海	Shanghai	2.43	4.57	9.46	17.10	18.81	27.27	32.28
江　苏	Jiangsu	0.94	4.17	8.19	12.40	20.59	32.06	49.17
浙　江	Zhejiang	1.89	6.78	10.94	13.00	18.38	22.78	30.60
安　徽	Anhui	0.08	0.91	2.12	2.20	2.89	4.26	4.65
福　建	Fujian		1.72	2.71	2.20	2.10	4.53	6.38
江　西	Jiangxi	-0.07	0.19	0.18	0.70	0.95	1.55	2.51
山　东	Shandong	0.30	1.50	3.01	6.50	9.64	14.05	21.16
河　南	Henan	-0.21	0.82	0.48	2.10	1.99	6.82	10.43
湖　北	Hubei	0.24	0.58	-0.03	1.60	3.70	4.44	3.57
湖　南	Hunan	-0.44	0.39	0.63	1.00	1.78	2.51	4.75
广　东	Guangdong	1.60	1.37	7.04	11.90	20.08	19.88	31.52
广　西	Guangxi	-0.03	0.02	0.25	0.60	0.65	0.75	1.08
海　南	Hainan		0.05	0.04		0.00	0.00	
重　庆	Chongqing		0.01	1.85	1.90	2.40	3.38	4.30
四　川	Sichuan	-0.32	0.36	0.64	0.70	0.91	2.62	2.62
贵　州	Guizhou	-0.18	-0.10	0.07	0.30	-0.01	-0.13	0.15
云　南	Yunnan	0.29	0.11	0.27	0.20	0.24	0.93	1.11
西　藏	Tibet							
陕　西	Shaanxi	-0.24	-0.14	0.28	-2.10	1.18	3.15	4.21
甘　肃	Gansu	-0.47	-0.36	-0.38	-0.20	0.07	-0.02	-0.01
青　海	Qinghai			0.01	0.10	0.10	0.40	0.22
宁　夏	Ningxia	-0.12	0.23	-0.17	-5.50	-0.03	-0.04	0.28
新　疆	Xinjiang			0.13	0.10	0.13	0.19	0.26

1-68 医疗设备及仪器仪表制造业利税

Taxes and Profits of Medical Treatment Instrument and Meter Manufacturing

单位：亿元 (100 million yuan)

地区	Region	1995	2000	2003	2004	2005	2006	2007
全　国	**Total**	**25.40**	**57.82**	**105.03**	**148.20**	**202.31**	**278.91**	**374.29**
东部地区	Eastern Region	22.09	48.33	90.34	133.80	172.05	230.38	309.42
中部地区	Mid Region	1.88	7.01	8.60	14.40	20.25	31.25	43.67
西部地区	Western Region	1.44	2.48	6.09	0.10	10.02	17.28	21.20
北　京	Beijing	3.08	7.69	16.91	20.50	28.77	39.22	49.68
天　津	Tianjin	0.85	1.36	2.30	4.00	4.95	7.16	6.49
河　北	Hebei	0.20	0.66	2.44	2.50	3.51	4.66	6.12
山　西	Shanxi	-0.03	0.02	0.46	0.60	1.12	1.26	1.43
内蒙古	Neimenggu	0.01	-0.05	-0.01				
辽　宁	Liaoning	1.29	2.39	5.58	9.10	5.40	6.97	11.33
吉　林	Jilin	-0.16	0.22	1.06	1.70	1.14	1.35	2.17
黑龙江	Heilongjiang	0.52	1.46	0.26	0.30	1.14	1.58	3.20
上　海	Shanghai	5.58	8.30	13.80	23.40	26.03	35.71	41.57
江　苏	Jiangsu	3.51	9.02	13.41	19.90	28.77	43.20	67.02
浙　江	Zhejiang	3.59	11.09	16.86	19.90	28.70	34.75	44.84
安　徽	Anhui	0.57	1.40	2.83	3.10	3.88	5.62	6.71
福　建	Fujian	0.23	2.22	3.24	2.90	2.79	5.69	7.75
江　西	Jiangxi	0.13	0.50	1.25	1.20	1.52	2.16	3.57
山　东	Shandong	0.94	2.70	5.16	10.70	14.78	21.13	31.83
河　南	Henan	0.16	1.32	1.10	3.10	3.23	9.24	14.44
湖　北	Hubei	0.89	1.39	0.49	2.50	5.13	6.13	5.52
湖　南	Hunan	-0.21	0.74	1.16	1.90	3.08	3.92	6.63
广　东	Guangdong	2.77	2.69	10.14	20.20	27.40	30.65	41.16
广　西	Guangxi	0.04	0.13	0.45	0.80	0.97	1.22	1.63
海　南	Hainan		0.07	0.05		0.00	0.00	
重　庆	Chongqing		0.95	3.44	3.50	4.39	5.53	6.90
四　川	Sichuan	0.89	0.72	1.16	1.50	1.73	4.12	4.29
贵　州	Guizhou	-0.13	-0.04	0.20	0.50	0.22	0.08	0.41
云　南	Yunnan	0.46	0.21	0.47	0.20	0.34	1.10	1.27
西　藏	Tibet							
陕　西	Shaanxi	0.63	0.56	0.91	-0.70	2.47	5.61	6.70
甘　肃	Gansu	-0.38	-0.30	-0.32	-0.10	0.23	0.07	0.12
青　海	Qinghai			0.04	0.10	0.17	0.48	0.59
宁　夏	Ningxia	-0.03	0.38	0.04	-5.10	0.27	0.04	0.58
新　疆	Xinjiang			0.15	0.10	0.20	0.25	0.33

科技活动情况

Indicators on Scientific and Technologic Activities

2-1 高技术产业科技活动主要指标

Main Indicators of Scientific and Technological Activaties of High Tecnology Industry

指 标 Indicator	1995	2000	2003	2004	2005	2006	2007
固定资产情况 Fixed Assets							
年末固定资产原价(万元) Original Value of Productive Equipment (10000 yuan)		31414944	55406399	69258723	87170647	100444783	121242068
#微电子控制设备原价 Equipment Controlled by Micro-electronics	1342095	5521672	7889065	11514527	11655423	18927543	23799604
R&D活动情况 R&D							
R&D活动人员折合全时当量(人年) Full-time Equivalent of R&D Personnel (man-year)	57838	91573	127849	120830	173161	188987	248228
R&D经费内部支出(万元) Intramural Expenditure of R&D (10000 yuan)	178474	1110410	2224468	2921315	3624985	4564367	5453244
科技活动情况 S&T Activities							
科技活动人员(人) S&T Personnel (person)	245572	260965	278017	289975	347125	393987	478284
#科学家和工程师 Scientists and Engineers	91311	151077	182380	182322	240430	263825	343526
科技活动经费筹集(万元) Total Funds Obtaied for S&T Activities (10000 yuan)	651342	2398827	4275667	5428187	6343232	7424144	9467022
#政府资金 Government Grant	117470	172806	228530	283870	338767	390984	650401
企业资金 Enterprise Self-financed	418783	1884279	3430556	4641136	5483076	6269090	8098529
金融机构贷款 Bank Loans	92845	196383	428596	392260	355478	586151	449375
科技活动经费内部支出(万元) Intramural Expenditure on S&T Activities (10000 yuan)	596183	2008155	3990200	4910429	5755848	7039251	8868253
#劳务费 Compensation for Laborers	122509	497314	999249	1372496	1676218	1896517	2428338
仪器设备费 Expenditure on the Purchase of Instruments	91706	496258	1052893	1162064	1207847	1644941	1955253
新产品情况 New Products							
新产品开发经费支出(万元) Expenditure for New Products (10000 yuan)	322807	1177940	2075889	2588201	4156916	5099534	6520284
新产品产值(万元) Output Value for New Products (10000 yuan)		26672771	46921637	60925214	70348165	84932623	106712636
新产品销售收入(万元) Revenue from New Products (10000 yuan)	5383662	24838202	45150436	60989505	69146633	82488646	103032217
专利情况 Patent							
专利申请数(项) Patent Application (item)	612	2245	8270	11026	16823	24301	34446
拥有发明专利数(项) Owning Inventive Patent (item)	410	1443	3356	4535	6658	8141	13386
技术改造、技术获取情况 Renovation and Technology Obtained							
技术改造经费支出(万元) Technical Renovation Expenditure (10000 yuan)	822714	1047478	1550355	1879039	1590214	1719061	2109878
技术引进经费支出(万元) Expenditure on Import of Technology (10000 yuan)	291596	470463	935365	1118594	848184	785792	1308968
消化吸收经费支出(万元) Expenditure on Technology Absorption (10000 yuan)	22744	33685	56515	125061	274972	110043	137407
购买国内技术经费支出(万元) Expenditure on Purchase of Domestic Technology (10000 yuan)	42534	72099	85663	85693	95359	102308	110953
企业办科技机构情况 S&T Institutes							
科技机构数(个) Number of S&T Institutes in Enterprises (unit)	2138	1379	1259	1732	1619	1929	2217
科技机构人员(人) Personnel in S&T Institutes (person)	82284	90187	108614	119486	156789	189497	242148
科技机构经费支出(万元) Spending for S&T Institutes (10000 yuan)	228861	961000	1846426	2191698	2607837	3657320	4783156

注：1. 1995年新产品销售利润为新产品实现利税，拥有发明专利数为专利授权数，下同。

2. 1995年R&D活动人员折合全时当量指标的计量单位为“人”，下同。

2-2 制造业科技活动主要指标

Main Indicators of Scientific and Technological Activities of Manufacturing

指标 Indicator	1995	2000	2003	2004	2005	2006	2007
固定资产情况 Fixed Assets							
年末固定资产原价(万元) Original Value of Productive Equipment (10000 yuan)		363990916	879888300	556112337	664954309	769861919	895752201
#微电子控制设备原价 Equipment Controlled by Micro-electronics	11909568	32199457	40448990	47199040.2	57451876	77406047	90124331
R&D活动情况 R&D							
R&D活动人员折合全时当量(人年) Full-time Equivalent of R&D Personnel (man-year)	227359	296697	430179.834	386510.79	545026	621991	777572
R&D经费内部支出(万元) Intramural Expenditure of R&D (10000 yuan)	781424	3230543	6784183	8924843	11845186	15513884	20095641
科技活动情况 S&T Activities							
科技活动人员(人) S&T Personnel (person)	1099880	1194723	1235334	1238947	1453476	1648180	1937107
#科学家和工程师 Scientists and Engineers	398853	652647	760018	713893	899900	1026104	1238667
科技活动经费筹集(万元) Total Funds Obtaied for S&T Activities (10000 yuan)	3878636	8392450	14816338	19241224.7	24796514	30687893	40130335
#政府资金 Government Grant	214476	417739	495973	609732.5	776527	1008265	1373965
企业资金 Enterprise Self-financed	2807774	6726124	12431807	16835020.8	21882846	26762664	35456558
金融机构贷款 Bank Loans	691745	918230	1515169	1484215	1642014	2457706	2604877
科技活动经费内部支出(万元) Intramural Expenditure on S&T Activities (10000 yuan)	3344320	7470222	13783076	18430351	23749505	29731732	38591735
#劳务费 Compensation for Laborers	583050	1580214	2932415	3947912	4548063	5556838	7357848
仪器设备费 Expenditure on the Purchase of Instruments	629184	2178881	3723375	5351479	6830655	8801753	11555677
新产品情况 New Products							
新产品开发经费支出(万元) Expenditure for New Products (10000 yuan)	1611447	3791305	6308835	8084145	14222522	18335257	24025788
新产品产值(万元) Output Value for New Products (10000 yuan)		79603236	146147379	203920033	250740954	318862362	422591302
新产品销售收入(万元) Revenue from New Products (10000 yuan)	26049147	76076657	140213585	202599495	238042145	308769012	405171502
专利情况 Patent							
专利申请数(项) Patent Application (item)	3343	11139	29810	40925	53843	67227	93576
拥有发明专利数(项) Owning Inventive Patent (item)	2189	6054	14654	17101	21870	28168	42455
技术改造、技术获取情况 Renovation and Technology Obtained							
技术改造经费支出(万元) Technical Renovation Expenditure (10000 yuan)	10187837	9950798	17220787	23355690.8	25122468	27074571	32106772
技术引进经费支出(万元) Expenditure on Import of Technology (10000 yuan)	3473845	2355387	3947393	3544805	2884886	3024622	4346386
消化吸收经费支出(万元) Expenditure on Technology Absorption (10000 yuan)	126074	176927	262228	508020	653496	777376	1002793
购买国内技术经费支出(万元) Expenditure on Purchase of Domestic Technology (10000 yuan)	238184	245781	510918	641295	784587	840337	1239989
企业办科技机构情况 S&T Institutes							
科技机构数(个) Number of S&T Institutes in Enterprises (unit)	12462	7093	6415	8327	8659	9809	11202
科技机构人员(人) Personnel in S&T Institutes (person)	366365	399060	483810	475750	579427	688059	814058
科技机构经费支出(万元) Spending for S&T Institutes (10000 yuan)	997093	3075258	6126482	7012069	9678739	12761282	17221298

2-3 年末固定资产原价

Original Value of Fixed Assets

单位：万元 (10000 yuan)

行业 Industry	2000	2003	2004	2005	2006	2007
合计 **Total**	**31414944**	**55406399**	**69258723**	**87170647**	**100444783**	**121242068**
医药制造业 **Manufacture of Medicines**	**7320433**	**10825460**	**12508574**	**15224318**	**17518898**	**19547162**
#化学药品制造 Manufacture of Chemical Medicine	5318071	7386317	8420661	9879483	11587671	13261283
中成药制造 Manufacture of Finished Traditional Chinese Herbal Medicine	1362149	1782903	2753918	3439055	3772807	3860911
生物、生化制品的制造 Manufacture of Biological and Biochemical Chemical Products	585376	629398	709401	1027149	1240850	1405228
航空航天器制造业 **Manufacture of Aircrafts and Spacecrafts**	**4410570**	**5192252**	**4617194**	**6149885**	**6036188**	**6816427**
1.飞机制造及修理 Manufacture and Repairing of Airplanes	3847950	4844763	4274751	5736302	5621304	6316046
2.航天器制造 Manufacture of Spacecrafts	562620	347489	342443	413583	414884	500382
电子及通信设备制造业 **Manufacture of Electronic Equipment and Communication Equipment**	**16034004**	**31306911**	**41343320**	**51723805**	**58870577**	**74344222**
1.通信设备制造 Manufacture of Communication Equipment	3528277	5888596	6203237	10192898	8393518	9608427
#通信传输设备制造 Manufacture of Communication Transmitting Equipment	758196	529204	736003	747154	792592	824566
通信交换设备制造 Manufacture of Communication Exchanging Equipment	1069678	1826455	2043730	2624142	2725420	2578015
通信终端设备制造 Manufacture of Communication Terminal Equipment	506529	2173234	652941	874854	919716	841290
2.雷达及配套设备制造 Manufacture of Radar and Its Fittings	446171	391138	419475	446280	573023	634423
3.广播电视设备制造 Manufacture of Broadcasting and TV Equipment	83994	94001	209760	233657	371753	403583
4.电子器件制造 Manufacture of Electronic Appliances	5977446	12944555	18248624	21460986	26091287	34255275
#电子真空器件制造 Manufacture of Electronic Vacuum Appliances	3650306	6185334	5355288	5696197	5439671	4857434
半导体分立器件制造 Manufacture of Semiconductor Discreting Appliances	489439	1322049	1600856	1730455	2282377	1897222
集成电路制造 Manufacture of Integrate Circuit	1837701	4419366	8825893	10996606	13760802	19535878
5.电子元件制造 Manufacture of Electronic Components	3084520	8250995	11523450	14014348	17864828	23061776
6.家用视听设备制造 Manufacture of Domestic TV Set and Radio Receiver	2667260	3124335	4442954	4712571	4690247	5094203
7.其他电子设备制造 Manufacture of Other Electronic Equipment	246336	613291	295820	663065	885921	1286536
电子计算机及办公设备制造业 **Manufacture of Computers and Office Equipments**	**1749579**	**5606254**	**8055748**	**10566391**	**13651912**	**15087170**
1.电子计算机整机制造 Manufacture of Entired Computer	546044	1493945	2576111	2958214	3880428	4657559
2.电子计算机外部设备制造 Manufacture of Computer Peripheral Equipment	1001266	3415825	4921519	7030603	9041578	9614727
3.办公设备制造 Manufacture of Office Equipment	202269	696484	558118	577574	729906	814883
医疗设备及仪器仪表制造业 **Manufacture of Medical Equipments and Measuring Instrument**	**1900359**	**2475522**	**2733888**	**3506249**	**4367208**	**5447088**
1.医疗设备及器械制造 Manufacture of Medical Equipment and Appliances	348499	341371	462765	535265	712543	949948
2.仪器仪表制造 Manufacture of Measuring Instrument	1551860	2134151	2271123	2970984	3654666	4497140

2-4 微电子控制设备原价

Original Value of Micro-electronic Equipments

单位：万元 (10000 yuan)

行 业 Industry	1995	2000	2003	2004	2005	2006	2007
合计 Total	**1342095**	**5521672**	**7889065**	**11514527**	**11655423**	**18927543**	**23799604**
医药制造业 Manufacture of Medicines	**145271**	**632378**	**819236**	**1054858**	**1274979**	**1556987**	**1856317**
#化学药品制造 Manufacture of Chemical Medicine	124923	459142	594157	721304	927689	1090607	1279203
中成药制造 Manufacture of Finished Traditional Chinese Herbal Medicine	10584	50088	87533	216256	238514	259872	335455
生物、生化制品的制造 Manufacture of Biological and Biochemical Chemical Products	9734	122528	91152	97995	84911	142219	143894
航空航天器制造业 Manufacture of Aircrafts and Spacecrafts	**135208**	**365695**	**638374**	**477019**	**800496**	**742920**	**886853**
1.飞机制造及修理 Manufacture and Repairing of Airplanes	119819	325575	601322	445015	749661	695792	838749
2.航天器制造 Manufacture of Spacecrafts	15389	40120	37052	32004	50835	47128	48104
电子及通信设备制造业 Manufacture of Electronic Equipment and Communication Equipment	**925107**	**4088862**	**5733235**	**9069815**	**8475551**	**13585726**	**17187486**
1.通信设备制造 Manufacture of Communication Equipment	97369	321461	727744	827112	1457913	2174987	2348804
#通信传输设备制造 Manufacture of Communication Transmitting Equipment	38269	78132	145776	97815	95287	124362	126901
通信交换设备制造 Manufacture of Communication Exchanging Equipment	30365	159445	341457	215415	1052621	1123342	1353291
通信终端设备制造 Manufacture of Communication Terminal Equipment	15206	43116	172316	126301	93867	193394	224729
2.雷达及配套设备制造 Manufacture of Radar and Its Fittings	75376	15928	36039	47428	44878	80997	90792
3.广播电视设备制造 Manufacture of Broadcasting and TV Equipment	1455	2458	4135	11476	17942	48144	112781
4.电子器件制造 Manufacture of Electronic Appliances	463073	2169680	3155614	6035275	4611480	7507919	10057811
#电子真空器件制造 Manufacture of Electronic Vacuum Appliances	259654	759674	1186696	836038	955811	878971	1271858
半导体分立器件制造 Manufacture of Semiconductor Discreting Appliances	101924	72277	278954	580426	778488	501126	346141
集成电路制造 Manufacture of Integrate Circuit	101495	1337729	1559245	4130275	2302189	5263436	6408015
5.电子元件制造 Manufacture of Electronic Components	174542	723189	1305739	1639993	1847493	2987635	3441704
6.家用视听设备制造 Manufacture of Domestic TV Set and Radio Receiver	103665	803380	480415	491625	465076	736575	984194
7.其他电子设备制造 Manufacture of Other Electronic Equipment	9628	52767	23549	16906	30769	49469	151400
电子计算机及办公设备制造业 Manufacture of Computers and Office Equipments	**50886**	**246062**	**439968**	**675208**	**842845**	**2598973**	**3276272**
1.电子计算机整机制造 Manufacture of Entired Computer	24205	40819	74928	135879	294202	448525	1134227
2.电子计算机外部设备制造 Manufacture of Computer Peripheral Equipment	17269	202488	302397	463407	507096	2024582	1992531
3.办公设备制造 Manufacture of Office Equipment	9413	2755	62643	75922	41547	125866	149514
医疗设备及仪器仪表制造业 Manufacture of Medical Equipments and Measuring Instrument	**85622**	**188675**	**258252**	**237628**	**261552**	**442937**	**592677**
1.医疗设备及器械制造 Manufacture of Medical Equipment and Appliances	7519	70146	34300	21026	14158	78603	101818
2.仪器仪表制造 Manufacture of Measuring Instrument	78103	118530	223952	216602	247394	364334	490859

2-5 R&D活动人员折合全时当量

Full-time Equivalent of R&D Personnel

单位：人年 (man.year)

行业 Industry	1995	2000	2003	2004	2005	2006	2007
合计 **Total**	**57838**	**91573**	**127849**	**120830**	**173161**	**188987**	**248228**
医药制造业 **Manufacture of Medicines**	**9528**	**12136**	**17518**	**13931**	**19584**	**25391**	**30778**
#化学药品制造 Manufacture of Chemical Medicine	7023	7794	11413	8606	12574	16671	19302
中成药制造 Manufacture of Finished Traditional Chinese Herbal Medicine	1709	2797	2941	3251	4976	5748	7420
生物、生化制品的制造 Manufacture of Biological and Biochemical Chemical Products	786	1406	1147	1235	1534	1706	2769
航空航天器制造业 **Manufacture of Aircrafts and Spacecrafts**	**24769**	**30835**	**28165**	**24026**	**29870**	**27374**	**27182**
1.飞机制造及修理 Manufacture and Repairing of Airplanes	20761	27704	26517	22228	27720	24692	24264
2.航天器制造 Manufacture of Spacecrafts	4008	3131	1649	1797	2150	2681	2918
电子及通信设备制造业 **Manufacture of Electronic Equipment and Communication Equipment**	**15398**	**36625**	**61643**	**60514**	**95091**	**97816**	**142408**
1.通信设备制造 Manufacture of Communication Equipment	4169	18505	29053	30056	49679	48573	74887
#通信传输设备制造 Manufacture of Communication Transmitting Equipment	1327	2663	2785	3530	3430	4178	4342
通信交换设备制造 Manufacture of Communication Exchanging Equipment	917	13065	19696	19608	34524	35664	58394
通信终端设备制造 Manufacture of Communication Terminal Equipment	1195	1023	2717	1277	3983	3316	1907
2.雷达及配套设备制造 Manufacture of Radar and Its Fittings	2197	1794	1710	1658	1810	3479	3233
3.广播电视设备制造 Manufacture of Broadcasting and TV Equipment	424	448	251	735	1740	1502	2492
4.电子器件制造 Manufacture of Electronic Appliances	3074	5083	7486	8954	15211	14318	18728
#电子真空器件制造 Manufacture of Electronic Vacuum Appliances	1448	1814	3674	4000	3839	3446	3247
半导体分立器件制造 Manufacture of Semiconductor Discreting Appliances	965	1948	1082	1077	1832	1723	1916
集成电路制造 Manufacture of Integrate Circuit	661	1321	1989	1745	3908	4172	5895
5.电子元件制造 Manufacture of Electronic Components	3324	4669	10025	7285	13672	16577	23168
6.家用视听设备制造 Manufacture of Domestic TV Set and Radio Receiver	2098	4117	10600	11512	11573	11424	17750
7.其他电子设备制造 Manufacture of Other Electronic Equipment	112	2009	2518	314	1407	1944	2152
电子计算机及办公设备制造业 **Manufacture of Computers and Office Equipments**	**1355**	**3941**	**12393**	**13578**	**17484**	**24591**	**29712**
1.电子计算机整机制造 Manufacture of Entired Computer	962	2950	6537	5769	7452	13079	14995
2.电子计算机外部设备制造 Manufacture of Computer Peripheral Equipment	307	806	5150	6799	8943	11171	13520
3.办公设备制造 Manufacture of Office Equipment	86	185	706	1009	1089	341	1196
医疗设备及仪器仪表制造业 **Manufacture of Medical Equipments and Measuring Instrument**	**6788**	**8036**	**8128**	**8782**	**11132**	**13815**	**18148**
1.医疗设备及器械制造 Manufacture of Medical Equipment and Appliances	561	898	840	1421	1262	2354	3468
2.仪器仪表制造 Manufacture of Measuring Instrument	6227	7138	7288	7361	9870	11461	14680

2-6 R&D经费内部支出
Intramural Expenditure for R&D

单位：万元 (10000 yuan)

行业 Industry	1995	2000	2003	2004	2005	2006	2007
合计 Total	**178474**	**1110410**	**2224468**	**2921315**	**3624985**	**4564367**	**5453244**
医药制造业 Manufacture of Medicines	**42785**	**134669**	**276684**	**281812**	**399510**	**525856**	**658836**
#化学药品制造 Manufacture of Chemical Medicine	32695	88357	167986	175814	273832	354237	418799
中成药制造 Manufacture of Finished Traditional Chinese Herbal Medicine	7199	29227	61129	76256	91512	128358	156873
生物、生化制品的制造 Manufacture of Biological and Biochemical Chemical Products	2705	16571	15241	16769	22955	30592	55225
航空航天器制造业 Manufacture of Aircrafts and Spacecrafts	**65067**	**137932**	**222590**	**252502**	**277969**	**333418**	**425938**
1.飞机制造及修理 Manufacture and Repairing of Airplanes	52669	119250	214613	216143	239156	285261	372268
2.航天器制造 Manufacture of Spacecrafts	12399	18682	7977	36359	38813	48157	53671
电子及通信设备制造业 Manufacture of Electronic Equipment and Communication Equipment	**51289**	**679441**	**1385038**	**1885462**	**2347164**	**2768854**	**3245208**
1.通信设备制造 Manufacture of Communication Equipment	19967	397600	776362	1063161	1196585	1313245	1571255
#通信传输设备制造 Manufacture of Communication Transmitting Equipment	4595	63904	67571	93576	128969	104524	99320
通信交换设备制造 Manufacture of Communication Exchanging Equipment	10211	281559	532860	688625	785133	941656	1108465
通信终端设备制造 Manufacture of Communication Terminal Equipment	2612	11693	81835	19209	54847	44624	30366
2.雷达及配套设备制造 Manufacture of Radar and Its Fittings	5625	7003	13477	19305	24472	55566	75403
3.广播电视设备制造 Manufacture of Broadcasting and TV Equipment	811	2036	5791	17017	18105	29932	31603
4.电子器件制造 Manufacture of Electronic Appliances	11736	85820	210417	277802	328721	409283	451203
#电子真空器件制造 Manufacture of Electronic Vacuum Appliances	6764	58896	119878	87206	42632	70774	54852
半导体分立器件制造 Manufacture of Semiconductor Discreting Appliances	2052	9102	24025	23481	23160	27152	34124
集成电路制造 Manufacture of Integrate Circuit	2920	17823	36761	106226	145065	232237	219490
5.电子元件制造 Manufacture of Electronic Components	6614	79182	126241	188352	257997	431186	534484
6.家用视听设备制造 Manufacture of Domestic TV Set and Radio Receiver	6446	86682	225142	315050	500884	506453	542685
7.其他电子设备制造 Manufacture of Other Electronic Equipment	91	21118	27608	4776	20401	23189	38576
电子计算机及办公设备制造业 Manufacture of Computers and Office Equipments	**5473**	**115541**	**257491**	**395999**	**434480**	**729251**	**818169**
1.电子计算机整机制造 Manufacture of Entired Computer	3753	101235	172072	224040	211999	408545	349811
2.电子计算机外部设备制造 Manufacture of Computer Peripheral Equipment	1358	12777	78311	152633	207560	306546	446310
3.办公设备制造 Manufacture of Office Equipment	363	1529	7108	19325	14921	14160	22049
医疗设备及仪器仪表制造业 Manufacture of Medical Equipments and Measuring Instrument	**13860**	**42827**	**82665**	**105541**	**165862**	**206989**	**305093**
1.医疗设备及器械制造 Manufacture of Medical Equipment and Appliances	1526	7494	10884	19482	34481	52409	73163
2.仪器仪表制造 Manufacture of Measuring Instrument	12335	35334	71781	86059	131381	154580	231930

2-7 科技活动人员
Personnel for Scientific and Technologic (S&T) Activities

单位：人 (person)

行 业 Industry	1995	2000	2003	2004	2005	2006	2007
合计 Total	**245572**	**260965**	**278017**	**289975**	**347125**	**393987**	**478284**
医药制造业 Manufacture of Medicines	**25059**	**37833**	**44561**	**46594**	**51832**	**64278**	**73408**
#化学药品制造 Manufacture of Chemical Medicine	18771	27091	28673	29262	33255	40449	45227
中成药制造 Manufacture of Finished Traditional Chinese Herbal Medicine	4733	7394	7771	10862	12947	16004	18005
生物、生化制品的制造 Manufacture of Biological and Biochemical Chemical Products	1423	3048	2533	3811	3400	4087	5427
航空航天器制造业 Manufacture of Aircrafts and Spacecrafts	**94143**	**81999**	**56554**	**52756**	**56305**	**55209**	**56476**
1.飞机制造及修理 Manufacture and Repairing of Airplanes	83209	73777	52731	49158	52205	50819	51804
2.航天器制造 Manufacture of Spacecrafts	10934	8222	3823	3598	4100	4390	4672
电子及通信设备制造业 Manufacture of Electronic Equipment and Communication Equipment	**81445**	**102126**	**128068**	**136901**	**169125**	**202406**	**255824**
1.通信设备制造 Manufacture of Communication Equipment	19124	40475	46932	53951	65856	74573	100415
#通信传输设备制造 Manufacture of Communication Transmitting Equipment	4853	10032	6414	7045	7350	7755	8060
通信交换设备制造 Manufacture of Communication Exchanging Equipment	5567	18871	26358	30079	37318	46600	66054
通信终端设备制造 Manufacture of Communication Terminal Equipment	5364	5712	6364	4518	6603	6631	5060
2.雷达及配套设备制造 Manufacture of Radar and Its Fittings	9362	6565	6433	3978	4042	5754	8124
3.广播电视设备制造 Manufacture of Broadcasting and TV Equipment	1580	1197	942	1913	3293	3910	6379
4.电子器件制造 Manufacture of Electronic Appliances	17719	19849	23381	23563	32396	37714	42255
#电子真空器件制造 Manufacture of Electronic Vacuum Appliances	8282	12362	14233	10079	9953	10577	7856
半导体分立器件制造 Manufacture of Semiconductor Discreting Appliances	7564	4634	2453	3358	4024	4232	4668
集成电路制造 Manufacture of Integrate Circuit	1873	2853	4573	4777	7329	10845	13874
5.电子元件制造 Manufacture of Electronic Components	19289	18992	27478	29157	35869	48049	60901
6.家用视听设备制造 Manufacture of Domestic TV Set and Radio Receiver	12291	11423	18112	22789	23723	27329	31585
7.其他电子设备制造 Manufacture of Other Electronic Equipment	2080	3625	4790	1550	3946	5077	6165
电子计算机及办公设备制造业 Manufacture of Computers and Office Equipments	**8422**	**14886**	**25886**	**34877**	**45288**	**41442**	**52754**
1.电子计算机整机制造 Manufacture of Entired Computer	5455	10734	14138	19683	15890	20307	22269
2.电子计算机外部设备制造 Manufacture of Computer Peripheral Equipment	2386	3427	10260	12777	25908	19553	27894
3.办公设备制造 Manufacture of Office Equipment	581	725	1488	2417	3490	1582	2591
医疗设备及仪器仪表制造业 Manufacture of Medical Equipments and Measuring Instrument	**36503**	**24121**	**22948**	**18847**	**24575**	**30652**	**39822**
1.医疗设备及器械制造 Manufacture of Medical Equipment and Appliances	2300	3121	2387	2933	3681	4636	6637
2.仪器仪表制造 Manufacture of Measuring Instrument	34203	21000	20561	15914	20894	26016	33185

2-8 科技活动人员中科学家和工程师

Scientists and Engineers in S&T Personnel

单位：人 (person)

行业 Industry	1995	2000	2003	2004	2005	2006	2007
合计 Total	**91311**	**151077**	**182380**	**182322**	**240430**	**263825**	**343526**
医药制造业 Manufacture of Medicines	**10865**	**22480**	**29424**	**30277**	**36023**	**42241**	**49832**
#化学药品制造 Manufacture of Chemical Medicine	7746	14841	18263	19059	22486	25195	29475
中成药制造 Manufacture of Finished Traditional Chinese Herbal Medicine	2178	5072	5548	7260	9516	11611	13515
生物、生化制品的制造 Manufacture of Biological and Biochemical Chemical Products	870	2397	1929	2090	2604	2957	4115
航空航天器制造业 Manufacture of Aircrafts and Spacecrafts	**26078**	**35554**	**29303**	**22701**	**32303**	**30669**	**29942**
1.飞机制造及修理 Manufacture and Repairing of Airplanes	22186	31153	27276	20900	30239	28540	27387
2.航天器制造 Manufacture of Spacecrafts	3892	4401	2027	1801	2064	2129	2555
电子及通信设备制造业 Manufacture of Electronic Equipment and Communication Equipment	**33418**	**67525**	**89478**	**93216**	**121781**	**138837**	**194483**
1.通信设备制造 Manufacture of Communication Equipment	9899	32221	39715	46275	57564	63509	94267
#通信传输设备制造 Manufacture of Communication Transmitting Equipment	2477	7651	4286	5610	5340	6300	6498
通信交换设备制造 Manufacture of Communication Exchanging Equipment	3409	17214	25133	28914	35279	40655	65324
通信终端设备制造 Manufacture of Communication Terminal Equipment	2387	4124	3793	3034	4785	5022	4104
2.雷达及配套设备制造 Manufacture of Radar and Its Fittings	4294	3360	4135	2288	2932	3600	5356
3.广播电视设备制造 Manufacture of Broadcasting and TV Equipment	760	688	769	1409	2578	2467	4137
4.电子器件制造 Manufacture of Electronic Appliances	6274	10661	13703	12355	19411	23760	27223
#电子真空器件制造 Manufacture of Electronic Vacuum Appliances	3185	6296	7232	4315	4325	5665	4591
半导体分立器件制造 Manufacture of Semiconductor Discreting Appliances	2375	2394	1978	1645	2190	2789	2879
集成电路制造 Manufacture of Integrate Circuit	714	1971	3146	3655	5154	7510	9457
5.电子元件制造 Manufacture of Electronic Components	6122	9753	15943	15865	21515	27680	33790
6.家用视听设备制造 Manufacture of Domestic TV Set and Radio Receiver	5161	7815	11137	13919	14928	14359	24619
7.其他电子设备制造 Manufacture of Other Electronic Equipment	908	3027	4076	1105	2853	3462	5091
电子计算机及办公设备制造业 Manufacture of Computers and Office Equipments	**4745**	**11347**	**19328**	**24374**	**33269**	**31014**	**41721**
1.电子计算机整机制造 Manufacture of Entired Computer	3064	8127	10358	14373	12702	16499	19061
2.电子计算机外部设备制造 Manufacture of Computer Peripheral Equipment	1398	2723	8060	8698	18335	13364	20563
3.办公设备制造 Manufacture of Office Equipment	283	497	910	1303	2232	1151	2097
医疗设备及仪器仪表制造业 Manufacture of Medical Equipments and Measuring Instrument	**16205**	**14171**	**14847**	**11754**	**17054**	**21064**	**27548**
1.医疗设备及器械制造 Manufacture of Medical Equipment and Appliances	1018	2159	1615	2136	2447	3025	4289
2.仪器仪表制造 Manufacture of Measuring Instrument	15187	12012	13232	9618	14607	18039	23259

2-9 科技活动经费筹集额
Sources of Funds for S&T Activities

单位：万元 (10000 yuan)

行业 Industry	1995	2000	2003	2004	2005	2006	2007
合计 Total	**651342**	**2398827**	**4275667**	**5428187**	**6343232**	**7424144**	**9467022**
医药制造业 Manufacture of Medicines	**108195**	**375120**	**640458**	**700985**	**841752**	**1013040**	**1273908**
#化学药品制造 Manufacture of Chemical Medicine	84604	234875	401799	473218	564635	632362	776586
中成药制造 Manufacture of Finished Traditional Chinese Herbal Medicine	16155	100974	140255	167098	204029	283711	348979
生物、生化制品的制造 Manufacture of Biological and Biochemical Chemical Products	5103	36925	37831	30102	41469	57120	90387
航空航天器制造业 Manufacture of Aircrafts and Spacecrafts	**163961**	**231126**	**372065**	**386448**	**499276**	**536781**	**716350**
1.飞机制造及修理 Manufacture and Repairing of Airplanes	135866	203603	358781	337505	451224	484814	655934
2.航天器制造 Manufacture of Spacecrafts	28095	27523	13284	48943	48052	51968	60417
电子及通信设备制造业 Manufacture of Electronic Equipment and Communication Equipment	**273543**	**1343764**	**2313363**	**3285938**	**3783479**	**4466499**	**5409244**
1.通信设备制造 Manufacture of Communication Equipment	77597	739940	1075305	1453483	1725663	1749942	2230690
#通信传输设备制造 Manufacture of Communication Transmitting Equipment	9672	95602	89015	118204	157674	128075	150220
通信交换设备制造 Manufacture of Communication Exchanging Equipment	43410	370203	594972	764666	899255	1003363	1256287
通信终端设备制造 Manufacture of Communication Terminal Equipment	12443	107720	159269	92914	144436	90433	82604
2.雷达及配套设备制造 Manufacture of Radar and Its Fittings	32734	21363	33223	29720	38603	66478	98952
3.广播电视设备制造 Manufacture of Broadcasting and TV Equipment	2104	2329	9425	20566	37610	52740	55258
4.电子器件制造 Manufacture of Electronic Appliances	54817	207282	382510	537011	620418	962610	829286
#电子真空器件制造 Manufacture of Electronic Vacuum Appliances	26051	141798	188119	139801	95327	108206	105221
半导体分立器件制造 Manufacture of Semiconductor Discreting Appliances	13984	13911	50146	30987	40956	89164	68742
集成电路制造 Manufacture of Integrate Circuit	14782	51573	104264	208336	251087	582336	336531
5.电子元件制造 Manufacture of Electronic Components	44675	166137	300875	523169	556934	816907	1240738
6.家用视听设备制造 Manufacture of Domestic TV Set and Radio Receiver	56550	180789	483268	709991	769432	764905	867859
7.其他电子设备制造 Manufacture of Other Electronic Equipment	5066	25925	28757	11998	34819	52918	86460
电子计算机及办公设备制造业 Manufacture of Computers and Office Equipments	**28408**	**356682**	**798181**	**898803**	**959056**	**1037525**	**1470400**
1.电子计算机整机制造 Manufacture of Entired Computer	13807	269240	542180	507661	469053	557290	495502
2.电子计算机外部设备制造 Manufacture of Computer Peripheral Equipment	12210	71572	219832	341617	442796	429999	891492
3.办公设备制造 Manufacture of Office Equipment	2391	15869	36169	49525	47207	50236	83406
医疗设备及仪器仪表制造业 Manufacture of Medical Equipments and Measuring Instrument	**77235**	**92136**	**151600**	**156013**	**259669**	**370299**	**597120**
1.医疗设备及器械制造 Manufacture of Medical Equipment and Appliances	11268	21457	20840	26532	47240	76709	107611
2.仪器仪表制造 Manufacture of Measuring Instrument	65967	70679	130760	129482	212429	293590	489509

2-10 科技活动经费筹集额中政府资金

Government Funds in the Sources of Funds for S&T Activities

单位：万元 (10000 yuan)

行业 Industry	1995	2000	2003	2004	2005	2006	2007
合计 Total	**117470**	**172806**	**228530**	**283870**	**338767**	**390984**	**650401**
医药制造业 Manufacture of Medicines	**2703**	**11828**	**18877**	**34997**	**34039**	**39795**	**55293**
#化学药品制造 Manufacture of Chemical Medicine	1374	7263	9755	19720	17216	21644	27454
中成药制造 Manufacture of Finished Traditional Chinese Herbal Medicine	221	3235	5448	11708	10436	10650	17758
生物、生化制品的制造 Manufacture of Biological and Biochemical Chemical Products	704	1318	1158	2088	4789	4418	7127
航空航天器制造业 Manufacture of Aircrafts and Spacecrafts	**82339**	**103448**	**139161**	**151362**	**160251**	**197349**	**372920**
1.飞机制造及修理 Manufacture and Repairing of Airplanes	70209	95157	133790	146505	149470	187274	361250
2.航天器制造 Manufacture of Spacecrafts	12130	8291	5371	4858	10781	10075	11670
电子及通信设备制造业 Manufacture of Electronic Equipment and Communication Equipment	**24144**	**43322**	**51248**	**73368**	**116417**	**121834**	**164806**
1.通信设备制造 Manufacture of Communication Equipment	5305	12858	14274	37410	59136	50190	65210
#通信传输设备制造 Manufacture of Communication Transmitting Equipment	3223	7336	5279	8542	5373	9027	8662
通信交换设备制造 Manufacture of Communication Exchanging Equipment	702	3640	3603	17420	32047	16334	45184
通信终端设备制造 Manufacture of Communication Terminal Equipment	1292	702	2789	6545	14309	20392	959
2.雷达及配套设备制造 Manufacture of Radar and Its Fittings	7361	4556	10486	2300	4636	3689	7299
3.广播电视设备制造 Manufacture of Broadcasting and TV Equipment	73	375	539	847	1784	2389	1107
4.电子器件制造 Manufacture of Electronic Appliances	7476	13060	12627	14170	26070	34444	48195
#电子真空器件制造 Manufacture of Electronic Vacuum Appliances	1735	7409	6902	4104	4546	7989	8167
半导体分立器件制造 Manufacture of Semiconductor Discreting Appliances	5116	3985	3628	2387	4277	3110	4220
集成电路制造 Manufacture of Integrate Circuit	626	1666	1362	2635	8997	18471	26098
5.电子元件制造 Manufacture of Electronic Components	3302	6528	7677	11733	9465	13927	26473
6.家用视听设备制造 Manufacture of Domestic TV Set and Radio Receiver	563	5800	4668	6370	13098	12368	13337
7.其他电子设备制造 Manufacture of Other Electronic Equipment	64	146	977	537	2229	4827	3185
电子计算机及办公设备制造业 Manufacture of Computers and Office Equipments	**2810**	**4089**	**8134**	**10381**	**11529**	**11210**	**24029**
1.电子计算机整机制造 Manufacture of Entired Computer	2434	3660	3033	4439	6202	5053	11112
2.电子计算机外部设备制造 Manufacture of Computer Peripheral Equipment	374	429	5006	5283	5056	6081	11720
3.办公设备制造 Manufacture of Office Equipment	2		95	659	272	76	1197
医疗设备及仪器仪表制造业 Manufacture of Medical Equipments and Measuring Instrument	**5474**	**10119**	**11110**	**13762**	**16531**	**20796**	**33354**
1.医疗设备及器械制造 Manufacture of Medical Equipment and Appliances	93	598	230	3785	2700	4129	2698
2.仪器仪表制造 Manufacture of Measuring Instrument	5381	9521	10880	9977	13831	16667	30656

2-11 科技活动经费筹集额中企业资金

Funds Raised by Enterprises in the Sources of Funds for S&T Activities

单位：万元 (10000 yuan)

行业 Industry	1995	2000	2003	2004	2005	2006	2007
合计 Total	**418783**	**1884279**	**3430556**	**4641136**	**5483076**	**6269090**	**8098529**
医药制造业 Manufacture of Medicines	**77357**	**312907**	**547818**	**604651**	**736768**	**894699**	**1151354**
#化学药品制造 Manufacture of Chemical Medicine	59957	205632	349539	411447	506446	570833	712023
中成药制造 Manufacture of Finished Traditional Chinese Herbal Medicine	13205	79982	118288	143817	167144	247050	310029
生物、生化制品的制造 Manufacture of Biological and Biochemical Chemical Products	3315	25959	31110	26708	35602	47871	79518
航空航天器制造业 Manufacture of Aircrafts and Spacecrafts	**47857**	**81037**	**160039**	**196162**	**229044**	**238275**	**272217**
1.飞机制造及修理 Manufacture and Repairing of Airplanes	38645	73130	153795	153476	193469	196682	223470
2.航天器制造 Manufacture of Spacecrafts	9211	7907	6244	42686	35575	41593	48747
电子及通信设备制造业 Manufacture of Electronic Equipment and Communication Equipment	**219232**	**1099209**	**1904205**	**2855487**	**3376503**	**3866705**	**4876099**
1.通信设备制造 Manufacture of Communication Equipment	68651	622292	874111	1200592	1585355	1673924	2095836
#通信传输设备制造 Manufacture of Communication Transmitting Equipment	5917	64756	77558	104869	144309	109197	129934
通信交换设备制造 Manufacture of Communication Exchanging Equipment	40414	319551	429943	584464	856031	981771	1203413
通信终端设备制造 Manufacture of Communication Terminal Equipment	10882	100023	143165	86165	125890	69770	80693
2.雷达及配套设备制造 Manufacture of Radar and Its Fittings	23302	13980	16583	22855	28051	59481	77361
3.广播电视设备制造 Manufacture of Broadcasting and TV Equipment	1778	1944	8329	19389	27426	44751	50583
4.电子器件制造 Manufacture of Electronic Appliances	38069	176951	321375	476617	527112	621842	723148
#电子真空器件制造 Manufacture of Electronic Vacuum Appliances	18588	118503	155363	133340	78588	96445	94701
半导体分立器件制造 Manufacture of Semiconductor Discreting Appliances	6202	8778	37016	28040	35963	83886	62352
集成电路制造 Manufacture of Integrate Circuit	13280	49671	93936	187825	236553	274057	275240
5.电子元件制造 Manufacture of Electronic Components	31231	122303	236975	490736	506023	744893	1097150
6.家用视听设备制造 Manufacture of Domestic TV Set and Radio Receiver	53085	136940	422324	635088	672033	677539	754331
7.其他电子设备制造 Manufacture of Other Electronic Equipment	3116	24800	24508	10211	30503	44275	77690
电子计算机及办公设备制造业 Manufacture of Computers and Office Equipments	**21326**	**324959**	**699699**	**856197**	**916372**	**952774**	**1332681**
1.电子计算机整机制造 Manufacture of Entired Computer	8550	244237	531966	495074	445164	502333	426355
2.电子计算机外部设备制造 Manufacture of Computer Peripheral Equipment	10412	64853	133159	313427	426063	403724	827692
3.办公设备制造 Manufacture of Office Equipment	2364	15869	34574	47696	45145	46717	78634
医疗设备及仪器仪表制造业 Manufacture of Medical Equipments and Measuring Instrument	**53011**	**66167**	**118795**	**128639**	**224389**	**316638**	**466179**
1.医疗设备及器械制造 Manufacture of Medical Equipment and Appliances	6955	16331	16804	21299	41890	71120	100543
2.仪器仪表制造 Manufacture of Measuring Instrument	46056	49836	101991	107341	182499	245518	365636

2-12 科技活动经费筹集额中金融机构贷款

Loans from Financial Institutions in the Sources of Funds for S&T Activities

单位：万元 (10000 yuan)

行业 Industry	1995	2000	2003	2004	2005	2006	2007
合计 Total	**92845**	**196383**	**428596**	**392260**	**355478**	**586151**	**449375**
医药制造业 Manufacture of Medicines	**27019**	**43014**	**53534**	**56184**	**50387**	**70011**	**60973**
#化学药品制造 Manufacture of Chemical Medicine	22588	20243	26975	40635	34389	37071	36206
中成药制造 Manufacture of Finished Traditional Chinese Herbal Medicine	2583	17284	14614	10575	14550	24388	19992
生物、生化制品的制造 Manufacture of Biological and Biochemical Chemical Products	800	4488	3836	500	700	4220	2050
航空航天器制造业 Manufacture of Aircrafts and Spacecrafts	**20425**	**7826**	**25891**	**8655**	**20995**	**27048**	**25808**
1.飞机制造及修理 Manufacture and Repairing of Airplanes	15611	6670	24688	8655	19371	26748	25808
2.航天器制造 Manufacture of Spacecrafts	4814	1156	1203		1624	300	
电子及通信设备制造业 Manufacture of Electronic Equipment and Communication Equipment	**27471**	**111658**	**316948**	**305281**	**240933**	**441061**	**222540**
1.通信设备制造 Manufacture of Communication Equipment	3215	55256	165948	189872	45169	21855	25514
#通信传输设备制造 Manufacture of Communication Transmitting Equipment	528	5830	3450	4250	4828	6685	7204
通信交换设备制造 Manufacture of Communication Exchanging Equipment	2204	45886	147661	162482	11176	4650	4520
通信终端设备制造 Manufacture of Communication Terminal Equipment	268	520	13205	204	2204	270	700
2.雷达及配套设备制造 Manufacture of Radar and Its Fittings	1822	1700	3298	2700	2000	3000	1320
3.广播电视设备制造 Manufacture of Broadcasting and TV Equipment	10	10	500	200	8400	5450	3474
4.电子器件制造 Manufacture of Electronic Appliances	9084	15498	34840	32275	63923	292764	21025
#电子真空器件制造 Manufacture of Electronic Vacuum Appliances	5642	14546	19782	1070	10440	1591	791
半导体分立器件制造 Manufacture of Semiconductor Discreting Appliances	2570	952	9472	560	715	2168	1507
集成电路制造 Manufacture of Integrate Circuit	871		3560	12848	5020	278520	3610
5.电子元件制造 Manufacture of Electronic Components	8975	2864	54910	17716	37978	43027	90329
6.家用视听设备制造 Manufacture of Domestic TV Set and Radio Receiver	2570	35480	54255	61269	81514	71886	79518
7.其他电子设备制造 Manufacture of Other Electronic Equipment	1795	850	3197	1250	1950	3080	1360
电子计算机及办公设备制造业 Manufacture of Computers and Office Equipments	**3259**	**23820**	**12820**	**12321**	**28458**	**23509**	**60109**
1.电子计算机整机制造 Manufacture of Entired Computer	1959	17570	5480	4950	17477	10246	13056
2.电子计算机外部设备制造 Manufacture of Computer Peripheral Equipment	1290	6250	5840	6200	9192	10873	46393
3.办公设备制造 Manufacture of Office Equipment	10		1500	1171	1790	2390	660
医疗设备及仪器仪表制造业 Manufacture of Medical Equipments and Measuring Instrument	**14671**	**10065**	**19403**	**9820**	**14705**	**24523**	**79944**
1.医疗设备及器械制造 Manufacture of Medical Equipment and Appliances	4177	4280	3260	1380	2650	1460	4369
2.仪器仪表制造 Manufacture of Measuring Instrument	10494	5786	16143	8440	12055	23063	75575

2-13 科技活动经费内部支出

Intramural Expenditure for S&T Activities

单位：万元 (10000 yuan)

行业 Industry	1995	2000	2003	2004	2005	2006	2007
合计 Total	**596183**	**2008155**	**3990200**	**4910429**	**5755848**	**7039251**	**8868253**
医药制造业 Manufacture of Medicines	**87984**	**280512**	**527371**	**613700**	**768073**	**947865**	**1169417**
#化学药品制造 Manufacture of Chemical Medicine	69411	181027	328556	421823	503355	606865	726795
中成药制造 Manufacture of Finished Traditional Chinese Herbal Medicine	12770	68968	107108	138125	183002	251280	273222
生物、生化制品的制造 Manufacture of Biological and Biochemical Chemical Products	4449	27978	32614	28116	50131	58132	93701
航空航天器制造业 Manufacture of Aircrafts and Spacecrafts	**155286**	**234642**	**424881**	**467881**	**490127**	**615532**	**749437**
1.飞机制造及修理 Manufacture and Repairing of Airplanes	129306	205732	410981	420888	437494	558684	684508
2.航天器制造 Manufacture of Spacecrafts	25979	28911	13900	46993	52633	56848	64929
电子及通信设备制造业 Manufacture of Electronic Equipment and Communication Equipment	**253534**	**1198325**	**2151194**	**2848921**	**3379228**	**4067020**	**5153423**
1.通信设备制造 Manufacture of Communication Equipment	63682	638241	1051755	1236601	1427238	1528971	1917797
#通信传输设备制造 Manufacture of Communication Transmitting Equipment	11553	120479	77760	127595	151413	128784	148665
通信交换设备制造 Manufacture of Communication Exchanging Equipment	28340	362419	650663	717508	828870	992647	1251484
通信终端设备制造 Manufacture of Communication Terminal Equipment	12079	38207	106727	40573	79881	74625	84813
2.雷达及配套设备制造 Manufacture of Radar and Its Fittings	30960	18105	35249	32419	40101	86272	152730
3.广播电视设备制造 Manufacture of Broadcasting and TV Equipment	2610	2221	8739	29075	35631	56587	52581
4.电子器件制造 Manufacture of Electronic Appliances	56513	181267	328510	497827	652923	815080	967061
#电子真空器件制造 Manufacture of Electronic Vacuum Appliances	25563	137352	167141	124681	88304	96695	100846
半导体分立器件制造 Manufacture of Semiconductor Discreting Appliances	16208	13831	31641	34012	38534	91221	76681
集成电路制造 Manufacture of Integrate Circuit	14742	30084	89106	212101	338171	449426	406367
5.电子元件制造 Manufacture of Electronic Components	40865	142737	238398	481902	457300	799137	1178313
6.家用视听设备制造 Manufacture of Domestic TV Set and Radio Receiver	54158	189934	394333	558358	733319	734258	803038
7.其他电子设备制造 Manufacture of Other Electronic Equipment	4747	25820	94210	12739	32717	46715	81903
电子计算机及办公设备制造业 Manufacture of Computers and Office Equipments	**26411**	**204165**	**747958**	**811554**	**831659**	**1041921**	**1251062**
1.电子计算机整机制造 Manufacture of Entired Computer	12270	127832	519831	536980	426375	561852	504969
2.电子计算机外部设备制造 Manufacture of Computer Peripheral Equipment	11921	69584	211982	233580	362506	448508	704622
3.办公设备制造 Manufacture of Office Equipment	2220	6749	16145	40994	42778	31562	41472
医疗设备及仪器仪表制造业 Manufacture of Medical Equipments and Measuring Instrument	**72969**	**90511**	**138796**	**168373**	**286762**	**366914**	**544915**
1.医疗设备及器械制造 Manufacture of Medical Equipment and Appliances	10104	19195	23605	30327	44381	69826	105818
2.仪器仪表制造 Manufacture of Measuring Instrument	62865	71316	115191	138047	242380	297088	439097

2-14 科技活动经费内部支出中劳务费

Labor Expenses in the Intramural Expenditure for S&T Activities

单位: 万元 (10000 yuan)

行 业 Industry	1995	2000	2003	2004	2005	2006	2007
合计 Total	**122509**	**497314**	**999249**	**1372496**	**1676218**	**1896517**	**2428338**
医药制造业 Manufacture of Medicines	**16853**	**54349**	**102510**	**115260**	**134957**	**167332**	**217134**
#化学药品制造 Manufacture of Chemical Medicine	12920	37918	66325	73077	90726	105385	139858
中成药制造 Manufacture of Finished Traditional Chinese Herbal Medicine	2931	11243	16432	28548	32127	42042	47862
生物、生化制品的制造 Manufacture of Biological and Biochemical Chemical Products	942	4917	8429	7907	6890	9785	18475
航空航天器制造业 Manufacture of Aircrafts and Spacecrafts	**35484**	**67248**	**80673**	**107476**	**121696**	**117007**	**132755**
1.飞机制造及修理 Manufacture and Repairing of Airplanes	28432	58156	75413	93691	107278	101414	113027
2.航天器制造 Manufacture of Spacecrafts	7052	9091	5260	13785	14418	15593	19728
电子及通信设备制造业 Manufacture of Electronic Equipment and Communication Equipment	**45710**	**306323**	**669591**	**915784**	**1040510**	**1161632**	**1528743**
1.通信设备制造 Manufacture of Communication Equipment	13313	193145	426938	594562	635508	712823	846143
#通信传输设备制造 Manufacture of Communication Transmitting Equipment	3259	15390	29294	50844	62986	58670	74076
通信交换设备制造 Manufacture of Communication Exchanging Equipment	5057	142668	293333	413633	417238	515458	617653
通信终端设备制造 Manufacture of Communication Terminal Equipment	2646	11144	49515	14591	28955	29767	26409
2.雷达及配套设备制造 Manufacture of Radar and Its Fittings	6303	7027	10437	12534	11661	15239	26934
3.广播电视设备制造 Manufacture of Broadcasting and TV Equipment	485	722	3089	7621	11512	16508	21655
4.电子器件制造 Manufacture of Electronic Appliances	8325	42073	75345	115366	133312	133476	207803
#电子真空器件制造 Manufacture of Electronic Vacuum Appliances	3123	31658	33864	31831	18210	25215	17653
半导体分立器件制造 Manufacture of Semiconductor Discreting Appliances	3165	3009	6686	7091	8810	9840	13944
集成电路制造 Manufacture of Integrate Circuit	2036	7406	25655	41212	44330	57765	96805
5.电子元件制造 Manufacture of Electronic Components	8071	20072	60015	75947	111950	143979	210136
6.家用视听设备制造 Manufacture of Domestic TV Set and Radio Receiver	7513	34435	73288	104152	124396	119041	185927
7.其他电子设备制造 Manufacture of Other Electronic Equipment	1699	8849	20479	5602	12173	20566	30145
电子计算机及办公设备制造业 Manufacture of Computers and Office Equipments	**5558**	**41772**	**102903**	**179214**	**292174**	**340199**	**397594**
1.电子计算机整机制造 Manufacture of Entired Computer	2988	30609	56144	85683	130798	195285	181252
2.电子计算机外部设备制造 Manufacture of Computer Peripheral Equipment	2121	9599	41026	81318	149397	138977	200880
3.办公设备制造 Manufacture of Office Equipment	450	1564	5733	12213	11980	5936	15462
医疗设备及仪器仪表制造业 Manufacture of Medical Equipments and Measuring Instrument	**18904**	**27621**	**43572**	**54762**	**86880**	**110348**	**152110**
1.医疗设备及器械制造 Manufacture of Medical Equipment and Appliances	1919	5335	5375	10410	15375	21083	31535
2.仪器仪表制造 Manufacture of Measuring Instrument	16985	22286	38197	44352	71505	89264	120575

2-15 科技活动经费内部支出中仪器设备费

Instruments and Equipments Expenses in the Intramural Expenditure for S&T Activities

单位：万元 (10000 yuan)

行业 Industry	1995	2000	2003	2004	2005	2006	2007
合计 Total	**91706**	**496258**	**1052893**	**1162064**	**1207847**	**1644941**	**1955253**
医药制造业 Manufacture of Medicines	**12295**	**70273**	**151089**	**180925**	**215885**	**245870**	**326937**
#化学药品制造 Manufacture of Chemical Medicine	8939	47876	97477	131840	145064	165859	196228
中成药制造 Manufacture of Finished Traditional Chinese Herbal Medicine	2924	14052	30062	35835	49128	51299	82389
生物、生化制品的制造 Manufacture of Biological and Biochemical Chemical Products	254	7231	9290	7144	10849	19969	27656
航空航天器制造业 Manufacture of Aircrafts and Spacecrafts	**12641**	**44520**	**136322**	**108491**	**128210**	**136060**	**159941**
1.飞机制造及修理 Manufacture and Repairing of Airplanes	9776	39409	135145	103722	119851	128387	157245
2.航天器制造 Manufacture of Spacecrafts	2865	5111	1177	4769	8358	7673	2696
电子及通信设备制造业 Manufacture of Electronic Equipment and Communication Equipment	**52405**	**310591**	**452767**	**696615**	**680795**	**991242**	**1121947**
1.通信设备制造 Manufacture of Communication Equipment	12460	178822	128560	139429	130405	131354	217298
#通信传输设备制造 Manufacture of Communication Transmitting Equipment	1768	32373	11618	24094	9616	10200	13266
通信交换设备制造 Manufacture of Communication Exchanging Equipment	3713	95069	83719	55736	36747	48928	112089
通信终端设备制造 Manufacture of Communication Terminal Equipment	3279	14722	8067	7255	8036	8484	31450
2.雷达及配套设备制造 Manufacture of Radar and Its Fittings	11851	1428	4186	4981	3465	25418	43601
3.广播电视设备制造 Manufacture of Broadcasting and TV Equipment	237	327	603	9783	9277	18195	6962
4.电子器件制造 Manufacture of Electronic Appliances	9572	47737	108020	174140	242789	360628	291266
#电子真空器件制造 Manufacture of Electronic Vacuum Appliances	5053	34339	81449	47736	26298	26169	29560
半导体分立器件制造 Manufacture of Semiconductor Discreting Appliances	3179	3234	6053	6807	10880	47047	27552
集成电路制造 Manufacture of Integrate Circuit	1339	10165	16798	91615	160800	229387	167482
5.电子元件制造 Manufacture of Electronic Components	8603	29486	64720	250917	133851	303769	367197
6.家用视听设备制造 Manufacture of Domestic TV Set and Radio Receiver	8351	48459	85632	115261	157517	142534	175004
7.其他电子设备制造 Manufacture of Other Electronic Equipment	1331	4333	61046	2105	3489	9344	20618
电子计算机及办公设备制造业 Manufacture of Computers and Office Equipments	**8277**	**52668**	**288682**	**144700**	**115615**	**194866**	**233243**
1.电子计算机整机制造 Manufacture of Entired Computer	1857	28183	258598	81385	42216	57258	73770
2.电子计算机外部设备制造 Manufacture of Computer Peripheral Equipment	6123	24023	27494	50942	64571	124507	151568
3.办公设备制造 Manufacture of Office Equipment	298	462	2590	12373	8828	13101	7906
医疗设备及仪器仪表制造业 Manufacture of Medical Equipments and Measuring Instrument	**6087**	**18206**	**24033**	**31334**	**67343**	**76904**	**113186**
1.医疗设备及器械制造 Manufacture of Medical Equipment and Appliances	446	3425	3772	2474	5340	10922	17776
2.仪器仪表制造 Manufacture of Measuring Instrument	5641	14781	20261	28860	62004	65982	95410

2-16 新产品开发经费支出
Expenditure for Developing New Products

单位：万元 (10000 yuan)

行业 Industry	1995	2000	2003	2004	2005	2006	2007
合计 Total	**322807**	**1177940**	**2075889**	**2588201**	**4156916**	**5099534**	**6520284**
医药制造业 Manufacture of Medicines	**46368**	**147855**	**228629**	**264970**	**447725**	**557576**	**739435**
#化学药品制造 Manufacture of Chemical Medicine	35530	91707	127269	174168	300482	355785	470476
中成药制造 Manufacture of Finished Traditional Chinese Herbal Medicine	7091	38556	59034	67016	97048	151370	176588
生物、生化制品的制造 Manufacture of Biological and Biochemical Chemical Products	2792	15925	15947	15178	28373	33345	51628
航空航天器制造业 Manufacture of Aircrafts and Spacecrafts	**101751**	**114280**	**198839**	**228990**	**301632**	**349523**	**438266**
1.飞机制造及修理 Manufacture and Repairing of Airplanes	84663	95570	191585	215889	270864	317913	398801
2.航天器制造 Manufacture of Spacecrafts	17088	18709	7254	13102	30769	31610	39465
电子及通信设备制造业 Manufacture of Electronic Equipment and Communication Equipment	**122301**	**736736**	**1187605**	**1448101**	**2611326**	**3122449**	**3928726**
1.通信设备制造 Manufacture of Communication Equipment	37337	363991	604866	643312	1267879	1375378	1645118
#通信传输设备制造 Manufacture of Communication Transmitting Equipment	7479	61376	68857	38668	138801	109814	113596
通信交换设备制造 Manufacture of Communication Exchanging Equipment	16551	241631	323876	412811	720223	945180	1133254
通信终端设备制造 Manufacture of Communication Terminal Equipment	5372	18365	31232	20773	66003	60562	40957
2.雷达及配套设备制造 Manufacture of Radar and Its Fittings	20249	11129	18788	17511	27487	35893	79931
3.广播电视设备制造 Manufacture of Broadcasting and TV Equipment	1312	1117	6555	17297	27438	45245	39758
4.电子器件制造 Manufacture of Electronic Appliances	23584	102543	140861	242990	355849	465931	630300
#电子真空器件制造 Manufacture of Electronic Vacuum Appliances	13606	73629	85979	40342	48067	58490	77273
半导体分立器件制造 Manufacture of Semiconductor Discreting Appliances	8560	9795	9200	14248	30538	76253	50171
集成电路制造 Manufacture of Integrate Circuit	1417	19119	29523	115041	129635	201734	279828
5.电子元件制造 Manufacture of Electronic Components	19967	97668	125858	148326	315540	569796	765597
6.家用视听设备制造 Manufacture of Domestic TV Set and Radio Receiver	17752	142278	268591	371674	589840	593326	708747
7.其他电子设备制造 Manufacture of Other Electronic Equipment	2101	18010	22086	6990	27294	36880	59276
电子计算机及办公设备制造业 Manufacture of Computers and Office Equipments	**14946**	**133132**	**379397**	**565736**	**617788**	**828066**	**1013364**
1.电子计算机整机制造 Manufacture of Entired Computer	7921	100730	293479	443346	271034	443481	421187
2.电子计算机外部设备制造 Manufacture of Computer Peripheral Equipment	5949	28414	77275	112338	307709	356811	566989
3.办公设备制造 Manufacture of Office Equipment	1077	3989	8643	10051	39045	27773	25188
医疗设备及仪器仪表制造业 Manufacture of Medical Equipments and Measuring Instrument	**37441**	**45938**	**81419**	**80405**	**178445**	**241920**	**400493**
1.医疗设备及器械制造 Manufacture of Medical Equipment and Appliances	3135	8596	13908	14124	33142	50568	87086
2.仪器仪表制造 Manufacture of Measuring Instrument	34306	37342	67511	66281	145303	191352	313408

2-17 新产品产值

Industrial Output Value of New Products

单位：万元 (10000 yuan)

行业 Industry	2000	2001	2003	2004	2005	2006	2007
合计 Total	**26672771**	**29571857**	**46921637**	**60925214**	**70348165**	**84932623**	**106712636**
医药制造业 Manufacture of Medicines	**2026498**	**2204377**	**3310780**	**4191678**	**5119020**	**6048864**	**7887357**
#化学药品制造 Manufacture of Chemical Medicine	1558455	1459354	2305006	2887277	3674771	4198921	5442018
中成药制造 Manufacture of Finished Traditional Chinese Herbal Medicine	344144	574375	520732	965494	1125252	1352022	1610159
生物、生化制品的制造 Manufacture of Biological and Biochemical Chemical Products	117730	148200	198964	197218	158905	254650	558063
航空航天器制造业 Manufacture of Aircrafts and Spacecrafts	**966141**	**1026690**	**2294175**	**2201404**	**3735597**	**3371263**	**4045685**
1.飞机制造及修理 Manufacture and Repairing of Airplanes	830098	948664	2270906	2178389	3700713	3326899	3972565
2.航天器制造 Manufacture of Spacecrafts	136042	78026	23269	23015	34884	44364	73120
电子及通信设备制造业 Manufacture of Electronic Equipment and Communication Equipment	**17389673**	**19582818**	**28853308**	**40546832**	**38812363**	**43431944**	**62349265**
1.通信设备制造 Manufacture of Communication Equipment	7291622	8735020	11419154	20229464	16873125	18703408	30988971
#通信传输设备制造 Manufacture of Communication Transmitting Equipment	1175714	578287	741163	707211	564430	474217	678932
通信交换设备制造 Manufacture of Communication Exchanging Equipment	1637832	2220312	1884447	4942163	5339491	5615110	7473351
通信终端设备制造 Manufacture of Communication Terminal Equipment	1184263	5406961	3679350	804038	1040097	722743	390734
2.雷达及配套设备制造 Manufacture of Radar and Its Fittings	106142	144405	212121	127200	243074	497879	751370
3.广播电视设备制造 Manufacture of Broadcasting and TV Equipment	7489	12992	30919	120816	165620	220513	475966
4.电子器件制造 Manufacture of Electronic Appliances	1994841	1508701	3593201	5688863	5207840	6103774	8135434
#电子真空器件制造 Manufacture of Electronic Vacuum Appliances	1590328	1029947	1829624	1938091	1257838	1275900	1307716
半导体分立器件制造 Manufacture of Semiconductor Discreting Appliances	65747	149897	220484	207812	163524	393003	435078
集成电路制造 Manufacture of Integrate Circuit	338766	328856	434713	1675563	2190918	2516404	2087254
5.电子元件制造 Manufacture of Electronic Components	1037693	1768470	1722731	3131777	3027015	3768562	6595165
6.家用视听设备制造 Manufacture of Domestic TV Set and Radio Receiver	6756696	7255469	11737751	11143041	13061339	13792880	14750133
7.其他电子设备制造 Manufacture of Other Electronic Equipment	195190	157761	137431	105671	234351	344928	652227
电子计算机及办公设备制造业 Manufacture of Computers and Office Equipments	**5600311**	**6138917**	**11245425**	**12608074**	**20826746**	**29584882**	**28419292**
1.电子计算机整机制造 Manufacture of Entired Computer	2910112	2319275	5793232	6962205	12331549	18805216	16644030
2.电子计算机外部设备制造 Manufacture of Computer Peripheral Equipment	2586932	3703778	5281559	4984716	7827349	9974683	10905205
3.办公设备制造 Manufacture of Office Equipment	103267	115865	170634	661153	667848	804983	870057
医疗设备及仪器仪表制造业 Manufacture of Medical Equipments and Measuring Instrument	**690149**	**619055**	**1217949**	**1377226**	**1854438**	**2495670**	**4011038**
1.医疗设备及器械制造 Manufacture of Medical Equipment and Appliances	122487	129563	121862	272390	332455	394198	729256
2.仪器仪表制造 Manufacture of Measuring Instrument	567662	489492	1096087	1104836	1521983	2101473	3281783

2-18 新产品销售收入
Sales Revenue from New Products

单位：万元 (10000 yuan)

行业 Industry	1995	2000	2003	2004	2005	2006	2007
合计 Total	**5383662**	**24838202**	**45150436**	**60989505**	**69146633**	**82488646**	**103032217**
医药制造业 Manufacture of Medicines	**615318**	**1702574**	**3037923**	**3887153**	**4693608**	**5699191**	**7126886**
#化学药品制造 Manufacture of Chemical Medicine	469537	1348607	2093789	2694757	3327695	4030313	5008854
中成药制造 Manufacture of Finished Traditional Chinese Herbal Medicine	112499	251856	442193	873740	1045794	1237459	1365520
生物、生化制品的制造 Manufacture of Biological and Biochemical Chemical Products	18916	95979	215287	180182	171308	221846	476100
航空航天器制造业 Manufacture of Aircrafts and Spacecrafts	**590144**	**813277**	**2151105**	**2124848**	**3373540**	**3050431**	**3791330**
1.飞机制造及修理 Manufacture and Repairing of Airplanes	549309	696006	2142853	2110798	3335683	3006429	3722989
2.航天器制造 Manufacture of Spacecrafts	40835	117272	8252	14050	37857	44002	68340
电子及通信设备制造业 Manufacture of Electronic Equipment and Communication Equipment	**3501781**	**16308150**	**29261877**	**40264332**	**38520369**	**41734821**	**60130164**
1.通信设备制造 Manufacture of Communication Equipment	1120811	6717290	12409306	20271794	16431725	17708892	29380905
#通信传输设备制造 Manufacture of Communication Transmitting Equipment	394102	992629	1042745	691960	609256	500277	711205
通信交换设备制造 Manufacture of Communication Exchanging Equipment	429271	1179165	2627214	4901825	5118187	5578144	6571380
通信终端设备制造 Manufacture of Communication Terminal Equipment	101266	1288981	3512224	794426	994193	739385	349118
2.雷达及配套设备制造 Manufacture of Radar and Its Fittings	644926	102849	165711	116682	258585	469829	700094
3.广播电视设备制造 Manufacture of Broadcasting and TV Equipment	13727	6198	30895	134152	161757	221253	416645
4.电子器件制造 Manufacture of Electronic Appliances	250481	1910948	3474048	5529541	5127979	4896484	7680842
#电子真空器件制造 Manufacture of Electronic Vacuum Appliances	161554	1512257	1743766	1875790	1205662	1215036	1263858
半导体分立器件制造 Manufacture of Semiconductor Discreting Appliances	33009	62650	188503	176316	161634	291848	358019
集成电路制造 Manufacture of Integrate Circuit	55919	336040	432214	1567813	2150651	1536291	1994239
5.电子元件制造 Manufacture of Electronic Components	242472	973788	1613753	2983369	3023700	3917878	6245816
6.家用视听设备制造 Manufacture of Domestic TV Set and Radio Receiver	1214508	6376889	11425478	11132313	13313107	14153090	15060981
7.其他电子设备制造 Manufacture of Other Electronic Equipment	14856	220190	142686	96482	203515	367396	644881
电子计算机及办公设备制造业 Manufacture of Computers and Office Equipments	**366412**	**5369985**	**9549554**	**13420050**	**20700912**	**29631088**	**28147354**
1.电子计算机整机制造 Manufacture of Entired Computer	162488	2707176	4195105	6900392	12278252	18891472	16209232
2.电子计算机外部设备制造 Manufacture of Computer Peripheral Equipment	186125	2560950	5182130	5817111	7750678	9949934	11108163
3.办公设备制造 Manufacture of Office Equipment	17799	101858	172319	702547	671983	789682	829959
医疗设备及仪器仪表制造业 Manufacture of Medical Equipments and Measuring Instrument	**310008**	**644216**	**1149977**	**1293123**	**1858204**	**2373116**	**3836483**
1.医疗设备及器械制造 Manufacture of Medical Equipment and Appliances	44647	119332	120543	228245	319050	368768	757240
2.仪器仪表制造 Manufacture of Measuring Instrument	265360	524884	1029434	1064878	1539155	2004348	3079244

2-19 专利申请数

Patent Applications Received

单位：个 (unit)

行 业 Industry	1995	2000	2003	2004	2005	2006	2007
合计 **Total**	**612**	**2245**	**8270**	**11026**	**16823**	**24301**	**34446**
医药制造业 **Manufacture of Medicines**	**273**	**547**	**1305**	**1696**	**2708**	**2383**	**3056**
#化学药品制造 Manufacture of Chemical Medicine	203	215	490	790	1133	1047	1367
中成药制造 Manufacture of Finished Traditional Chinese Herbal Medicine	65	286	455	687	1288	1133	1340
生物、生化制品的制造 Manufacture of Biological and Biochemical Chemical Products	5	43	82	69	242	124	264
航空航天器制造业 **Manufacture of Aircrafts and Spacecrafts**	**94**	**79**	**282**	**155**	**328**	**510**	**810**
1.飞机制造及修理 Manufacture and Repairing of Airplanes	76	74	280	153	314	477	745
2.航天器制造 Manufacture of Spacecrafts	18	5	2	2	14	33	65
电子及通信设备制造业 **Manufacture of Electronic Equipment and Communication Equipment**	**145**	**1099**	**4890**	**6986**	**11022**	**16708**	**24680**
1.通信设备制造 Manufacture of Communication Equipment	38	570	2621	3363	6602	11069	16342
#通信传输设备制造 Manufacture of Communication Transmitting Equipment	9	43	54	318	309	328	555
通信交换设备制造 Manufacture of Communication Exchanging Equipment	16	486	1693	2520	5409	8618	14591
通信终端设备制造 Manufacture of Communication Terminal Equipment	10	29	432	79	177	1567	147
2.雷达及配套设备制造 Manufacture of Radar and Its Fittings	13	22	29	17	9	42	98
3.广播电视设备制造 Manufacture of Broadcasting and TV Equipment	1	4	13	44	101	212	589
4.电子器件制造 Manufacture of Electronic Appliances	18	65	688	1065	812	1531	2257
#电子真空器件制造 Manufacture of Electronic Vacuum Appliances	5	47	312	188	110	331	185
半导体分立器件制造 Manufacture of Semiconductor Discreting Appliances	9	6	55	20	10	30	47
集成电路制造 Manufacture of Integrate Circuit	4	12	289	753	457	967	1307
5.电子元件制造 Manufacture of Electronic Components	41	85	240	533	947	930	1436
6.家用视听设备制造 Manufacture of Domestic TV Set and Radio Receiver	34	331	1200	1931	2434	2843	3614
7.其他电子设备制造 Manufacture of Other Electronic Equipment		22	99	33	117	81	344
电子计算机及办公设备制造业 **Manufacture of Computers and Office Equipments**	**12**	**263**	**1243**	**1334**	**1863**	**3221**	**3266**
1.电子计算机整机制造 Manufacture of Entired Computer	3	166	813	657	1020	1228	999
2.电子计算机外部设备制造 Manufacture of Computer Peripheral Equipment	6	93	418	643	796	1950	2215
3.办公设备制造 Manufacture of Office Equipment	3	4	12	34	47	43	52
医疗设备及仪器仪表制造业 **Manufacture of Medical Equipments and Measuring Instrument**	**88**	**257**	**550**	**855**	**902**	**1479**	**2634**
1.医疗设备及器械制造 Manufacture of Medical Equipment and Appliances	9	100	98	68	401	503	995
2.仪器仪表制造 Manufacture of Measuring Instrument	79	157	452	787	501	976	1639

2-20 拥有发明专利数

Owning Inventive Patent

单位：个 (unit)

行 业 Industry	1995	2000	2003	2004	2005	2006	2007
合计 **Total**	**410**	**1443**	**3356**	**4535**	**6658**	**8141**	**13386**
医药制造业 **Manufacture of Medicines**	**183**	**414**	**459**	**902**	**1134**	**1965**	**2482**
#化学药品制造 Manufacture of Chemical Medicine	136	165	223	426	495	717	943
中成药制造 Manufacture of Finished Traditional Chinese Herbal Medicine	46	211	135	385	497	1042	1157
生物、生化制品的制造 Manufacture of Biological and Biochemical Chemical Products	1	37	26	31	49	119	276
航空航天器制造业 **Manufacture of Aircrafts and Spacecrafts**	**87**	**139**	**141**	**73**	**192**	**228**	**270**
1.飞机制造及修理 Manufacture and Repairing of Airplanes	70	102	138	72	185	226	257
2.航天器制造 Manufacture of Spacecrafts	17	37	3	1	7	2	13
电子及通信设备制造业 **Manufacture of Electronic Equipment and Communication Equipment**	**84**	**589**	**2100**	**2453**	**4268**	**3807**	**6532**
1.通信设备制造 Manufacture of Communication Equipment	10	372	1394	1442	2959	1713	3492
#通信传输设备制造 Manufacture of Communication Transmitting Equipment	2	25	15	106	50	142	346
通信交换设备制造 Manufacture of Communication Exchanging Equipment	3	321	857	878	2610	1283	2837
通信终端设备制造 Manufacture of Communication Terminal Equipment	2	9	358	43	110	94	73
2.雷达及配套设备制造 Manufacture of Radar and Its Fittings	9	15	6	27	5	4	45
3.广播电视设备制造 Manufacture of Broadcasting and TV Equipment	1	2	8	7	13	14	135
4.电子器件制造 Manufacture of Electronic Appliances	9	29	313	354	540	783	1122
#电子真空器件制造 Manufacture of Electronic Vacuum Appliances	3	19	60	139	346	408	359
半导体分立器件制造 Manufacture of Semiconductor Discreting Appliances	5	6	30	18	14	19	51
集成电路制造 Manufacture of Integrate Circuit	1	4	214	97	115	275	291
5.电子元件制造 Manufacture of Electronic Components	38	44	176	384	369	528	673
6.家用视听设备制造 Manufacture of Domestic TV Set and Radio Receiver	16	118	197	239	371	729	946
7.其他电子设备制造 Manufacture of Other Electronic Equipment	1	9	6		11	36	119
电子计算机及办公设备制造业 **Manufacture of Computers and Office Equipments**	**9**	**131**	**271**	**711**	**473**	**1174**	**3210**
1.电子计算机整机制造 Manufacture of Entired Computer		69	106	391	146	180	1961
2.电子计算机外部设备制造 Manufacture of Computer Peripheral Equipment	6	57	165	305	323	974	1216
3.办公设备制造 Manufacture of Office Equipment	3	5		15	4	20	33
医疗设备及仪器仪表制造业 **Manufacture of Medical Equipments and Measuring Instrument**	**47**	**170**	**385**	**396**	**591**	**967**	**892**
1.医疗设备及器械制造 Manufacture of Medical Equipment and Appliances	8	98	49	114	90	202	180
2.仪器仪表制造 Manufacture of Measuring Instrument	39	72	336	282	501	765	712

2-21 技术改造经费支出
Expenditure on Technical Renovation

单位：万元 (10000 yuan)

行业 Industry	1995	2000	2003	2004	2005	2006	2007
合计 Total	**822714**	**1047478**	**1550355**	**1879039**	**1590214**	**1719061**	**2109878**
医药制造业 Manufacture of Medicines	**273404**	**286587**	**469168**	**571002**	**441007**	**483438**	**473091**
#化学药品制造 Manufacture of Chemical Medicine	235978	240426	325958	411035	299639	317989	315245
中成药制造 Manufacture of Finished Traditional Chinese Herbal Medicine	31130	41244	70725	128992	115426	139431	112305
生物、生化制品的制造 Manufacture of Biological and Biochemical Chemical Products	6272	4751	28837	15647	14754	14730	15756
航空航天器制造业 Manufacture of Aircrafts and Spacecrafts	**127409**	**154666**	**342101**	**289297**	**368919**	**323920**	**522952**
1.飞机制造及修理 Manufacture and Repairing of Airplanes	108643	128203	333052	278388	353441	317628	506165
2.航天器制造 Manufacture of Spacecrafts	18766	26464	9049	10909	15478	6292	16787
电子及通信设备制造业 Manufacture of Electronic Equipment and Communication Equipment	**345892**	**520752**	**584805**	**851234**	**611919**	**625210**	**847537**
1.通信设备制造 Manufacture of Communication Equipment	34710	79122	74431	80008	80990	112055	69450
#通信传输设备制造 Manufacture of Communication Transmitting Equipment	5758	12834	12065	23555	27100	52938	33509
通信交换设备制造 Manufacture of Communication Exchanging Equipment	18261	31930	6276	7007	5607	7379	2702
通信终端设备制造 Manufacture of Communication Terminal Equipment	6360	31322	7489	2141	12728	15938	5766
2.雷达及配套设备制造 Manufacture of Radar and Its Fittings	33505	8482	11806	17880	17859	25688	28628
3.广播电视设备制造 Manufacture of Broadcasting and TV Equipment	2728	3394	3011	7226	12355	18232	14353
4.电子器件制造 Manufacture of Electronic Appliances	162033	142873	248149	231828	160201	192865	269743
#电子真空器件制造 Manufacture of Electronic Vacuum Appliances	144184	86502	142225	69069	42193	42273	25407
半导体分立器件制造 Manufacture of Semiconductor Discreting Appliances	13148	21303	16432	13928	12241	21177	32489
集成电路制造 Manufacture of Integrate Circuit	4702	35068	79952	112304	76839	85675	142918
5.电子元件制造 Manufacture of Electronic Components	68937	192458	162895	352523	233566	183296	288848
6.家用视听设备制造 Manufacture of Domestic TV Set and Radio Receiver	39523	72331	72667	151602	102632	79841	164160
7.其他电子设备制造 Manufacture of Other Electronic Equipment	4457	22092	11846	10167	4316	13234	12354
电子计算机及办公设备制造业 Manufacture of Computers and Office Equipments	**16335**	**28852**	**85706**	**82562**	**53753**	**105151**	**61308**
1.电子计算机整机制造 Manufacture of Entired Computer	9418	10885	33887	9505	15313	66725	19517
2.电子计算机外部设备制造 Manufacture of Computer Peripheral Equipment	6618	17915	28825	21985	35001	31096	38359
3.办公设备制造 Manufacture of Office Equipment	300	52	22994	51071	3439	7330	3433
医疗设备及仪器仪表制造业 Manufacture of Medical Equipments and Measuring Instrument	**59674**	**56621**	**68575**	**84945**	**114617**	**181343**	**204991**
1.医疗设备及器械制造 Manufacture of Medical Equipment and Appliances	7254	8987	14241	10769	12635	31254	41668
2.仪器仪表制造 Manufacture of Measuring Instrument	52419	47635	54334	74176	101982	150089	163323

2-22 技术引进经费支出
Expenditure on Technology Import

单位：万元 (10000 yuan)

行业 Industry	1995	2000	2003	2004	2005	2006	2007
合计 Total	**291596**	**470463**	**935365**	**1118594**	**848184**	**785792**	**1308968**
医药制造业 Manufacture of Medicines	**30092**	**45121**	**73772**	**57500**	**35815**	**32099**	**30321**
#化学药品制造 Manufacture of Chemical Medicine	24278	28040	49883	38479	28159	21377	26463
中成药制造 Manufacture of Finished Traditional Chinese Herbal Medicine	5640	9602	11970	13656	4874	9028	2679
生物、生化制品的制造 Manufacture of Biological and Biochemical Chemical Products	94	7353	1338	1614	151	1667	707
航空航天器制造业 Manufacture of Aircrafts and Spacecrafts	**40106**	**29793**	**75780**	**33486**	**30369**	**36837**	**21877**
1.飞机制造及修理 Manufacture and Repairing of Airplanes	37701	19970	73597	33486	28933	36225	20797
2.航天器制造 Manufacture of Spacecrafts	2405	9823	2183		1436	612	1080
电子及通信设备制造业 Manufacture of Electronic Equipment and Communication Equipment	**200631**	**305560**	**595328**	**1000073**	**665035**	**605404**	**1044240**
1.通信设备制造 Manufacture of Communication Equipment	4187	75927	110799	395215	198733	215489	335532
#通信传输设备制造 Manufacture of Communication Transmitting Equipment	270	9182	5598	14273	2356	3027	6723
通信交换设备制造 Manufacture of Communication Exchanging Equipment	2104	15027	6956	10034	7116	3812	5138
通信终端设备制造 Manufacture of Communication Terminal Equipment	732	47938	53264	8417	2550	2263	3622
2.雷达及配套设备制造 Manufacture of Radar and Its Fittings	5688	769	3237	1551	14	50	
3.广播电视设备制造 Manufacture of Broadcasting and TV Equipment	1134	152	343	550	833	840	
4.电子器件制造 Manufacture of Electronic Appliances	145887	81345	204967	311271	200662	156870	278474
#电子真空器件制造 Manufacture of Electronic Vacuum Appliances	141677	40312	159691	118912	79691	69571	51651
半导体分立器件制造 Manufacture of Semiconductor Discreting Appliances	3086	7838	4169	412	236	6964	3418
集成电路制造 Manufacture of Integrate Circuit	1124	33195	35430	134557	56049	35553	59078
5.电子元件制造 Manufacture of Electronic Components	25777	102500	96049	71021	106226	92440	162545
6.家用视听设备制造 Manufacture of Domestic TV Set and Radio Receiver	16126	42840	178437	220465	155500	132044	259254
7.其他电子设备制造 Manufacture of Other Electronic Equipment	1833	2028	1496		3067	7673	8435
电子计算机及办公设备制造业 Manufacture of Computers and Office Equipments	**2467**	**77839**	**174268**	**22002**	**114665**	**98927**	**189915**
1.电子计算机整机制造 Manufacture of Entired Computer	1441	34399	121554	319	41904	2310	148057
2.电子计算机外部设备制造 Manufacture of Computer Peripheral Equipment	976	43048	33453	5732	52436	64039	8366
3.办公设备制造 Manufacture of Office Equipment	50	392	19261	15951	20325	32578	33493
医疗设备及仪器仪表制造业 Manufacture of Medical Equipments and Measuring Instrument	**18299**	**12149**	**16217**	**5534**	**2300**	**12526**	**22615**
1.医疗设备及器械制造 Manufacture of Medical Equipment and Appliances	376	2210	3900	2965	30	2799	1064
2.仪器仪表制造 Manufacture of Measuring Instrument	17923	9940	12317	2569	2270	9727	21551

2-23 消化吸收经费支出
Expenditure on Technology Absorption

单位：万元 (10000 yuan)

行业 Industry	1995	2000	2003	2004	2005	2006	2007
合计 **Total**	**22744**	**33685**	**56515**	**125061**	**274972**	**110043**	**137407**
医药制造业 **Manufacture of Medicines**	**4019**	**12035**	**19168**	**23488**	**34971**	**34896**	**42544**
#化学药品制造 Manufacture of Chemical Medicine	3989	11034	13805	20400	31449	29306	37194
中成药制造 Manufacture of Finished Traditional Chinese Herbal Medicine	25	226	1647	2736	3417	4979	3643
生物、生化制品的制造 Manufacture of Biological and Biochemical Chemical Products		771	3278	330	55	586	1265
航空航天器制造业 **Manufacture of Aircrafts and Spacecrafts**	**301**	**1943**	**1255**	**1585**	**1438**	**3432**	**3578**
1.飞机制造及修理 Manufacture and Repairing of Airplanes	286	1943	1255	1585	1438	3407	3148
2.航天器制造 Manufacture of Spacecrafts	15					25	430
电子及通信设备制造业 **Manufacture of Electronic Equipment and Communication Equipment**	**16481**	**12716**	**33121**	**97303**	**226463**	**61971**	**61184**
1.通信设备制造 Manufacture of Communication Equipment	279	2508	9256	9391	166912	11629	10660
#通信传输设备制造 Manufacture of Communication Transmitting Equipment	29	839	265	150	473	797	926
通信交换设备制造 Manufacture of Communication Exchanging Equipment	178	772	228	219		35	28
通信终端设备制造 Manufacture of Communication Terminal Equipment		656	23	210	85	171	366
2.雷达及配套设备制造 Manufacture of Radar and Its Fittings	152	1		80		10	10
3.广播电视设备制造 Manufacture of Broadcasting and TV Equipment	463		10		326	266	520
4.电子器件制造 Manufacture of Electronic Appliances	13830	2746	1523	44356	15915	4463	21325
#电子真空器件制造 Manufacture of Electronic Vacuum Appliances	13041	2541	905	1043	176	2135	1451
半导体分立器件制造 Manufacture of Semiconductor Discreting Appliances	782	87	163	4	43	622	277
集成电路制造 Manufacture of Integrate Circuit	7	118	355	29196	4375	1248	12254
5.电子元件制造 Manufacture of Electronic Components	1549	1978	7700	13597	8779	10845	10516
6.家用视听设备制造 Manufacture of Domestic TV Set and Radio Receiver	146	5442	14573	29878	34519	34542	17583
7.其他电子设备制造 Manufacture of Other Electronic Equipment	62	41	59		11	216	570
电子计算机及办公设备制造业 **Manufacture of Computers and Office Equipments**	**297**	**6136**	**1524**	**854**	**8795**	**4453**	**18939**
1.电子计算机整机制造 Manufacture of Entired Computer	92	1413	100	555	5447	787	1439
2.电子计算机外部设备制造 Manufacture of Computer Peripheral Equipment	205	4708	1317	150	1533	3606	17500
3.办公设备制造 Manufacture of Office Equipment		15	107	149	1815	60	
医疗设备及仪器仪表制造业 **Manufacture of Medical Equipments and Measuring Instrument**	**1646**	**854**	**1447**	**1832**	**3306**	**5291**	**11162**
1.医疗设备及器械制造 Manufacture of Medical Equipment and Appliances	66	266	874	319	49	122	1073
2.仪器仪表制造 Manufacture of Measuring Instrument	1580	588	573	1514	3257	5169	10090

2-24 购买国内技术经费支出

Expenditure on Purchase of Domestic Technology

单位：万元 (10000 yuan)

行 业 Industry	1995	2000	2003	2004	2005	2006	2007
合计 Total	**42534**	**72099**	**85663**	**85693**	**95359**	**102308**	**110953**
医药制造业 Manufacture of Medicines	**7215**	**60690**	**39715**	**46002**	**56041**	**46416**	**56043**
#化学药品制造 Manufacture of Chemical Medicine	5946	19286	21955	33275	46206	33856	41423
中成药制造 Manufacture of Finished Traditional Chinese Herbal Medicine	960	37713	11137	10007	8399	11008	12141
生物、生化制品的制造 Manufacture of Biological and Biochemical Chemical Products	134	3691	3290	1334	897	1250	1864
航空航天器制造业 Manufacture of Aircrafts and Spacecrafts	**2938**	**4437**	**29121**	**12280**	**10751**	**22213**	**12919**
1.飞机制造及修理 Manufacture and Repairing of Airplanes	2720	2421	29121	12280	10751	22193	12919
2.航天器制造 Manufacture of Spacecrafts	218	2016				20	
电子及通信设备制造业 Manufacture of Electronic Equipment and Communication Equipment	**31344**	**3013**	**12044**	**25052**	**23056**	**29866**	**35525**
1.通信设备制造 Manufacture of Communication Equipment	687	1019	6334	14121	6046	4385	6963
#通信传输设备制造 Manufacture of Communication Transmitting Equipment	444	573	3973	5554	1014	138	1302
通信交换设备制造 Manufacture of Communication Exchanging Equipment	209	172	122	300	86	230	
通信终端设备制造 Manufacture of Communication Terminal Equipment	20	154	307	345	199	180	345
2.雷达及配套设备制造 Manufacture of Radar and Its Fittings	555	2	1997	484	488	680	729
3.广播电视设备制造 Manufacture of Broadcasting and TV Equipment	283	10	35	13	4300	293	80
4.电子器件制造 Manufacture of Electronic Appliances	27633	584	605	2163	4064	11073	10349
#电子真空器件制造 Manufacture of Electronic Vacuum Appliances	26940	224	115	1199	1163	7430	7030
半导体分立器件制造 Manufacture of Semiconductor Discreting Appliances	694	357	346	205	2159	233	1984
集成电路制造 Manufacture of Integrate Circuit		3	107	89	70	374	337
5.电子元件制造 Manufacture of Electronic Components	1736	897	2056	5262	5429	6587	7288
6.家用视听设备制造 Manufacture of Domestic TV Set and Radio Receiver	128	470	897	2740	2287	6780	9786
7.其他电子设备制造 Manufacture of Other Electronic Equipment	322	31	120	270	442	69	330
电子计算机及办公设备制造业 Manufacture of Computers and Office Equipments	**142**	**251**	**3354**	**671**	**2191**	**412**	**3187**
1.电子计算机整机制造 Manufacture of Entired Computer	141	243	593	58	1933	11	2513
2.电子计算机外部设备制造 Manufacture of Computer Peripheral Equipment	2	9	2692	120	152	401	674
3.办公设备制造 Manufacture of Office Equipment			69	493	106		
医疗设备及仪器仪表制造业 Manufacture of Medical Equipments and Measuring Instrument	**895**	**3708**	**1429**	**1688**	**3320**	**3400**	**3280**
1.医疗设备及器械制造 Manufacture of Medical Equipment and Appliances	44	3324	246	200	15	719	142
2.仪器仪表制造 Manufacture of Measuring Instrument	851	384	1183	1488	3305	2682	3138

2-25 科技机构数

Number of S&T Institutions

单位：个 (unit)

行 业 Industry	1995	2000	2003	2004	2005	2006	2007
合计 **Total**	**2138**	**1379**	**1259**	**1732**	**1619**	**1929**	**2217**
医药制造业 **Manufacture of Medicines**	**564**	**501**	**476**	**587**	**581**	**641**	**708**
#化学药品制造 Manufacture of Chemical Medicine	397	308	283	341	339	359	397
中成药制造 Manufacture of Finished Traditional Chinese Herbal Medicine	141	145	119	170	176	202	209
生物、生化制品的制造 Manufacture of Biological and Biochemical Chemical Products	22	43	16	40	31	38	52
航空航天器制造业 **Manufacture of Aircrafts and Spacecrafts**	**272**	**161**	**101**	**107**	**103**	**118**	**132**
1.飞机制造及修理 Manufacture and Repairing of Airplanes	208	128	94	103	98	107	117
2.航天器制造 Manufacture of Spacecrafts	64	33	7	4	5	11	15
电子及通信设备制造业 **Manufacture of Electronic Equipment and Communication Equipment**	**841**	**482**	**451**	**755**	**643**	**798**	**929**
1.通信设备制造 Manufacture of Communication Equipment	202	168	117	165	141	161	175
#通信传输设备制造 Manufacture of Communication Transmitting Equipment	58	49	31	36	37	45	49
通信交换设备制造 Manufacture of Communication Exchanging Equipment	50	54	32	35	28	26	32
通信终端设备制造 Manufacture of Communication Terminal Equipment	58	22	18	27	28	34	29
2.雷达及配套设备制造 Manufacture of Radar and Its Fittings	74	30	19	28	25	18	22
3.广播电视设备制造 Manufacture of Broadcasting and TV Equipment	17	8	11	19	17	30	29
4.电子器件制造 Manufacture of Electronic Appliances	114	49	66	250	118	142	185
#电子真空器件制造 Manufacture of Electronic Vacuum Appliances	57	23	29	34	36	42	33
半导体分立器件制造 Manufacture of Semiconductor Discreting Appliances	39	17	12	20	19	20	21
集成电路制造 Manufacture of Integrate Circuit	18	9	12	17	29	44	63
5.电子元件制造 Manufacture of Electronic Components	230	132	147	187	220	291	350
6.家用视听设备制造 Manufacture of Domestic TV Set and Radio Receiver	185	80	72	98	104	131	139
7.其他电子设备制造 Manufacture of Other Electronic Equipment	19	15	19	8	18	25	29
电子计算机及办公设备制造业 **Manufacture of Computers and Office Equipments**	**123**	**63**	**86**	**92**	**101**	**136**	**158**
1.电子计算机整机制造 Manufacture of Entired Computer	84	44	40	32	32	61	50
2.电子计算机外部设备制造 Manufacture of Computer Peripheral Equipment	30	16	40	49	61	67	100
3.办公设备制造 Manufacture of Office Equipment	9	3	6	11	8	8	8
医疗设备及仪器仪表制造业 **Manufacture of Medical Equipments and Measuring Instrument**	**338**	**172**	**145**	**191**	**191**	**236**	**290**
1.医疗设备及器械制造 Manufacture of Medical Equipment and Appliances	51	33	29	34	25	33	39
2.仪器仪表制造 Manufacture of Measuring Instrument	287	139	116	157	166	203	251

2-26 科技机构科技活动人员

S&T Personnel in the S&T Institutions

单位：人 (person)

行业 Industry	1995	2000	2003	2004	2005	2006	2007
合计 Total	**82284**	**90187**	**108614**	**119486**	**156789**	**189497**	**242148**
医药制造业 Manufacture of Medicines	**11392**	**16071**	**19007**	**18182**	**22081**	**26362**	**35228**
#化学药品制造 Manufacture of Chemical Medicine	8758	10749	11473	11284	13181	16131	21923
中成药制造 Manufacture of Finished Traditional Chinese Herbal Medicine	1848	3593	3546	4593	6340	7404	9535
生物、生化制品的制造 Manufacture of Biological and Biochemical Chemical Products	713	1507	1281	1158	1577	1790	2347
航空航天器制造业 Manufacture of Aircrafts and Spacecrafts	**22357**	**15017**	**10254**	**13845**	**14518**	**15129**	**18672**
1.飞机制造及修理 Manufacture and Repairing of Airplanes	19364	12281	10095	13692	14414	14762	17364
2.航天器制造 Manufacture of Spacecrafts	2993	2736	159	153	104	367	1308
电子及通信设备制造业 Manufacture of Electronic Equipment and Communication Equipment	**32404**	**44988**	**62059**	**70044**	**87031**	**113501**	**142986**
1.通信设备制造 Manufacture of Communication Equipment	9940	23216	31933	37130	46175	60908	74518
#通信传输设备制造 Manufacture of Communication Transmitting Equipment	3070	3732	3774	2580	2565	5075	4885
通信交换设备制造 Manufacture of Communication Exchanging Equipment	2833	15205	19725	25703	34461	42495	58299
通信终端设备制造 Manufacture of Communication Terminal Equipment	2843	1280	3116	2670	3367	4310	2119
2.雷达及配套设备制造 Manufacture of Radar and Its Fittings	4277	2811	1604	1792	1983	2595	3577
3.广播电视设备制造 Manufacture of Broadcasting and TV Equipment	748	455	426	713	1390	2032	2264
4.电子器件制造 Manufacture of Electronic Appliances	5890	3531	5638	7134	8028	11520	13905
#电子真空器件制造 Manufacture of Electronic Vacuum Appliances	2812	1857	2487	2007	1998	3046	1932
半导体分立器件制造 Manufacture of Semiconductor Discreting Appliances	2249	764	525	1109	1600	1246	1597
集成电路制造 Manufacture of Integrate Circuit	829	910	1850	2322	1747	3356	5461
5.电子元件制造 Manufacture of Electronic Components	6014	8173	10755	11192	12689	15964	23326
6.家用视听设备制造 Manufacture of Domestic TV Set and Radio Receiver	5025	4802	9505	11005	14930	17604	22318
7.其他电子设备制造 Manufacture of Other Electronic Equipment	510	2000	2198	1078	1836	2878	3078
电子计算机及办公设备制造业 Manufacture of Computers and Office Equipments	**4750**	**6715**	**8476**	**8657**	**21628**	**20175**	**27374**
1.电子计算机整机制造 Manufacture of Entired Computer	2890	4850	4123	4467	5524	12890	15737
2.电子计算机外部设备制造 Manufacture of Computer Peripheral Equipment	1574	1678	3605	3884	14911	6707	10670
3.办公设备制造 Manufacture of Office Equipment	286	187	748	306	1193	578	967
医疗设备及仪器仪表制造业 Manufacture of Medical Equipments and Measuring Instrument	**11381**	**7396**	**8818**	**8758**	**11531**	**14330**	**17888**
1.医疗设备及器械制造 Manufacture of Medical Equipment and Appliances	1026	1252	1375	1862	1789	1979	3168
2.仪器仪表制造 Manufacture of Measuring Instrument	10355	6144	7443	6896	9742	12351	14720

2-27 科技机构科技活动经费内部支出

Intramural Expenditure for S&T Activities in the S&T Institutions

单位：万元 (10000 yuan)

行业 Industry	1995	2000	2003	2004	2005	2006	2007
合计 Total	**228861**	**961000**	**1846426**	**2191698**	**2607837**	**3657320**	**4783156**
医药制造业 Manufacture of Medicines	**41771**	**118124**	**236050**	**235824**	**337652**	**407905**	**616845**
#化学药品制造 Manufacture of Chemical Medicine	31364	76463	147093	146262	219877	263755	403187
中成药制造 Manufacture of Finished Traditional Chinese Herbal Medicine	5963	30744	44175	63763	90525	105950	142892
生物、生化制品的制造 Manufacture of Biological and Biochemical Chemical Products	3414	10305	17040	12001	16358	21912	47788
航空航天器制造业 Manufacture of Aircrafts and Spacecrafts	**53757**	**83791**	**85408**	**125723**	**130860**	**173319**	**258052**
1.飞机制造及修理 Manufacture and Repairing of Airplanes	46760	77214	84572	123573	130334	166898	247459
2.航天器制造 Manufacture of Spacecrafts	6998	6577	836	2149	527	6422	10593
电子及通信设备制造业 Manufacture of Electronic Equipment and Communication Equipment	**102157**	**596823**	**1172122**	**1585846**	**1749116**	**2542457**	**3083377**
1.通信设备制造 Manufacture of Communication Equipment	37612	359866	626051	910231	971936	1291373	1510776
#通信传输设备制造 Manufacture of Communication Transmitting Equipment	7299	39904	30262	27708	46521	105589	111253
通信交换设备制造 Manufacture of Communication Exchanging Equipment	18279	259996	418203	669952	717865	910986	1126631
通信终端设备制造 Manufacture of Communication Terminal Equipment	4979	13079	87210	27283	50443	55268	36255
2.雷达及配套设备制造 Manufacture of Radar and Its Fittings	12300	8941	12947	14218	16808	40994	60095
3.广播电视设备制造 Manufacture of Broadcasting and TV Equipment	783	1374	7023	12742	15044	29748	23571
4.电子器件制造 Manufacture of Electronic Appliances	12960	62900	155653	154834	100552	298880	410131
#电子真空器件制造 Manufacture of Electronic Vacuum Appliances	5370	43653	83607	23323	27702	48592	51733
半导体分立器件制造 Manufacture of Semiconductor Discreting Appliances	5859	4259	9515	9828	12893	26478	22710
集成电路制造 Manufacture of Integrate Circuit	1732	14988	48137	94195	24668	144415	205760
5.电子元件制造 Manufacture of Electronic Components	9821	51177	94665	107435	171325	306218	464564
6.家用视听设备制造 Manufacture of Domestic TV Set and Radio Receiver	28098	93887	259230	378098	461781	551154	578244
7.其他电子设备制造 Manufacture of Other Electronic Equipment	583	18680	16553	8287	11668	24090	35997
电子计算机及办公设备制造业 Manufacture of Computers and Office Equipments	**11772**	**125045**	**295322**	**177862**	**288173**	**390064**	**584183**
1.电子计算机整机制造 Manufacture of Entired Computer	7438	95462	221036	89561	121762	240795	349160
2.电子计算机外部设备制造 Manufacture of Computer Peripheral Equipment	3308	29057	70959	83702	159259	137570	219716
3.办公设备制造 Manufacture of Office Equipment	1027	526	3327	4600	7153	11700	15307
医疗设备及仪器仪表制造业 Manufacture of Medical Equipments and Measuring Instrument	**19403**	**37216**	**57524**	**66443**	**102036**	**143574**	**240699**
1.医疗设备及器械制造 Manufacture of Medical Equipment and Appliances	2980	8987	12901	13808	12949	14919	53237
2.仪器仪表制造 Manufacture of Measuring Instrument	16423	28229	44623	52635	89087	128656	187462

2-28 大型企业年末固定资产原价

Original Value of Fixed Assets of Large-sized Enterprises

单位：万元 (10000 yuan)

行业 Industry	2000	2001	2003	2004	2005	2006	2007
合计 Total	**25935378**	**33486123**	**26162490**	**29729498**	**42618793**	**49089411**	**61533274**
医药制造业 Manufacture of Medicines	**5422629**	**6466595**	**3708556**	**3806931**	**5429335**	**6222189**	**7387148**
#化学药品制造 Manufacture of Chemical Medicine	4203895	4904840	2930709	3042125	4107629	4780616	5952691
中成药制造 Manufacture of Finished Traditional Chinese Herbal Medicine	813050	1045510	591512	641739	1007662	1261423	1265621
生物、生化制品的制造 Manufacture of Biological and Biochemical Chemical Products	376587	464876	74816			22473	
航空航天器制造业 Manufacture of Aircrafts and Spacecrafts	**4128086**	**4608885**	**3312327**	**3015178**	**4447843**	**4535326**	**5017114**
1.飞机制造及修理 Manufacture and Repairing of Airplanes	3626464	4166539	3271698	2866142	4289204	4357822	4823784
2.航天器制造 Manufacture of Spacecrafts	501622	442346	40629	149036	158639	177503	193329
电子及通信设备制造业 Manufacture of Electronic Equipment and Communication Equipment	**13687171**	**18896723**	**15733123**	**17691261**	**25393191**	**27176796**	**36727931**
1.通信设备制造 Manufacture of Communication Equipment	2973640	4309169	3492367	3300334	7929718	5555584	6173173
#通信传输设备制造 Manufacture of Communication Transmitting Equipment	696335	597991	220453	425441	474345	405525	365607
通信交换设备制造 Manufacture of Communication Exchanging Equipment	904973	1197289	1327325	1554490	2168555	2335820	2234021
通信终端设备制造 Manufacture of Communication Terminal Equipment	330787	2166420	1472644	181782	410628	481881	422213
2.雷达及配套设备制造 Manufacture of Radar and Its Fittings	332989	299900	185760	100697	162728	260913	273345
3.广播电视设备制造 Manufacture of Broadcasting and TV Equipment	60763	41995			7860	20911	30613
4.电子器件制造 Manufacture of Electronic Appliances	5352917	7562192	7302121	7866901	9152461	10795146	16784852
#电子真空器件制造 Manufacture of Electronic Vacuum Appliances	3503414	4652843	4738213	3010847	3291296	3140075	2731981
半导体分立器件制造 Manufacture of Semiconductor Discreting Appliances	249232	693276	215441	142438	144847	448178	406187
集成电路制造 Manufacture of Integrate Circuit	1600270	2216073	2174271	4051489	4800301	5778045	10407248
5.电子元件制造 Manufacture of Electronic Components	2389816	3662680	2920663	3640238	5570718	8021465	10702227
6.家用视听设备制造 Manufacture of Domestic TV Set and Radio Receiver	2414718	2701321	1599893	2653658	2263127	2059772	2259893
7.其他电子设备制造 Manufacture of Other Electronic Equipment	162330	319467	232319	129434	306581	463006	503830
电子计算机及办公设备制造业 Manufacture of Computers and Office Equipments	**1344158**	**1861301**	**2836684**	**4644947**	**6473264**	**9808049**	**10945617**
1.电子计算机整机制造 Manufacture of Entired Computer	418463	520436	804364	1884408	2122552	3255135	3998419
2.电子计算机外部设备制造 Manufacture of Computer Peripheral Equipment	820792	1124913	1793680	2554840	4115180	6276975	6588600
3.办公设备制造 Manufacture of Office Equipment	104902	215952	238640	205699	235532	275938	358599
医疗设备及仪器仪表制造业 Manufacture of Medical Equipments and Measuring Instrument	**1353334**	**1652619**	**571800**	**571181**	**875159**	**1347052**	**1455464**
1.医疗设备及器械制造 Manufacture of Medical Equipment and Appliances	226500	254550	58351	21461		21762	76557
2.仪器仪表制造 Manufacture of Measuring Instrument	1126835	1398069	513449	549719	875159	1325289	1378907

2-29 大型企业微电子控制设备原价

Original Value of Micro-electronic Equipments of Large-sized Enterprises

单位：万元 (10000 yuan)

行业 Industry	1995	2000	2003	2004	2005	2006	2007
合计 Total	**1139511**	**4866245**	**3673491**	**5907010**	**5521892**	**10914193**	**13684412**
医药制造业 Manufacture of Medicines	**122163**	**549418**	**393127**	**517949**	**629712**	**726523**	**905485**
#化学药品制造 Manufacture of Chemical Medicine	105764	411381	336263	438378	590009	632982	733906
中成药制造 Manufacture of Finished Traditional Chinese Herbal Medicine	6665	33019	37421	79245	39703	68541	154592
生物、生化制品的制造 Manufacture of Biological and Biochemical Chemical Products	9734	104786	15711				
航空航天器制造业 Manufacture of Aircrafts and Spacecrafts	**129384**	**331673**	**483827**	**314779**	**628918**	**598382**	**720990**
1.飞机制造及修理 Manufacture and Repairing of Airplanes	115942	299200	478490	304413	599790	569899	708800
2.航天器制造 Manufacture of Spacecrafts	13442	32473	5337	10366	29128	28483	12190
电子及通信设备制造业 Manufacture of Electronic Equipment and Communication Equipment	**786745**	**3663223**	**2490177**	**4718272**	**3701940**	**7691977**	**9407471**
1.通信设备制造 Manufacture of Communication Equipment	74747	236769	439599	407913	1185092	1686769	1936620
#通信传输设备制造 Manufacture of Communication Transmitting Equipment	36290	75602	123837	79372	68005	73141	72599
通信交换设备制造 Manufacture of Communication Exchanging Equipment	17752	104624	274460	151468	1009823	1059840	1317278
通信终端设备制造 Manufacture of Communication Terminal Equipment	8287	26953	21277	82296	21796	120089	139152
2.雷达及配套设备制造 Manufacture of Radar and Its Fittings	72546	12576	16592	6347	25373	48700	46428
3.广播电视设备制造 Manufacture of Broadcasting and TV Equipment	1171	1489			1548	3890	19007
4.电子器件制造 Manufacture of Electronic Appliances	416384	1990515	1275351	3384650	1360650	4173272	5388724
#电子真空器件制造 Manufacture of Electronic Vacuum Appliances	258845	756439	1141911	729536	334969	747693	867809
半导体分立器件制造 Manufacture of Semiconductor Discreting Appliances	67193	44358	7619		104500	176764	
集成电路制造 Manufacture of Integrate Circuit	90346	1189718	125821	2420656	612960	2989837	3811297
5.电子元件制造 Manufacture of Electronic Components	122012	597761	597427	642424	874345	1400931	1593749
6.家用视听设备制造 Manufacture of Domestic TV Set and Radio Receiver	92645	781971	158974	276938	252181	367807	399165
7.其他电子设备制造 Manufacture of Other Electronic Equipment	7241	42144	2234		2751	10609	23778
电子计算机及办公设备制造业 Manufacture of Computers and Office Equipments	**37670**	**183239**	**234021**	**316446**	**512910**	**1783091**	**2468721**
1.电子计算机整机制造 Manufacture of Entired Computer	17379	24203	26740	64272	214639	357364	1015073
2.电子计算机外部设备制造 Manufacture of Computer Peripheral Equipment	11517	158598	187664	206450	285904	1409540	1391407
3.办公设备制造 Manufacture of Office Equipment	8775	439	19617	45723	12367	16187	62242
医疗设备及仪器仪表制造业 Manufacture of Medical Equipments and Measuring Instrument	**63549**	**138692**	**72339**	**39563**	**48413**	**114220**	**181744**
1.医疗设备及器械制造 Manufacture of Medical Equipment and Appliances	6316	53574	14594	542		6432	35129
2.仪器仪表制造 Manufacture of Measuring Instrument	57233	85118	57745	39021	48413	107788	146616

2-30 大型企业R&D活动人员折合全时当量

Full-time Equivalent of R&D Personnel of Large-sized Enterprises

单位：人年 (man.year)

行业 Industry	1995	2000	2003	2004	2005	2006	2007
合计 Total	**46994**	**71620**	**68421**	**67863**	**107333**	**118342**	**161968**
医药制造业 Manufacture of Medicines	**6369**	**7541**	**6042**	**3740**	**6618**	**8593**	**11770**
#化学药品制造 Manufacture of Chemical Medicine	4812	5376	4506	2827	5183	6619	8413
中成药制造 Manufacture of Finished Traditional Chinese Herbal Medicine	814	1290	982	853	1435	1701	3210
生物、生化制品的制造 Manufacture of Biological and Biochemical Chemical Products	743	756	53				
航空航天器制造业 Manufacture of Aircrafts and Spacecrafts	**23516**	**28218**	**19493**	**18439**	**22907**	**21840**	**21750**
1.飞机制造及修理 Manufacture and Repairing of Airplanes	19550	25413	18960	17702	22209	21044	21084
2.航天器制造 Manufacture of Spacecrafts	3966	2804	533	737	698	796	666
电子及通信设备制造业 Manufacture of Electronic Equipment and Communication Equipment	**11194**	**26985**	**34055**	**37305**	**62569**	**64655**	**100679**
1.通信设备制造 Manufacture of Communication Equipment	3145	14555	18055	23108	39780	39981	63749
#通信传输设备制造 Manufacture of Communication Transmitting Equipment	1194	2378	556	2705	2644	2770	1825
通信交换设备制造 Manufacture of Communication Exchanging Equipment	623	10183	16378	18020	32694	34621	57864
通信终端设备制造 Manufacture of Communication Terminal Equipment	916	674	677	225	1138	864	436
2.雷达及配套设备制造 Manufacture of Radar and Its Fittings	1718	1524	1023	525	851	2304	1042
3.广播电视设备制造 Manufacture of Broadcasting and TV Equipment	255	352			286	183	1000
4.电子器件制造 Manufacture of Electronic Appliances	2145	2770	2876	2988	6347	7633	10293
#电子真空器件制造 Manufacture of Electronic Vacuum Appliances	1176	1097	1808	1978	2774	2522	2589
半导体分立器件制造 Manufacture of Semiconductor Discreting Appliances	466	976	581	7	9		64
集成电路制造 Manufacture of Integrate Circuit	503	697	300	490	1340	2010	2966
5.电子元件制造 Manufacture of Electronic Components	2532	3860	3473	1576	6079	6368	9466
6.家用视听设备制造 Manufacture of Domestic TV Set and Radio Receiver	1399	3310	8206	9071	8703	7708	14794
7.其他电子设备制造 Manufacture of Other Electronic Equipment		615	422	38	523	479	336
电子计算机及办公设备制造业 Manufacture of Computers and Office Equipments	**964**	**3007**	**7338**	**6440**	**11609**	**19298**	**22953**
1.电子计算机整机制造 Manufacture of Entired Computer	719	2334	4259	3590	5365	11771	14151
2.电子计算机外部设备制造 Manufacture of Computer Peripheral Equipment	160	588	3079	2615	5365	7412	8564
3.办公设备制造 Manufacture of Office Equipment	85	84		235	879	115	238
医疗设备及仪器仪表制造业 Manufacture of Medical Equipments and Measuring Instrument	**4951**	**5870**	**1493**	**1939**	**3631**	**3956**	**4816**
1.医疗设备及器械制造 Manufacture of Medical Equipment and Appliances	74	299	82	95		646	1126
2.仪器仪表制造 Manufacture of Measuring Instrument	4877	5571	1412	1844	3631	3310	3690

2-31 大型企业R&D经费内部支出

Intramural Expenditure for R&D of Large-sized Enterprises

单位：万元 (10000 yuan)

行 业 Industry	1995	2000	2003	2004	2005	2006	2007
合计 Total	**147445**	**882800**	**1414782**	**1870609**	**2254020**	**2943330**	**3583302**
医药制造业 Manufacture of Medicines	**29484**	**92198**	**101104**	**75271**	**147882**	**190932**	**260948**
#化学药品制造 Manufacture of Chemical Medicine	22916	68899	61170	48318	100358	120548	170674
中成药制造 Manufacture of Finished Traditional Chinese Herbal Medicine	3939	15070	27827	25213	47524	67887	84127
生物、生化制品的制造 Manufacture of Biological and Biochemical Chemical Products	2629	7859	2405				
航空航天器制造业 Manufacture of Aircrafts and Spacecrafts	**62408**	**125043**	**177123**	**188900**	**203709**	**260378**	**345556**
1.飞机制造及修理 Manufacture and Repairing of Airplanes	50218	108174	173535	177534	193280	250538	337092
2.航天器制造 Manufacture of Spacecrafts	12190	16870	3588	11366	10429	9840	8464
电子及通信设备制造业 Manufacture of Electronic Equipment and Communication Equipment	**41567**	**551735**	**919086**	**1337120**	**1556732**	**1845330**	**2274569**
1.通信设备制造 Manufacture of Communication Equipment	15901	323959	572253	859262	963655	1072539	1271394
#通信传输设备制造 Manufacture of Communication Transmitting Equipment	4256	62570	10038	79977	111352	69125	62888
通信交换设备制造 Manufacture of Communication Exchanging Equipment	7957	223039	488878	652826	747950	918543	1094159
通信终端设备制造 Manufacture of Communication Terminal Equipment	2058	3091	54098	2912	13681	15067	17847
2.雷达及配套设备制造 Manufacture of Radar and Its Fittings	4997	5991	4897	4168	13207	41580	54009
3.广播电视设备制造 Manufacture of Broadcasting and TV Equipment	677	1850			2193	7737	10182
4.电子器件制造 Manufacture of Electronic Appliances	10102	77947	115305	127490	117849	178448	227404
#电子真空器件制造 Manufacture of Electronic Vacuum Appliances	6319	58510	89266	52101	24798	36991	29691
半导体分立器件制造 Manufacture of Semiconductor Discreting Appliances	1188	6693	2681	5733		405	5236
集成电路制造 Manufacture of Integrate Circuit	2595	12744	17050	47225	72370	122618	119287
5.电子元件制造 Manufacture of Electronic Components	4688	66733	45681	89947	120673	214129	263934
6.家用视听设备制造 Manufacture of Domestic TV Set and Radio Receiver	5202	65113	179110	255525	328589	322170	432623
7.其他电子设备制造 Manufacture of Other Electronic Equipment		10143	1840	728	10566	8728	15023
电子计算机及办公设备制造业 Manufacture of Computers and Office Equipments	**3205**	**90680**	**190578**	**248553**	**290422**	**595085**	**618215**
1.电子计算机整机制造 Manufacture of Entired Computer	2441	81685	139334	193309	151085	369240	332979
2.电子计算机外部设备制造 Manufacture of Computer Peripheral Equipment	403	7655	51244	53769	127763	219519	279231
3.办公设备制造 Manufacture of Office Equipment	362	1340		1475	11574	6326	6005
医疗设备及仪器仪表制造业 Manufacture of Medical Equipments and Measuring Instrument	**10781**	**23144**	**26891**	**20766**	**55275**	**51605**	**84013**
1.医疗设备及器械制造 Manufacture of Medical Equipment and Appliances	509	4355	1785	2694		13509	24532
2.仪器仪表制造 Manufacture of Measuring Instrument	10272	18789	25106	18072	55275	38096	59482

2-32 大型企业科技活动人员

Personnel for S&T Activities of Large-sized Enterprises

单位：人 (person)

行 业 Industry	1995	2000	2003	2004	2005	2006	2007
合计 Total	**188436**	**204518**	**131482**	**143952**	**190440**	**210047**	**263350**
医药制造业 Manufacture of Medicines	**14837**	**23998**	**13938**	**12952**	**17530**	**22156**	**25101**
#化学药品制造 Manufacture of Chemical Medicine	11881	19277	10556	9994	13525	16829	18276
中成药制造 Manufacture of Finished Traditional Chinese Herbal Medicine	1650	3133	2241	2356	3140	4625	6104
生物、生化制品的制造 Manufacture of Biological and Biochemical Chemical Products	1275	1378	374				
航空航天器制造业 Manufacture of Aircrafts and Spacecrafts	**88856**	**75496**	**33452**	**34902**	**41712**	**39720**	**42664**
1.飞机制造及修理 Manufacture and Repairing of Airplanes	78821	69052	32741	34088	40906	38822	41738
2.航天器制造 Manufacture of Spacecrafts	10035	6444	711	814	806	898	926
电子及通信设备制造业 Manufacture of Electronic Equipment and Communication Equipment	**54125**	**77770**	**63935**	**71723**	**92872**	**112582**	**151318**
1.通信设备制造 Manufacture of Communication Equipment	13275	31056	27205	35999	44908	53087	77431
#通信传输设备制造 Manufacture of Communication Transmitting Equipment	4071	9213	1651	3708	4106	3340	2537
通信交换设备制造 Manufacture of Communication Exchanging Equipment	2997	13861	21318	26696	33805	43364	64715
通信终端设备制造 Manufacture of Communication Terminal Equipment	4021	3998	1902	225	1840	1398	1056
2.雷达及配套设备制造 Manufacture of Radar and Its Fittings	6459	4726	2185	721	1708	3162	4316
3.广播电视设备制造 Manufacture of Broadcasting and TV Equipment	1118	921		302	400	1800	
4.电子器件制造 Manufacture of Electronic Appliances	11172	15277	11690	8472	13767	19060	22149
#电子真空器件制造 Manufacture of Electronic Vacuum Appliances	7147	11425	9104	4913	6098	7467	5455
半导体分立器件制造 Manufacture of Semiconductor Discreting Appliances	2844	2202	713	231		123	71
集成电路制造 Manufacture of Integrate Circuit	1181	1650	1546	1868	3036	5082	7436
5.电子元件制造 Manufacture of Electronic Components	12518	14735	8306	9548	13903	17865	22428
6.家用视听设备制造 Manufacture of Domestic TV Set and Radio Receiver	8027	9406	13103	16167	17002	17521	21550
7.其他电子设备制造 Manufacture of Other Electronic Equipment	1556	1649	1446	816	1282	1487	1644
电子计算机及办公设备制造业 Manufacture of Computers and Office Equipments	**6259**	**11253**	**14700**	**21150**	**32154**	**28769**	**34663**
1.电子计算机整机制造 Manufacture of Entired Computer	4073	8215	8281	15053	11476	16724	19200
2.电子计算机外部设备制造 Manufacture of Computer Peripheral Equipment	1713	2563	6297	5335	18278	11239	14727
3.办公设备制造 Manufacture of Office Equipment	473	475	122	762	2400	806	736
医疗设备及仪器仪表制造业 Manufacture of Medical Equipments and Measuring Instrument	**24359**	**16001**	**5457**	**3225**	**6172**	**6820**	**9604**
1.医疗设备及器械制造 Manufacture of Medical Equipment and Appliances	769	1379	253	214		691	1569
2.仪器仪表制造 Manufacture of Measuring Instrument	23590	14622	5204	3011	6172	6129	8035

2-33 大型企业科技活动人员中科学家和工程师
Scientists and Engineers in S&T Personnel of Large-sized Enterprises

单位：人 (person)

行业 Industry	1995	2000	2003	2004	2005	2006	2007
合计 Total	**68552**	**114368**	**89322**	**94824**	**135386**	**143132**	**199934**
医药制造业 Manufacture of Medicines	**7024**	**14096**	**9177**	**8585**	**12286**	**14148**	**18055**
#化学药品制造 Manufacture of Chemical Medicine	5242	10753	6821	6679	9338	10115	12332
中成药制造 Manufacture of Finished Traditional Chinese Herbal Medicine	972	2204	1438	1514	2452	3540	5208
生物、生化制品的制造 Manufacture of Biological and Biochemical Chemical Products	796	1031	374				
航空航天器制造业 Manufacture of Aircrafts and Spacecrafts	**24301**	**31422**	**17800**	**14292**	**24108**	**22181**	**22122**
1.飞机制造及修理 Manufacture and Repairing of Airplanes	20796	28149	17543	13923	23799	21909	21818
2.航天器制造 Manufacture of Spacecrafts	3505	3273	257	369	309	272	304
电子及通信设备制造业 Manufacture of Electronic Equipment and Communication Equipment	**22787**	**51341**	**47792**	**53921**	**71044**	**80300**	**124273**
1.通信设备制造 Manufacture of Communication Equipment	7045	24833	24586	32874	42114	47360	75367
#通信传输设备制造 Manufacture of Communication Transmitting Equipment	1981	6994	1127	3360	3401	2938	2203
通信交换设备制造 Manufacture of Communication Exchanging Equipment	2189	12542	20901	26196	32465	38571	64258
通信终端设备制造 Manufacture of Communication Terminal Equipment	1707	2773	685	225	1533	1291	792
2.雷达及配套设备制造 Manufacture of Radar and Its Fittings	3155	1987	1700	517	1187	2131	2825
3.广播电视设备制造 Manufacture of Broadcasting and TV Equipment	578	540			302	300	1063
4.电子器件制造 Manufacture of Electronic Appliances	4125	8698	6979	4709	7699	10939	13654
#电子真空器件制造 Manufacture of Electronic Vacuum Appliances	2714	6078	4739	2325	2686	3805	2878
半导体分立器件制造 Manufacture of Semiconductor Discreting Appliances	919	1128	538	231		78	71
集成电路制造 Manufacture of Integrate Circuit	492	1492	1375	1554	2288	3061	5258
5.电子元件制造 Manufacture of Electronic Components	3722	7401	5468	5851	8849	10189	13029
6.家用视听设备制造 Manufacture of Domestic TV Set and Radio Receiver	3584	6755	7678	9342	9711	7992	16865
7.其他电子设备制造 Manufacture of Other Electronic Equipment	578	1127	1381	628	1182	1389	1470
电子计算机及办公设备制造业 Manufacture of Computers and Office Equipments	**3497**	**8398**	**11347**	**15922**	**24057**	**21714**	**28886**
1.电子计算机整机制造 Manufacture of Entired Computer	2326	6186	6362	11898	9552	14184	17141
2.电子计算机外部设备制造 Manufacture of Computer Peripheral Equipment	950	1903	4873	3652	13022	6978	11035
3.办公设备制造 Manufacture of Office Equipment	221	309	112	372	1483	552	710
医疗设备及仪器仪表制造业 Manufacture of Medical Equipments and Measuring Instrument	**10943**	**9111**	**3206**	**2104**	**3891**	**4789**	**6598**
1.医疗设备及器械制造 Manufacture of Medical Equipment and Appliances	369	946	189	121		646	1155
2.仪器仪表制造 Manufacture of Measuring Instrument	10574	8165	3017	1983	3891	4143	5443

2-34 大型企业科技活动经费筹集额
Sources of Funds for S&T Activities of Large-sized Enterprises

单位：万元 (10000 yuan)

行 业 Industry	1995	2000	2003	2004	2005	2006	2007
合计 Total	**502126**	**1899531**	**2597071**	**2987030**	**3528259**	**4328086**	**5494267**
医药制造业 Manufacture of Medicines	**69134**	**254756**	**208848**	**178766**	**265890**	**352090**	**505073**
#化学药品制造 Manufacture of Chemical Medicine	55315	181525	123477	117861	174657	199088	308727
中成药制造 Manufacture of Finished Traditional Chinese Herbal Medicine	7560	51785	55264	49199	82808	142592	185127
生物、生化制品的制造 Manufacture of Biological and Biochemical Chemical Products	4745	19354	15602				
航空航天器制造业 Manufacture of Aircrafts and Spacecrafts	**151896**	**213033**	**282213**	**281137**	**373757**	**416297**	**584715**
1.飞机制造及修理 Manufacture and Repairing of Airplanes	126066	188799	277580	269386	363342	406154	573532
2.航天器制造 Manufacture of Spacecrafts	25830	24234	4633	11751	10416	10143	11183
电子及通信设备制造业 Manufacture of Electronic Equipment and Communication Equipment	**210132**	**1143154**	**1390181**	**1928710**	**2132055**	**2677093**	**3336510**
1.通信设备制造 Manufacture of Communication Equipment	61180	630654	734678	952594	1155580	1213570	1716566
#通信传输设备制造 Manufacture of Communication Transmitting Equipment	7733	92711	20175	81066	125576	75629	71207
通信交换设备制造 Manufacture of Communication Exchanging Equipment	35692	299494	523907	692572	813345	972082	1153991
通信终端设备制造 Manufacture of Communication Terminal Equipment	8076	85976	64213	2912	26411	19867	30291
2.雷达及配套设备制造 Manufacture of Radar and Its Fittings	28920	17316	13888	4265	18253	42451	60727
3.广播电视设备制造 Manufacture of Broadcasting and TV Equipment	1741	2034			2200	8679	10457
4.电子器件制造 Manufacture of Electronic Appliances	44487	188993	175921	225523	245427	534157	443554
#电子真空器件制造 Manufacture of Electronic Vacuum Appliances	24120	138689	122118	63040	60032	55730	42310
半导体分立器件制造 Manufacture of Semiconductor Discreting Appliances	6767	6952	4280	5733		32011	10333
集成电路制造 Manufacture of Integrate Circuit	13601	43353	42589	74932	82971	397916	185920
5.电子元件制造 Manufacture of Electronic Components	24106	140468	115680	278867	216429	384971	515874
6.家用视听设备制造 Manufacture of Domestic TV Set and Radio Receiver	47170	153259	339898	462020	477111	471363	547220
7.其他电子设备制造 Manufacture of Other Electronic Equipment	2529	10430	10116	5442	17056	21904	42113
电子计算机及办公设备制造业 Manufacture of Computers and Office Equipments	**20458**	**236175**	**675446**	**574004**	**692848**	**793740**	**894101**
1.电子计算机整机制造 Manufacture of Entired Computer	9570	183741	484054	446507	370483	484965	430914
2.电子计算机外部设备制造 Manufacture of Computer Peripheral Equipment	8717	46794	171591	101621	289422	277645	410680
3.办公设备制造 Manufacture of Office Equipment	2171	5640	19801	25876	32943	31130	52507
医疗设备及仪器仪表制造业 Manufacture of Medical Equipments and Measuring Instrument	**50506**	**52413**	**40383**	**24413**	**63708**	**88866**	**173868**
1.医疗设备及器械制造 Manufacture of Medical Equipment and Appliances	6944	9304	4507	2693		13255	35738
2.仪器仪表制造 Manufacture of Measuring Instrument	43562	43108	35876	21720	63708	75611	138131

2-35 大型企业科技活动经费筹集额中政府资金
Government Funds in the Sources of Funds for S&T Activities of Large-sized Enterprises

单位：万元 (10000 yuan)

行业 Industry	1995	2000	2003	2004	2005	2006	2007
合计 Total	**109066**	**156273**	**134903**	**168238**	**212737**	**249801**	**486176**
医药制造业 Manufacture of Medicines	**2216**	**7913**	**6250**	**10072**	**10423**	**12945**	**20391**
#化学药品制造 Manufacture of Chemical Medicine	960	5860	3347	6960	6210	8183	11326
中成药制造 Manufacture of Finished Traditional Chinese Herbal Medicine	153	1598	2173	2903	3753	4463	8645
生物、生化制品的制造 Manufacture of Biological and Biochemical Chemical Products	704	444	250				
航空航天器制造业 Manufacture of Aircrafts and Spacecrafts	**80431**	**98608**	**107842**	**121747**	**138078**	**177560**	**350199**
1.飞机制造及修理 Manufacture and Repairing of Airplanes	68498	91367	104323	117877	129286	168272	339711
2.航天器制造 Manufacture of Spacecrafts	11933	7241	3519	3871	8792	9288	10488
电子及通信设备制造业 Manufacture of Electronic Equipment and Communication Equipment	**19650**	**37190**	**16236**	**32098**	**53621**	**49749**	**99508**
1.通信设备制造 Manufacture of Communication Equipment	4378	10915	4687	21207	31649	16560	50570
#通信传输设备制造 Manufacture of Communication Transmitting Equipment	3088	7022	1145	2284	4254	1001	4350
通信交换设备制造 Manufacture of Communication Exchanging Equipment	30	2198	2245	15883	26478	14541	44051
通信终端设备制造 Manufacture of Communication Terminal Equipment	1198	650			300	261	45
2.雷达及配套设备制造 Manufacture of Radar and Its Fittings	6982	4467	4450	112	3513	1072	5716
3.广播电视设备制造 Manufacture of Broadcasting and TV Equipment	39	310			304	838	
4.电子器件制造 Manufacture of Electronic Appliances	5180	10347	1954	3507	3931	16260	23856
#电子真空器件制造 Manufacture of Electronic Vacuum Appliances	1676	7409	1210	1648	1358	3959	2285
半导体分立器件制造 Manufacture of Semiconductor Discreting Appliances	3357	1677	370				
集成电路制造 Manufacture of Integrate Circuit	148	1261	374	334	1883	11374	16349
5.电子元件制造 Manufacture of Electronic Components	2630	5471	2425	2326	2240	4618	7779
6.家用视听设备制造 Manufacture of Domestic TV Set and Radio Receiver	441	5665	2580	4896	11679	9885	11340
7.其他电子设备制造 Manufacture of Other Electronic Equipment		15	140	50	305	515	248
电子计算机及办公设备制造业 Manufacture of Computers and Office Equipments	**2438**	**3689**	**2321**	**2130**	**5155**	**4042**	**9850**
1.电子计算机整机制造 Manufacture of Entired Computer	2129	3380	1545	2130	4045	2634	7461
2.电子计算机外部设备制造 Manufacture of Computer Peripheral Equipment	309	309	776		1110	1408	2389
3.办公设备制造 Manufacture of Office Equipment							
医疗设备及仪器仪表制造业 Manufacture of Medical Equipments and Measuring Instrument	**4332**	**8873**	**2254**	**2191**	**5460**	**5504**	**6229**
1.医疗设备及器械制造 Manufacture of Medical Equipment and Appliances	2	184		5		543	50
2.仪器仪表制造 Manufacture of Measuring Instrument	4330	8689	2254	2186	5460	4961	6179

2-36 大型企业科技活动经费筹集额中企业资金

Funds Raised by Enterprises in the Sources of Funds for S&T Activities of Large-sized Enterprises

单位：万元 (10000 yuan)

行业 Industry	1995	2000	2003	2004	2005	2006	2007
合计 Total	**320318**	**1498239**	**2044673**	**2538013**	**3033464**	**3520298**	**4599126**
医药制造业 Manufacture of Medicines	**50897**	**216469**	**190886**	**157389**	**237112**	**317503**	**462934**
#化学药品制造 Manufacture of Chemical Medicine	41200	164588	114218	102757	155986	179586	285630
中成药制造 Manufacture of Finished Traditional Chinese Herbal Medicine	6427	39248	48791	44666	75128	130064	168858
生物、生化制品的制造 Manufacture of Biological and Biochemical Chemical Products	3157	11552	13852				
航空航天器制造业 Manufacture of Aircrafts and Spacecrafts	**40517**	**69969**	**114039**	**124364**	**139791**	**150740**	**182304**
1.飞机制造及修理 Manufacture and Repairing of Airplanes	33093	63246	114039	117818	139791	150185	181609
2.航天器制造 Manufacture of Spacecrafts	7423	6723		6546		555	695
电子及通信设备制造业 Manufacture of Electronic Equipment and Communication Equipment	**175620**	**951383**	**1121387**	**1684387**	**1920006**	**2239880**	**3024153**
1.通信设备制造 Manufacture of Communication Equipment	54155	556847	590253	781322	1114841	1193930	1621755
#通信传输设备制造 Manufacture of Communication Transmitting Equipment	4113	62994	17892	78717	120004	74549	66857
通信交换设备制造 Manufacture of Communication Exchanging Equipment	34242	282653	383062	526689	786866	957542	1105940
通信终端设备制造 Manufacture of Communication Terminal Equipment	6617	84788	64213	2912	26111	19606	30246
2.雷达及配套设备制造 Manufacture of Radar and Its Fittings	20408	11426	7640	4153	10404	38876	53981
3.广播电视设备制造 Manufacture of Broadcasting and TV Equipment	1512	1724			1896	5991	10457
4.电子器件制造 Manufacture of Electronic Appliances	32806	162338	144685	220566	183221	227122	382005
#电子真空器件制造 Manufacture of Electronic Vacuum Appliances	17016	115393	98054	60942	48235	49004	38161
半导体分立器件制造 Manufacture of Semiconductor Discreting Appliances	2929	4875	2888	5733		32011	10333
集成电路制造 Manufacture of Integrate Circuit	12861	42069	36809	73598	77288	99034	136851
5.电子元件制造 Manufacture of Electronic Components	18952	98543	80141	274380	206205	361752	473816
6.家用视听设备制造 Manufacture of Domestic TV Set and Radio Receiver	45488	110175	288842	399574	387288	391620	445335
7.其他电子设备制造 Manufacture of Other Electronic Equipment	2299	10330	9826	4392	16151	20589	36805
电子计算机及办公设备制造业 Manufacture of Computers and Office Equipments	**15937**	**224746**	**592998**	**550922**	**680682**	**737216**	**823113**
1.电子计算机整机制造 Manufacture of Entired Computer	6336	175661	478209	438897	359427	437112	371440
2.电子计算机外部设备制造 Manufacture of Computer Peripheral Equipment	7455	43445	94988	86149	288312	268974	399166
3.办公设备制造 Manufacture of Office Equipment	2146	5640	19801	25876	32943	31130	52507
医疗设备及仪器仪表制造业 Manufacture of Medical Equipments and Measuring Instrument	**37347**	**35672**	**25363**	**20951**	**55873**	**74960**	**106622**
1.医疗设备及器械制造 Manufacture of Medical Equipment and Appliances	3399	8395	2507	2688		12712	35538
2.仪器仪表制造 Manufacture of Measuring Instrument	33948	27277	22856	18263	55873	62247	71085

2-37 大型企业科技活动经费筹集额中金融机构贷款

Loans from Financial Institutions in the Sources of Funds for S&T Activities of Large-sized Enterprises

单位：万元 (10000 yuan)

行业 Industry	1995	2000	2003	2004	2005	2006	2007
合计 Total	**54901**	**115166**	**283446**	**232713**	**190858**	**422377**	**215555**
医药制造业 Manufacture of Medicines	**15148**	**24213**	**10637**	**9714**	**15441**	**18703**	**18911**
#化学药品制造 Manufacture of Chemical Medicine	12675	10210	5137	8114	12450	10760	11771
中成药制造 Manufacture of Finished Traditional Chinese Herbal Medicine	873	10795	4000	1600	2592	7943	7140
生物、生化制品的制造 Manufacture of Biological and Biochemical Chemical Products	600	2208	1500				
航空航天器制造业 Manufacture of Aircrafts and Spacecrafts	**18094**	**7511**	**16772**	**7900**	**11842**	**16645**	**15088**
1.飞机制造及修理 Manufacture and Repairing of Airplanes	13560	6670	15658	7900	10218	16345	15088
2.航天器制造 Manufacture of Spacecrafts	4534	841	1114		1624	300	
电子及通信设备制造业 Manufacture of Electronic Equipment and Communication Equipment	**13894**	**73692**	**240171**	**211999**	**155564**	**366459**	**106661**
1.通信设备制造 Manufacture of Communication Equipment	2358	21276	138850	150000	8772	3000	8000
#通信传输设备制造 Manufacture of Communication Transmitting Equipment	528	5830	250		1000		
通信交换设备制造 Manufacture of Communication Exchanging Equipment	1370	13986	138600	150000			4000
通信终端设备制造 Manufacture of Communication Terminal Equipment	260	520					
2.雷达及配套设备制造 Manufacture of Radar and Its Fittings	1530	300	1798		2000	2220	720
3.广播电视设备制造 Manufacture of Broadcasting and TV Equipment						1850	
4.电子器件制造 Manufacture of Electronic Appliances	6389	14946	18004	1450	58276	278311	6250
#电子真空器件制造 Manufacture of Electronic Vacuum Appliances	5342	14546	16982	450	10440	1591	791
半导体分立器件制造 Manufacture of Semiconductor Discreting Appliances	457	400	1022				
集成电路制造 Manufacture of Integrate Circuit	590			1000	3800	276220	2420
5.电子元件制造 Manufacture of Electronic Components	2444	2120	33114	2000	7773	13712	16370
6.家用视听设备制造 Manufacture of Domestic TV Set and Radio Receiver	977	35050	48255	57549	78144	67286	74461
7.其他电子设备制造 Manufacture of Other Electronic Equipment	195		150	1000	600	80	860
电子计算机及办公设备制造业 Manufacture of Computers and Office Equipments	**1564**	**5700**	**3300**	**3100**	**7012**	**15363**	**17724**
1.电子计算机整机制造 Manufacture of Entired Computer	694	2700	3300	3100	7012	8100	8600
2.电子计算机外部设备制造 Manufacture of Computer Peripheral Equipment	860	3000				7263	9124
3.办公设备制造 Manufacture of Office Equipment	10						
医疗设备及仪器仪表制造业 Manufacture of Medical Equipments and Measuring Instrument	**6201**	**4051**	**12566**		**1000**	**5206**	**57171**
1.医疗设备及器械制造 Manufacture of Medical Equipment and Appliances	3500	680	2000				150
2.仪器仪表制造 Manufacture of Measuring Instrument	2701	3371	10566		1000	5206	57021

2-38 大型企业科技活动经费内部支出

Intramural Expenditure for S&T Activities of Large-sized Enterprises

单位：万元 (10000 yuan)

行业 Industry	1995	2000	2003	2004	2005	2006	2007
合计 Total	**465349**	**1633888**	**2581199**	**2845471**	**3280572**	**4061678**	**5132004**
医药制造业 Manufacture of Medicines	**58738**	**192957**	**195180**	**153700**	**254015**	**316724**	**421261**
#化学药品制造 Manufacture of Chemical Medicine	48237	138604	119415	107035	155994	178548	276020
中成药制造 Manufacture of Finished Traditional Chinese Herbal Medicine	5525	40693	42988	38524	91123	130194	133393
生物、生化制品的制造 Manufacture of Biological and Biochemical Chemical Products	4265	12005	12598				
航空航天器制造业 Manufacture of Aircrafts and Spacecrafts	**145367**	**214584**	**342638**	**357380**	**361530**	**487978**	**607577**
1.飞机制造及修理 Manufacture and Repairing of Airplanes	121489	188317	337117	344034	347663	477218	596394
2.航天器制造 Manufacture of Spacecrafts	23877	26266	5521	13347	13867	10760	11183
电子及通信设备制造业 Manufacture of Electronic Equipment and Communication Equipment	**193099**	**1017426**	**1364800**	**1720417**	**1978898**	**2382548**	**3112767**
1.通信设备制造 Manufacture of Communication Equipment	46239	543537	785520	906386	1100044	1197546	1392701
#通信传输设备制造 Manufacture of Communication Transmitting Equipment	9336	117979	14434	88824	117752	74892	69016
通信交换设备制造 Manufacture of Communication Exchanging Equipment	20484	299972	591143	655906	784504	960382	1150389
通信终端设备制造 Manufacture of Communication Terminal Equipment	6904	23203	64068	2912	23800	23010	29811
2.雷达及配套设备制造 Manufacture of Radar and Its Fittings	26670	14576	16393	5746	16720	53313	74339
3.广播电视设备制造 Manufacture of Broadcasting and TV Equipment	2202	1944			2193	9147	10925
4.电子器件制造 Manufacture of Electronic Appliances	46430	163636	165381	176161	178933	273672	475749
#电子真空器件制造 Manufacture of Electronic Vacuum Appliances	23673	134050	112135	56888	50905	46790	43886
半导体分立器件制造 Manufacture of Semiconductor Discreting Appliances	9343	7534	4599	5733		32011	7273
集成电路制造 Manufacture of Integrate Circuit	13413	22051	42339	75007	82846	146486	241520
5.电子元件制造 Manufacture of Electronic Components	23260	118946	88307	218545	194734	388441	581437
6.家用视听设备制造 Manufacture of Domestic TV Set and Radio Receiver	45794	164534	297413	407217	470634	440372	539368
7.其他电子设备制造 Manufacture of Other Electronic Equipment	2505	10254	11786	6362	15640	20057	38248
电子计算机及办公设备制造业 Manufacture of Computers and Office Equipments	**19425**	**153875**	**640324**	**588269**	**592227**	**784956**	**873054**
1.电子计算机整机制造 Manufacture of Entired Computer	8906	101038	473539	471013	341848	480292	441785
2.电子计算机外部设备制造 Manufacture of Computer Peripheral Equipment	8517	46977	165762	104972	224643	290254	417821
3.办公设备制造 Manufacture of Office Equipment	2002	5860	1023	12284	25736	14411	13448
医疗设备及仪器仪表制造业 Manufacture of Medical Equipments and Measuring Instrument	**48720**	**55046**	**38257**	**25704**	**93902**	**89471**	**117346**
1.医疗设备及器械制造 Manufacture of Medical Equipment and Appliances	6463	9716	5291	2975		15793	24612
2.仪器仪表制造 Manufacture of Measuring Instrument	42258	45330	32966	22729	93902	73678	92734

2-39 大型企业科技活动经费内部支出中劳务费
Labor Expenses in the Intramural Expenditure for S&T Activities of Large-sized Enterprises

单位：万元 (10000 yuan)

行业 Industry	1995	2000	2003	2004	2005	2006	2007
合计 Total	**93680**	**395365**	**588389**	**830982**	**1100432**	**1273731**	**1585736**
医药制造业 Manufacture of Medicines	**11428**	**39026**	**31729**	**28035**	**39505**	**53301**	**76038**
#化学药品制造 Manufacture of Chemical Medicine	9165	29898	21176	19649	27016	35041	51968
中成药制造 Manufacture of Finished Traditional Chinese Herbal Medicine	1408	6335	5537	6437	10638	16242	22127
生物、生化制品的制造 Manufacture of Biological and Biochemical Chemical Products	836	2584	2355				
航空航天器制造业 Manufacture of Aircrafts and Spacecrafts	**33124**	**58593**	**52429**	**69504**	**87902**	**82775**	**95737**
1.飞机制造及修理 Manufacture and Repairing of Airplanes	26545	50379	51570	67801	85331	81587	92215
2.航天器制造 Manufacture of Spacecrafts	6580	8214	859	1703	2571	1187	3521
电子及通信设备制造业 Manufacture of Electronic Equipment and Communication Equipment	**31913**	**250535**	**430710**	**625361**	**715963**	**825560**	**1072698**
1.通信设备制造 Manufacture of Communication Equipment	9349	157206	318918	482559	514745	610504	726040
#通信传输设备制造 Manufacture of Communication Transmitting Equipment	2657	14795	4810	36811	49477	40827	45210
通信交换设备制造 Manufacture of Communication Exchanging Equipment	3036	113673	267236	382400	394340	503224	606614
通信终端设备制造 Manufacture of Communication Terminal Equipment	1891	8255	33441	997	9237	14298	13550
2.雷达及配套设备制造 Manufacture of Radar and Its Fittings	4730	5033	4450	2924	6585	10524	13414
3.广播电视设备制造 Manufacture of Broadcasting and TV Equipment	345	528			725	2525	5776
4.电子器件制造 Manufacture of Electronic Appliances	5914	39148	24116	43124	49197	56146	117386
#电子真空器件制造 Manufacture of Electronic Vacuum Appliances	2656	31039	13987	17073	10477	13687	9131
半导体分立器件制造 Manufacture of Semiconductor Discreting Appliances	1507	1823	1107	401		816	843
集成电路制造 Manufacture of Integrate Circuit	1751	6286	7846	16100	19100	29663	58088
5.电子元件制造 Manufacture of Electronic Components	4658	15088	20177	24238	53797	64562	88715
6.家用视听设备制造 Manufacture of Domestic TV Set and Radio Receiver	5474	30069	54819	69686	86282	71753	108148
7.其他电子设备制造 Manufacture of Other Electronic Equipment	1444	3463	8230	2830	4632	9546	13219
电子计算机及办公设备制造业 Manufacture of Computers and Office Equipments	**4730**	**30075**	**63703**	**99421**	**226948**	**282107**	**306618**
1.电子计算机整机制造 Manufacture of Entired Computer	2523	22879	38320	60249	112422	178406	166874
2.电子计算机外部设备制造 Manufacture of Computer Peripheral Equipment	1797	6232	24890	36578	107349	101093	134306
3.办公设备制造 Manufacture of Office Equipment	409	964	493	2595	7178	2608	5439
医疗设备及仪器仪表制造业 Manufacture of Medical Equipments and Measuring Instrument	**12485**	**17138**	**9818**	**8661**	**30114**	**29989**	**34647**
1.医疗设备及器械制造 Manufacture of Medical Equipment and Appliances	726	2240	476	744		7835	10263
2.仪器仪表制造 Manufacture of Measuring Instrument	11759	14897	9342	7917	30114	22154	24384

2-40 大型企业科技活动经费内部支出中仪器设备费
Instruments and Equipments Expenses in the Intramural Expenditure for S&T Activities of Large-sized Enterprises

单位：万元 (10000 yuan)

行业 Industry	1995	2000	2003	2004	2005	2006	2007
合计 Total	**66602**	**418370**	**739945**	**608106**	**534865**	**741511**	**1029331**
医药制造业 Manufacture of Medicines	**8174**	**48478**	**69651**	**52616**	**72342**	**85077**	**114504**
#化学药品制造 Manufacture of Chemical Medicine	6322	37849	43548	38233	47251	62544	72973
中成药制造 Manufacture of Finished Traditional Chinese Herbal Medicine	1482	7430	12624	12742	22591	20176	38741
生物、生化制品的制造 Manufacture of Biological and Biochemical Chemical Products	251	2104	7040				
航空航天器制造业 Manufacture of Aircrafts and Spacecrafts	**11427**	**39862**	**126606**	**91611**	**99802**	**111882**	**137870**
1.飞机制造及修理 Manufacture and Repairing of Airplanes	9198	35747	126606	88564	96764	110479	137490
2.航天器制造 Manufacture of Spacecrafts	2230	4115		3047	3038	1403	380
电子及通信设备制造业 Manufacture of Electronic Equipment and Communication Equipment	**37072**	**275962**	**261389**	**363064**	**255049**	**400111**	**592745**
1.通信设备制造 Manufacture of Communication Equipment	9091	169202	91853	81450	56448	55019	118161
#通信传输设备制造 Manufacture of Communication Transmitting Equipment	1535	31947	3218	17186	4479	2201	2029
通信交换设备制造 Manufacture of Communication Exchanging Equipment	2917	93732	72279	43619	29669	43621	92709
通信终端设备制造 Manufacture of Communication Terminal Equipment	1129	9717	1471	970	2836	637	10380
2.雷达及配套设备制造 Manufacture of Radar and Its Fittings	11238	1112	1516	956	793	12917	13142
3.广播电视设备制造 Manufacture of Broadcasting and TV Equipment	206	301			560	3628	1970
4.电子器件制造 Manufacture of Electronic Appliances	7552	39209	79718	60427	41206	83724	159852
#电子真空器件制造 Manufacture of Electronic Vacuum Appliances	4276	32306	67344	28406	19242	17591	14213
半导体分立器件制造 Manufacture of Semiconductor Discreting Appliances	2034	1802	1547	704		24295	5
集成电路制造 Manufacture of Integrate Circuit	1243	5101	10826	28711	17864	26237	104121
5.电子元件制造 Manufacture of Electronic Components	2932	21840	23362	131399	48053	145146	165353
6.家用视听设备制造 Manufacture of Domestic TV Set and Radio Receiver	5847	40679	63254	87832	106713	95721	122294
7.其他电子设备制造 Manufacture of Other Electronic Equipment	207	3620	1686	1000	1275	3956	11974
电子计算机及办公设备制造业 Manufacture of Computers and Office Equipments	**6390**	**40915**	**275396**	**96388**	**76115**	**122797**	**159174**
1.电子计算机整机制造 Manufacture of Entired Computer	1242	26012	253658	70388	19081	42891	61136
2.电子计算机外部设备制造 Manufacture of Computer Peripheral Equipment	4862	14568	21551	21900	52108	73241	95166
3.办公设备制造 Manufacture of Office Equipment	286	334	187	4100	4926	6665	2872
医疗设备及仪器仪表制造业 Manufacture of Medical Equipments and Measuring Instrument	**3539**	**13154**	**6903**	**4426**	**31557**	**21645**	**25039**
1.医疗设备及器械制造 Manufacture of Medical Equipment and Appliances	297	1927	1130	220		1255	4956
2.仪器仪表制造 Manufacture of Measuring Instrument	3242	11227	5773	4206	31557	20389	20083

2-41 大型企业新产品开发经费支出
Expenditure for Developing New Products of Large-sized Enterprises

单位：万元 (10000 yuan)

行 业 Industry	1995	2000	2003	2004	2005	2006	2007
合计 Total	**251079**	**952257**	**1372378**	**1730715**	**2576982**	**3222684**	**4049746**
医药制造业 Manufacture of Medicines	**30801**	**106316**	**83344**	**71143**	**147916**	**193260**	**267749**
#化学药品制造 Manufacture of Chemical Medicine	24367	72688	39762	50151	96899	114463	171694
中成药制造 Manufacture of Finished Traditional Chinese Herbal Medicine	3080	24754	26241	16049	44118	72695	85347
生物、生化制品的制造 Manufacture of Biological and Biochemical Chemical Products	2644	7409	7787				
航空航天器制造业 Manufacture of Aircrafts and Spacecrafts	**97568**	**101432**	**151820**	**184028**	**226363**	**269147**	**343562**
1.飞机制造及修理 Manufacture and Repairing of Airplanes	81646	84414	148429	174217	216247	260370	332676
2.航天器制造 Manufacture of Spacecrafts	15922	17018	3391	9811	10116	8777	10886
电子及通信设备制造业 Manufacture of Electronic Equipment and Communication Equi	**88360**	**600405**	**791299**	**981218**	**1702542**	**2057859**	**2593184**
1.通信设备制造 Manufacture of Communication Equipment	29122	290428	436262	529527	1004648	1104024	1305656
#通信传输设备制造 Manufacture of Communication Transmitting Equipment	6582	59969	11696	19453	115272	71107	68455
通信交换设备制造 Manufacture of Communication Exchanging Equipment	11448	184100	307683	404478	697376	919787	1093805
通信终端设备制造 Manufacture of Communication Terminal Equipment	4024	9602	6769		21664	23010	17847
2.雷达及配套设备制造 Manufacture of Radar and Its Fittings	17080	8963	10206	4040	12034	17179	50755
3.广播电视设备制造 Manufacture of Broadcasting and TV Equipment	1033	913			2193	5642	7768
4.电子器件制造 Manufacture of Electronic Appliances	17414	90448	78876	114310	141305	236969	351294
#电子真空器件制造 Manufacture of Electronic Vacuum Appliances	12214	72752	64329	16766	31442	35727	31479
半导体分立器件制造 Manufacture of Semiconductor Discreting Appliances	4718	5052	1800	4913		32011	7273
集成电路制造 Manufacture of Integrate Circuit	482	12644	6604	58966	70284	126763	179391
5.电子元件制造 Manufacture of Electronic Components	9908	80046	53175	33710	136430	279954	361519
6.家用视听设备制造 Manufacture of Domestic TV Set and Radio Receiver	12546	119475	206396	297172	390726	397717	489833
7.其他电子设备制造 Manufacture of Other Electronic Equipment	1259	10133	6384	2460	15206	16374	26359
电子计算机及办公设备制造业 Manufacture of Computers and Office Equipments	**10195**	**115639**	**320332**	**476056**	**446001**	**650554**	**749400**
1.电子计算机整机制造 Manufacture of Entired Computer	5854	91943	272748	422666	209899	394075	395483
2.电子计算机外部设备制造 Manufacture of Computer Peripheral Equipment	3338	19899	46561	52690	212994	242068	348011
3.办公设备制造 Manufacture of Office Equipment	1004	3797	1023	700	23108	14411	5905
医疗设备及仪器仪表制造业 Manufacture of Medical Equipments and Measuring Instrument	**24155**	**28465**	**25583**	**18271**	**54161**	**51863**	**95851**
1.医疗设备及器械制造 Manufacture of Medical Equipment and Appliances	1530	5014	3641	2663		6524	24532
2.仪器仪表制造 Manufacture of Measuring Instrument	22626	23451	21942	15608	54161	45340	71320

2-42 大型企业新产品产值

Industrial Output Value of New Products of Large-sized Enterprises

单位：万元 (10000 yuan)

行 业 Industry	2000	2003	2004	2005	2006	2007
合计 Total	**22018245**	**32030510**	**40409494**	**47754591**	**58380697**	**76419124**
医药制造业 Manufacture of Medicines	**1509202**	**1294336**	**1216485**	**1543411**	**1945836**	**2878958**
#化学药品制造 Manufacture of Chemical Medicine	1257667	726118	682623	1043669	1308097	2228312
中成药制造 Manufacture of Finished Traditional Chinese Herbal Medicine	219757	288235	441067	453456	576338	642187
生物、生化制品的制造 Manufacture of Biological and Biochemical Chemical Products	26538	127615				
航空航天器制造业 Manufacture of Aircrafts and Spacecrafts	**944579**	**2129370**	**1964902**	**3396985**	**3012795**	**3637167**
1.飞机制造及修理 Manufacture and Repairing of Airplanes	813585	2116621	1950766	3387465	3000333	3618270
2.航天器制造 Manufacture of Spacecrafts	130994	12749	14136	9520	12462	18898
电子及通信设备制造业 Manufacture of Electronic Equipment and Communication Equipment	**15177879**	**20110912**	**25494164**	**24373839**	**26760535**	**44195066**
1.通信设备制造 Manufacture of Communication Equipment	6068689	8516890	13086875	11375297	12784692	25239213
#通信传输设备制造 Manufacture of Communication Transmitting Equipment	1169411	537249	518677	397448	198663	290811
通信交换设备制造 Manufacture of Communication Exchanging Equipment	921244	1721100	3625097	3930339	4447564	5860003
通信终端设备制造 Manufacture of Communication Terminal Equipment	750559	2354880	302884	151160	259211	39502
2.雷达及配套设备制造 Manufacture of Radar and Its Fittings	84514	109362	5683	166547	425355	527351
3.广播电视设备制造 Manufacture of Broadcasting and TV Equipment	4189			17706	5809	56805
4.电子器件制造 Manufacture of Electronic Appliances	1876798	2340333	3619924	2679574	3166392	5384396
#电子真空器件制造 Manufacture of Electronic Vacuum Appliances	1556286	1448652	1204026	761863	812571	834479
半导体分立器件制造 Manufacture of Semiconductor Discreting Appliances	39643	19770			100179	124123
集成电路制造 Manufacture of Integrate Circuit	280869	101601	996455	1041653	1314693	1224932
5.电子元件制造 Manufacture of Electronic Components	866998	817073	1216646	1445805	1383970	2742528
6.家用视听设备制造 Manufacture of Domestic TV Set and Radio Receiver	6126196	8295918	7499199	8623027	8888090	10026153
7.其他电子设备制造 Manufacture of Other Electronic Equipment	150495	31336	65837	65884	106227	218620
电子计算机及办公设备制造业 Manufacture of Computers and Office Equipments	**3980559**	**8057005**	**11545091**	**17865470**	**25929931**	**24388257**
1.电子计算机整机制造 Manufacture of Entired Computer	2508092	4903665	6652499	11492928	17422275	15234980
2.电子计算机外部设备制造 Manufacture of Computer Peripheral Equipment	1385711	3153340	4501803	5805641	8005187	8669298
3.办公设备制造 Manufacture of Office Equipment	86757		390790	566901	502468	483979
医疗设备及仪器仪表制造业 Manufacture of Medical Equipments and Measuring Instrument	**406026**	**438887**	**188852**	**574886**	**731601**	**1319676**
1.医疗设备及器械制造 Manufacture of Medical Equipment and Appliances	58165	22191	25214		48864	168609
2.仪器仪表制造 Manufacture of Measuring Instrument	347862	416696	163637	574886	682737	1151068

2-43 大型企业新产品销售收入
Sales Revenue from New Products of Large-sized Enterprises

单位：万元 (10000 yuan)

行业 Industry	1995	2000	2003	2004	2005	2006	2007
合计 Total	**4409382**	**20824418**	**30704854**	**40267429**	**46981136**	**56910059**	**74849057**
医药制造业 Manufacture of Medicines	**396078**	**1292892**	**1216684**	**1192298**	**1496899**	**1731089**	**2707757**
#化学药品制造 Manufacture of Chemical Medicine	325537	1135372	658284	682767	1014882	1130494	2113998
中成药制造 Manufacture of Finished Traditional Chinese Herbal Medicine	51287	130940	253872	425598	436905	546603	583856
生物、生化制品的制造 Manufacture of Biological and Biochemical Chemical Products	14097	21329	129935				
航空航天器制造业 Manufacture of Aircrafts and Spacecrafts	**575871**	**796527**	**2023140**	**1866548**	**3061958**	**2716873**	**3391418**
1.飞机制造及修理 Manufacture and Repairing of Airplanes	535299	683008	2018601	1860485	3052132	2705070	3377449
2.航天器制造 Manufacture of Spacecrafts	40572	113518	4539	6063	9826	11803	13969
电子及通信设备制造业 Manufacture of Electronic Equipment and Communication Equipment	**2958387**	**14477504**	**20529741**	**25001502**	**24210535**	**25831312**	**43019188**
1.通信设备制造 Manufacture of Communication Equipment	935564	5833349	9246823	12756991	11102765	12471575	23997093
#通信传输设备制造 Manufacture of Communication Transmitting Equipment	382558	986824	849396	507135	429407	234773	374668
通信交换设备制造 Manufacture of Communication Exchanging Equipment	333801	759545	2478794	3553739	3726093	4329249	4968037
通信终端设备制造 Manufacture of Communication Terminal Equipment	45500	890586	2353200	302884	151160	259207	38738
2.雷达及配套设备制造 Manufacture of Radar and Its Fittings	622243	85785	80850	5683	192837	400058	485430
3.广播电视设备制造 Manufacture of Broadcasting and TV Equipment	11116	3534			16821	5809	28430
4.电子器件制造 Manufacture of Electronic Appliances	222146	1793759	2266200	3506766	2575917	2060773	5164534
#电子真空器件制造 Manufacture of Electronic Vacuum Appliances	158906	1478821	1375904	1180375	687150	778800	806659
半导体分立器件制造 Manufacture of Semiconductor Discreting Appliances	16210	35377	20450				
集成电路制造 Manufacture of Integrate Circuit	47031	279561	99536	907239	1029484	366541	1160585
5.电子元件制造 Manufacture of Electronic Components	129209	810638	820494	1155092	1461623	1557603	2672646
6.家用视听设备制造 Manufacture of Domestic TV Set and Radio Receiver	1025055	5772618	8077539	7522233	8804640	9235139	10451741
7.其他电子设备制造 Manufacture of Other Electronic Equipment	13054	177821	37835	54736	55933	100355	219315
电子计算机及办公设备制造业 Manufacture of Computers and Office Equipments	**284389**	**3863121**	**6516619**	**12022620**	**17646223**	**25966835**	**24523478**
1.电子计算机整机制造 Manufacture of Entired Computer	133526	2371409	3330602	6585053	11418256	17487582	14937044
2.电子计算机外部设备制造 Manufacture of Computer Peripheral Equipment	133779	1407435	3186017	4982995	5661066	7976784	9107346
3.办公设备制造 Manufacture of Office Equipment	17083	84277		454572	566901	502468	479087
医疗设备及仪器仪表制造业 Manufacture of Medical Equipments and Measuring Instrument	**194657**	**394375**	**418670**	**184463**	**565521**	**663952**	**1207216**
1.医疗设备及器械制造 Manufacture of Medical Equipment and Appliances	20987	60265	21626	23954		43442	185847
2.仪器仪表制造 Manufacture of Measuring Instrument	173670	334110	397044	160510	565521	620510	1021369

2-44 大型企业专利申请数

Patent Applications Received of Large-sized Enterprises

单位：个 (unit)

行业 Industry	1995	2000	2003	2004	2005	2006	2007
合计 **Total**	**411**	**1727**	**5393**	**5478**	**9898**	**15107**	**22548**
医药制造业 **Manufacture of Medicines**	**164**	**403**	**307**	**486**	**875**	**930**	**726**
#化学药品制造 Manufacture of Chemical Medicine	135	169	85	145	292	405	293
中成药制造 Manufacture of Finished Traditional Chinese Herbal Medicine	24	200	199	230	568	505	416
生物、生化制品的制造 Manufacture of Biological and Biochemical Chemical Products	5	32	2				
航空航天器制造业 **Manufacture of Aircrafts and Spacecrafts**	**84**	**73**	**188**	**82**	**231**	**375**	**538**
1.飞机制造及修理 Manufacture and Repairing of Airplanes	69	68	188	82	225	363	532
2.航天器制造 Manufacture of Spacecrafts	15	5			6	12	6
电子及通信设备制造业 **Manufacture of Electronic Equipment and Communication Equipment**	**102**	**794**	**3649**	**4171**	**7487**	**11630**	**18509**
1.通信设备制造 Manufacture of Communication Equipment	28	330	2260	2851	5636	8781	15100
#通信传输设备制造 Manufacture of Communication Transmitting Equipment	8	43	46	126	113	134	190
通信交换设备制造 Manufacture of Communication Exchanging Equipment	12	276	1638	2469	5312	8527	14535
通信终端设备制造 Manufacture of Communication Terminal Equipment	5	4	348		32	34	26
2.雷达及配套设备制造 Manufacture of Radar and Its Fittings	12	21	23	16	2	38	60
3.广播电视设备制造 Manufacture of Broadcasting and TV Equipment	1	4				87	168
4.电子器件制造 Manufacture of Electronic Appliances	9	57	385	460	356	745	1329
#电子真空器件制造 Manufacture of Electronic Vacuum Appliances	5	47	178	126	63	121	32
半导体分立器件制造 Manufacture of Semiconductor Discreting Appliances		1					
集成电路制造 Manufacture of Integrate Circuit	4	9	207	316	183	612	950
5.电子元件制造 Manufacture of Electronic Components	26	44	72	122	383	376	364
6.家用视听设备制造 Manufacture of Domestic TV Set and Radio Receiver	26	318	899	714	1072	1573	1438
7.其他电子设备制造 Manufacture of Other Electronic Equipment		20	10	8	38	30	50
电子计算机及办公设备制造业 **Manufacture of Computers and Office Equipments**	**10**	**255**	**1059**	**701**	**1185**	**1875**	**1895**
1.电子计算机整机制造 Manufacture of Entired Computer	3	160	748	462	841	971	733
2.电子计算机外部设备制造 Manufacture of Computer Peripheral Equipment	5	93	311	239	344	903	1162
3.办公设备制造 Manufacture of Office Equipment	2	2				1	
医疗设备及仪器仪表制造业 **Manufacture of Medical Equipments and Measuring Instrument**	**51**	**202**	**190**	**38**	**120**	**297**	**880**
1.医疗设备及器械制造 Manufacture of Medical Equipment and Appliances	5	85	27	2		192	682
2.仪器仪表制造 Manufacture of Measuring Instrument	46	117	163	36	120	105	198

2-45 大型企业拥有发明专利数

Owning Inventive Patent of Large-sized Enterprises

单位：个 (unit)

行业 Industry	1995	2000	2003	2004	2005	2005	2007
合计 **Total**	**279**	**1022**	**2099**	**2365**	**3936**	**3801**	**8455**
医药制造业 **Manufacture of Medicines**	**110**	**337**	**121**	**232**	**322**	**614**	**730**
#化学药品制造 Manufacture of Chemical Medicine	96	141	71	152	164	250	277
中成药制造 Manufacture of Finished Traditional Chinese Herbal Medicine	13	163	44	65	147	353	440
生物、生化制品的制造 Manufacture of Biological and Biochemical Chemical Products	1	32	1				
航空航天器制造业 **Manufacture of Aircrafts and Spacecrafts**	**78**	**130**	**47**	**35**	**120**	**152**	**152**
1.飞机制造及修理 Manufacture and Repairing of Airplanes	62	93	47	35	120	152	152
2.航天器制造 Manufacture of Spacecrafts	16	37					
电子及通信设备制造业 **Manufacture of Electronic Equipment and Communication Equipment**	**60**	**318**	**1672**	**1594**	**3156**	**2185**	**4829**
1.通信设备制造 Manufacture of Communication Equipment	6	130	1282	1207	2558	1378	3069
#通信传输设备制造 Manufacture of Communication Transmitting Equipment	1	25	14	20	23	83	146
通信交换设备制造 Manufacture of Communication Exchanging Equipment	2	98	844	858	2498	1256	2810
通信终端设备制造 Manufacture of Communication Terminal Equipment		2	345		12	17	
2.雷达及配套设备制造 Manufacture of Radar and Its Fittings	9	13	5	17		2	2
3.广播电视设备制造 Manufacture of Broadcasting and TV Equipment	1	2				2	12
4.电子器件制造 Manufacture of Electronic Appliances	4	23	242	139	298	338	764
#电子真空器件制造 Manufacture of Electronic Vacuum Appliances	3	19	35	107	275	290	274
半导体分立器件制造 Manufacture of Semiconductor Discreting Appliances		2					
集成电路制造 Manufacture of Integrate Circuit	1	2	207	21	11	32	135
5.电子元件制造 Manufacture of Electronic Components	28	36	17	104	123	219	298
6.家用视听设备制造 Manufacture of Domestic TV Set and Radio Receiver	12	108	126	127	177	238	657
7.其他电子设备制造 Manufacture of Other Electronic Equipment		6				8	27
电子计算机及办公设备制造业 **Manufacture of Computers and Office Equipments**	**7**	**123**	**128**	**484**	**214**	**729**	**2532**
1.电子计算机整机制造 Manufacture of Entired Computer		68	55	320	90	107	1828
2.电子计算机外部设备制造 Manufacture of Computer Peripheral Equipment	5	53	73	164	124	622	704
3.办公设备制造 Manufacture of Office Equipment	2	2					
医疗设备及仪器仪表制造业 **Manufacture of Medical Equipments and Measuring Instrument**	**24**	**114**	**131**	**20**	**124**	**121**	**212**
1.医疗设备及器械制造 Manufacture of Medical Equipment and Appliances	5	93	14	8		12	28
2.仪器仪表制造 Manufacture of Measuring Instrument	19	21	117	12	124	109	184

2-46　大型企业技术改造经费支出

Expenditure on Technical Renovation of Large-sized Enterprises

单位：万元　　　　(10000 yuan)

行　业 Industry	1995	2000	2003	2004	2005	2006	2007
合计 Total	**679522**	**848026**	**901086**	**891427**	**844925**	**878690**	**1197715**
医药制造业 Manufacture of Medicines	**221817**	**207392**	**211645**	**171969**	**176739**	**240562**	**216323**
#化学药品制造 Manufacture of Chemical Medicine	201320	180950	155082	140022	130991	150666	157414
中成药制造 Manufacture of Finished Traditional Chinese Herbal Medicine	15222	25077	26149	24723	39872	81418	50385
生物、生化制品的制造 Manufacture of Biological and Biochemical Chemical Products	5275	1200	21784				
航空航天器制造业 Manufacture of Aircrafts and Spacecrafts	**120742**	**145263**	**276064**	**237939**	**300979**	**266493**	**420247**
1.飞机制造及修理 Manufacture and Repairing of Airplanes	103579	122266	271664	233117	291610	261631	419553
2.航天器制造 Manufacture of Spacecrafts	17163	22997	4400	4822	9369	4862	694
电子及通信设备制造业 Manufacture of Electronic Equipment and Communication Equipment	**279150**	**429269**	**338223**	**442255**	**284750**	**283226**	**449601**
1.通信设备制造 Manufacture of Communication Equipment	26227	59655	35525	32778	41882	53752	18057
#通信传输设备制造 Manufacture of Communication Transmitting Equipment	5517	12758	4137	15295	24140	33993	11326
通信交换设备制造 Manufacture of Communication Exchanging Equipment	15250	16192				6880	2500
通信终端设备制造 Manufacture of Communication Terminal Equipment	3486	28972	1005		5066	6786	1035
2.雷达及配套设备制造 Manufacture of Radar and Its Fittings	29936	6876	3978	6151	6175	14542	13315
3.广播电视设备制造 Manufacture of Broadcasting and TV Equipment	1491	3369				8650	8650
4.电子器件制造 Manufacture of Electronic Appliances	148993	100644	189154	92857	65003	89161	166938
#电子真空器件制造 Manufacture of Electronic Vacuum Appliances	143598	86502	127028	53185	19242	25218	16504
半导体分立器件制造 Manufacture of Semiconductor Discreting Appliances	4144	5359	2724				
集成电路制造 Manufacture of Integrate Circuit	1250	8783	59402	37855	39793	56916	127238
5.电子元件制造 Manufacture of Electronic Components	36795	169162	53020	196258	99205	52912	96564
6.家用视听设备制造 Manufacture of Domestic TV Set and Radio Receiver	33171	68000	49046	114212	71224	55941	136194
7.其他电子设备制造 Manufacture of Other Electronic Equipment	2538	21564	7500		1262	8268	9883
电子计算机及办公设备制造业 Manufacture of Computers and Office Equipments	**14036**	**27782**	**53283**	**11702**	**34268**	**39210**	**29638**
1.电子计算机整机制造 Manufacture of Entired Computer	9231	10342	9615	4690	6642	9049	643
2.电子计算机外部设备制造 Manufacture of Computer Peripheral Equipment	4505	17388	24890	6552	26586	24529	26298
3.办公设备制造 Manufacture of Office Equipment	300	52	18778	460	1041	5632	2698
医疗设备及仪器仪表制造业 Manufacture of Medical Equipments and Measuring Instrument	**43778**	**38319**	**21871**	**27563**	**48189**	**49200**	**81905**
1.医疗设备及器械制造 Manufacture of Medical Equipment and Appliances	2176	8598	5215	2932		3732	22307
2.仪器仪表制造 Manufacture of Measuring Instrument	41603	29721	16656	24631	48189	45468	59598

2-47 大型企业技术引进经费支出
Expenditure on Technology Import of Large-sized Enterprises

单位：万元 (10000 yuan)

行业 Industry	1995	2000	2003	2004	2005	2006	2007
合计 Total	**258713**	**360529**	**436012**	**420049**	**374053**	**250336**	**851029**
医药制造业 Manufacture of Medicines	**23206**	**34743**	**16116**	**9071**	**10381**	**8008**	**13534**
#化学药品制造 Manufacture of Chemical Medicine	21288	21848	9924	6850	5361	3681	12745
中成药制造 Manufacture of Finished Traditional Chinese Herbal Medicine	1824	6170	3355	35	3021	4327	789
生物、生化制品的制造 Manufacture of Biological and Biochemical Chemical Products	44	6600	837				
航空航天器制造业 Manufacture of Aircrafts and Spacecrafts	**40044**	**27473**	**66985**	**28103**	**25331**	**36134**	**20234**
1.飞机制造及修理 Manufacture and Repairing of Airplanes	37639	19359	64982	28103	24313	35706	20234
2.航天器制造 Manufacture of Spacecrafts	2405	8114	2003		1017	428	
电子及通信设备制造业 Manufacture of Electronic Equipment and Communication Equipment	**181390**	**255091**	**298990**	**380400**	**289355**	**176652**	**643932**
1.通信设备制造 Manufacture of Communication Equipment	2463	73146	49989	31573	26135	11558	318664
#通信传输设备制造 Manufacture of Communication Transmitting Equipment	225	9129	2977	13894	1649		26
通信交换设备制造 Manufacture of Communication Exchanging Equipment	1117	15027	4374		5673	3812	5138
通信终端设备制造 Manufacture of Communication Terminal Equipment	615	46321	78	6906	1433		
2.雷达及配套设备制造 Manufacture of Radar and Its Fittings	3573	740	101			50	
3.广播电视设备制造 Manufacture of Broadcasting and TV Equipment	620	152					
4.电子器件制造 Manufacture of Electronic Appliances	141860	53493	154961	132475	121423	77075	207789
#电子真空器件制造 Manufacture of Electronic Vacuum Appliances	141197	40312	145197	71979	45596	39531	32272
半导体分立器件制造 Manufacture of Semiconductor Discreting Appliances	649	2935	1123				
集成电路制造 Manufacture of Integrate Circuit	14	10246	8641	5515	13939	15703	38972
5.电子元件制造 Manufacture of Electronic Components	17760	95187	52506	30921	53610	49965	25812
6.家用视听设备制造 Manufacture of Domestic TV Set and Radio Receiver	14401	30839	41233	185431	86718	30619	83312
7.其他电子设备制造 Manufacture of Other Electronic Equipment	713	1535	200		1470	7387	8355
电子计算机及办公设备制造业 Manufacture of Computers and Office Equipments	**1441**	**34766**	**51436**	**1112**	**48657**	**28498**	**170498**
1.电子计算机整机制造 Manufacture of Entired Computer	1441	2791	1357	303	32476	376	148057
2.电子计算机外部设备制造 Manufacture of Computer Peripheral Equipment		31665	31301	546	9774	10108	3917
3.办公设备制造 Manufacture of Office Equipment		310	18778	263	6407	18014	18525
医疗设备及仪器仪表制造业 Manufacture of Medical Equipments and Measuring Instrument	**12633**	**8456**	**2485**	**1363**	**329**	**1045**	**2830**
1.医疗设备及器械制造 Manufacture of Medical Equipment and Appliances	242	2002	646	260		646	896
2.仪器仪表制造 Manufacture of Measuring Instrument	12391	6454	1839	1103	329	399	1934

2-48 大型企业消化吸收经费支出

Expenditure on Technology Absorption of Large-sized Enterprises

单位：万元 (10000 yuan)

行业 Industry	1995	2000	2003	2004	2005	2006	2007
合计 **Total**	**18120**	**24670**	**22991**	**57328**	**48682**	**52268**	**74402**
医药制造业 **Manufacture of Medicines**	**1869**	**10031**	**10257**	**10278**	**10483**	**6353**	**19013**
#化学药品制造 Manufacture of Chemical Medicine	1849	9962	6871	9644	10157	5504	17362
中成药制造 Manufacture of Finished Traditional Chinese Herbal Medicine	20	69	818	634	327	849	1651
生物、生化制品的制造 Manufacture of Biological and Biochemical Chemical Products			2568				
航空航天器制造业 **Manufacture of Aircrafts and Spacecrafts**	**301**	**1916**	**1223**	**1084**	**1385**	**3336**	**3079**
1.飞机制造及修理 Manufacture and Repairing of Airplanes	286	1916	1223	1084	1385	3311	3079
2.航天器制造 Manufacture of Spacecrafts	15					25	
电子及通信设备制造业 **Manufacture of Electronic Equipment and Communication Equipment**	**14655**	**6848**	**9537**	**44769**	**27280**	**37705**	**26805**
1.通信设备制造 Manufacture of Communication Equipment	108	1781	6358		5348	10474	7908
#通信传输设备制造 Manufacture of Communication Transmitting Equipment	22	838	125		456		
通信交换设备制造 Manufacture of Communication Exchanging Equipment	20	772					
通信终端设备制造 Manufacture of Communication Terminal Equipment		1					
2.雷达及配套设备制造 Manufacture of Radar and Its Fittings	120						
3.广播电视设备制造 Manufacture of Broadcasting and TV Equipment	260						
4.电子器件制造 Manufacture of Electronic Appliances	13111	2619	439	15035	11844	3116	2680
#电子真空器件制造 Manufacture of Electronic Vacuum Appliances	13039	2541	312	993	166	2135	1451
半导体分立器件制造 Manufacture of Semiconductor Discreting Appliances	70		127				
集成电路制造 Manufacture of Integrate Circuit	2	78			647	916	733
5.电子元件制造 Manufacture of Electronic Components	950	1890	1427	10165	6372	2622	2436
6.家用视听设备制造 Manufacture of Domestic TV Set and Radio Receiver	90	559	1313	19569	3717	21492	13221
7.其他电子设备制造 Manufacture of Other Electronic Equipment	17						560
电子计算机及办公设备制造业 **Manufacture of Computers and Office Equipments**	**136**	**5215**	**1217**	**694**	**7268**	**1162**	**18141**
1.电子计算机整机制造 Manufacture of Entired Computer	82	1413		545	5042	125	1434
2.电子计算机外部设备制造 Manufacture of Computer Peripheral Equipment	54	3802	1217		426	1037	16708
3.办公设备制造 Manufacture of Office Equipment				149	1800		
医疗设备及仪器仪表制造业 **Manufacture of Medical Equipments and Measuring Instrument**	**1160**	**660**	**757**	**503**	**2266**	**3712**	**7365**
1.医疗设备及器械制造 Manufacture of Medical Equipment and Appliances	48	106	646				631
2.仪器仪表制造 Manufacture of Measuring Instrument	1112	554	111	503	2266	3712	6734

2-49 大型企业购买国内技术经费支出

Expenditure on Purchase of Domestic Technology of Large-sized Enterprises

单位：万元 (10000 yuan)

行 业 Industry	1995	2000	2003	2004	2005	2006	2007
合计 **Total**	**38486**	**25196**	**47971**	**37590**	**30152**	**52190**	**58200**
医药制造业 **Manufacture of Medicines**	**5426**	**18893**	**14764**	**14627**	**18690**	**16599**	**26187**
#化学药品制造 Manufacture of Chemical Medicine	4825	13781	8903	10035	15238	14324	22006
中成药制造 Manufacture of Finished Traditional Chinese Herbal Medicine	466	3147	5153	3392	3452	2276	4181
生物、生化制品的制造 Manufacture of Biological and Biochemical Chemical Products	84	1965	362				
航空航天器制造业 **Manufacture of Aircrafts and Spacecrafts**	**2905**	**3217**	**28851**	**9596**	**5295**	**21978**	**12713**
1.飞机制造及修理 Manufacture and Repairing of Airplanes	2715	1202	28851	9596	5295	21958	12713
2.航天器制造 Manufacture of Spacecrafts	190	2014				20	
电子及通信设备制造业 **Manufacture of Electronic Equipment and Communication Equipment**	**29323**	**1977**	**4169**	**13278**	**6093**	**12059**	**19021**
1.通信设备制造 Manufacture of Communication Equipment	490	869	3129	10709	4682	3392	4808
#通信传输设备制造 Manufacture of Communication Transmitting Equipment	434	573	3097	5492	357		
通信交换设备制造 Manufacture of Communication Exchanging Equipment	57	83					
通信终端设备制造 Manufacture of Communication Terminal Equipment		153					
2.雷达及配套设备制造 Manufacture of Radar and Its Fittings	103	2	101		97	452	133
3.广播电视设备制造 Manufacture of Broadcasting and TV Equipment	275						
4.电子器件制造 Manufacture of Electronic Appliances	26937	269	100		276	298	367
#电子真空器件制造 Manufacture of Electronic Vacuum Appliances	26887	224				27	27
半导体分立器件制造 Manufacture of Semiconductor Discreting Appliances	51	45	100				
集成电路制造 Manufacture of Integrate Circuit					26	26	52
5.电子元件制造 Manufacture of Electronic Components	1100	452	20	2212	742	2886	4582
6.家用视听设备制造 Manufacture of Domestic TV Set and Radio Receiver	123	385	819	357	296	5032	8810
7.其他电子设备制造 Manufacture of Other Electronic Equipment	295						320
电子计算机及办公设备制造业 **Manufacture of Computers and Office Equipments**	**67**	**243**	**50**	**30**	**50**		**48**
1.电子计算机整机制造 Manufacture of Entired Computer	66	243		30			
2.电子计算机外部设备制造 Manufacture of Computer Peripheral Equipment	2		50		50		48
3.办公设备制造 Manufacture of Office Equipment							
医疗设备及仪器仪表制造业 **Manufacture of Medical Equipments and Measuring Instrument**	**764**	**867**	**137**	**59**	**25**	**1554**	**232**
1.医疗设备及器械制造 Manufacture of Medical Equipment and Appliances	6	557				631	100
2.仪器仪表制造 Manufacture of Measuring Instrument	758	310	137	59	25	923	132

2-50 大型企业科技机构数

Number of S&T Institutions of Large-sized Enterprises

单位：个 (unit)

行 业 Industry	1995	2000	2003	2004	2005	2006	2007
合计 **Total**	**1055**	**819**	**303**	**289**	**384**	**477**	**511**
医药制造业 **Manufacture of Medicines**	**214**	**253**	**91**	**77**	**105**	**125**	**124**
#化学药品制造 Manufacture of Chemical Medicine	166	172	56	37	60	71	71
中成药制造 Manufacture of Finished Traditional Chinese Herbal Medicine	30	63	29	32	41	49	48
生物、生化制品的制造 Manufacture of Biological and Biochemical Chemical Products	17	16	1				
航空航天器制造业 **Manufacture of Aircrafts and Spacecrafts**	**201**	**133**	**37**	**30**	**34**	**55**	**57**
1.飞机制造及修理 Manufacture and Repairing of Airplanes	157	109	33	27	31	52	54
2.航天器制造 Manufacture of Spacecrafts	44	24	4	3	3	3	3
电子及通信设备制造业 **Manufacture of Electronic Equipment and Communication Equipment**	**445**	**306**	**133**	**125**	**171**	**204**	**235**
1.通信设备制造 Manufacture of Communication Equipment	120	106	39	40	53	50	52
#通信传输设备制造 Manufacture of Communication Transmitting Equipment	35	35	11	10	19	14	16
通信交换设备制造 Manufacture of Communication Exchanging Equipment	23	35	12	16	14	13	22
通信终端设备制造 Manufacture of Communication Terminal Equipment	42	13	2	1	8	8	3
2.雷达及配套设备制造 Manufacture of Radar and Its Fittings	50	16	3	4	10	4	5
3.广播电视设备制造 Manufacture of Broadcasting and TV Equipment	8	4			1	1	1
4.电子器件制造 Manufacture of Electronic Appliances	66	35	22	15	21	38	52
#电子真空器件制造 Manufacture of Electronic Vacuum Appliances	50	22	17	10	15	22	14
半导体分立器件制造 Manufacture of Semiconductor Discreting Appliances	7	9					
集成电路制造 Manufacture of Integrate Circuit	9	4	3	3	4	12	18
5.电子元件制造 Manufacture of Electronic Components	108	82	31	33	50	57	65
6.家用视听设备制造 Manufacture of Domestic TV Set and Radio Receiver	89	60	34	32	34	50	57
7.其他电子设备制造 Manufacture of Other Electronic Equipment	4	3	4	1	2	4	3
电子计算机及办公设备制造业 **Manufacture of Computers and Office Equipments**	**60**	**39**	**20**	**27**	**29**	**49**	**46**
1.电子计算机整机制造 Manufacture of Entired Computer	40	27	6	7	7	29	21
2.电子计算机外部设备制造 Manufacture of Computer Peripheral Equipment	14	11	14	20	20	19	23
3.办公设备制造 Manufacture of Office Equipment	6	1			2	1	2
医疗设备及仪器仪表制造业 **Manufacture of Medical Equipments and Measuring Instrument**	**135**	**88**	**22**	**30**	**45**	**44**	**49**
1.医疗设备及器械制造 Manufacture of Medical Equipment and Appliances	13	13	2	2		1	3
2.仪器仪表制造 Manufacture of Measuring Instrument	122	75	20	28	45	43	46

2-51 大型企业科技机构科技活动人员

S&T Personnel in the S&T Institutions of Large-sized Enterprises

单位：人 (person)

行 业 Industry	1995	2000	2003	2004	2005	2006	2007
合计 **Total**	**60739**	**67130**	**53067**	**61307**	**96146**	**115108**	**146942**
医药制造业 **Manufacture of Medicines**	**7359**	**10032**	**4787**	**4030**	**6031**	**7748**	**11530**
#化学药品制造 Manufacture of Chemical Medicine	5963	7226	2931	2875	4283	5270	7849
中成药制造 Manufacture of Finished Traditional Chinese Herbal Medicine	731	1846	918	969	1444	2391	3505
生物、生化制品的制造 Manufacture of Biological and Biochemical Chemical Products	641	798	306				
航空航天器制造业 **Manufacture of Aircrafts and Spacecrafts**	**20665**	**13355**	**6177**	**8149**	**10435**	**10748**	**12824**
1.飞机制造及修理 Manufacture and Repairing of Airplanes	18181	11553	6114	8087	10377	10682	12681
2.航天器制造 Manufacture of Spacecrafts	2484	1802	63	62	58	66	143
电子及通信设备制造业 **Manufacture of Electronic Equipment and Communication Equipment**	**22420**	**32955**	**36099**	**41923**	**58785**	**77700**	**98966**
1.通信设备制造 Manufacture of Communication Equipment	7018	16756	21278	27735	38114	50476	64298
#通信传输设备制造 Manufacture of Communication Transmitting Equipment	2602	3198	881	853	1634	3028	2056
通信交换设备制造 Manufacture of Communication Exchanging Equipment	1329	11159	17067	24423	32918	41458	57757
通信终端设备制造 Manufacture of Communication Terminal Equipment	2239	802	1666	225	1191	1216	616
2.雷达及配套设备制造 Manufacture of Radar and Its Fittings	3455	1484	240	310	787	1579	1758
3.广播电视设备制造 Manufacture of Broadcasting and TV Equipment	525	347			60	300	10
4.电子器件制造 Manufacture of Electronic Appliances	4061	2633	2608	1712	2821	5417	6357
#电子真空器件制造 Manufacture of Electronic Vacuum Appliances	2509	1533	1371	512	1012	2083	1358
半导体分立器件制造 Manufacture of Semiconductor Discreting Appliances	1045	524					
集成电路制造 Manufacture of Integrate Circuit	507	576	931	885	527	1775	2933
5.电子元件制造 Manufacture of Electronic Components	4005	6584	4238	4225	5702	7089	8468
6.家用视听设备制造 Manufacture of Domestic TV Set and Radio Receiver	3182	4125	6691	7167	10459	11619	16981
7.其他电子设备制造 Manufacture of Other Electronic Equipment	174	1026	1044	774	842	1220	1094
电子计算机及办公设备制造业 **Manufacture of Computers and Office Equipments**	**3728**	**5919**	**4034**	**5422**	**17392**	**15679**	**19587**
1.电子计算机整机制造 Manufacture of Entired Computer	2214	4430	1606	2805	4456	11466	14454
2.电子计算机外部设备制造 Manufacture of Computer Peripheral Equipment	1279	1441	2428	2617	12070	3940	4703
3.办公设备制造 Manufacture of Office Equipment	235	48			866	273	430
医疗设备及仪器仪表制造业 **Manufacture of Medical Equipments and Measuring Instrument**	**6567**	**4869**	**1970**	**1783**	**3503**	**3233**	**4035**
1.医疗设备及器械制造 Manufacture of Medical Equipment and Appliances	278	727	159	173		691	1281
2.仪器仪表制造 Manufacture of Measuring Instrument	6289	4142	1811	1610	3503	2542	2754

2-52 大型企业科技机构科技活动经费内部支出
Intramural Expenditure for S&T Activities in the S&T Institutions of Large-sized Enterprises

单位：万元 (10000 yuan)

行业 Industry	1995	2000	2003	2004	2005	2006	2007
合计 Total	**180804**	**782898**	**1264275**	**1466040**	**1803693**	**2409894**	**3045020**
医药制造业 Manufacture of Medicines	**29307**	**83412**	**75371**	**74023**	**118599**	**153385**	**232816**
#化学药品制造 Manufacture of Chemical Medicine	22371	58621	38242	49301	73931	97313	154290
中成药制造 Manufacture of Finished Traditional Chinese Herbal Medicine	3041	19521	18053	21872	43414	51163	71714
生物、生化制品的制造 Manufacture of Biological and Biochemical Chemical Products	3297	4796	8352				
航空航天器制造业 Manufacture of Aircrafts and Spacecrafts	**49999**	**79413**	**64946**	**86842**	**87054**	**123457**	**208878**
1.飞机制造及修理 Manufacture and Repairing of Airplanes	43898	74402	64644	86627	86858	123274	208704
2.航天器制造 Manufacture of Spacecrafts	6101	5011	302	215	196	183	174
电子及通信设备制造业 Manufacture of Electronic Equipment and Communication Equipment	**80782**	**484131**	**853137**	**1161096**	**1338696**	**1786783**	**2119756**
1.通信设备制造 Manufacture of Communication Equipment	28966	292353	483665	765417	845160	1112771	1194346
#通信传输设备制造 Manufacture of Communication Transmitting Equipment	6561	38755	9127	15540	31152	72894	66809
通信交换设备制造 Manufacture of Communication Exchanging Equipment	13492	213166	394676	654826	709399	890275	1047179
通信终端设备制造 Manufacture of Communication Terminal Equipment	2672	4509	60183	2912	19530	19844	11674
2.雷达及配套设备制造 Manufacture of Radar and Its Fittings	11005	6168	1101	2884	4253	29487	36869
3.广播电视设备制造 Manufacture of Broadcasting and TV Equipment	496	1114			993	8679	250
4.电子器件制造 Manufacture of Electronic Appliances	9848	53562	103420	67270	38335	135415	228831
#电子真空器件制造 Manufacture of Electronic Vacuum Appliances	4858	43103	61360	5913	16259	25498	24344
半导体分立器件制造 Manufacture of Semiconductor Discreting Appliances	3585	2865					
集成电路制造 Manufacture of Integrate Circuit	1405	7594	35917	51953	10522	82391	133695
5.电子元件制造 Manufacture of Electronic Components	5704	39475	45237	34477	80705	152649	233322
6.家用视听设备制造 Manufacture of Domestic TV Set and Radio Receiver	24381	83022	212124	286759	363988	333786	413845
7.其他电子设备制造 Manufacture of Other Electronic Equipment	383	8437	7590	4289	5262	13997	12293
电子计算机及办公设备制造业 Manufacture of Computers and Office Equipments	**9666**	**114655**	**253234**	**130838**	**225751**	**321866**	**420081**
1.电子计算机整机制造 Manufacture of Entired Computer	5782	89677	196371	70455	105889	220414	305177
2.电子计算机外部设备制造 Manufacture of Computer Peripheral Equipment	2930	24698	56863	60382	117879	99212	109337
3.办公设备制造 Manufacture of Office Equipment	954	280			1983	2240	5567
医疗设备及仪器仪表制造业 Manufacture of Medical Equipments and Measuring Instrument	**11050**	**21288**	**17587**	**13241**	**33594**	**24403**	**63488**
1.医疗设备及器械制造 Manufacture of Medical Equipment and Appliances	696	4530	2915	1350		149	24222
2.仪器仪表制造 Manufacture of Measuring Instrument	10354	16758	14672	11891	33594	24254	39267

2-53 中型企业年末固定资产原价
Original Value of Fixed Assets of Medium-sized Enterprises

单位：万元 (10000 yuan)

行 业 Industry	2000	2003	2004	2005	2006	2007
合计 Total	**5479567**	**29243909**	**39529225**	**44551854**	**51355372**	**59708794**
医药制造业 Manufacture of Medicines	**1897804**	**7116904**	**8701643**	**9794983**	**11296709**	**12160013**
#化学药品制造 Manufacture of Chemical Medicine	1114177	4455608	5378536	5771854	6807055	7308592
中成药制造 Manufacture of Finished Traditional Chinese Herbal Medicine	549098	1191391	2112180	2431393	2511384	2595290
生物、生化制品的制造 Manufacture of Biological and Biochemical Chemical Products	208788	554582	709401	1027149	1218377	1405228
航空航天器制造业 Manufacture of Aircrafts and Spacecrafts	**282484**	**1879925**	**1602016**	**1702041**	**1500863**	**1799314**
1.飞机制造及修理 Manufacture and Repairing of Airplanes	221486	1573065	1408609	1447097	1263482	1492261
2.航天器制造 Manufacture of Spacecrafts	60998	306860	193407	254944	237381	307053
电子及通信设备制造业 Manufacture of Electronic Equipment and Communication Equipment	**2346833**	**15573788**	**23652059**	**26330614**	**31693781**	**37616291**
1.通信设备制造 Manufacture of Communication Equipment	554637	2396229	2902903	2263181	2837934	3435253
#通信传输设备制造 Manufacture of Communication Transmitting Equipment	61861	308751	310562	272809	387067	458958
通信交换设备制造 Manufacture of Communication Exchanging Equipment	164705	499130	489240	455587	389600	343995
通信终端设备制造 Manufacture of Communication Terminal Equipment	175742	700590	471160	464226	437835	419077
2.雷达及配套设备制造 Manufacture of Radar and Its Fittings	113183	205378	318779	283553	312110	361078
3.广播电视设备制造 Manufacture of Broadcasting and TV Equipment	23232	94001	209760	225798	350842	372971
4.电子器件制造 Manufacture of Electronic Appliances	624530	5642434	10381724	12308526	15296141	17470423
#电子真空器件制造 Manufacture of Electronic Vacuum Appliances	146891	1447121	2344442	2404901	2299595	2125454
半导体分立器件制造 Manufacture of Semiconductor Discreting Appliances	240207	1106608	1458418	1585608	1834199	1491035
集成电路制造 Manufacture of Integrate Circuit	237431	2245095	4774404	6196305	7982756	9128630
5.电子元件制造 Manufacture of Electronic Components	694704	5330332	7883212	8443630	9843363	12359550
6.家用视听设备制造 Manufacture of Domestic TV Set and Radio Receiver	252542	1524442	1789296	2449444	2630476	2834310
7.其他电子设备制造 Manufacture of Other Electronic Equipment	84006	380972	166385	356483	422915	782706
电子计算机及办公设备制造业 Manufacture of Computers and Office Equipments	**405421**	**2769570**	**3410801**	**4093127**	**3843863**	**4141552**
1.电子计算机整机制造 Manufacture of Entired Computer	127581	689581	691703	835662	625293	659140
2.电子计算机外部设备制造 Manufacture of Computer Peripheral Equipment	180474	1622145	2366679	2915422	2764602	3026127
3.办公设备制造 Manufacture of Office Equipment	97366	457844	352419	342042	453968	456285
医疗设备及仪器仪表制造业 Manufacture of Medical Equipments and Measuring Instrument	**547025**	**1903722**	**2162707**	**2631090**	**3020157**	**3991624**
1.医疗设备及器械制造 Manufacture of Medical Equipment and Appliances	121999	283020	441303	535265	690780	873391
2.仪器仪表制造 Manufacture of Measuring Instrument	425026	1620702	1721404	2095825	2329376	3118233

2-54 中型企业微电子控制设备原价

Original Value of Micro-electronic Equipments of Medium-sized Enterprises

单位：万元 (10000 yuan)

行业 Industry	1995	2000	2003	2004	2005	2006	2007
合计 Total	**202585**	**655427**	**4215574**	**5607517**	**6133530**	**8013350**	**10115192**
医药制造业 Manufacture of Medicines	**23108**	**82960**	**426109**	**536908**	**645267**	**830465**	**950832**
#化学药品制造 Manufacture of Chemical Medicine	19158	47761	257894	282926	337681	457625	545297
中成药制造 Manufacture of Finished Traditional Chinese Herbal Medicine	3919	17068	50112	137011	198811	191331	180863
生物、生化制品的制造 Manufacture of Biological and Biochemical Chemical Products		17743	75441	97995	84911	142219	143894
航空航天器制造业 Manufacture of Aircrafts and Spacecrafts	**5824**	**34022**	**154547**	**162240**	**171578**	**144538**	**165863**
1.飞机制造及修理 Manufacture and Repairing of Airplanes	3877	26375	122832	140602	149871	125893	129949
2.航天器制造 Manufacture of Spacecrafts	1947	7647	31715	21638	21707	18645	35914
电子及通信设备制造业 Manufacture of Electronic Equipment and Communication Equipment	**138362**	**425639**	**3243058**	**4351543**	**4773612**	**5893749**	**7780014**
1.通信设备制造 Manufacture of Communication Equipment	22622	84692	288145	419199	272820	488219	412184
#通信传输设备制造 Manufacture of Communication Transmitting Equipment	1979	2530	21939	18443	27282	51221	54303
通信交换设备制造 Manufacture of Communication Exchanging Equipment	12613	54821	66997	63947	42798	63502	36013
通信终端设备制造 Manufacture of Communication Terminal Equipment	6919	16163	151039	44006	72071	73305	85577
2.雷达及配套设备制造 Manufacture of Radar and Its Fittings	2831	3352	19447	41081	19505	32297	44365
3.广播电视设备制造 Manufacture of Broadcasting and TV Equipment	285	969	4135	11476	16394	44254	93774
4.电子器件制造 Manufacture of Electronic Appliances	46689	179165	1880263	2650625	3250830	3334648	4669087
#电子真空器件制造 Manufacture of Electronic Vacuum Appliances	810	3235	44785	106502	620843	131278	404049
半导体分立器件制造 Manufacture of Semiconductor Discreting Appliances	34731	27919	271335	580426	673988	324362	346141
集成电路制造 Manufacture of Integrate Circuit	11148	148011	1433424	1709619	1689229	2273598	2596718
5.电子元件制造 Manufacture of Electronic Components	52530	125428	708312	997568	973148	1586704	1847955
6.家用视听设备制造 Manufacture of Domestic TV Set and Radio Receiver	11020	21410	321441	214687	212896	368767	585029
7.其他电子设备制造 Manufacture of Other Electronic Equipment	2387	10623	21315	16906	28018	38860	127622
电子计算机及办公设备制造业 Manufacture of Computers and Office Equipments	**13216**	**62823**	**205947**	**358761**	**329934**	**815882**	**807551**
1.电子计算机整机制造 Manufacture of Entired Computer	6826	16616	48188	71607	79563	91161	119154
2.电子计算机外部设备制造 Manufacture of Computer Peripheral Equipment	5752	43890	114733	256956	221192	615042	601125
3.办公设备制造 Manufacture of Office Equipment	638	2317	43026	30199	29179	109680	87272
医疗设备及仪器仪表制造业 Manufacture of Medical Equipments and Measuring Instrument	**22074**	**49983**	**185913**	**198065**	**213140**	**328717**	**410932**
1.医疗设备及器械制造 Manufacture of Medical Equipment and Appliances	1203	16572	19706	20484	14158	72171	66689
2.仪器仪表制造 Manufacture of Measuring Instrument	20871	33411	166207	177581	198982	256545	344243

2-55 中型企业R&D活动人员折合全时当量

Full-time Equivalent of R&D Personnel of Medium-sized Enterprises

单位：人年 (man.year)

行 业 Industry	1995	2000	2003	2004	2005	2006	2007
合计 **Total**	**10844**	**19953**	**59428**	**52967**	**65828**	**70644**	**86259**
医药制造业 **Manufacture of Medicines**	**3159**	**4595**	**11476**	**10191**	**12966**	**16798**	**19008**
#化学药品制造 Manufacture of Chemical Medicine	2211	2418	6907	5779	7390	10051	10890
中成药制造 Manufacture of Finished Traditional Chinese Herbal Medicine	895	1507	1959	2398	3541	4047	4210
生物、生化制品的制造 Manufacture of Biological and Biochemical Chemical Products	43	649	1094	1235	1534	1706	2769
航空航天器制造业 **Manufacture of Aircrafts and Spacecrafts**	**1253**	**2617**	**8672**	**5587**	**6963**	**5534**	**5432**
1.飞机制造及修理 Manufacture and Repairing of Airplanes	1211	2291	7556	4527	5511	3649	3180
2.航天器制造 Manufacture of Spacecrafts	42	326	1116	1060	1452	1885	2252
电子及通信设备制造业 **Manufacture of Electronic Equipment and Communication Equipment**	**4204**	**9640**	**27589**	**23209**	**32522**	**33160**	**41729**
1.通信设备制造 Manufacture of Communication Equipment	1024	3950	10998	6948	9899	8592	11138
#通信传输设备制造 Manufacture of Communication Transmitting Equipment	133	285	2229	825	786	1408	2517
通信交换设备制造 Manufacture of Communication Exchanging Equipment	294	2882	3318	1587	1830	1043	530
通信终端设备制造 Manufacture of Communication Terminal Equipment	279	349	2040	1052	2845	2452	1471
2.雷达及配套设备制造 Manufacture of Radar and Its Fittings	479	271	687	1134	958	1175	2191
3.广播电视设备制造 Manufacture of Broadcasting and TV Equipment	169	97	251	735	1454	1319	1492
4.电子器件制造 Manufacture of Electronic Appliances	929	2313	4610	5966	8864	6685	8435
#电子真空器件制造 Manufacture of Electronic Vacuum Appliances	272	717	1867	2022	1066	924	657
半导体分立器件制造 Manufacture of Semiconductor Discreting Appliances	499	972	502	1070	1832	1714	1852
集成电路制造 Manufacture of Integrate Circuit	158	624	1688	1255	2568	2162	2929
5.电子元件制造 Manufacture of Electronic Components	792	809	6552	5709	7594	10209	13702
6.家用视听设备制造 Manufacture of Domestic TV Set and Radio Receiver	699	806	2394	2442	2870	3716	2956
7.其他电子设备制造 Manufacture of Other Electronic Equipment	112	1394	2096	275	883	1465	1816
电子计算机及办公设备制造业 **Manufacture of Computers and Office Equipments**	**391**	**934**	**5055**	**7138**	**5875**	**5294**	**6759**
1.电子计算机整机制造 Manufacture of Entired Computer	243	616	2278	2179	2087	1309	844
2.电子计算机外部设备制造 Manufacture of Computer Peripheral Equipment	147	218	2071	4184	3578	3759	4956
3.办公设备制造 Manufacture of Office Equipment	1	101	706	774	211	226	958
医疗设备及仪器仪表制造业 **Manufacture of Medical Equipments and Measuring Instrument**	**1837**	**2166**	**6635**	**6842**	**7501**	**9858**	**13332**
1.医疗设备及器械制造 Manufacture of Medical Equipment and Appliances	487	599	759	1326	1262	1708	2342
2.仪器仪表制造 Manufacture of Measuring Instrument	1350	1568	5876	5516	6239	8151	10990

2-56 中型企业R&D经费内部支出

Intramural Expenditure for R&D of Medium-sized Enterprises

单位：万元 (10000 yuan)

行 业 Industry	1995	2000	2003	2004	2005	2006	2007
合计 **Total**	**31030**	**227610**	**809686**	**1050706**	**1370966**	**1621037**	**1869942**
医药制造业 **Manufacture of Medicines**	**13301**	**42470**	**175580**	**206541**	**251628**	**334924**	**397888**
#化学药品制造 Manufacture of Chemical Medicine	9779	19458	106816	127496	173474	233689	248126
中成药制造 Manufacture of Finished Traditional Chinese Herbal Medicine	3260	14157	33302	51042	43988	60471	72747
生物、生化制品的制造 Manufacture of Biological and Biochemical Chemical Products	77	8713	12836	16769	22955	30592	55225
航空航天器制造业 **Manufacture of Aircrafts and Spacecrafts**	**2660**	**12889**	**45467**	**63602**	**74260**	**73040**	**80382**
1.飞机制造及修理 Manufacture and Repairing of Airplanes	2451	11077	41078	38609	45876	34724	35175
2.航天器制造 Manufacture of Spacecrafts	209	1812	4389	24993	28384	38316	45207
电子及通信设备制造业 **Manufacture of Electronic Equipment and Communication Equipment**	**9722**	**127707**	**465952**	**548342**	**790432**	**923524**	**970638**
1.通信设备制造 Manufacture of Communication Equipment	4065	73641	204109	203899	232930	240706	299861
#通信传输设备制造 Manufacture of Communication Transmitting Equipment	339	1334	57533	13599	17617	35399	36432
通信交换设备制造 Manufacture of Communication Exchanging Equipment	2255	58520	43982	35799	37183	23113	14306
通信终端设备制造 Manufacture of Communication Terminal Equipment	554	8602	27737	16297	41166	29557	12520
2.雷达及配套设备制造 Manufacture of Radar and Its Fittings	628	1012	8580	15137	11265	13986	21394
3.广播电视设备制造 Manufacture of Broadcasting and TV Equipment	134	186	5791	17017	15912	22195	21421
4.电子器件制造 Manufacture of Electronic Appliances	1634	7873	95112	150312	210872	230835	223798
#电子真空器件制造 Manufacture of Electronic Vacuum Appliances	445	386	30612	35106	17834	33783	25160
半导体分立器件制造 Manufacture of Semiconductor Discreting Appliances	864	2409	21344	17749	23160	26748	28888
集成电路制造 Manufacture of Integrate Circuit	325	5079	19711	59001	72695	109619	100203
5.电子元件制造 Manufacture of Electronic Components	1926	12449	80560	98405	137324	217057	270550
6.家用视听设备制造 Manufacture of Domestic TV Set and Radio Receiver	1244	21570	46032	59525	172295	184282	110062
7.其他电子设备制造 Manufacture of Other Electronic Equipment	91	10976	25768	4048	9835	14461	23552
电子计算机及办公设备制造业 **Manufacture of Computers and Office Equipments**	**2268**	**24861**	**66913**	**147446**	**144058**	**134165**	**199954**
1.电子计算机整机制造 Manufacture of Entired Computer	1312	19550	32738	30731	60914	39305	16832
2.电子计算机外部设备制造 Manufacture of Computer Peripheral Equipment	955	5122	27067	98865	79797	87027	167079
3.办公设备制造 Manufacture of Office Equipment	1	189	7108	17851	3347	7834	16044
医疗设备及仪器仪表制造业 **Manufacture of Medical Equipments and Measuring Instrument**	**3079**	**19683**	**55774**	**84775**	**110587**	**155384**	**221080**
1.医疗设备及器械制造 Manufacture of Medical Equipment and Appliances	1017	3139	9099	16788	34481	38900	48631
2.仪器仪表制造 Manufacture of Measuring Instrument	2062	16544	46675	67987	76107	116484	172449

2-57 中型企业科技活动人员

Personnel for S&T Activities of Medium-sized Enterprises

单位：人 (person)

行业 Industry	1995	2000	2003	2004	2005	2006	2007
合计 Total	**57136**	**56447**	**146535**	**146023**	**156685**	**183940**	**214934**
医药制造业 Manufacture of Medicines	**10222**	**13835**	**30623**	**33642**	**34302**	**42122**	**48307**
#化学药品制造 Manufacture of Chemical Medicine	6890	7814	18117	19268	19730	23620	26951
中成药制造 Manufacture of Finished Traditional Chinese Herbal Medicine	3083	4261	5530	8506	9807	11379	11901
生物、生化制品的制造 Manufacture of Biological and Biochemical Chemical Products	148	1670	2159	3811	3400	4087	5427
航空航天器制造业 Manufacture of Aircrafts and Spacecrafts	**5287**	**6503**	**23102**	**17854**	**14593**	**15489**	**13812**
1.飞机制造及修理 Manufacture and Repairing of Airplanes	4388	4725	19990	15070	11299	11997	10066
2.航天器制造 Manufacture of Spacecrafts	899	1778	3112	2784	3294	3492	3746
电子及通信设备制造业 Manufacture of Electronic Equipment and Communication Equipment	**27320**	**24356**	**64133**	**65178**	**76253**	**89824**	**104506**
1.通信设备制造 Manufacture of Communication Equipment	5849	9419	19727	17952	20948	21486	22984
#通信传输设备制造 Manufacture of Communication Transmitting Equipment	782	819	4763	3337	3244	4415	5523
通信交换设备制造 Manufacture of Communication Exchanging Equipment	2570	5010	5040	3383	3513	3236	1339
通信终端设备制造 Manufacture of Communication Terminal Equipment	1343	1714	4462	4293	4763	5233	4004
2.雷达及配套设备制造 Manufacture of Radar and Its Fittings	2903	1839	4248	3257	2334	2592	3808
3.广播电视设备制造 Manufacture of Broadcasting and TV Equipment	462	276	942	1913	2991	3510	4579
4.电子器件制造 Manufacture of Electronic Appliances	6547	4572	11691	15091	18629	18654	20106
#电子真空器件制造 Manufacture of Electronic Vacuum Appliances	1135	937	5129	5166	3855	3110	2401
半导体分立器件制造 Manufacture of Semiconductor Discreting Appliances	4720	2432	1740	3127	4024	4109	4597
集成电路制造 Manufacture of Integrate Circuit	692	1203	3027	2909	4293	5763	6438
5.电子元件制造 Manufacture of Electronic Components	6771	4257	19172	19609	21966	30184	38473
6.家用视听设备制造 Manufacture of Domestic TV Set and Radio Receiver	4264	2017	5009	6622	6721	9808	10035
7.其他电子设备制造 Manufacture of Other Electronic Equipment	524	1976	3344	734	2664	3590	4521
电子计算机及办公设备制造业 Manufacture of Computers and Office Equipments	**2163**	**3633**	**11186**	**13727**	**13134**	**12673**	**18091**
1.电子计算机整机制造 Manufacture of Entired Computer	1382	2519	5857	4630	4414	3583	3069
2.电子计算机外部设备制造 Manufacture of Computer Peripheral Equipment	673	864	3963	7442	7630	8314	13167
3.办公设备制造 Manufacture of Office Equipment	108	250	1366	1655	1090	776	1855
医疗设备及仪器仪表制造业 Manufacture of Medical Equipments and Measuring Instrument	**12144**	**8120**	**17491**	**15622**	**18403**	**23832**	**30218**
1.医疗设备及器械制造 Manufacture of Medical Equipment and Appliances	1531	1742	2134	2719	3681	3945	5068
2.仪器仪表制造 Manufacture of Measuring Instrument	10613	6378	15357	12903	14722	19887	25150

2-58 中型企业科技活动人员中科学家和工程师

Scientists and Engineers in S&T Personnel of Medium-sized Enterprises

单位：人 (person)

行业 Industry	1995	2000	2003	2004	2005	2006	2007
合计 Total	**22759**	**36709**	**93058**	**87498**	**105044**	**120693**	**143592**
医药制造业 Manufacture of Medicines	**3841**	**8384**	**20247**	**21692**	**23737**	**28093**	**31777**
#化学药品制造 Manufacture of Chemical Medicine	2504	4088	11442	12380	13148	15080	17143
中成药制造 Manufacture of Finished Traditional Chinese Herbal Medicine	1206	2868	4110	5746	7064	8071	8307
生物、生化制品的制造 Manufacture of Biological and Biochemical Chemical Products	74	1366	1555	2090	2604	2957	4115
航空航天器制造业 Manufacture of Aircrafts and Spacecrafts	**1777**	**4132**	**11503**	**8409**	**8195**	**8488**	**7820**
1.飞机制造及修理 Manufacture and Repairing of Airplanes	1390	3004	9733	6977	6440	6631	5569
2.航天器制造 Manufacture of Spacecrafts	387	1128	1770	1432	1755	1857	2251
电子及通信设备制造业 Manufacture of Electronic Equipment and Communication Equipment	**10631**	**16184**	**41686**	**39295**	**50737**	**58537**	**70210**
1.通信设备制造 Manufacture of Communication Equipment	2854	7388	15129	13401	15450	16149	18900
#通信传输设备制造 Manufacture of Communication Transmitting Equipment	496	657	3159	2250	1939	3362	4295
通信交换设备制造 Manufacture of Communication Exchanging Equipment	1220	4672	4232	2718	2814	2084	1066
通信终端设备制造 Manufacture of Communication Terminal Equipment	680	1351	3108	2809	3252	3731	3312
2.雷达及配套设备制造 Manufacture of Radar and Its Fittings	1139	1373	2435	1771	1745	1469	2531
3.广播电视设备制造 Manufacture of Broadcasting and TV Equipment	182	148	769	1409	2276	2167	3074
4.电子器件制造 Manufacture of Electronic Appliances	2149	1963	6724	7646	11712	12821	13569
#电子真空器件制造 Manufacture of Electronic Vacuum Appliances	471	218	2493	1990	1639	1860	1713
半导体分立器件制造 Manufacture of Semiconductor Discreting Appliances	1456	1266	1440	1414	2190	2711	2808
集成电路制造 Manufacture of Integrate Circuit	222	479	1771	2101	2866	4449	4199
5.电子元件制造 Manufacture of Electronic Components	2400	2352	10475	10014	12666	17491	20761
6.家用视听设备制造 Manufacture of Domestic TV Set and Radio Receiver	1577	1060	3459	4577	5217	6367	7754
7.其他电子设备制造 Manufacture of Other Electronic Equipment	330	1900	2695	477	1671	2073	3621
电子计算机及办公设备制造业 Manufacture of Computers and Office Equipments	**1248**	**2949**	**7981**	**8452**	**9212**	**9300**	**12835**
1.电子计算机整机制造 Manufacture of Entired Computer	738	1941	3996	2475	3150	2315	1920
2.电子计算机外部设备制造 Manufacture of Computer Peripheral Equipment	448	820	3187	5046	5313	6386	9528
3.办公设备制造 Manufacture of Office Equipment	62	188	798	931	749	599	1387
医疗设备及仪器仪表制造业 Manufacture of Medical Equipments and Measuring Instrument	**5262**	**5060**	**11641**	**9650**	**13163**	**16275**	**20950**
1.医疗设备及器械制造 Manufacture of Medical Equipment and Appliances	649	1213	1426	2015	2447	2379	3134
2.仪器仪表制造 Manufacture of Measuring Instrument	4613	3847	10215	7635	10716	13896	17816

2-59 中型企业科技活动经费筹集额

Sources of Funds for S&T Activities of Medium-sized Enterprises

单位：万元 (10000 yuan)

行业 Industry	1995	2000	2003	2004	2005	2006	2007
合计 Total	**149216**	**499296**	**1678596**	**2441158**	**2814973**	**3096058**	**3972755**
医药制造业 Manufacture of Medicines	**39062**	**120364**	**431610**	**522219**	**575862**	**660949**	**768835**
#化学药品制造 Manufacture of Chemical Medicine	29289	53350	278322	355357	389978	433274	467859
中成药制造 Manufacture of Finished Traditional Chinese Herbal Medicine	8595	49189	84991	117900	121221	141118	163852
生物、生化制品的制造 Manufacture of Biological and Biochemical Chemical Products	358	17571	22229	30102	41469	57120	90387
航空航天器制造业 Manufacture of Aircrafts and Spacecrafts	**12065**	**18093**	**89852**	**105312**	**125519**	**120484**	**131635**
1.飞机制造及修理 Manufacture and Repairing of Airplanes	9799	14804	81201	68119	87882	78660	82402
2.航天器制造 Manufacture of Spacecrafts	2265	3289	8651	37192	37636	41825	49234
电子及通信设备制造业 Manufacture of Electronic Equipment and Communication Equipment	**63411**	**200610**	**923182**	**1357228**	**1651424**	**1789406**	**2072734**
1.通信设备制造 Manufacture of Communication Equipment	16417	109286	340627	500889	570084	536373	514124
#通信传输设备制造 Manufacture of Communication Transmitting Equipment	1939	2891	68840	37138	32098	52446	79013
通信交换设备制造 Manufacture of Communication Exchanging Equipment	7718	70709	71065	72094	85910	31281	102296
通信终端设备制造 Manufacture of Communication Terminal Equipment	4367	21745	95056	90001	118025	70565	52313
2.雷达及配套设备制造 Manufacture of Radar and Its Fittings	3815	4047	19335	25455	20351	24027	38224
3.广播电视设备制造 Manufacture of Broadcasting and TV Equipment	364	295	9425	20566	35410	44061	44802
4.电子器件制造 Manufacture of Electronic Appliances	10330	18288	206589	311488	374990	428453	385733
#电子真空器件制造 Manufacture of Electronic Vacuum Appliances	1931	3109	66001	76761	35295	52476	62911
半导体分立器件制造 Manufacture of Semiconductor Discreting Appliances	7218	6959	45866	25255	40956	57154	58409
集成电路制造 Manufacture of Integrate Circuit	1181	8220	61675	133404	168116	184421	150611
5.电子元件制造 Manufacture of Electronic Components	20570	25669	185195	244302	340505	431937	724864
6.家用视听设备制造 Manufacture of Domestic TV Set and Radio Receiver	9380	27530	143370	247972	292321	293542	320640
7.其他电子设备制造 Manufacture of Other Electronic Equipment	2536	15495	18641	6556	17763	31014	44347
电子计算机及办公设备制造业 Manufacture of Computers and Office Equipments	**7949**	**120506**	**122735**	**324799**	**266208**	**243785**	**576300**
1.电子计算机整机制造 Manufacture of Entired Computer	4237	85499	58126	61154	98570	72326	64588
2.电子计算机外部设备制造 Manufacture of Computer Peripheral Equipment	3492	24778	48241	239997	153374	152354	480813
3.办公设备制造 Manufacture of Office Equipment	220	10229	16368	23649	14264	19106	30900
医疗设备及仪器仪表制造业 Manufacture of Medical Equipments and Measuring Instrument	**26730**	**39724**	**111217**	**131600**	**195962**	**281433**	**423252**
1.医疗设备及器械制造 Manufacture of Medical Equipment and Appliances	4325	12153	16333	23839	47240	63454	71873
2.仪器仪表制造 Manufacture of Measuring Instrument	22405	27571	94884	107762	148721	217979	351379

2-60 中型企业科技活动经费筹集额中政府资金
Government Funds in the Sources of Funds for S&T Activities of Medium-sized Enterprises

单位：万元 (10000 yuan)

行　业 Industry	1995	2000	2003	2004	2005	2006	2007
合计 Total	**8403**	**16534**	**93627**	**115633**	**126030**	**141183**	**164224**
医药制造业 Manufacture of Medicines	**488**	**3915**	**12627**	**24926**	**23616**	**26850**	**34902**
#化学药品制造 Manufacture of Chemical Medicine	414	1404	6408	12760	11006	13461	16128
中成药制造 Manufacture of Finished Traditional Chinese Herbal Medicine	68	1637	3275	8805	6683	6188	9113
生物、生化制品的制造 Manufacture of Biological and Biochemical Chemical Products		874	908	2088	4789	4418	7127
航空航天器制造业 Manufacture of Aircrafts and Spacecrafts	**1908**	**4841**	**31319**	**29615**	**22173**	**19789**	**22721**
1.飞机制造及修理 Manufacture and Repairing of Airplanes	1711	3790	29467	28628	20184	19002	21539
2.航天器制造 Manufacture of Spacecrafts	197	1051	1852	987	1989	787	1182
电子及通信设备制造业 Manufacture of Electronic Equipment and Communication Equipment	**4495**	**6132**	**35012**	**41269**	**62796**	**72086**	**65298**
1.通信设备制造 Manufacture of Communication Equipment	927	1943	9587	16203	27487	33629	14641
#通信传输设备制造 Manufacture of Communication Transmitting Equipment	135	314	4134	6258	1119	8026	4312
通信交换设备制造 Manufacture of Communication Exchanging Equipment	672	1442	1358	1537	5569	1793	1133
通信终端设备制造 Manufacture of Communication Terminal Equipment	94	52	2789	6545	14009	20131	914
2.雷达及配套设备制造 Manufacture of Radar and Its Fittings	380	89	6036	2188	1123	2617	1583
3.广播电视设备制造 Manufacture of Broadcasting and TV Equipment	34	65	539	847	1480	1551	1107
4.电子器件制造 Manufacture of Electronic Appliances	2296	2713	10673	10664	22139	18184	24339
#电子真空器件制造 Manufacture of Electronic Vacuum Appliances	59		5692	2456	3188	4030	5882
半导体分立器件制造 Manufacture of Semiconductor Discreting Appliances	1759	2308	3258	2387	4277	3110	4220
集成电路制造 Manufacture of Integrate Circuit	478	405	988	2301	7115	7098	9749
5.电子元件制造 Manufacture of Electronic Components	672	1057	5252	9407	7225	9309	18694
6.家用视听设备制造 Manufacture of Domestic TV Set and Radio Receiver	122	135	2088	1474	1419	2483	1997
7.其他电子设备制造 Manufacture of Other Electronic Equipment	64	131	837	487	1924	4312	2937
电子计算机及办公设备制造业 Manufacture of Computers and Office Equipments	**372**	**400**	**5813**	**8251**	**6374**	**7168**	**14179**
1.电子计算机整机制造 Manufacture of Entired Computer	305	280	1488	2309	2157	2419	3651
2.电子计算机外部设备制造 Manufacture of Computer Peripheral Equipment	65	120	4230	5283	3946	4673	9331
3.办公设备制造 Manufacture of Office Equipment	2		95	659	272	76	1197
医疗设备及仪器仪表制造业 Manufacture of Medical Equipments and Measuring Instrument	**1142**	**1246**	**8856**	**11571**	**11072**	**15292**	**27125**
1.医疗设备及器械制造 Manufacture of Medical Equipment and Appliances	91	414	230	3780	2700	3586	2648
2.仪器仪表制造 Manufacture of Measuring Instrument	1051	832	8626	7791	8372	11706	24477

2-61 中型企业科技活动经费筹集额中企业资金
Funds Raised by Enterprises in the Sources of Funds for S&T Activities of Medium-sized Enterprises

单位：万元 (10000 yuan)

行业 Industry	1995	2000	2003	2004	2005	2006	2007
合计 Total	**98465**	**386040**	**1385883**	**2103123**	**2449612**	**2748793**	**3499403**
医药制造业 Manufacture of Medicines	**26459**	**96438**	**356932**	**447262**	**499656**	**577196**	**688420**
#化学药品制造 Manufacture of Chemical Medicine	18756	41044	235321	308690	350460	391247	426394
中成药制造 Manufacture of Finished Traditional Chinese Herbal Medicine	6778	40734	69497	99151	92016	116986	141170
生物、生化制品的制造 Manufacture of Biological and Biochemical Chemical Products	158	14407	17258	26708	35602	47871	79518
航空航天器制造业 Manufacture of Aircrafts and Spacecrafts	**7340**	**11067**	**46000**	**71798**	**89253**	**87535**	**89913**
1.飞机制造及修理 Manufacture and Repairing of Airplanes	5552	9884	39756	35658	53678	46497	41861
2.航天器制造 Manufacture of Spacecrafts	1788	1183	6244	36140	35575	41038	48052
电子及通信设备制造业 Manufacture of Electronic Equipment and Communication Equipment	**43612**	**147827**	**782818**	**1171100**	**1456497**	**1626825**	**1851945**
1.通信设备制造 Manufacture of Communication Equipment	14496	65445	283858	419269	470514	479993	474081
#通信传输设备制造 Manufacture of Communication Transmitting Equipment	1804	1762	59666	26152	24305	34648	63078
通信交换设备制造 Manufacture of Communication Exchanging Equipment	6172	36898	46881	57775	69165	24229	97474
通信终端设备制造 Manufacture of Communication Terminal Equipment	4265	15234	78952	83253	99779	50164	50447
2.雷达及配套设备制造 Manufacture of Radar and Its Fittings	2894	2554	8943	18702	17647	20605	23380
3.广播电视设备制造 Manufacture of Broadcasting and TV Equipment	266	220	8329	19389	25530	38761	40127
4.电子器件制造 Manufacture of Electronic Appliances	5263	14614	176690	256050	343891	394720	341143
#电子真空器件制造 Manufacture of Electronic Vacuum Appliances	1572	3109	57309	72398	30353	47440	56540
半导体分立器件制造 Manufacture of Semiconductor Discreting Appliances	3274	3903	34128	22308	35963	51875	52019
集成电路制造 Manufacture of Integrate Circuit	418	7602	57127	114226	159265	175023	138389
5.电子元件制造 Manufacture of Electronic Components	12279	23760	156834	216356	299818	383141	623334
6.家用视听设备制造 Manufacture of Domestic TV Set and Radio Receiver	7597	26765	133482	235514	284744	285919	308995
7.其他电子设备制造 Manufacture of Other Electronic Equipment	817	14470	14682	5819	14352	23686	40885
电子计算机及办公设备制造业 Manufacture of Computers and Office Equipments	**5389**	**100213**	**106701**	**305275**	**235690**	**215558**	**509569**
1.电子计算机整机制造 Manufacture of Entired Computer	2214	68576	53757	56177	85737	65221	54915
2.电子计算机外部设备制造 Manufacture of Computer Peripheral Equipment	2957	21408	38171	227278	137751	134750	428526
3.办公设备制造 Manufacture of Office Equipment	218	10229	14773	21819	12202	15587	26128
医疗设备及仪器仪表制造业 Manufacture of Medical Equipments and Measuring Instrument	**15664**	**30495**	**93432**	**107689**	**168516**	**241678**	**359557**
1.医疗设备及器械制造 Manufacture of Medical Equipment and Appliances	3557	7936	14297	18611	41890	58408	65005
2.仪器仪表制造 Manufacture of Measuring Instrument	12108	22559	79135	89078	126626	183271	294551

2-62 中型企业科技活动经费筹集额中金融机构贷款

Loans from Financial Institutions in the Sources of Funds for S&T Activities of Medium-sized Enterprises

单位：万元　　　　(10000 yuan)

行业 Industry	1995	2000	2003	2004	2005	2006	2007
合计 **Total**	**37944**	**81217**	**145150**	**159547**	**164621**	**163774**	**233820**
医药制造业 **Manufacture of Medicines**	**11871**	**18801**	**42897**	**46470**	**34947**	**51308**	**42063**
#化学药品制造 Manufacture of Chemical Medicine	9913	10033	21838	32521	21939	26311	24436
中成药制造 Manufacture of Finished Traditional Chinese Herbal Medicine	1710	6489	10614	8975	11958	16445	12852
生物、生化制品的制造 Manufacture of Biological and Biochemical Chemical Products	200	2280	2336	500	700	4220	2050
航空航天器制造业 **Manufacture of Aircrafts and Spacecrafts**	**2331**	**315**	**9119**	**755**	**9153**	**10402**	**10720**
1.飞机制造及修理 Manufacture and Repairing of Airplanes	2051		9030	755	9153	10402	10720
2.航天器制造 Manufacture of Spacecrafts	280	315	89				
电子及通信设备制造业 **Manufacture of Electronic Equipment and Communication Equipment**	**13577**	**37967**	**76777**	**93282**	**85369**	**74602**	**115879**
1.通信设备制造 Manufacture of Communication Equipment	857	33980	27098	39872	36397	18855	17514
#通信传输设备制造 Manufacture of Communication Transmitting Equipment			3200	4250	3828	6685	7204
通信交换设备制造 Manufacture of Communication Exchanging Equipment	834	31900	9061	12482	11176	4650	520
通信终端设备制造 Manufacture of Communication Terminal Equipment	8		13205	204	2204	270	700
2.雷达及配套设备制造 Manufacture of Radar and Its Fittings	292	1400	1500	2700		780	600
3.广播电视设备制造 Manufacture of Broadcasting and TV Equipment	10	10	500	200	8400	3600	3474
4.电子器件制造 Manufacture of Electronic Appliances	2694	552	16836	30825	5647	14452	14775
#电子真空器件制造 Manufacture of Electronic Vacuum Appliances	300		2800	620			
半导体分立器件制造 Manufacture of Semiconductor Discreting Appliances	2113	552	8450	560	715	2168	1507
集成电路制造 Manufacture of Integrate Circuit	281		3560	11848	1220	2300	1190
5.电子元件制造 Manufacture of Electronic Components	6531	744	21796	15716	30205	29315	73959
6.家用视听设备制造 Manufacture of Domestic TV Set and Radio Receiver	1593	430	6000	3720	3370	4600	5057
7.其他电子设备制造 Manufacture of Other Electronic Equipment	1600	850	3047	250	1350	3000	500
电子计算机及办公设备制造业 **Manufacture of Computers and Office Equipments**	**1695**	**18120**	**9520**	**9221**	**21447**	**8146**	**42385**
1.电子计算机整机制造 Manufacture of Entired Computer	1265	14870	2180	1850	10465	2146	4456
2.电子计算机外部设备制造 Manufacture of Computer Peripheral Equipment	430	3250	5840	6200	9192	3610	37269
3.办公设备制造 Manufacture of Office Equipment			1500	1171	1790	2390	660
医疗设备及仪器仪表制造业 **Manufacture of Medical Equipments and Measuring Instrument**	**8470**	**6014**	**6837**	**9820**	**13705**	**19317**	**22773**
1.医疗设备及器械制造 Manufacture of Medical Equipment and Appliances	677	3600	1260	1380	2650	1460	4219
2.仪器仪表制造 Manufacture of Measuring Instrument	7793	2414	5577	8440	11055	17856	18554

2-63 中型企业科技活动经费内部支出

Intramural Expenditure for S&T Activities of Medium-sized Enterprises

单位：万元 (10000 yuan)

行业 Industry	1995	2000	2003	2004	2005	2006	2007
合计 Total	**130834**	**374267**	**1409001**	**2064958**	**2475276**	**2977573**	**3736249**
医药制造业 Manufacture of Medicines	**29246**	**87554**	**332191**	**460000**	**514058**	**631141**	**748156**
#化学药品制造 Manufacture of Chemical Medicine	21174	42423	209141	314788	347361	428317	450776
中成药制造 Manufacture of Finished Traditional Chinese Herbal Medicine	7245	28275	64120	99601	91879	121086	139828
生物、生化制品的制造 Manufacture of Biological and Biochemical Chemical Products	184	15973	20016	28116	50131	58132	93701
航空航天器制造业 Manufacture of Aircrafts and Spacecrafts	**9919**	**20059**	**82243**	**110500**	**128597**	**127553**	**141860**
1.飞机制造及修理 Manufacture and Repairing of Airplanes	7817	17414	73864	76855	89830	81465	88114
2.航天器制造 Manufacture of Spacecrafts	2102	2645	8379	33646	38766	46088	53746
电子及通信设备制造业 Manufacture of Electronic Equipment and Communication Equipment	**60435**	**180898**	**786394**	**1128504**	**1400330**	**1684471**	**2040656**
1.通信设备制造 Manufacture of Communication Equipment	17443	94704	266235	330215	327194	331425	525096
#通信传输设备制造 Manufacture of Communication Transmitting Equipment	2217	2500	63326	38771	33661	53892	79649
通信交换设备制造 Manufacture of Communication Exchanging Equipment	7855	62446	59520	61602	44366	32265	101095
通信终端设备制造 Manufacture of Communication Terminal Equipment	5176	15004	42659	37661	56081	51616	55002
2.雷达及配套设备制造 Manufacture of Radar and Its Fittings	4290	3530	18856	26672	23382	32959	78391
3.广播电视设备制造 Manufacture of Broadcasting and TV Equipment	408	277	8739	29075	33437	47440	41656
4.电子器件制造 Manufacture of Electronic Appliances	10083	17631	163129	321667	473990	541408	491312
#电子真空器件制造 Manufacture of Electronic Vacuum Appliances	1890	3301	55006	67792	37399	49905	56960
半导体分立器件制造 Manufacture of Semiconductor Discreting Appliances	6865	6297	27042	28279	38534	59210	69408
集成电路制造 Manufacture of Integrate Circuit	1329	8033	46767	137093	255325	302940	164848
5.电子元件制造 Manufacture of Electronic Components	17605	23791	150091	263357	262566	410696	596877
6.家用视听设备制造 Manufacture of Domestic TV Set and Radio Receiver	8364	25400	96920	151141	262685	293885	263669
7.其他电子设备制造 Manufacture of Other Electronic Equipment	2242	15566	82424	6378	17077	26658	43655
电子计算机及办公设备制造业 Manufacture of Computers and Office Equipments	**6986**	**50291**	**107634**	**223285**	**239432**	**256965**	**378008**
1.电子计算机整机制造 Manufacture of Entired Computer	3364	26794	46292	65967	84527	81560	63183
2.电子计算机外部设备制造 Manufacture of Computer Peripheral Equipment	3404	22607	46220	128607	137863	158254	286801
3.办公设备制造 Manufacture of Office Equipment	218	889	15122	28710	17042	17151	28024
医疗设备及仪器仪表制造业 Manufacture of Medical Equipments and Measuring Instrument	**24249**	**35465**	**100539**	**142669**	**192859**	**277443**	**427570**
1.医疗设备及器械制造 Manufacture of Medical Equipment and Appliances	3642	9478	18314	27352	44381	54033	81207
2.仪器仪表制造 Manufacture of Measuring Instrument	20607	25986	82225	115318	148478	223410	346363

2-64 中型企业科技活动经费内部支出中劳务费
Labor Expenses in the Intramural Expenditure for S&T Activities of Medium-sized Enterprises

单位：万元 (10000 yuan)

行业 Industry	1995	2000	2003	2004	2005	2006	2007
合计 Total	**28829**	**101949**	**410860**	**541514**	**575786**	**622786**	**842601**
医药制造业 Manufacture of Medicines	**5425**	**15324**	**70781**	**87225**	**95453**	**114031**	**141097**
#化学药品制造 Manufacture of Chemical Medicine	3755	8021	45149	53428	63710	70343	87889
中成药制造 Manufacture of Finished Traditional Chinese Herbal Medicine	1523	4908	10895	22110	21489	25800	25735
生物、生化制品的制造 Manufacture of Biological and Biochemical Chemical Products	106	2333	6074	7907	6890	9785	18475
航空航天器制造业 Manufacture of Aircrafts and Spacecrafts	**2360**	**8655**	**28244**	**37972**	**33795**	**34232**	**37019**
1.飞机制造及修理 Manufacture and Repairing of Airplanes	1888	7778	23843	25891	21947	19827	20812
2.航天器制造 Manufacture of Spacecrafts	472	878	4401	12081	11848	14405	16207
电子及通信设备制造业 Manufacture of Electronic Equipment and Communication Equipment	**13797**	**55788**	**238881**	**290423**	**324547**	**336073**	**456046**
1.通信设备制造 Manufacture of Communication Equipment	3964	35939	108020	112003	120763	102319	120103
#通信传输设备制造 Manufacture of Communication Transmitting Equipment	602	595	24484	14033	13509	17843	28865
通信交换设备制造 Manufacture of Communication Exchanging Equipment	2021	28995	26097	31233	22898	12234	11039
通信终端设备制造 Manufacture of Communication Terminal Equipment	754	2889	16074	13594	19719	15470	12859
2.雷达及配套设备制造 Manufacture of Radar and Its Fittings	1574	1995	5987	9610	5076	4715	13520
3.广播电视设备制造 Manufacture of Broadcasting and TV Equipment	140	194	3089	7621	10787	13983	15880
4.电子器件制造 Manufacture of Electronic Appliances	2411	2925	51229	72242	84115	77330	90417
#电子真空器件制造 Manufacture of Electronic Vacuum Appliances	468	619	19877	14758	7733	11528	8522
半导体分立器件制造 Manufacture of Semiconductor Discreting Appliances	1658	1186	5579	6689	8810	9024	13100
集成电路制造 Manufacture of Integrate Circuit	284	1120	17809	25113	25230	28101	38717
5.电子元件制造 Manufacture of Electronic Components	3414	4984	39838	51709	58153	79417	121421
6.家用视听设备制造 Manufacture of Domestic TV Set and Radio Receiver	2040	4366	18469	34466	38114	47289	77778
7.其他电子设备制造 Manufacture of Other Electronic Equipment	255	5386	12249	2773	7540	11021	16926
电子计算机及办公设备制造业 Manufacture of Computers and Office Equipments	**829**	**11698**	**39200**	**79793**	**65226**	**58092**	**90977**
1.电子计算机整机制造 Manufacture of Entired Computer	465	7730	17824	25434	18376	16880	14379
2.电子计算机外部设备制造 Manufacture of Computer Peripheral Equipment	323	3367	16136	44740	42048	37884	66575
3.办公设备制造 Manufacture of Office Equipment	40	601	5240	9618	4801	3328	10023
医疗设备及仪器仪表制造业 Manufacture of Medical Equipments and Measuring Instrument	**6420**	**10484**	**33754**	**46101**	**56766**	**80359**	**117464**
1.医疗设备及器械制造 Manufacture of Medical Equipment and Appliances	1193	3095	4899	9666	15375	13249	21272
2.仪器仪表制造 Manufacture of Measuring Instrument	5226	7389	28855	36435	41391	67110	96191

2-65 中型企业科技活动经费内部支出中仪器设备费

Instruments and Equipments Expenses in the Intramural Expenditure for S&T Activities of Medium-sized Enterprises

单位：万元 (10000 yuan)

行　业 Industry	1995	2000	2003	2004	2005	2006	2007
合计 Total	**25104**	**77888**	**312948**	**553958**	**672983**	**903430**	**925922**
医药制造业 Manufacture of Medicines	**4122**	**21795**	**81438**	**128309**	**143543**	**160793**	**212434**
#化学药品制造 Manufacture of Chemical Medicine	2617	10027	53929	93608	97812	103315	123255
中成药制造 Manufacture of Finished Traditional Chinese Herbal Medicine	1441	6622	17438	23093	26537	31123	43649
生物、生化制品的制造 Manufacture of Biological and Biochemical Chemical Products	3	5128	2250	7144	10849	19969	27656
航空航天器制造业 Manufacture of Aircrafts and Spacecrafts	**1214**	**4658**	**9716**	**16879**	**28408**	**24178**	**22071**
1.飞机制造及修理 Manufacture and Repairing of Airplanes	578	3662	8539	15157	23087	17908	19755
2.航天器制造 Manufacture of Spacecrafts	636	996	1177	1722	5321	6270	2316
电子及通信设备制造业 Manufacture of Electronic Equipment and Communication Equipment	**15333**	**34630**	**191378**	**333551**	**425746**	**591131**	**529202**
1.通信设备制造 Manufacture of Communication Equipment	3369	9620	36707	57979	73957	76335	99138
#通信传输设备制造 Manufacture of Communication Transmitting Equipment	233	426	8400	6909	5137	8000	11237
通信交换设备制造 Manufacture of Communication Exchanging Equipment	796	1337	11440	12117	7077	5308	19380
通信终端设备制造 Manufacture of Communication Terminal Equipment	2149	5005	6596	6285	5200	7847	21070
2.雷达及配套设备制造 Manufacture of Radar and Its Fittings	613	316	2670	4025	2672	12501	30458
3.广播电视设备制造 Manufacture of Broadcasting and TV Equipment	32	26	603	9783	8717	14567	4992
4.电子器件制造 Manufacture of Electronic Appliances	2019	8528	28302	113714	201584	276904	131415
#电子真空器件制造 Manufacture of Electronic Vacuum Appliances	778	2032	14105	19330	7056	8578	15347
半导体分立器件制造 Manufacture of Semiconductor Discreting Appliances	1146	1432	4506	6103	10880	22752	27547
集成电路制造 Manufacture of Integrate Circuit	96	5064	5972	62904	142936	203150	63361
5.电子元件制造 Manufacture of Electronic Components	5672	7646	41358	119517	85798	158623	201845
6.家用视听设备制造 Manufacture of Domestic TV Set and Radio Receiver	2504	7781	22378	27429	50805	46813	52710
7.其他电子设备制造 Manufacture of Other Electronic Equipment	1124	713	59360	1105	2214	5388	8644
电子计算机及办公设备制造业 Manufacture of Computers and Office Equipments	**1887**	**11753**	**13286**	**48312**	**39500**	**72068**	**74069**
1.电子计算机整机制造 Manufacture of Entired Computer	615	2171	4940	10996	23135	14367	12633
2.电子计算机外部设备制造 Manufacture of Computer Peripheral Equipment	1261	9455	5943	29042	12463	51266	56402
3.办公设备制造 Manufacture of Office Equipment	12	128	2403	8273	3902	6436	5034
医疗设备及仪器仪表制造业 Manufacture of Medical Equipments and Measuring Instrument	**2548**	**5052**	**17130**	**26908**	**35786**	**55259**	**88147**
1.医疗设备及器械制造 Manufacture of Medical Equipment and Appliances	149	1498	2642	2254	5340	9667	12820
2.仪器仪表制造 Manufacture of Measuring Instrument	2399	3555	14488	24654	30447	45592	75327

2-66 中型企业新产品开发经费支出

Expenditure for Developing New Products of Medium-sized Enterprises

单位：万元 (10000 yuan)

行业 Industry	1995	2000	2003	2004	2005	2006	2007
合计 Total	**71727**	**225684**	**703511**	**857486**	**1579934**	**1876851**	**2470538**
医药制造业 Manufacture of Medicines	**15568**	**41539**	**145285**	**193827**	**299810**	**364316**	**471686**
#化学药品制造 Manufacture of Chemical Medicine	11163	19020	87507	124017	203583	241322	298782
中成药制造 Manufacture of Finished Traditional Chinese Herbal Medicine	4011	13802	32793	50967	52929	78674	91241
生物、生化制品的制造 Manufacture of Biological and Biochemical Chemical Products	149	8516	8160	15178	28373	33345	51628
航空航天器制造业 Manufacture of Aircrafts and Spacecrafts	**4182**	**12848**	**47019**	**44962**	**75270**	**80377**	**94704**
1.飞机制造及修理 Manufacture and Repairing of Airplanes	3017	11156	43156	41671	54617	57544	66125
2.航天器制造 Manufacture of Spacecrafts	1165	1692	3863	3291	20653	22833	28579
电子及通信设备制造业 Manufacture of Electronic Equipment and Communication Equipment	**33941**	**136332**	**396306**	**466883**	**908785**	**1064591**	**1335542**
1.通信设备制造 Manufacture of Communication Equipment	8215	73563	168604	113785	263232	271355	339462
#通信传输设备制造 Manufacture of Communication Transmitting Equipment	897	1408	57161	19215	23530	38707	45142
通信交换设备制造 Manufacture of Communication Exchanging Equipment	5104	57531	16193	8334	22847	25393	39449
通信终端设备制造 Manufacture of Communication Terminal Equipment	1348	8763	24463	20773	44339	37553	23110
2.雷达及配套设备制造 Manufacture of Radar and Its Fittings	3169	2166	8582	13471	15452	18714	29176
3.广播电视设备制造 Manufacture of Broadcasting and TV Equipment	280	204	6555	17297	25244	39604	31990
4.电子器件制造 Manufacture of Electronic Appliances	6170	12096	61985	128681	214544	228962	279006
#电子真空器件制造 Manufacture of Electronic Vacuum Appliances	1392	877	21650	23576	16626	22763	45794
半导体分立器件制造 Manufacture of Semiconductor Discreting Appliances	3842	4744	7400	9335	30538	44243	42898
集成电路制造 Manufacture of Integrate Circuit	936	6475	22919	56075	59351	74972	100437
5.电子元件制造 Manufacture of Electronic Components	10059	17622	72683	114616	179110	289842	404077
6.家用视听设备制造 Manufacture of Domestic TV Set and Radio Receiver	5207	22804	62195	74503	199114	195610	218915
7.其他电子设备制造 Manufacture of Other Electronic Equipment	842	7877	15702	4530	12088	20506	32917
电子计算机及办公设备制造业 Manufacture of Computers and Office Equipments	**4751**	**17493**	**59065**	**89680**	**171786**	**177511**	**263964**
1.电子计算机整机制造 Manufacture of Entired Computer	2067	8787	20731	20680	61135	49406	25704
2.电子计算机外部设备制造 Manufacture of Computer Peripheral Equipment	2611	8514	30714	59649	94715	114743	218978
3.办公设备制造 Manufacture of Office Equipment	73	192	7620	9351	15937	13363	19282
医疗设备及仪器仪表制造业 Manufacture of Medical Equipments and Measuring Instrument	**13285**	**17473**	**55836**	**62134**	**124284**	**190057**	**304642**
1.医疗设备及器械制造 Manufacture of Medical Equipment and Appliances	1605	3582	10267	11461	33142	44045	62554
2.仪器仪表制造 Manufacture of Measuring Instrument	11680	13891	45569	50673	91142	146012	242088

2-67 中型企业新产品产值

Industrial Output Value of New Products of Medium-sized Enterprises

单位：万元 (10000 yuan)

行 业 Industry	2000	2003	2004	2005	2006	2007
合计 Total	**4654525**	**14891127**	**20515720**	**22593574**	**26551926**	**30293513**
医药制造业 Manufacture of Medicines	**517295**	**2016444**	**2975193**	**3575610**	**4103029**	**5008398**
#化学药品制造 Manufacture of Chemical Medicine	300788	1578888	2204654	2631103	2890824	3213706
中成药制造 Manufacture of Finished Traditional Chinese Herbal Medicine	124387	232497	524427	671796	775685	967972
生物、生化制品的制造 Manufacture of Biological and Biochemical Chemical Products	91192	71349	197218	158905	254650	558063
航空航天器制造业 Manufacture of Aircrafts and Spacecrafts	**21562**	**164805**	**236502**	**338613**	**358468**	**408518**
1.飞机制造及修理 Manufacture and Repairing of Airplanes	16514	154285	227623	313248	326566	354295
2.航天器制造 Manufacture of Spacecrafts	5048	10520	8879	25365	31902	54222
电子及通信设备制造业 Manufacture of Electronic Equipment and Communication Equipment	**2211794**	**8742396**	**15052668**	**14438525**	**16671409**	**18154199**
1.通信设备制造 Manufacture of Communication Equipment	1222932	2902264	7142589	5497828	5918715	5749758
#通信传输设备制造 Manufacture of Communication Transmitting Equipment	6304	203914	188534	166982	275554	388121
通信交换设备制造 Manufacture of Communication Exchanging Equipment	716588	163347	1317066	1409152	1167546	1613348
通信终端设备制造 Manufacture of Communication Terminal Equipment	433704	1324470	501154	888937	463533	351232
2.雷达及配套设备制造 Manufacture of Radar and Its Fittings	21628	102759	121516	76527	72524	224019
3.广播电视设备制造 Manufacture of Broadcasting and TV Equipment	3300	30919	120816	147914	214705	419161
4.电子器件制造 Manufacture of Electronic Appliances	118043	1252868	2068940	2528266	2937382	2751038
#电子真空器件制造 Manufacture of Electronic Vacuum Appliances	34041	380972	734065	495975	463328	473236
半导体分立器件制造 Manufacture of Semiconductor Discreting Appliances	26105	200714	207812	163524	292824	310954
集成电路制造 Manufacture of Integrate Circuit	57897	333112	679108	1149265	1201711	862322
5.电子元件制造 Manufacture of Electronic Components	170696	905658	1915131	1581211	2384592	3852638
6.家用视听设备制造 Manufacture of Domestic TV Set and Radio Receiver	630500	3441833	3643842	4438313	4904790	4723980
7.其他电子设备制造 Manufacture of Other Electronic Equipment	44696	106095	39834	168467	238701	433606
电子计算机及办公设备制造业 Manufacture of Computers and Office Equipments	**1619752**	**3188420**	**1062983**	**2961276**	**3654951**	**4031035**
1.电子计算机整机制造 Manufacture of Entired Computer	402020	889567	309706	838621	1382941	1409050
2.电子计算机外部设备制造 Manufacture of Computer Peripheral Equipment	1201221	2128219	482913	2021708	1969496	2235906
3.办公设备制造 Manufacture of Office Equipment	16510	170634	270364	100946	302515	386079
医疗设备及仪器仪表制造业 Manufacture of Medical Equipments and Measuring Instrument	**284123**	**779062**	**1188375**	**1279552**	**1764070**	**2691362**
1.医疗设备及器械制造 Manufacture of Medical Equipment and Appliances	64322	99671	247176	332455	345334	560647
2.仪器仪表制造 Manufacture of Measuring Instrument	219800	679391	941199	947097	1418735	2130715

2-68 中型企业新产品销售收入

Sales Revenue from New Products of Medium-sized Enterprises

单位：万元 (10000 yuan)

行业 Industry	1995	2000	2003	2004	2005	2006	2007
合计 Total	**974280**	**4013783**	**14445582**	**20722076**	**22165497**	**25578587**	**28183160**
医药制造业 Manufacture of Medicines	**219240**	**409682**	**1821239**	**2694855**	**3196709**	**3968102**	**4419129**
#化学药品制造 Manufacture of Chemical Medicine	143999	213235	1435505	2011990	2312813	2899820	2894856
中成药制造 Manufacture of Finished Traditional Chinese Herbal Medicine	61212	120915	188321	448142	608889	690856	781664
生物、生化制品的制造 Manufacture of Biological and Biochemical Chemical Products	4819	74650	85352	180182	171308	221846	476100
航空航天器制造业 Manufacture of Aircrafts and Spacecrafts	**14273**	**16751**	**127965**	**258301**	**311582**	**333558**	**399911**
1.飞机制造及修理 Manufacture and Repairing of Airplanes	14010	12997	124252	250314	283551	301360	345540
2.航天器制造 Manufacture of Spacecrafts	264	3754	3713	7987	28031	32199	54371
电子及通信设备制造业 Manufacture of Electronic Equipment and Communication Equipment	**543394**	**1830646**	**8732136**	**15262830**	**14309835**	**15903509**	**17110976**
1.通信设备制造 Manufacture of Communication Equipment	185247	883941	3162483	7514803	5328960	5237316	5383812
#通信传输设备制造 Manufacture of Communication Transmitting Equipment	11544	5805	193349	184826	179850	265504	336537
通信交换设备制造 Manufacture of Communication Exchanging Equipment	95470	419620	148420	1348086	1392094	1248895	1603343
通信终端设备制造 Manufacture of Communication Terminal Equipment	55766	398395	1159024	491542	843033	480178	310380
2.雷达及配套设备制造 Manufacture of Radar and Its Fittings	22684	17064	84861	110999	65748	69771	214664
3.广播电视设备制造 Manufacture of Broadcasting and TV Equipment	2611	2663	30895	134152	144937	215444	388215
4.电子器件制造 Manufacture of Electronic Appliances	28335	117188	1207848	2022774	2552063	2835711	2516309
#电子真空器件制造 Manufacture of Electronic Vacuum Appliances	2648	33436	367862	695415	518512	436236	457199
半导体分立器件制造 Manufacture of Semiconductor Discreting Appliances	16799	27273	168053	176316	161634	291848	358019
集成电路制造 Manufacture of Integrate Circuit	8888	56479	332678	660574	1121168	1169750	833654
5.电子元件制造 Manufacture of Electronic Components	113263	163150	793259	1828277	1562078	2360276	3573170
6.家用视听设备制造 Manufacture of Domestic TV Set and Radio Receiver	189453	604271	3347939	3610080	4508468	4917951	4609240
7.其他电子设备制造 Manufacture of Other Electronic Equipment	1802	42369	104851	41746	147582	267041	425566
电子计算机及办公设备制造业 Manufacture of Computers and Office Equipments	**82023**	**1506863**	**3032935**	**1397431**	**3054689**	**3664254**	**3623876**
1.电子计算机整机制造 Manufacture of Entired Computer	28962	335767	864503	315339	859996	1403890	1272188
2.电子计算机外部设备制造 Manufacture of Computer Peripheral Equipment	52346	1153515	1996113	834116	2089611	1973150	2000817
3.办公设备制造 Manufacture of Office Equipment	716	17581	172319	247976	105081	287213	350871
医疗设备及仪器仪表制造业 Manufacture of Medical Equipments and Measuring Instrument	**115350**	**249841**	**731307**	**1108660**	**1292683**	**1709164**	**2629267**
1.医疗设备及器械制造 Manufacture of Medical Equipment and Appliances	23660	59067	98917	204291	319050	325326	571393
2.仪器仪表制造 Manufacture of Measuring Instrument	91690	190775	632390	904368	973633	1383838	2057875

2-69 中型企业专利申请数

Patent Applications Received of Medium-sized Enterprises

单位：万元 (unit)

行 业 Industry	1995	2000	2003	2004	2005	2006	2007
合计 **Total**	**201**	**518**	**2877**	**5548**	**6925**	**9194**	**11898**
医药制造业 **Manufacture of Medicines**	**109**	**144**	**998**	**1210**	**1833**	**1453**	**2330**
#化学药品制造 Manufacture of Chemical Medicine	68	46	405	645	841	642	1074
中成药制造 Manufacture of Finished Traditional Chinese Herbal Medicine	41	86	256	457	720	628	924
生物、生化制品的制造 Manufacture of Biological and Biochemical Chemical Products		11	80	69	242	124	264
航空航天器制造业 **Manufacture of Aircrafts and Spacecrafts**	**10**	**6**	**94**	**73**	**97**	**135**	**272**
1.飞机制造及修理 Manufacture and Repairing of Airplanes	7	6	92	71	89	114	213
2.航天器制造 Manufacture of Spacecrafts	3		2	2	8	21	59
电子及通信设备制造业 **Manufacture of Electronic Equipment and Communication Equipment**	**43**	**305**	**1241**	**2815**	**3535**	**5078**	**6171**
1.通信设备制造 Manufacture of Communication Equipment	10	240	361	512	966	2288	1242
#通信传输设备制造 Manufacture of Communication Transmitting Equipment	1		8	192	196	194	365
通信交换设备制造 Manufacture of Communication Exchanging Equipment	4	210	55	51	97	91	56
通信终端设备制造 Manufacture of Communication Terminal Equipment	5	25	84	79	145	1533	121
2.雷达及配套设备制造 Manufacture of Radar and Its Fittings	1	1	6	1	7	4	38
3.广播电视设备制造 Manufacture of Broadcasting and TV Equipment			13	44	101	125	421
4.电子器件制造 Manufacture of Electronic Appliances	9	8	303	605	456	786	928
#电子真空器件制造 Manufacture of Electronic Vacuum Appliances			134	62	47	210	153
半导体分立器件制造 Manufacture of Semiconductor Discreting Appliances	9	5	55	20	10	30	47
集成电路制造 Manufacture of Integrate Circuit		3	82	437	274	355	357
5.电子元件制造 Manufacture of Electronic Components	15	41	168	411	564	554	1072
6.家用视听设备制造 Manufacture of Domestic TV Set and Radio Receiver	8	13	301	1217	1362	1270	2176
7.其他电子设备制造 Manufacture of Other Electronic Equipment		2	89	25	79	51	294
电子计算机及办公设备制造业 **Manufacture of Computers and Office Equipments**	**2**	**8**	**184**	**633**	**678**	**1346**	**1371**
1.电子计算机整机制造 Manufacture of Entired Computer		6	65	195	[illegible]	257	266
2.电子计算机外部设备制造 Manufacture of Computer Peripheral Equipment	1		107	404			
3.办公设备制造 Manufacture of Office Equipment	1	2	12	34			
医疗设备及仪器仪表制造业 **Manufacture of Medical Equipments and Measuring Instrument**	**37**	**55**	**360**	**817**			
1.医疗设备及器械制造 Manufacture of Medical Equipment and Appliances	4	15	71	[illegible]			
2.仪器仪表制造 Manufacture of Measuring Instrument	33	40	289	[illegible]			

2-70 中型企业拥有发明专利数

Owning Inventive Patent of Medium-sized Enterprises

单位：个 (unit)

行业 Industry	1995	2000	2003	2004	2005	2006	2007
合计 **Total**	**131**	**421**	**1257**	**2170**	**2722**	**4340**	**4931**
医药制造业 **Manufacture of Medicines**	**73**	**77**	**338**	**670**	**812**	**1351**	**1752**
#化学药品制造 Manufacture of Chemical Medicine	40	24	152	274	331	467	666
中成药制造 Manufacture of Finished Traditional Chinese Herbal Medicine	33	48	91	320	350	689	717
生物、生化制品的制造 Manufacture of Biological and Biochemical Chemical Products		5	25	31	49	119	276
航空航天器制造业 **Manufacture of Aircrafts and Spacecrafts**	**9**	**9**	**94**	**38**	**72**	**76**	**118**
1.飞机制造及修理 Manufacture and Repairing of Airplanes	8	9	91	37	65	74	105
2.航天器制造 Manufacture of Spacecrafts	1		3	1	7	2	13
电子及通信设备制造业 **Manufacture of Electronic Equipment and Communication Equipment**	**24**	**271**	**428**	**859**	**1112**	**1622**	**1703**
1.通信设备制造 Manufacture of Communication Equipment	4	242	112	235	401	335	423
#通信传输设备制造 Manufacture of Communication Transmitting Equipment	1		1	86	27	59	200
通信交换设备制造 Manufacture of Communication Exchanging Equipment	1	223	13	20	112	27	27
通信终端设备制造 Manufacture of Communication Terminal Equipment	2	7	13	43	98	77	73
2.雷达及配套设备制造 Manufacture of Radar and Its Fittings		2	1	10	5	2	43
3.广播电视设备制造 Manufacture of Broadcasting and TV Equipment			8	7	13	12	123
4.电子器件制造 Manufacture of Electronic Appliances	5	6	71	215	242	445	358
#电子真空器件制造 Manufacture of Electronic Vacuum Appliances			25	32	71	118	85
半导体分立器件制造 Manufacture of Semiconductor Discreting Appliances	5	4	30	18	14	19	51
集成电路制造 Manufacture of Integrate Circuit		2	7	76	104	243	156
5.电子元件制造 Manufacture of Electronic Components	10	8	159	280	246	309	375
6.家用视听设备制造 Manufacture of Domestic TV Set and Radio Receiver	4	10	71	112	194	491	289
7.其他电子设备制造 Manufacture of Other Electronic Equipment	1	3	6		11	28	92
电子计算机及办公设备制造业 **Manufacture of Computers and Office Equipments**	**2**	**8**	**143**	**227**	**259**	**445**	**678**
1.电子计算机整机制造 Manufacture of Entired Computer		1	51	71	56	73	133
2.电子计算机外部设备制造 Manufacture of Computer Peripheral Equipment	1	4	92	141	199	352	512
3.办公设备制造 Manufacture of Office Equipment	1	3	15	4	20	33
医疗设备及仪器仪表制造业 **Manufacture of Medical Equipments and Measuring Instrument**	**23**	**56**	**254**	**376**	**467**	**846**	**680**
1.医疗设备及器械制造 Manufacture of Medical Equipment and Appliances	3	5	35	106	90	190	152
2.仪器仪表制造 Manufacture of Measuring Instrument	20	51	219	270	377	656	528

2-71 中型企业技术改造经费支出
Expenditure on Technical Renovation of Medium-sized Enterprises

单位：万元 (10000 yuan)

行 业 Industry	1995	2000	2003	2004	2005	2006	2007
合计 Total	**143192**	**199452**	**649269**	**987612**	**745289**	**840371**	**912163**
医药制造业 Manufacture of Medicines	**51588**	**79194**	**257523**	**399033**	**264268**	**242876**	**256767**
#化学药品制造 Manufacture of Chemical Medicine	34658	59476	170876	271013	168648	167323	157831
中成药制造 Manufacture of Finished Traditional Chinese Herbal Medicine	15908	16167	44576	104269	75554	58013	61920
生物、生化制品的制造 Manufacture of Biological and Biochemical Chemical Products	997	3551	7053	15647	14754	14730	15756
航空航天器制造业 Manufacture of Aircrafts and Spacecrafts	**6667**	**9404**	**66037**	**51358**	**67940**	**57428**	**102705**
1.飞机制造及修理 Manufacture and Repairing of Airplanes	5065	5937	61388	45270	61831	55997	86613
2.航天器制造 Manufacture of Spacecrafts	1603	3466	4649	6088	6109	1430	16093
电子及通信设备制造业 Manufacture of Electronic Equipment and Communication Equipment	**66742**	**91483**	**246582**	**408978**	**327169**	**341984**	**397935**
1.通信设备制造 Manufacture of Communication Equipment	8483	19468	38906	47231	39108	58303	51393
#通信传输设备制造 Manufacture of Communication Transmitting Equipment	241	76	7928	8260	2959	18946	22183
通信交换设备制造 Manufacture of Communication Exchanging Equipment	3011	15738	6276	7007	5607	499	202
通信终端设备制造 Manufacture of Communication Terminal Equipment	2874	2350	6484	2141	7662	9152	4731
2.雷达及配套设备制造 Manufacture of Radar and Its Fittings	3569	1606	7828	11729	11684	11146	15313
3.广播电视设备制造 Manufacture of Broadcasting and TV Equipment	1237	25	3011	7226	12355	9582	5703
4.电子器件制造 Manufacture of Electronic Appliances	13041	42229	58995	138971	95198	103704	102805
#电子真空器件制造 Manufacture of Electronic Vacuum Appliances	586		15197	15884	22951	17055	8903
半导体分立器件制造 Manufacture of Semiconductor Discreting Appliances	9003	15944	13708	13928	12241	21177	32489
集成电路制造 Manufacture of Integrate Circuit	3452	26285	20550	74449	37046	28760	15680
5.电子元件制造 Manufacture of Electronic Components	32142	23296	109875	156265	134362	130384	192283
6.家用视听设备制造 Manufacture of Domestic TV Set and Radio Receiver	6351	4331	23621	37390	31409	23900	27967
7.其他电子设备制造 Manufacture of Other Electronic Equipment	1918	528	4346	10167	3054	4966	2472
电子计算机及办公设备制造业 Manufacture of Computers and Office Equipments	**2300**	**1070**	**32423**	**70860**	**19485**	**65941**	**31669**
1.电子计算机整机制造 Manufacture of Entired Computer	187	543	24272	4816	8672	57676	18874
2.电子计算机外部设备制造 Manufacture of Computer Peripheral Equipment	2113	527	3935	15433	8415	6567	12061
3.办公设备制造 Manufacture of Office Equipment			4216	50611	2399	1698	735
医疗设备及仪器仪表制造业 Manufacture of Medical Equipments and Measuring Instrument	**15896**	**18302**	**46704**	**57382**	**66428**	**132143**	**123086**
1.医疗设备及器械制造 Manufacture of Medical Equipment and Appliances	5079	388	9026	7837	12635	27523	19361
2.仪器仪表制造 Manufacture of Measuring Instrument	10817	17914	37678	49545	53793	104621	103724

2-72 中型企业技术引进经费支出

Expenditure on Technology Import of Medium-sized Enterprises

单位：万元 (10000 yuan)

行业 Industry	1995	2000	2003	2004	2005	2006	2007
合计 Total	**32883**	**109933**	**499353**	**698546**	**474131**	**535457**	**457940**
医药制造业 Manufacture of Medicines	**6886**	**10378**	**57656**	**48429**	**25434**	**24092**	**16787**
#化学药品制造 Manufacture of Chemical Medicine	2990	6192	39959	31629	22799	17697	13717
中成药制造 Manufacture of Finished Traditional Chinese Herbal Medicine	3816	3431	8615	13621	1854	4701	1890
生物、生化制品的制造 Manufacture of Biological and Biochemical Chemical Products	50	753	501	1614	151	1667	707
航空航天器制造业 Manufacture of Aircrafts and Spacecrafts	**62**	**2321**	**8795**	**5383**	**5038**	**703**	**1643**
1.飞机制造及修理 Manufacture and Repairing of Airplanes	62	612	8615	5383	4619	519	563
2.航天器制造 Manufacture of Spacecrafts		1709	180		419	184	1080
电子及通信设备制造业 Manufacture of Electronic Equipment and Communication Equipment	**19241**	**50469**	**296338**	**619672**	**375680**	**428752**	**400308**
1.通信设备制造 Manufacture of Communication Equipment	1724	2782	60810	363642	172598	203931	16868
#通信传输设备制造 Manufacture of Communication Transmitting Equipment	45	53	2621	379	707	3027	6697
通信交换设备制造 Manufacture of Communication Exchanging Equipment	987		2582	10034	1442		
通信终端设备制造 Manufacture of Communication Terminal Equipment	117	1617	53186	1511	1117	2263	3622
2.雷达及配套设备制造 Manufacture of Radar and Its Fittings	2115	29	3136	1551	14		
3.广播电视设备制造 Manufacture of Broadcasting and TV Equipment	514		343	550	833	840	
4.电子器件制造 Manufacture of Electronic Appliances	4027	27852	50006	178796	79239	79795	70686
#电子真空器件制造 Manufacture of Electronic Vacuum Appliances	480		14494	46933	34095	30040	19379
半导体分立器件制造 Manufacture of Semiconductor Discreting Appliances	2438	4903	3046	412	236	6964	3418
集成电路制造 Manufacture of Integrate Circuit	1110	22949	26789	129042	42110	19851	20106
5.电子元件制造 Manufacture of Electronic Components	8017	7312	43543	40099	52617	42475	136733
6.家用视听设备制造 Manufacture of Domestic TV Set and Radio Receiver	1724	12001	137204	35034	68782	101425	175942
7.其他电子设备制造 Manufacture of Other Electronic Equipment	1120	493	1296		1597	286	80
电子计算机及办公设备制造业 Manufacture of Computers and Office Equipments	**1026**	**43073**	**122832**	**20890**	**66007**	**70429**	**19417**
1.电子计算机整机制造 Manufacture of Entired Computer		31608	120197	16	9428	1934	
2.电子计算机外部设备制造 Manufacture of Computer Peripheral Equipment	976	11383	2152	5187	42662	53931	4449
3.办公设备制造 Manufacture of Office Equipment	50	82	483	15687	13918	14564	14968
医疗设备及仪器仪表制造业 Manufacture of Medical Equipments and Measuring Instrument	**5667**	**3693**	**13732**	**4172**	**1971**	**11481**	**19785**
1.医疗设备及器械制造 Manufacture of Medical Equipment and Appliances	134	207	3254	2705	30	2153	168
2.仪器仪表制造 Manufacture of Measuring Instrument	5533	3486	10478	1466	1941	9328	19617

2-73 中型企业消化吸收经费支出

Expenditure on Technology Absorption of Medium-sized Enterprises

单位：万元 (10000 yuan)

行业 Industry	1995	2000	2003	2004	2005	2006	2007
合计 Total	**4623**	**9015**	**33524**	**67733**	**226289**	**57774**	**63005**
医药制造业 Manufacture of Medicines	**2150**	**2004**	**8911**	**13210**	**24488**	**28542**	**23532**
#化学药品制造 Manufacture of Chemical Medicine	2140	1072	6934	10756	21292	23802	19832
中成药制造 Manufacture of Finished Traditional Chinese Herbal Medicine	6	157	829	2101	3091	4130	1993
生物、生化制品的制造 Manufacture of Biological and Biochemical Chemical Products		771	710	330	55	586	1265
航空航天器制造业 Manufacture of Aircrafts and Spacecrafts		**28**	**32**	**501**	**53**	**96**	**500**
1.飞机制造及修理 Manufacture and Repairing of Airplanes		28	32	501	53	96	70
2.航天器制造 Manufacture of Spacecrafts							430
电子及通信设备制造业 Manufacture of Electronic Equipment and Communication Equipment	**1826**	**5868**	**23584**	**52533**	**199182**	**24266**	**34380**
1.通信设备制造 Manufacture of Communication Equipment	172	727	2898	9391	161565	1155	2752
#通信传输设备制造 Manufacture of Communication Transmitting Equipment	7	1	140	150	16	797	926
通信交换设备制造 Manufacture of Communication Exchanging Equipment	158		228	219		35	28
通信终端设备制造 Manufacture of Communication Terminal Equipment		655	23	210	85	171	366
2.雷达及配套设备制造 Manufacture of Radar and Its Fittings	32	1		80		10	10
3.广播电视设备制造 Manufacture of Broadcasting and TV Equipment	203		10		326	266	520
4.电子器件制造 Manufacture of Electronic Appliances	719	127	1084	29321	4071	1347	18645
#电子真空器件制造 Manufacture of Electronic Vacuum Appliances	2		593	50	10		
半导体分立器件制造 Manufacture of Semiconductor Discreting Appliances	712	87	36	4	43	622	277
集成电路制造 Manufacture of Integrate Circuit	5	40	355	29196	3728	332	11521
5.电子元件制造 Manufacture of Electronic Components	599	89	6273	3433	2407	8223	8080
6.家用视听设备制造 Manufacture of Domestic TV Set and Radio Receiver	57	4883	13260	10309	30802	13049	4362
7.其他电子设备制造 Manufacture of Other Electronic Equipment	45	41	59		11	216	10
电子计算机及办公设备制造业 Manufacture of Computers and Office Equipments	**161**	**922**	**307**	**160**	**1527**	**3291**	**798**
1.电子计算机整机制造 Manufacture of Entired Computer	10		100	10	405	662	5
2.电子计算机外部设备制造 Manufacture of Computer Peripheral Equipment	151	907	100	150	1107	2569	793
3.办公设备制造 Manufacture of Office Equipment		15	107		15	60	
医疗设备及仪器仪表制造业 Manufacture of Medical Equipments and Measuring Instrument	**486**	**194**	**690**	**1329**	**1040**	**1579**	**3797**
1.医疗设备及器械制造 Manufacture of Medical Equipment and Appliances	17	160	228	319	49	122	442
2.仪器仪表制造 Manufacture of Measuring Instrument	469	34	462	1011	991	1457	3356

2-74 中型企业购买国内技术经费支出

Expenditure on Purchase of Domestic Technology of Medium-sized Enterprises

单位：万元 (10000 yuan)

行业 Industry	1995	2000	2003	2004	2005	2006	2007
合计 Total	**4048**	**46903**	**37692**	**48103**	**65207**	**50118**	**52753**
医药制造业 Manufacture of Medicines	**1789**	**41798**	**24951**	**31374**	**37352**	**29817**	**29856**
#化学药品制造 Manufacture of Chemical Medicine	1121	5505	13052	23239	30968	19532	19417
中成药制造 Manufacture of Finished Traditional Chinese Herbal Medicine	494	34566	5984	6615	4947	8732	7960
生物、生化制品的制造 Manufacture of Biological and Biochemical Chemical Products	50	1726	2928	1334	897	1250	1864
航空航天器制造业 Manufacture of Aircrafts and Spacecrafts	**33**	**1220**	**270**	**2684**	**5456**	**236**	**206**
1.飞机制造及修理 Manufacture and Repairing of Airplanes	5	1218	270	2684	5456	236	206
2.航天器制造 Manufacture of Spacecrafts	28	2					
电子及通信设备制造业 Manufacture of Electronic Equipment and Communication Equipment	**2021**	**1036**	**7875**	**11774**	**16963**	**17807**	**16504**
1.通信设备制造 Manufacture of Communication Equipment	197	150	3205	3412	1365	993	2154
#通信传输设备制造 Manufacture of Communication Transmitting Equipment	10		876	62	658	138	1302
通信交换设备制造 Manufacture of Communication Exchanging Equipment	152	89	122	300	86	230	
通信终端设备制造 Manufacture of Communication Terminal Equipment	20	1	307	345	199	180	345
2.雷达及配套设备制造 Manufacture of Radar and Its Fittings	452		1896	484	391	228	597
3.广播电视设备制造 Manufacture of Broadcasting and TV Equipment	8	10	35	13	4300	293	80
4.电子器件制造 Manufacture of Electronic Appliances	696	315	505	2163	3788	10775	9981
#电子真空器件制造 Manufacture of Electronic Vacuum Appliances	53		115	1199	1163	7403	7003
半导体分立器件制造 Manufacture of Semiconductor Discreting Appliances	643	312	246	205	2159	233	1984
集成电路制造 Manufacture of Integrate Circuit		3	107	89	44	348	285
5.电子元件制造 Manufacture of Electronic Components	636	445	2036	3050	4687	3701	2706
6.家用视听设备制造 Manufacture of Domestic TV Set and Radio Receiver	5	85	78	2383	1991	1748	976
7.其他电子设备制造 Manufacture of Other Electronic Equipment	27	31	120	270	442	69	10
电子计算机及办公设备制造业 Manufacture of Computers and Office Equipments	**75**	**9**	**3304**	**641**	**2141**	**412**	**3139**
1.电子计算机整机制造 Manufacture of Entired Computer	75		593	28	1933	11	2513
2.电子计算机外部设备制造 Manufacture of Computer Peripheral Equipment		9	2642	120	102	401	626
3.办公设备制造 Manufacture of Office Equipment			69	493	106		
医疗设备及仪器仪表制造业 Manufacture of Medical Equipments and Measuring Instrument	**130**	**2842**	**1292**	**1630**	**3296**	**1846**	**3049**
1.医疗设备及器械制造 Manufacture of Medical Equipment and Appliances	38	2768	246	200	15	87	42
2.仪器仪表制造 Manufacture of Measuring Instrument	92	74	1046	1430	3281	1759	3007

2-75 中型企业科技机构数
Number of S&T Institutions of Medium-sized Enterprises

单位：个 (unit)

行业 Industry	1995	2000	2003	2004	2005	2006	2007
合计 Total	**1083**	**560**	**956**	**1443**	**1235**	**1452**	**1706**
医药制造业 Manufacture of Medicines	**350**	**248**	**385**	**510**	**476**	**516**	**584**
#化学药品制造 Manufacture of Chemical Medicine	231	136	227	304	279	288	326
中成药制造 Manufacture of Finished Traditional Chinese Herbal Medicine	111	82	90	138	135	153	161
生物、生化制品的制造 Manufacture of Biological and Biochemical Chemical Products	5	27	15	40	31	38	52
航空航天器制造业 Manufacture of Aircrafts and Spacecrafts	**71**	**28**	**64**	**77**	**69**	**63**	**75**
1.飞机制造及修理 Manufacture and Repairing of Airplanes	51	19	61	76	67	55	63
2.航天器制造 Manufacture of Spacecrafts	20	9	3	1	2	8	12
电子及通信设备制造业 Manufacture of Electronic Equipment and Communication Equipment	**396**	**176**	**318**	**630**	**472**	**594**	**694**
1.通信设备制造 Manufacture of Communication Equipment	82	62	78	125	88	111	123
#通信传输设备制造 Manufacture of Communication Transmitting Equipment	23	14	20	26	18	31	33
通信交换设备制造 Manufacture of Communication Exchanging Equipment	27	19	20	19	14	13	10
通信终端设备制造 Manufacture of Communication Terminal Equipment	16	9	16	26	20	26	26
2.雷达及配套设备制造 Manufacture of Radar and Its Fittings	24	14	16	24	15	14	17
3.广播电视设备制造 Manufacture of Broadcasting and TV Equipment	9	4	11	19	16	29	28
4.电子器件制造 Manufacture of Electronic Appliances	48	14	44	235	97	104	133
#电子真空器件制造 Manufacture of Electronic Vacuum Appliances	7	1	12	24	21	20	19
半导体分立器件制造 Manufacture of Semiconductor Discreting Appliances	32	8	12	20	19	20	21
集成电路制造 Manufacture of Integrate Circuit	9	5	9	14	25	32	45
5.电子元件制造 Manufacture of Electronic Components	122	50	116	154	170	234	285
6.家用视听设备制造 Manufacture of Domestic TV Set and Radio Receiver	96	20	38	66	70	81	82
7.其他电子设备制造 Manufacture of Other Electronic Equipment	15	12	15	7	16	21	26
电子计算机及办公设备制造业 Manufacture of Computers and Office Equipments	**63**	**24**	**66**	**65**	**72**	**87**	**112**
1.电子计算机整机制造 Manufacture of Entired Computer	44	17	34	25	25	32	29
2.电子计算机外部设备制造 Manufacture of Computer Peripheral Equipment	16	5	26	29	41	48	77
3.办公设备制造 Manufacture of Office Equipment	3	2	6	11	6	7	6
医疗设备及仪器仪表制造业 Manufacture of Medical Equipments and Measuring Instrument	**203**	**84**	**123**	**161**	**146**	**192**	**241**
1.医疗设备及器械制造 Manufacture of Medical Equipment and Appliances	38	20	27	32	25	32	36
2.仪器仪表制造 Manufacture of Measuring Instrument	165	64	96	129	121	160	205

2-76 中型企业科技机构科技活动人员

S&T Personnel in the S&T Institutions of Medium-sized Enterprises

单位：人 (person)

行 业 Industry	1995	2000	2003	2004	2005	2006	2007
合计 Total	**21545**	**23057**	**55547**	**58179**	**60643**	**74389**	**95206**
医药制造业 Manufacture of Medicines	**4033**	**6039**	**14220**	**14152**	**16050**	**18614**	**23698**
#化学药品制造 Manufacture of Chemical Medicine	2795	3523	8542	8409	8898	10861	14074
中成药制造 Manufacture of Finished Traditional Chinese Herbal Medicine	1117	1747	2628	3624	4896	5013	6030
生物、生化制品的制造 Manufacture of Biological and Biochemical Chemical Products	72	709	975	1158	1577	1790	2347
航空航天器制造业 Manufacture of Aircrafts and Spacecrafts	**1692**	**1662**	**4077**	**5696**	**4083**	**4381**	**5848**
1.飞机制造及修理 Manufacture and Repairing of Airplanes	1183	728	3981	5605	4037	4080	4683
2.航天器制造 Manufacture of Spacecrafts	509	934	96	91	46	301	1165
电子及通信设备制造业 Manufacture of Electronic Equipment and Communication Equipment	**9984**	**12033**	**25960**	**28121**	**28246**	**35801**	**44020**
1.通信设备制造 Manufacture of Communication Equipment	2922	6460	10655	9395	8061	10432	10220
#通信传输设备制造 Manufacture of Communication Transmitting Equipment	468	534	2893	1727	931	2047	2829
通信交换设备制造 Manufacture of Communication Exchanging Equipment	1504	4046	2658	1280	1543	1037	542
通信终端设备制造 Manufacture of Communication Terminal Equipment	604	478	1450	2445	2176	3094	1503
2.雷达及配套设备制造 Manufacture of Radar and Its Fittings	822	1327	1364	1482	1196	1016	1819
3.广播电视设备制造 Manufacture of Broadcasting and TV Equipment	223	108	426	713	1330	1732	2254
4.电子器件制造 Manufacture of Electronic Appliances	1829	898	3030	5422	5207	6103	7548
#电子真空器件制造 Manufacture of Electronic Vacuum Appliances	303	324	1116	1495	986	963	574
半导体分立器件制造 Manufacture of Semiconductor Discreting Appliances	1204	240	525	1109	1600	1246	1597
集成电路制造 Manufacture of Integrate Circuit	322	334	919	1437	1220	1581	2528
5.电子元件制造 Manufacture of Electronic Components	2009	1589	6517	6967	6987	8875	14858
6.家用视听设备制造 Manufacture of Domestic TV Set and Radio Receiver	1843	677	2814	3838	4471	5985	5337
7.其他电子设备制造 Manufacture of Other Electronic Equipment	336	974	1154	304	994	1658	1984
电子计算机及办公设备制造业 Manufacture of Computers and Office Equipments	**1022**	**796**	**4442**	**3235**	**4236**	**4496**	**7787**
1.电子计算机整机制造 Manufacture of Entired Computer	676	420	2517	1662	1068	1424	1283
2.电子计算机外部设备制造 Manufacture of Computer Peripheral Equipment	295	237	1177	1267	2841	2767	5967
3.办公设备制造 Manufacture of Office Equipment	51	139	748	306	327	305	537
医疗设备及仪器仪表制造业 Manufacture of Medical Equipments and Measuring Instrument	**4814**	**2527**	**6848**	**6975**	**8028**	**11097**	**13853**
1.医疗设备及器械制造 Manufacture of Medical Equipment and Appliances	748	525	1216	1689	1789	1288	1887
2.仪器仪表制造 Manufacture of Measuring Instrument	4066	2002	5632	5286	6239	9809	11966

2-77 中型企业科技机构科技活动经费内部支出
Intramural Expenditure for S&T Activities in the S&T Institutions of Medium-sized Enterprises

单位：万元 (10000 yuan)

行业 Industry	1995	2000	2003	2004	2005	2006	2007
合计 Total	**48057**	**178102**	**582151**	**725658**	**804144**	**1247427**	**1738136**
医药制造业 Manufacture of Medicines	**12465**	**34713**	**160679**	**161801**	**219054**	**254520**	**384028**
#化学药品制造 Manufacture of Chemical Medicine	8994	17842	108851	96962	145946	166442	248897
中成药制造 Manufacture of Finished Traditional Chinese Herbal Medicine	2922	11224	26122	41891	47110	54787	71178
生物、生化制品的制造 Manufacture of Biological and Biochemical Chemical Products	116	5510	8688	12001	16358	21912	47788
航空航天器制造业 Manufacture of Aircrafts and Spacecrafts	**3759**	**4378**	**20462**	**38881**	**43806**	**49863**	**49174**
1.飞机制造及修理 Manufacture and Repairing of Airplanes	2862	2812	19928	36947	43476	43624	38755
2.航天器制造 Manufacture of Spacecrafts	896	1566	534	1934	330	6239	10419
电子及通信设备制造业 Manufacture of Electronic Equipment and Communication Equipment	**21375**	**112693**	**318985**	**424750**	**410420**	**755674**	**963621**
1.通信设备制造 Manufacture of Communication Equipment	8646	67513	142386	144814	126776	178602	316430
#通信传输设备制造 Manufacture of Communication Transmitting Equipment	738	1149	21135	12168	15369	32695	44444
通信交换设备制造 Manufacture of Communication Exchanging Equipment	4787	46830	23527	15126	8466	20711	79452
通信终端设备制造 Manufacture of Communication Terminal Equipment	2307	8570	27027	24371	30913	35424	24581
2.雷达及配套设备制造 Manufacture of Radar and Its Fittings	1295	2773	11846	11335	12555	11507	23227
3.广播电视设备制造 Manufacture of Broadcasting and TV Equipment	287	260	7023	12742	14051	21070	23321
4.电子器件制造 Manufacture of Electronic Appliances	3112	9337	52233	87564	62218	163465	181300
#电子真空器件制造 Manufacture of Electronic Vacuum Appliances	511	550	22247	17410	11443	23095	27389
半导体分立器件制造 Manufacture of Semiconductor Discreting Appliances	2274	1394	9515	9828	12893	26478	22710
集成电路制造 Manufacture of Integrate Circuit	327	7394	12220	42242	14146	62024	72065
5.电子元件制造 Manufacture of Electronic Components	4117	11701	49428	72959	90620	153569	231242
6.家用视听设备制造 Manufacture of Domestic TV Set and Radio Receiver	3718	10866	47106	91339	97793	217369	164398
7.其他电子设备制造 Manufacture of Other Electronic Equipment	200	10243	8963	3998	6406	10092	23705
电子计算机及办公设备制造业 Manufacture of Computers and Office Equipments	**2106**	**10390**	**42088**	**47024**	**62422**	**68198**	**164102**
1.电子计算机整机制造 Manufacture of Entired Computer	1655	5786	24665	19105	15873	20381	43983
2.电子计算机外部设备制造 Manufacture of Computer Peripheral Equipment	378	4359	14096	23319	41380	38358	110380
3.办公设备制造 Manufacture of Office Equipment	73	246	3327	4600	5170	9459	9740
医疗设备及仪器仪表制造业 Manufacture of Medical Equipments and Measuring Instrument	**8352**	**15929**	**39937**	**53202**	**68442**	**119172**	**177211**
1.医疗设备及器械制造 Manufacture of Medical Equipment and Appliances	2284	4458	9986	12458	12949	14770	29016
2.仪器仪表制造 Manufacture of Measuring Instrument	6068	11471	29951	40744	55493	104402	148195

2-78 国有及国有控股企业年末固定资产原价

Original Value of Fixed Assets of State-owned and State-controlled Enterprises

单位：万元 (10000 yuan)

行业 Industry	2000	2003	2004	2005	2006	2007
合计 Total	**13411329**	**11335427**	**22323283**	**26201032**	**29210644**	**26762901**
医药制造业 Manufacture of Medicines	**3484847**	**3132249**	**6081020**	**6681473**	**8722599**	**8034579**
#化学药品制造 Manufacture of Chemical Medicine	2854511	2681405	4336199	4878936	6087559	6041245
中成药制造 Manufacture of Finished Traditional Chinese Herbal Medicine	426859	206629	1216424	1372387	1891950	1422254
生物、生化制品的制造 Manufacture of Biological and Biochemical Chemical Products	191354	115697	376590	312357	434255	496075
航空航天器制造业 Manufacture of Aircrafts and Spacecrafts	**4149545**	**3114575**	**4474510**	**5928399**	**5613319**	**6128906**
1.飞机制造及修理 Manufacture and Repairing of Airplanes	3605762	2813226	4132067	5514816	5198435	5666814
2.航天器制造 Manufacture of Spacecrafts	543783	301349	342443	413583	414884	462093
电子及通信设备制造业 Manufacture of Electronic Equipment and Communication Equipment	**4448576**	**4075725**	**9543554**	**10436661**	**12377223**	**9789322**
1.通信设备制造 Manufacture of Communication Equipment	1113737	525103	1650887	1977452	3162106	1380940
#通信传输设备制造 Manufacture of Communication Transmitting Equipment	439820	160804	427105	250595	304174	242151
通信交换设备制造 Manufacture of Communication Exchanging Equipment	346700	210028	601847	1008281	2231013	657051
通信终端设备制造 Manufacture of Communication Terminal Equipment	187107	99644	172244	297954	319043	179965
2.雷达及配套设备制造 Manufacture of Radar and Its Fittings	244785	318202	401887	438694	562787	594558
3.广播电视设备制造 Manufacture of Broadcasting and TV Equipment	63908	22385	22409	18788	63047	16792
4.电子器件制造 Manufacture of Electronic Appliances	1322015	1326359	4534542	4107448	3973890	4494094
#电子真空器件制造 Manufacture of Electronic Vacuum Appliances	716818	982470	2483894	2700328	2021349	1826548
半导体分立器件制造 Manufacture of Semiconductor Discreting Appliances	223625	154777	196374	306336	299164	240872
集成电路制造 Manufacture of Integrate Circuit	381572	88116	1371966	619394	502343	166326
5.电子元件制造 Manufacture of Electronic Components	773458	909153	1669725	1766368	2857803	1818432
6.家用视听设备制造 Manufacture of Domestic TV Set and Radio Receiver	876706	913446	1176894	1998885	1586296	1266746
7.其他电子设备制造 Manufacture of Other Electronic Equipment	53968	61077	87210	129026	171294	217760
电子计算机及办公设备制造业 Manufacture of Computers and Office Equipments	**271007**	**242223**	**847793**	**1697079**	**769740**	**842775**
1.电子计算机整机制造 Manufacture of Entired Computer	201097	112475	399420	436584	398009	428689
2.电子计算机外部设备制造 Manufacture of Computer Peripheral Equipment	31259	109123	405497	1250888	329304	370714
3.办公设备制造 Manufacture of Office Equipment	38651	20625	42876	9607	42427	43372
医疗设备及仪器仪表制造业 Manufacture of Medical Equipments and Measuring Instrument	**1057354**	**770655**	**1376407**	**1457420**	**1727763**	**1967320**
1.医疗设备及器械制造 Manufacture of Medical Equipment and Appliances	101253	64066	133454	85793	189352	242846
2.仪器仪表制造 Manufacture of Measuring Instrument	956101	706589	1242952	1371627	1538411	1724473

2-79 国有及国有控股企业微电子控制设备原价
Original Value of Micro-electronic Equipments of State-owned and State-controlled Enterprises

单位：万元 (10000 yuan)

行业 Industry	1995	2000	2003	2004	2005	2006	2007
合计 Total	**785201**	**1639666**	**1427702**	**3922973**	**3968380**	**5006042**	**4578206**
医药制造业 Manufacture of Medicines	**44957**	**223339**	**272694**	**649941**	**655168**	**907958**	**941329**
#化学药品制造 Manufacture of Chemical Medicine	35124	180605	264908	509815	574772	733477	789634
中成药制造 Manufacture of Finished Traditional Chinese Herbal Medicine	4046	12599	6073	94759	65882	111290	98183
生物、生化制品的制造 Manufacture of Biological and Biochemical Chemical Products	5787	30135		37587	6431	46630	50899
航空航天器制造业 Manufacture of Aircrafts and Spacecrafts	**134192**	**345306**	**382734**	**461776**	**770092**	**734882**	**827527**
1.飞机制造及修理 Manufacture and Repairing of Airplanes	118803	305186	345682	429771	719257	687754	782592
2.航天器制造 Manufacture of Spacecrafts	15389	40120	37052	32004	50835	47128	44935
电子及通信设备制造业 Manufacture of Electronic Equipment and Communication Equipment	**519117**	**980300**	**679170**	**2649614**	**2300291**	**2985743**	**2452055**
1.通信设备制造 Manufacture of Communication Equipment	68536	156721	49272	318889	182336	1255088	481558
#通信传输设备制造 Manufacture of Communication Transmitting Equipment	34401	58811	28283	89204	82334	93183	81013
通信交换设备制造 Manufacture of Communication Exchanging Equipment	16721	72935	1514	100433	16793	1070053	293387
通信终端设备制造 Manufacture of Communication Terminal Equipment	10025	15284	11857	33890	38080	33447	35035
2.雷达及配套设备制造 Manufacture of Radar and Its Fittings	75376	10821	24615	45485	42825	80224	87969
3.广播电视设备制造 Manufacture of Broadcasting and TV Equipment	1455	1776	577	3682	738	3292	3173
4.电子器件制造 Manufacture of Electronic Appliances	258815	379138	286394	1575440	1486441	914896	1402303
#电子真空器件制造 Manufacture of Electronic Vacuum Appliances	142448	46050	149988	342976	838250	312520	259237
半导体分立器件制造 Manufacture of Semiconductor Discreting Appliances	95072	42817	16173	91402	87085	92914	103923
集成电路制造 Manufacture of Integrate Circuit	21295	290271	64933	1020146	405167	351727	87948
5.电子元件制造 Manufacture of Electronic Components	77067	94606	231952	554671	365410	445907	323541
6.家用视听设备制造 Manufacture of Domestic TV Set and Radio Receiver	35679	331019	85112	150703	215324	282146	132168
7.其他电子设备制造 Manufacture of Other Electronic Equipment	2188	6220	1248	744	7218	4189	21343
电子计算机及办公设备制造业 Manufacture of Computers and Office Equipments	**30229**	**21028**	**21458**	**27316**	**102263**	**174523**	**138673**
1.电子计算机整机制造 Manufacture of Entired Computer	19119	16883	2185	7805	31601	35685	96158
2.电子计算机外部设备制造 Manufacture of Computer Peripheral Equipment	5382	1903	19273	15855	69564	136382	39740
3.办公设备制造 Manufacture of Office Equipment	5728	2243		3656	1099	2455	2775
医疗设备及仪器仪表制造业 Manufacture of Medical Equipments and Measuring Instrument	**56706**	**69693**	**71646**	**134327**	**140566**	**202937**	**218621**
1.医疗设备及器械制造 Manufacture of Medical Equipment and Appliances	3054	7895	9291	14191	6288	28638	33802
2.仪器仪表制造 Manufacture of Measuring Instrument	53653	61798	62355	120136	134278	174299	184819

2-80 国有及国有控股企业R&D活动人员折合全时当量

Full-time Equivalent of R&D Personnel of State-owned and State-controlled Enterprises

单位：人年 (man.year)

行业 Industry	1995	2000	2003	2004	2005	2006	2007
合计 Total	**50305**	**58427**	**34527**	**64735**	**91740**	**111531**	**86430**
医药制造业 Manufacture of Medicines	**7399**	**5862**	**4733**	**7172**	**8813**	**13093**	**12080**
#化学药品制造 Manufacture of Chemical Medicine	5650	4347	3926	4814	6234	8933	8241
中成药制造 Manufacture of Finished Traditional Chinese Herbal Medicine	953	790	304	1532	1712	2740	2396
生物、生化制品的制造 Manufacture of Biological and Biochemical Chemical Products	786	722	278	691	668	767	1131
航空航天器制造业 Manufacture of Aircrafts and Spacecrafts	**24687**	**29634**	**13778**	**24026**	**29869**	**27343**	**25501**
1.飞机制造及修理 Manufacture and Repairing of Airplanes	20679	26503	12138	22228	27719	24661	23844
2.航天器制造 Manufacture of Spacecrafts	4008	3131	1641	1797	2150	2681	1657
电子及通信设备制造业 Manufacture of Electronic Equipment and Communication Equipment	**12712**	**15673**	**11887**	**23004**	**42179**	**59382**	**34532**
1.通信设备制造 Manufacture of Communication Equipment	3611	6286	1887	9948	21703	37099	11131
#通信传输设备制造 Manufacture of Communication Transmitting Equipment	1243	1811	773	1043	1695	1944	2056
通信交换设备制造 Manufacture of Communication Exchanging Equipment	496	3214	515	7369	15236	31829	5997
通信终端设备制造 Manufacture of Communication Terminal Equipment	1177	541	313	539	2363	2093	950
2.雷达及配套设备制造 Manufacture of Radar and Its Fittings	2197	1428	1633	1643	1782	3363	3003
3.广播电视设备制造 Manufacture of Broadcasting and TV Equipment	424	358	124	298	227	267	382
4.电子器件制造 Manufacture of Electronic Appliances	1927	3463	1608	4799	7051	5294	4934
#电子真空器件制造 Manufacture of Electronic Vacuum Appliances	560	1330	945	2358	2876	2693	1998
半导体分立器件制造 Manufacture of Semiconductor Discreting Appliances	908	1670	508	682	1095	675	411
集成电路制造 Manufacture of Integrate Circuit	459	463	146	734	721	544	424
5.电子元件制造 Manufacture of Electronic Components	2937	2019	1342	2750	3288	6377	4344
6.家用视听设备制造 Manufacture of Domestic TV Set and Radio Receiver	1603	1894	4867	3449	7790	6828	10521
7.其他电子设备制造 Manufacture of Other Electronic Equipment	13	225	426	118	339	153	217
电子计算机及办公设备制造业 Manufacture of Computers and Office Equipments	**1251**	**984**	**760**	**5269**	**4721**	**3618**	**4812**
1.电子计算机整机制造 Manufacture of Entired Computer	930	898	471	2604	2380	2237	2611
2.电子计算机外部设备制造 Manufacture of Computer Peripheral Equipment	235	81	249	2452	2202	1296	1856
3.办公设备制造 Manufacture of Office Equipment	86	6	40	212	140	85	346
医疗设备及仪器仪表制造业 Manufacture of Medical Equipments and Measuring Instrument	**4256**	**6274**	**3368**	**5265**	**6158**	**8095**	**9504**
1.医疗设备及器械制造 Manufacture of Medical Equipment and Appliances	488	414	158	569	321	755	1613
2.仪器仪表制造 Manufacture of Measuring Instrument	3768	5860	3210	4696	5836	7340	7892

2-81 国有及国有控股企业R&D经费内部支出

Intramural Expenditure for R&D of State-owned and State-controlled Enterprises

单位：万元 (10000 yuan)

行 业 Industry	1995	2000	2003	2004	2005	2006	2007
合计 **Total**	**135915**	**384700**	**420694**	**1170891**	**1475400**	**2186494**	**1552289**
医药制造业 **Manufacture of Medicines**	**25515**	**41940**	**56505**	**107661**	**145225**	**200800**	**176362**
#化学药品制造 Manufacture of Chemical Medicine	19841	30935	49205	68561	103304	132285	108039
中成药制造 Manufacture of Finished Traditional Chinese Herbal Medicine	2783	6627	3795	30072	32040	50454	44173
生物、生化制品的制造 Manufacture of Biological and Biochemical Chemical Products	2705	4320	1631	6865	6280	9596	19800
航空航天器制造业 **Manufacture of Aircrafts and Spacecrafts**	**64998**	**130627**	**114022**	**252502**	**277954**	**332654**	**386873**
1.飞机制造及修理 Manufacture and Repairing of Airplanes	52600	111945	106195	216143	239141	284497	362694
2.航天器制造 Manufacture of Spacecrafts	12399	18682	7827	36359	38813	48157	24178
电子及通信设备制造业 **Manufacture of Electronic Equipment and Communication Equipment**	**34609**	**185141**	**224902**	**680890**	**872394**	**1447448**	**690022**
1.通信设备制造 Manufacture of Communication Equipment	14496	103769	23534	312497	411782	933204	194513
#通信传输设备制造 Manufacture of Communication Transmitting Equipment	4287	34672	15294	24897	39272	35376	21414
通信交换设备制造 Manufacture of Communication Exchanging Equipment	5502	57708	4600	237731	290769	852602	129314
通信终端设备制造 Manufacture of Communication Terminal Equipment	2407	5849	1550	13568	31199	30523	8952
2.雷达及配套设备制造 Manufacture of Radar and Its Fittings	5625	3859	12725	19199	23932	55328	73646
3.广播电视设备制造 Manufacture of Broadcasting and TV Equipment	811	1878	818	5934	1598	5562	3298
4.电子器件制造 Manufacture of Electronic Appliances	4246	24247	75664	111734	85600	99623	69850
#电子真空器件制造 Manufacture of Electronic Vacuum Appliances	1365	13568	70761	45441	25333	42793	23560
半导体分立器件制造 Manufacture of Semiconductor Discreting Appliances	1950	7753	2745	9809	7541	7935	3135
集成电路制造 Manufacture of Integrate Circuit	932	2926	2048	26503	10232	22746	4820
5.电子元件制造 Manufacture of Electronic Components	5304	12962	6100	90977	44262	86683	55640
6.家用视听设备制造 Manufacture of Domestic TV Set and Radio Receiver	4095	36242	104904	139359	303240	265420	290648
7.其他电子设备制造 Manufacture of Other Electronic Equipment	34	2186	1157	1190	1980	1628	2428
电子计算机及办公设备制造业 **Manufacture of Computers and Office Equipments**	**4998**	**9180**	**5454**	**65912**	**114519**	**117774**	**182247**
1.电子计算机整机制造 Manufacture of Entired Computer	3614	7236	2256	38336	91644	103292	146477
2.电子计算机外部设备制造 Manufacture of Computer Peripheral Equipment	1022	1655	3043	25017	20412	14022	31672
3.办公设备制造 Manufacture of Office Equipment	363	289	155	2559	2462	460	4099
医疗设备及仪器仪表制造业 **Manufacture of Medical Equipments and Measuring Instrument**	**5794**	**17810**	**19811**	**63927**	**65308**	**87818**	**116785**
1.医疗设备及器械制造 Manufacture of Medical Equipment and Appliances	988	1981	2980	10687	6070	13925	34718
2.仪器仪表制造 Manufacture of Measuring Instrument	4806	15830	16831	53240	59237	73893	82067

2-82 国有及国有控股企业科技活动人员

Personnel for S&T Activities of State-owned and State-controlled Enterprises

单位：人 (person)

行业 Industry	1995	2000	2003	2004	2005	2006	2007
合计 Total	**212361**	**170078**	**89827**	**155966**	**173545**	**219030**	**176149**
医药制造业 Manufacture of Medicines	**18571**	**17899**	**11514**	**23276**	**22786**	**33060**	**28891**
#化学药品制造 Manufacture of Chemical Medicine	14613	14548	9210	16005	16796	21708	19509
中成药制造 Manufacture of Finished Traditional Chinese Herbal Medicine	2541	1998	994	4574	4362	7754	5827
生物、生化制品的制造 Manufacture of Biological and Biochemical Chemical Products	1344	1336	390	2416	1289	1749	2021
航空航天器制造业 Manufacture of Aircrafts and Spacecrafts	**94061**	**80119**	**34474**	**52654**	**56045**	**54801**	**53018**
1.飞机制造及修理 Manufacture and Repairing of Airplanes	83127	71897	30755	49056	51945	50411	49634
2.航天器制造 Manufacture of Spacecrafts	10934	8222	3719	3598	4100	4390	3384
电子及通信设备制造业 Manufacture of Electronic Equipment and Communication Equipment	**64832**	**49657**	**32723**	**60887**	**72785**	**106958**	**66992**
1.通信设备制造 Manufacture of Communication Equipment	16011	19776	6341	26407	30005	52786	18034
#通信传输设备制造 Manufacture of Communication Transmitting Equipment	4651	7908	2929	4200	3983	4382	3843
通信交换设备制造 Manufacture of Communication Exchanging Equipment	3596	6263	1152	14900	16554	40936	7496
通信终端设备制造 Manufacture of Communication Terminal Equipment	4892	2613	1056	2743	3995	3857	2218
2.雷达及配套设备制造 Manufacture of Radar and Its Fittings	9362	3375	5777	3655	3758	5541	7746
3.广播电视设备制造 Manufacture of Broadcasting and TV Equipment	1580	955	193	484	447	544	986
4.电子器件制造 Manufacture of Electronic Appliances	13117	10226	4709	11380	13763	15423	11594
#电子真空器件制造 Manufacture of Electronic Vacuum Appliances	4893	4901	3541	5874	6921	7036	4826
半导体分立器件制造 Manufacture of Semiconductor Discreting Appliances	6596	3730	972	2248	2317	1740	1606
集成电路制造 Manufacture of Integrate Circuit	1628	1595	164	1265	1119	1686	825
5.电子元件制造 Manufacture of Electronic Components	14491	8979	6987	12149	10141	17824	13285
6.家用视听设备制造 Manufacture of Domestic TV Set and Radio Receiver	8366	5615	7602	5865	12819	13463	14307
7.其他电子设备制造 Manufacture of Other Electronic Equipment	1905	731	1114	947	1852	1377	1040
电子计算机及办公设备制造业 Manufacture of Computers and Office Equipments	**6909**	**5413**	**1796**	**8394**	**8910**	**6703**	**7390**
1.电子计算机整机制造 Manufacture of Entired Computer	4838	4937	1208	4677	4883	4279	3909
2.电子计算机外部设备制造 Manufacture of Computer Peripheral Equipment	1755	233	502	3279	3757	2146	2707
3.办公设备制造 Manufacture of Office Equipment	316	243	86	438	270	278	774
医疗设备及仪器仪表制造业 Manufacture of Medical Equipments and Measuring Instrument	**27988**	**16990**	**9320**	**10755**	**13019**	**17508**	**19858**
1.医疗设备及器械制造 Manufacture of Medical Equipment and Appliances	1772	1509	614	1244	727	2098	2706
2.仪器仪表制造 Manufacture of Measuring Instrument	26216	15481	8706	9511	12292	15410	17152

2-83 国有及国有控股企业科技活动人员中科学家和工程师
Scientists and Engineers in S&T Personnel of State-owned and State-controlled Enterprises

单位：人 (person)

行业 Industry	1995	2000	2003	2004	2005	2006	2007
合计 Total	**76653**	**89549**	**52382**	**93675**	**115014**	**144659**	**117320**
医药制造业 Manufacture of Medicines	**7925**	**10549**	**7482**	**14935**	**15788**	**21925**	**19384**
#化学药品制造 Manufacture of Chemical Medicine	5983	8112	5937	10371	11633	13953	12905
中成药制造 Manufacture of Finished Traditional Chinese Herbal Medicine	1082	1415	643	3199	3087	5649	4298
生物、生化制品的制造 Manufacture of Biological and Biochemical Chemical Products	816	1005	274	1103	845	1185	1594
航空航天器制造业 Manufacture of Aircrafts and Spacecrafts	**26054**	**34024**	**17084**	**22636**	**32148**	**30454**	**27957**
1.飞机制造及修理 Manufacture and Repairing of Airplanes	22162	29623	15161	20835	30084	28325	26298
2.航天器制造 Manufacture of Spacecrafts	3892	4401	1923	1801	2064	2129	1659
电子及通信设备制造业 Manufacture of Electronic Equipment and Communication Equipment	**26204**	**32168**	**20928**	**42994**	**50887**	**74564**	**49409**
1.通信设备制造 Manufacture of Communication Equipment	7947	14995	3900	22654	24912	45102	15512
#通信传输设备制造 Manufacture of Communication Transmitting Equipment	2356	6025	1549	2873	2465	3369	3290
通信交换设备制造 Manufacture of Communication Exchanging Equipment	2066	5569	887	14463	14999	36111	6888
通信终端设备制造 Manufacture of Communication Terminal Equipment	2231	1605	523	1625	2647	2693	1921
2.雷达及配套设备制造 Manufacture of Radar and Its Fittings	4294	1726	3635	2111	2725	3472	5094
3.广播电视设备制造 Manufacture of Broadcasting and TV Equipment	760	558	159	372	287	382	514
4.电子器件制造 Manufacture of Electronic Appliances	4518	6079	3569	5970	8229	8170	7297
#电子真空器件制造 Manufacture of Electronic Vacuum Appliances	1816	3057	2591	2900	3386	4036	2983
半导体分立器件制造 Manufacture of Semiconductor Discreting Appliances	2084	1752	782	955	1308	1201	1092
集成电路制造 Manufacture of Integrate Circuit	618	1270	164	968	937	1037	641
5.电子元件制造 Manufacture of Electronic Components	4586	4782	4068	5829	5442	9505	6819
6.家用视听设备制造 Manufacture of Domestic TV Set and Radio Receiver	3336	3793	4579	5320	8129	6758	13240
7.其他电子设备制造 Manufacture of Other Electronic Equipment	763	235	1018	738	1163	1175	933
电子计算机及办公设备制造业 Manufacture of Computers and Office Equipments	**3843**	**3722**	**1190**	**6019**	**6400**	**5506**	**6228**
1.电子计算机整机制造 Manufacture of Entired Computer	2589	3390	755	3953	4139	3519	3344
2.电子计算机外部设备制造 Manufacture of Computer Peripheral Equipment	1092	208	363	1778	2061	1787	2203
3.办公设备制造 Manufacture of Office Equipment	162	124	72	288	200	200	681
医疗设备及仪器仪表制造业 Manufacture of Medical Equipments and Measuring Instrument	**12627**	**9086**	**5698**	**7091**	**9791**	**12210**	**14342**
1.医疗设备及器械制造 Manufacture of Medical Equipment and Appliances	824	976	332	817	534	1115	1737
2.仪器仪表制造 Manufacture of Measuring Instrument	11803	8110	5366	6274	9257	11095	12605

2-84 国有及国有控股企业科技活动经费筹集额

Sources of Funds for S&T Activities of State-owned and State-controlled Enterprises

单位：万元 (10000 yuan)

行 业 Industry	1995	2000	2003	2004	2005	2006	2007
合计 **Total**	**442551**	**717858**	**808756**	**2105221**	**2430209**	**3126978**	**2412557**
医药制造业 **Manufacture of Medicines**	**63689**	**100892**	**119337**	**265288**	**292256**	**393694**	**328123**
#化学药品制造 Manufacture of Chemical Medicine	49283	73666	106713	196024	215758	241371	211142
中成药制造 Manufacture of Finished Traditional Chinese Herbal Medicine	7459	17887	6915	56626	60535	117761	81731
生物、生化制品的制造 Manufacture of Biological and Biochemical Chemical Products	4875	9281	2021	10556	10434	16460	30246
航空航天器制造业 **Manufacture of Aircrafts and Spacecrafts**	**163892**	**223137**	**218253**	**382465**	**497486**	**531237**	**667951**
1.飞机制造及修理 Manufacture and Repairing of Airplanes	135797	195614	205469	333522	449434	479269	639731
2.航天器制造 Manufacture of Spacecrafts	28095	27523	12784	48943	48052	51968	28221
电子及通信设备制造业 **Manufacture of Electronic Equipment and Communication Equipment**	**148043**	**339202**	**420290**	**1171104**	**1322579**	**1878983**	**1031396**
1.通信设备制造 Manufacture of Communication Equipment	39857	150907	41619	465174	529244	1048023	273367
#通信传输设备制造 Manufacture of Communication Transmitting Equipment	9006	53015	20466	58819	60376	53714	45164
通信交换设备制造 Manufacture of Communication Exchanging Equipment	13530	71173	8438	268334	315026	900682	142007
通信终端设备制造 Manufacture of Communication Terminal Equipment	10800	14173	4970	20710	45035	48231	22474
2.雷达及配套设备制造 Manufacture of Radar and Its Fittings	32734	9427	26255	27248	36987	65324	95902
3.广播电视设备制造 Manufacture of Broadcasting and TV Equipment	2104	2130	1763	8034	8866	14920	5716
4.电子器件制造 Manufacture of Electronic Appliances	26004	44514	92384	196947	150226	186582	167838
#电子真空器件制造 Manufacture of Electronic Vacuum Appliances	9646	27303	85789	89322	65758	72448	51175
半导体分立器件制造 Manufacture of Semiconductor Discreting Appliances	12330	10269	3958	13014	13998	17253	16242
集成电路制造 Manufacture of Integrate Circuit	4028	6942	2187	45949	16667	33243	10329
5.电子元件制造 Manufacture of Electronic Components	26393	30463	27065	211585	175077	180205	115321
6.家用视听设备制造 Manufacture of Domestic TV Set and Radio Receiver	16119	99705	223370	255977	411753	372013	361316
7.其他电子设备制造 Manufacture of Other Electronic Equipment	4831	2056	7834	6139	10427	11917	11937
电子计算机及办公设备制造业 **Manufacture of Computers and Office Equipments**	**16849**	**17402**	**8247**	**197475**	**209419**	**174481**	**200196**
1.电子计算机整机制造 Manufacture of Entired Computer	11652	14479	3696	101475	146642	147390	156297
2.电子计算机外部设备制造 Manufacture of Computer Peripheral Equipment	3479	2592	4398	91156	60179	24994	35278
3.办公设备制造 Manufacture of Office Equipment	1718	331	153	4843	2598	2097	8622
医疗设备及仪器仪表制造业 **Manufacture of Medical Equipments and Measuring Instrument**	**50079**	**37225**	**42629**	**88890**	**108469**	**148583**	**184891**
1.医疗设备及器械制造 Manufacture of Medical Equipment and Appliances	4629	5843	5957	15961	9495	28986	39614
2.仪器仪表制造 Manufacture of Measuring Instrument	45450	31382	36672	72929	98974	119597	145277

2-85 国有及国有控股企业科技活动经费筹集额中政府资金
Government Funds in the Sources of Funds for S&T Activities of State-owned and State-controlled Enterprises

单位：万元 (10000 yuan)

行业 Industry	1995	2000	2003	2004	2005	2006	2007
合计 Total	**115557**	**139954**	**112818**	**225089**	**267704**	**324423**	**493324**
医药制造业 Manufacture of Medicines	**2268**	**5431**	**3401**	**15603**	**16525**	**19601**	**17192**
#化学药品制造 Manufacture of Chemical Medicine	950	3543	2414	10506	8891	10317	8733
中成药制造 Manufacture of Finished Traditional Chinese Herbal Medicine	209	1474	206	4202	4218	4268	4054
生物、生化制品的制造 Manufacture of Biological and Biochemical Chemical Products	704	402	351	774	3211	3480	4111
航空航天器制造业 Manufacture of Aircrafts and Spacecrafts	**82339**	**101421**	**78570**	**151362**	**160251**	**197349**	**372860**
1.飞机制造及修理 Manufacture and Repairing of Airplanes	70209	93130	73229	146505	149470	187274	361190
2.航天器制造 Manufacture of Spacecrafts	12130	8291	5341	4858	10781	10075	11670
电子及通信设备制造业 Manufacture of Electronic Equipment and Communication Equipment	**22988**	**23049**	**20871**	**42348**	**75449**	**86786**	**71607**
1.通信设备制造 Manufacture of Communication Equipment	5253	6507	3488	19997	44671	46938	21172
#通信传输设备制造 Manufacture of Communication Transmitting Equipment	3195	3726	2391	8213	4882	8757	7102
通信交换设备制造 Manufacture of Communication Exchanging Equipment	702	997	840	1485	21337	15135	6464
通信终端设备制造 Manufacture of Communication Terminal Equipment	1268	654	100	5878	13980	20215	379
2.雷达及配套设备制造 Manufacture of Radar and Its Fittings	7361	1893	9686	2192	4631	3679	7166
3.广播电视设备制造 Manufacture of Broadcasting and TV Equipment	73	335	11	416	325	988	88
4.电子器件制造 Manufacture of Electronic Appliances	6887	7464	2337	10275	11258	15344	18807
#电子真空器件制造 Manufacture of Electronic Vacuum Appliances	1442	2670	1106	2960	2975	7879	8065
半导体分立器件制造 Manufacture of Semiconductor Discreting Appliances	4821	3618	781	2334	4244	2940	3513
集成电路制造 Manufacture of Integrate Circuit	624	1176		1626	2439	1665	1301
5.电子元件制造 Manufacture of Electronic Components	3032	4430	4638	6725	4424	10313	17077
6.家用视听设备制造 Manufacture of Domestic TV Set and Radio Receiver	318	2274	571	2583	9709	9378	7064
7.其他电子设备制造 Manufacture of Other Electronic Equipment	64	146	140	160	431	146	235
电子计算机及办公设备制造业 Manufacture of Computers and Office Equipments	**2795**	**2938**	**2931**	**6773**	**7812**	**6400**	**9421**
1.电子计算机整机制造 Manufacture of Entired Computer	2434	2938	368	3982	5554	3972	7038
2.电子计算机外部设备制造 Manufacture of Computer Peripheral Equipment	361		2545	2163	2027	2428	1438
3.办公设备制造 Manufacture of Office Equipment			18	629	232		945
医疗设备及仪器仪表制造业 Manufacture of Medical Equipments and Measuring Instrument	**5168**	**7115**	**7045**	**9003**	**7668**	**14287**	**22244**
1.医疗设备及器械制造 Manufacture of Medical Equipment and Appliances	93	40		2002	550	2792	674
2.仪器仪表制造 Manufacture of Measuring Instrument	5075	7075	7045	7001	7118	11495	21571

2-86 国有及国有控股企业科技活动经费筹集额中企业资金

Funds Raised by Enterprises in the Sources of Funds for S&T Activities of State-owned and State-controlled Enterprises

单位：万元 (10000 yuan)

行 业 Industry	1995	2000	2003	2004	2005	2006	2007
合计 Total	**243113**	**395446**	**564440**	**1697311**	**1917927**	**2550675**	**1717526**
医药制造业 Manufacture of Medicines	**42466**	**77870**	**110229**	**229227**	**260529**	**340289**	**298536**
#化学药品制造 Manufacture of Chemical Medicine	33601	58582	99953	169944	193825	218177	197061
中成药制造 Manufacture of Finished Traditional Chinese Herbal Medicine	5111	11445	5494	48279	54385	96515	73072
生物、生化制品的制造 Manufacture of Biological and Biochemical Chemical Products	3087	7797	1628	9046	6994	11569	23692
航空航天器制造业 Manufacture of Aircrafts and Spacecrafts	**47788**	**75075**	**92853**	**192179**	**227254**	**232740**	**224588**
1.飞机制造及修理 Manufacture and Repairing of Airplanes	38576	67168	87079	149493	191679	191147	208037
2.航天器制造 Manufacture of Spacecrafts	9211	7907	5774	42686	35575	41593	16551
电子及通信设备制造业 Manufacture of Electronic Equipment and Communication Equipment	**108046**	**212798**	**324983**	**1016432**	**1143963**	**1702685**	**866539**
1.通信设备制造 Manufacture of Communication Equipment	31331	80717	30933	415757	468640	991205	244547
#通信传输设备制造 Manufacture of Communication Transmitting Equipment	5292	25779	14002	47014	50800	35726	33643
通信交换设备制造 Manufacture of Communication Exchanging Equipment	10834	37876	4473	259667	293690	885496	135543
通信终端设备制造 Manufacture of Communication Terminal Equipment	9313	7040	4870	14832	31033	28016	22095
2.雷达及配套设备制造 Manufacture of Radar and Its Fittings	23302	6429	12509	20491	26440	58991	75044
3.广播电视设备制造 Manufacture of Broadcasting and TV Equipment	1778	1785	1752	7617	6541	13782	5628
4.电子器件制造 Manufacture of Electronic Appliances	14952	32793	68005	167819	131878	161817	143494
#电子真空器件制造 Manufacture of Electronic Vacuum Appliances	7087	21747	63663	84005	59463	60798	40757
半导体分立器件制造 Manufacture of Semiconductor Discreting Appliances	5323	5503	2155	10180	9103	13812	12067
集成电路制造 Manufacture of Integrate Circuit	2542	5543	2187	44323	13712	29478	9029
5.电子元件制造 Manufacture of Electronic Components	19770	24233	22426	200117	165143	156189	84337
6.家用视听设备制造 Manufacture of Domestic TV Set and Radio Receiver	14027	65061	181814	199902	336031	309730	302647
7.其他电子设备制造 Manufacture of Other Electronic Equipment	2887	1780	7544	4729	9291	10971	10842
电子计算机及办公设备制造业 Manufacture of Computers and Office Equipments	**9782**	**7443**	**4343**	**182067**	**191672**	**154095**	**179948**
1.电子计算机整机制造 Manufacture of Entired Computer	6395	5070	2355	94131	131953	130632	140203
2.电子计算机外部设备制造 Manufacture of Computer Peripheral Equipment	1694	2042	1853	84893	57352	21366	32069
3.办公设备制造 Manufacture of Office Equipment	1693	331	135	3044	2366	2097	7676
医疗设备及仪器仪表制造业 Manufacture of Medical Equipments and Measuring Instrument	**35031**	**22260**	**32032**	**77405**	**94510**	**120866**	**147916**
1.医疗设备及器械制造 Manufacture of Medical Equipment and Appliances	3932	4367	5491	13759	8945	26194	38940
2.仪器仪表制造 Manufacture of Measuring Instrument	31099	17892	26541	63647	85565	94672	108975

2-87 国有及国有控股企业科技活动经费筹集额中金融机构贷款
Loans from Financial Institutions in the Sources of Funds for S&T Activities of State-owned and State-controlled Enterprises

单位：万元 (10000 yuan)

行 业 Industry	1995	2000	2003	2004	2005	2006	2007
合计 Total	**62870**	**110360**	**92487**	**144948**	**138653**	**157260**	**107358**
医药制造业 Manufacture of Medicines	**17853**	**16930**	**4689**	**19056**	**14129**	**30333**	**10534**
#化学药品制造 Manufacture of Chemical Medicine	14054	10983	3570	15030	12237	12090	5283
中成药制造 Manufacture of Finished Traditional Chinese Herbal Medicine	2000	4868	1119	4026	1892	16872	4501
生物、生化制品的制造 Manufacture of Biological and Biochemical Chemical Products	800	1080				1100	750
航空航天器制造业 Manufacture of Aircrafts and Spacecrafts	**20425**	**7826**	**17929**	**8655**	**20995**	**27048**	**25808**
1.飞机制造及修理 Manufacture and Repairing of Airplanes	15611	6670	16726	8655	19371	26748	25808
2.航天器制造 Manufacture of Spacecrafts	4814	1156	1203		1624	300	
电子及通信设备制造业 Manufacture of Electronic Equipment and Communication Equipment	**15426**	**77538**	**67162**	**108277**	**89916**	**81453**	**58541**
1.通信设备制造 Manufacture of Communication Equipment	2852	39390	6125	28578	10309	7135	3228
#通信传输设备制造 Manufacture of Communication Transmitting Equipment	515	5830	3000	3050	1530	6485	
通信交换设备制造 Manufacture of Communication Exchanging Equipment	1904	32300	3125	6882		50	
通信终端设备制造 Manufacture of Communication Terminal Equipment	218	20					
2.雷达及配套设备制造 Manufacture of Radar and Its Fittings	1822	1100	3298	2700	2000	2370	720
3.广播电视设备制造 Manufacture of Broadcasting and TV Equipment	10	10			2000	150	
4.电子器件制造 Manufacture of Electronic Appliances	4010	3498	16604	17567	3820	7191	842
#电子真空器件制造 Manufacture of Electronic Vacuum Appliances	1030	2546	15582	1070	1566	1591	791
半导体分立器件制造 Manufacture of Semiconductor Discreting Appliances	2122	952	1022	500	650	500	
集成电路制造 Manufacture of Integrate Circuit	858					2100	
5.电子元件制造 Manufacture of Electronic Components	3489	1190		4700	5173	11904	11069
6.家用视听设备制造 Manufacture of Domestic TV Set and Radio Receiver	1448	32350	40985	53482	66013	52623	41822
7.其他电子设备制造 Manufacture of Other Electronic Equipment	1795		150	1250	600	80	860
电子计算机及办公设备制造业 Manufacture of Computers and Office Equipments	**3259**	**3250**	**400**	**8521**	**9724**	**11246**	**9856**
1.电子计算机整机制造 Manufacture of Entired Computer	1959	2700	400	3250	8924	10246	9056
2.电子计算机外部设备制造 Manufacture of Computer Peripheral Equipment	1290	550		4100	800	1000	800
3.办公设备制造 Manufacture of Office Equipment	10			1171			
医疗设备及仪器仪表制造业 Manufacture of Medical Equipments and Measuring Instrument	**5907**	**4816**	**2307**	**440**	**3890**	**7181**	**2619**
1.医疗设备及器械制造 Manufacture of Medical Equipment and Appliances	584	1400		200			
2.仪器仪表制造 Manufacture of Measuring Instrument	5323	3416	2307	240	3890	7181	2619

2-88 国有及国有控股企业科技活动经费内部支出
Intramural Expenditure for S&T Activities of State-owned and State-controlled Enterprises

单位：万元 (10000 yuan)

行业 Industry	1995	2000	2003	2004	2005	2006	2007
合计 Total	**416450**	**707291**	**819035**	**2044308**	**2327938**	**3116122**	**2595354**
医药制造业 Manufacture of Medicines	**51321**	**85561**	**115852**	**259879**	**266568**	**355572**	**310764**
#化学药品制造 Manufacture of Chemical Medicine	39882	64307	106080	191505	197219	217963	192506
中成药制造 Manufacture of Finished Traditional Chinese Herbal Medicine	6040	11893	4812	54557	51340	109907	77684
生物、生化制品的制造 Manufacture of Biological and Biochemical Chemical Products	4243	9123	2020	10618	11952	11997	34358
航空航天器制造业 Manufacture of Aircrafts and Spacecrafts	**155217**	**226132**	**259743**	**466081**	**488230**	**610103**	**703627**
1.飞机制造及修理 Manufacture and Repairing of Airplanes	129238	197221	246251	419088	435597	553255	668727
2.航天器制造 Manufacture of Spacecrafts	25979	28911	13492	46993	52633	56848	34901
电子及通信设备制造业 Manufacture of Electronic Equipment and Communication Equipment	**148166**	**344742**	**390645**	**1096293**	**1227634**	**1823267**	**1161597**
1.通信设备制造 Manufacture of Communication Equipment	41336	145035	37833	435225	536293	1026008	257953
#通信传输设备制造 Manufacture of Communication Transmitting Equipment	10906	62009	17757	50559	51431	53252	41361
通信交换设备制造 Manufacture of Communication Exchanging Equipment	13061	62304	9126	261982	327858	896971	147061
通信终端设备制造 Manufacture of Communication Terminal Equipment	11171	8778	4433	21961	42552	36146	14189
2.雷达及配套设备制造 Manufacture of Radar and Its Fittings	30960	8519	30557	30651	38687	85173	150318
3.广播电视设备制造 Manufacture of Broadcasting and TV Equipment	2610	2030	1470	7978	4736	14571	5246
4.电子器件制造 Manufacture of Electronic Appliances	27967	37917	92093	188653	153430	173129	257682
#电子真空器件制造 Manufacture of Electronic Vacuum Appliances	9201	21097	85203	78977	58932	60754	47171
半导体分立器件制造 Manufacture of Semiconductor Discreting Appliances	14542	10045	4543	14819	14752	17301	23889
集成电路制造 Manufacture of Integrate Circuit	4224	6776	2140	33230	15816	33554	10172
5.电子元件制造 Manufacture of Electronic Components	25288	42960	28501	229056	82799	155472	113342
6.家用视听设备制造 Manufacture of Domestic TV Set and Radio Receiver	15339	105852	190687	197691	401567	356232	364775
7.其他电子设备制造 Manufacture of Other Electronic Equipment	4666	2428	9504	7039	10122	12682	12282
电子计算机及办公设备制造业 Manufacture of Computers and Office Equipments	**14588**	**14051**	**8775**	**131334**	**205362**	**173215**	**211990**
1.电子计算机整机制造 Manufacture of Entired Computer	9820	11289	3424	98744	143487	146724	165151
2.电子计算机外部设备制造 Manufacture of Computer Peripheral Equipment	3182	2302	5037	28313	58985	24414	38254
3.办公设备制造 Manufacture of Office Equipment	1586	460	314	4277	2891	2078	8586
医疗设备及仪器仪表制造业 Manufacture of Medical Equipments and Measuring Instrument	**47160**	**36806**	**44020**	**90721**	**140144**	**153965**	**207376**
1.医疗设备及器械制造 Manufacture of Medical Equipment and Appliances	3964	6452	8468	14212	10143	23033	39902
2.仪器仪表制造 Manufacture of Measuring Instrument	43196	30353	35552	76510	130001	130932	167474

2-89 国有及国有控股企业科技活动经费内部支出中劳务费
Labor Expenses in the Intramural Expenditure for S&T Activities of State-owned and State-controlled Enterprises

单位：万元 (10000 yuan)

行业 Industry	1995	2000	2003	2004	2005	2006	2007
合计 Total	**94387**	**189870**	**158579**	**584065**	**591806**	**952352**	**577153**
医药制造业 Manufacture of Medicines	**11620**	**20758**	**21793**	**51130**	**50968**	**80592**	**73023**
#化学药品制造 Manufacture of Chemical Medicine	9333	15193	17110	33777	35338	48734	49207
中成药制造 Manufacture of Finished Traditional Chinese Herbal Medicine	1345	3402	2302	11550	12009	23007	15915
生物、生化制品的制造 Manufacture of Biological and Biochemical Chemical Products	893	2146	895	4460	2041	3062	5957
航空航天器制造业 Manufacture of Aircrafts and Spacecrafts	**35415**	**61435**	**46073**	**106699**	**120899**	**114786**	**116912**
1.飞机制造及修理 Manufacture and Repairing of Airplanes	28363	52344	40974	92915	106481	99194	108740
2.航天器制造 Manufacture of Spacecrafts	7052	9091	5099	13785	14418	15593	8172
电子及通信设备制造业 Manufacture of Electronic Equipment and Communication Equipment	**30592**	**87489**	**72931**	**354202**	**337648**	**660692**	**265686**
1.通信设备制造 Manufacture of Communication Equipment	9202	46081	16531	227713	201790	515626	102432
#通信传输设备制造 Manufacture of Communication Transmitting Equipment	3018	11236	7750	15262	15647	16846	13988
通信交换设备制造 Manufacture of Communication Exchanging Equipment	2616	28372	3514	172572	139933	470229	56726
通信终端设备制造 Manufacture of Communication Terminal Equipment	2335	2312	2114	8902	10982	12075	5682
2.雷达及配套设备制造 Manufacture of Radar and Its Fittings	6303	4959	9237	11684	11004	14969	25861
3.广播电视设备制造 Manufacture of Broadcasting and TV Equipment	485	556	236	1703	2083	2442	1861
4.电子器件制造 Manufacture of Electronic Appliances	5000	10274	8375	51235	38627	37509	42306
#电子真空器件制造 Manufacture of Electronic Vacuum Appliances	1773	6279	6271	21983	11733	17462	8704
半导体分立器件制造 Manufacture of Semiconductor Discreting Appliances	2673	2219	1451	3320	4066	2973	2851
集成电路制造 Manufacture of Integrate Circuit	554	1777	524	12094	5334	4922	4563
5.电子元件制造 Manufacture of Electronic Components	5013	6376	8010	24484	18368	32468	27196
6.家用视听设备制造 Manufacture of Domestic TV Set and Radio Receiver	2961	18383	23883	34055	61094	49386	59791
7.其他电子设备制造 Manufacture of Other Electronic Equipment	1629	861	6659	3329	4681	8293	6239
电子计算机及办公设备制造业 Manufacture of Computers and Office Equipments	**3749**	**5893**	**3104**	**41114**	**50478**	**49612**	**61866**
1.电子计算机整机制造 Manufacture of Entired Computer	2415	4923	1692	23706	34678	40506	44436
2.电子计算机外部设备制造 Manufacture of Computer Peripheral Equipment	1175	836	1257	15653	14887	8468	13416
3.办公设备制造 Manufacture of Office Equipment	159	134	155	1755	913	638	4014
医疗设备及仪器仪表制造业 Manufacture of Medical Equipments and Measuring Instrument	**13011**	**14295**	**14678**	**30920**	**31814**	**46670**	**59666**
1.医疗设备及器械制造 Manufacture of Medical Equipment and Appliances	1429	1986	1109	3705	2701	6045	15233
2.仪器仪表制造 Manufacture of Measuring Instrument	11582	12310	13569	27215	29113	40625	44433

2-90 国有及国有控股企业科技活动经费内部支出中仪器设备费

Instruments and Equipments Expenses in the Intramural Expenditure for S&T Activities of State-owned and State-controlled Enterprises

单位：万元 (10000 yuan)

行业 Industry	1995	2000	2003	2004	2005	2006	2007
合计 Total	**56972**	**130613**	**222913**	**516377**	**455090**	**524635**	**589023**
医药制造业 Manufacture of Medicines	**5954**	**26006**	**37245**	**84827**	**82522**	**98365**	**93935**
#化学药品制造 Manufacture of Chemical Medicine	4133	20618	36293	69786	66165	70685	63177
中成药制造 Manufacture of Finished Traditional Chinese Herbal Medicine	1529	3539	537	12926	11270	23361	18816
生物、生化制品的制造 Manufacture of Biological and Biochemical Chemical Products	231	1845	221	1292	2292	967	10942
航空航天器制造业 Manufacture of Aircrafts and Spacecrafts	**12641**	**43679**	**62020**	**107608**	**127998**	**135072**	**154262**
1.飞机制造及修理 Manufacture and Repairing of Airplanes	9776	38568	60843	102839	119640	127399	152423
2.航天器制造 Manufacture of Spacecrafts	2865	5111	1177	4769	8358	7673	1839
电子及通信设备制造业 Manufacture of Electronic Equipment and Communication Equipment	**31513**	**52444**	**115528**	**291684**	**171676**	**235443**	**248220**
1.通信设备制造 Manufacture of Communication Equipment	6846	12663	5726	44350	28271	46576	40529
#通信传输设备制造 Manufacture of Communication Transmitting Equipment	1733	6197	2478	9655	6100	8082	2879
通信交换设备制造 Manufacture of Communication Exchanging Equipment	1304	1547	1922	13197	1740	32499	26907
通信终端设备制造 Manufacture of Communication Terminal Equipment	2972	2181	470	2998	4035	1811	2647
2.雷达及配套设备制造 Manufacture of Radar and Its Fittings	11851	505	3970	4789	3353	24904	43244
3.广播电视设备制造 Manufacture of Broadcasting and TV Equipment	237	315	119	236	484	4239	22
4.电子器件制造 Manufacture of Electronic Appliances	5362	10313	57166	53707	47876	42719	33667
#电子真空器件制造 Manufacture of Electronic Vacuum Appliances	2025	6111	54829	29870	25008	16974	13636
半导体分立器件制造 Manufacture of Semiconductor Discreting Appliances	2882	2402	2031	3232	3568	5714	6833
集成电路制造 Manufacture of Integrate Circuit	455	1801	306	2206	2144	4664	1637
5.电子元件制造 Manufacture of Electronic Components	3313	10271	7562	147715	27145	45630	29136
6.家用视听设备制造 Manufacture of Domestic TV Set and Radio Receiver	2575	17898	39299	39885	62788	69775	100378
7.其他电子设备制造 Manufacture of Other Electronic Equipment	1330	480	1686	1000	1758	1600	1244
电子计算机及办公设备制造业 Manufacture of Computers and Office Equipments	**1886**	**1404**	**1182**	**16810**	**29134**	**26267**	**49375**
1.电子计算机整机制造 Manufacture of Entired Computer	1062	911	623	13757	23988	22250	34998
2.电子计算机外部设备制造 Manufacture of Computer Peripheral Equipment	538	451	462	2528	4468	3674	13523
3.办公设备制造 Manufacture of Office Equipment	286	42	97	525	678	343	854
医疗设备及仪器仪表制造业 Manufacture of Medical Equipments and Measuring Instrument	**4978**	**7080**	**6938**	**15448**	**43760**	**29490**	**43230**
1.医疗设备及器械制造 Manufacture of Medical Equipment and Appliances	90	1381	1581	900	1129	4385	6405
2.仪器仪表制造 Manufacture of Measuring Instrument	4888	5699	5357	14548	42632	25105	36825

2-91 国有及国有控股企业新产品开发经费支出

Expenditure for Developing New Products of State-owned and State-controlled Enterprises

单位：万元 (10000 yuan)

行业 Industry	1995	2000	2003	2004	2005	2006	2007
合计 Total	**246984**	**436906**	**477930**	**1159025**	**1583476**	**2347407**	**1713364**
医药制造业 Manufacture of Medicines	**30624**	**48349**	**43766**	**94916**	**149858**	**210319**	**173914**
#化学药品制造 Manufacture of Chemical Medicine	23280	36158	38914	67652	106835	130083	112304
中成药制造 Manufacture of Finished Traditional Chinese Herbal Medicine	3896	6390	3415	21526	32650	61475	38620
生物、生化制品的制造 Manufacture of Biological and Biochemical Chemical Products	2665	5744	358	4266	5844	7398	18453
航空航天器制造业 Manufacture of Aircrafts and Spacecrafts	**101751**	**108459**	**149429**	**228990**	**300918**	**347930**	**410637**
1.飞机制造及修理 Manufacture and Repairing of Airplanes	84663	89750	142433	215889	270149	316319	389389
2.航天器制造 Manufacture of Spacecrafts	17088	18709	6996	13102	30769	31610	21248
电子及通信设备制造业 Manufacture of Electronic Equipment and Communication Equipment	**81297**	**249388**	**255174**	**679651**	**948548**	**1550553**	**822388**
1.通信设备制造 Manufacture of Communication Equipment	23950	111117	26161	358276	429979	960825	219255
#通信传输设备制造 Manufacture of Communication Transmitting Equipment	6987	34595	14930	31747	47312	40407	34355
通信交换设备制造 Manufacture of Communication Exchanging Equipment	8765	61130	4238	231902	236772	853571	131316
通信终端设备制造 Manufacture of Communication Terminal Equipment	4651	6996	3344	15932	39851	34113	11295
2.雷达及配套设备制造 Manufacture of Radar and Its Fittings	20249	6426	16890	16161	26180	35173	77683
3.广播电视设备制造 Manufacture of Broadcasting and TV Equipment	1312	991	1210	6893	3662	13172	4961
4.电子器件制造 Manufacture of Electronic Appliances	14759	24885	56989	97272	93897	117775	102102
#电子真空器件制造 Manufacture of Electronic Vacuum Appliances	6452	13790	52645	32191	28755	35909	32445
半导体分立器件制造 Manufacture of Semiconductor Discreting Appliances	7308	6876	2089	4717	10776	11555	12040
集成电路制造 Manufacture of Integrate Circuit	999	4219	2048	26947	10977	29660	8581
5.电子元件制造 Manufacture of Electronic Components	12117	20389	14384	32871	56681	100974	82247
6.家用视听设备制造 Manufacture of Domestic TV Set and Radio Receiver	6830	83449	134401	165687	329126	313106	324428
7.其他电子设备制造 Manufacture of Other Electronic Equipment	2080	2132	5139	2492	9022	9528	11712
电子计算机及办公设备制造业 Manufacture of Computers and Office Equipments	**8697**	**11245**	**4945**	**106079**	**115916**	**145077**	**177349**
1.电子计算机整机制造 Manufacture of Entired Computer	6134	9359	1307	80393	87774	121309	138158
2.电子计算机外部设备制造 Manufacture of Computer Peripheral Equipment	1817	1593	3544	21475	25251	21780	34025
3.办公设备制造 Manufacture of Office Equipment	746	293	94	4211	2891	1989	5167
医疗设备及仪器仪表制造业 Manufacture of Medical Equipments and Measuring Instrument	**24615**	**19465**	**24616**	**49390**	**68236**	**93529**	**129076**
1.医疗设备及器械制造 Manufacture of Medical Equipment and Appliances	2017	2282	5311	7231	5869	17397	33151
2.仪器仪表制造 Manufacture of Measuring Instrument	22598	17183	19305	42159	62367	76132	95925

2-92 国有及国有控股企业新产品产值

Industrial Output Value of New Products of State-owned and State-controlled Enterprises

单位：万元 (10000 yuan)

行业 Industry	2000	2001	2003	2004	2005	2006	2007
合计 Total	**6772868**	**3989806**	**6696767**	**18713609**	**21816973**	**22028687**	**20928478**
医药制造业 Manufacture of Medicines	**723769**	**552327**	**725230**	**1381845**	**1635038**	**2325198**	**1886926**
#化学药品制造 Manufacture of Chemical Medicine	640440	496398	612039	966251	1122554	1421429	1213161
中成药制造 Manufacture of Finished Traditional Chinese Herbal Medicine	58237	46392	72186	370183	380656	602398	425748
生物、生化制品的制造 Manufacture of Biological and Biochemical Chemical Products	25092	9538	13428	33245	71973	117914	198868
航空航天器制造业 Manufacture of Aircrafts and Spacecrafts	**952319**	**803488**	**876853**	**2201404**	**3735207**	**3348144**	**3997716**
1.飞机制造及修理 Manufacture and Repairing of Airplanes	816276	727748	855494	2178389	3700323	3303780	3938738
2.航天器制造 Manufacture of Spacecrafts	136042	75740	21359	23015	34884	44364	58978
电子及通信设备制造业 Manufacture of Electronic Equipment and Communication Equipment	**4718473**	**2264836**	**4797769**	**13459060**	**13827480**	**13504247**	**11860980**
1.通信设备制造 Manufacture of Communication Equipment	1632143	357136	323022	6399540	5382324	4708352	3128271
#通信传输设备制造 Manufacture of Communication Transmitting Equipment	399126	152293	119775	695213	511657	421483	384389
通信交换设备制造 Manufacture of Communication Exchanging Equipment	793920	61265	42124	3119934	3217759	3145296	2004606
通信终端设备制造 Manufacture of Communication Terminal Equipment	311339	41627	98510	218497	335628	291186	186005
2.雷达及配套设备制造 Manufacture of Radar and Its Fittings	36006	62251	164444	120577	229046	487814	728913
3.广播电视设备制造 Manufacture of Broadcasting and TV Equipment	4503	2931	1269	24949	22125	28638	37991
4.电子器件制造 Manufacture of Electronic Appliances	261027	205531	614413	1916153	1488414	1579350	2029069
#电子真空器件制造 Manufacture of Electronic Vacuum Appliances	179965	76947	562372	762191	664629	529770	536530
半导体分立器件制造 Manufacture of Semiconductor Discreting Appliances	24952	26043	34907	57886	80531	165668	128438
集成电路制造 Manufacture of Integrate Circuit	56110	102541	17134	354275	108460	286843	109537
5.电子元件制造 Manufacture of Electronic Components	317940	191764	284419	538663	548553	1187697	868098
6.家用视听设备制造 Manufacture of Domestic TV Set and Radio Receiver	2460102	1356979	3378866	4386345	6058356	5437360	4959247
7.其他电子设备制造 Manufacture of Other Electronic Equipment	6753	88244	31336	72833	98662	75037	109392
电子计算机及办公设备制造业 Manufacture of Computers and Office Equipments	**172171**	**138610**	**44362**	**1060167**	**1954085**	**1994839**	**2230840**
1.电子计算机整机制造 Manufacture of Entired Computer	153120	80056	12129	825081	1593529	1691657	1834477
2.电子计算机外部设备制造 Manufacture of Computer Peripheral Equipment	6754	58135	28767	169898	303107	280497	293503
3.办公设备制造 Manufacture of Office Equipment	12297	419	3466	65187	57449	22686	102860
医疗设备及仪器仪表制造业 Manufacture of Medical Equipments and Measuring Instrument	**206137**	**230544**	**252553**	**611133**	**665163**	**856259**	**952017**
1.医疗设备及器械制造 Manufacture of Medical Equipment and Appliances	45392	40290	32818	86528	83741	157548	181351
2.仪器仪表制造 Manufacture of Measuring Instrument	160745	190254	219735	524605	581421	698711	770665

2-93 国有及国有控股企业新产品销售收入
Sales Revenue from New Products of State-owned and State-controlled Enterprises

单位：万元 (10000 yuan)

行业 Industry	1995	2000	2003	2004	2005	2006	2007
合计 Total	**3476016**	**5884034**	**6220339**	**18260238**	**20608590**	**21768358**	**20851357**
医药制造业 Manufacture of Medicines	**361002**	**660076**	**645117**	**1345244**	**1495400**	**2014497**	**1814142**
#化学药品制造 Manufacture of Chemical Medicine	276550	598623	543345	938595	1016304	1222743	1244221
中成药制造 Manufacture of Finished Traditional Chinese Herbal Medicine	64050	49137	68872	363890	378861	543216	346547
生物、生化制品的制造 Manufacture of Biological and Biochemical Chemical Products	13336	12316	11342	24918	48681	101444	172743
航空航天器制造业 Manufacture of Aircrafts and Spacecrafts	**590144**	**799533**	**801244**	**2124848**	**3371379**	**3032466**	**3757953**
1.飞机制造及修理 Manufacture and Repairing of Airplanes	549309	682261	794901	2110798	3333522	2988465	3703367
2.航天器制造 Manufacture of Spacecrafts	40835	117272	6343	14050	37857	44002	54586
电子及通信设备制造业 Manufacture of Electronic Equipment and Communication Equipment	**2141624**	**4063063**	**4545646**	**13019076**	**13374188**	**14026314**	**12380540**
1.通信设备制造 Manufacture of Communication Equipment	755069	1252911	306273	5884905	4897255	4609673	3039949
#通信传输设备制造 Manufacture of Communication Transmitting Equipment	387373	385907	113432	679749	555880	452136	419055
通信交换设备制造 Manufacture of Communication Exchanging Equipment	244387	475890	45761	2924509	2768538	3055689	1992532
通信终端设备制造 Manufacture of Communication Terminal Equipment	74801	279880	86567	191472	292399	310317	148480
2.雷达及配套设备制造 Manufacture of Radar and Its Fittings	644926	39160	124419	101874	245404	459447	681839
3.广播电视设备制造 Manufacture of Broadcasting and TV Equipment	13727	3789	1269	24216	16144	25352	26400
4.电子器件制造 Manufacture of Electronic Appliances	144805	292590	581746	1844006	1397602	1564279	1819286
#电子真空器件制造 Manufacture of Electronic Vacuum Appliances	108329	213187	527978	720027	591650	481592	507580
半导体分立器件制造 Manufacture of Semiconductor Discreting Appliances	29193	21285	34772	49359	80094	166774	121926
集成电路制造 Manufacture of Integrate Circuit	7284	58118	18996	341781	64397	274191	101488
5.电子元件制造 Manufacture of Electronic Components	136555	288863	255431	507511	515825	1338145	892953
6.家用视听设备制造 Manufacture of Domestic TV Set and Radio Receiver	432363	2179853	3238673	4594832	6231810	5961770	5809435
7.其他电子设备制造 Manufacture of Other Electronic Equipment	14180	5897	37835	61732	70148	67648	110679
电子计算机及办公设备制造业 Manufacture of Computers and Office Equipments	**164660**	**176921**	**15639**	**1195645**	**1729158**	**1850814**	**2015571**
1.电子计算机整机制造 Manufacture of Entired Computer	133909	158285	10543	962562	1405272	1541855	1693968
2.电子计算机外部设备制造 Manufacture of Computer Peripheral Equipment	27677	5807	1798	170486	268740	286789	229149
3.办公设备制造 Manufacture of Office Equipment	3074	12829	3298	62597	55147	22170	92454
医疗设备及仪器仪表制造业 Manufacture of Medical Equipments and Measuring Instrument	**218585**	**184441**	**212693**	**575425**	**638465**	**844266**	**883152**
1.医疗设备及器械制造 Manufacture of Medical Equipment and Appliances	20812	43388	32106	79486	77978	153196	177844
2.仪器仪表制造 Manufacture of Measuring Instrument	197774	141052	180587	495939	560487	691071	705308

2-94 国有及国有控股企业专利申请数

Patent Applications Received of State-owned and State-controlled Enterprises

单位：个 (unit)

行业 Industry	1995	2000	2003	2004	2005	2006	2007
合计 **Total**	**475**	**734**	**1009**	**2897**	**5474**	**12939**	**6168**
医药制造业 **Manufacture of Medicines**	**191**	**128**	**104**	**554**	**859**	**1162**	**1284**
#化学药品制造 Manufacture of Chemical Medicine	162	68	60	232	467	540	559
中成药制造 Manufacture of Finished Traditional Chinese Herbal Medicine	25	52	22	286	336	550	675
生物、生化制品的制造 Manufacture of Biological and Biochemical Chemical Products	4	8	10	36	45	34	47
航空航天器制造业 **Manufacture of Aircrafts and Spacecrafts**	**94**	**79**	**191**	**155**	**305**	**499**	**759**
1.飞机制造及修理 Manufacture and Repairing of Airplanes	76	74	189	153	291	466	720
2.航天器制造 Manufacture of Spacecrafts	18	5	2	2	14	33	39
电子及通信设备制造业 **Manufacture of Electronic Equipment and Communication Equipment**	**103**	**462**	**601**	**1629**	**3794**	**10600**	**2511**
1.通信设备制造 Manufacture of Communication Equipment	21	251	17	462	2143	8779	626
#通信传输设备制造 Manufacture of Communication Transmitting Equipment	9	36	2	159	121	175	153
通信交换设备制造 Manufacture of Communication Exchanging Equipment	8	206	1	173	1560	8468	285
通信终端设备制造 Manufacture of Communication Terminal Equipment	4	2	5	13	43	46	30
2.雷达及配套设备制造 Manufacture of Radar and Its Fittings	13	8	23	16	2	42	91
3.广播电视设备制造 Manufacture of Broadcasting and TV Equipment	1	4		4	1	9	3
4.电子器件制造 Manufacture of Electronic Appliances	6	23	113	354	227	405	481
#电子真空器件制造 Manufacture of Electronic Vacuum Appliances		14	106	159	102	286	74
半导体分立器件制造 Manufacture of Semiconductor Discreting Appliances	5	2		6	3	2	5
集成电路制造 Manufacture of Integrate Circuit	1	7		143	38	67	18
5.电子元件制造 Manufacture of Electronic Components	35	33	43	162	212	477	349
6.家用视听设备制造 Manufacture of Domestic TV Set and Radio Receiver	27	141	394	621	1200	873	953
7.其他电子设备制造 Manufacture of Other Electronic Equipment		2	11	10	9	15	8
电子计算机及办公设备制造业 **Manufacture of Computers and Office Equipments**	**11**	**2**	**20**	**357**	**233**	**158**	**305**
1.电子计算机整机制造 Manufacture of Entired Computer	3	2	14	261	168	106	235
2.电子计算机外部设备制造 Manufacture of Computer Peripheral Equipment	6			80	58	43	58
3.办公设备制造 Manufacture of Office Equipment	2		6	16	7	9	12
医疗设备及仪器仪表制造业 **Manufacture of Medical Equipments and Measuring Instrument**	**76**	**63**	**93**	**202**	**283**	**520**	**1309**
1.医疗设备及器械制造 Manufacture of Medical Equipment and Appliances	5	23	17	17	30	154	784
2.仪器仪表制造 Manufacture of Measuring Instrument	71	40	76	185	253	366	525

2-95 国有及国有控股企业拥有发明专利数

Owning Inventive Patent of State-owned and State-controlled Enterprises

单位：个 (unit)

行 业 Industry	1995	2000	2003	2004	2005	2006	2007
合计 **Total**	**328**	**616**	**346**	**1570**	**1650**	**3323**	**2513**
医药制造业 **Manufacture of Medicines**	**128**	**129**	**75**	**398**	**370**	**890**	**685**
#化学药品制造 Manufacture of Chemical Medicine	110	101	53	231	206	290	320
中成药制造 Manufacture of Finished Traditional Chinese Herbal Medicine	17	16	9	149	148	496	312
生物、生化制品的制造 Manufacture of Biological and Biochemical Chemical Products	1	12	6	16	16	40	39
航空航天器制造业 **Manufacture of Aircrafts and Spacecrafts**	**87**	**139**	**119**	**73**	**188**	**225**	**211**
1.飞机制造及修理 Manufacture and Repairing of Airplanes	70	102	116	72	181	223	200
2.航天器制造 Manufacture of Spacecrafts	17	37	3	1	7	2	11
电子及通信设备制造业 **Manufacture of Electronic Equipment and Communication Equipment**	**65**	**318**	**113**	**665**	**844**	**1763**	**1186**
1.通信设备制造 Manufacture of Communication Equipment	5	249	7	417	527	1304	339
#通信传输设备制造 Manufacture of Communication Transmitting Equipment	2	21	2	92	28	30	37
通信交换设备制造 Manufacture of Communication Exchanging Equipment	3	221	2	292	360	1199	241
通信终端设备制造 Manufacture of Communication Terminal Equipment		2		10	20	32	13
2.雷达及配套设备制造 Manufacture of Radar and Its Fittings	9	4	5	21	5	4	45
3.广播电视设备制造 Manufacture of Broadcasting and TV Equipment	1	2				2	1
4.电子器件制造 Manufacture of Electronic Appliances	2	3	11	103	142	165	479
#电子真空器件制造 Manufacture of Electronic Vacuum Appliances			4	19	89	111	95
半导体分立器件制造 Manufacture of Semiconductor Discreting Appliances	2	3		1	2	10	7
集成电路制造 Manufacture of Integrate Circuit				13	15	13	87
5.电子元件制造 Manufacture of Electronic Components	36	17	74	49	95	106	78
6.家用视听设备制造 Manufacture of Domestic TV Set and Radio Receiver	12	40	15	75	75	182	240
7.其他电子设备制造 Manufacture of Other Electronic Equipment		3	1				4
电子计算机及办公设备制造业 **Manufacture of Computers and Office Equipments**	**8**	**4**		**357**	**146**	**173**	**178**
1.电子计算机整机制造 Manufacture of Entired Computer				277	127	154	117
2.电子计算机外部设备制造 Manufacture of Computer Peripheral Equipment	6	4		80	19	17	33
3.办公设备制造 Manufacture of Office Equipment	2					2	28
医疗设备及仪器仪表制造业 **Manufacture of Medical Equipments and Measuring Instrument**	**40**	**26**	**39**	**77**	**102**	**272**	**253**
1.医疗设备及器械制造 Manufacture of Medical Equipment and Appliances	6	1	4	9	5	110	58
2.仪器仪表制造 Manufacture of Measuring Instrument	34	25	35	68	97	162	195

2-96 国有及国有控股企业技术改造经费支出

Expenditure on Technical Renovation of State-owned and State-controlled Enterprises

单位：万元 (10000 yuan)

行业 Industry	1995	2000	2003	2004	2005	2006	2007
合计 Total	**666903**	**511340**	**593596**	**1093826**	**892924**	**973192**	**1025364**
医药制造业 Manufacture of Medicines	**214348**	**110565**	**155108**	**267696**	**151727**	**191272**	**129049**
#化学药品制造 Manufacture of Chemical Medicine	186748	104095	140843	224317	121544	141723	109388
中成药制造 Manufacture of Finished Traditional Chinese Herbal Medicine	21573	4988	10519	37226	28015	34133	15541
生物、生化制品的制造 Manufacture of Biological and Biochemical Chemical Products	6022	1483	3000	4925	1850	5886	4100
航空航天器制造业 Manufacture of Aircrafts and Spacecrafts	**125019**	**153555**	**197658**	**289297**	**368895**	**322917**	**518903**
1.飞机制造及修理 Manufacture and Repairing of Airplanes	106253	127092	188683	278388	353417	316625	502116
2.航天器制造 Manufacture of Spacecrafts	18766	26464	8975	10909	15478	6292	16787
电子及通信设备制造业 Manufacture of Electronic Equipment and Communication Equipment	**266277**	**214112**	**204570**	**417882**	**298441**	**351733**	**285887**
1.通信设备制造 Manufacture of Communication Equipment	29863	30530	9008	50641	55435	77862	34037
#通信传输设备制造 Manufacture of Communication Transmitting Equipment	5252	12815	2372	23202	27040	52849	24276
通信交换设备制造 Manufacture of Communication Exchanging Equipment	15351	15041	3596	1631	5266	7069	202
通信终端设备制造 Manufacture of Communication Terminal Equipment	6240	770	2233	2086	11527	12709	3937
2.雷达及配套设备制造 Manufacture of Radar and Its Fittings	33505	4772	11294	17160	17400	25567	27485
3.广播电视设备制造 Manufacture of Broadcasting and TV Equipment	2728	3372		67	384	1594	359
4.电子器件制造 Manufacture of Electronic Appliances	145361	56573	117014	113745	68123	89861	46907
#电子真空器件制造 Manufacture of Electronic Vacuum Appliances	130183	27870	106335	42297	34838	16129	11377
半导体分立器件制造 Manufacture of Semiconductor Discreting Appliances	11992	7504	2812	10604	6923	7496	7815
集成电路制造 Manufacture of Integrate Circuit	3186	21198	7867	27585	13478	55033	2497
5.电子元件制造 Manufacture of Electronic Components	36192	73930	34535	202104	94233	100113	59870
6.家用视听设备制造 Manufacture of Domestic TV Set and Radio Receiver	14171	44731	25208	33820	61929	49060	111064
7.其他电子设备制造 Manufacture of Other Electronic Equipment	4457	204	7511	345	938	7676	6166
电子计算机及办公设备制造业 Manufacture of Computers and Office Equipments	**11489**	**6596**	**5107**	**65126**	**12233**	**14538**	**12478**
1.电子计算机整机制造 Manufacture of Entired Computer	7818	6489	2321	8561	6904	13991	7332
2.电子计算机外部设备制造 Manufacture of Computer Peripheral Equipment	3372	55	2510	8059	3755	548	4752
3.办公设备制造 Manufacture of Office Equipment	300	52	276	48506	1573		394
医疗设备及仪器仪表制造业 Manufacture of Medical Equipments and Measuring Instrument	**49770**	**26511**	**31153**	**53825**	**61629**	**92732**	**79047**
1.医疗设备及器械制造 Manufacture of Medical Equipment and Appliances	6141	2559	7365	3300	5104	18550	9858
2.仪器仪表制造 Manufacture of Measuring Instrument	43629	23953	23788	50525	56525	74181	69189

2-97 国有及国有控股企业技术引进经费支出
Expenditure on Technology Import of State-owned and State-controlled Enterprises

单位：万元 (10000 yuan)

行业 Industry	1995	2000	2003	2004	2005	2006	2007
合计 **Total**	**237439**	**125120**	**158632**	**359979**	**150492**	**138597**	**91749**
医药制造业 **Manufacture of Medicines**	**21269**	**16437**	**9448**	**28629**	**12056**	**10585**	**6041**
#化学药品制造 Manufacture of Chemical Medicine	17281	14811	8766	15078	11320	5099	5314
中成药制造 Manufacture of Finished Traditional Chinese Herbal Medicine	3894	1220	144	12383	584	4738	20
生物、生化制品的制造 Manufacture of Biological and Biochemical Chemical Products	44	406	441	462	151	749	707
航空航天器制造业 **Manufacture of Aircrafts and Spacecrafts**	**40106**	**29743**	**35121**	**33486**	**30369**	**31028**	**19093**
1.飞机制造及修理 Manufacture and Repairing of Airplanes	37701	19920	32938	33486	28933	30416	19093
2.航天器制造 Manufacture of Spacecrafts	2405	9823	2183		1436	612	
电子及通信设备制造业 **Manufacture of Electronic Equipment and Communication Equipment**	**164187**	**69882**	**108173**	**291609**	**96517**	**88758**	**61198**
1.通信设备制造 Manufacture of Communication Equipment	1665	4075	2655	55379	27368	6516	8753
#通信传输设备制造 Manufacture of Communication Transmitting Equipment	270	2128	1169	13903	2349	3024	26
通信交换设备制造 Manufacture of Communication Exchanging Equipment	457		385	799	1179		5138
通信终端设备制造 Manufacture of Communication Terminal Equipment	117	147	100	1500	2510		200
2.雷达及配套设备制造 Manufacture of Radar and Its Fittings	5688	304	3187	850		50	
3.广播电视设备制造 Manufacture of Broadcasting and TV Equipment	1134	152	20			57	
4.电子器件制造 Manufacture of Electronic Appliances	136678	26465	59303	50422	18799	45844	33366
#电子真空器件制造 Manufacture of Electronic Vacuum Appliances	132499	10084	56431	23386	5051	4080	4140
半导体分立器件制造 Manufacture of Semiconductor Discreting Appliances	3076	4996	1149	59	39	5599	100
集成电路制造 Manufacture of Integrate Circuit	1102	11385	1723	11802	162	15603	
5.电子元件制造 Manufacture of Electronic Components	15470	30508	17164	35145	40152	16038	2937
6.家用视听设备制造 Manufacture of Domestic TV Set and Radio Receiver	1720	8113	25644	149812	10194	20253	16142
7.其他电子设备制造 Manufacture of Other Electronic Equipment	1833	265	200		5		
电子计算机及办公设备制造业 **Manufacture of Computers and Office Equipments**	**1916**	**1821**	**1041**	**3416**	**9867**	**1934**	**3**
1.电子计算机整机制造 Manufacture of Entired Computer	1429	1821	1041	303	9297	1934	
2.电子计算机外部设备制造 Manufacture of Computer Peripheral Equipment	488			3113	570		3
3.办公设备制造 Manufacture of Office Equipment							
医疗设备及仪器仪表制造业 **Manufacture of Medical Equipments and Measuring Instrument**	**9962**	**7237**	**4849**	**2840**	**1683**	**6293**	**5414**
1.医疗设备及器械制造 Manufacture of Medical Equipment and Appliances	30	234	1846	2260		1560	
2.仪器仪表制造 Manufacture of Measuring Instrument	9932	7003	3003	580	1683	4733	5414

2-98 国有及国有控股企业消化吸收经费支出

Expenditure on Technology Absorption of State-owned and State-controlled Enterprises

单位：万元 (10000 yuan)

行 业 Industry	1995	2000	2003	2004	2005	2006	2007
合计 Total	**16743**	**15787**	**13698**	**43051**	**31659**	**51734**	**30220**
医药制造业 Manufacture of Medicines	**3421**	**8848**	**5441**	**12901**	**10721**	**11241**	**8560**
#化学药品制造 Manufacture of Chemical Medicine	3417	8609	4755	11795	10292	7796	6302
中成药制造 Manufacture of Finished Traditional Chinese Herbal Medicine	4	45	6	1102	377	3446	1233
生物、生化制品的制造 Manufacture of Biological and Biochemical Chemical Products		194	680		52		1025
航空航天器制造业 Manufacture of Aircrafts and Spacecrafts	**301**	**1943**	**1045**	**1585**	**1438**	**3391**	**1585**
1.飞机制造及修理 Manufacture and Repairing of Airplanes	286	1943	1045	1585	1438	3366	1585
2.航天器制造 Manufacture of Spacecrafts	15					25	
电子及通信设备制造业 Manufacture of Electronic Equipment and Communication Equipment	**11809**	**4150**	**6411**	**26649**	**17916**	**36098**	**17560**
1.通信设备制造 Manufacture of Communication Equipment	114	577	320	151	1323	9859	8789
#通信传输设备制造 Manufacture of Communication Transmitting Equipment	29	488	25	0	466	674	660
通信交换设备制造 Manufacture of Communication Exchanging Equipment	78		8			35	28
通信终端设备制造 Manufacture of Communication Terminal Equipment		1					135
2.雷达及配套设备制造 Manufacture of Radar and Its Fittings	152			20			
3.广播电视设备制造 Manufacture of Broadcasting and TV Equipment	463		10		226	166	
4.电子器件制造 Manufacture of Electronic Appliances	10023	2265	115	14544	11553	1884	2647
#电子真空器件制造 Manufacture of Electronic Vacuum Appliances	9552	2215		400	176	47	39
半导体分立器件制造 Manufacture of Semiconductor Discreting Appliances	467	20	115			322	200
集成电路制造 Manufacture of Integrate Circuit	4	30		77	83	1106	
5.电子元件制造 Manufacture of Electronic Components	928	1231	5519	10355	2523	4577	1953
6.家用视听设备制造 Manufacture of Domestic TV Set and Radio Receiver	68	36	447	1579	2280	19612	4171
7.其他电子设备制造 Manufacture of Other Electronic Equipment	62	41			11		
电子计算机及办公设备制造业 Manufacture of Computers and Office Equipments	**243**	**513**		**695**	**943**	**72**	
1.电子计算机整机制造 Manufacture of Entired Computer	92	513		545	405	72	
2.电子计算机外部设备制造 Manufacture of Computer Peripheral Equipment	151			150	539		
3.办公设备制造 Manufacture of Office Equipment							
医疗设备及仪器仪表制造业 Manufacture of Medical Equipments and Measuring Instrument	**969**	**334**	**801**	**1222**	**641**	**932**	**2514**
1.医疗设备及器械制造 Manufacture of Medical Equipment and Appliances	28	20	646	10			26
2.仪器仪表制造 Manufacture of Measuring Instrument	941	314	155	1212	641	932	2489

2-99 国有及国有控股企业购买国内技术经费支出
Expenditure on Purchase of Domestic Technology of State-owned and State-controlled Enterprises

单位：万元 (10000 yuan)

行 业 Industry	1995	2000	2003	2004	2005	2006	2007
合计 Total	**38262**	**14799**	**12654**	**50739**	**41679**	**58376**	**50100**
医药制造业 Manufacture of Medicines	**5471**	**9273**	**9177**	**19281**	**20216**	**24449**	**20129**
#化学药品制造 Manufacture of Chemical Medicine	4859	7374	7472	15120	17437	17100	16191
中成药制造 Manufacture of Finished Traditional Chinese Herbal Medicine	370	1390	411	4061	2154	7317	3216
生物、生化制品的制造 Manufacture of Biological and Biochemical Chemical Products	84	510	1294	100	423	22	723
航空航天器制造业 Manufacture of Aircrafts and Spacecrafts	**2938**	**4437**	**394**	**12280**	**10751**	**22153**	**12532**
1.飞机制造及修理 Manufacture and Repairing of Airplanes	2720	2421	394	12280	10751	22133	12532
2.航天器制造 Manufacture of Spacecrafts	218	2016				20	
电子及通信设备制造业 Manufacture of Electronic Equipment and Communication Equipment	**28850**	**683**	**2617**	**17780**	**8166**	**10616**	**16147**
1.通信设备制造 Manufacture of Communication Equipment	681	238	485	13256	5537	2682	5437
#通信传输设备制造 Manufacture of Communication Transmitting Equipment	444	73	348	5492	1011	84	1291
通信交换设备制造 Manufacture of Communication Exchanging Equipment	203	47	86		9	230	
通信终端设备制造 Manufacture of Communication Terminal Equipment	20	53	51	242	192	153	226
2.雷达及配套设备制造 Manufacture of Radar and Its Fittings	555	2	1997	286	333	680	475
3.广播电视设备制造 Manufacture of Broadcasting and TV Equipment	283	10	5			160	
4.电子器件制造 Manufacture of Electronic Appliances	25841	98	100	1583	943	2078	1025
#电子真空器件制造 Manufacture of Electronic Vacuum Appliances	25186	40		859	160	427	27
半导体分立器件制造 Manufacture of Semiconductor Discreting Appliances	655	55	100		88	133	
集成电路制造 Manufacture of Integrate Circuit		3		64	44	26	
5.电子元件制造 Manufacture of Electronic Components	1093	299	30	2220	957	952	452
6.家用视听设备制造 Manufacture of Domestic TV Set and Radio Receiver	76	5		435	374	4065	8758
7.其他电子设备制造 Manufacture of Other Electronic Equipment	322	31			21		
电子计算机及办公设备制造业 Manufacture of Computers and Office Equipments	**122**	**106**	**5**	**80**	**156**	**86**	
1.电子计算机整机制造 Manufacture of Entired Computer	121	106	5	30			
2.电子计算机外部设备制造 Manufacture of Computer Peripheral Equipment	2			50	50	86	
3.办公设备制造 Manufacture of Office Equipment					106		
医疗设备及仪器仪表制造业 Manufacture of Medical Equipments and Measuring Instrument	**880**	**300**	**461**	**1318**	**2390**	**1072**	**1291**
1.医疗设备及器械制造 Manufacture of Medical Equipment and Appliances	39	89		3			
2.仪器仪表制造 Manufacture of Measuring Instrument	841	212	461	1315	2390	1072	1291

2-100 国有及国有控股企业科技机构数

Number of S&T Institutions of State-owned and State-controlled Enterprises

单位：万元 (unit)

行 业 Industry	1995	2000	2003	2004	2005	2006	2007
合计 **Total**	**1702**	**744**	**367**	**748**	**712**	**864**	**706**
医药制造业 **Manufacture of Medicines**	**418**	**205**	**87**	**230**	**216**	**299**	**222**
#化学药品制造 Manufacture of Chemical Medicine	302	140	63	136	130	162	117
中成药制造 Manufacture of Finished Traditional Chinese Herbal Medicine	95	48	16	63	63	105	79
生物、生化制品的制造 Manufacture of Biological and Biochemical Chemical Products	19	17	2	24	15	11	16
航空航天器制造业 **Manufacture of Aircrafts and Spacecrafts**	**272**	**160**	**87**	**107**	**101**	**117**	**125**
1.飞机制造及修理 Manufacture and Repairing of Airplanes	208	127	81	103	96	106	111
2.航天器制造 Manufacture of Spacecrafts	64	33	6	4	5	11	14
电子及通信设备制造业 **Manufacture of Electronic Equipment and Communication Equipment**	**627**	**253**	**128**	**284**	**279**	**322**	**244**
1.通信设备制造 Manufacture of Communication Equipment	172	91	27	95	75	79	56
#通信传输设备制造 Manufacture of Communication Transmitting Equipment	55	34	11	31	27	34	27
通信交换设备制造 Manufacture of Communication Exchanging Equipment	38	19	8	18	16	20	9
通信终端设备制造 Manufacture of Communication Terminal Equipment	51	11	2	15	14	16	6
2.雷达及配套设备制造 Manufacture of Radar and Its Fittings	74	17	14	22	20	15	18
3.广播电视设备制造 Manufacture of Broadcasting and TV Equipment	17	6	4	6	7	14	5
4.电子器件制造 Manufacture of Electronic Appliances	84	25	16	54	65	69	59
#电子真空器件制造 Manufacture of Electronic Vacuum Appliances	39	10	12	26	30	31	22
半导体分立器件制造 Manufacture of Semiconductor Discreting Appliances	30	10	1	10	11	8	6
集成电路制造 Manufacture of Integrate Circuit	15	5	2	4	5	17	7
5.电子元件制造 Manufacture of Electronic Components	144	66	46	71	65	94	66
6.家用视听设备制造 Manufacture of Domestic TV Set and Radio Receiver	121	42	20	34	41	49	38
7.其他电子设备制造 Manufacture of Other Electronic Equipment	15	6	1	2	6	2	2
电子计算机及办公设备制造业 **Manufacture of Computers and Office Equipments**	**112**	**28**	**13**	**37**	**29**	**24**	**14**
1.电子计算机整机制造 Manufacture of Entired Computer	80	23	9	14	19	15	8
2.电子计算机外部设备制造 Manufacture of Computer Peripheral Equipment	26	3	4	17	9	8	5
3.办公设备制造 Manufacture of Office Equipment	6	2		6	1	1	1
医疗设备及仪器仪表制造业 **Manufacture of Medical Equipments and Measuring Instrument**	**273**	**98**	**52**	**90**	**87**	**102**	**101**
1.医疗设备及器械制造 Manufacture of Medical Equipment and Appliances	35	14	4	14	3	9	10
2.仪器仪表制造 Manufacture of Measuring Instrument	238	84	48	76	84	93	91

2-101 国有及国有控股企业科技机构科技活动人员
S&T Personnel in the S&T Institutions of State-owned and State-controlled Enterprises

单位：人 (person)

行业 Industry	1995	2000	2003	2004	2005	2006	2007
合计 Total	**70988**	**48076**	**29858**	**64985**	**77435**	**107589**	**78508**
医药制造业 Manufacture of Medicines	**8463**	**6319**	**3751**	**7550**	**8261**	**11701**	**10548**
#化学药品制造 Manufacture of Chemical Medicine	6661	4779	3097	5249	5476	7852	7161
中成药制造 Manufacture of Finished Traditional Chinese Herbal Medicine	1093	996	298	1719	1989	2941	2481
生物、生化制品的制造 Manufacture of Biological and Biochemical Chemical Products	674	544	100	421	522	442	635
航空航天器制造业 Manufacture of Aircrafts and Spacecrafts	**22357**	**14838**	**7239**	**13845**	**14463**	**15098**	**18489**
1.飞机制造及修理 Manufacture and Repairing of Airplanes	19364	12102	7110	13692	14359	14731	17217
2.航天器制造 Manufacture of Spacecrafts	2993	2736	129	153	104	367	1272
电子及通信设备制造业 Manufacture of Electronic Equipment and Communication Equipment	**26525**	**20272**	**15008**	**35407**	**43682**	**70422**	**37216**
1.通信设备制造 Manufacture of Communication Equipment	8680	9305	3834	20444	23434	45737	10974
#通信传输设备制造 Manufacture of Communication Transmitting Equipment	2942	2696	2287	2236	2205	2380	2381
通信交换设备制造 Manufacture of Communication Exchanging Equipment	2279	4256	626	13306	15864	38732	4977
通信终端设备制造 Manufacture of Communication Terminal Equipment	2577	700	160	1707	2270	2425	669
2.雷达及配套设备制造 Manufacture of Radar and Its Fittings	4277	1187	1125	1613	1836	2486	3385
3.广播电视设备制造 Manufacture of Broadcasting and TV Equipment	748	371	171	384	365	464	365
4.电子器件制造 Manufacture of Electronic Appliances	4307	2386	1268	3508	4423	5479	4208
#电子真空器件制造 Manufacture of Electronic Vacuum Appliances	1503	1172	1116	1644	1797	2148	1366
半导体分立器件制造 Manufacture of Semiconductor Discreting Appliances	2041	566	60	636	941	559	520
集成电路制造 Manufacture of Integrate Circuit	763	648	60	475	247	712	195
5.电子元件制造 Manufacture of Electronic Components	4794	4255	3370	4967	4398	6385	5014
6.家用视听设备制造 Manufacture of Domestic TV Set and Radio Receiver	3358	2611	4381	3631	8202	9009	12364
7.其他电子设备制造 Manufacture of Other Electronic Equipment	361	157	859	860	1024	862	906
电子计算机及办公设备制造业 Manufacture of Computers and Office Equipments	**3651**	**1776**	**615**	**3543**	**5408**	**3940**	**4169**
1.电子计算机整机制造 Manufacture of Entired Computer	2441	1616	393	2228	2629	2453	1963
2.电子计算机外部设备制造 Manufacture of Computer Peripheral Equipment	1020	109	222	1192	2675	1447	1917
3.办公设备制造 Manufacture of Office Equipment	190	51		123	104	40	289
医疗设备及仪器仪表制造业 Manufacture of Medical Equipments and Measuring Instrument	**9992**	**4871**	**3245**	**4640**	**5621**	**6428**	**8086**
1.医疗设备及器械制造 Manufacture of Medical Equipment and Appliances	858	692	303	788	555	401	1963
2.仪器仪表制造 Manufacture of Measuring Instrument	9134	4179	2942	3852	5066	6027	6123

2-102 国有及国有控股企业科技机构科技活动经费内部支出
Intramural Expenditure for S&T Activities in the S&T Institutions of State-owned and State-controlled Enterprises

单位：万元 (10000 yuan)

行业 Industry	1995	2000	2003	2004	2005	2006	2007
合计 Total	**162038**	**325230**	**377899**	**953493**	**1241169**	**1884073**	**1333843**
医药制造业 Manufacture of Medicines	**27060**	**40382**	**40375**	**97006**	**125836**	**172038**	**152846**
#化学药品制造 Manufacture of Chemical Medicine	20044	29328	35042	68188	85074	117539	104064
中成药制造 Manufacture of Finished Traditional Chinese Herbal Medicine	2717	7428	3587	23868	31355	42386	38190
生物、生化制品的制造 Manufacture of Biological and Biochemical Chemical Products	3294	3627	174	3095	4935	3976	9152
航空航天器制造业 Manufacture of Aircrafts and Spacecrafts	**53757**	**83240**	**53860**	**125723**	**130150**	**172556**	**253828**
1.飞机制造及修理 Manufacture and Repairing of Airplanes	46760	76663	53432	123573	129623	166134	243686
2.航天器制造 Manufacture of Spacecrafts	6998	6577	428	2149	527	6422	10143
电子及通信设备制造业 Manufacture of Electronic Equipment and Communication Equipment	**59024**	**172235**	**260276**	**623398**	**822647**	**1382834**	**725819**
1.通信设备制造 Manufacture of Communication Equipment	23048	79568	20633	368496	405311	912273	206306
#通信传输设备制造 Manufacture of Communication Transmitting Equipment	6822	17125	11968	26832	39905	35388	32043
通信交换设备制造 Manufacture of Communication Exchanging Equipment	8695	48086	3435	238609	247096	820047	129754
通信终端设备制造 Manufacture of Communication Terminal Equipment	4447	6567	1371	18039	37704	28237	6607
2.雷达及配套设备制造 Manufacture of Radar and Its Fittings	12300	4671	9796	13526	16147	40852	58472
3.广播电视设备制造 Manufacture of Broadcasting and TV Equipment	783	1196	1128	6724	4193	6459	5057
4.电子器件制造 Manufacture of Electronic Appliances	9262	12075	51476	48563	51263	84521	83102
#电子真空器件制造 Manufacture of Electronic Vacuum Appliances	3302	3076	48123	19596	23579	28211	24049
半导体分立器件制造 Manufacture of Semiconductor Discreting Appliances	5247	2955	1098	5763	6643	7808	7114
集成电路制造 Manufacture of Integrate Circuit	713	6043	2048	17366	6001	25604	2837
5.电子元件制造 Manufacture of Electronic Components	6507	21368	14038	34864	38662	72428	61930
6.家用视听设备制造 Manufacture of Domestic TV Set and Radio Receiver	6564	52182	156269	146719	299670	260693	304854
7.其他电子设备制造 Manufacture of Other Electronic Equipment	560	1176	6936	4506	7401	5608	6098
电子计算机及办公设备制造业 Manufacture of Computers and Office Equipments	**8453**	**10528**	**4638**	**75671**	**124130**	**106166**	**116988**
1.电子计算机整机制造 Manufacture of Entired Computer	5923	8891	1803	62265	103799	93314	93197
2.电子计算机外部设备制造 Manufacture of Computer Peripheral Equipment	1976	1348	2835	12284	18807	12491	19879
3.办公设备制造 Manufacture of Office Equipment	555	289		1122	1525	361	3913
医疗设备及仪器仪表制造业 Manufacture of Medical Equipments and Measuring Instrument	**13743**	**18846**	**18750**	**31696**	**38407**	**50478**	**84362**
1.医疗设备及器械制造 Manufacture of Medical Equipment and Appliances	2278	4334	4314	5876	4250	6839	31472
2.仪器仪表制造 Manufacture of Measuring Instrument	11465	14512	14436	25820	34157	43639	52890

2-103 三资企业年末固定资产原价
Original Value of Fixed Assets of Joint Ventures

单位：万元　　　　(10000 yuan)

行业 Industry	2000	2003	2004	2005	2006	2007
合计 Total	**11953454**	**29769452**	**43191985**	**55760844**	**65467385**	**83541906**
医药制造业 Manufacture of Medicines	**1507705**	**1766180**	**2195572**	**3286791**	**4011263**	**4803313**
#化学药品制造 Manufacture of Chemical Medicine	1054453	1267291	1536112	2416745	2884841	3421471
中成药制造 Manufacture of Finished Traditional Chinese Herbal Medicine	202206	263681	393961	482588	570960	640376
生物、生化制品的制造 Manufacture of Biological and Biochemical Chemical Products	237781	52689	52076	224054	332355	424379
航空航天器制造业 Manufacture of Aircrafts and Spacecrafts	**206620**	**298136**	**403712**	**497860**	**544086**	**650417**
1.飞机制造及修理 Manufacture and Repairing of Airplanes	192739	298136	403712	497860	544086	633621
2.航天器制造 Manufacture of Spacecrafts	13881					16796
电子及通信设备制造业 Manufacture of Electronic Equipment and Communication Equipment	**8727573**	**22522637**	**32354481**	**41072084**	**46332449**	**61743750**
1.通信设备制造 Manufacture of Communication Equipment	1848158	3594862	3635041	7190721	5115993	6510596
#通信传输设备制造 Manufacture of Communication Transmitting Equipment	133750	165795	299094	470323	469425	503309
通信交换设备制造 Manufacture of Communication Exchanging Equipment	419302	466390	419555	477846	437919	462709
通信终端设备制造 Manufacture of Communication Terminal Equipment	293567	1863518	455944	537798	567768	574934
2.雷达及配套设备制造 Manufacture of Radar and Its Fittings		3061	3793			
3.广播电视设备制造 Manufacture of Broadcasting and TV Equipment	14253	52461	129482	138935	217398	236097
4.电子器件制造 Manufacture of Electronic Appliances	3922789	10470590	16236527	18796429	22813436	31465535
#电子真空器件制造 Manufacture of Electronic Vacuum Appliances	2307023	4387988	4326621	4349347	4151516	3927094
半导体分立器件制造 Manufacture of Semiconductor Discreting Appliances	213194	1031044	1354980	1381939	1916714	1536163
集成电路制造 Manufacture of Integrate Circuit	1402573	4182665	8536045	10570483	12844051	18758343
5.电子元件制造 Manufacture of Electronic Components	1554597	6192766	9087152	11535583	14621476	19184729
6.家用视听设备制造 Manufacture of Domestic TV Set and Radio Receiver	1245215	1789397	3100375	3048627	2986158	3452846
7.其他电子设备制造 Manufacture of Other Electronic Equipment	142562	419500	162111	361789	577988	893946
电子计算机及办公设备制造业 Manufacture of Computers and Office Equipments	**1171041**	**4421732**	**7211383**	**9589023**	**12625627**	**13893396**
1.电子计算机整机制造 Manufacture of Entired Computer	158763	966709	2176100	2517842	3381746	4147535
2.电子计算机外部设备制造 Manufacture of Computer Peripheral Equipment	854551	2860836	4537176	6539136	8589015	9013344
3.办公设备制造 Manufacture of Office Equipment	157728	594187	498107	532045	654866	732518
医疗设备及仪器仪表制造业 Manufacture of Medical Equipments and Measuring Instrument	**340515**	**760767**	**1026837**	**1315086**	**1953961**	**2451030**
1.医疗设备及器械制造 Manufacture of Medical Equipment and Appliances	114508	96529	228436	286893	366996	474806
2.仪器仪表制造 Manufacture of Measuring Instrument	226008	664238	798401	1028194	1586966	1976225

2-104 三资企业微电子控制设备原价
Original Value of Micro-electronic Equipments of Joint Ventures

单位：万元 (10000 yuan)

行业 Industry	1995	2000	2003	2004	2005	2006	2007
合计 Total	**331238**	**3254179**	**4721349**	**8254670**	**7124536**	**13080253**	**17607915**
医药制造业 Manufacture of Medicines	**25334**	**274827**	**105000**	**119666**	**251105**	**256892**	**414184**
#化学药品制造 Manufacture of Chemical Medicine	18999	187727	83550	85832	204400	195887	346241
中成药制造 Manufacture of Finished Traditional Chinese Herbal Medicine	2388	8651	6942	25576	25157	27312	25894
生物、生化制品的制造 Manufacture of Biological and Biochemical Chemical Products	3947	78113	7520	4128	10471	25344	21387
航空航天器制造业 Manufacture of Aircrafts and Spacecrafts	**1016**	**15858**	**19425**	**16557**	**31767**	**8072**	**56236**
1.飞机制造及修理 Manufacture and Repairing of Airplanes	1016	15858	19425	16557	31767	8072	54907
2.航天器制造 Manufacture of Spacecrafts							1329
电子及通信设备制造业 Manufacture of Electronic Equipment and Communication Equipment	**276868**	**2694532**	**4181680**	**7376272**	**6020650**	**10294876**	**13772776**
1.通信设备制造 Manufacture of Communication Equipment	15842	117181	432267	523271	285014	877084	1061729
#通信传输设备制造 Manufacture of Communication Transmitting Equipment	2413	19171	17948	8458	12860	31178	40072
通信交换设备制造 Manufacture of Communication Exchanging Equipment	6014	51375	229828	115226	52610	48100	267305
通信终端设备制造 Manufacture of Communication Terminal Equipment	4866	19843	135345	92045	42909	146641	183506
2.雷达及配套设备制造 Manufacture of Radar and Its Fittings							
3.广播电视设备制造 Manufacture of Broadcasting and TV Equipment			479	2116	7063	28332	72432
4.电子器件制造 Manufacture of Electronic Appliances	143277	1668135	2554002	5424969	3972325	6466393	9083465
#电子真空器件制造 Manufacture of Electronic Vacuum Appliances	67075	628154	823121	553883	617727	464833	1028297
半导体分立器件制造 Manufacture of Semiconductor Discreting Appliances	1885	15377	232015	473743	669921	363434	184400
集成电路制造 Manufacture of Integrate Circuit	74316	1024604	1429715	3953166	2212543	4937456	5972032
5.电子元件制造 Manufacture of Electronic Components	51782	418209	835042	1069960	1418853	2416438	2659457
6.家用视听设备制造 Manufacture of Domestic TV Set and Radio Receiver	58699	450917	344308	355722	319749	483083	805436
7.其他电子设备制造 Manufacture of Other Electronic Equipment	7268	40091	15582	234	17647	23546	90258
电子计算机及办公设备制造业 Manufacture of Computers and Office Equipments	**19602**	**180741**	**334520**	**650529**	**753696**	**2351436**	**3086692**
1.电子计算机整机制造 Manufacture of Entired Computer	4096	7735	44317	125950	259106	379558	1027172
2.电子计算机外部设备制造 Manufacture of Computer Peripheral Equipment	11821	172677	228618	454040	460632	1854324	1919549
3.办公设备制造 Manufacture of Office Equipment	3685	328	61585	70539	33959	117554	139971
医疗设备及仪器仪表制造业 Manufacture of Medical Equipments and Measuring Instrument	**8419**	**88222**	**80724**	**91646**	**67318**	**168977**	**278027**
1.医疗设备及器械制造 Manufacture of Medical Equipment and Appliances	3853	51849	12301	2191	1771	33381	46221
2.仪器仪表制造 Manufacture of Measuring Instrument	4566	36372	68423	89455	65547	135596	231806

2-105 三资企业R&D活动人员折合全时当量

Full-time Equivalent of R&D Personnel of Joint Ventures

单位：人年 (man.year)

行业 Industry	1995	2000	2003	2004	2005	2006	2007
合计 Total	**2477**	**12803**	**29866**	**32871**	**51740**	**59698**	**82417**
医药制造业 Manufacture of Medicines	**754**	**1557**	**2001**	**1974**	**3046**	**4464**	**7486**
#化学药品制造 Manufacture of Chemical Medicine	306	939	1091	1218	2222	2862	5135
中成药制造 Manufacture of Finished Traditional Chinese Herbal Medicine	448	421	533	370	622	1067	1404
生物、生化制品的制造 Manufacture of Biological and Biochemical Chemical Products		184	281	189	121	416	764
航空航天器制造业 Manufacture of Aircrafts and Spacecrafts	**82**	**884**	**11**	**151**	**33**	**40**	**283**
1.飞机制造及修理 Manufacture and Repairing of Airplanes	82	884	11	151	33	40	283
2.航天器制造 Manufacture of Spacecrafts							
电子及通信设备制造业 Manufacture of Electronic Equipment and Communication Equipment	**1490**	**8308**	**20718**	**22141**	**34273**	**34036**	**46355**
1.通信设备制造 Manufacture of Communication Equipment	390	3616	7109	9211	11977	10464	13588
#通信传输设备制造 Manufacture of Communication Transmitting Equipment		426	825	2531	1641	2257	1943
通信交换设备制造 Manufacture of Communication Exchanging Equipment	380	2011	2416	2157	3067	3328	3323
通信终端设备制造 Manufacture of Communication Terminal Equipment	10	333	1579	468	1061	524	484
2.雷达及配套设备制造 Manufacture of Radar and Its Fittings							
3.广播电视设备制造 Manufacture of Broadcasting and TV Equipment				231	277	392	98
4.电子器件制造 Manufacture of Electronic Appliances	497	813	3185	4674	7881	9405	11396
#电子真空器件制造 Manufacture of Electronic Vacuum Appliances	333	138	1399	2045	2451	2080	1923
半导体分立器件制造 Manufacture of Semiconductor Discreting Appliances		170	224	219	385	751	1182
集成电路制造 Manufacture of Integrate Circuit	164	505	987	1268	2854	3256	4585
5.电子元件制造 Manufacture of Electronic Components	171	1093	5255	2810	8947	8473	14004
6.家用视听设备制造 Manufacture of Domestic TV Set and Radio Receiver	333	1576	4005	5173	4618	4709	6316
7.其他电子设备制造 Manufacture of Other Electronic Equipment	99	1210	1164	42	574	593	953
电子计算机及办公设备制造业 Manufacture of Computers and Office Equipments	**94**	**1432**	**6298**	**7195**	**12196**	**18797**	**23281**
1.电子计算机整机制造 Manufacture of Entired Computer	26	840	4045	2813	4768	10011	11855
2.电子计算机外部设备制造 Manufacture of Computer Peripheral Equipment	68	414	1616	3839	6549	8562	10743
3.办公设备制造 Manufacture of Office Equipment		179	637	543	879	224	684
医疗设备及仪器仪表制造业 Manufacture of Medical Equipments and Measuring Instrument	**57**	**622**	**838**	**1409**	**2193**	**2360**	**5012**
1.医疗设备及器械制造 Manufacture of Medical Equipment and Appliances	34	145	75	232	466	862	1376
2.仪器仪表制造 Manufacture of Measuring Instrument	23	476	763	1178	1727	1498	3636

2-106 三资企业R&D经费内部支出
Intramural Expenditure for R&D of Joint Ventures

单位：万元 (10000 yuan)

行业 Industry	1995	2000	2003	2004	2005	2006	2007
合计 **Total**	**23963**	**320093**	**759404**	**1214189**	**1525848**	**2014951**	**2424948**
医药制造业 **Manufacture of Medicines**	**11398**	**30507**	**52333**	**63214**	**93109**	**139986**	**202149**
#化学药品制造 Manufacture of Chemical Medicine	7969	23430	35311	38244	69882	109254	133625
中成药制造 Manufacture of Finished Traditional Chinese Herbal Medicine	3429	4582	12220	13848	14737	18161	40023
生物、生化制品的制造 Manufacture of Biological and Biochemical Chemical Products		2481	3092	4438	3807	11432	23377
航空航天器制造业 **Manufacture of Aircrafts and Spacecrafts**	**69**	**5337**	**200**	**4045**	**2292**	**5567**	**7141**
1.飞机制造及修理 Manufacture and Repairing of Airplanes	69	5337	200	4045	2292	5567	7141
2.航天器制造 Manufacture of Spacecrafts							
电子及通信设备制造业 **Manufacture of Electronic Equipment and Communication Equipment**	**11640**	**208923**	**535675**	**794760**	**1072326**	**1234939**	**1502083**
1.通信设备制造 Manufacture of Communication Equipment	3787	105839	242304	376810	403537	358857	478424
#通信传输设备制造 Manufacture of Communication Transmitting Equipment		10738	37417	71226	87012	66509	65881
通信交换设备制造 Manufacture of Communication Exchanging Equipment	3654	57599	81457	70600	93681	83603	110838
通信终端设备制造 Manufacture of Communication Terminal Equipment	132	4518	60687	5821	20805	10515	17844
2.雷达及配套设备制造 Manufacture of Radar and Its Fittings							
3.广播电视设备制造 Manufacture of Broadcasting and TV Equipment				5221	5533	9922	6732
4.电子器件制造 Manufacture of Electronic Appliances	5948	28104	99528	210223	233046	319612	357728
#电子真空器件制造 Manufacture of Electronic Vacuum Appliances	4082	16896	42164	69178	26154	48813	39320
半导体分立器件制造 Manufacture of Semiconductor Discreting Appliances		433	8396	10131	11805	16798	25219
集成电路制造 Manufacture of Integrate Circuit	1866	10776	23393	94914	127710	206510	192027
5.电子元件制造 Manufacture of Electronic Components	269	24268	83065	75336	188780	324073	419933
6.家用视听设备制造 Manufacture of Domestic TV Set and Radio Receiver	1580	45129	93314	126061	228880	211027	214783
7.其他电子设备制造 Manufacture of Other Electronic Equipment	57	5583	17464	1110	12550	11449	24483
电子计算机及办公设备制造业 **Manufacture of Computers and Office Equipments**	**452**	**67888**	**159557**	**323339**	**310003**	**576391**	**609288**
1.电子计算机整机制造 Manufacture of Entired Computer	130	60885	106667	179583	117917	285854	191974
2.电子计算机外部设备制造 Manufacture of Computer Peripheral Equipment	322	5764	46270	128763	180512	277039	401231
3.办公设备制造 Manufacture of Office Equipment		1240	6620	14993	11574	13498	16083
医疗设备及仪器仪表制造业 **Manufacture of Medical Equipments and Measuring Instrument**	**404**	**7438**	**11639**	**28831**	**48118**	**58069**	**104287**
1.医疗设备及器械制造 Manufacture of Medical Equipment and Appliances	342	2718	896	4951	21527	31766	45646
2.仪器仪表制造 Manufacture of Measuring Instrument	62	4721	10743	23880	26591	26304	58641

2-107 三资企业科技活动人员
Personnel for S&T Activities of Joint Ventures

单位：人 (person)

行业 Industry	1995	2000	2003	2004	2005	2006	2007
合计 Total	**9359**	**35853**	**68664**	**91151**	**122251**	**129710**	**169922**
医药制造业 Manufacture of Medicines	**1965**	**4420**	**5526**	**6070**	**9465**	**11934**	**15396**
#化学药品制造 Manufacture of Chemical Medicine	709	2744	3284	4022	7100	8202	10233
中成药制造 Manufacture of Finished Traditional Chinese Herbal Medicine	1218	1195	1219	1248	1920	2629	2793
生物、生化制品的制造 Manufacture of Biological and Biochemical Chemical Products	31	468	486	292	305	732	1379
航空航天器制造业 Manufacture of Aircrafts and Spacecrafts	**82**	**884**	**151**	**476**	**695**	**541**	**1740**
1.飞机制造及修理 Manufacture and Repairing of Airplanes	82	884	151	476	695	541	1740
2.航天器制造 Manufacture of Spacecrafts							
电子及通信设备制造业 Manufacture of Electronic Equipment and Communication Equipment	**5790**	**24142**	**47815**	**56738**	**72252**	**81579**	**102983**
1.通信设备制造 Manufacture of Communication Equipment	1263	8731	14268	17494	20354	18000	24527
#通信传输设备制造 Manufacture of Communication Transmitting Equipment	6	892	1394	3212	3057	3172	3010
通信交换设备制造 Manufacture of Communication Exchanging Equipment	828	3230	5614	4777	4378	3669	4632
通信终端设备制造 Manufacture of Communication Terminal Equipment	209	2392	3316	1527	2238	1849	1361
2.雷达及配套设备制造 Manufacture of Radar and Its Fittings			10				
3.广播电视设备制造 Manufacture of Broadcasting and TV Equipment			385	433	850	1132	519
4.电子器件制造 Manufacture of Electronic Appliances	996	6847	12551	13708	18163	21734	25145
#电子真空器件制造 Manufacture of Electronic Vacuum Appliances	759	5806	7387	5703	5541	5132	3864
半导体分立器件制造 Manufacture of Semiconductor Discreting Appliances	49	441	499	763	982	1551	2077
集成电路制造 Manufacture of Integrate Circuit	188	600	3163	3832	5566	8242	10634
5.电子元件制造 Manufacture of Electronic Components	874	3833	12493	12287	20453	25139	36220
6.家用视听设备制造 Manufacture of Domestic TV Set and Radio Receiver	2488	3395	6171	12711	11552	13600	14183
7.其他电子设备制造 Manufacture of Other Electronic Equipment	169	1336	1937	105	880	1974	2389
电子计算机及办公设备制造业 Manufacture of Computers and Office Equipments	**930**	**4338**	**13256**	**24117**	**33931**	**30310**	**39852**
1.电子计算机整机制造 Manufacture of Entired Computer	43	2387	7177	14458	10528	14277	16618
2.电子计算机外部设备制造 Manufacture of Computer Peripheral Equipment	622	1479	4910	8149	20758	14917	21899
3.办公设备制造 Manufacture of Office Equipment	265	472	1169	1510	2645	1116	1335
医疗设备及仪器仪表制造业 Manufacture of Medical Equipments and Measuring Instrument	**592**	**2069**	**1916**	**3750**	**5908**	**5346**	**9951**
1.医疗设备及器械制造 Manufacture of Medical Equipment and Appliances	89	370	187	274	1447	1089	2251
2.仪器仪表制造 Manufacture of Measuring Instrument	503	1699	1729	3476	4461	4257	7700

2-108 三资企业科技活动人员中科学家和工程师

Scientists and Engineers in S&T Personnel of Joint Ventures

单位：人 (person)

行 业 Industry	1995	2000	2003	2004	2005	2006	2007
合计 Total	**4912**	**24569**	**48870**	**60773**	**84120**	**90079**	**120110**
医药制造业 Manufacture of Medicines	**1174**	**2834**	**4112**	**4377**	**6165**	**8550**	**11544**
#化学药品制造 Manufacture of Chemical Medicine	437	1761	2388	2809	4430	5538	7602
中成药制造 Manufacture of Finished Traditional Chinese Herbal Medicine	710	715	977	859	1338	2164	2279
生物、生化制品的制造 Manufacture of Biological and Biochemical Chemical Products	24	348	377	270	294	625	995
航空航天器制造业 Manufacture of Aircrafts and Spacecrafts	**24**	**847**	**107**	**438**	**589**	**349**	**866**
1.飞机制造及修理 Manufacture and Repairing of Airplanes	24	847	107	438	589	349	866
2.航天器制造 Manufacture of Spacecrafts							
电子及通信设备制造业 Manufacture of Electronic Equipment and Communication Equipment	**3031**	**15567**	**33179**	**37204**	**49240**	**54653**	**69074**
1.通信设备制造 Manufacture of Communication Equipment	759	6706	11588	13562	17473	15643	20975
#通信传输设备制造 Manufacture of Communication Transmitting Equipment	6	580	1221	2875	2600	2684	2107
通信交换设备制造 Manufacture of Communication Exchanging Equipment	478	3005	5100	4316	4022	3447	4213
通信终端设备制造 Manufacture of Communication Terminal Equipment	109	2180	1760	1254	1798	1519	950
2.雷达及配套设备制造 Manufacture of Radar and Its Fittings							
3.广播电视设备制造 Manufacture of Broadcasting and TV Equipment			359	237	464	592	362
4.电子器件制造 Manufacture of Electronic Appliances	610	3110	7288	7529	10295	14871	16203
#电子真空器件制造 Manufacture of Electronic Vacuum Appliances	513	2202	3176	2544	2138	2518	2103
半导体分立器件制造 Manufacture of Semiconductor Discreting Appliances	17	404	471	541	564	1146	1310
集成电路制造 Manufacture of Integrate Circuit	80	504	2474	2823	3767	5644	7206
5.电子元件制造 Manufacture of Electronic Components	304	2011	7623	7936	12679	15210	20305
6.家用视听设备制造 Manufacture of Domestic TV Set and Radio Receiver	1217	2497	4458	7862	7591	7318	9442
7.其他电子设备制造 Manufacture of Other Electronic Equipment	141	1243	1863	78	738	1019	1787
电子计算机及办公设备制造业 Manufacture of Computers and Office Equipments	**456**	**3594**	**10151**	**16890**	**24852**	**22868**	**31673**
1.电子计算机整机制造 Manufacture of Entired Computer	33	2032	5828	10143	8154	12138	14859
2.电子计算机外部设备制造 Manufacture of Computer Peripheral Equipment	302	1197	3681	6014	15036	9958	15697
3.办公设备制造 Manufacture of Office Equipment	121	365	642	733	1662	772	1117
医疗设备及仪器仪表制造业 Manufacture of Medical Equipments and Measuring Instrument	**227**	**1727**	**1321**	**1864**	**3274**	**3659**	**6953**
1.医疗设备及器械制造 Manufacture of Medical Equipment and Appliances	46	303	118	228	925	863	1757
2.仪器仪表制造 Manufacture of Measuring Instrument	181	1424	1203	1636	2349	2796	5196

2-109 三资企业科技活动经费筹集额

Sources of Funds for S&T Activities of Joint Ventures

单位：万元　　　　(10000 yuan)

行业 Industry	1995	2000	2003	2004	2005	2006	2007
合计 Total	**101628**	**1017310**	**1905923**	**2705011**	**3116288**	**3654547**	**4886994**
医药制造业 Manufacture of Medicines	**20150**	**98453**	**143823**	**162570**	**216847**	**247859**	**328397**
#化学药品制造 Manufacture of Chemical Medicine	14063	78608	99571	114722	158971	171868	222092
中成药制造 Manufacture of Finished Traditional Chinese Herbal Medicine	5762	9676	27275	27453	41879	44838	62604
生物、生化制品的制造 Manufacture of Biological and Biochemical Chemical Products	213	9882	7720	6047	5352	23301	30855
航空航天器制造业 Manufacture of Aircrafts and Spacecrafts	**69**	**5337**	**3539**	**8160**	**6491**	**9117**	**12540**
1.飞机制造及修理 Manufacture and Repairing of Airplanes	69	5337	3539	8160	6491	9117	12540
2.航天器制造 Manufacture of Spacecrafts							
电子及通信设备制造业 Manufacture of Electronic Equipment and Communication Equipment	**66425**	**636540**	**1107103**	**1747681**	**2057513**	**2466722**	**3104953**
1.通信设备制造 Manufacture of Communication Equipment	26889	388991	453715	611396	783170	644212	979213
#通信传输设备制造 Manufacture of Communication Transmitting Equipment	54	21451	39880	60347	95535	71722	80429
通信交换设备制造 Manufacture of Communication Exchanging Equipment	20581	127862	105216	90379	136393	92080	200141
通信终端设备制造 Manufacture of Communication Terminal Equipment	1354	91103	125375	71880	97794	29913	38133
2.雷达及配套设备制造 Manufacture of Radar and Its Fittings			103				
3.广播电视设备制造 Manufacture of Broadcasting and TV Equipment			1942	6533	11009	19408	13831
4.电子器件制造 Manufacture of Electronic Appliances	15835	121644	220608	429790	472888	802823	652069
#电子真空器件制造 Manufacture of Electronic Vacuum Appliances	5095	80265	75149	104682	55257	64975	65212
半导体分立器件制造 Manufacture of Semiconductor Discreting Appliances	105	2242	23229	15323	22245	65673	41762
集成电路制造 Manufacture of Integrate Circuit	10635	39137	88649	193284	225827	544805	286203
5.电子元件制造 Manufacture of Electronic Components	3115	47633	202163	305439	395198	608927	1000030
6.家用视听设备制造 Manufacture of Domestic TV Set and Radio Receiver	20355	69929	217906	392204	381410	370710	405183
7.其他电子设备制造 Manufacture of Other Electronic Equipment	232	8343	10666	2320	13838	20641	54626
电子计算机及办公设备制造业 Manufacture of Computers and Office Equipments	**9744**	**258409**	**626217**	**747011**	**757702**	**819459**	**1201723**
1.电子计算机整机制造 Manufacture of Entired Computer	355	185529	449379	399717	318100	390109	317120
2.电子计算机外部设备制造 Manufacture of Computer Peripheral Equipment	8716	57348	145268	305932	398250	386014	816697
3.办公设备制造 Manufacture of Office Equipment	673	15533	31570	41362	41352	43336	67906
医疗设备及仪器仪表制造业 Manufacture of Medical Equipments and Measuring Instrument	**5239**	**18571**	**25241**	**39589**	**77735**	**111390**	**239383**
1.医疗设备及器械制造 Manufacture of Medical Equipment and Appliances	247	7595	1770	1720	23224	36733	53750
2.仪器仪表制造 Manufacture of Measuring Instrument	4992	10975	23471	37870	54511	74657	185633

2-110 三资企业科技活动经费筹集额中政府资金

Government Funds in the Sources of Funds for S&T Activities of Joint Ventures

单位: 万元 (10000 yuan)

行 业 Industry	1995	2000	2003	2004	2005	2006	2007
合计 **Total**	**163**	**9949**	**10128**	**19530**	**35892**	**39393**	**66001**
医药制造业 **Manufacture of Medicines**	**3**	**1479**	**1721**	**3902**	**4975**	**7059**	**11472**
#化学药品制造 Manufacture of Chemical Medicine		805	613	2047	3780	4989	5526
中成药制造 Manufacture of Finished Traditional Chinese Herbal Medicine	3	532	818	1567	867	1052	4174
生物、生化制品的制造 Manufacture of Biological and Biochemical Chemical Products		142	200	53	70	238	916
航空航天器制造业 **Manufacture of Aircrafts and Spacecrafts**				**3**	**24**		
1.飞机制造及修理 Manufacture and Repairing of Airplanes				3	24		
2.航天器制造 Manufacture of Spacecrafts							
电子及通信设备制造业 **Manufacture of Electronic Equipment and Communication Equipment**	**145**	**7671**	**7616**	**14124**	**28600**	**27734**	**44430**
1.通信设备制造 Manufacture of Communication Equipment		2003	2435	3522	7237	2326	5645
#通信传输设备制造 Manufacture of Communication Transmitting Equipment		110	70	63	28	170	565
通信交换设备制造 Manufacture of Communication Exchanging Equipment		1893	245	960	2156	578	1161
通信终端设备制造 Manufacture of Communication Terminal Equipment			864	673	366	153	292
2.雷达及配套设备制造 Manufacture of Radar and Its Fittings							
3.广播电视设备制造 Manufacture of Broadcasting and TV Equipment			101				
4.电子器件制造 Manufacture of Electronic Appliances		2012	1678	5124	12563	17314	27691
#电子真空器件制造 Manufacture of Electronic Vacuum Appliances		1430	860	50	30	1094	91
半导体分立器件制造 Manufacture of Semiconductor Discreting Appliances		192		210		48	285
集成电路制造 Manufacture of Integrate Circuit		390	723	1974	6417	15686	24103
5.电子元件制造 Manufacture of Electronic Components		680	585	1641	1318	2020	5938
6.家用视听设备制造 Manufacture of Domestic TV Set and Radio Receiver	145	2976	2447	3807	7227	4190	4978
7.其他电子设备制造 Manufacture of Other Electronic Equipment			370	30	255	1884	178
电子计算机及办公设备制造业 **Manufacture of Computers and Office Equipments**	**15**	**520**	**200**	**1004**	**896**	**1667**	**7183**
1.电子计算机整机制造 Manufacture of Entired Computer		400	175	148	290	872	3317
2.电子计算机外部设备制造 Manufacture of Computer Peripheral Equipment	13	120		838	596	764	3806
3.办公设备制造 Manufacture of Office Equipment	2		25	18	10	30	60
医疗设备及仪器仪表制造业 **Manufacture of Medical Equipments and Measuring Instrument**		**279**	**591**	**498**	**1397**	**2933**	**2915**
1.医疗设备及器械制造 Manufacture of Medical Equipment and Appliances			68	25	730	777	201
2.仪器仪表制造 Manufacture of Measuring Instrument		279	523	473	667	2156	2714

2-111 三资企业科技活动经费筹集额中企业资金
Funds Raised by Enterprises in the Sources of Funds for S&T Activities of Joint Ventures

单位：万元 (10000 yuan)

行业 Industry	1995	2000	2003	2004	2005	2006	2007
合计 Total	**96971**	**942811**	**1701565**	**2556516**	**2849809**	**3151996**	**4421392**
医药制造业 Manufacture of Medicines	**19549**	**89123**	**120709**	**150325**	**192420**	**228255**	**306858**
#化学药品制造 Manufacture of Chemical Medicine	13973	75642	83197	107504	147736	161078	209965
中成药制造 Manufacture of Finished Traditional Chinese Herbal Medicine	5251	8611	24411	25716	29035	41592	55865
生物、生化制品的制造 Manufacture of Biological and Biochemical Chemical Products	213	4582	6094	5894	5282	20563	29138
航空航天器制造业 Manufacture of Aircrafts and Spacecrafts	**69**	**5337**	**3539**	**8157**	**6461**	**9117**	**11854**
1.飞机制造及修理 Manufacture and Repairing of Airplanes	69	5337	3539	8157	6461	9117	11854
2.航天器制造 Manufacture of Spacecrafts							
电子及通信设备制造业 Manufacture of Electronic Equipment and Communication Equipment	**65764**	**580197**	**1003107**	**1641638**	**1840651**	**2048142**	**2816224**
1.通信设备制造 Manufacture of Communication Equipment	26839	349091	426063	580523	708599	634917	922062
#通信传输设备制造 Manufacture of Communication Transmitting Equipment	54	21341	39810	60285	92209	70932	77684
通信交换设备制造 Manufacture of Communication Exchanging Equipment	20581	112287	85590	89419	123561	91502	191810
通信终端设备制造 Manufacture of Communication Terminal Equipment	1304	90886	123011	71207	94918	29760	37089
2.雷达及配套设备制造 Manufacture of Radar and Its Fittings			103				
3.广播电视设备制造 Manufacture of Broadcasting and TV Equipment			1441	6533	11009	19408	13831
4.电子器件制造 Manufacture of Electronic Appliances	15735	111632	205895	397735	403994	490289	578465
#电子真空器件制造 Manufacture of Electronic Vacuum Appliances	4995	70835	72236	104012	46354	63881	65122
半导体分立器件制造 Manufacture of Semiconductor Discreting Appliances	105	2050	23229	15113	22245	65195	41477
集成电路制造 Manufacture of Integrate Circuit	10635	38747	80960	174433	216810	240611	231656
5.电子元件制造 Manufacture of Electronic Components	2755	46742	154550	295981	369963	571185	896355
6.家用视听设备制造 Manufacture of Domestic TV Set and Radio Receiver	20209	64389	206759	358576	333865	313587	355263
7.其他电子设备制造 Manufacture of Other Electronic Equipment	227	8343	8296	2290	13221	18757	50248
电子计算机及办公设备制造业 Manufacture of Computers and Office Equipments	**9729**	**253189**	**549960**	**721595**	**738136**	**761223**	**1110330**
1.电子计算机整机制造 Manufacture of Entired Computer	355	185129	449124	395364	309257	352118	268824
2.电子计算机外部设备制造 Manufacture of Computer Peripheral Equipment	8703	52528	69291	284888	389327	368143	773761
3.办公设备制造 Manufacture of Office Equipment	671	15533	31545	41344	39552	40963	67746
医疗设备及仪器仪表制造业 Manufacture of Medical Equipments and Measuring Instrument	**1859**	**14965**	**24250**	**34801**	**72140**	**105259**	**176125**
1.医疗设备及器械制造 Manufacture of Medical Equipment and Appliances	247	5395	1602	1565	22493	35956	52549
2.仪器仪表制造 Manufacture of Measuring Instrument	1612	9570	22648	33237	49647	69303	123577

2-112 三资企业科技活动经费筹集额中金融机构贷款
Loans from Financial Institutions in the Sources of Funds for S&T Activities of Joint Ventures

单位：万元 (10000 yuan)

行 业 Industry	1995	2000	2003	2004	2005	2006	2007
合计 Total	**4484**	**29272**	**78333**	**61137**	**176774**	**387572**	**240900**
医药制造业 Manufacture of Medicines	**593**	**2333**	**9221**	**7694**	**7518**	**12202**	**9286**
#化学药品制造 Manufacture of Chemical Medicine	90	1795	3590	4955	7060	5728	6171
中成药制造 Manufacture of Finished Traditional Chinese Herbal Medicine	503	530	2045	139	458	1974	2215
生物、生化制品的制造 Manufacture of Biological and Biochemical Chemical Products		8	1426	100		2500	800
航空航天器制造业 Manufacture of Aircrafts and Spacecrafts							
1.飞机制造及修理 Manufacture and Repairing of Airplanes							
2.航天器制造 Manufacture of Spacecrafts							
电子及通信设备制造业 Manufacture of Electronic Equipment and Communication Equipment	**511**	**20039**	**68482**	**45028**	**150372**	**364668**	**140125**
1.通信设备制造 Manufacture of Communication Equipment	50	12756	7316	3000	34516	6550	11842
#通信传输设备制造 Manufacture of Communication Transmitting Equipment					3298	200	2180
通信交换设备制造 Manufacture of Communication Exchanging Equipment		12556	5616		10676		4000
通信终端设备制造 Manufacture of Communication Terminal Equipment	50	200	1500		500		500
2.雷达及配套设备制造 Manufacture of Radar and Its Fittings							
3.广播电视设备制造 Manufacture of Broadcasting and TV Equipment			400				
4.电子器件制造 Manufacture of Electronic Appliances	100	7000	5216	14268	55287	283839	16999
#电子真空器件制造 Manufacture of Electronic Vacuum Appliances	100	7000	1800	620	8873		
半导体分立器件制造 Manufacture of Semiconductor Discreting Appliances					430		
集成电路制造 Manufacture of Integrate Circuit			1560	11848	2600	277220	2090
5.电子元件制造 Manufacture of Electronic Components	360	153	46650	5193	22709	24315	74089
6.家用视听设备制造 Manufacture of Domestic TV Set and Radio Receiver	1	130	6900	22567	37530	49963	37196
7.其他电子设备制造 Manufacture of Other Electronic Equipment			2000		330		
电子计算机及办公设备制造业 Manufacture of Computers and Office Equipments		**4700**	**230**	**5200**	**16234**	**9163**	**36533**
1.电子计算机整机制造 Manufacture of Entired Computer			80	1700	8553		
2.电子计算机外部设备制造 Manufacture of Computer Peripheral Equipment		4700	150	3500	5892	7873	36433
3.办公设备制造 Manufacture of Office Equipment					1790	1290	100
医疗设备及仪器仪表制造业 Manufacture of Medical Equipments and Measuring Instrument	**3380**	**2200**	**400**	**3215**	**2650**	**1540**	**54955**
1.医疗设备及器械制造 Manufacture of Medical Equipment and Appliances		2200	100	130			1000
2.仪器仪表制造 Manufacture of Measuring Instrument	3380		300	3085	2650	1540	53955

2-113 三资企业科技活动经费内部支出

Intramural Expenditure for S&T Activities of Joint Ventures

单位：万元 (10000 yuan)

行业 Industry	1995	2000	2003	2004	2005	2006	2007
合计 Total	**84181**	**698868**	**1652895**	**2205127**	**2650036**	**3278047**	**4314890**
医药制造业 Manufacture of Medicines	**17765**	**61685**	**99951**	**143746**	**216845**	**264204**	**327813**
#化学药品制造 Manufacture of Chemical Medicine	13061	48756	64177	105908	150084	183089	223377
中成药制造 Manufacture of Finished Traditional Chinese Herbal Medicine	4406	8540	21627	20856	49764	43049	61127
生物、生化制品的制造 Manufacture of Biological and Biochemical Chemical Products	186	4323	5789	6203	5454	31367	30582
航空航天器制造业 Manufacture of Aircrafts and Spacecrafts	**69**	**5337**	**1751**	**5960**	**6694**	**9117**	**12540**
1.飞机制造及修理 Manufacture and Repairing of Airplanes	69	5337	1751	5960	6694	9117	12540
2.航天器制造 Manufacture of Spacecrafts							
电子及通信设备制造业 Manufacture of Electronic Equipment and Communication Equipment	**51584**	**477188**	**939918**	**1343899**	**1708929**	**2088135**	**2823727**
1.通信设备制造 Manufacture of Communication Equipment	13988	249072	380933	443595	530648	439843	691668
#通信传输设备制造 Manufacture of Communication Transmitting Equipment	54	35400	38297	78206	95813	72893	81641
通信交换设备制造 Manufacture of Communication Exchanging Equipment	8421	86330	94722	79190	96681	84634	206255
通信终端设备制造 Manufacture of Communication Terminal Equipment	613	27184	76314	17101	33622	27268	46725
2.雷达及配套设备制造 Manufacture of Radar and Its Fittings			103				
3.广播电视设备制造 Manufacture of Broadcasting and TV Equipment			1305	12064	11323	23540	13510
4.电子器件制造 Manufacture of Electronic Appliances	15613	102061	192727	378910	498949	653780	792614
#电子真空器件制造 Manufacture of Electronic Vacuum Appliances	5120	82123	70764	95976	53114	62276	64690
半导体分立器件制造 Manufacture of Semiconductor Discreting Appliances	105	2146	12014	14112	19146	67279	41950
集成电路制造 Manufacture of Integrate Circuit	10388	17792	73902	196735	312010	412773	360120
5.电子元件制造 Manufacture of Electronic Components	2836	43973	139334	212201	315533	598345	940650
6.家用视听设备制造 Manufacture of Domestic TV Set and Radio Receiver	19070	74016	152133	294869	339091	351574	334884
7.其他电子设备制造 Manufacture of Other Electronic Equipment	78	8066	73383	2260	13386	21053	50401
电子计算机及办公设备制造业 Manufacture of Computers and Office Equipments	**9709**	**138743**	**592730**	**663736**	**636920**	**811722**	**962749**
1.电子计算机整机制造 Manufacture of Entired Computer	350	75027	440945	430256	278577	381645	315725
2.电子计算机外部设备制造 Manufacture of Computer Peripheral Equipment	8725	57433	142170	200083	321744	402811	621493
3.办公设备制造 Manufacture of Office Equipment	634	6283	9615	33397	36600	27266	25531
医疗设备及仪器仪表制造业 Manufacture of Medical Equipments and Measuring Instrument	**5053**	**15914**	**18545**	**47786**	**80649**	**104868**	**188061**
1.医疗设备及器械制造 Manufacture of Medical Equipment and Appliances	378	5087	1975	5225	23606	34597	62120
2.仪器仪表制造 Manufacture of Measuring Instrument	4676	10827	16570	42561	57043	70271	125941

2-114 三资企业科技活动经费内部支出中劳务费

Labor Expenses in the Intramural Expenditure for S&T Activities of Joint Ventures

单位：万元 (10000 yuan)

行业 Industry	1995	2000	2003	2004	2005	2006	2007
合计 Total	**11970**	**152333**	**364703**	**545434**	**768678**	**820946**	**1067487**
医药制造业 Manufacture of Medicines	**2095**	**12826**	**24548**	**25201**	**34318**	**45260**	**64729**
#化学药品制造 Manufacture of Chemical Medicine	1013	9835	17304	18375	27496	30688	45139
中成药制造 Manufacture of Finished Traditional Chinese Herbal Medicine	1040	1639	3036	3934	5054	9823	9269
生物、生化制品的制造 Manufacture of Biological and Biochemical Chemical Products	37	1286	2676	1276	1235	3557	7920
航空航天器制造业 Manufacture of Aircrafts and Spacecrafts	**69**	**4924**	**845**	**2247**	**2511**	**3307**	**3735**
1.飞机制造及修理 Manufacture and Repairing of Airplanes	69	4924	845	2247	2511	3307	3735
2.航天器制造 Manufacture of Spacecrafts							
电子及通信设备制造业 Manufacture of Electronic Equipment and Communication Equipment	**7996**	**113215**	**271400**	**370541**	**473220**	**465323**	**630306**
1.通信设备制造 Manufacture of Communication Equipment	2349	61213	136300	170535	220726	180698	215670
#通信传输设备制造 Manufacture of Communication Transmitting Equipment	24	1836	12938	36103	45030	40594	52732
通信交换设备制造 Manufacture of Communication Exchanging Equipment	1273	33417	44394	34833	49673	39639	50244
通信终端设备制造 Manufacture of Communication Terminal Equipment	162	7955	38777	6447	17004	15627	14349
2.雷达及配套设备制造 Manufacture of Radar and Its Fittings			21				
3.广播电视设备制造 Manufacture of Broadcasting and TV Equipment			733	2447	3517	5058	2550
4.电子器件制造 Manufacture of Electronic Appliances	2096	28952	51374	84365	88619	101192	161827
#电子真空器件制造 Manufacture of Electronic Vacuum Appliances	619	23753	20941	23995	10665	16148	10408
半导体分立器件制造 Manufacture of Semiconductor Discreting Appliances	35	312	2397	3166	3963	6460	9211
集成电路制造 Manufacture of Integrate Circuit	1443	4887	22155	35081	36561	49703	82620
5.电子元件制造 Manufacture of Electronic Components	475	7613	36216	42490	80770	103337	156931
6.家用视听设备制造 Manufacture of Domestic TV Set and Radio Receiver	3007	12849	37273	69848	76764	68315	77503
7.其他电子设备制造 Manufacture of Other Electronic Equipment	69	2588	9483	856	2824	6722	15825
电子计算机及办公设备制造业 Manufacture of Computers and Office Equipments	**1299**	**16335**	**62046**	**134269**	**233912**	**275381**	**312027**
1.电子计算机整机制造 Manufacture of Entired Computer	69	8761	36608	59557	95407	148222	129070
2.电子计算机外部设备制造 Manufacture of Computer Peripheral Equipment	939	6150	20934	65477	129158	122418	172600
3.办公设备制造 Manufacture of Office Equipment	290	1424	4504	9235	9347	4742	10357
医疗设备及仪器仪表制造业 Manufacture of Medical Equipments and Measuring Instrument	**512**	**5033**	**5864**	**13176**	**24717**	**31675**	**56691**
1.医疗设备及器械制造 Manufacture of Medical Equipment and Appliances	68	1696	637	1620	9435	11641	19986
2.仪器仪表制造 Manufacture of Measuring Instrument	444	3337	5227	11556	15282	20034	36705

2-115 三资企业科技活动经费内部支出中仪器设备费

Instruments and Equipments Expenses in the Intramural Expenditure for S&T Activities of Joint Ventures

单位：万元 (10000 yuan)

行 业 Industry	1995	2000	2003	2004	2005	2006	2007
合计 **Total**	**19105**	**199564**	**497864**	**538798**	**638557**	**972994**	**1019698**
医药制造业 **Manufacture of Medicines**	**1946**	**15174**	**20618**	**30314**	**50841**	**64997**	**75213**
#化学药品制造 Manufacture of Chemical Medicine	972	11989	15753	24113	28947	36741	43957
中成药制造 Manufacture of Finished Traditional Chinese Herbal Medicine	845	2300	2928	3079	17520	10695	21142
生物、生化制品的制造 Manufacture of Biological and Biochemical Chemical Products	21	885	584	1713	1298	14747	7125
航空航天器制造业 **Manufacture of Aircrafts and Spacecrafts**			**741**	**937**	**257**	**1306**	**3980**
1.飞机制造及修理 Manufacture and Repairing of Airplanes			741	937	257	1306	3980
2.航天器制造 Manufacture of Spacecrafts							
电子及通信设备制造业 **Manufacture of Electronic Equipment and Communication Equipment**	**11179**	**135592**	**201923**	**370901**	**488450**	**725522**	**731524**
1.通信设备制造 Manufacture of Communication Equipment	4330	76242	42464	73837	87278	72892	115300
#通信传输设备制造 Manufacture of Communication Transmitting Equipment		15388	6249	14778	3468	2119	5711
通信交换设备制造 Manufacture of Communication Exchanging Equipment	1377	16245	15088	16091	14682	13762	38730
通信终端设备制造 Manufacture of Communication Terminal Equipment	253	11891	3740	3487	3004	3932	24153
2.雷达及配套设备制造 Manufacture of Radar and Its Fittings			36				
3.广播电视设备制造 Manufacture of Broadcasting and TV Equipment			237	6130	3528	10718	691
4.电子器件制造 Manufacture of Electronic Appliances	1923	20044	41979	141140	203496	318070	242828
#电子真空器件制造 Manufacture of Electronic Vacuum Appliances	1078	14755	25687	39967	15667	15205	20451
半导体分立器件制造 Manufacture of Semiconductor Discreting Appliances		340	1968	2363	5775	38788	14820
集成电路制造 Manufacture of Integrate Circuit	845	4950	11303	87512	155370	225385	154099
5.电子元件制造 Manufacture of Electronic Components	1342	10975	35266	86193	96816	235702	292989
6.家用视听设备制造 Manufacture of Domestic TV Set and Radio Receiver	3583	28223	24451	63179	96314	82855	63405
7.其他电子设备制造 Manufacture of Other Electronic Equipment	1	108	57490	423	1018	5285	16310
电子计算机及办公设备制造业 **Manufacture of Computers and Office Equipments**	**5762**	**45396**	**270073**	**124371**	**84369**	**157547**	**172014**
1.电子计算机整机制造 Manufacture of Entired Computer	165	23613	250858	64862	17787	33270	34594
2.电子计算机外部设备制造 Manufacture of Computer Peripheral Equipment	5585	21363	17627	47937	59146	112702	131779
3.办公设备制造 Manufacture of Office Equipment	12	420	1588	11572	7437	11575	5640
医疗设备及仪器仪表制造业 **Manufacture of Medical Equipments and Measuring Instrument**	**219**	**3403**	**4509**	**12274**	**14640**	**23623**	**36968**
1.医疗设备及器械制造 Manufacture of Medical Equipment and Appliances	59	479	380	459	2733	4036	7578
2.仪器仪表制造 Manufacture of Measuring Instrument	160	2924	4129	11815	11908	19586	29390

2-116 三资企业新产品开发经费支出

Expenditure for Developing New Products of Joint Ventures

单位：万元 (10000 yuan)

行　业 Industry	1995	2000	2003	2004	2005	2006	2007
合计 Total	**29329**	**369712**	**853865**	**1149710**	**1919193**	**2315669**	**3113569**
医药制造业 Manufacture of Medicines	**5075**	**30806**	**47269**	**56259**	**111923**	**140080**	**209028**
#化学药品制造 Manufacture of Chemical Medicine	2742	20626	24607	33957	83447	95354	147873
中成药制造 Manufacture of Finished Traditional Chinese Herbal Medicine	2113	6733	17055	13481	19186	28986	40642
生物、生化制品的制造 Manufacture of Biological and Biochemical Chemical Products	107	3433	1948	3877	4282	13775	11165
航空航天器制造业 Manufacture of Aircrafts and Spacecrafts		**5337**	**70**	**4020**	**5340**	**5747**	**6817**
1.飞机制造及修理 Manufacture and Repairing of Airplanes		5337	70	4020	5340	5747	6817
2.航天器制造 Manufacture of Spacecrafts							
电子及通信设备制造业 Manufacture of Electronic Equipment and Communication Equipment	**18313**	**231919**	**498992**	**614533**	**1264114**	**1453156**	**1954011**
1.通信设备制造 Manufacture of Communication Equipment	5996	102088	256861	176291	486751	372882	527098
#通信传输设备制造 Manufacture of Communication Transmitting Equipment	54	11339	37417	9952	91266	68036	68792
通信交换设备制造 Manufacture of Communication Exchanging Equipment	1643	49662	55352	58124	82809	84634	136579
通信终端设备制造 Manufacture of Communication Terminal Equipment	499	9271	12475	6387	24243	24075	20676
2.雷达及配套设备制造 Manufacture of Radar and Its Fittings							
3.广播电视设备制造 Manufacture of Broadcasting and TV Equipment			409	3598	6872	17583	8682
4.电子器件制造 Manufacture of Electronic Appliances	3677	44187	63566	182394	243994	345880	494179
#电子真空器件制造 Manufacture of Electronic Vacuum Appliances	3301	31455	25714	26909	28591	32782	50680
半导体分立器件制造 Manufacture of Semiconductor Discreting Appliances	80	2125	4143	8188	15479	59858	31030
集成电路制造 Manufacture of Integrate Circuit	296	10608	19981	103048	106526	169859	238278
5.电子元件制造 Manufacture of Electronic Components	1433	30275	71171	100277	234490	444164	600609
6.家用视听设备制造 Manufacture of Domestic TV Set and Radio Receiver	7186	54511	95703	150333	278794	257561	289524
7.其他电子设备制造 Manufacture of Other Electronic Equipment	21	858	11282	1640	13213	15086	33919
电子计算机及办公设备制造业 Manufacture of Computers and Office Equipments	**4486**	**92179**	**294774**	**456051**	**481439**	**650017**	**788911**
1.电子计算机整机制造 Manufacture of Entired Computer	35	70246	248214	359608	178948	304029	271642
2.电子计算机外部设备制造 Manufacture of Computer Peripheral Equipment	4121	18238	39530	92149	269012	322221	504260
3.办公设备制造 Manufacture of Office Equipment	330	3696	7030	4294	33480	23767	13010
医疗设备及仪器仪表制造业 Manufacture of Medical Equipments and Measuring Instrument	**1455**	**9470**	**12760**	**18847**	**56377**	**66670**	**154801**
1.医疗设备及器械制造 Manufacture of Medical Equipment and Appliances	171	3099	1378	1463	19976	24964	57157
2.仪器仪表制造 Manufacture of Measuring Instrument	1285	6371	11382	17384	36401	41706	97645

2-117 三资企业新产品产值

Industrial Output Value of New Products of Joint Ventures

单位：万元 (10000 yuan)

行 业 Industry	2000	2003	2004	2005	2006	2007
合计 Total	**15243981**	**27122778**	**41663050**	**46772398**	**58706195**	**74691960**
医药制造业 Manufacture of Medicines	**384115**	**486490**	**750262**	**977453**	**1128439**	**1790566**
#化学药品制造 Manufacture of Chemical Medicine	289574	362476	572513	822986	895492	1419703
中成药制造 Manufacture of Finished Traditional Chinese Herbal Medicine	62323	100323	64067	142499	182288	173471
生物、生化制品的制造 Manufacture of Biological and Biochemical Chemical Products	27340	20659	70069	7406	41107	91425
航空航天器制造业 Manufacture of Aircrafts and Spacecrafts		**400**	**6735**	**5016**	**70933**	**26518**
1.飞机制造及修理 Manufacture and Repairing of Airplanes		400	6735	5016	70933	26518
2.航天器制造 Manufacture of Spacecrafts						
电子及通信设备制造业 Manufacture of Electronic Equipment and Communication Equipment	**10196918**	**17263481**	**28987318**	**26695169**	**29340083**	**45603206**
1.通信设备制造 Manufacture of Communication Equipment	4135047	7377636	14625695	11829222	13692039	25273954
#通信传输设备制造 Manufacture of Communication Transmitting Equipment	54418	3370	7996	19675	41439	229590
通信交换设备制造 Manufacture of Communication Exchanging Equipment	138545	899206	2147175	2227386	2391129	3244977
通信终端设备制造 Manufacture of Communication Terminal Equipment	791351	3313607	641227	682766	449554	141668
2.雷达及配套设备制造 Manufacture of Radar and Its Fittings						
3.广播电视设备制造 Manufacture of Broadcasting and TV Equipment		17731	27598	20474	60982	144101
4.电子器件制造 Manufacture of Electronic Appliances	1571049	2508854	5096440	4243046	4798117	6530243
#电子真空器件制造 Manufacture of Electronic Vacuum Appliances	1306902	1141897	1738309	886759	893828	888275
半导体分立器件制造 Manufacture of Semiconductor Discreting Appliances	21959	59119	136803	55450	247461	261810
集成电路制造 Manufacture of Integrate Circuit	242189	342300	1505539	2045138	2197966	1682170
5.电子元件制造 Manufacture of Electronic Components	549508	1109935	2278005	2186678	2190034	4483517
6.家用视听设备制造 Manufacture of Domestic TV Set and Radio Receiver	3910206	6209446	6959580	8330642	8430354	8806723
7.其他电子设备制造 Manufacture of Other Electronic Equipment	31108	39879		85107	168557	364668
电子计算机及办公设备制造业 Manufacture of Computers and Office Equipments	**4500435**	**9085731**	**11415895**	**18567604**	**27430405**	**25541967**
1.电子计算机整机制造 Manufacture of Entired Computer	1976630	4845331	6051048	10571450	17073221	14492019
2.电子计算机外部设备制造 Manufacture of Computer Peripheral Equipment	2433126	4108367	4803390	7415189	9602866	10356896
3.办公设备制造 Manufacture of Office Equipment	90680	132033	561457	580964	754318	693052
医疗设备及仪器仪表制造业 Manufacture of Medical Equipments and Measuring Instrument	**162513**	**286676**	**502841**	**527156**	**736336**	**1729702**
1.医疗设备及器械制造 Manufacture of Medical Equipment and Appliances	26820	23949	24414	147381	116331	362339
2.仪器仪表制造 Manufacture of Measuring Instrument	135693	262727	478426	379776	620005	1367363

2-118 三资企业新产品销售收入

Sales Revenue from New Products of Joint Ventures

单位：万元 (10000 yuan)

行 业 Industry	1995	2000	2003	2004	2005	2006	2007
合计 Total	**1268397**	**14958175**	**25070078**	**42074861**	**46341761**	**56639107**	**72377018**
医药制造业 Manufacture of Medicines	**133886**	**334928**	**437881**	**680194**	**865973**	**1163787**	**1482121**
#化学药品制造 Manufacture of Chemical Medicine	98498	265754	336527	507423	735429	963783	1153674
中成药制造 Manufacture of Finished Traditional Chinese Herbal Medicine	28914	38782	71924	56820	118899	155370	142375
生物、生化制品的制造 Manufacture of Biological and Biochemical Chemical Products	2330	25513	27986	70009	6803	35054	79961
航空航天器制造业 Manufacture of Aircrafts and Spacecrafts			**400**	**6735**	**6787**	**66375**	**15534**
1.飞机制造及修理 Manufacture and Repairing of Airplanes			400	6735	6787	66375	15534
2.航天器制造 Manufacture of Spacecrafts							
电子及通信设备制造业 Manufacture of Electronic Equipment and Communication Equipment	**950407**	**10095602**	**16898570**	**28856540**	**26258429**	**27098274**	**43676436**
1.通信设备制造 Manufacture of Communication Equipment	208556	4208708	7452125	14938189	11616002	12818549	24681098
#通信传输设备制造 Manufacture of Communication Transmitting Equipment	1140	49433	1514	8356	19506	33185	238540
通信交换设备制造 Manufacture of Communication Exchanging Equipment	75501	94160	879967	2146638	2224898	2436976	3270988
通信终端设备制造 Manufacture of Communication Terminal Equipment	10915	932154	3214944	647992	671304	444633	138009
2.雷达及配套设备制造 Manufacture of Radar and Its Fittings							
3.广播电视设备制造 Manufacture of Broadcasting and TV Equipment			17558	26965	18508	55530	136463
4.电子器件制造 Manufacture of Electronic Appliances	89606	1467690	2463189	4972954	4210647	3694788	6193058
#电子真空器件制造 Manufacture of Electronic Vacuum Appliances	46665	1204234	1104266	1690039	902238	884040	870866
半导体分立器件制造 Manufacture of Semiconductor Discreting Appliances	1332	25643	60277	115385	55293	145906	201323
集成电路制造 Manufacture of Integrate Circuit	41610	237813	337943	1400661	2005199	1234362	1621374
5.电子元件制造 Manufacture of Electronic Components	18609	530853	1012488	2201370	2227513	2169561	4165735
6.家用视听设备制造 Manufacture of Domestic TV Set and Radio Receiver	632959	3857869	5913331	6717061	8099942	8199256	8134888
7.其他电子设备制造 Manufacture of Other Electronic Equipment	677	30482	39879		85817	160590	365194
电子计算机及办公设备制造业 Manufacture of Computers and Office Equipments	**160424**	**4357774**	**7457798**	**12023652**	**18691363**	**27631680**	**25532818**
1.电子计算机整机制造 Manufacture of Entired Computer	55	1868310	3293733	5857846	10707048	17301684	14277570
2.电子计算机外部设备制造 Manufacture of Computer Peripheral Equipment	145644	2400633	4028391	5559115	7397279	9584906	10574028
3.办公设备制造 Manufacture of Office Equipment	14725	88831	135674	606691	587036	745090	681219
医疗设备及仪器仪表制造业 Manufacture of Medical Equipments and Measuring Instrument	**23680**	**169872**	**275429**	**507740**	**519209**	**678992**	**1670110**
1.医疗设备及器械制造 Manufacture of Medical Equipment and Appliances	10432	24252	23581	23027	145078	98225	341735
2.仪器仪表制造 Manufacture of Measuring Instrument	13248	145620	251848	484713	374131	580767	1328375

2-119 三资企业专利申请数

Patent Applications Received of Joint Ventures

单位：个 (unit)

行业 Industry	1995	2000	2003	2004	2005	2006	2007
合计 Total	**50**	**582**	**3214**	**4665**	**6036**	**8816**	**10249**
医药制造业 Manufacture of Medicines	**23**	**87**	**208**	**354**	**594**	**575**	**589**
#化学药品制造 Manufacture of Chemical Medicine	2	15	84	187	263	223	265
中成药制造 Manufacture of Finished Traditional Chinese Herbal Medicine	20	44	56	77	255	273	189
生物、生化制品的制造 Manufacture of Biological and Biochemical Chemical Products	1	28	3	2	71	65	107
航空航天器制造业 Manufacture of Aircrafts and Spacecrafts					**23**	**12**	**25**
1.飞机制造及修理 Manufacture and Repairing of Airplanes					23	12	25
2.航天器制造 Manufacture of Spacecrafts							
电子及通信设备制造业 Manufacture of Electronic Equipment and Communication Equipment	**21**	**304**	**1978**	**3097**	**3635**	**5156**	**6099**
1.通信设备制造 Manufacture of Communication Equipment	9	66	867	638	1007	1950	1303
#通信传输设备制造 Manufacture of Communication Transmitting Equipment		2	2	153	187	153	306
通信交换设备制造 Manufacture of Communication Exchanging Equipment		37	86	64	91	74	217
通信终端设备制造 Manufacture of Communication Terminal Equipment	6	25	380	66	112	1464	48
2.雷达及配套设备制造 Manufacture of Radar and Its Fittings							
3.广播电视设备制造 Manufacture of Broadcasting and TV Equipment			12	7	40	71	57
4.电子器件制造 Manufacture of Electronic Appliances	6	27	371	950	527	1253	1807
#电子真空器件制造 Manufacture of Electronic Vacuum Appliances		25	70	146	55	199	38
半导体分立器件制造 Manufacture of Semiconductor Discreting Appliances	3			7		23	26
集成电路制造 Manufacture of Integrate Circuit	3	2	277	730	407	904	1239
5.电子元件制造 Manufacture of Electronic Components		25	133	283	593	305	634
6.家用视听设备制造 Manufacture of Domestic TV Set and Radio Receiver	6	186	560	1204	1429	1543	2102
7.其他电子设备制造 Manufacture of Other Electronic Equipment			35	15	39	34	196
电子计算机及办公设备制造业 Manufacture of Computers and Office Equipments	**1**	**178**	**890**	**958**	**1485**	**2639**	**2381**
1.电子计算机整机制造 Manufacture of Entired Computer		144	594	392	843	1029	664
2.电子计算机外部设备制造 Manufacture of Computer Peripheral Equipment		31	290	554	642	1599	1706
3.办公设备制造 Manufacture of Office Equipment	1	3	6	12		11	11
医疗设备及仪器仪表制造业 Manufacture of Medical Equipments and Measuring Instrument	**5**	**13**	**138**	**256**	**299**	**434**	**1155**
1.医疗设备及器械制造 Manufacture of Medical Equipment and Appliances	2	2	7	12	154	215	680
2.仪器仪表制造 Manufacture of Measuring Instrument	3	11	131	244	145	219	475

2-120 三资企业拥有发明专利数

Owning Inventive Patent of Joint Ventures

单位：个 (unit)

行业 Industry	1995	2000	2003	2004	2005	2006	2007
合计 **Total**	**37**	**435**	**1300**	**1761**	**1913**	**3469**	**6461**
医药制造业 **Manufacture of Medicines**	**19**	**168**	**91**	**145**	**273**	**495**	**747**
#化学药品制造 Manufacture of Chemical Medicine		11	51	52	68	141	271
中成药制造 Manufacture of Finished Traditional Chinese Herbal Medicine	19	134	15	85	131	305	357
生物、生化制品的制造 Manufacture of Biological and Biochemical Chemical Products		23	3	1	9	49	95
航空航天器制造业 **Manufacture of Aircrafts and Spacecrafts**					**4**	**3**	**57**
1.飞机制造及修理 Manufacture and Repairing of Airplanes					4	3	57
2.航天器制造 Manufacture of Spacecrafts							
电子及通信设备制造业 **Manufacture of Electronic Equipment and Communication Equipment**	**13**	**188**	**964**	**1151**	**1200**	**1820**	**2529**
1.通信设备制造 Manufacture of Communication Equipment	5	95	496	464	355	355	526
#通信传输设备制造 Manufacture of Communication Transmitting Equipment		2		13	22	112	271
通信交换设备制造 Manufacture of Communication Exchanging Equipment		82	23	42	115	70	106
通信终端设备制造 Manufacture of Communication Terminal Equipment	2	7	350	33	74	44	15
2.雷达及配套设备制造 Manufacture of Radar and Its Fittings							
3.广播电视设备制造 Manufacture of Broadcasting and TV Equipment			4		3	5	12
4.电子器件制造 Manufacture of Electronic Appliances	4	16	247	261	383	592	831
#电子真空器件制造 Manufacture of Electronic Vacuum Appliances		14	32	128	261	319	271
半导体分立器件制造 Manufacture of Semiconductor Discreting Appliances	3			10	5	8	30
集成电路制造 Manufacture of Integrate Circuit	1	2	214	89	99	256	180
5.电子元件制造 Manufacture of Electronic Components		3	85	255	172	338	424
6.家用视听设备制造 Manufacture of Domestic TV Set and Radio Receiver	3	74	132	171	284	519	679
7.其他电子设备制造 Manufacture of Other Electronic Equipment	1				3	11	57
电子计算机及办公设备制造业 **Manufacture of Computers and Office Equipments**	**1**	**65**	**169**	**315**	**276**	**933**	**2939**
1.电子计算机整机制造 Manufacture of Entired Computer		58	26	107	12	19	1816
2.电子计算机外部设备制造 Manufacture of Computer Peripheral Equipment		2	143	193	264	901	1121
3.办公设备制造 Manufacture of Office Equipment	1	5		15		13	2
医疗设备及仪器仪表制造业 **Manufacture of Medical Equipments and Measuring Instrument**	**4**	**14**	**76**	**150**	**160**	**218**	**189**
1.医疗设备及器械制造 Manufacture of Medical Equipment and Appliances	2	6	3	20	30	22	36
2.仪器仪表制造 Manufacture of Measuring Instrument	2	8	73	130	130	196	153

2-121 三资企业技术改造经费支出
Expenditure on Technical Renovation of Joint Ventures

单位：万元 (10000 yuan)

行业 Industry	1995	2000	2003	2004	2005	2006	2007
合计 Total	**44124**	**122897**	**239614**	**424213**	**407131**	**392843**	**484353**
医药制造业 Manufacture of Medicines	**6525**	**24686**	**37387**	**33713**	**77627**	**49367**	**69982**
#化学药品制造 Manufacture of Chemical Medicine	4612	16682	22811	21954	42338	33320	39997
中成药制造 Manufacture of Finished Traditional Chinese Herbal Medicine	1893	7004	7561	7419	33459	12644	23189
生物、生化制品的制造 Manufacture of Biological and Biochemical Chemical Products		1000	1500		1200	2883	3267
航空航天器制造业 Manufacture of Aircrafts and Spacecrafts	**2390**			**4011**	**4564**	**292**	**2100**
1.飞机制造及修理 Manufacture and Repairing of Airplanes	2390			4011	4564	292	2100
2.航天器制造 Manufacture of Spacecrafts							
电子及通信设备制造业 Manufacture of Electronic Equipment and Communication Equipment	**28547**	**84780**	**171513**	**359170**	**274751**	**238652**	**343184**
1.通信设备制造 Manufacture of Communication Equipment	846	32944	42175	35030	24483	21959	16464
#通信传输设备制造 Manufacture of Communication Transmitting Equipment		18			10	89	4225
通信交换设备制造 Manufacture of Communication Exchanging Equipment		3952	56		4737		2500
通信终端设备制造 Manufacture of Communication Terminal Equipment		28423	1451	378	1001	120	760
2.雷达及配套设备制造 Manufacture of Radar and Its Fittings							
3.广播电视设备制造 Manufacture of Broadcasting and TV Equipment			2066	3233	4374	4209	1156
4.电子器件制造 Manufacture of Electronic Appliances	9311	22641	37149	118807	70218	95216	103492
#电子真空器件制造 Manufacture of Electronic Vacuum Appliances	9295	11088	21631	45000	18148	29352	11895
半导体分立器件制造 Manufacture of Semiconductor Discreting Appliances	16	10830	1600	1804	1882	7367	15395
集成电路制造 Manufacture of Integrate Circuit		723	12820	68399	32716	37542	47608
5.电子元件制造 Manufacture of Electronic Components	5049	5731	54100	107279	118352	70030	174087
6.家用视听设备制造 Manufacture of Domestic TV Set and Radio Receiver	13341	23463	36023	93801	55070	42320	41884
7.其他电子设备制造 Manufacture of Other Electronic Equipment				1020	2253	4918	6101
电子计算机及办公设备制造业 Manufacture of Computers and Office Equipments	**3240**	**9575**	**27527**	**14045**	**38880**	**85604**	**43224**
1.电子计算机整机制造 Manufacture of Entired Computer		516	926	444	8409	51583	9394
2.电子计算机外部设备制造 Manufacture of Computer Peripheral Equipment	3240	9059	7028	12536	28605	27691	31090
3.办公设备制造 Manufacture of Office Equipment			19573	1065	1866	6330	2739
医疗设备及仪器仪表制造业 Manufacture of Medical Equipments and Measuring Instrument	**3423**	**3857**	**3187**	**13274**	**11310**	**18930**	**25862**
1.医疗设备及器械制造 Manufacture of Medical Equipment and Appliances	2	1213	370	611	663	4643	2296
2.仪器仪表制造 Manufacture of Measuring Instrument	3420	2643	2817	12663	10647	14287	23566

2-122 三资企业技术引进经费支出

Expenditure on Technology Import of Joint Ventures

单位：万元　　　　(10000 yuan)

行业 Industry	1995	2000	2003	2004	2005	2006	2007
合计 **Total**	**24694**	**234659**	**587096**	**966703**	**751986**	**683650**	**1213954**
医药制造业 **Manufacture of Medicines**	**2330**	**9185**	**11750**	**11272**	**13043**	**8433**	**9499**
#化学药品制造 Manufacture of Chemical Medicine	2270	2427	8715	10324	12609	7267	8929
中成药制造 Manufacture of Finished Traditional Chinese Herbal Medicine	30	400	381		434	220	254
生物、生化制品的制造 Manufacture of Biological and Biochemical Chemical Products		6233		484		918	
航空航天器制造业 **Manufacture of Aircrafts and Spacecrafts**					**2950**	**8266**	**1447**
1.飞机制造及修理 Manufacture and Repairing of Airplanes					2950	8266	1447
2.航天器制造 Manufacture of Spacecrafts							
电子及通信设备制造业 **Manufacture of Electronic Equipment and Communication Equipment**	**15938**	**150384**	**417050**	**931897**	**631339**	**565417**	**1000679**
1.通信设备制造 Manufacture of Communication Equipment	1852	68275	93775	370601	190177	208171	330816
#通信传输设备制造 Manufacture of Communication Transmitting Equipment		6554			7	3	6643
通信交换设备制造 Manufacture of Communication Exchanging Equipment	1147	14399	5949	9781	6852	3812	5138
通信终端设备制造 Manufacture of Communication Terminal Equipment	615	45646	51014	6917	40	2263	405
2.雷达及配套设备制造 Manufacture of Radar and Its Fittings							
3.广播电视设备制造 Manufacture of Broadcasting and TV Equipment				550	533	483	
4.电子器件制造 Manufacture of Electronic Appliances	4431	35829	127417	303319	193867	142430	267433
#电子真空器件制造 Manufacture of Electronic Vacuum Appliances	4431	25420	98455	112057	75582	65541	47371
半导体分立器件制造 Manufacture of Semiconductor Discreting Appliances		860	100	352	110		91
集成电路制造 Manufacture of Integrate Circuit		9549	24939	134557	56049	35553	58022
5.电子元件制造 Manufacture of Electronic Components	1339	11692	52672	43489	95511	79951	152566
6.家用视听设备制造 Manufacture of Domestic TV Set and Radio Receiver	8316	34339	142686	213939	149781	126714	241508
7.其他电子设备制造 Manufacture of Other Electronic Equipment		250	500		1470	7668	8355
电子计算机及办公设备制造业 **Manufacture of Computers and Office Equipments**	**122**	**72347**	**154160**	**21699**	**104317**	**96617**	**189620**
1.电子计算机整机制造 Manufacture of Entired Computer	13	31405	107755	16	32607		148057
2.电子计算机外部设备制造 Manufacture of Computer Peripheral Equipment	60	40550	27144	5732	51866	64039	8251
3.办公设备制造 Manufacture of Office Equipment	50	392	19261	15951	19844	32578	33313
医疗设备及仪器仪表制造业 **Manufacture of Medical Equipments and Measuring Instrument**	**6304**	**2743**	**4136**	**1835**	**336**	**4918**	**12709**
1.医疗设备及器械制造 Manufacture of Medical Equipment and Appliances	134	180	1849	270		858	44
2.仪器仪表制造 Manufacture of Measuring Instrument	6170	2562	2287	1565	336	4059	12665

2-123 三资企业消化吸收经费支出
Expenditure on Technology Absorption of Joint Ventures

单位：万元 (10000 yuan)

行业 Industry	1995	2000	2003	2004	2005	2006	2007
合计 Total	**3672**	**12425**	**21459**	**85684**	**243273**	**71347**	**73063**
医药制造业 Manufacture of Medicines	**35**	**981**	**443**	**1549**	**13230**	**14403**	**7111**
#化学药品制造 Manufacture of Chemical Medicine	30	980	240	851	12874	13460	6464
中成药制造 Manufacture of Finished Traditional Chinese Herbal Medicine		1	203	689	356	337	515
生物、生化制品的制造 Manufacture of Biological and Biochemical Chemical Products						582	112
航空航天器制造业 Manufacture of Aircrafts and Spacecrafts						**1811**	**1515**
1.飞机制造及修理 Manufacture and Repairing of Airplanes						1811	1515
2.航天器制造 Manufacture of Spacecrafts							
电子及通信设备制造业 Manufacture of Electronic Equipment and Communication Equipment	**3161**	**7791**	**20735**	**82993**	**219126**	**47322**	**44839**
1.通信设备制造 Manufacture of Communication Equipment	32	1842	5748	8689	166351	9425	8464
#通信传输设备制造 Manufacture of Communication Transmitting Equipment		351			6	123	66
通信交换设备制造 Manufacture of Communication Exchanging Equipment		737		19			
通信终端设备制造 Manufacture of Communication Terminal Equipment		655	2	210			
2.雷达及配套设备制造 Manufacture of Radar and Its Fittings							
3.广播电视设备制造 Manufacture of Broadcasting and TV Equipment					226	166	
4.电子器件制造 Manufacture of Electronic Appliances	3020	404	826	44307	15554	3324	18073
#电子真空器件制造 Manufacture of Electronic Vacuum Appliances	3020	326	351	1023	166	2088	1412
半导体分立器件制造 Manufacture of Semiconductor Discreting Appliances			20			200	
集成电路制造 Manufacture of Integrate Circuit		78	355	29196	4375	988	11726
5.电子元件制造 Manufacture of Electronic Components	50	152	194	1501	3702	4113	5220
6.家用视听设备制造 Manufacture of Domestic TV Set and Radio Receiver	60	5393	13967	28496	33293	30092	12521
7.其他电子设备制造 Manufacture of Other Electronic Equipment						202	560
电子计算机及办公设备制造业 Manufacture of Computers and Office Equipments	**54**	**3312**	**277**	**159**	**8218**	**3976**	**18419**
1.电子计算机整机制造 Manufacture of Entired Computer				10	5042	590	1434
2.电子计算机外部设备制造 Manufacture of Computer Peripheral Equipment	54	3297	170		1376	3386	16985
3.办公设备制造 Manufacture of Office Equipment		15	107	149	1800		
医疗设备及仪器仪表制造业 Manufacture of Medical Equipments and Measuring Instrument	**423**	**342**	**4**	**984**	**2700**	**3836**	**1179**
1.医疗设备及器械制造 Manufacture of Medical Equipment and Appliances	19	160	4	160			204
2.仪器仪表制造 Manufacture of Measuring Instrument	403	182		824	2700	3836	976

2-124 三资企业购买国内技术经费支出

Expenditure on Purchase of Domestic Technology of Joint Ventures

单位：万元 (10000 yuan)

行　业 Industry	1995	2000	2003	2004	2005	2006	2007
合计 Total	**768**	**8426**	**8939**	**17585**	**26226**	**27729**	**26893**
医药制造业 Manufacture of Medicines	**299**	**4715**	**3504**	**6659**	**10559**	**6853**	**10811**
#化学药品制造 Manufacture of Chemical Medicine	210	3437	637	4590	8856	4608	7974
中成药制造 Manufacture of Finished Traditional Chinese Herbal Medicine	72	1143	625	486	1261	1702	1956
生物、生化制品的制造 Manufacture of Biological and Biochemical Chemical Products		135	964	304	292	543	780
航空航天器制造业 Manufacture of Aircrafts and Spacecrafts							**316**
1.飞机制造及修理 Manufacture and Repairing of Airplanes							316
2.航天器制造 Manufacture of Spacecrafts							
电子及通信设备制造业 Manufacture of Electronic Equipment and Communication Equipment	**469**	**982**	**2374**	**10073**	**13502**	**19959**	**14430**
1.通信设备制造 Manufacture of Communication Equipment		101	253	5402	4511	2723	5336
#通信传输设备制造 Manufacture of Communication Transmitting Equipment					4	55	
通信交换设备制造 Manufacture of Communication Exchanging Equipment							
通信终端设备制造 Manufacture of Communication Terminal Equipment		101	221	285	97	91	119
2.雷达及配套设备制造 Manufacture of Radar and Its Fittings							
3.广播电视设备制造 Manufacture of Broadcasting and TV Equipment							
4.电子器件制造 Manufacture of Electronic Appliances		140	207	610	2928	8874	7193
#电子真空器件制造 Manufacture of Electronic Vacuum Appliances		140	100	511	1013	7003	7003
半导体分立器件制造 Manufacture of Semiconductor Discreting Appliances					1822	100	
集成电路制造 Manufacture of Integrate Circuit			107	89	70	226	190
5.电子元件制造 Manufacture of Electronic Components	424	422	1393	2458	3715	5126	1307
6.家用视听设备制造 Manufacture of Domestic TV Set and Radio Receiver	45	320	521	1603	2148	3236	264
7.其他电子设备制造 Manufacture of Other Electronic Equipment					200		330
电子计算机及办公设备制造业 Manufacture of Computers and Office Equipments		**9**	**2711**	**591**	**1939**	**111**	**670**
1.电子计算机整机制造 Manufacture of Entired Computer				28	1933	11	22
2.电子计算机外部设备制造 Manufacture of Computer Peripheral Equipment		9	2642	70	6	100	648
3.办公设备制造 Manufacture of Office Equipment			69	493			
医疗设备及仪器仪表制造业 Manufacture of Medical Equipments and Measuring Instrument		**2720**	**350**	**262**	**226**	**806**	**667**
1.医疗设备及器械制造 Manufacture of Medical Equipment and Appliances		2707			15	631	
2.仪器仪表制造 Manufacture of Measuring Instrument		12	350	262	211	175	667

2-125 三资企业科技机构数

Number of S&T Institutions of Joint Ventures

单位：个 (unit)

行业 Industry	1995	2000	2003	2004	2005	2006	2007
合计 Total	**132**	**189**	**275**	**569**	**451**	**588**	**775**
医药制造业 Manufacture of Medicines	**36**	**59**	**67**	**105**	**98**	**114**	**141**
#化学药品制造 Manufacture of Chemical Medicine	16	30	37	66	71	67	82
中成药制造 Manufacture of Finished Traditional Chinese Herbal Medicine	18	21	21	26	23	31	34
生物、生化制品的制造 Manufacture of Biological and Biochemical Chemical Products	2	8	2	4	2	9	13
航空航天器制造业 Manufacture of Aircrafts and Spacecrafts			**1**		**3**	**2**	**3**
1.飞机制造及修理 Manufacture and Repairing of Airplanes			1		3	2	3
2.航天器制造 Manufacture of Spacecrafts							
电子及通信设备制造业 Manufacture of Electronic Equipment and Communication Equipment	**80**	**102**	**151**	**378**	**258**	**358**	**458**
1.通信设备制造 Manufacture of Communication Equipment	15	37	29	46	56	56	69
#通信传输设备制造 Manufacture of Communication Transmitting Equipment		4	1	4	9	9	12
通信交换设备制造 Manufacture of Communication Exchanging Equipment	4	15	3	1	5	4	6
通信终端设备制造 Manufacture of Communication Terminal Equipment	6	7	10	11	12	12	10
2.雷达及配套设备制造 Manufacture of Radar and Its Fittings							
3.广播电视设备制造 Manufacture of Broadcasting and TV Equipment			2	2	3	7	7
4.电子器件制造 Manufacture of Electronic Appliances	9	10	30	196	42	66	101
#电子真空器件制造 Manufacture of Electronic Vacuum Appliances	7	7	9	13	10	18	15
半导体分立器件制造 Manufacture of Semiconductor Discreting Appliances	1	2	4	6	5	7	8
集成电路制造 Manufacture of Integrate Circuit	1	1	7	11	13	25	42
5.电子元件制造 Manufacture of Electronic Components	15	23	52	76	85	149	192
6.家用视听设备制造 Manufacture of Domestic TV Set and Radio Receiver	38	25	31	56	66	72	77
7.其他电子设备制造 Manufacture of Other Electronic Equipment	3	7	7	2	6	8	12
电子计算机及办公设备制造业 Manufacture of Computers and Office Equipments	**8**	**13**	**36**	**40**	**55**	**74**	**101**
1.电子计算机整机制造 Manufacture of Entired Computer	1	4	11	14	12	28	26
2.电子计算机外部设备制造 Manufacture of Computer Peripheral Equipment	4	8	20	23	38	41	71
3.办公设备制造 Manufacture of Office Equipment	3	1	5	3	5	5	4
医疗设备及仪器仪表制造业 Manufacture of Medical Equipments and Measuring Instrument	**8**	**15**	**20**	**46**	**37**	**40**	**72**
1.医疗设备及器械制造 Manufacture of Medical Equipment and Appliances	2	5	3	4	4	5	7
2.仪器仪表制造 Manufacture of Measuring Instrument	6	10	17	42	33	35	65

2-126 三资企业科技机构科技活动人员

S&T Personnel in the S&T Institutions of Joint Ventures

单位：人 (person)

行业 Industry	1995	2000	2003	2004	2005	2006	2007
合计 Total	**4137**	**14019**	**23125**	**28480**	**47138**	**57697**	**78230**
医药制造业 Manufacture of Medicines	**869**	**1839**	**1916**	**2795**	**3647**	**4421**	**6401**
#化学药品制造 Manufacture of Chemical Medicine	401	953	944	1788	2619	2613	4101
中成药制造 Manufacture of Finished Traditional Chinese Herbal Medicine	449	588	467	672	717	1143	1174
生物、生化制品的制造 Manufacture of Biological and Biochemical Chemical Products	19	298	241	89	219	473	740
航空航天器制造业 Manufacture of Aircrafts and Spacecrafts			**9**		**342**	**49**	**70**
1.飞机制造及修理 Manufacture and Repairing of Airplanes			9		342	49	70
2.航天器制造 Manufacture of Spacecrafts							
电子及通信设备制造业 Manufacture of Electronic Equipment and Communication Equipment	**2467**	**8495**	**17189**	**20265**	**23977**	**36459**	**45154**
1.通信设备制造 Manufacture of Communication Equipment	649	4183	7138	7055	8535	13298	13257
#通信传输设备制造 Manufacture of Communication Transmitting Equipment		260	217	353	266	2476	1916
通信交换设备制造 Manufacture of Communication Exchanging Equipment	347	2365	1963	2520	3389	3375	4081
通信终端设备制造 Manufacture of Communication Terminal Equipment	134	438	2172	919	1040	1122	745
2.雷达及配套设备制造 Manufacture of Radar and Its Fittings							
3.广播电视设备制造 Manufacture of Broadcasting and TV Equipment			43	52	310	472	332
4.电子器件制造 Manufacture of Electronic Appliances	359	359	2319	3670	2948	6078	8232
#电子真空器件制造 Manufacture of Electronic Vacuum Appliances	301	256	368	633	398	1415	549
半导体分立器件制造 Manufacture of Semiconductor Discreting Appliances	17	42	83	238	405	514	918
集成电路制造 Manufacture of Integrate Circuit	41	61	1210	1852	985	2480	4366
5.电子元件制造 Manufacture of Electronic Components	250	1807	3970	3960	5280	7631	14268
6.家用视听设备制造 Manufacture of Domestic TV Set and Radio Receiver	1066	1689	3296	5458	6678	8195	8317
7.其他电子设备制造 Manufacture of Other Electronic Equipment	143	457	423	70	226	785	748
电子计算机及办公设备制造业 Manufacture of Computers and Office Equipments	**672**	**3372**	**3102**	**4450**	**16318**	**13974**	**21276**
1.电子计算机整机制造 Manufacture of Entired Computer	22	2387	1437	2020	2959	9867	13316
2.电子计算机外部设备制造 Manufacture of Computer Peripheral Equipment	554	849	958	2311	12341	3645	7396
3.办公设备制造 Manufacture of Office Equipment	96	136	707	119	1018	462	564
医疗设备及仪器仪表制造业 Manufacture of Medical Equipments and Measuring Instrument	**129**	**313**	**909**	**970**	**2854**	**2794**	**5329**
1.医疗设备及器械制造 Manufacture of Medical Equipment and Appliances	16	59	87	161	431	846	1390
2.仪器仪表制造 Manufacture of Measuring Instrument	113	254	822	809	2423	1948	3939

2-127 三资企业科技机构科技活动经费内部支出
Intramural Expenditure for S&T Activities in the S&T Institutions of Joint Ventures

单位：万元 (10000 yuan)

行业 Industry	1995	2000	2003	2004	2005	2006	2007
合计 Total	**29367**	**291420**	**670549**	**680626**	**790690**	**1372864**	**2061825**
医药制造业 Manufacture of Medicines	**8639**	**22270**	**34517**	**34375**	**62608**	**72065**	**177888**
#化学药品制造 Manufacture of Chemical Medicine	6481	16263	24107	15440	48697	40110	119002
中成药制造 Manufacture of Finished Traditional Chinese Herbal Medicine	2048	4505	6514	7001	9044	16443	26181
生物、生化制品的制造 Manufacture of Biological and Biochemical Chemical Products	109	1502	2168	3639	2216	11667	24918
航空航天器制造业 Manufacture of Aircrafts and Spacecrafts			**87**		**5250**	**1145**	**2092**
1.飞机制造及修理 Manufacture and Repairing of Airplanes			87		5250	1145	2092
2.航天器制造 Manufacture of Spacecrafts							
电子及通信设备制造业 Manufacture of Electronic Equipment and Communication Equipment	**18426**	**170528**	**411932**	**534992**	**531580**	**1010524**	**1356249**
1.通信设备制造 Manufacture of Communication Equipment	8388	96680	195399	195035	202493	333352	459224
#通信传输设备制造 Manufacture of Communication Transmitting Equipment		5046	3900	3973	3931	67029	69518
通信交换设备制造 Manufacture of Communication Exchanging Equipment	4403	50631	64963	56906	69792	84634	182384
通信终端设备制造 Manufacture of Communication Terminal Equipment	495	4874	64856	11184	13352	18940	13881
2.雷达及配套设备制造 Manufacture of Radar and Its Fittings							
3.广播电视设备制造 Manufacture of Broadcasting and TV Equipment			640	905	3741	6910	9890
4.电子器件制造 Manufacture of Electronic Appliances	2478	17478	82650	125645	55664	216911	319930
#电子真空器件制造 Manufacture of Electronic Vacuum Appliances	1381	12777	32333	14359	17195	32717	35673
半导体分立器件制造 Manufacture of Semiconductor Discreting Appliances	81	781	3590	2847	4460	14606	11657
集成电路制造 Manufacture of Integrate Circuit	1016	3920	33648	86729	14613	117782	178889
5.电子元件制造 Manufacture of Electronic Components	600	15035	53287	53749	111135	219041	352883
6.家用视听设备制造 Manufacture of Domestic TV Set and Radio Receiver	6941	38818	76262	158008	157561	222112	197830
7.其他电子设备制造 Manufacture of Other Electronic Equipment	20	2516	3694	1650	988	12198	16492
电子计算机及办公设备制造业 Manufacture of Computers and Office Equipments	**1819**	**95165**	**214824**	**95583**	**163836**	**255345**	**435089**
1.电子计算机整机制造 Manufacture of Entired Computer	15	74727	192319	25315	19543	133417	245326
2.电子计算机外部设备制造 Manufacture of Computer Peripheral Equipment	1332	20201	19466	68337	139744	112476	180512
3.办公设备制造 Manufacture of Office Equipment	472	237	3039	1931	4549	9453	9251
医疗设备及仪器仪表制造业 Manufacture of Medical Equipments and Measuring Instrument	**483**	**3457**	**9189**	**15676**	**27417**	**33784**	**90507**
1.医疗设备及器械制造 Manufacture of Medical Equipment and Appliances	324	1356	786	3991	1516	1934	31220
2.仪器仪表制造 Manufacture of Measuring Instrument	159	2101	8403	11685	25901	31851	59287

2-128 年末固定资产原价

Original Value of Fixed Assets

单位：万元 (10000 yuan)

地区	Region	2000	2003	2004	2005	2006	2007
全　国	**Total**	**31414944**	**55406399**	**69258723**	**87170647**	**100444783**	**121242068**
东部地区	Eastern Region	21425902	42402562	55762804	69894821	82066012	101935452
中部地区	Mid Region	4962620	7018371	6909072	9654218	10148730	9805989
西部地区	Western Region	5026422	5985466	6586847	7621608	8230041	9500628
北　京	Beijing	1878037	2651816	3178644	5126137	5927662	6623393
天　津	Tianjin	2313496	3177798	3395493	7140340	4495696	4575306
河　北	Hebei	1149698	1853275	2040774	2118189	2166691	2222355
山　西	Shanxi	183698	280172	379211	442498	829475	1242425
内蒙古	Neimenggu	79010	95151	130337	256294	318114	316436
辽　宁	Liaoning	2053539	2077661	2241193	2414104	2621770	3686511
吉　林	Jilin	581698	855994	811857	809335	880242	881573
黑龙江	Heilongjiang	992323	1502559	915397	1773690	1184852	1250194
上　海	Shanghai	4157610	7615820	10859054	11778321	14346149	16282580
江　苏	Jiangsu	2477570	7784125	11309115	14898436	19324739	27713825
浙　江	Zhejiang	978143	2014836	2720283	3495376	4776590	5568754
安　徽	Anhui	255065	668125	508133	546133	670739	824684
福　建	Fujian	411799	1723089	1831190	2250872	2579891	3099696
江　西	Jiangxi	627949	463785	676410	977011	963603	1089767
山　东	Shandong	1165313	2179325	2753269	3405905	4218282	6734593
河　南	Henan	860163	1331781	1664966	1823346	2230385	2237187
湖　北	Hubei	779930	709813	833558	1837604	1992840	1115561
湖　南	Hunan	602786	1110991	989203	1188306	1078481	848163
广　东	Guangdong	4580008	11008583	15018099	16849151	21160084	24921852
广　西	Guangxi	192410	267563	341266	372738	371268	401719
海　南	Hainan	68281	48671	74426	45251	77192	104867
重　庆	Chongqing	430854	458910	503073	553931	644278	747077
四　川	Sichuan	1614688	1987880	2027709	2374939	2570163	3253681
贵　州	Guizhou	570727	595049	665047	807668	835690	887199
云　南	Yunnan	69257	112886	194877	219127	223935	390697
西　藏	Tibet						
陕　西	Shaanxi	1916960	2312175	2548759	2994797	3267937	3557498
甘　肃	Gansu	320643	370163	372108	323161	376720	348581
青　海	Qinghai	13523	29667	20613	33830	34617	24148
宁　夏	Ningxia	57062	105543	128864	185381	141495	153660
新　疆	Xinjiang	32708	13193	125799	128775	135209	138086

2-129 微电子控制设备原价

Original Value of Micro-electronic Equipments

单位：万元 (10000 yuan)

地 区 Region		1995	2000	2003	2004	2005	2006	2007
全 国	**Total**	**1342095**	**5521672**	**7889065**	**11514527**	**11655423**	**18927543**	**23799604**
东部地区	Eastern Region	860130	4607956	6565970	10078095	9842493	16935315	21328553
中部地区	Mid Region	105558	313910	574935	507252	844164	979305	1090485
西部地区	Western Region	376408	599806	748160	929180	968766	1012923	1380567
北 京	Beijing	45905	134517	579322	686152	516911	646422	610643
天 津	Tianjin	86985	445666	112369	564453	612347	318282	709256
河 北	Hebei	105545	161123	325911	513227	530088	514700	538147
山 西	Shanxi	1846	4215	11927	14515	18721	29109	26723
内蒙古	Neimenggu	814	2423	2889	3195	6803	16511	108431
辽 宁	Liaoning	53209	279438	286657	134411	206617	374912	329366
吉 林	Jilin	17075	20343	70528	66864	76188	82544	118068
黑龙江	Heilongjiang	21873	56005	164485	76680	354771	223772	261671
上 海	Shanghai	160713	1545647	1525572	3816301	1728672	4123720	5402217
江 苏	Jiangsu	187144	710757	1442687	2103524	1647189	3139145	4375622
浙 江	Zhejiang	30638	86170	222236	347249	385933	595623	704160
安 徽	Anhui	17947	30049	163643	82215	102639	92796	132178
福 建	Fujian	28145	127208	198087	298413	489218	454482	986733
江 西	Jiangxi	11196	44721	20997	41575	51394	53751	77745
山 东	Shandong	27343	108214	128207	86193	242154	171605	250918
河 南	Henan	12330	40663	66077	114760	184642	224575	154308
湖 北	Hubei	15628	60293	40223	91465	33725	191626	169134
湖 南	Hunan	6851	55198	34166	15983	15282	64621	42225
广 东	Guangdong	131355	1002330	1685875	1465219	3414397	6537159	7354942
广 西	Guangxi	2937	3961	58417	59599	66795	58364	64088
海 南	Hainan	210	2925	630	3352	2174	904	2460
重 庆	Chongqing		21739	47684	45712	65366	88808	159292
四 川	Sichuan	161377	268907	152298	194852	270216	204825	386086
贵 州	Guizhou	26005	81158	94538	91640	136046	116109	105845
云 南	Yunnan	4253	7527	14662	18801	33044	37907	73237
西 藏	Tibet							
陕 西	Shaanxi	170237	198426	398719	530943	414360	458598	587972
甘 肃	Gansu	13876	20582	32265	24286	17043	36943	41852
青 海	Qinghai		221	1280	4	1014	2	80
宁 夏	Ningxia	659	1066	6714	19212	27927	65773	16046
新 疆	Xinjiang		180		3730	3750	3957	10157

2-130 R&D活动人员折合全时当量

Full-time Equivalent of R&D Personnel

单位：人年 (man.year)

地 区 Region		1995	2000	2003	2004	2005	2006	2007
全 国	**Total**	**57838**	**91573**	**127849**	**120830**	**173161**	**188987**	**248228**
东部地区	Eastern Region	22172	49122	80400	81268	118634	134447	186698
中部地区	Mid Region	11255	17313	16234	19050	29284	25793	28212
西部地区	Western Region	24411	25138	31214	20513	25244	28747	33318
北 京	Beijing	3265	4374	6209	7509	8591	6467	8421
天 津	Tianjin	971	1895	1935	2504	3464	3124	4433
河 北	Hebei	382	1768	3125	2744	3469	3296	2815
山 西	Shanxi	62	286	288	203	302	380	318
内蒙古	Neimenggu	121	20	46	38	108	202	176
辽 宁	Liaoning	3022	3725	4117	4941	6089	6601	7276
吉 林	Jilin	383	1136	756	695	630	764	700
黑龙江	Heilongjiang	1000	2245	4816	2679	5500	4160	4143
上 海	Shanghai	5307	7128	8555	5947	7045	10006	11411
江 苏	Jiangsu	3035	6272	9817	11696	18901	17924	23966
浙 江	Zhejiang	884	1724	5376	8451	11571	17517	16222
安 徽	Anhui	492	1136	1361	611	1404	1464	2410
福 建	Fujian	443	1595	4081	3835	5277	5473	8226
江 西	Jiangxi	1176	6493	1979	4535	5441	5655	6336
山 东	Shandong	941	3195	5878	4978	5836	7717	9850
河 南	Henan	1022	1217	1605	3745	3826	4258	4670
湖 北	Hubei	2371	2704	3290	4987	8461	6986	7706
湖 南	Hunan	4628	2077	2092	1557	3611	1924	1753
广 东	Guangdong	3218	16915	30834	28282	47488	55555	92877
广 西	Guangxi	577	491	433	375	870	734	1189
海 南	Hainan	127	39	41	6	33	32	12
重 庆	Chongqing		1379	1522	1565	2094	2473	2963
四 川	Sichuan	5429	2425	8933	7735	9401	8989	13555
贵 州	Guizhou	3349	2393	2047	789	2451	2650	2269
云 南	Yunnan	442	118	302	416	246	313	476
西 藏	Tibet							
陕 西	Shaanxi	13201	17561	16481	9058	9686	13560	13324
甘 肃	Gansu	1915	1116	1508	386	848	307	269
青 海	Qinghai	15	61	42	17	12		7
宁 夏	Ningxia	48	85	375	547	480	455	454
新 疆	Xinjiang	12		4		25		

2-131 R&D经费内部支出

Intramural Expenditure for R&D

单位：万元 (10000 yuan)

地区 Region		1995	2000	2003	2004	2005	2006	2007
全　国	**Total**	**178474**	**1110410**	**2224468**	**2921315**	**3624985**	**4564367**	**5453244**
东部地区	Eastern Region	96022	835714	1770444	2395608	3087564	3903707	4624079
中部地区	Mid Region	25343	113068	195144	201633	248608	265193	327232
西部地区	Western Region	57109	161628	258880	324074	288813	395467	501933
北　京	Beijing	10497	107059	248888	255335	207216	346013	289889
天　津	Tianjin	2618	60429	75761	82971	90124	132264	153556
河　北	Hebei	2017	15687	29800	28905	34702	36463	44362
山　西	Shanxi	47	1577	2135	1316	2949	3580	1843
内蒙古	Neimenggu	1039	73	259	430	1174	1334	2280
辽　宁	Liaoning	16299	19875	54712	78979	78649	72764	120515
吉　林	Jilin	1501	7870	11426	14958	13897	17839	11421
黑龙江	Heilongjiang	1440	18342	62156	20761	55664	41942	56480
上　海	Shanghai	23894	119707	181907	291844	341939	404956	472085
江　苏	Jiangsu	10910	68974	151588	242113	381402	517115	733616
浙　江	Zhejiang	6619	43078	100560	233411	328463	373825	389497
安　徽	Anhui	1192	8765	29622	7011	18711	18781	28636
福　建	Fujian	1879	28198	66015	78544	139019	143687	165074
江　西	Jiangxi	2444	17724	16194	36004	43024	51003	51392
山　东	Shandong	2279	49329	125808	176439	267923	299790	440205
河　南	Henan	5212	11431	21591	41268	29571	34930	57534
湖　北	Hubei	5125	40537	31835	50686	63366	86372	94160
湖　南	Hunan	7342	6749	19926	29199	20253	9413	23487
广　东	Guangdong	17353	319979	728847	922333	1206178	1565556	1801062
广　西	Guangxi	1573	2827	4742	4380	11391	10897	13908
海　南	Hainan	86	573	1816	353	560	377	311
重　庆	Chongqing		7960	19999	19565	24712	23928	34864
四　川	Sichuan	13144	24759	65226	104390	109765	166342	259897
贵　州	Guizhou	5931	7274	15200	16565	22100	35262	31381
云　南	Yunnan	921	1701	3346	3819	2846	5021	6638
西　藏	Tibet							
陕　西	Shaanxi	35113	116030	146809	170471	119312	160423	160777
甘　肃	Gansu	1799	3464	5683	1638	4496	1195	3323
青　海	Qinghai	43	284	134	50	38		710
宁　夏	Ningxia	134	157	2438	7576	5165	3298	4344
新　疆	Xinjiang	24		45		380		

2-132 科技活动人员

Personnel for Scientific and Technologic (S&T) Activities

单位：人 (person)

地区 Region		1995	2000	2003	2004	2005	2006	2007
全　国	**Total**	**245572**	**260965**	**278017**	**289975**	**347125**	**393987**	**478284**
东部地区	Eastern Region	101332	127961	170211	188933	235429	270034	343778
中部地区	Mid Region	50104	56184	40491	42007	55049	56692	59164
西部地区	Western Region	94136	76820	67315	59035	56647	67261	75342
北　京	Beijing	9741	12473	12012	13096	14443	15251	17677
天　津	Tianjin	6345	4711	4867	6662	6664	8648	10492
河　北	Hebei	3285	4017	5805	5720	6550	6861	7303
山　西	Shanxi	2809	1418	1322	1381	1592	2026	1514
内蒙古	Neimenggu	677	151	94	188	273	533	449
辽　宁	Liaoning	20988	14612	10886	8985	13155	16018	15045
吉　林	Jilin	2792	3040	2399	3153	2888	3295	3565
黑龙江	Heilongjiang	9051	6737	7078	5748	10702	8128	8010
上　海	Shanghai	16798	17866	19874	16950	18518	18834	24175
江　苏	Jiangsu	21581	23256	31400	31550	45839	46185	62324
浙　江	Zhejiang	3905	5617	13710	17468	22850	28690	29261
安　徽	Anhui	2699	2796	4703	2654	3246	4344	6066
福　建	Fujian	1460	3120	7368	7824	10051	12297	14866
江　西	Jiangxi	9393	14314	4894	8352	9177	9065	9374
山　东	Shandong	6875	11352	13894	13895	14222	17091	21409
河　南	Henan	6319	12441	6706	7041	8035	11011	12694
湖　北	Hubei	7884	9367	8168	10204	12366	13131	13980
湖　南	Hunan	8480	5920	5127	3286	6770	5159	3512
广　东	Guangdong	8579	28991	49292	65324	80743	97989	139145
广　西	Guangxi	1571	1753	1049	1346	2244	2079	1964
海　南	Hainan	204	193	54	113	150	91	117
重　庆	Chongqing		4081	4041	4083	4730	4941	6476
四　川	Sichuan	35178	19809	20852	17202	15940	23483	28389
贵　州	Guizhou	13403	10784	7841	6204	6494	9500	9654
云　南	Yunnan	1322	549	447	527	485	595	1102
西　藏	Tibet							
陕　西	Shaanxi	37928	37183	28434	28666	26523	26765	27915
甘　肃	Gansu	5727	3867	5015	1456	1745	1168	856
青　海	Qinghai	177	70	108	66	26	45	169
宁　夏	Ningxia	356	470	554	755	564	611	656
新　疆	Xinjiang	45	7	23	76	140	153	125

2-133 科技活动人员中科学家和工程师

Scientists and Engineers in S&T Personnel

单位：人 (person)

地 区	Region	1995	2000	2003	2004	2005	2006	2007
全　国	**Total**	**91311**	**151077**	**182380**	**182322**	**240430**	**263825**	**343526**
东部地区	Eastern Region	44084	86458	122181	131822	173128	191074	258312
中部地区	Mid Region	19410	28453	23466	21556	34626	35931	38478
西部地区	Western Region	27817	36166	36733	28944	32676	36820	46736
北　京	Beijing	5564	8851	8948	9209	11220	11505	13195
天　津	Tianjin	2984	3167	2490	2833	4594	6228	8180
河　北	Hebei	1233	2549	3688	3647	4822	4954	5207
山　西	Shanxi	1259	787	998	840	1074	1492	1016
内蒙古	Neimenggu	253	118	69	151	207	319	323
辽　宁	Liaoning	6506	9799	7481	5253	9941	10113	11070
吉　林	Jilin	1185	2120	1572	1740	2015	2315	2584
黑龙江	Heilongjiang	4171	3619	4562	3718	8626	6600	5977
上　海	Shanghai	7906	11354	15558	11628	13323	14252	17764
江　苏	Jiangsu	9048	12146	17820	17929	26447	26835	36481
浙　江	Zhejiang	1784	3846	8756	12582	17089	19556	20280
安　徽	Anhui	1058	1353	2306	1491	1624	2702	4101
福　建	Fujian	564	2295	5919	5817	7737	8262	10310
江　西	Jiangxi	3151	6198	2597	3592	4416	4743	5638
山　东	Shandong	3169	7487	10614	9879	10506	11471	14957
河　南	Henan	2408	4443	3489	3328	4882	6089	7215
湖　北	Hubei	2853	6648	4987	5115	7216	8771	9076
湖　南	Hunan	3072	3167	2886	1581	4566	2900	2548
广　东	Guangdong	4526	23678	40031	52048	65826	76225	119200
广　西	Guangxi	745	1132	830	890	1509	1613	1553
海　南	Hainan	55	154	46	107	114	60	115
重　庆	Chongqing		2788	2713	2837	3562	3484	4506
四　川	Sichuan	10027	10285	11380	8069	8888	12020	20908
贵　州	Guizhou	4168	4296	3413	3018	3535	5199	4494
云　南	Yunnan	655	418	386	434	354	448	633
西　藏	Tibet							
陕　西	Shaanxi	10915	16276	16102	13165	14640	14558	14867
甘　肃	Gansu	1837	1807	2274	833	1121	656	643
青　海	Qinghai	39	60	64	50	19	39	100
宁　夏	Ningxia	162	233	380	467	459	355	500
新　疆	Xinjiang	14	3	21	71	98	61	85

2-134 科技活动经费筹集额

Sources of Funds for S&T Activities

单位：万元 (10000 yuan)

地区 Region		1995	2000	2003	2004	2005	2006	2007
全　国	**Total**	**651342**	**2398827**	**4275667**	**5428187**	**6343232**	**7424144**	**9467022**
东部地区	Eastern Region	392867	1860679	3480348	4503394	5315765	6243282	7897643
中部地区	Mid Region	76111	233996	335701	358194	503241	553162	772482
西部地区	Western Region	182364	304152	459618	566600	524226	627700	796897
北　京	Beijing	32897	369447	324157	416606	444843	474818	403625
天　津	Tianjin	27996	83189	169228	232077	286018	360829	718942
河　北	Hebei	12905	24335	46842	48148	54683	51829	67412
山　西	Shanxi	2701	5367	6380	6792	7299	13373	12353
内蒙古	Neimenggu	1189	519	762	1273	2818	2585	3729
辽　宁	Liaoning	37879	78688	141550	110398	150808	145490	201049
吉　林	Jilin	4431	20270	19976	27274	43119	65553	68985
黑龙江	Heilongjiang	11490	29751	94407	52569	95276	63898	111902
上　海	Shanghai	99297	395856	590952	715038	602753	871833	700314
江　苏	Jiangsu	68099	159153	523780	780730	918037	1070239	1758657
浙　江	Zhejiang	20808	63981	195416	312986	478077	542649	552763
安　徽	Anhui	6108	17194	52415	33791	68633	61679	88047
福　建	Fujian	8809	39595	144246	146396	271545	264949	335141
江　西	Jiangxi	13313	30477	28648	49527	71219	81089	128285
山　东	Shandong	14302	133693	194510	310614	372160	416626	580849
河　南	Henan	14924	35448	46070	54363	60042	91432	166907
湖　北	Hubei	12114	77746	59281	93164	109891	127358	145928
湖　南	Hunan	9841	17224	27762	39440	44943	46196	46347
广　东	Guangdong	63617	501480	1137645	1413794	1716773	2025690	2553211
广　西	Guangxi	5971	6371	8373	15209	19131	16583	23292
海　南	Hainan	287	4890	3649	1401	938	1746	2389
重　庆	Chongqing		17460	37350	37347	43407	40990	60643
四　川	Sichuan	83519	69720	187678	171304	210918	294533	375857
贵　州	Guizhou	18464	17831	32505	34757	48403	60257	81985
云　南	Yunnan	1662	5589	4786	6904	5709	7283	10677
西　藏	Tibet							
陕　西	Shaanxi	69375	181330	182930	294412	194922	205815	237770
甘　肃	Gansu	8515	10181	7883	8478	11235	9319	16964
青　海	Qinghai	94	303	756	98	130	403	1756
宁　夏	Ningxia	586	1558	5634	10662	5975	5365	6146
新　疆	Xinjiang	149	180	96	2639	3528	3736	5100

2-135 科技活动经费筹集额中政府资金

Government Funds in the Sources of Funds for S&T Activities

单位：万元 (10000 yuan)

地区	Region	1995	2000	2003	2004	2005	2006	2007
全国	**Total**	**117470**	**172806**	**228530**	**283870**	**338767**	**390984**	**650401**
东部地区	Eastern Region	37838	67720	83243	139292	151469	184340	319696
中部地区	Mid Region	14396	27952	40773	51236	65736	85356	141810
西部地区	Western Region	65236	77135	104514	93343	121562	121289	188895
北京	Beijing	3742	10085	8361	9042	20348	14403	21940
天津	Tianjin	711	4296	3083	1432	1985	3351	4855
河北	Hebei	898	2489	5202	7814	2594	2465	4169
山西	Shanxi	541	923	1615	1233	834	1840	1145
内蒙古	Neimenggu	92	32	50	54	100	386	450
辽宁	Liaoning	14339	12718	18914	37842	19184	29952	102113
吉林	Jilin	545	885	984	1625	1830	2231	2828
黑龙江	Heilongjiang	1814	4741	20344	15493	16361	27413	52792
上海	Shanghai	4728	5645	5670	7583	6584	27342	42103
江苏	Jiangsu	11081	12170	12386	14627	22803	21438	33005
浙江	Zhejiang	382	5698	4387	14503	23434	32482	15165
安徽	Anhui	719	1876	992	2042	9998	2003	6259
福建	Fujian	268	795	4730	4784	6356	5639	7077
江西	Jiangxi	3537	9418	784	7218	9764	21017	49321
山东	Shandong	472	2468	4157	6704	5859	10345	18113
河南	Henan	1102	2316	1200	2543	2106	5118	10120
湖北	Hubei	1744	3792	9506	19223	12095	14283	17199
湖南	Hunan	4302	3969	5298	1805	12648	11065	1696
广东	Guangdong	1114	11131	16010	32724	41553	33995	70045
广西	Guangxi	57	224	303	2231	768	2869	1041
海南	Hainan	48		40	8		60	70
重庆	Chongqing		2465	4744	4633	5239	2369	9934
四川	Sichuan	31430	21710	24640	18120	41117	46307	30299
贵州	Guizhou	3379	7847	7941	6215	8379	16233	14459
云南	Yunnan	340	947	1453	848	940	1312	1341
西藏	Tibet							
陕西	Shaanxi	28712	40131	62009	58702	63508	51938	129501
甘肃	Gansu	1364	3975	2895	2609	895	2720	2199
青海	Qinghai		50	200		10		201
宁夏	Ningxia	11	10	585	1797	475	240	759
新疆	Xinjiang			47	420	1000	170	200

2-136 科技活动经费筹集额中企业资金

Funds Raised by Enterprises in the Sources of Funds for S&T Activities

单位：万元 (10000 yuan)

地区 Region		1995	2000	2003	2004	2005	2006	2007
全国	**Total**	**418783**	**1884279**	**3430556**	**4641136**	**5483076**	**6269090**	**8098529**
东部地区	Eastern Region	290874	1579351	2894516	3937358	4765647	5424101	7049984
中部地区	Mid Region	45483	153267	258715	276171	390173	418147	536959
西部地区	Western Region	82426	151660	277325	427607	327256	426842	511587
北京	Beijing	22748	335626	293020	381625	412018	455060	366999
天津	Tianjin	22311	47336	162889	220182	273286	340798	634110
河北	Hebei	8132	15959	37596	40333	49844	46943	60643
山西	Shanxi	1053	4319	3927	5446	5475	9025	9498
内蒙古	Neimenggu	1097	292	692	1219	2118	2089	3079
辽宁	Liaoning	12478	51780	98368	71314	96069	81898	91135
吉林	Jilin	3255	15983	17405	24151	30215	63243	61765
黑龙江	Heilongjiang	6499	23155	68141	36966	75888	34864	58748
上海	Shanghai	85530	373207	578367	688924	582956	527587	607766
江苏	Jiangsu	46634	122226	357537	700760	795121	978066	1569445
浙江	Zhejiang	18150	51112	163417	276612	421137	477818	500833
安徽	Anhui	3658	8553	40971	30670	58124	59444	72581
福建	Fujian	4393	37590	125242	120993	238486	224650	286182
江西	Jiangxi	6617	17161	26576	33988	48095	43485	65987
山东	Shandong	10149	94821	142947	251073	299681	366456	513872
河南	Henan	10197	26770	37567	51437	54301	68460	107673
湖北	Hubei	9183	45431	42648	55774	92901	109010	128321
湖南	Hunan	3926	11604	20788	36520	23056	28528	29308
广东	Guangdong	54242	439426	923754	1171431	1580208	1910608	2397581
广西	Guangxi	5900	5378	8070	12740	15956	12533	19098
海南	Hainan	206	4890	3309	1373	888	1686	2319
重庆	Chongqing		10175	22186	28315	33291	31439	46706
四川	Sichuan	38319	34789	133685	139171	158291	224173	284235
贵州	Guizhou	13056	8976	15261	25547	29893	31721	48773
云南	Yunnan	1206	4291	3318	4774	4541	5760	8606
西藏	Tibet							
陕西	Shaanxi	25552	86461	94693	215152	86032	118391	100826
甘肃	Gansu	3632	5000	4798	5167	7559	6263	10599
青海	Qinghai	44	253	386	98	120	403	1555
宁夏	Ningxia	503	1535	2949	7164	5000	5125	5387
新疆	Xinjiang	114	180	49	2219	2528	3566	4900

2-137 科技活动经费筹集额中金融机构贷款

Loans from Financial Institutions in the Sources of Funds for S&T Activities

单位：万元 (10000 yuan)

地区 Region		1995	2000	2003	2004	2005	2006	2007
全　国	**Total**	**92845**	**196383**	**428596**	**392260**	**355478**	**586151**	**449375**
东部地区	Eastern Region	50541	146950	366232	351147	305205	511907	335592
中部地区	Mid Region	14567	32837	33325	28808	32102	41451	70785
西部地区	Western Region	27737	16597	29039	12305	18171	32794	42998
北　京	Beijing	3162	21760	20216	23517	8570	4110	
天　津	Tianjin	4790	7030	2830	4230	9341	8670	21300
河　北	Hebei	2873	5850	3780		1510	1263	2200
山　西	Shanxi	870	25	100	100	800	805	1640
内蒙古	Neimenggu			19		600	110	200
辽　宁	Liaoning	5019	4360	18012	1130	3366	1371	1871
吉　林	Jilin	630	3100	1287	200	1800		2042
黑龙江	Heilongjiang	2987	1455	5872	90	2108	1580	300
上　海	Shanghai	7730	10321	5107	14991	7300	276414	3640
江　苏	Jiangsu	9385	11024	59886	32405	94897	57708	122647
浙　江	Zhejiang	2208	6645	26688	21071	30025	31266	35913
安　徽	Anhui	1430	6582	10277	700		151	795
福　建	Fujian	4135	1110	14256	20500	26520	34240	41882
江　西	Jiangxi	3093	2239	1250	8321	13218	16236	12922
山　东	Shandong	3253	35580	44860	50682	63014	35685	43490
河　南	Henan	3223	6226	6320	200	3600	14510	48577
湖　北	Hubei	889	11621	6540	18097	803	3609	100
湖　南	Hunan	1445	1588	1660	1100	9173	4450	4209
广　东	Guangdong	7943	42670	170597	182521	60181	60533	62198
广　西	Guangxi	11	600		100	480	646	450
海　南	Hainan	33						
重　庆	Chongqing		4740	9606	3154	4685	4986	3635
四　川	Sichuan	11126	2300	2628	5169	869	8600	26995
贵　州	Guizhou	1963	345	7130	1350	8363	10160	10740
云　南	Yunnan	86	352					300
西　藏	Tibet							
陕　西	Shaanxi	10991	8547	7405	232	2004	9048	320
甘　肃	Gansu	3415	300		700	1750		1008
青　海	Qinghai	50		170				
宁　夏	Ningxia	72	13	2100	1700	500		
新　疆	Xinjiang	35						

2-138 科技活动经费内部支出

Intramural Expenditure for S&T Activities

单位：万元 (10000 yuan)

地区 Region		1995	2000	2003	2004	2005	2006	2007
全　国	**Total**	**596183**	**2008155**	**3990200**	**4910429**	**5755848**	**7039251**	**8868253**
东部地区	Eastern Region	355358	1511958	3156035	3916442	4752138	5811838	7282814
中部地区	Mid Region	73270	235479	330594	355341	463999	536664	746377
西部地区	Western Region	167555	260718	503571	638645	539712	690749	839062
北　京	Beijing	29723	233101	316815	347331	441303	472064	393973
天　津	Tianjin	27823	82671	122809	169889	137398	173447	321682
河　北	Hebei	10219	23704	45561	49291	57543	54138	72258
山　西	Shanxi	2419	3844	4936	6761	8778	11469	11437
内蒙古	Neimenggu	1175	483	488	821	1684	1909	2951
辽　宁	Liaoning	35863	58044	110764	107437	138410	142841	170564
吉　林	Jilin	4413	14898	21018	25750	33444	59980	33276
黑龙江	Heilongjiang	11313	24732	77855	43957	85827	60744	92672
上　海	Shanghai	86933	255340	533055	735422	634383	725997	903442
江　苏	Jiangsu	64631	149620	378763	516541	686537	998412	1567938
浙　江	Zhejiang	18339	61093	156343	298783	424932	480345	496235
安　徽	Anhui	4127	15536	74541	31595	48184	70008	127120
福　建	Fujian	7780	35687	114105	127696	216344	238711	289578
江　西	Jiangxi	12214	28659	33923	47396	66904	68642	128025
山　东	Shandong	12451	128572	191618	305195	395013	422557	591113
河　南	Henan	13163	32187	35461	51948	61213	96258	152346
湖　北	Hubei	11003	100746	50864	108370	112439	126263	154534
湖　南	Hunan	13444	14394	31508	38742	45527	41392	44015
广　东	Guangdong	55670	475977	1172769	1240349	1599744	2083920	2451627
广　西	Guangxi	5707	6299	11030	17456	19346	18074	22719
海　南	Hainan	219	1852	2403	1054	1186	1334	1686
重　庆	Chongqing		14749	29841	35112	40401	46054	57739
四　川	Sichuan	77723	78390	217811	207452	202079	320193	418820
贵　州	Guizhou	18322	15521	26828	38821	40504	56214	66907
云　南	Yunnan	1630	8021	3995	5203	5186	6549	29787
西　藏	Tibet							
陕　西	Shaanxi	61156	133352	209823	333086	228973	240036	238106
甘　肃	Gansu	7828	8762	8763	7279	13417	12814	15437
青　海	Qinghai	125	284	854	113	63	367	1657
宁　夏	Ningxia	623	1521	5560	8961	5584	4987	5561
新　疆	Xinjiang	149	119	96	2619	3505	3535	5050

2-139 科技活动经费内部支出中劳务费

Labor Expenses in the Intramural Expenditure for S&T Activities

单位：万元 (10000 yuan)

地 区 Region		1995	2000	2003	2004	2005	2006	2007
全　国	**Total**	**122509**	**497314**	**999249**	**1372496**	**1676218**	**1896517**	**2428338**
东部地区	Eastern Region	67079	377123	837469	1157482	1441892	1645033	2085004
中部地区	Mid Region	20967	60676	65629	94773	126160	126928	159242
西部地区	Western Region	34463	59515	96151	120241	108166	124557	184092
北　京	Beijing	5131	33341	76327	66160	129865	117050	116046
天　津	Tianjin	4546	17012	42996	43837	49854	49172	61578
河　北	Hebei	1840	5259	8397	8351	9800	11739	15183
山　西	Shanxi	632	1315	1487	2283	2758	3383	3041
内蒙古	Neimenggu	140	83	215	341	482	845	849
辽　宁	Liaoning	6122	11932	24350	26996	39625	27707	27657
吉　林	Jilin	1006	2753	3669	6780	6649	4291	5604
黑龙江	Heilongjiang	5483	11024	15097	11193	30820	15734	24791
上　海	Shanghai	16061	78705	106604	126128	139093	167721	212115
江　苏	Jiangsu	14017	31688	79237	136082	169947	184618	298931
浙　江	Zhejiang	2805	11098	45288	95300	153115	171859	185085
安　徽	Anhui	1092	2239	7154	5903	8825	9083	19779
福　建	Fujian	1051	11518	32431	36165	58902	79625	87668
江　西	Jiangxi	3693	11730	7141	9950	12092	17039	19767
山　东	Shandong	3481	23989	42769	47558	61576	72892	98726
河　南	Henan	2356	13297	8717	23221	12738	20233	25277
湖　北	Hubei	2581	12413	15503	28411	36559	43284	47010
湖　南	Hunan	3983	5822	6646	6692	15236	13036	13125
广　东	Guangdong	11027	150825	376418	567090	625133	758465	976677
广　西	Guangxi	961	1321	1822	3622	4579	3955	5187
海　南	Hainan	36	434	830	193	404	231	151
重　庆	Chongqing		5126	6130	8756	9096	10980	15882
四　川	Sichuan	14398	12821	34675	37955	29531	44284	89816
贵　州	Guizhou	5329	5364	6660	11018	12403	13672	14535
云　南	Yunnan	557	1324	1709	2080	1604	1961	2757
西　藏	Tibet							
陕　西	Shaanxi	12119	30743	41561	55845	52416	49283	56590
甘　肃	Gansu	1763	3628	4420	2602	1675	2219	1703
青　海	Qinghai	85	86	129	39	39	90	365
宁　夏	Ningxia	193	403	849	1794	1270	1720	1772
新　疆	Xinjiang	21	20	18	152	131	349	671

2-140 科技活动经费内部支出中仪器设备费

Instruments and Equipments Expenses in the Intramural Expenditure for S&T Activities

单位：万元 (10000 yuan)

地区 Region		1995	2000	2003	2004	2005	2006	2007
全　国	**Total**	**91706**	**496258**	**1052893**	**1162064**	**1207847**	**1644941**	**1955253**
东部地区	Eastern Region	54766	408734	785600	843528	942473	1356541	1498346
中部地区	Mid Region	12518	46976	92627	94279	109544	146620	224806
西部地区	Western Region	24422	40547	174666	224257	155830	141780	232102
北　京	Beijing	2462	67540	34048	47316	22547	84682	48843
天　津	Tianjin	6926	17889	19580	79589	31866	25042	54460
河　北	Hebei	2499	6929	16511	22732	25268	20440	27977
山　西	Shanxi	340	818	984	1523	1396	3077	2418
内蒙古	Neimenggu	868	27	57	32	340	462	815
辽　宁	Liaoning	2648	23244	40244	16799	28885	53259	19674
吉　林	Jilin	556	2872	6440	3678	4498	8341	6173
黑龙江	Heilongjiang	1250	4624	16034	10086	24182	24191	23165
上　海	Shanghai	7300	54223	291902	210363	245667	276667	220954
江　苏	Jiangsu	9049	39856	62857	113131	171610	312239	410615
浙　江	Zhejiang	2922	18731	35361	77128	68984	86659	81201
安　徽	Anhui	654	6276	30550	8039	16135	24425	40998
福　建	Fujian	4367	9924	25334	29187	57264	41589	47377
江　西	Jiangxi	2055	1053	6267	9077	12421	11958	31939
山　东	Shandong	2679	23100	37167	72719	114173	114829	123153
河　南	Henan	2530	4602	14370	12934	21539	32941	62612
湖　北	Hubei	2389	24264	8763	27631	25131	32273	49074
湖　南	Hunan	1877	2442	9162	21281	3901	8954	7613
广　东	Guangdong	13415	145467	220345	168323	170673	335840	457025
广　西	Guangxi	460	1572	1969	6050	5475	4793	6704
海　南	Hainan	39	259	282	192	62	502	364
重　庆	Chongqing		2496	7202	9564	14652	15459	17227
四　川	Sichuan	15880	16867	62114	45226	48355	64035	135561
贵　州	Guizhou	2647	2579	2796	6801	8504	11807	13950
云　南	Yunnan	197	4188	504	669	914	782	17156
西　藏	Tibet							
陕　西	Shaanxi	3106	13161	99309	157625	80084	43912	39536
甘　肃	Gansu	2454	1096	1687	2189	2266	4049	6128
青　海	Qinghai	2		180	35	7	200	765
宁　夏	Ningxia	73	132	874	903	1049	855	869
新　疆	Xinjiang	64	28		1246		682	910

2-141 新产品开发经费支出

Expenditure for Developing New Products

单位：万元 (10000 yuan)

地区 Region		1995	2000	2003	2004	2005	2006	2007
全　国	**Total**	**322807**	**1177940**	**2075889**	**2588201**	**4156916**	**5099534**	**6520284**
东部地区	Eastern Region	173354	896242	1680388	2137542	3561070	4368500	5460305
中部地区	Mid Region	38702	111214	163180	151129	289953	334923	483523
西部地区	Western Region	110751	170484	232321	299530	305893	396111	576456
北　京	Beijing	13708	96740	89721	204170	222839	324715	287158
天　津	Tianjin	6529	65426	26947	27156	73238	103415	196642
河　北	Hebei	5228	17761	23156	27328	29647	30086	40128
山　西	Shanxi	1495	1983	1491	1496	4845	6081	5799
内蒙古	Neimenggu	266	181	345	282	1314	963	1538
辽　宁	Liaoning	21282	20382	68150	54770	88205	63807	73376
吉　林	Jilin	2120	10559	12675	16094	25342	25330	28193
黑龙江	Heilongjiang	5806	12936	43908	16227	67898	36076	80343
上　海	Shanghai	30568	142679	403361	499167	340142	398536	525342
江　苏	Jiangsu	40749	97846	159390	221209	534778	805619	1121266
浙　江	Zhejiang	7300	38881	112137	154866	384648	430086	452210
安　徽	Anhui	2466	6208	31799	20193	25874	43604	63618
福　建	Fujian	5444	28892	91938	101726	190738	219907	257496
江　西	Jiangxi	6627	13422	15547	24901	45405	50562	68387
山　东	Shandong	8847	104224	133035	200849	323607	348049	485113
河　南	Henan	8081	16914	10304	19050	29634	46118	107594
湖　北	Hubei	6464	41304	28346	44301	56204	97649	98541
湖　南	Hunan	5377	7708	18765	8585	33438	28542	29511
广　东	Guangdong	29406	278654	568672	641931	1360287	1633717	2005421
广　西	Guangxi	4190	3683	3541	3876	12147	10007	14508
海　南	Hainan	103	1073	340	494	794	557	1646
重　庆	Chongqing		8571	19769	21266	28943	28317	44467
四　川	Sichuan	58298	41501	108264	139411	112205	168255	291384
贵　州	Guizhou	11288	10049	12490	14940	30087	43006	55866
云　南	Yunnan	1221	4217	2790	2851	4330	5271	6295
西　藏	Tibet							
陕　西	Shaanxi	35736	99505	82114	110480	117805	141564	161364
甘　肃	Gansu	3910	5582	4853	3178	6771	6124	10104
青　海	Qinghai	35	3	57	30	58	57	1540
宁　夏	Ningxia	231	951	1984	5774	4288	2553	3184
新　疆	Xinjiang	33	105		1600	1407	964	2254

2-142 新产品产值

Industrial Output Value of New Products

单位：万元 (10000 yuan)

地区	Region	2000	2001	2003	2004	2005	2006	2007
全　国	**Total**	**26672771**	**29571857**	**46921637**	**60925214**	**70348165**	**84932623**	**106712636**
东部地区	Eastern Region	23019779	26368581	41439705	55555077	63186958	77116385	95643088
中部地区	Mid Region	1307048	1067778	2242999	2242056	2736177	2722202	3992085
西部地区	Western Region	2345944	2135498	3238933	3128081	4425030	5094037	7077463
北　京	Beijing	4083235	4301058	3810786	4521331	3973320	4254641	15659349
天　津	Tianjin	2719258	3602587	4948193	9166302	8835714	10510465	9174696
河　北	Hebei	228690	177784	218674	251746	265957	317562	399414
山　西	Shanxi	22933	44566	52503	55883	128727	133718	361508
内蒙古	Neimenggu	924	157	850	23416	19353	18561	5500
辽　宁	Liaoning	493797	687469	1798839	1524167	1390984	1276846	2013023
吉　林	Jilin	47256	54430	108108	159570	145114	215475	271222
黑龙江	Heilongjiang	463627	429194	1035423	113053	1000190	192496	358082
上　海	Shanghai	3132712	5658262	5430952	8307846	12260003	15010058	14490276
江　苏	Jiangsu	2971235	2841213	4822619	5505946	5438730	7504652	13643840
浙　江	Zhejiang	1223747	655236	2342746	2640647	3008169	4463488	4948538
安　徽	Anhui	44146	40006	260115	160649	176980	253545	465488
福　建	Fujian	1702340	1722299	5822633	4779840	6309434	6775270	7417323
江　西	Jiangxi	142729	138615	198608	314818	415763	447828	522068
山　东	Shandong	1394576	1418977	2745205	3733570	3850258	4548858	6527581
河　南	Henan	325719	164129	374933	488952	482526	523449	690435
湖　北	Hubei	152044	88069	83186	274845	133750	628376	1037368
湖　南	Hunan	107671	108613	129273	650871	233774	308754	280415
广　东	Guangdong	5001517	5239021	9435625	15028480	17784008	22373922	21277341
广　西	Guangxi	55686	48607	59167	83718	70230	80438	91194
海　南	Hainan	12986	16068	4266	11484	150	186	514
重　庆	Chongqing	89621	170546	217746	308961	519527	571090	644232
四　川	Sichuan	1489546	1233884	1921839	1587180	2263616	2680072	4159162
贵　州	Guizhou	125424	125451	235041	131283	248070	312325	333613
云　南	Yunnan	46008	86911	55065	66572	71141	62768	175757
西　藏	Tibet							
陕　西	Shaanxi	471720	462699	750201	946495	1172459	1292051	1556874
甘　肃	Gansu	99773	30688	39502	52127	53012	41640	66803
青　海	Qinghai	10	12190	1054	16	1325	1792	320
宁　夏	Ningxia	23814	6790	13865	13677	54105	80876	81706
新　疆	Xinjiang	30	6340	4620	21770	41776	51422	58998

2-143 新产品销售收入

Sales Revenue from New Products

单位：万元 (10000 yuan)

地区 Region		1995	2000	2003	2004	2005	2006	2007
全　国	**Total**	**5383662**	**24838202**	**45150436**	**60989505**	**69146633**	**82488646**	**103032217**
东部地区	Eastern Region	3609279	21626116	39961771	55830535	62304312	74569923	92649479
中部地区	Mid Region	662685	1220690	2307268	2070618	2642711	2790686	3792341
西部地区	Western Region	1111699	1991396	2881397	3088353	4199611	5128037	6590397
北　京	Beijing	214364	3830492	2233738	4795049	3777312	4223016	15237869
天　津	Tianjin	331323	2561451	4919859	9157722	8959529	9760781	8991285
河　北	Hebei	96807	223976	188423	217350	233586	290936	367339
山　西	Shanxi	15089	22065	42977	53245	74075	133592	353113
内蒙古	Neimenggu	2517	777	750	10575	17420	21142	2300
辽　宁	Liaoning	232068	476716	1778707	1448569	1344617	1159814	1807739
吉　林	Jilin	41302	55312	75805	125448	97961	159097	215120
黑龙江	Heilongjiang	188387	438796	1026398	104379	940483	172828	312176
上　海	Shanghai	398544	3174322	5455262	8172256	12571834	15367664	14089811
江　苏	Jiangsu	836864	2824340	4838415	5283239	5294970	7442173	13352632
浙　江	Zhejiang	204782	1003813	2230397	2408584	2779731	4074322	4726081
安　徽	Anhui	56035	43246	399906	153345	348387	431276	448942
福　建	Fujian	47642	1529296	6007384	4742034	6120112	6522776	7105192
江　西	Jiangxi	80366	130176	240177	283581	356989	454584	495388
山　东	Shandong	238194	1229598	2331377	4155318	3971258	4763455	7129663
河　南	Henan	135986	313657	349012	460880	460775	496144	663011
湖　北	Hubei	84143	125908	73530	280373	142090	635522	1048371
湖　南	Hunan	58861	90753	98713	598792	204531	286501	253920
广　东	Guangdong	977291	4726973	9918303	15358471	17159425	20888084	19753304
广　西	Guangxi	31117	43301	56664	81799	91789	76716	88064
海　南	Hainan	284	1838	3242	10144	150	186	501
重　庆	Chongqing		84774	181585	262511	513508	556346	566061
四　川	Sichuan	748207	1289807	1766615	1576375	2235391	2709768	3796076
贵　州	Guizhou	69998	82183	187819	163959	229843	272267	326937
云　南	Yunnan	46651	43546	46680	61326	60538	59702	169058
西　藏	Tibet							
陕　西	Shaanxi	222316	377599	654643	946155	1038495	1344100	1550759
甘　肃	Gansu	22057	91462	29063	44571	38676	51258	50742
青　海	Qinghai	914	5	920		1300	996	320
宁　夏	Ningxia	1026	22019	14072	13681	44660	78760	80345
新　疆	Xinjiang	531			19776	37200	54840	50100

2-144 专利申请数

Patent Applications Received

单位：项 (unit)

地区	Region	1995	2000	2003	2004	2005	2006	2007
全　国	**Total**	**612**	**2245**	**8270**	**11026**	**16823**	**24301**	**34446**
东部地区	Eastern Region	403	1580	7045	9458	14595	21999	30841
中部地区	Mid Region	115	255	442	737	1143	1139	1442
西部地区	Western Region	94	410	783	831	1085	1163	2163
北　京	Beijing	21	7	896	679	777	944	1418
天　津	Tianjin	18	73	461	295	393	541	563
河　北	Hebei	9	27	31	82	118	160	164
山　西	Shanxi	9	4	45	17	18	55	65
内蒙古	Neimenggu		1	2	3	13	1	
辽　宁	Liaoning	79	30	75	306	445	284	246
吉　林	Jilin	18	27	79	193	126	84	133
黑龙江	Heilongjiang	16	47	66	90	114	123	120
上　海	Shanghai	19	118	835	1804	1445	1719	1931
江　苏	Jiangsu	47	129	676	711	1000	808	1634
浙　江	Zhejiang	18	54	353	556	838	1317	1997
安　徽	Anhui	2	3	49	11	43	36	72
福　建	Fujian	4	50	243	204	233	187	311
江　西	Jiangxi	10	17	45	76	202	138	158
山　东	Shandong	27	155	589	789	991	1102	1491
河　南	Henan	23	26	85	193	141	278	395
湖　北	Hubei	23	81	42	103	409	359	382
湖　南	Hunan	14	49	29	51	77	65	117
广　东	Guangdong	154	922	2831	3955	8268	14883	20996
广　西	Guangxi	7	11	55	73	87	50	75
海　南	Hainan		4		4		4	15
重　庆	Chongqing		54	72	50	80	156	158
四　川	Sichuan	33	146	260	328	261	383	863
贵　州	Guizhou	12	38	55	77	98	200	310
云　南	Yunnan	11	40	140	158	167	57	245
西　藏	Tibet							
陕　西	Shaanxi	32	53	226	185	395	286	528
甘　肃	Gansu	6	4	10	14	48	31	16
青　海	Qinghai		13	4	1	1	35	33
宁　夏	Ningxia		62	16	13	20	9	
新　疆	Xinjiang				5	15	6	10

2-145 拥有发明专利数

Owning Inventive Patent

单位：项 (unit)

地 区	Region	1995	2000	2003	2004	2005	2006	2007
全 国	**Total**	**410**	**1443**	**3356**	**4535**	**6658**	**8141**	**13386**
东部地区	Eastern Region	284	1003	2867	3694	5740	6602	11595
中部地区	Mid Region	67	208	216	369	456	774	885
西部地区	Western Region	59	232	273	472	462	765	906
北 京	Beijing	9	18	183	477	500	490	2383
天 津	Tianjin	22	6	347	375	113	115	274
河 北	Hebei	5	12	14	38	42	77	107
山 西	Shanxi	6	1	10	14	8	12	36
内蒙古	Neimenggu			1	2	13	1	1
辽 宁	Liaoning	62	62	57	99	92	184	184
吉 林	Jilin	14	15	26	42	30	126	146
黑龙江	Heilongjiang	12	68	23	41	51	86	91
上 海	Shanghai	7	110	318	247	264	562	345
江 苏	Jiangsu	27	84	246	222	489	695	1474
浙 江	Zhejiang	9	50	177	304	333	575	582
安 徽	Anhui	1	1	26	28	34	36	79
福 建	Fujian		1	66	324	434	423	407
江 西	Jiangxi	4	12	11	17	42	70	82
山 东	Shandong	19	97	85	180	247	314	595
河 南	Henan	6	32	46	32	47	78	107
湖 北	Hubei	9	28	29	129	160	244	229
湖 南	Hunan	15	51	44	64	71	121	114
广 东	Guangdong	118	552	1360	1407	3197	3130	5181
广 西	Guangxi	6	9	14	21	29	37	63
海 南	Hainan		2					
重 庆	Chongqing		15	14	42	38	73	103
四 川	Sichuan	19	81	53	186	91	264	323
贵 州	Guizhou	9	33	37	98	84	126	172
云 南	Yunnan	1	17	50	53	73	93	66
西 藏	Tibet							
陕 西	Shaanxi	28	68	111	68	154	166	212
甘 肃	Gansu	1	5	2	12	3	33	12
青 海	Qinghai		4	1	1	1	1	5
宁 夏	Ningxia	1	9	5	9	15	5	10
新 疆	Xinjiang				3	3	4	3

2-146 技术改造经费支出

Expenditure on Technical Renovation

单位：万元 (10000 yuan)

地区	Region	1995	2000	2003	2004	2005	2006	2007
全国	**Total**	**822714**	**1047478**	**1550355**	**1879039**	**1590214**	**1719061**	**2109878**
东部地区	Eastern Region	410789	645573	980887	1069258	971098	1019996	1260780
中部地区	Mid Region	201174	170438	239748	338349	323797	381169	336527
西部地区	Western Region	210752	231467	329720	471432	295319	317896	512572
北京	Beijing	27038	7625	51106	34193	18144	11016	36454
天津	Tianjin	3559	51416	28052	12638	47343	21824	26134
河北	Hebei	15141	33335	55973	32533	17614	17692	22508
山西	Shanxi	1732	4632	2237	4005	3975	7631	6600
内蒙古	Neimenggu	2802	3961		200	210	461	1385
辽宁	Liaoning	89874	76013	43272	61292	51994	48160	31637
吉林	Jilin	4938	14919	1982	9092	21988	7863	19467
黑龙江	Heilongjiang	40643	60035	112580	59609	143272	76886	67970
上海	Shanghai	29403	58546	32121	118592	53656	75788	100387
江苏	Jiangsu	125360	107929	282154	254713	216469	285658	396523
浙江	Zhejiang	24780	86613	152849	213185	212220	236551	236811
安徽	Anhui	13368	10450	32450	42013	32871	14902	21576
福建	Fujian	4659	16177	48222	40581	33522	71042	48357
江西	Jiangxi	17161	15333	24831	48635	34012	128695	86733
山东	Shandong	43239	92982	105011	126861	132152	85622	134686
河南	Henan	31327	21323	35226	88027	44723	86426	78562
湖北	Hubei	16050	32884	13681	45329	15126	44048	36916
湖南	Hunan	73154	6903	16761	41439	27620	14258	17319
广东	Guangdong	38310	110504	166419	148581	173141	156333	218257
广西	Guangxi	5671	3867	15700	26083	14845	10294	9025
海南	Hainan	3756	566	8	7		18	
重庆	Chongqing		5901	23366	41189	32133	30726	24974
四川	Sichuan	78448	38775	60073	86961	63437	109477	236883
贵州	Guizhou	32708	27235	54193	54488	35210	33133	44942
云南	Yunnan	1482	3973	4407	1210	9228	2610	1689
西藏	Tibet							
陕西	Shaanxi	91795	133595	177380	268727	129342	96383	165459
甘肃	Gansu	5300	5495	5389	8893	18726	8128	8884
青海	Qinghai	31	1002	174	34			92
宁夏	Ningxia	989	15407	231	4023	963	36450	21744
新疆	Xinjiang		85	4507	5906	6281	989	7905

2-147 技术引进经费支出

Expenditure on Technology Import

单位：万元 (10000 yuan)

地区	Region	1995	2000	2003	2004	2005	2006	2007
全国	**Total**	**291596**	**470463**	**935365**	**1118594**	**848184**	**785792**	**1308968**
东部地区	Eastern Region	225640	333328	768485	1038886	803456	742571	1260963
中部地区	Mid Region	22962	35098	117989	43260	19925	20785	13614
西部地区	Western Region	42994	102037	48891	36448	24803	22436	34392
北京	Beijing	3326	2904	12239	263610	31155	23560	26402
天津	Tianjin	7567	6088	80665	139316	248797	280004	384669
河北	Hebei	133148	8208	3891	1850	1882	783	659
山西	Shanxi	85	315	77	60		1278	278
内蒙古	Neimenggu	162	2263					
辽宁	Liaoning	15154	12396	27129	151337	5813	4127	4012
吉林	Jilin	84	3071	480	847	706		20
黑龙江	Heilongjiang	7172	4567	35002	5253	7880	396	183
上海	Shanghai	21344	153586	256350	167311	141906	116211	243340
江苏	Jiangsu	20988	54830	186751	177111	168260	100497	195985
浙江	Zhejiang	4447	8306	28555	9604	9197	20889	20324
安徽	Anhui	3853	1906	13551	8292	3374	1596	2151
福建	Fujian	2256	11572	33883	25971	27311	59997	154765
江西	Jiangxi	1836	3365	3655	221	4442	7442	6879
山东	Shandong	3683	5957	14577	9359	7565	4509	5324
河南	Henan	8198	3786	27382	16199	498	4690	1685
湖北	Hubei	870	13060	3860	1008	1672	2450	2404
湖南	Hunan	703	2765	33982	11379	1354	2933	14
广东	Guangdong	11588	68671	123496	93293	161527	131945	225434
广西	Guangxi	338	239	719	125	42	50	50
海南	Hainan	1800	573	230				
重庆	Chongqing		609	2981	2829	2490	100	1308
四川	Sichuan	14960	21569	7274	3794	4069	11126	24555
贵州	Guizhou	9727	11654	2326	2034	7223	3172	
云南	Yunnan	950	427	2646	3030	217	20	
西藏	Tibet							
陕西	Shaanxi	16102	64595	28567	23896	10804	1274	641
甘肃	Gansu	1251	3058	3575	542			1056
青海	Qinghai		2	64				
宁夏	Ningxia		64	1458	150		6745	6832
新疆	Xinjiang	4	60		174			

2-148 消化吸收经费支出

Expenditure on Technology Absorption

单位：万元 (10000 yuan)

地区	Region	1995	2000	2003	2004	2005	2006	2007
全国	**Total**	**22744**	**33685**	**56515**	**125061**	**274972**	**110043**	**137407**
东部地区	Eastern Region	16555	22801	43684	105968	266024	99292	124115
中部地区	Mid Region	4329	8539	8177	17934	6477	5926	5906
西部地区	Western Region	1859	2345	4654	1159	2471	4824	7386
北京	Beijing	178	4538	84	165	196	2653	3943
天津	Tianjin	51	816	8	2142	158030	1114	1152
河北	Hebei	9736	1806	735	1536	785	703	694
山西	Shanxi	20	13	30	37	30	564	3
内蒙古	Neimenggu						150	
辽宁	Liaoning	3066	2240	160	146	43	206	129
吉林	Jilin	12		1080	100	252	10	107
黑龙江	Heilongjiang	264	6579	4391	6346	2622	464	478
上海	Shanghai	359	1637	18594	48945	9373	19293	7345
江苏	Jiangsu	1441	2373	7246	9194	11721	9625	52967
浙江	Zhejiang	7	1129	6504	2933	7904	10178	15990
安徽	Anhui	48	749	100	8227	280	220	331
福建	Fujian	18	858	4242	1953	3328	26390	11364
江西	Jiangxi	807	22	95	1412	1309	79	63
山东	Shandong	276	1315	1562	1841	2581	4350	7040
河南	Henan	3079	53	456	410	820	1307	1070
湖北	Hubei	25	794	699	393	280	2282	3842
湖南	Hunan	75	330	1326	1010	884	851	14
广东	Guangdong	1172	5972	4214	36538	71581	24159	22323
广西	Guangxi	2	15	335	575	423	551	1119
海南	Hainan	251	102			60	70	50
重庆	Chongqing		400	56	286	1025	621	188
四川	Sichuan	1009	532	207	179	899	2291	3466
贵州	Guizhou	31	35	15	1	44	12	316
云南	Yunnan	3	654				5	20
西藏	Tibet							
陕西	Shaanxi	625	702	4376	251	504	384	529
甘肃	Gansu	191			10		260	528
青海	Qinghai							
宁夏	Ningxia		12		433		1252	1845
新疆	Xinjiang		10					495

2-149 购买国内技术经费支出

Expenditure on Purchase of Domestic Technology

单位：万元 (10000 yuan)

地 区	Region	1995	2000	2003	2004	2005	2006	2007
全 国	**Total**	**42534**	**72099**	**85663**	**85693**	**95359**	**102308**	**110953**
东部地区	Eastern Region	33783	28005	42068	58821	70994	61160	69548
中部地区	Mid Region	2421	40951	7002	12565	12119	19795	22541
西部地区	Western Region	6329	3143	36593	14307	12246	21353	18864
北 京	Beijing	99	86	757	1871	3274	1000	2346
天 津	Tianjin	66	2231	4519	2840	1254	909	1225
河 北	Hebei	25360	2066	627	965	1637	1447	1500
山 西	Shanxi	134	145	336	305	181	903	1192
内蒙古	Neimenggu	97	2018		150		25	328
辽 宁	Liaoning	547	327	205	2352	592	268	1171
吉 林	Jilin	187	32722	1825	1020	323	599	753
黑龙江	Heilongjiang	470	856	2641	1090	600	309	1241
上 海	Shanghai	873	4683	827	3578	5669	6752	3321
江 苏	Jiangsu	1766	8472	15246	14655	16724	18170	18282
浙 江	Zhejiang	3453	3303	8662	7384	11229	14730	13707
安 徽	Anhui	478	1511	1192	2114	348	579	651
福 建	Fujian	88	540	866	6388	9702	3961	8503
江 西	Jiangxi	173	173	85	4707	5129	11571	13111
山 东	Shandong	627	4205	2332	5309	3812	1923	5877
河 南	Henan	556	82	230	1884	4653	2388	3197
湖 北	Hubei	243	2952	427	965	774	2867	1881
湖 南	Hunan	84	493	266	330	110	554	187
广 东	Guangdong	519	1329	7214	12565	16220	11256	11954
广 西	Guangxi	173	388	813	562	602	394	792
海 南	Hainan	214	375		352	280	350	870
重 庆	Chongqing		1024	4183	3437	2488	945	1553
四 川	Sichuan	4734	887	1830	579	1705	3961	8981
贵 州	Guizhou	47	100	1540	2967	6102	913	658
云 南	Yunnan	25	40	3	163	297	10	10
西 藏	Tibet							
陕 西	Shaanxi	1388	1001	29037	6747	1484	15070	7068
甘 肃	Gansu	128	41		314	100		
青 海	Qinghai							
宁 夏	Ningxia	2	10		100	56	454	595
新 疆	Xinjiang	5	40			15		

2-150 科技机构数

Number of S&T Institutions

单位：个 (unit)

地 区 Region		1995	2000	2003	2004	2005	2006	2007
全 国	**Total**	**2138**	**1379**	**1259**	**1732**	**1619**	**1929**	**2217**
东部地区	Eastern Region	1222	818	805	1199	1076	1345	1578
中部地区	Mid Region	484	284	235	244	275	322	344
西部地区	Western Region	432	277	219	289	268	262	295
北 京	Beijing	94	49	34	42	32	64	76
天 津	Tianjin	106	38	27	47	41	57	51
河 北	Hebei	51	35	30	27	27	28	32
山 西	Shanxi	30	18	10	25	23	23	23
内蒙古	Neimenggu	5	3	3	3	3	5	3
辽 宁	Liaoning	150	56	38	52	34	40	39
吉 林	Jilin	57	41	26	33	29	31	25
黑龙江	Heilongjiang	38	31	29	21	32	30	27
上 海	Shanghai	119	82	61	67	74	103	110
江 苏	Jiangsu	298	193	184	394	225	253	354
浙 江	Zhejiang	72	68	103	162	193	242	262
安 徽	Anhui	65	27	38	31	33	36	36
福 建	Fujian	23	25	31	43	43	64	58
江 西	Jiangxi	57	27	22	24	39	40	41
山 东	Shandong	102	81	77	106	123	96	131
河 南	Henan	94	43	32	42	49	66	96
湖 北	Hubei	86	62	42	38	37	51	56
湖 南	Hunan	52	32	33	27	30	40	37
广 东	Guangdong	176	168	203	237	264	377	442
广 西	Guangxi	30	17	13	18	17	18	19
海 南	Hainan	1	6	4	4	3	3	4
重 庆	Chongqing		25	21	42	43	47	52
四 川	Sichuan	192	75	47	76	54	71	77
贵 州	Guizhou	45	45	19	48	41	42	40
云 南	Yunnan	23	6	9	9	9	7	10
西 藏	Tibet							
陕 西	Shaanxi	125	106	98	84	89	77	94
甘 肃	Gansu	39	11	14	16	23	13	16
青 海	Qinghai	2	3	3	1	2	1	2
宁 夏	Ningxia	5	5	7	11	6	2	3
新 疆	Xinjiang	1	1	1	2	1	2	1

2-151 科技机构科技活动人员

S&T Personnel in the S&T Institutions

单位：人 (person)

地 区 Region		1995	2000	2003	2004	2005	2006	2007
全 国	**Total**	**82284**	**90187**	**108614**	**119486**	**156789**	**189497**	**242148**
东部地区	Eastern Region	37860	58180	77485	86459	116259	144090	183376
中部地区	Mid Region	19916	15862	14667	13239	18716	20672	24163
西部地区	Western Region	24508	16145	16462	19788	21814	24735	34609
北 京	Beijing	4184	4556	3071	3068	1983	3164	5364
天 津	Tianjin	3170	1865	2836	1995	2401	4127	5243
河 北	Hebei	1403	1805	2119	2030	3058	3387	3620
山 西	Shanxi	1420	643	309	762	756	1142	629
内蒙古	Neimenggu	177	59	81	158	124	204	93
辽 宁	Liaoning	5467	3803	2968	3395	4252	4188	5517
吉 林	Jilin	1238	1956	1025	970	2087	1676	2366
黑龙江	Heilongjiang	5764	2653	1853	954	2640	1633	1762
上 海	Shanghai	3546	4789	4588	6727	8518	8503	12577
江 苏	Jiangsu	9659	9033	10134	10868	14095	14734	21972
浙 江	Zhejiang	1381	2790	7165	8454	11397	17396	15678
安 徽	Anhui	1095	1191	1947	1294	1417	1801	2475
福 建	Fujian	729	1414	3719	3818	4896	7505	7957
江 西	Jiangxi	2578	2614	2321	2275	3257	3621	3353
山 东	Shandong	3073	6824	8002	8258	8134	8117	10365
河 南	Henan	2108	2851	2176	1803	2241	4081	5832
湖 北	Hubei	3407	2352	2989	4005	4651	4672	5123
湖 南	Hunan	2129	1543	1966	1018	1543	1842	2530
广 东	Guangdong	4579	20702	32232	37001	56472	71994	94328
广 西	Guangxi	622	503	597	795	989	907	686
海 南	Hainan	47	96	54	50	64	68	69
重 庆	Chongqing		1427	1779	1742	2041	2382	2853
四 川	Sichuan	10411	4800	6525	6466	8446	10345	17002
贵 州	Guizhou	2058	2568	656	3278	2447	3025	3945
云 南	Yunnan	599	277	406	281	365	194	391
西 藏	Tibet							
陕 西	Shaanxi	9066	6060	5644	7244	7305	7777	9316
甘 肃	Gansu	2020	764	1076	373	770	460	501
青 海	Qinghai	107	68	61	13	26	15	23
宁 夏	Ningxia	235	181	306	352	391	445	491
新 疆	Xinjiang	12		9	39	23	92	87

2-152 科技机构科技活动经费内部支出

Intramural Expenditure for S&T Activities in the S&T Institutions

单位：万元 (10000 yuan)

地区 Region		1995	2000	2003	2004	2005	2006	2007
全国	**Total**	**228861**	**961000**	**1846426**	**2191698**	**2607837**	**3657320**	**4783156**
东部地区	Eastern Region	137936	776496	1522063	1847884	2168916	3127055	4068828
中部地区	Mid Region	28084	90001	149850	121317	195932	239178	305653
西部地区	Western Region	62841	94504	174513	222497	242990	291087	408675
北京	Beijing	8152	93430	185392	67188	34981	93384	147693
天津	Tianjin	5629	51922	77465	31128	51146	102586	157959
河北	Hebei	3382	10559	15036	18893	21291	24598	31466
山西	Shanxi	1072	2250	1889	2308	3822	6132	5884
内蒙古	Neimenggu	73	331	346	427	1251	565	795
辽宁	Liaoning	5543	12920	65802	24465	21392	56483	114863
吉林	Jilin	1967	5227	7158	14576	23316	25441	23563
黑龙江	Heilongjiang	2603	16600	29734	9873	24856	14988	18492
上海	Shanghai	40652	87868	135123	169705	170503	247514	460140
江苏	Jiangsu	24812	79704	136312	241678	245943	330046	573170
浙江	Zhejiang	7738	35530	72469	121544	180522	293470	270349
安徽	Anhui	2097	4467	35663	20183	22432	25885	33563
福建	Fujian	3106	22457	48736	60518	115969	128407	148974
江西	Jiangxi	4396	20987	13172	25329	50582	51673	58656
山东	Shandong	6885	69872	112118	204849	242094	274037	391268
河南	Henan	3713	14745	25451	12989	23778	32522	60236
湖北	Hubei	5608	17648	17290	25000	34510	71331	87634
湖南	Hunan	6555	7746	19147	10632	11387	10642	16831
广东	Guangdong	28525	307542	667558	900033	1073765	1567834	1762181
广西	Guangxi	3474	3076	5249	7335	10784	8019	9080
海南	Hainan	39	1615	803	548	526	676	1686
重庆	Chongqing		8234	15991	15999	14299	18538	26647
四川	Sichuan	29323	25813	106751	100142	134953	161051	236040
贵州	Guizhou	3011	7037	4365	22338	22470	32769	30128
云南	Yunnan	688	3681	3076	1952	2697	2455	4367
西藏	Tibet							
陕西	Shaanxi	27830	45287	35620	74301	58724	62030	95733
甘肃	Gansu	1659	3150	5851	3495	5742	7844	9526
青海	Qinghai	8	284	248	39	54	57	68
宁夏	Ningxia	298	1019	2542	3514	3672	4353	4980
新疆	Xinjiang	24		69	717	380	1991	1186

2-153 医药制造业年末固定资产原价

Original Value of Fixed Assets of Medical and Pharmaceutical Products Manufacturing

单位：万元 (10000 yuan)

地区 Region		2000	2003	2004	2005	2006	2007
全国	**Total**	**7320433**	**10825460**	**12508574**	**15224318**	**17518898**	**19547162**
东部地区	Eastern Region	4984009	7033791	8075661	9460907	10767267	12791091
中部地区	Mid Region	1602986	2623047	3004753	4096522	4735089	4534412
西部地区	Western Region	733438	1168622	1428160	1666889	2016542	2221660
北京	Beijing	311065	401994	439747	502798	535214	673775
天津	Tianjin	353980	417694	460163	867068	917269	941776
河北	Hebei	886057	1282771	1454349	1529657	1556841	1639361
山西	Shanxi	91697	152568	201243	276178	323430	367045
内蒙古	Neimenggu	48116	79620	110720	211274	271412	285525
辽宁	Liaoning	346948	338265	358360	455589	531972	1412280
吉林	Jilin	262124	413622	435500	534476	681468	574961
黑龙江	Heilongjiang	274150	560762	616315	743830	793364	790105
上海	Shanghai	721743	811784	830578	749069	1036130	1039744
江苏	Jiangsu	529779	867861	1022248	1110149	1271521	1438680
浙江	Zhejiang	370179	811003	912483	1176939	1480954	1689930
安徽	Anhui	101235	159040	203074	215423	233375	324177
福建	Fujian	64860	135246	145439	167711	220537	268155
江西	Jiangxi	141568	207092	274662	346711	378728	407047
山东	Shandong	500206	980615	1224407	1601068	1785463	2082789
河南	Henan	238591	551803	655513	729621	920849	1123359
湖北	Hubei	297190	329650	326167	840956	919705	465318
湖南	Hunan	148316	168890	181561	198054	212758	196875
广东	Guangdong	751803	714970	879751	962465	1093282	1214159
广西	Guangxi	97188	222917	285956	307011	278972	306773
海南	Hainan	50201	48671	62181	31382	59113	83670
重庆	Chongqing	213489	240356	276963	302677	384889	449283
四川	Sichuan	219145	344447	427820	442021	654246	751181
贵州	Guizhou	10463	97730	105679	117065	132081	134129
云南	Yunnan	32293	61277	141198	164714	161253	183047
西藏	Tibet						
陕西	Shaanxi	129336	267443	282756	372957	406642	442070
甘肃	Gansu	63660	87163	98786	100479	130771	117166
青海	Qinghai	11345	26127	20613	26992	27281	19086
宁夏	Ningxia	20999	30886	61778	128220	104408	110610
新疆	Xinjiang	32708	13193	12568	11764	14971	15088

2-154 医药制造业微电子控制设备原价

Original Value of Micro-electronic Equipments of Medical and Pharmaceutical Products Manufacturing

单位：万元 (10000 yuan)

地 区	Region	1995	2000	2003	2004	2005	2006	2007
全 国	**Total**	**145271**	**632378**	**819236**	**1054858**	**1274979**	**1556987**	**1856317**
东部地区	Eastern Region	126249	553331	663223	831817	954933	1058238	1185139
中部地区	Mid Region	8675	43894	99881	171029	242330	333946	487013
西部地区	Western Region	10348	35153	56132	52012	77715	164803	184165
北 京	Beijing	6035	13057	20097	53473	25675	34262	36822
天 津	Tianjin	5683	57454	25023	3531	30829	38450	43009
河 北	Hebei	64557	124484	196541	383673	401872	386515	413813
山 西	Shanxi	70	526	5425	1276	15236	21264	17434
内蒙古	Neimenggu	118	460	118	3137	3990	5456	105003
辽 宁	Liaoning	6118	30539	41280	44240	19700	22967	21744
吉 林	Jilin	249	3611	7595	28635	32406	33548	55319
黑龙江	Heilongjiang	4912	2730	13031	22197	97263	99692	139046
上 海	Shanghai	5139	175487	46164	31602	21725	67594	60898
江 苏	Jiangsu	10372	42574	88139	126871	103979	97424	80527
浙 江	Zhejiang	3318	15280	66389	62212	107702	176380	211166
安 徽	Anhui	1305	5376	18810	14966	18484	27511	22839
福 建	Fujian	3291	3140	12364	6443	8574	8545	8791
江 西	Jiangxi	376	5598	7977	15871	15944	22988	24793
山 东	Shandong	4232	5541	69934	33638	123679	75504	96428
河 南	Henan	753	7104	18085	42613	49295	66134	54881
湖 北	Hubei	713	16364	21504	31954	6746	41724	57611
湖 南	Hunan	182	2125	7336	10382	2968	15628	10087
广 东	Guangdong	16804	82080	39525	24382	43962	94032	148918
广 西	Guangxi	490	964	57137	59599	65175	55767	60563
海 南	Hainan	210	2730	630	2152	2062	800	2460
重 庆	Chongqing		17891	17104	17334	28290	56286	100569
四 川	Sichuan	3759	8726	17292	7199	13332	24084	31348
贵 州	Guizhou	744	1769	5472	2787	4114	5785	8735
云 南	Yunnan	173	1181	5643	7909	4588	7196	14718
西 藏	Tibet							
陕 西	Shaanxi	3839	1140	9307	2794	3940	7868	7863
甘 肃	Gansu	1833	4046	923	1539	1608	3795	5365
青 海	Qinghai		221	391	4	57	2	80
宁 夏	Ningxia				12446	21786	59786	9621
新 疆	Xinjiang		180					5867

2-155 医药制造业R&D活动人员折合全时当量

Full-time Equivalent of R&D Personnel of Medical and Pharmaceutical Products Manufacturing

单位：人年　　　　(man.year)

地　区 Region		1995	2000	2003	2004	2005	2006	2007
全　国	**Total**	**9528**	**12136**	**17518**	**13931**	**19584**	**25391**	**30778**
东部地区	Eastern Region	6625	8000	11394	8708	13007	17806	20055
中部地区	Mid Region	1951	3004	4480	3148	4257	4714	7557
西部地区	Western Region	952	1132	1645	2075	2320	2872	3166
北　京	Beijing	453	576	432	366	507	612	1090
天　津	Tianjin	495	330	575	483	926	1296	1199
河　北	Hebei	201	1225	1642	1478	1863	2247	2058
山　西	Shanxi	20	129	99	47	87	88	47
内蒙古	Neimenggu	3	13	46	38	108	202	176
辽　宁	Liaoning	882	390	381	381	563	760	606
吉　林	Jilin	289	531	393	408	457	614	653
黑龙江	Heilongjiang	113	365	839	587	867	532	1926
上　海	Shanghai	1614	1022	873	562	693	1596	1497
江　苏	Jiangsu	536	1211	1459	1515	2144	2382	2967
浙　江	Zhejiang	538	799	2132	1438	2719	4542	4687
安　徽	Anhui	170	350	520	298	247	446	523
福　建	Fujian	180	230	241	446	349	451	447
江　西	Jiangxi	222	394	878	664	703	791	920
山　东	Shandong	519	913	1640	766	1394	2130	3006
河　南	Henan	387	300	451	409	670	733	1504
湖　北	Hubei	561	641	964	585	899	1187	1669
湖　南	Hunan	186	281	290	112	220	120	140
广　东	Guangdong	1001	1052	1643	993	1228	1400	2036
广　西	Guangxi	177	213	334	274	614	390	450
海　南	Hainan	29	39	41	6	7		12
重　庆	Chongqing		277	246	466	526	800	976
四　川	Sichuan	403	266	709	775	811	756	872
贵　州	Guizhou	55	23	111	133	199	157	170
云　南	Yunnan	67	43	95	234	164	166	292
西　藏	Tibet							
陕　西	Shaanxi	226	318	340	200	399	817	592
甘　肃	Gansu	171	153	122	46	147	33	130
青　海	Qinghai	15	51	11	17	12		
宁　夏	Ningxia	3		6	204	61	143	135
新　疆	Xinjiang	12		4				

2-156 医药制造业R&D经费内部支出

Intramural Expenditure for R&D of Medical and Pharmaceutical Products Manufacturing

单位：万元 (10000 yuan)

地 区 Region		1995	2000	2003	2004	2005	2006	2007
全 国	**Total**	**42785**	**134669**	**276684**	**281812**	**399510**	**525856**	**658836**
东部地区	Eastern Region	31737	101960	205724	208800	314114	415177	508535
中部地区	Mid Region	5168	20778	48024	49043	59531	72395	101976
西部地区	Western Region	5880	11930	22936	23970	25866	38284	48325
北 京	Beijing	1397	5042	8301	8682	13685	10575	24267
天 津	Tianjin	1661	4756	12642	14198	36318	44765	36956
河 北	Hebei	1556	12244	24983	22610	27460	29273	35509
山 西	Shanxi	27	926	765	395	711	1004	358
内蒙古	Neimenggu	15	57	259	430	1174	1334	2280
辽 宁	Liaoning	2410	991	2604	2350	4944	8767	11317
吉 林	Jilin	1173	5144	8288	11313	10437	16630	11100
黑龙江	Heilongjiang	92	2261	9062	6531	8970	10263	11759
上 海	Shanghai	7335	18482	26116	20784	28240	80563	58765
江 苏	Jiangsu	3109	14036	30272	50902	63786	78586	107827
浙 江	Zhejiang	2677	14740	24251	40320	56587	73802	79000
安 徽	Anhui	484	1698	3474	3158	1551	5769	7735
福 建	Fujian	599	1379	4098	7478	10208	11259	14464
江 西	Jiangxi	989	2489	9311	10713	10409	11677	13269
山 东	Shandong	1784	9954	26253	14179	39965	34763	74896
河 南	Henan	311	1697	3001	5329	9717	9077	24449
湖 北	Hubei	1570	4516	8907	8278	13065	14435	27038
湖 南	Hunan	507	1991	4957	2896	3498	2206	3988
广 东	Guangdong	8623	17906	39870	22942	25635	35577	57960
广 西	Guangxi	508	1858	4518	4004	6895	7087	7262
海 南	Hainan	79	573	1816	353	392	161	311
重 庆	Chongqing		2308	5199	7016	7014	8722	13667
四 川	Sichuan	1820	3555	8388	6566	5683	6599	13593
贵 州	Guizhou	963	64	993	1785	1671	3466	3256
云 南	Yunnan	107	378	948	1707	1865	2564	4065
西 藏	Tibet							
陕 西	Shaanxi	2750	4947	6902	4200	7285	15145	9753
甘 肃	Gansu	169	407	409	288	723	217	1899
青 海	Qinghai	43	272	34	50	38		22
宁 夏	Ningxia	5		18	2358	1587	1573	2071
新 疆	Xinjiang	24		45				

2-157 医药制造业科技活动人员

Personnel for S&T Activities of Medical and Pharmaceutical Products Manufacturing

单位：人 (person)

地区 Region		1995	2000	2003	2004	2005	2006	2007
全　国	**Total**	**25059**	**37833**	**44561**	**46594**	**51832**	**64278**	**73408**
东部地区	Eastern Region	15467	24811	28289	27159	31857	39206	45141
中部地区	Mid Region	6757	10127	11262	13344	14308	17393	20165
西部地区	Western Region	2835	2895	5010	6091	5667	7679	8102
北　京	Beijing	1216	1411	767	808	1153	1673	1951
天　津	Tianjin	959	705	1494	1843	2016	2808	2843
河　北	Hebei	984	2092	3296	3367	4449	4782	4867
山　西	Shanxi	485	403	516	683	721	791	898
内蒙古	Neimenggu	59	88	94	188	273	533	449
辽　宁	Liaoning	2453	2737	1836	1969	2019	2243	2417
吉　林	Jilin	645	1191	1073	2276	1532	2865	2538
黑龙江	Heilongjiang	433	855	1341	2776	3329	3506	4038
上　海	Shanghai	2448	3522	1960	2050	1617	2626	2990
江　苏	Jiangsu	1753	4227	4265	4006	5585	6271	6354
浙　江	Zhejiang	1424	2225	4996	4031	5314	7349	8846
安　徽	Anhui	546	1094	1376	1049	1253	1060	1672
福　建	Fujian	371	416	592	720	644	1000	773
江　西	Jiangxi	1491	1448	2025	1547	1539	1350	1926
山　东	Shandong	1462	3806	4656	4133	4844	5928	8269
河　南	Henan	1533	1370	1295	1891	2077	2825	4488
湖　北	Hubei	1058	2354	2485	1811	2719	3372	3428
湖　南	Hunan	507	1324	1057	1123	865	1091	728
广　东	Guangdong	2011	2884	3507	3144	2790	3478	4674
广　西	Guangxi	286	633	866	975	1306	989	1040
海　南	Hainan	100	153	54	113	120	59	117
重　庆	Chongqing		814	806	1314	1579	1693	1998
四　川	Sichuan	1357	1137	2723	2677	1950	3190	2769
贵　州	Guizhou	280	73	214	546	442	644	829
云　南	Yunnan	78	115	123	281	242	348	788
西　藏	Tibet							
陕　西	Shaanxi	448	405	801	671	1004	1285	1066
甘　肃	Gansu	639	258	181	248	314	198	184
青　海	Qinghai	15	53	73	66	26	15	141
宁　夏	Ningxia	3	33	66	260	110	289	327
新　疆	Xinjiang	15	7	23	28		17	

2-158 医药制造业科技活动人员中科学家和工程师

Scientists and Engineers in S&T Personnel of Medical and Pharmaceutical Products Manufacturing

单位：人 (person)

地 区 Region		1995	2000	2003	2004	2005	2006	2007
全 国	**Total**	**10865**	**22480**	**29424**	**30277**	**36023**	**42241**	**49832**
东部地区	Eastern Region	7070	14783	18803	18171	22853	26293	30687
中部地区	Mid Region	2608	5728	7261	7780	9170	11018	13728
西部地区	Western Region	1187	1969	3360	4326	4000	4930	5417
北 京	Beijing	612	937	485	560	692	1121	1264
天 津	Tianjin	447	442	1017	1100	1473	2022	2133
河 北	Hebei	400	1530	2465	2366	3402	3740	3800
山 西	Shanxi	113	283	460	350	417	519	547
内蒙古	Neimenggu	36	66	69	151	207	319	323
辽 宁	Liaoning	942	1523	1071	1423	1692	1469	1670
吉 林	Jilin	308	815	791	1158	1114	1994	1761
黑龙江	Heilongjiang	224	518	851	1812	1883	2329	3427
上 海	Shanghai	1345	1738	1292	1317	1096	1703	1938
江 苏	Jiangsu	647	2315	3147	3021	4053	4568	4730
浙 江	Zhejiang	596	1531	3088	2676	3721	4238	5474
安 徽	Anhui	194	445	609	598	556	722	931
福 建	Fujian	133	256	412	545	394	670	584
江 西	Jiangxi	571	728	1281	972	1107	1062	1460
山 东	Shandong	687	2063	3050	2472	3329	3515	4951
河 南	Henan	463	767	839	1075	1393	1257	2465
湖 北	Hubei	508	1632	1780	1171	1933	2178	2269
湖 南	Hunan	191	474	581	493	560	638	545
广 东	Guangdong	1047	1873	2041	1928	1967	2309	3258
广 西	Guangxi	177	451	689	656	946	902	770
海 南	Hainan	37	124	46	107	88	36	115
重 庆	Chongqing		457	554	1028	1286	1081	1632
四 川	Sichuan	457	753	1627	1684	1108	1938	1613
贵 州	Guizhou	216	63	155	354	369	474	594
云 南	Yunnan	59	108	121	239	154	236	478
西 藏	Tibet							
陕 西	Shaanxi	172	313	656	587	730	864	701
甘 肃	Gansu	263	199	142	218	248	163	156
青 海	Qinghai	9	47	29	50	19	15	72
宁 夏	Ningxia	3	26	55	143	86	143	171
新 疆	Xinjiang	8	3	21	23		16	

2-159 医药制造业科技活动经费筹集额

Sources of Funds for S&T Activities of Medical and Pharmaceutical Products Manufacturing

单位：万元 (10000 yuan)

地 区 Region		1995	2000	2003	2004	2005	2006	2007
全 国	**Total**	**108195**	**375120**	**640458**	**700985**	**841752**	**1013040**	**1273908**
东部地区	Eastern Region	72731	249860	477414	515553	638437	738435	896533
中部地区	Mid Region	21694	74527	107865	120691	142316	190345	282710
西部地区	Western Region	13770	50733	55179	64740	60999	84259	94666
北 京	Beijing	3309	11666	18674	11863	22533	19965	29948
天 津	Tianjin	1976	9916	41497	43806	56300	69000	71830
河 北	Hebei	4697	19316	34638	35472		42383.3	50783.2
山 西	Shanxi	1095	3062	3258	4422	5031	5800	9261
内蒙古	Neimenggu	87	373	762	1273	2818	2585	3729
辽 宁	Liaoning	6365	9470	14069	18143	18497	19964	28247
吉 林	Jilin	2378	14299	14005	21280	32265	59631	57597
黑龙江	Heilongjiang	2687	8234	11867	18743	20044	20489	32780
上 海	Shanghai	17150	47455	54484	66452	73265	106341	95062
江 苏	Jiangsu	7795	37321	93527	124835	158454	173565	224369
浙 江	Zhejiang	5784	24626	83062	87864	104741	129508	145030
安 徽	Anhui	3027	4081	11307	8477	11139	8631	20875
福 建	Fujian	2633	3825	14163	9073	12897	16826	18261
江 西	Jiangxi	2800	5601	17421	16612	17179	20701	31452
山 东	Shandong	5506	25718	46082	57013	77842	76567	120523
河 南	Henan	5140	5783	15892	16915	23374	33471	66373
湖 北	Hubei	3537	28310	25069	23387	23312	25067	48171
湖 南	Hunan	944	4786	8284	9581	7154	13971	12473
广 东	Guangdong	16171	52100	65827	48812	55829	71902	97418
广 西	Guangxi	1111	3626	7742	10821	12777	10884	12673
海 南	Hainan	232	4821	3649	1401	770	1530	2389
重 庆	Chongqing		7552	14430	15952	17485	16507	28475
四 川	Sichuan	8743	9555	19185	19543	16696	31709	29422
贵 州	Guizhou	902	227	1803	6013	5133	10143	10139
云 南	Yunnan	156	1120	1549	4273	3263	3990	7126
西 藏	Tibet							
陕 西	Shaanxi	2842	29671	16376	12920	11441	17697	11216
甘 肃	Gansu	1063	2045	730	1869	4940	716	3544
青 海	Qinghai	14	291	586	98	130	93	983
宁 夏	Ningxia	8	91	424	4019	1911	3280	3761
新 疆	Xinjiang	43	180	96	54		124	

2-160 医药制造业科技活动经费筹集额中政府资金

Government Funds in the Sources of Funds for S&T Activities of Medical and Pharmaceutical Products Manufacturing

单位：万元 (10000 yuan)

地区 Region		1995	2000	2003	2004	2005	2006	2007
全 国	**Total**	**2703**	**11828**	**18877**	**34997**	**34039**	**39795**	**55293**
东部地区	Eastern Region	1950	7819	12260	20817	23686	26119	35472
中部地区	Mid Region	656	2629	3642	8708	6701	8768	13706
西部地区	Western Region	98	1380	2975	5472	3653	4908	6115
北 京	Beijing	887	367	850	1276	2578	1254	1367
天 津	Tianjin	83	789	678	668	1434	2490	2785
河 北	Hebei	400	1315	1577	3210	1734	1859	2747
山 西	Shanxi		100	61	59	84	237	429
内蒙古	Neimenggu	51	32	50	54	100	386	450
辽 宁	Liaoning	91	335	297	540	1294	1305	766
吉 林	Jilin	52	734	469	675	1190	2131	2381
黑龙江	Heilongjiang	423	782	285	2387	1296	1176	2431
上 海	Shanghai	215	706	193	1169	1469	2026	1674
江 苏	Jiangsu	46	1592	1690	3814	6394	5491	7335
浙 江	Zhejiang	32	656	1985	4756	3849	4338	6264
安 徽	Anhui	80	137	262	345	125	276	276
福 建	Fujian	49	273	155	410	292	252	400
江 西	Jiangxi	10	307	53	1132	608	291	803
山 东	Shandong	114	742	1560	1249	920	1358	5827
河 南	Henan	36	30	540	1427	926	2396	3438
湖 北	Hubei	5	457	1589	2063	2347	1644	3324
湖 南	Hunan		50	333	567	25	232	175
广 东	Guangdong	24	1019	3025	3139	3376	4949	5692
广 西	Guangxi	9	25	210	579	346	736	547
海 南	Hainan			40	8		60	70
重 庆	Chongqing		425	1360	1854	1015	877	1284
四 川	Sichuan	14	378	158	501	432	1968	1594
贵 州	Guizhou			199	713	935	381	724
云 南	Yunnan		429	280	255	541	762	797
西 藏	Tibet							
陕 西	Shaanxi	25	70	355	410	310	295	250
甘 肃	Gansu	59	28	364	377	230	526	1279
青 海	Qinghai		50	200		10		116
宁 夏	Ningxia			12	1342	180	80	70
新 疆	Xinjiang			47	20		20	

2-161 医药制造业科技活动经费筹集额中企业资金

Funds Raised by Enterprises in the Sources of Funds for S&T Activities of Medical and Pharmaceutical Products Manufacturing

单位：万元 (10000 yuan)

地 区	Region	1995	2000	2003	2004	2005	2006	2007
全 国	**Total**	**77357**	**312907**	**547818**	**604651**	**736768**	**894699**	**1151354**
东部地区	Eastern Region	55974	209426	410330	444331	570831	659329	811315
中部地区	Mid Region	11500	56444	92529	108173	112525	165466	255802
西部地区	Western Region	9883	47037	44959	52147	53412	69904	84236
北 京	Beijing	1758	9789	15446	10587	19946	18710	28494
天 津	Tianjin	1830	7756	40820	39058	53466	57840	64545
河 北	Hebei	3501	12146	31177	32262	42768	39394	47437
山 西	Shanxi	325	2862	3097	4250	4012	4680	7122
内蒙古	Neimenggu	35	171	692	1219	2118	2089	3079
辽 宁	Liaoning	4654	8395	12942	17545	16903	18597	27421
吉 林	Jilin	1813	10763	12636	20405	21501	57501	54650
黑龙江	Heilongjiang	750	5997	11532	16266	16528	17713	30019
上 海	Shanghai	12570	41011	51732	63125	69696	104204	93378
江 苏	Jiangsu	5771	30964	70147	104356	137237	150770	200508
浙 江	Zhejiang	5392	20519	71904	69445	91844	109350	123173
安 徽	Anhui	1326	2874	8885	7653	10994	8323	20261
福 建	Fujian	887	2492	11762	7663	12605	16004	17161
江 西	Jiangxi	1381	5134	17368	15080	14484	18602	29568
山 东	Shandong	3878	23786	39673	48071	65064	68631	108253
河 南	Henan	2356	5682	11488	15331	19913	23824	54711
湖 北	Hubei	2710	18868	19439	19754	16196	22863	44691
湖 南	Hunan	804	4094	7392	8214	6779	9872	11702
广 东	Guangdong	14437	44314	53886	40773	48351	64679	87002
广 西	Guangxi	1097	3432	7532	10072	12231	9682	11626
海 南	Hainan	199	4821	3309	1373	720	1470	2319
重 庆	Chongqing		5827	10610	11638	15899	14660	25101
四 川	Sichuan	5725	8174	17382	16524	15779	23962	27532
贵 州	Guizhou	902	227	1304	4349	3478	8484	8374
云 南	Yunnan	156	691	1269	2826	2494	3017	5647
西 藏	Tibet							
陕 西	Shaanxi	2650	29601	13181	12510	10751	16193	10846
甘 肃	Gansu	386	2017	366	1492	3160	190	2177
青 海	Qinghai	14	241	386	98	120	93	867
宁 夏	Ningxia	8	78	412	2676	1731	3200	3691
新 疆	Xinjiang	43	180	49	34		104	

2-162 医药制造业科技活动经费筹集额中金融机构贷款

Loans from Financial Institutions in the Sources of Funds for S&T Activities of Medical and Pharmaceutical Products Manufacturing

单位：万元 (10000 yuan)

地区	Region	1995	2000	2003	2004	2005	2006	2007
全国	**Total**	**27019**	**43014**	**53534**	**56184**	**50387**	**70011**	**60973**
东部地区	Eastern Region	14009	25796	35824	47398	37500	47158	45466
中部地区	Mid Region	9224	14906	11380	3267	9307	15073	11925
西部地区	Western Region	3785	2313	6330	5519	3581	7781	3583
北京	Beijing	290	1510	869				
天津	Tianjin	58	1000		4080	1400	8670	4500
河北	Hebei	796	5850	1620				200
山西	Shanxi	770		100	100	800	805	1640
内蒙古	Neimenggu			19		600	110	200
辽宁	Liaoning	1349	720	830	30	300	60	60
吉林	Jilin	512	2800	900	200	300		217
黑龙江	Heilongjiang	1514	1455	50	90	2108	1580	300
上海	Shanghai	4339	570	1176	1700	1250		
江苏	Jiangsu	1909	4613	9200	16515	14112	16425	16527
浙江	Zhejiang	360	3326	8327	13224	8456	15490	15461
安徽	Anhui	1386	1067	2160	100			200
福建	Fujian	1684	960	2246	1000		570	700
江西	Jiangxi	1410	159		400	2000	1691	1031
山东	Shandong	1510	1130	2765	5850	8680	3202	4090
河南	Henan	2682	71	3551	77	2500	7237	7737
湖北	Hubei	810	8711	4040	1500	699	200	100
湖南	Hunan	140	643	560	800	300	3450	500
广东	Guangdong	1676	6117	8791	4899	3102	2274	3478
广西	Guangxi	5			100	200	466	450
海南	Hainan	33						
重庆	Chongqing		1300	2460	2460	571	970	2090
四川	Sichuan	3000	1000	730	2109	360	4600	65
贵州	Guizhou			300	950	720	1021	920
云南	Yunnan							300
西藏	Tibet							
陕西	Shaanxi	167		2840		380	1190	120
甘肃	Gansu	619				1550		88
青海	Qinghai							
宁夏	Ningxia		13					
新疆	Xinjiang							

2-163 医药制造业科技活动经费内部支出

Intramural Expenditure for S&T Activities of Medical and Pharmaceutical Products Manufacturing

单位：万元 (10000 yuan)

地区 Region		1995	2000	2003	2004	2005	2006	2007
全　国	**Total**	**87984**	**280512**	**527371**	**613700**	**768073**	**947865**	**1169417**
东部地区	Eastern Region	60680	203668	381533	455820	596692	675367	846294
中部地区	Mid Region	14696	51882	99794	102960	124759	185664	226221
西部地区	Western Region	12608	24962	46044	54920	46621	86833	96902
北　京	Beijing	2246	7612	22212	19879	18282	17256	35782
天　津	Tianjin	1962	9922	45673	42181	71616	66728	60119
河　北	Hebei	4525	18190	34980	36604	47063	44103	54708
山　西	Shanxi	459	1727	1846	4062	4297	4802	6780
内蒙古	Neimenggu	87	338	488	821	1684	1909	2951
辽　宁	Liaoning	5773	12169	15971	14824	15932	17520	27544
吉　林	Jilin	2306	9330	15497	20442	22749	54058	21773
黑龙江	Heilongjiang	1314	6454	12594	18056	15354	20361	27984
上　海	Shanghai	16061	43517	40924	59826	62391	105109	94312
江　苏	Jiangsu	5332	32818	51399	91261	123589	147428	199331
浙　江	Zhejiang	4778	21182	52723	66955	81086	95413	112396
安　徽	Anhui	1474	2433	9614	6661	9355	9504	15526
福　建	Fujian	1732	2632	6715	9869	12478	15511	17212
江　西	Jiangxi	2524	3428	23025	14037	15253	14480	33276
山　东	Shandong	4108	23139	42873	52928	100099	75482	124911
河　南	Henan	2696	3537	9229	11799	27521	46077	67135
湖　北	Hubei	3071	20945	19442	18465	20458	25545	40801
湖　南	Hunan	765	3692	8059	8617	8088	8930	9995
广　东	Guangdong	13360	26699	55198	49856	50020	77202	104504
广　西	Guangxi	617	4005	10462	10584	13119	12498	13790
海　南	Hainan	186	1783	2403	1054	1018	1118	1686
重　庆	Chongqing		4994	11053	14330	13780	13970	24664
四　川	Sichuan	7617	11435	17813	17430	10840	42294	36541
贵　州	Guizhou	963	146	1443	6312	3010	5950	6877
云　南	Yunnan	119	523	1018	2607	2451	3255	8236
西　藏	Tibet							
陕　西	Shaanxi	2823	5291	12788	9620	10091	16844	12860
甘　肃	Gansu	996	2099	722	1705	4569	1079	3553
青　海	Qinghai	43	272	716	113	63	57	884
宁　夏	Ningxia	5	82	395	2771	1817	3261	3288
新　疆	Xinjiang	43	119	96	34		123	

2-164 医药制造业科技活动经费内部支出中劳务费

Labor Expenses in the Intramural Expenditure for S&T Activities of Medical and Pharmaceutical Products Manufacturing

单位：万元 (10000 yuan)

地区	Region	1995	2000	2003	2004	2005	2006	2007
全国	**Total**	**16853**	**54349**	**102510**	**115260**	**134957**	**167332**	**217134**
东部地区	Eastern Region	12956	41182	75522	79589	98309	123961	157281
中部地区	Mid Region	2556	9104	16794	23749	24594	25288	39081
西部地区	Western Region	1341	4064	10194	11922	12054	18083	20772
北京	Beijing	719	2075	2071	2761	4954	4427	7833
天津	Tianjin	796	1546	5622	6341	7585	12663	10783
河北	Hebei	667	3690	5021	5138	7101	8910	10620
山西	Shanxi	129	427	420	746	1552	1628	2051
内蒙古	Neimenggu	23	45	215	341	482	845	849
辽宁	Liaoning	1342	1553	3130	4110	4216	5222	7085
吉林	Jilin	354	1243	1874	5027	3899	4066	2835
黑龙江	Heilongjiang	265	893	2157	5823	3249	2893	8064
上海	Shanghai	2688	10090	13335	13081	12493	17220	20396
江苏	Jiangsu	1277	6092	10498	13012	15767	23299	28715
浙江	Zhejiang	1127	4833	12503	11997	17167	20126	26198
安徽	Anhui	315	631	1717	1598	1657	1227	2354
福建	Fujian	322	713	1284	1894	1860	2244	3052
江西	Jiangxi	289	1288	3019	2374	2232	2768	4447
山东	Shandong	796	3386	7498	7893	12842	15685	22156
河南	Henan	452	986	2181	3392	3666	4231	8054
湖北	Hubei	495	2382	3844	2027	6006	5763	7983
湖南	Hunan	234	1208	1367	2421	1853	1868	2444
广东	Guangdong	2936	6063	12203	10964	11222	12046	17741
广西	Guangxi	262	751	1527	2207	2787	1979	2552
海南	Hainan	25	390	830	193	317	140	151
重庆	Chongqing		1183	1572	3093	3356	4692	6840
四川	Sichuan	695	1434	5557	4234	3773	5139	5913
贵州	Guizhou	92	24	274	1094	580	1680	1526
云南	Yunnan	47	228	411	970	764	747	1510
西藏	Tibet							
陕西	Shaanxi	214	770	1960	1649	2514	3910	3126
甘肃	Gansu	267	301	262	421	850	724	447
青海	Qinghai	9	77	83	39	39	45	281
宁夏	Ningxia	2	28	57	406	179	1140	1129
新疆	Xinjiang	13	20	18	17		6	

2-165 医药制造业科技活动经费内部支出中仪器设备费

Instruments and Equipments Expenses in the Intramural Expenditure for S&T Activities of Medical and Pharmaceutical Products Manufacturing

单位：万元 (10000 yuan)

地区	Region	1995	2000	2003	2004	2005	2006	2007
全国	**Total**	**12295**	**70273**	**151089**	**180925**	**215885**	**245870**	**326937**
东部地区	Eastern Region	7748	54831	116361	135022	170819	169403	226953
中部地区	Mid Region	2651	11085	24181	30394	31200	58752	74350
西部地区	Western Region	1896	4356	10547	15510	13867	17715	25635
北京	Beijing	42	1602	6975	1049	1316	1299	9152
天津	Tianjin	475	3707	17087	19654	25276	10261	19843
河北	Hebei	992	5303	14381	19162	22750	18665	24251
山西	Shanxi	0	736	717	1415	1043	1497	2198
内蒙古	Neimenggu	8	5	57	32	340	462	815
辽宁	Liaoning	515	7677	5597	1070	1634	2116	4728
吉林	Jilin	491	2356	5111	3284	2813	6719	4190
黑龙江	Heilongjiang	90	2098	1583	5041	4998	9243	10374
上海	Shanghai	2286	6407	8703	8314	9563	21387	13348
江苏	Jiangsu	451	10527	12850	25478	35012	35971	42748
浙江	Zhejiang	813	4727	16130	19044	21181	29715	30444
安徽	Anhui	148	649	2088	2054	3722	5134	7658
福建	Fujian	165	596	3306	3448	1911	4770	6084
江西	Jiangxi	707	443	3540	4891	2671	3010	7800
山东	Shandong	997	5883	12002	17985	35140	24098	37839
河南	Henan	533	628	2296	3713	7457	23360	30518
湖北	Hubei	643	3557	5930	7731	6487	7471	7732
湖南	Hunan	31	614	2859	2235	1668	1856	3066
广东	Guangdong	908	7184	17118	16895	12273	16396	34049
广西	Guangxi	66	980	1930	2732	4721	4248	4101
海南	Hainan	39	238	282	192	41	478	364
重庆	Chongqing		1507	2590	4745	6820	3131	6767
四川	Sichuan	1644	2040	5652	5952	1311	7326	8989
贵州	Guizhou	73	19	375	2095	966	1402	2140
云南	Yunnan	19	133	124	589	358	467	3445
西藏	Tibet							
陕西	Shaanxi	134	406	1518	1234	1555	4493	1930
甘肃	Gansu	25	200	14	672	2212	43	1116
青海	Qinghai			180	35	7		460
宁夏	Ningxia		24	94	189	638	855	787
新疆	Xinjiang		28					

2-166 医药制造业新产品开发经费支出

Expenditure for Developing New Products of Medical and Pharmaceutical Products Manufacturing

单位：万元 (10000 yuan)

地区	Region	1995	2000	2003	2004	2005	2006	2007
全国	**Total**	**46368**	**147855**	**228629**	**264970**	**447725**	**557576**	**739435**
东部地区	Eastern Region	28369	106298	168824	202329	348307	428164	541662
中部地区	Mid Region	7420	26655	38676	39394	72585	89833	138602
西部地区	Western Region	10579	14902	21129	23247	26833	39579	59171
北京	Beijing	1282	2359	4079	6372	12760	12741	22836
天津	Tianjin	809	5061	10909	10357	17358	47398	40162
河北	Hebei	2159	14173	16788	18399	22548	23730	28431
山西	Shanxi	135	533	1087	792	3089	3272	3484
内蒙古	Neimenggu	47	133	345	282	1314	963	1538
辽宁	Liaoning	3021	4555	6020	6666	10427	12319	16772
吉林	Jilin	750	5909	8695	13069	14787	20559	17919
黑龙江	Heilongjiang	1049	2175	5215	7974	9387	11111	17378
上海	Shanghai	6462	20800	19929	28077	28076	53628	51864
江苏	Jiangsu	2786	13723	25225	45342	87981	96662	125936
浙江	Zhejiang	2714	12896	37009	46327	68883	79655	89930
安徽	Anhui	929	1498	3008	3399	5597	5437	8143
福建	Fujian	1595	1276	4139	6775	10675	14830	15899
江西	Jiangxi	1335	1950	7370	5556	13222	11620	16014
山东	Shandong	2970	15217	16017	17524	55312	42982	76829
河南	Henan	1299	1322	4727	2900	9104	14438	39193
湖北	Hubei	1509	11400	6813	3792	13135	17362	26785
湖南	Hunan	368	1735	1416	1630	2950	5071	8150
广东	Guangdong	4045	12971	24938	13498	26905	38229	63255
广西	Guangxi	427	2195	3431	2498	6758	5649	8102
海南	Hainan	102	1073	340	494	626	341	1646
重庆	Chongqing		3485	4115	6995	8043	10185	19715
四川	Sichuan	7005	6210	10430	6551	5977	9016	17958
贵州	Guizhou	236	68	793	1852	2477	4212	4875
云南	Yunnan	70	429	574	1157	2316	2445	3338
西藏	Tibet							
陕西	Shaanxi	2380	3426	4875	4052	6123	12523	9168
甘肃	Gansu	838	1121	221	414	1042	306	2152
青海	Qinghai	32		57	30	58	57	852
宁夏	Ningxia	3	59	64	2196	799	836	1115
新疆	Xinjiang	17	105					

2-167 医药制造业新产品产值

Industrial Output Value of New Products of Medical and Pharmaceutical Products Manufacturing

单位：万元　　　　(10000 yuan)

地区 Region		2000	2003	2004	2005	2006	2007
全　国	**Total**	**2026498**	**3310780**	**4191678**	**5119020**	**6048864**	**7887357**
东部地区	Eastern Region	1484683	2337329	3194074	3782188	4581179	5795041
中部地区	Mid Region	379918	490347	496185	800935	905043	1171001
西部地区	Western Region	161897	483104	501419	535897	562642	921315
北　京	Beijing	95773	198887	159360	187278	180560	424752
天　津	Tianjin	20137	120792	262604	187918	250348	349453
河　北	Hebei	154405	147700	157015	199059	260837	321515
山　西	Shanxi	1678	15336	12432	36727	21317	33898
内蒙古	Neimenggu	866	850	23416	19353	18561	5500
辽　宁	Liaoning	100684	65509	85525	126245	74216	116594
吉　林	Jilin	36058	70144	84309	120298	149537	200111
黑龙江	Heilongjiang	230196	150908	101327	172169	93823	106498
上　海	Shanghai	258020	222882	312695	302610	390674	567919
江　苏	Jiangsu	310070	558936	829282	1104866	1194949	1479548
浙　江	Zhejiang	234091	525182	635211	621606	1178024	1174492
安　徽	Anhui	8381	27905	34504	49159	65901	96256
福　建	Fujian	5837	11799	90480	141374	173507	180575
江　西	Jiangxi	14958	104545	102802	166812	147562	137934
山　东	Shandong	98289	309698	382611	504928	579857	780939
河　南	Henan	25508	57781	72875	152639	169430	221465
湖　北	Hubei	45449	19640	28396	44908	119638	273888
湖　南	Hunan	16824	43238	36124	38870	119275	95453
广　东	Guangdong	157730	114393	187819	346582	234736	325508
广　西	Guangxi	36660	57285	79988	59571	63292	73232
海　南	Hainan	12986	4266	11484	150	180	514
重　庆	Chongqing	35420	126712	164253	255886	254362	330227
四　川	Sichuan	75408	59864	120579	113396	96023	265599
贵　州	Guizhou	19749	24215	29218	18719	55587	44962
云　南	Yunnan	4570	21263	30688	34731	16105	61058
西　藏	Tibet						
陕　西	Shaanxi	7007	233013	144317	56533	66186	125262
甘　肃	Gansu	5455	12607	11704	12371	5	20324
青　海	Qinghai			16	1325	2	
宁　夏	Ningxia	14259	810	645	42866	74371	73882
新　疆	Xinjiang	30	4620		72		

2–168 医药制造业新产品销售收入

Sales Revenue from New Products of Medical and Pharmaceutical Products Manufacturing

单位：万元 (10000 yuan)

地 区 Region	1995	2000	2003	2004	2005	2006	2007
全 国 Total	**615318**	**1702574**	**3037923**	**3887153**	**4693608**	**5699191**	**7126886**
东部地区 Eastern Region	461802	1248656	2190281	3031794	3454960	4320487	5309982
中部地区 Mid Region	104085	383684	415916	422680	720760	773559	1022123
西部地区 Western Region	49431	70234	431726	432679	517888	605146	794781
北 京 Beijing	15810	59074	202347	162784	183136	160919	377114
天 津 Tianjin	29805	19196	121889	260442	175073	270606	337407
河 北 Hebei	37256	153880	130515	130082	170626	237583	290123
山 西 Shanxi	98	1392	9059	9051	36079	21149	34897
内蒙古 Neimenggu	525	732	750	10575	17420	21142	2300
辽 宁 Liaoning	19628	85389	56440	85165	117225	75090	111404
吉 林 Jilin	13964	46217	39246	55153	75707	99079	145477
黑龙江 Heilongjiang	11152	244040	147980	94002	158376	77771	66269
上 海 Shanghai	98257	226253	204843	266106	296832	529760	488313
江 苏 Jiangsu	71378	269158	525973	775936	1068297	1148480	1426360
浙 江 Zhejiang	57084	196145	527760	601022	543539	943826	1094998
安 徽 Anhui	21739	7605	20854	34336	42823	64213	90800
福 建 Fujian	6133	4410	13089	83659	128567	152699	157463
江 西 Jiangxi	20845	13053	98419	99194	160003	135810	129588
山 东 Shandong	41608	90980	246628	408352	452654	568892	679792
河 南 Henan	21663	20935	52436	63703	141907	160304	226125
湖 北 Hubei	6119	33594	16956	27909	54957	115061	246299
湖 南 Hunan	7981	16116	30216	28758	33487	79030	80369
广 东 Guangdong	74785	113427	102385	169945	234732	174598	274653
广 西 Guangxi	9775	28905	55170	78156	84129	57852	71855
海 南 Hainan	284	1838	3242	10144	150	180	501
重 庆 Chongqing		31735	97554	135432	262878	276236	332147
四 川 Sichuan	24925	16633	67773	104459	115581	135349	182531
贵 州 Guizhou	4970	939	20846	25050	15616	44113	38221
云 南 Yunnan	721	3387	19017	28973	25733	15084	57588
西 藏 Tibet							
陕 西 Shaanxi	16167	2194	219826	131072	55775	62005	97773
甘 肃 Gansu	1358	2858	5870	6983	6909	4	13778
青 海 Qinghai	759				1300		
宁 夏 Ningxia		12489	840	710	34043	72355	72742
新 疆 Xinjiang	531				54		

2-169 医药制造业专利申请数
Patent Applications Received of Medical and Pharmaceutical Products Manufacturing

单位：项 (unit)

地区 Region		1995	2000	2003	2004	2005	2006	2007
全国	**Total**	**273**	**547**	**1305**	**1696**	**2708**	**2383**	**3056**
东部地区	Eastern Region	207	282	823	1096	1828	1610	1924
中部地区	Mid Region	49	128	179	234	437	409	583
西部地区	Western Region	17	137	303	366	443	364	549
北京	Beijing	2	1	18	15	66	25	22
天津	Tianjin	5	62	100	187	300	336	234
河北	Hebei	1	22	24	79	114	130	106
山西	Shanxi	2	4	25	11	10	39	52
内蒙古	Neimenggu		1	2	3	13	1	
辽宁	Liaoning	31	6	15	17	26	16	69
吉林	Jilin	7	24	44	64	69	84	97
黑龙江	Heilongjiang	8	13	17	35	55	79	68
上海	Shanghai	9	35	44	48	163	171	193
江苏	Jiangsu	5	25	197	146	246	151	206
浙江	Zhejiang	6	15	71	100	167	169	227
安徽	Anhui		1	15	6	10	6	10
福建	Fujian	2		10	2	10	45	32
江西	Jiangxi	10	8	40	55	145	71	93
山东	Shandong	13	25	170	298	388	281	238
河南	Henan	16	14	11	17	20	72	166
湖北	Hubei	3	50	16	18	81	23	40
湖南	Hunan	3	13	9	25	34	34	57
广东	Guangdong	126	78	126	156	263	246	521
广西	Guangxi	7	9	48	44	85	36	61
海南	Hainan		4		4		4	15
重庆	Chongqing		48	39	41	60	92	48
四川	Sichuan	4	12	71	75	58	91	117
贵州	Guizhou	4	25	16	48	26	60	56
云南	Yunnan	9	34	132	150	157	41	208
西藏	Tibet							
陕西	Shaanxi		2	38	40	97	68	109
甘肃	Gansu		3	3	9	29	6	8
青海	Qinghai		13		1	1	1	3
宁夏	Ningxia			4	2	15	5	
新疆	Xinjiang							

2-170 医药制造业拥有发明专利数

Owning Inventive Patent of Medical and Pharmaceutical Products Manufacturing

单位：项 (unit)

地区 Region		1995	2000	2003	2004	2005	2006	2007
全国	**Total**	**183**	**414**	**459**	**902**	**1134**	**1965**	**2482**
东部地区	Eastern Region	160	278	274	505	729	1112	1570
中部地区	Mid Region	19	66	88	195	179	421	442
西部地区	Western Region	4	70	97	202	226	432	470
北京	Beijing	1	1	7	19	24	34	69
天津	Tianjin	9	6	4	46	65	90	178
河北	Hebei		12	11	34	42	61	103
山西	Shanxi	1	1	2	10	2	5	27
内蒙古	Neimenggu			1	2	13	1	1
辽宁	Liaoning	23	13	18	31	23	40	41
吉林	Jilin	5	13	18	39	24	124	130
黑龙江	Heilongjiang	4	9	5	40	10	44	44
上海	Shanghai	2	12	28	51	63	117	91
江苏	Jiangsu	2	4	51	68	185	248	247
浙江	Zhejiang	3	30	38	56	44	126	126
安徽	Anhui				6	13	16	26
福建	Fujian			5	5	9	9	18
江西	Jiangxi	4	4	7	11	19	38	43
山东	Shandong	10	45	56	133	171	196	337
河南	Henan	4	6	15	20	23	54	76
湖北	Hubei		14	7	16	24	48	58
湖南	Hunan	1	19	33	51	51	91	37
广东	Guangdong	104	146	44	47	78	164	305
广西	Guangxi	6	7	12	15	25	27	55
海南	Hainan		2					
重庆	Chongqing		9	12	23	21	55	68
四川	Sichuan	1	10	24	23	52	80	119
贵州	Guizhou	3	20	2	77	54	105	130
云南	Yunnan		17	48	47	39	88	60
西藏	Tibet							
陕西	Shaanxi		7	7	17	46	95	79
甘肃	Gansu		3	1	10	3	8	9
青海	Qinghai		4	1	1	1	1	1
宁夏	Ningxia			2	4	10		4
新疆	Xinjiang							

2-171 医药制造业技术改造经费支出

Expenditure on Technical Renovation of Medical and Pharmaceutical Products Manufacturing

单位：万元 (10000 yuan)

地区	Region	1995	2000	2003	2004	2005	2006	2007
全国	**Total**	**273404**	**286587**	**469168**	**571002**	**441007**	**483438**	**473091**
东部地区	Eastern Region	198816	201003	359971	325239	322858	240330	317625
中部地区	Mid Region	48540	69228	46132	153962	95580	182084	110116
西部地区	Western Region	26048	16356	63065	91801	22569	61024	45350
北京	Beijing	958	276	18855	9691	3622	3941	2977
天津	Tianjin	311	7418	16792	7048	15714	12526	14478
河北	Hebei	13563	28284	48747	16658	13450	12364	19285
山西	Shanxi	175	220	287	2546	2777	1100	2570
内蒙古	Neimenggu	2238	507		200	210	461	1385
辽宁	Liaoning	55884	23186	22850	12226	9851	8388	10964
吉林	Jilin	842	7236	1092	5544	13627	5063	17226
黑龙江	Heilongjiang	9515	15627	2108	34102	22746	21441	7349
上海	Shanghai	5151	12864	6191	5260	4069	7116	6895
江苏	Jiangsu	79068	35587	61179	51246	36863	33922	62397
浙江	Zhejiang	8939	51929	88817	95429	101136	96286	108060
安徽	Anhui	8144	2651	4357	9583	8247	7081	4500
福建	Fujian	1487	4057	8028	4775	2407	3208	4057
江西	Jiangxi	4120	142	8853	18736	9586	76013	3309
山东	Shandong	24247	24944	49047	62997	92536	38830	49365
河南	Henan	14231	7934	14680	58756	28933	51877	46884
湖北	Hubei	7688	28431	6745	15021	5795	14742	19286
湖南	Hunan	1588	6480	8010	9474	3658	4307	7608
广东	Guangdong	2417	8313	24236	35962	30756	16159	32314
广西	Guangxi	3036	3581	15221	23940	12455	7572	6833
海南	Hainan	3756	566	8	7		18	
重庆	Chongqing		1626	16329	32184	10520	8346	7497
四川	Sichuan	20991	8489	22589	20736	6572	10810	11117
贵州	Guizhou			4621	23808	3641	384	870
云南	Yunnan	273	779	408	986	2	2042	1365
西藏	Tibet							
陕西	Shaanxi	2490	3746	14293	3586	1343	2988	2408
甘肃	Gansu	2262	611		2423	281	3	507
青海	Qinghai	31	1000	87	34			
宁夏	Ningxia		20	231	3351	210	36450	21450
新疆	Xinjiang		85	4507	4693			136

2-172 医药制造业技术引进经费支出

Expenditure on Technology Import of Medical and Pharmaceutical Products Manufacturing

单位：万元 (10000 yuan)

地 区 Region		1995	2000	2003	2004	2005	2006	2007
全 国	**Total**	**30092**	**45121**	**73772**	**57500**	**35815**	**32099**	**30321**
东部地区	Eastern Region	19515	30210	54230	51384	27837	17290	20026
中部地区	Mid Region	9417	13524	14093	2340	3024	8064	3464
西部地区	Western Region	1161	1387	5449	3776	4954	6745	6832
北 京	Beijing		130	296	80	4070	768	1142
天 津	Tianjin		1484	2458	83	827	897	
河 北	Hebei	1122	7787	3796	1743	1440	734	617
山 西	Shanxi		315	77	60			
内 蒙 古	Neimenggu		20					
辽 宁	Liaoning	89	732	385				
吉 林	Jilin	28	2268	480	847	706		20
黑 龙 江	Heilongjiang	3078	3809	4680	1210	466	205	
上 海	Shanghai	2950	7929	5653	8243	5114	1385	1656
江 苏	Jiangsu	12219	6391	25428	19334	4303	3814	3158
浙 江	Zhejiang	186	2722	5710	2398	2435	6151	5045
安 徽	Anhui	2987	130	1254		900		2000
福 建	Fujian		248		40	34	139	97
江 西	Jiangxi	988	1220	1317				
山 东	Shandong	160	817	3567	4709	3278	279	1166
河 南	Henan	1998	273	268			4140	630
湖 北	Hubei	318	4554	3440		168	872	800
湖 南	Hunan	20	935	2577	223	784	2847	14
广 东	Guangdong	989	1166	5988	14630	6294	3074	7095
广 西	Guangxi		230	719	125	42	50	50
海 南	Hainan	1800	573	230				
重 庆	Chongqing		121	2519	2646	2417		
四 川	Sichuan	996	596	427	560			
贵 州	Guizhou			53	390	2321		
云 南	Yunnan	121	20	42	30	217		
西 藏	Tibet							
陕 西	Shaanxi		265	2272				
甘 肃	Gansu	44	312					
青 海	Qinghai			64				
宁 夏	Ningxia		14	72	150		6745	6832
新 疆	Xinjiang		60					

2-173 医药制造业消化吸收经费支出

Expenditure on Technology Absorption of Medical and Pharmaceutical Products Manufacturing

单位：万元 (10000 yuan)

地区 Region		1995	2000	2003	2004	2005	2006	2007
全　国	**Total**	**4019**	**12035**	**19168**	**23488**	**34971**	**34896**	**42544**
东部地区	Eastern Region	3443	5641	12800	15337	28479	28150	34260
中部地区	Mid Region	569	6318	6219	7638	4601	3387	4878
西部地区	Western Region	7	77	149	513	1891	3359	3406
北　京	Beijing					163	298	689
天　津	Tianjin		61		2112	624	445	
河　北	Hebei	273	1759	735	1516	772	689	694
山　西	Shanxi		12	30	37	30	523	
内蒙古	Neimenggu						150	
辽　宁	Liaoning	2647	4	40		43	117	112
吉　林	Jilin			1080	100	252	10	107
黑龙江	Heilongjiang	59	5993	4284	6346	2557	273	128
上　海	Shanghai	100	947	129	124	71	11716	1042
江　苏	Jiangsu	91	377	5627	7228	7798	6062	10991
浙　江	Zhejiang		1074	5098	2555	6559	5734	10054
安　徽	Anhui	29	16		100	100	100	205
福　建	Fujian		463		60	242	438	49
江　西	Jiangxi	459	2	4	444	14	14	28
山　东	Shandong	40	239	324	697	1382	470	3149
河　南	Henan	12	3	207	30	588	449	866
湖　北	Hubei	10	262	489	364	277	1103	3530
湖　南	Hunan	1	29	125	216	784	765	14
广　东	Guangdong	41	616	512	471	10343	1559	6313
广　西	Guangxi	1		335	575	423	551	1119
海　南	Hainan	251	102			60	70	50
重　庆	Chongqing		20	36	286	1000	555	3
四　川	Sichuan	7	25	92	137	535	1256	1263
贵　州	Guizhou			15		40	12	
云　南	Yunnan							20
西　藏	Tibet							
陕　西	Shaanxi		21	6	80	316	285	275
甘　肃	Gansu				10			
青　海	Qinghai							
宁　夏	Ningxia						1252	1845
新　疆	Xinjiang		10					

2-174 医药制造业购买国内技术经费支出

Expenditure on Purchase of Domestic Technology of Medical and Pharmaceutical Products Manufacturing

单位：万元 (10000 yuan)

地区	Region	1995	2000	2003	2004	2005	2006	2007
全　国	**Total**	**7215**	**60690**	**39715**	**46002**	**56041**	**46416**	**56043**
东部地区	Eastern Region	5654	21205	26428	32526	44632	38313	44887
中部地区	Mid Region	1143	37190	6186	7375	7278	6764	9058
西部地区	Western Region	419	2295	7101	6101	4132	1339	2098
北　京	Beijing		25	507	246	2524	890	1716
天　津	Tianjin	31	924	4519	1760	798	909	730
河　北	Hebei	341	2057	611	842	1529	1327	1454
山　西	Shanxi	17	145	336	305	181	743	1192
内蒙古	Neimenggu	5	4		150		25	328
辽　宁	Liaoning	84	225	205	1861	560	204	1144
吉　林	Jilin	137	32722	1820	1020	323	599	753
黑龙江	Heilongjiang	470	216	2541	908	600	309	1241
上　海	Shanghai	465	1863	667	2943	3768	2860	3157
江　苏	Jiangsu	435	8235	5368	6728	15896	16034	16483
浙　江	Zhejiang	3212	2134	8171	6841	6050	8804	10867
安　徽	Anhui	25	750	628	1524	298	441	275
福　建	Fujian	43	133	20	343	521	522	100
江　西	Jiangxi	105	155	85	1033	562	65	1933
山　东	Shandong	236	4060	2130	4668	3566	1833	4592
河　南	Henan	234	78	186	1746	4585	2176	1552
湖　北	Hubei	145	2627	374	588	669	2301	1680
湖　南	Hunan	5	493	216	100	60	105	105
广　东	Guangdong	420	794	3437	5384	8549	4216	3066
广　西	Guangxi	173	380	793	558	590	364	707
海　南	Hainan	214	375		352	280	350	870
重　庆	Chongqing		920	4117	3378	2446	711	1082
四　川	Sichuan	247	790	1429	578	998	174	411
贵　州	Guizhou			1540	1363	73		
云　南	Yunnan	10	40	3	163	255		10
西　藏	Tibet							
陕　西	Shaanxi	52	505	12	492	189		
甘　肃	Gansu	104			28	100		
青　海	Qinghai							
宁　夏	Ningxia				100	56	454	595
新　疆	Xinjiang	5	40			15		

2-175 医药制造业科技机构数

Number of S&T Institutions of Medical and Pharmaceutical Products Manufacturing

单位: 个 (unit)

地 区 Region		1995	2000	2003	2004	2005	2006	2007
全　国	**Total**	**564**	**501**	**476**	**587**	**581**	**641**	**708**
东部地区	Eastern Region	323	309	285	345	358	389	439
中部地区	Mid Region	188	142	120	152	145	180	184
西部地区	Western Region	53	50	71	90	78	72	85
北　京	Beijing	12	10	9	10	8	15	21
天　津	Tianjin	21	17	14	20	23	27	24
河　北	Hebei	22	20	19	17	16	16	19
山　西	Shanxi	7	9	8	19	11	10	11
内 蒙 古	Neimenggu	2	3	3	3	3	5	3
辽　宁	Liaoning	33	17	7	14	11	13	14
吉　林	Jilin	26	26	15	26	19	27	17
黑 龙 江	Heilongjiang	19	16	19	17	22	22	18
上　海	Shanghai	42	37	21	20	21	26	30
江　苏	Jiangsu	57	57	60	63	70	69	70
浙　江	Zhejiang	30	29	37	60	64	76	84
安　徽	Anhui	24	15	16	15	15	14	16
福　建	Fujian	8	9	7	18	13	15	9
江　西	Jiangxi	20	11	13	14	20	20	21
山　东	Shandong	35	35	36	52	64	47	70
河　南	Henan	48	24	16	27	24	32	52
湖　北	Hubei	27	27	19	16	17	28	26
湖　南	Hunan	15	11	11	15	14	22	20
广　东	Guangdong	49	59	60	51	50	67	76
广　西	Guangxi	14	14	11	16	16	16	18
海　南	Hainan		5	4	4	2	2	4
重　庆	Chongqing		11	10	13	19	22	19
四　川	Sichuan	26	16	15	29	16	22	24
贵　州	Guizhou	2	2	5	11	10	7	9
云　南	Yunnan	5	4	4	6	6	5	8
西　藏	Tibet							
陕　西	Shaanxi	12	10	28	14	10	11	11
甘　肃	Gansu	5	2	4	10	11	2	10
青　海	Qinghai	1	2	2	1	2	1	2
宁　夏	Ningxia	1	2	2	5	4	1	2
新　疆	Xinjiang	1	1	1	1		1	

2-176 医药制造业科技机构科技活动人员

S&T Personnel in the S&T Institutions of Medical and Pharmaceutical Products Manufacturing

单位：人 (person)

地 区 Region		1995	2000	2003	2004	2005	2006	2007
全 国	**Total**	**11392**	**16071**	**19007**	**18182**	**22081**	**26362**	**35228**
东部地区	Eastern Region	7753	10497	12212	11368	14903	17137	22483
中部地区	Mid Region	2612	4421	4723	4303	4962	6437	8794
西部地区	Western Region	1027	1153	2072	2511	2216	2788	3951
北 京	Beijing	390	495	394	530	484	637	691
天 津	Tianjin	490	266	578	640	1179	1541	2008
河 北	Hebei	690	949	1317	1179	1961	2181	2326
山 西	Shanxi	255	266	270	269	241	333	305
内蒙古	Neimenggu	33	59	81	158	124	204	93
辽 宁	Liaoning	1079	453	334	464	414	527	1667
吉 林	Jilin	431	652	551	651	882	1317	1600
黑龙江	Heilongjiang	213	446	637	514	544	618	565
上 海	Shanghai	1145	1976	474	486	557	709	1153
江 苏	Jiangsu	990	1672	1846	1741	2512	2731	3200
浙 江	Zhejiang	600	1293	3014	2312	2833	4041	4900
安 徽	Anhui	184	479	606	566	486	337	671
福 建	Fujian	307	313	276	377	365	361	457
江 西	Jiangxi	267	584	654	542	721	827	895
山 东	Shandong	849	1411	1808	1727	2278	1879	3217
河 南	Henan	472	780	516	615	774	1195	2766
湖 北	Hubei	531	850	982	503	909	1285	1656
湖 南	Hunan	226	305	426	485	281	321	243
广 东	Guangdong	1000	1262	1602	1139	1352	1687	2187
广 西	Guangxi	174	327	515	723	930	807	608
海 南	Hainan	39	80	54	50	38	36	69
重 庆	Chongqing		232	333	454	483	580	799
四 川	Sichuan	613	479	709	810	576	800	1249
贵 州	Guizhou	44	24	108	434	215	353	669
云 南	Yunnan	74	84	101	124	226	123	303
西 藏	Tibet							
陕 西	Shaanxi	213	220	582	482	417	650	475
甘 肃	Gansu	53	44	138	107	168	39	171
青 海	Qinghai	15	51	26	13	26	15	23
宁 夏	Ningxia	3	19	66	76	105	225	262
新 疆	Xinjiang	12		9	11		3	

2-177 医药制造业科技机构科技活动经费内部支出

Intramural Expenditure for S&T Activities in the S&T Institutions of Medical and Pharmaceutical Products Manufacturing

单位：万元 (10000 yuan)

地区 Region		1995	2000	2003	2004	2005	2006	2007
全　国	**Total**	**41771**	**118124**	**236050**	**235824**	**337652**	**407905**	**616845**
东部地区	Eastern Region	32525	86429	176645	174503	260928	307825	471816
中部地区	Mid Region	6475	23538	38355	42249	58895	72860	96234
西部地区	Western Region	2771	8158	21050	19073	17829	27220	48795
北　京	Beijing	1159	4122	10874	6239	8373	9687	15882
天　津	Tianjin	1504	2254	12499	13037	32618	36240	31548
河　北	Hebei	2272	7494	12348	14898	16432	18713	23105
山　西	Shanxi	152	1253	1272	1102	1814	2592	2993
内蒙古	Neimenggu	47	331	346	427	1251	565	795
辽　宁	Liaoning	2974	882	2967	4740	6085	6201	18902
吉　林	Jilin	1287	2588	4182	11651	12651	19519	12870
黑龙江	Heilongjiang	977	2699	6619	8977	8146	6360	8752
上　海	Shanghai	7797	18969	14021	14038	12557	23613	74696
江　苏	Jiangsu	2530	12065	27014	32255	56699	60796	89560
浙　江	Zhejiang	2193	11407	35194	40455	52028	73459	89666
安　徽	Anhui	436	1836	4064	3830	4345	3587	9748
福　建	Fujian	1399	1851	2660	3777	4178	6113	4326
江　西	Jiangxi	823	1759	5487	4067	9848	10578	9321
山　东	Shandong	2604	12186	20808	20538	34827	32677	57123
河　南	Henan	1080	2853	4374	4954	8662	12694	28769
湖　北	Hubei	1388	8134	7874	3890	8142	14228	19019
湖　南	Hunan	285	2085	4137	3352	4037	2737	3969
广　东	Guangdong	7631	11262	32499	17331	27807	33105	57275
广　西	Guangxi	429	2393	4958	6648	8968	6764	8048
海　南	Hainan	32	1545	803	548	358	460	1686
重　庆	Chongqing		2611	4808	6809	5925	7959	12222
四　川	Sichuan	1679	3356	7800	4728	3876	6103	13376
贵　州	Guizhou	285	89	850	2765	1420	4668	4972
云　南	Yunnan	85	398	812	880	1840	1962	3503
西　藏	Tibet							
陕　西	Shaanxi	565	1194	5762	2763	1625	3674	9049
甘　肃	Gansu	127	193	669	873	1283	77	2768
青　海	Qinghai	1	272	115	39	54	57	68
宁　夏	Ningxia	5	45	165	182	1808	2630	2837
新　疆	Xinjiang	24		69	34		91	

2-178 航空航天制造业年末固定资产原价

Original Value of Fixed Assets of Aircraft and Spacecraft Manufacturing

单位：万元 (10000 yuan)

地区 Region		2000	2001	2003	2004	2005	2006	2007
全　国	**Total**	**4410570**	**4874153**	**5192252**	**4617194**	**6149885**	**6036188**	**6816427**
东部地区	Eastern Region	1317035	1426333	1513188	1587073	1656757	1982100	2189839
中部地区	Mid Region	1387425	1586687	1636892	922356	1909145	1267747	1514355
西部地区	Western Region	1706110	1861133	2042172	2107765	2583983	2786341	3112233
北　京	Beijing	311858	253475	327047	417300	440316	468473	523251
天　津	Tianjin	5404	6551	10711	37832	39093	39890	51117
河　北	Hebei	47476	61915	63346	56381	59724	62125	74337
山　西	Shanxi	28831	27572	53797	57769	13705	14489	13351
内蒙古	Neimenggu	17517	18587					
辽　宁	Liaoning	618033	640082	587920	665315	585668	646786	686073
吉　林	Jilin	55090	47687	42311	41038	43378	46352	50259
黑龙江	Heilongjiang	442343	495797	872946	217270	923447	277929	340762
上　海	Shanghai	114436	126462	115859	138180	146335	148381	174432
江　苏	Jiangsu	169578	188460	232556	26192	59420	249266	279981
浙　江	Zhejiang							2904
安　徽	Anhui	35888	37851	113201	78605	85136	103491	120451
福　建	Fujian		101235	102704	111802	123499	163141	195506
江　西	Jiangxi	342935	421402	14440	214286	330006	263158	381509
山　东	Shandong	7100	7179	18740	19295	16559	17428	14756
河　南	Henan	137468	141110	98467	79283	132314	181312	198195
湖　北	Hubei	64537	87779	164729	150376	207392	204169	196241
湖　南	Hunan	262817	308901	277001	83728	173766	176847	213585
广　东	Guangdong	43150	40974	43398	114777	186143	186609	187482
广　西	Guangxi			10907				
海　南	Hainan							
重　庆	Chongqing		13593	14887	12776	12719	12884	12967
四　川	Sichuan	412176	432181	562959	502616	679379	739397	804394
贵　州	Guizhou	414759	429528	393602	442769	508417	522750	584975
云　南	Yunnan							
西　藏	Tibet							
陕　西	Shaanxi	809291	921895	1012742	1099888	1350689	1464115	1671813
甘　肃	Gansu	69885	63936	57982	49716	32780	47196	38084
青　海	Qinghai							
宁　夏	Ningxia							
新　疆	Xinjiang							

2-179 航空航天制造业微电子控制设备原价

Original Value of Micro-electronic Equipments of Aircraft and Spacecraft Manufacturing

单位：万元 (10000 yuan)

地区 Region		1995	2000	2003	2004	2005	2006	2007
全　国	**Total**	**135208**	**365695**	**638374**	**477019**	**800496**	**742920**	**886853**
东部地区	Eastern Region	28276	89708	163964	97217	108397	195312	227543
中部地区	Mid Region	27204	107797	184952	92119	294829	204736	188971
西部地区	Western Region	79728	168190	289458	287683	397270	342873	470339
北　京	Beijing	1832	7373	17667	22024	32282	28781	14244
天　津	Tianjin	142	199	1188	1188	3303	3329	3374
河　北	Hebei	556	1424	3208	4649	4831	4315	5912
山　西	Shanxi	492	2044	3016	3025	70	70	70
内蒙古	Neimenggu	576	912					
辽　宁	Liaoning	13197	18913	88164	30535	30357	96905	106741
吉　林	Jilin	1084	2325	1816	3893	4568	4908	18627
黑龙江	Heilongjiang	16754	42139	137158	47813	242662	104478	101308
上　海	Shanghai	7698	21445	3978	18504	4308	18524	15745
江　苏	Jiangsu	2793	23588	30173	4307	2912	37565	30287
浙　江	Zhejiang	719						240
安　徽	Anhui	2068	1913	4294	2393	6023	12872	5691
福　建	Fujian			1328	15243	1487	1440	46921
江　西	Jiangxi	3143	18886		14182	9549	7857	17124
山　东	Shandong	324	908	899	767			105
河　南	Henan	865	5874	10971	7933	15798	26804	26599
湖　北	Hubei	715	6756	7057	12875	7470	7660	7856
湖　南	Hunan	1507	26947	20640	5	8688	40087	11697
广　东	Guangdong	1016	15858	17299		28917	4454	3973
广　西	Guangxi			60				
海　南	Hainan							
重　庆	Chongqing				205	729		47
四　川	Sichuan	29547	37124	66309	69180	108500	76274	114600
贵　州	Guizhou	16810	45008	48329	37145	49571	37570	38741
云　南	Yunnan	301						
西　藏	Tibet							
陕　西	Shaanxi	32377	85315	174820	180840	238101	225537	316952
甘　肃	Gansu	693	743		314	368	3492	
青　海	Qinghai							
宁　夏	Ningxia							
新　疆	Xinjiang							

2-180 航空航天制造业R&D活动人员折合全时当量

Full-time Equivalent of R&D Personnel of Aircraft and Spacecraft Manufacturing

单位：人年 (man.year)

地区	Region	1995	2000	2003	2004	2005	2006	2007
全　国	**Total**	**24769**	**30835**	**28165**	**24026**	**29870**	**27374**	**27182**
东部地区	Eastern Region	2673	5997	4265	6276	5254	4859	5583
中部地区	Mid Region	5207	9253	5732	9662	14027	10354	9907
西部地区	Western Region	16889	15585	18168	8088	10589	12161	11692
北　京	Beijing	168	333	552	1359	1183	1124	1363
天　津	Tianjin	128	2					
河　北	Hebei	32	160	1217	1008	1030	302	244
山　西	Shanxi		111	39	26			
内蒙古	Neimenggu	6						
辽　宁	Liaoning	1666	1205	1509	3261	2505	2607	2645
吉　林	Jilin	20	198	4	27	26		
黑龙江	Heilongjiang	351	1297	3107	1643	4264	3415	1656
上　海	Shanghai	640	2601	778	421	154	641	741
江　苏	Jiangsu	22	812	181	80	376	145	294
浙　江	Zhejiang	17						14
安　徽	Anhui	63	467	336	103	470	105	297
福　建	Fujian							
江　西	Jiangxi	145	4770	21	3155	3424	3610	4145
山　东	Shandong			28		1	4	12
河　南	Henan	119	502	265	1577	425	808	1129
湖　北	Hubei	353	566	1516	3131	2965	1494	2241
湖　南	Hunan	4150	1343	444		2453	923	440
广　东	Guangdong		884		148	5	36	271
广　西	Guangxi							
海　南	Hainan							
重　庆	Chongqing			65			25	84
四　川	Sichuan	1253	983	1289	601	1870	971	727
贵　州	Guizhou	2506	2169	1660	396	1692	1906	1478
云　南	Yunnan	205						
西　藏	Tibet							
陕　西	Shaanxi	12237	12126	14715	7088	6490	9114	9403
甘　肃	Gansu	688	306	440	2	537	144	
青　海	Qinghai							
宁　夏	Ningxia							
新　疆	Xinjiang							

2-181 航空航天制造业R&D经费内部支出

Intramural Expenditure for R&D of Aircraft and Spacecraft Manufacturing

单位：万元 (10000 yuan)

地区	Region	1995	2000	2003	2004	2005	2006	2007
全国	**Total**	**65067**	**137932**	**222590**	**252502**	**277969**	**333418**	**425938**
东部地区	Eastern Region	19300	28112	14273	87830	64523	99476	151470
中部地区	Mid Region	7591	41469	89628	54431	107410	79291	109895
西部地区	Western Region	38176	68351	118689	110240	106036	154651	164573
北京	Beijing	566	3306	1507	24612	22335	27783	35054
天津	Tianjin	327	22					
河北	Hebei	29	1060	2931	3259	3944	1104	2013
山西	Shanxi		551	617	569			
内蒙古	Neimenggu	16						
辽宁	Liaoning	13556	2014	4658	51026	30570	44120	75855
吉林	Jilin	18	214	500	260	348		
黑龙江	Heilongjiang	668	13274	50793	11402	44735	29088	41289
上海	Shanghai	4698	9730	3144	4320	4091	19381	26232
江苏	Jiangsu	46	6644	1697	603	1337	1521	4394
浙江	Zhejiang	78						780
安徽	Anhui	127	5561	14087	1092	11112	979	2190
福建	Fujian							
江西	Jiangxi	146	12376	31	20770	23762	30127	26907
山东	Shandong			336		15	201	280
河南	Henan	705	4165	1852	7101	4414	5141	11069
湖北	Hubei	685	3155	10774	13237	12600	12156	20631
湖南	Hunan	5227	2175	10974		10439	1800	7811
广东	Guangdong		5337		4011	2231	5366	6861
广西	Guangxi							
海南	Hainan							
重庆	Chongqing			13			438	607
四川	Sichuan	1765	7705	9198	4204	17009	17736	26702
贵州	Guizhou	4151	6032	11197	12981	15741	25278	18348
云南	Yunnan	285						
西藏	Tibet							
陕西	Shaanxi	30965	53826	96568	93033	71654	111050	118917
甘肃	Gansu	1010	788	1713	22	1632	149	
青海	Qinghai							
宁夏	Ningxia							
新疆	Xinjiang							

2-182 航空航天制造业科技活动人员

Personnel for S&T Activities of Aircraft and Spacecraft Manufacturing

单位：人 (person)

地区 Region		1995	2000	2003	2004	2005	2006	2007
全国	**Total**	**94143**	**81999**	**56554**	**52756**	**56305**	**55209**	**56476**
东部地区	Eastern Region	18512	12081	11666	9061	9925	11392	13016
中部地区	Mid Region	20884	25515	11162	14886	20943	16497	14900
西部地区	Western Region	54747	44403	33726	28809	25437	27320	28560
北京	Beijing	1761	845	1050	1815	1432	1558	1658
天津	Tianjin	132	147	178	176	200	175	186
河北	Hebei	322	367	1623	1220	1104	549	612
山西	Shanxi	414	527	210	106			
内蒙古	Neimenggu	26	44					
辽宁	Liaoning	11931	4415	5723	4132	5504	6381	6331
吉林	Jilin	405	374	114	32	32	32	35
黑龙江	Heilongjiang	7389	4632	4759	2340	6579	3890	2119
上海	Shanghai	2671	3000	1041	840	425	1102	1202
江苏	Jiangsu	1562	2272	1821	380	713	1086	1284
浙江	Zhejiang	45						40
安徽	Anhui	244	560	863	254	603	600	756
福建	Fujian			102	102	205	305	1000
江西	Jiangxi	4448	9849	74	5072	5450	5411	4857
山东	Shandong	88	151	128	75	21	18	30
河南	Henan	1884	5305	1164	2019	1604	2578	2724
湖北	Hubei	619	1534	2303	5063	3265	2194	3634
湖南	Hunan	5455	2690	1675		3410	1792	775
广东	Guangdong		884		321	321	218	673
广西	Guangxi							
海南	Hainan							
重庆	Chongqing			290	271	312	361	360
四川	Sichuan	15238	8286	5776	3289	2759	3533	4228
贵州	Guizhou	9668	8869	6444	4605	4487	6906	6171
云南	Yunnan	223						
西藏	Tibet							
陕西	Shaanxi	28425	25869	20088	20313	17276	16052	17801
甘肃	Gansu	1193	1379	1128	331	603	468	
青海	Qinghai							
宁夏	Ningxia							
新疆	Xinjiang							

2-183 航空航天制造业科技活动人员中科学家和工程师

Scientists and Engineers in S&T Personnel of Aircraft and Spacecraft Manufacturing

单位：人 (person)

地区	Region	1995	2000	2003	2004	2005	2006	2007
全国	**Total**	**26078**	**35554**	**29303**	**22701**	**32303**	**30669**	**29942**
东部地区	Eastern Region	5742	7074	6564	4767	6821	7423	8887
中部地区	Mid Region	7790	10735	6122	6096	13086	9993	8317
西部地区	Western Region	12546	17745	16617	11838	12396	13253	12738
北京	Beijing	928	678	513	1059	1096	1123	1258
天津	Tianjin	57	49	84	83	117	123	94
河北	Hebei	167	158	560	495	595	264	411
山西	Shanxi	236	223	200	73			
内蒙古	Neimenggu	14	34					
辽宁	Liaoning	2796	2933	3678	2011	4007	3954	4438
吉林	Jilin	150	127	73	29	20	29	27
黑龙江	Heilongjiang	3413	2268	3154	1446	6212	3722	1400
上海	Shanghai	1256	1232	756	488	259	962	912
江苏	Jiangsu	468	1052	849	211	305	648	915
浙江	Zhejiang	25						28
安徽	Anhui	121	371	444	110	269	511	558
福建	Fujian			65	65	106	125	500
江西	Jiangxi	1311	4139	26	2033	2332	2441	2828
山东	Shandong	45	125	59	34	21	18	30
河南	Henan	417	1099	624	761	841	1396	1460
湖北	Hubei	261	907	822	1644	959	1187	1484
湖南	Hunan	1867	1567	779		2453	707	560
广东	Guangdong		847		321	315	206	301
广西	Guangxi							
海南	Hainan							
重庆	Chongqing			155	78	91	107	154
四川	Sichuan	2940	3699	3038	1723	1640	2181	2252
贵州	Guizhou	2729	3401	2631	2123	2359	3767	2866
云南	Yunnan	94						
西藏	Tibet							
陕西	Shaanxi	6572	10152	10119	7861	7933	7002	7466
甘肃	Gansu	211	493	674	53	373	196	
青海	Qinghai							
宁夏	Ningxia							
新疆	Xinjiang							

2-184 航空航天制造业科技活动经费筹集额

Sources of Funds for S&T Activities of Aircraft and Spacecraft Manufacturing

单位：万元 (10000 yuan)

地 区	Region	1995	2000	2003	2004	2005	2006	2007
全 国	**Total**	**163961**	**231126**	**372065**	**386448**	**499276**	**536781**	**716350**
东部地区	Eastern Region	44769	63893	74571	105837	112249	154977	218271
中部地区	Mid Region	22368	63625	124709	79280	163778	145674	224608
西部地区	Western Region	96825	103608	172785	201332	223249	236131	273472
北 京	Beijing	3019	3140	2619	28582	23407	30273	37177
天 津	Tianjin	363	867	552	640	625	672	720
河 北	Hebei	994	1474	6325	4484	3956	2079	1627
山 西	Shanxi	265	1260	1122	1366			
内蒙古	Neimenggu	25	92					
辽 宁	Liaoning	20558	29019	34957	46474	62685	72950	119386
吉 林	Jilin	351	354	890	608	348	388	344
黑龙江	Heilongjiang	7246	17463	79865	30779	70440	39341	70889
上 海	Shanghai	10255	4016	10147	16083	11326	24285	25998
江 苏	Jiangsu	9128	19750	16122	1191	3835	15601	20685
浙 江	Zhejiang	177						1500
安 徽	Anhui	575	9699	14817	1293	12718	14864	11137
福 建	Fujian			3319	3983	1079	3371	3822
江 西	Jiangxi	4695	18184	71	25261	41071	44570	77837
山 东	Shandong	276	290	530	312	174	381	280
河 南	Henan	2867	6577	6207	5345	7738	13685	18772
湖 北	Hubei	1651	4701	13671	14628	15741	15867	28312
湖 南	Hunan	4693	5295	8066		15722	16959	17318
广 东	Guangdong		5337		4087	5162	5366	7076
广 西	Guangxi							
海 南	Hainan							
重 庆	Chongqing			548	2784	1853	861	486
四 川	Sichuan	36860	32622	47395	43094	55925	67212	52116
贵 州	Guizhou	12452	13332	26305	26106	35431	41128	53149
云 南	Yunnan	302						
西 藏	Tibet							
陕 西	Shaanxi	45761	56461	96383	128371	128376	124002	167721
甘 肃	Gansu	1451	1193	2154	976	1665	2929	
青 海	Qinghai							
宁 夏	Ningxia							
新 疆	Xinjiang							

2-185 航空航天制造业科技活动经费筹集额中政府资金

Government Funds in the Sources of Funds for S&T Activities of Aircraft and Spacecraft Manufacturing

单位：万元 (10000 yuan)

地 区 Region		1995	2000	2003	2004	2005	2006	2007
全　国	**Total**	**82339**	**103448**	**139161**	**151362**	**160251**	**197349**	**372920**
东部地区	Eastern Region	20784	21225	27047	44345	15321	37218	118577
中部地区	Mid Region	10293	20800	32688	33421	50048	61653	108571
西部地区	Western Region	51261	61423	79426	73597	94881	98478	145772
北　京	Beijing	1034	2345	2181	726	24	927	1457
天　津	Tianjin	208	867	300	640	219	562	720
河　北	Hebei	278	417	3595	3225	500	515	1003
山　西	Shanxi	173	785	809	999			
内蒙古	Neimenggu	11						
辽　宁	Liaoning	12970	11624	17471	35344	13628	25120	99038
吉　林	Jilin	338			520			141
黑龙江	Heilongjiang	1136	3055	19446	12983	14656	25948	49741
上　海	Shanghai	3891	2220	2826	3970	690	8980	13232
江　苏	Jiangsu	2276	3752	619	400	261	1115	3127
浙　江	Zhejiang	127						
安　徽	Anhui	517	1195	610	640	8260	77	897
福　建	Fujian							
江　西	Jiangxi	3034	8512		5601	8570	19532	47722
山　东	Shandong			55	40			
河　南	Henan	635	2006	609	1099	996	929	4084
湖　北	Hubei	336	1419	7020	11579	5869	5650	4511
湖　南	Hunan	4113	3828	4194		11697	9518	1476
广　东	Guangdong							
广　西	Guangxi							
海　南	Hainan							
重　庆	Chongqing							
四　川	Sichuan	23303	17825	18003	12631	31463	36428	18118
贵　州	Guizhou	2774	6973	6608	4676	6145	12458	8309
云　南	Yunnan							
西　藏	Tibet							
陕　西	Shaanxi	24790	35973	54282	55314	56882	47964	119345
甘　肃	Gansu	395	653	533	976	391	1628	
青　海	Qinghai							
宁　夏	Ningxia							
新　疆	Xinjiang							

2-186 航空航天制造业科技活动经费筹集额中企业资金

Funds Raised by Enterprises in the Sources of Funds for S&T Activities of Aircraft and Spacecraft Manufacturing

单位: 万元 (10000 yuan)

地区	Region	1995	2000	2003	2004	2005	2006	2007
全国	**Total**	**47857**	**81037**	**160039**	**196162**	**229044**	**238275**	**272217**
东部地区	Eastern Region	14531	30077	43068	59466	59699	83702	92260
中部地区	Mid Region	9910	34893	78479	37713	102649	64153	90717
西部地区	Western Region	23416	16066	38492	98983	66696	90419	89240
北京	Beijing	862	495	438	26522	22876	29345	34975
天津	Tianjin	14						
河北	Hebei	716	1025	730	1259	1416	301	624
山西	Shanxi	67	475	313	367			
内蒙古	Neimenggu	13	67					
辽宁	Liaoning	1010	7535	16770	11047	16868	16630	15536
吉林	Jilin	13	354	590	88	348	308	203
黑龙江	Heilongjiang	5135	14008	55619	17776	54976	13373	21117
上海	Shanghai	5052	1517	7291	11505	8574	13845	12524
江苏	Jiangsu	6752	13878	14045	791	3549	14464	16608
浙江	Zhejiang	50						1500
安徽	Anhui	58	3389	8910	653	4458	14787	10240
福建	Fujian			3319	3983	1079	3371	3822
江西	Jiangxi	1661	8470	71	11760	22228	10758	18315
山东	Shandong	76	290	475	272	174	381	280
河南	Henan	1602	3401	3028	4020	6742	10009	14689
湖北	Hubei	1163	3282	6576	3050	9872	10208	23600
湖南	Hunan	198	1447	3372		4025	4711	2554
广东	Guangdong		5337		4087	5162	5366	6391
广西	Guangxi							
海南	Hainan							
重庆	Chongqing			313	2784	1781	861	486
四川	Sichuan	6792	4534	6170	23927	16407	18127	15241
贵州	Guizhou	8496	5385	11012	19424	20416	17648	27198
云南	Yunnan	302						
西藏	Tibet							
陕西	Shaanxi	7228	5990	19566	52849	26832	52798	46316
甘肃	Gansu	598	157	1431		1260	985	
青海	Qinghai							
宁夏	Ningxia							
新疆	Xinjiang							

2-187 航空航天制造业科技活动经费筹集额中金融机构贷款

Loans from Financial Institutions in the Sources of Funds for S&T Activities of Aircraft and Spacecraft Manufacturing

单位：万元 (10000 yuan)

地 区	Region	1995	2000	2003	2004	2005	2006	2007
全 国	**Total**	**20425**	**7826**	**25891**	**8655**	**20995**	**27048**	**25808**
东部地区	Eastern Region	2451	50	2000		1510	1263	900
中部地区	Mid Region	1351	6170	12496	8023	10218	16145	15088
西部地区	Western Region	16623	1606	11395	632	9267	9639	9820
北 京	Beijing	450						
天 津	Tianjin							
河 北	Hebei			2000		1510	1263	
山 西	Shanxi							
内蒙古	Neimenggu							
辽 宁	Liaoning	990	50					
吉 林	Jilin							
黑龙江	Heilongjiang	801		4800				
上 海	Shanghai	711						
江 苏	Jiangsu	100						900
浙 江	Zhejiang							
安 徽	Anhui		5115	5297				
福 建	Fujian							
江 西	Jiangxi				7900	10218	14045	11800
山 东	Shandong	200						
河 南	Henan	300	1055	1899	123		1100	
湖 北	Hubei							
湖 南	Hunan	250		500			1000	3288
广 东	Guangdong							
广 西	Guangxi							
海 南	Hainan							
重 庆	Chongqing							
四 川	Sichuan	4741					200	
贵 州	Guizhou	1116	315	6830	400	7643	9139	9820
云 南	Yunnan							
西 藏	Tibet							
陕 西	Shaanxi	10406	1291	4565	232	1624	300	
甘 肃	Gansu	360						
青 海	Qinghai							
宁 夏	Ningxia							
新 疆	Xinjiang							

2-188 航空航天制造业科技活动经费内部支出

Intramural Expenditure for S&T Activities of Aircraft and Spacecraft Manufacturing

单位：万元 (10000 yuan)

地 区 Region		1995	2000	2003	2004	2005	2006	2007
全　国	**Total**	**155286**	**234642**	**424881**	**467881**	**490127**	**615532**	**749437**
东部地区	Eastern Region	43738	66134	63279	110238	115244	176652	236469
中部地区	Mid Region	26475	65169	123859	83815	159337	144730	230873
西部地区	Western Region	85073	103340	237743	273828	215546	294150	282095
北　京	Beijing	3855	4932	4731	28537	24233	31693	35360
天　津	Tianjin	327	1193	1041	1142	1091	1308	1579
河　北	Hebei	943	1990	4649	4767	4279	1754	4145
山　西	Shanxi	271	1026	930	936			
内蒙古	Neimenggu	21	92					
辽　宁	Liaoning	19385	18054	26327	56175	66184	87081	94873
吉　林	Jilin	389	327	562	388	348	388	438
黑龙江	Heilongjiang	8515	14809	61829	22661	65141	36133	57871
上　海	Shanghai	9861	15152	7636	12532	8944	30881	67306
江　苏	Jiangsu	9024	19187	16760	981	3991	14817	21017
浙　江	Zhejiang	175						1010
安　徽	Anhui	459	9799	30009	1512	16455	18961	11688
福　建	Fujian			1500	1800	1079	3371	3822
江　西	Jiangxi	3500	19689	71	24738	38856	39783	75443
山　东	Shandong	169	290	635	292	174	381	280
河　南	Henan	3371	6812	6333	10005	7624	17184	24081
湖　北	Hubei	1532	7421	12745	22668	15717	14766	43065
湖　南	Hunan	8417	5194	11380	907	15197	17515	18289
广　东	Guangdong		5337		4011	5269	5366	7076
广　西	Guangxi							
海　南	Hainan							
重　庆	Chongqing			548	2784	1853	1265	1208
四　川	Sichuan	32834	29227	82642	76908	47157	93293	72104
贵　州	Guizhou	12105	11263	21038	29399	29946	40985	44684
云　南	Yunnan	285						
西　藏	Tibet							
陕　西	Shaanxi	38335	61342	131692	163243	134958	155274	164099
甘　肃	Gansu	1514	1508	1823	1495	1632	3333	
青　海	Qinghai							
宁　夏	Ningxia							
新　疆	Xinjiang							

2-189 航空航天制造业科技活动经费内部支出中劳务费

Labor Expenses in the Intramural Expenditure for S&T Activities of Aircraft and Spacecraft Manufacturing

单位：万元 (10000 yuan)

地区	Region	1995	2000	2003	2004	2005	2006	2007
全　国	**Total**	**35484**	**67248**	**80673**	**107476**	**121696**	**117007**	**132755**
东部地区	Eastern Region	6581	15072	17094	29341	26342	33748	31301
中部地区	Mid Region	10916	24861	21021	21959	49352	39620	50529
西部地区	Western Region	17987	27315	42558	56176	46002	43638	50925
北　京	Beijing	535	990	1017	8765	8019	10506	12253
天　津	Tianjin	114	178	314	380	543	490	688
河　北	Hebei	214	263	2184	1807	1375	886	1009
山　西	Shanxi	73	500	258	351			
内蒙古	Neimenggu	13	28					
辽　宁	Liaoning	2298	2067	7099	12586	11980	12670	5876
吉　林	Jilin	131	150	150	90	77	110	169
黑龙江	Heilongjiang	4677	9079	11792	4048	25063	11456	14920
上　海	Shanghai	2464	4299	3504	2943	1496	3434	4615
江　苏	Jiangsu	861	2200	2037	534	544	2455	3034
浙　江	Zhejiang	41						470
安　徽	Anhui	118	662	1524	748	2599	2142	3937
福　建	Fujian			647	776	533	1665	751
江　西	Jiangxi	1807	8211	66	4173	5593	8646	8772
山　东	Shandong	53	152	292	146	29	64	160
河　南	Henan	914	2032	1784	4757	2626	5591	6579
湖　北	Hubei	443	1314	3977	7795	6074	5888	12801
湖　南	Hunan	2740	2885	1470		7322	5788	3352
广　东	Guangdong		4924		1404	1824	1579	2446
广　西	Guangxi							
海　南	Hainan							
重　庆	Chongqing			300	296	330	174	296
四　川	Sichuan	6447	3863	10084	11281	3201	5566	9563
贵　州	Guizhou	4391	4053	5017	8594	9482	9208	8496
云　南	Yunnan	118						
西　藏	Tibet							
陕　西	Shaanxi	6867	18397	26091	35790	32872	28256	32571
甘　肃	Gansu	165	1002	1066	215	117	435	
青　海	Qinghai							
宁　夏	Ningxia							
新　疆	Xinjiang							

2-190 航空航天制造业科技活动经费内部支出中仪器设备费

Instruments and Equipments Expenses in the Intramural Expenditure for S&T Activities of Aircraft and Spacecraft Manufacturing

单位：万元 (10000 yuan)

地区 Region		1995	2000	2003	2004	2005	2006	2007
全　国	**Total**	**12641**	**44520**	**136322**	**108491**	**128210**	**136060**	**159941**
东部地区	Eastern Region	1779	19353	5949	16902	22873	60975	23513
中部地区	Mid Region	2746	10075	29831	10842	36168	33294	68365
西部地区	Western Region	8116	15093	100542	80747	69169	41791	68062
北　京	Beijing	213	949	1188	2642	1282	5119	580
天　津	Tianjin	12	629	10				
河　北	Hebei	80	810	420	853	968	138	689
山　西	Shanxi	25	9					
内蒙古	Neimenggu		19					
辽　宁	Liaoning	481	11914	1984	7202	17222	43279	5615
吉　林	Jilin	10		1	112	30		
黑龙江	Heilongjiang	675	1515	12930	4454	18144	14632	12000
上　海	Shanghai	727	223	889	4992	2633	9329	9294
江　苏	Jiangsu	113	4756	677	296	557	1804	3627
浙　江	Zhejiang	85						282
安　徽	Anhui	44	4981	10474	169	7245	6946	4658
福　建	Fujian			736	883			1653
江　西	Jiangxi	130	86		3003	6288	5755	20402
山　东	Shandong	68	72	45	35	11	35	60
河　南	Henan	372	452	1006	77	631	955	7398
湖　北	Hubei	553	2369	855	3027	3831	2262	23193
湖　南	Hunan	938	644	4565			2744	714
广　东	Guangdong					200	1271	1713
广　西	Guangxi							
海　南	Hainan							
重　庆	Chongqing				43	68	440	593
四　川	Sichuan	4323	5914	33055	13237	19350	13286	31957
贵　州	Guizhou	1377	1676	2010	4349	5174	7285	8052
云　南	Yunnan							
西　藏	Tibet							
陕　西	Shaanxi	2012	7452	65434	62291	44573	20617	27460
甘　肃	Gansu	403	51	43	826	4	164	
青　海	Qinghai							
宁　夏	Ningxia							
新　疆	Xinjiang							

2-191 航空航天制造业新产品开发经费支出

Expenditure for Developing New Products of Aircraft and Spacecraft Manufacturing

单位：万元 (10000 yuan)

地区 Region		1995	2000	2003	2004	2005	2006	2007
全国	**Total**	**101751**	**114280**	**198839**	**228990**	**301632**	**349523**	**438266**
东部地区	Eastern Region	29596	22020	28580	54794	60402	83654	94948
中部地区	Mid Region	13602	29955	62591	37004	117423	93002	152052
西部地区	Western Region	58552	62305	107668	137192	123807	172868	191266
北京	Beijing	3380	1184	1116	959	13114	16915	20602
天津	Tianjin	327	528	1041	783	1091	1308	1579
河北	Hebei	732	495	2586	3022	3454	1089	2110
山西	Shanxi	229	468	313	367			
内蒙古	Neimenggu							
辽宁	Liaoning	13400	961	1824	34771	26523	19292	17621
吉林	Jilin	250	214	60	250	348	388	438
黑龙江	Heilongjiang	4234	9206	36821	7548	54581	21615	57813
上海	Shanghai	3307	2912	6999	10913	7086	25517	26533
江苏	Jiangsu	8324	10313	14799	100	3795	13787	20038
浙江	Zhejiang	79						1010
安徽	Anhui	459	3210	707	1188	4217	7489	5508
福建	Fujian							
江西	Jiangxi	1873	8708		15090	21884	27067	38895
山东	Shandong	48	290	215	235	174	381	260
河南	Henan	1630	3200	2302	4227	7000	11895	16906
湖北	Hubei	1211	2996	11325	8335	14197	10797	22373
湖南	Hunan	3715	1953	11063		15197	13752	10120
广东	Guangdong		5337		4011	5165	5366	5196
广西	Guangxi							
海南	Hainan							
重庆	Chongqing				96	489	729	886
四川	Sichuan	27542	14402	40107	42031	22994	41380	43119
贵州	Guizhou	6468	6392	8970	10965	21381	30729	39065
云南	Yunnan	242						
西藏	Tibet							
陕西	Shaanxi	23823	40459	57142	82987	77604	99250	108196
甘肃	Gansu	478	1051	1449	1114	1339	780	
青海	Qinghai							
宁夏	Ningxia							
新疆	Xinjiang							

2-192 航空航天制造业新产品产值

Industrial Output Value of New Products of Aircraft and Spacecraft Manufacturing

单位：万元 (10000 yuan)

地区 Region		2000	2003	2004	2005	2006	2007
全　国	**Total**	**966141**	**2294175**	**2201404**	**3735597**	**3371263**	**4045685**
东部地区	Eastern Region	340650	586171	781420	971481	959578	1233382
中部地区	Mid Region	362962	986861	237193	1073667	509607	756837
西部地区	Western Region	262529	721143	1182791	1690449	1902079	2055467
北　京	Beijing	33561	11124	14909	38082	42630	54856
天　津	Tianjin	15					
河　北	Hebei	1891	491			8986	12196
山　西	Shanxi	4787	4805	5720			
内蒙古	Neimenggu						
辽　宁	Liaoning	186159	503439	737793	885048	709511	1000137
吉　林	Jilin	932	343	3673	391	511	1292
黑龙江	Heilongjiang	226678	856925	6834	788048	56393	188235
上　海	Shanghai	31859	6969	15746	27342	42328	44983
江　苏	Jiangsu	86330	63435	4246	15994	85190	100394
浙　江	Zhejiang						9271
安　徽	Anhui	2499	17323	10054	61775	42267	82598
福　建	Fujian						
江　西	Jiangxi	77624		105844	107095	144913	174021
山　东	Shandong	835	713	1990	390	361	1308
河　南	Henan	31022	56606	41701	55514	95595	129478
湖　北	Hubei	6958	16854	31977	12101	104486	122934
湖　南	Hunan	12461	34005	31390	48743	65443	58278
广　东	Guangdong			6735	4626	70572	10237
广　西	Guangxi						
海　南	Hainan						
重　庆	Chongqing						
四　川	Sichuan	18198	267373	425068	608158	779687	832648
贵　州	Guizhou	83361	69030	90048	173751	166797	174341
云　南	Yunnan						
西　藏	Tibet						
陕　西	Shaanxi	157511	382154	663583	894463	946498	1039800
甘　肃	Gansu	3459	2586	4093	14077	9096	8678
青　海	Qinghai						
宁　夏	Ningxia						
新　疆	Xinjiang						

2-193 航空航天制造业新产品销售收入

Sales Revenue from New Products of Aircraft and Spacecraft Manufacturing

单位：万元 (10000 yuan)

地区 Region		1995	2000	2003	2004	2005	2006	2007
全　国	**Total**	**590144**	**813277**	**2151105**	**2124848**	**3373540**	**3050431**	**3791330**
东部地区	Eastern Region	132554	276385	578795	723006	897509	822300	1053943
中部地区	Mid Region	228152	314903	968996	183248	965420	517350	727771
西部地区	Western Region	229438	221989	603314	1218594	1510612	1710781	2009616
北　京	Beijing	895	21553	3886	13308	38804	42659	54191
天　津	Tianjin							
河　北	Hebei		1682				5790	11516
山　西	Shanxi	4422	4711	4767	6091			
内蒙古	Neimenggu							
辽　宁	Liaoning	106921	156227	504588	681491	813493	596028	836732
吉　林	Jilin	159	400	343	3512	320	460	1200
黑龙江	Heilongjiang	171872	188394	850917	5576	739222	51949	182583
上　海	Shanghai	9562	24683	6301	15436	23746	46328	42361
江　苏	Jiangsu	14803	71433	63854	4145	14678	65120	98977
浙　江	Zhejiang	23						8948
安　徽	Anhui	364	2358	15971	9435	61371	42068	82050
福　建	Fujian							
江　西	Jiangxi	23653	83346		80825	50267	168763	170536
山　东	Shandong	350	808	166	1891	308	322	905
河　南	Henan	6361	28019	46823	40153	53526	87649	123113
湖　北	Hubei	2253	5211	16301	23350	13415	103083	126421
湖　南	Hunan	19067	2465	33874	14305	47298	63378	41869
广　东	Guangdong				6735	6480	66053	315
广　西	Guangxi							
海　南	Hainan							
重　庆	Chongqing							
四　川	Sichuan	68771	23967	255391	390925	544355	675802	722227
贵　州	Guizhou	50379	58385	44735	130072	163844	141627	173521
云　南	Yunnan	10180						
西　藏	Tibet							
陕　西	Shaanxi	98861	136787	300783	693487	789250	873247	1113867
甘　肃	Gansu	1248	2850	2405	4110	13163	20106	
青　海	Qinghai							
宁　夏	Ningxia							
新　疆	Xinjiang							

2-194 航空航天制造业专利申请数

Patent Applications Received of Aircraft and Spacecraft Manufacturing

单位：项 (unit)

地区 Region		1995	2000	2003	2004	2005	2006	2007
全 国	**Total**	**94**	**79**	**282**	**155**	**328**	**510**	**810**
东部地区	Eastern Region	42	19	103	45	82	150	258
中部地区	Mid Region	25	45	93	47	120	160	183
西部地区	Western Region	27	15	86	63	126	200	369
北 京	Beijing	3		3			4	10
天 津	Tianjin							5
河 北	Hebei	1					5	9
山 西	Shanxi							
内蒙古	Neimenggu							
辽 宁	Liaoning	35	9	45	40	40	67	67
吉 林	Jilin			1				
黑龙江	Heilongjiang	4	17	45	2	24	31	28
上 海	Shanghai			5	1	16	18	22
江 苏	Jiangsu	2	10	50	3	3	44	94
浙 江	Zhejiang							26
安 徽	Anhui	1	1			12	1	4
福 建	Fujian							
江 西	Jiangxi		9		17	22	47	44
山 东	Shandong	1			1		1	
河 南	Henan	6	7	23	21	43	32	47
湖 北	Hubei	7	7	11	6	3	36	49
湖 南	Hunan	7	4	13	1	16	13	11
广 东	Guangdong					23	11	25
广 西	Guangxi							
海 南	Hainan							
重 庆	Chongqing							
四 川	Sichuan	8	3	21	23	57	57	139
贵 州	Guizhou	4	8	34	27	30	63	125
云 南	Yunnan							
西 藏	Tibet							
陕 西	Shaanxi	13	4	29	13	37	77	105
甘 肃	Gansu	2		2		2	3	
青 海	Qinghai							
宁 夏	Ningxia							
新 疆	Xinjiang							

2-195 航空航天制造业拥有发明专利数

Owning Inventive Patent of Aircraft and Spacecraft Manufacturing

单位：项 (unit)

地 区 Region		1995	2000	2003	2004	2005	2006	2007
全　　国	**Total**	**87**	**139**	**141**	**73**	**192**	**228**	**270**
东部地区	Eastern Region	41	50	25	18	70	83	104
中部地区	Mid Region	22	20	53	9	60	68	104
西部地区	Western Region	24	69	63	46	62	77	62
北　　京	Beijing	3						
天　　津	Tianjin							
河　　北	Hebei						1	
山　　西	Shanxi							
内 蒙 古	Neimenggu							
辽　　宁	Liaoning	34	32	14	16	60	78	37
吉　　林	Jilin							
黑 龙 江	Heilongjiang	5	10	18		35	36	40
上　　海	Shanghai	3		5		3		7
江　　苏	Jiangsu		8	6	2	3	1	1
浙　　江	Zhejiang							2
安　　徽	Anhui	1	1		3	3		4
福　　建	Fujian							
江　　西	Jiangxi		5			9	11	11
山　　东	Shandong	1	10					
河　　南	Henan	2		16	3	11	5	1
湖　　北	Hubei	3		16	2	1	16	2
湖　　南	Hunan	11	4	3	1	1		46
广　　东	Guangdong					4	3	57
广　　西	Guangxi							
海　　南	Hainan							
重　　庆	Chongqing							
四　　川	Sichuan	8	24	11	17	19	33	7
贵　　州	Guizhou	3	10	35	21	30	21	38
云　　南	Yunnan							
西　　藏	Tibet							
陕　　西	Shaanxi	12	34	16	8	13	9	17
甘　　肃	Gansu	1	1	1			14	
青　　海	Qinghai							
宁　　夏	Ningxia							
新　　疆	Xinjiang							

2-196 航空航天制造业技术改造经费支出

Expenditure on Technical Renovation of Aircraft and Spacecraft Manufacturing

单位：万元 (10000 yuan)

地区	Region	1995	2000	2003	2004	2005	2006	2007
全 国	**Total**	**127409**	**154666**	**342101**	**289297**	**368919**	**323920**	**522952**
东部地区	Eastern Region	32862	24174	34008	56677	52639	54442	74508
中部地区	Mid Region	30504	61504	126928	70537	164194	113123	167284
西部地区	Western Region	64043	68989	181165	162083	152086	156356	281161
北 京	Beijing	3180	769	895	3200	5973		
天 津	Tianjin		1505	846		142	233	
河 北	Hebei	272	662	885	705	198	647	1281
山 西	Shanxi	768	1197	1919	949		300	
内蒙古	Neimenggu	258	3000					
辽 宁	Liaoning	19989	14615	18959	44050	37265	36620	17434
吉 林	Jilin	674	800	180	518	1286	2800	1710
黑龙江	Heilongjiang	5179	38261	108428	24909	119891	53926	57929
上 海	Shanghai	8436	2141	2255	3517	3053	13431	51227
江 苏	Jiangsu	897	2592	10042	910	1445	3219	3827
浙 江	Zhejiang	21						
安 徽	Anhui	1174	3565	2541	1168	4515	3654	7634
福 建	Fujian							139
江 西	Jiangxi	9862	6053		20382	14379	40612	67733
山 东	Shandong	68	1890	126	285	24	7	600
河 南	Henan	5160	7201	6439	8413	2659	8476	22390
湖 北	Hubei	1781	1321	349	7562	303	2519	8961
湖 南	Hunan	5648	106	7072	6635	21161	837	927
广 东	Guangdong				4011	4539	285	
广 西	Guangxi							
海 南	Hainan							
重 庆	Chongqing			235	120	86	448	183
四 川	Sichuan	14054	11973	26185	23082	35394	65064	108354
贵 州	Guizhou	28056	12980	41895	18941	21473	27798	34608
云 南	Yunnan	839						
西 藏	Tibet							
陕 西	Shaanxi	20072	43577	112850	119941	92409	59555	138015
甘 肃	Gansu	1022	459			2725	3491	
青 海	Qinghai							
宁 夏	Ningxia							
新 疆	Xinjiang							

2-197 航空航天制造业技术引进经费支出

Expenditure on Technology Import of Aircraft and Spacecraft Manufacturing

单位：万元 (10000 yuan)

地区	Region	1995	2000	2003	2004	2005	2006	2007
全　国	**Total**	**40106**	**29793**	**75780**	**33486**	**30369**	**36837**	**21877**
东部地区	Eastern Region	15852	3654	5444	338	4523	13676	3032
中部地区	Mid Region	6274	6577	45690	4849	10347	7963	7118
西部地区	Western Region	17980	19563	24646	28299	15498	15198	11727
北　京	Beijing	1103	354	140	63	1304		
天　津	Tianjin		287					
河　北	Hebei					269		
山　西	Shanxi							
内蒙古	Neimenggu		2131					
辽　宁	Liaoning	9877		4340				
吉　林	Jilin	6						
黑龙江	Heilongjiang	2112	171	29299	4043	7414	191	
上　海	Shanghai	4782	45	343			4410	
江　苏	Jiangsu	90	2969	621	275		1000	505
浙　江	Zhejiang							1080
安　徽	Anhui		1776	498			62	151
福　建	Fujian						5586	458
江　西	Jiangxi				221	2862	6552	5759
山　东	Shandong							
河　南	Henan	3874	913	288			124	
湖　北	Hubei		756	214	585	71	1015	1208
湖　南	Hunan	282	830	15391			19	
广　东	Guangdong					2950	2681	989
广　西	Guangxi							
海　南	Hainan							
重　庆	Chongqing							
四　川	Sichuan	6211	3113	4330	2884	2311	11076	11515
贵　州	Guizhou	4025	9373	1285	1644	3036	2848	
云　南	Yunnan							
西　藏	Tibet							
陕　西	Shaanxi	7745	7077	19031	23771	10152	1274	212
甘　肃	Gansu							
青　海	Qinghai							
宁　夏	Ningxia							
新　疆	Xinjiang							

2-198 航空航天制造业消化吸收经费支出

Expenditure on Technology Absorption of Aircraft and Spacecraft Manufacturing

单位：万元 (10000 yuan)

地区 Region		1995	2000	2003	2004	2005	2006	2007
全　国	**Total**	**301**	**1943**	**1255**	**1585**	**1438**	**3432**	**3578**
东部地区	Eastern Region	55	956	13	419		1815	1966
中部地区	Mid Region		907	1010	995	1250	693	378
西部地区	Western Region	246	81	232	171	188	924	1235
北　京	Beijing	40						
天　津	Tianjin		6					
河　北	Hebei							
山　西	Shanxi							
内蒙古	Neimenggu							
辽　宁	Liaoning	15						
吉　林	Jilin							
黑龙江	Heilongjiang						191	
上　海	Shanghai				400			
江　苏	Jiangsu		950	3	19		4	21
浙　江	Zhejiang							430
安　徽	Anhui		733				20	66
福　建	Fujian							1132
江　西	Jiangxi				966	1250		
山　东	Shandong			10				
河　南	Henan						189	
湖　北	Hubei		174	10	29		274	312
湖　南	Hunan			1000			19	
广　东	Guangdong						1811	383
广　西	Guangxi							
海　南	Hainan							
重　庆	Chongqing							
四　川	Sichuan	2		22			825	1182
贵　州	Guizhou	31			1			
云　南	Yunnan							
西　藏	Tibet							
陕　西	Shaanxi	214	81	210	171	188	99	53
甘　肃	Gansu							
青　海	Qinghai							
宁　夏	Ningxia							
新　疆	Xinjiang							

2-199 航空航天制造业购买国内技术经费支出

Expenditure on Purchase of Domestic Technology of Aircraft and Spacecraft Manufacturing

单位: 万元 (10000 yuan)

地区 Region		1995	2000	2003	2004	2005	2006	2007
全　国	**Total**	**2938**	**4437**	**29121**	**12280**	**10751**	**22213**	**12919**
东部地区	Eastern Region	18	1227	130	688	80	1440	492
中部地区	Mid Region	100	2900	2	3833	4317	11718	11704
西部地区	Western Region	2820	310	28989	7760	6354	9056	722
北　京	Beijing							
天　津	Tianjin		1218					
河　北	Hebei	18	9	16	93	80	90	46
山　西	Shanxi	2						
内蒙古	Neimenggu	30	2014					
辽　宁	Liaoning							
吉　林	Jilin							
黑龙江	Heilongjiang		65		182			
上　海	Shanghai						1228	
江　苏	Jiangsu			114	595		122	131
浙　江	Zhejiang							
安　徽	Anhui	2	761				78	304
福　建	Fujian							127
江　西	Jiangxi				3334	4317	11259	9684
山　东	Shandong							
河　南	Henan							1645
湖　北	Hubei	29	60	2	317		61	71
湖　南	Hunan	37					320	
广　东	Guangdong							189
广　西	Guangxi							
海　南	Hainan							
重　庆	Chongqing							
四　川	Sichuan	2561		55		159	476	
贵　州	Guizhou	2	17		1605	5310	913	658
云　南	Yunnan	8						
西　藏	Tibet							
陕　西	Shaanxi	249	252	28934	6155	885	7667	64
甘　肃	Gansu		41					
青　海	Qinghai							
宁　夏	Ningxia							
新　疆	Xinjiang							

2-200 航空航天制造业科技机构数

Number of S&T Institutions of Aircraft and Spacecraft Manufacturing

单位：个 (unit)

地区 Region		1995	2000	2003	2004	2005	2006	2007
全　国	**Total**	**272**	**161**	**101**	**107**	**103**	**118**	**132**
东部地区	Eastern Region	64	30	23	24	23	29	38
中部地区	Mid Region	78	52	41	18	28	29	33
西部地区	Western Region	130	79	37	65	52	60	61
北　京	Beijing	9	1				1	1
天　津	Tianjin	1	1	1	1	1	1	1
河　北	Hebei	4	5	5	4	4	4	5
山　西	Shanxi	6	2	2	2			
内蒙古	Neimenggu							
辽　宁	Liaoning	29	9	5	10	5	5	4
吉　林	Jilin	5	6	6	1	1	1	1
黑龙江	Heilongjiang	12	10	5	1	4	2	2
上　海	Shanghai	9	1	2	3	3	12	13
江　苏	Jiangsu	9	12	8	5	7	4	11
浙　江	Zhejiang	1						1
安　徽	Anhui	5	3	5	4	4	4	4
福　建	Fujian							
江　西	Jiangxi	6	4	1	3	12	12	12
山　东	Shandong	2	1	2	1	1	1	1
河　南	Henan	15	7	4	4	6	8	7
湖　北	Hubei	19	7	6	3	1	2	6
湖　南	Hunan	10	13	12				1
广　东	Guangdong					2	1	1
广　西	Guangxi							
海　南	Hainan							
重　庆	Chongqing							
四　川	Sichuan	37	11	9	10	8	10	12
贵　州	Guizhou	29	29	5	32	18	18	19
云　南	Yunnan	3						
西　藏	Tibet							
陕　西	Shaanxi	57	36	21	22	23	29	30
甘　肃	Gansu	4	3	2	1	3	3	
青　海	Qinghai							
宁　夏	Ningxia							
新　疆	Xinjiang							

2-201 航空航天制造业科技机构科技活动人员

S&T Personnel in the S&T Institutions of Aircraft and Spacecraft Manufacturing

单位：人 (person)

地 区 Region		1995	2000	2003	2004	2005	2006	2007
全 国	**Total**	**22357**	**15017**	**10254**	**13845**	**14518**	**15129**	**18672**
东部地区	Eastern Region	3641	3026	2553	2372	3684	3486	4151
中部地区	Mid Region	8995	5285	3059	3801	4150	3974	4764
西部地区	Western Region	9721	6706	4642	7672	6684	7669	9757
北 京	Beijing	152	3				51	57
天 津	Tianjin	132	100	126	131	132	119	123
河 北	Hebei	95	292	434	429	325	326	365
山 西	Shanxi	285	189	39	62			
内蒙古	Neimenggu							
辽 宁	Liaoning	2096	1924	1035	1357	2658	2277	2461
吉 林	Jilin	200	301	94	22	22	30	32
黑龙江	Heilongjiang	5180	1816	863	301	1864	823	754
上 海	Shanghai	368	65	302	365	120	309	405
江 苏	Jiangsu	719	572	585	28	107	355	669
浙 江	Zhejiang	33						36
安 徽	Anhui	214	231	239	192	238	182	392
福 建	Fujian							
江 西	Jiangxi	1167	1230	74	1131	1544	1553	1467
山 东	Shandong	46	70	71	62	21	18	25
河 南	Henan	310	573	633	361	452	951	881
湖 北	Hubei	511	369	687	1732	30	435	590
湖 南	Hunan	1128	576	430				648
广 东	Guangdong					321	31	10
广 西	Guangxi							
海 南	Hainan							
重 庆	Chongqing							
四 川	Sichuan	2828	1225	1812	1590	1613	1792	1976
贵 州	Guizhou	1116	2019	180	2413	1594	1860	2386
云 南	Yunnan	108						
西 藏	Tibet							
陕 西	Shaanxi	5316	3189	2485	3610	3312	3836	5395
甘 肃	Gansu	353	273	165	59	165	181	
青 海	Qinghai							
宁 夏	Ningxia							
新 疆	Xinjiang							

2-202 航空航天制造业科技机构科技活动经费内部支出

Intramural Expenditure for S&T Activities in the S&T Institutions of Aircraft and Spacecraft Manufacturing

单位：万元 (10000 yuan)

地区 Region		1995	2000	2003	2004	2005	2006	2007
全　国	**Total**	**53757**	**83791**	**85408**	**125723**	**130860**	**173319**	**258052**
东部地区	Eastern Region	7302	10184	12041	11858	14281	48977	89908
中部地区	Mid Region	11596	36745	42438	30481	55790	48806	73560
西部地区	Western Region	34859	36862	30929	83383	60790	75536	94584
北　京	Beijing	656	160				207	319
天　津	Tianjin	327	660	1041	783	887	1046	1008
河　北	Hebei	136	1250	1040	1642	394	690	598
山　西	Shanxi	257	557	617	569			
内蒙古	Neimenggu							
辽　宁	Liaoning	1263	2387	5669	6598	3808	29550	69486
吉　林	Jilin	165	178	370	239	318	388	438
黑龙江	Heilongjiang	1485	12061	22598	647	16018	8093	8667
上　海	Shanghai	3206	475	1570	2404	3367	13139	8003
江　苏	Jiangsu	1573	4962	2354	140	576	3201	9314
浙　江	Zhejiang	78						450
安　徽	Anhui	419	635	2054	1028	2712	551	5596
福　建	Fujian							
江　西	Jiangxi	1983	15993	71	18199	33452	31044	36826
山　东	Shandong	64	290	367	292	174	381	180
河　南	Henan	812	2369	4713	1879	3214	6418	6842
湖　北	Hubei	1027	2936	3764	7920	76	2312	13459
湖　南	Hunan	5449	2016	8251				1732
广　东	Guangdong					5075	764	550
广　西	Guangxi							
海　南	Hainan							
重　庆	Chongqing							
四　川	Sichuan	9982	2397	13407	10468	11501	18540	19404
贵　州	Guizhou	1709	4778	1217	18086	16481	22780	18142
云　南	Yunnan	23						
西　藏	Tibet							
陕　西	Shaanxi	22517	28831	14721	53716	31176	31473	57038
甘　肃	Gansu	629	857	1584	1114	1632	2744	
青　海	Qinghai							
宁　夏	Ningxia							
新　疆	Xinjiang							

2-203 电子及通信设备制造业年末固定资产原价

Original Value of Fixed Assets of Electronic and Telecommunication Equipments Manufacturing

单位：万元 (10000 yuan)

地区 Region		2000	2003	2004	2005	2006	2007
全　国	**Total**	**16034004**	**31306911**	**41343320**	**51723805**	**58870577**	**74344222**
东部地区	Eastern Region	12608447	27099259	36506443	46085392	52744527	68128103
中部地区	Mid Region	1357975	2152509	2371190	2849085	3311292	2901591
西部地区	Western Region	2067582	2055143	2465686	2789328	2814758	3314528
北　京	Beijing	1063401	1574722	1796084	2911580	3582279	4856263
天　津	Tianjin	1833301	2649509	2728751	6120473	3419929	3459628
河　北	Hebei	171833	471450	488641	476811	488689	442642
山　西	Shanxi	38540	30471	37901	21470	348598	731143
内蒙古	Neimenggu	11121	15531	19618	45020	46702	30911
辽　宁	Liaoning	666600	698569	689793	840660	942719	1049219
吉　林	Jilin	175229	299806	240046	128965	136848	228628
黑龙江	Heilongjiang	45096	42175	23359	47599	44663	45026
上　海	Shanghai	2854607	6050959	8718790	9671616	11244553	12872468
江　苏	Jiangsu	1511889	4781227	7115361	9395373	12153669	19271579
浙　江	Zhejiang	491761	971930	1437372	1657908	2297669	2477525
安　徽	Anhui	88668	261663	159546	181437	240194	266712
福　建	Fujian	281009	1242763	1311097	1612195	1712011	2006763
江　西	Jiangxi	111748	133494	74093	178953	205153	165302
山　东	Shandong	469240	848755	1162457	1398235	1808475	3769281
河　南	Henan	435868	641133	797293	817259	939315	693313
湖　北	Hubei	338327	139104	317232	688820	723065	371662
湖　南	Hunan	113379	589132	702102	739562	626755	368896
广　东	Guangdong	3185727	7799249	11023083	11941031	15020931	17835207
广　西	Guangxi	63020	10126	22769	45642	55525	66330
海　南	Hainan	16060		12246	13869	18079	21198
重　庆	Chongqing	104304	50316	47834	60952	72101	84866
四　川	Sichuan	913920	923996	1035432	1195036	1156394	1587865
贵　州	Guizhou	123331	93037	99952	122463	174049	161024
云　南	Yunnan	10005	2336	18498	26672	26234	48919
西　藏	Tibet						
陕　西	Shaanxi	747687	861104	913541	1058631	1066989	1115718
甘　肃	Gansu	154949	95155	215561	186999	198754	193138
青　海	Qinghai	2177					
宁　夏	Ningxia	11208	29199	21638	21565		
新　疆	Xinjiang			113231	117011	120237	122999

2-204 电子及通信设备制造业微电子控制设备原价
Original Value of Micro-electronic Equipments of Electronic and Telecommunication Equipments Manufacturing

单位：万元 (10000 yuan)

地区	Region	1995	2000	2003	2004	2005	2006	2007
全国	**Total**	**925107**	**4088862**	**5733235**	**9069815**	**8475551**	**13585726**	**17187486**
东部地区	Eastern Region	607323	3592493	5186518	8335813	7793547	12777319	16243958
中部地区	Mid Region	58285	129063	241980	207004	252586	369638	314279
西部地区	Western Region	259499	367306	304737	526998	429418	438770	629248
北京	Beijing	27826	92967	517644	585702	426339	552409	528666
天津	Tianjin	71073	363395	70585	559545	555996	241297	615614
河北	Hebei	36198	28460	119638	118354	116346	122448	116593
山西	Shanxi	442	1514	2663	7014	450	4000	4000
内蒙古	Neimenggu	16	1051	2771	58	2813	11055	3428
辽宁	Liaoning	31230	143941	145619	58393	94779	191504	133677
吉林	Jilin	14711	13873	61117	34013	34686	44087	44087
黑龙江	Heilongjiang	207	8235	14296	6396	14031	13582	16207
上海	Shanghai	134592	1249258	1450779	3738919	1566607	3957342	5263707
江苏	Jiangsu	156214	618617	1153637	1553271	1453022	2083462	3180462
浙江	Zhejiang	20140	65260	131129	221119	224252	256876	339513
安徽	Anhui	12473	16870	113092	58515	65876	47271	75953
福建	Fujian	24854	102023	175215	248418	374815	342036	850093
江西	Jiangxi	6827	17538	6834	11018	25381	22199	28718
山东	Shandong	12552	80704	28904	43330	85402	75696	131886
河南	Henan	8371	26902	25702	38619	89204	94150	38845
湖北	Hubei	11443	35553	9856	45774	16520	126838	93222
湖南	Hunan	3796	7525	5649	5597	3626	6456	9820
广东	Guangdong	91030	845949	1392198	1207563	2895097	4952951	5080231
广西	Guangxi	1615	1785	1170		780	1195	3518
海南	Hainan		135		1200	112	104	
重庆	Chongqing		990	7265	1747	13605	6168	19323
四川	Sichuan	115370	217315	48041	118474	148383	100779	236293
贵州	Guizhou	7302	33405	40094	46995	67554	72580	58167
云南	Yunnan	1247	3079	144	2500	20786	19855	41051
西藏	Tibet							
陕西	Shaanxi	124305	96896	189119	330287	160037	205775	233650
甘肃	Gansu	11058	14909	19283	22433	15067	29655	36473
青海	Qinghai							
宁夏	Ningxia	217	713	791	833	235		
新疆	Xinjiang				3730	3750	3957	4291

2-205 电子及通信设备制造业R&D活动人员折合全时当量

Full-time Equivalent of R&D Personnel of Electronic and Telecommunication Equipments Manufacturing

单位：人年 (man.year)

地区	Region	1995	2000	2003	2004	2005	2006	2007
全国	**Total**	**15398**	**36625**	**61643**	**60514**	**95091**	**97816**	**142408**
东部地区	Eastern Region	6856	28362	49038	48735	77100	80119	119900
中部地区	Mid Region	3077	3780	3828	3742	8442	7275	7206
西部地区	Western Region	5465	4483	8777	8037	9549	10422	15302
北京	Beijing	1675	2226	2696	2296	3767	2641	3562
天津	Tianjin	139	1364	1236	1947	2249	1529	3010
河北	Hebei	101	377	158	142	128	274	202
山西	Shanxi	16			1	6	1	65
内蒙古	Neimenggu	112						
辽宁	Liaoning	215	1683	1826	742	2751	2740	3297
吉林	Jilin	74	298	340	112	120	150	
黑龙江	Heilongjiang	274	463	465		149	95	95
上海	Shanghai	974	2635	4113	3542	5284	5461	6228
江苏	Jiangsu	1024	2967	6094	6852	10516	10527	15177
浙江	Zhejiang	241	672	2622	5623	5816	7986	6311
安徽	Anhui	232	126	273	98	389	418	1256
福建	Fujian	263	619	2423	2330	3637	3498	5516
江西	Jiangxi	779	1117	859	557	1238	1087	964
山东	Shandong	217	1878	2120	1663	1881	2726	2820
河南	Henan	336	391	687	1164	2110	1642	1120
湖北	Hubei	1168	1296	716	1162	4295	3813	3530
湖南	Hunan	86	89	488	649	135	68	175
广东	Guangdong	1573	13751	25749	23525	40799	42371	73058
广西	Guangxi	336	190	2	74	247	334	719
海南	Hainan	98				26	32	
重庆	Chongqing		590	212	102	350	246	390
四川	Sichuan	3156	953	6184	6335	6641	7230	11828
贵州	Guizhou	670	125	233	216	497	559	605
云南	Yunnan	90	37	41	4	34	30	25
西藏	Tibet							
陕西	Shaanxi	660	2292	1159	960	1704	2227	2315
甘肃	Gansu	889	430	808	313	164	130	139
青海	Qinghai		10					
宁夏	Ningxia		47	141	107	134		
新疆	Xinjiang					25		

2-206 电子及通信设备制造业R&D经费内部支出

Intramural Expenditure for R&D of Electronic and Telecommunication Equipments Manufacturing

单位：万元 (10000 yuan)

地 区 Region		1995	2000	2003	2004	2005	2006	2007
全 国	**Total**	**51289**	**679441**	**1385038**	**1885462**	**2347164**	**2768854**	**3245208**
东部地区	Eastern Region	29529	563792	1250328	1644056	2152707	2506012	2905083
中部地区	Mid Region	10852	44355	41953	77460	65189	83174	84030
西部地区	Western Region	10909	71294	92757	163946	129269	179668	256096
北 京	Beijing	6474	21304	98646	89925	90093	103193	106026
天 津	Tianjin	138	54791	61851	68161	47846	72750	55134
河 北	Hebei	286	2356	1350	807	1652	2124	2691
山 西	Shanxi	7			20	5	90	249
内蒙古	Neimenggu	1009						
辽 宁	Liaoning	194	16255	44974	22677	40998	16110	26565
吉 林	Jilin	310	2389	2580	1530	2707	1209	
黑龙江	Heilongjiang	631	1736	1758		996	1380	1600
上 海	Shanghai	5569	84127	138920	185765	254479	237181	309847
江 苏	Jiangsu	4315	37719	95450	141674	236896	314430	447469
浙 江	Zhejiang	3699	22350	63245	136506	171389	168981	145742
安 徽	Anhui	553	542	9658	1879	4745	5672	14292
福 建	Fujian	1280	13550	44022	46850	91093	99650	106060
江 西	Jiangxi	1269	1598	4846	2497	7665	7906	9152
山 东	Shandong	316	30697	69849	126130	150508	170980	239680
河 南	Henan	3949	5456	14775	22891	11765	14655	11578
湖 北	Hubei	2494	31897	7449	27251	34434	51568	43480
湖 南	Hunan	630	739	887	21393	2871	695	3678
广 东	Guangdong	6436	280130	632012	825254	1063161	1316654	1460524
广 西	Guangxi	815	515	9	306	4424	3743	5345
海 南	Hainan	7				168	216	
重 庆	Chongqing		2936	930	1895	6119	3742	3493
四 川	Sichuan	8116	11563	43226	90286	86747	141658	218502
贵 州	Guizhou	691	1133	2909	1701	4374	6449	9747
云 南	Yunnan	305	379	182	323	371	327	352
西 藏	Tibet							
陕 西	Shaanxi	1284	53391	42193	65931	26887	26662	22578
甘 肃	Gansu	513	1820	2630	1091	2141	829	1424
青 海	Qinghai		12					
宁 夏	Ningxia		60	687	2721	2250		
新 疆	Xinjiang					380		

2-207 电子及通信设备制造业科技活动人员
Personnel for S&T Activities of Electronic and Telecommunication Equipments Manufacturing

单位：人 (person)

地 区 Region		1995	2000	2003	2004	2005	2006	2007
全　国	**Total**	**81445**	**102126**	**128068**	**136901**	**169125**	**202406**	**255824**
东部地区	Eastern Region	41262	65389	96013	108521	135040	161059	210540
中部地区	Mid Region	13315	15306	11087	9182	13547	14718	13775
西部地区	Western Region	26868	21431	20968	19198	20538	26629	31509
北　京	Beijing	4285	6220	5314	4669	6106	5765	8844
天　津	Tianjin	3808	3079	3025	4261	4047	5215	6876
河　北	Hebei	587	772	448	513	397	693	933
山　西	Shanxi	708	236	111	74	95	316	159
内蒙古	Neimenggu	545	7					
辽　宁	Liaoning	4612	4647	2687	1969	4784	6407	5240
吉　林	Jilin	1143	1084	439	497	371	398	437
黑龙江	Heilongjiang	529	690	470		149	95	95
上　海	Shanghai	4401	7890	11054	10869	11469	10420	13542
江　苏	Jiangsu	12501	12311	18460	19135	26210	27446	38640
浙　江	Zhejiang	1424	2454	6573	10696	12222	13863	11670
安　徽	Anhui	911	396	1414	969	953	1765	2619
福　建	Fujian	1059	1424	4436	5689	6965	7910	9156
江　西	Jiangxi	2381	2134	2062	1123	1587	1696	1688
山　东	Shandong	2825	4207	4927	5171	4742	6497	6657
河　南	Henan	2097	5561	3636	2103	3362	3659	3153
湖　北	Hubei	3681	4478	1942	3124	5808	6347	5315
湖　南	Hunan	1320	720	1013	1292	1222	442	309
广　东	Guangdong	4601	21463	39041	45269	57224	75834	108098
广　西	Guangxi	1055	922	48	280	844	977	884
海　南	Hainan	104				30	32	
重　庆	Chongqing		1976	423	368	613	728	925
四　川	Sichuan	14614	9496	10465	10706	10751	16345	20720
贵　州	Guizhou	3003	1625	1112	960	1400	1804	2534
云　南	Yunnan	114	118	52	24	56	63	27
西　藏	Tibet							
陕　西	Shaanxi	5947	6758	5854	6000	6794	7051	6506
甘　肃	Gansu	2979	1275	2876	845	650	502	672
青　海	Qinghai	162	17					
宁　夏	Ningxia	19	166	186	247	134		
新　疆	Xinjiang	30			48	140	136	125

2-208 电子及通信设备制造业科技活动人员中科学家和工程师

Scientists and Engineers in S&T Personnel of Electronic and Telecommunication Equipments Manufacturing

单位: 人 (person)

地 区 Region		1995	2000	2003	2004	2005	2006	2007
全 国	**Total**	**33418**	**67525**	**89478**	**93216**	**121781**	**138837**	**194483**
东部地区	Eastern Region	18323	45984	71528	78331	101487	115200	161434
中部地区	Mid Region	5585	8968	6189	5204	7948	9169	9909
西部地区	Western Region	9510	12573	11761	9681	12346	14468	23140
北 京	Beijing	2525	3876	4331	3320	4498	3911	6889
天 津	Tianjin	1832	2163	1283	1558	2699	3677	5447
河 北	Hebei	199	348	322	306	266	395	494
山 西	Shanxi	379	178	111	59	94	238	138
内蒙古	Neimenggu	180	7					
辽 宁	Liaoning	1824	2824	2320	1251	3687	4108	4087
吉 林	Jilin	463	968	408	258	186	292	292
黑龙江	Heilongjiang	223	485	295		101	95	65
上 海	Shanghai	1822	5709	8400	8196	8018	8152	10110
江 苏	Jiangsu	5024	6439	9141	8866	13837	15149	20803
浙 江	Zhejiang	743	1646	4343	7753	9285	9834	8135
安 徽	Anhui	417	177	748	514	581	810	1825
福 建	Fujian	407	1075	3562	3985	5294	4957	6101
江 西	Jiangxi	1009	981	897	291	668	910	935
山 东	Shandong	1106	3244	4523	4143	4031	4476	4854
河 南	Henan	1130	2401	1661	1057	1774	2205	1943
湖 北	Hubei	1318	3479	1291	2123	3921	4370	4478
湖 南	Hunan	466	292	778	902	623	249	233
广 东	Guangdong	2352	18080	33277	38779	49347	59878	93771
广 西	Guangxi	471	580	26	174	499	639	743
海 南	Hainan	18				26	24	
重 庆	Chongqing		1496	365	272	525	622	619
四 川	Sichuan	4964	5317	5468	4394	5689	7610	16493
贵 州	Guizhou	986	728	570	461	670	832	926
云 南	Yunnan	84	85	39	23	44	30	25
西 藏	Tibet							
陕 西	Shaanxi	2471	4186	4051	3864	4809	5032	4505
甘 肃	Gansu	955	672	1183	540	458	297	487
青 海	Qinghai	30	13					
宁 夏	Ningxia	14	76	85	79	53		
新 疆	Xinjiang	6			48	98	45	85

2-209 电子及通信设备制造业科技活动经费筹集额

Sources of Funds for S&T Activities of Electronic and Telecommunication Equipments Manufacturing

单位：万元 (10000 yuan)

地 区 Region		1995	2000	2003	2004	2005	2006	2007
全 国	**Total**	**273543**	**1343764**	**2313363**	**3285938**	**3783479**	**4466499**	**5409244**
东部地区	Eastern Region	200993	1133968	2056729	2889506	3418543	4038217	4841761
中部地区	Mid Region	23154	79242	64356	130051	158138	159112	188453
西部地区	Western Region	49396	130554	192278	266380	206797	269171	379029
北 京	Beijing	20616	166988	140384	141141	160939	161543	187882
天 津	Tianjin	21779	65503	123169	186311	216609	275051	540540
河 北	Hebei	6104	3130	3615	3444	3683	3252	6022
山 西	Shanxi	684	627	416	335	369	914	1275
内蒙古	Neimenggu	1058	33					
辽 宁	Liaoning	9114	37164	89695	42153	64997	42445	43987
吉 林	Jilin	1368	4082	2936	2399	2707	5534	5534
黑龙江	Heilongjiang	1057	1811	1857		1000	1410	1600
上 海	Shanghai	51079	273209	255566	372803	382085	638433	426399
江 苏	Jiangsu	33751	75045	276331	467272	529575	613639	1066075
浙 江	Zhejiang	12101	27742	86690	158398	236773	243432	185985
安 徽	Anhui	1556	1703	17037	21268	41973	30158	37728
福 建	Fujian	6163	22045	94547	107058	166957	179088	184138
江 西	Jiangxi	4384	3826	7753	4487	9906	11518	13820
山 东	Shandong	4522	94708	106365	175795	205333	232374	305005
河 南	Henan	5747	22760	21786	25745	22525	28208	62969
湖 北	Hubei	4785	42383	10203	52178	66309	75984	61004
湖 南	Hunan	2514	2018	2368	23640	13350	5387	4523
广 东	Guangdong	31926	366493	880316	1231995	1445416	1644319	1889111
广 西	Guangxi	3783	1942	51	3137	6009	4424	6619
海 南	Hainan	55				168	216	
重 庆	Chongqing		5324	8700	3950	9728	6517	8304
四 川	Sichuan	29742	22389	109737	104497	135712	193734	288908
贵 州	Guizhou	4740	4117	4230	2452	7526	8767	17734
云 南	Yunnan	187	1055	198	382	371	327	352
西 藏	Tibet							
陕 西	Shaanxi	9019	90923	62403	143488	43314	50539	45211
甘 肃	Gansu	5455	6485	3563	5344	4390	5674	13420
青 海	Qinghai	80	12					
宁 夏	Ningxia	67	250	3447	3683	2229		
新 疆	Xinjiang	106			2585	3528	3612	5100

2-210 电子及通信设备制造业科技活动经费筹集额中政府资金

Government Funds in the Sources of Funds for S&T Activities of Electronic and Telecommunication Equipments Manufacturing

单位：万元 (10000 yuan)

地区	Region	1995	2000	2003	2004	2005	2006	2007
全国	**Total**	**24144**	**43322**	**51248**	**73368**	**116417**	**121834**	**164806**
东部地区	Eastern Region	11864	30091	34723	56596	90871	97170	125261
中部地区	Mid Region	2231	3288	2300	6859	6150	9610	12569
西部地区	Western Region	10049	9944	14225	9912	19397	15054	26976
北京	Beijing	1379	4033	4470	2537	10948	5370	10177
天津	Tianjin	420	2520	2090	104	330	250	1209
河北	Hebei	65	757	30	840	33		369
山西	Shanxi	22	23				100	90
内蒙古	Neimenggu	30						
辽宁	Liaoning	754	612	631	325	2937	975	315
吉林	Jilin	137	151	500	120		100	100
黑龙江	Heilongjiang	230	634	370		210	100	100
上海	Shanghai	176	1813	1328	1349	2921	14213	24694
江苏	Jiangsu	7562	5123	7706	7685	14313	12213	13744
浙江	Zhejiang	126	4667	1866	8990	16553	25648	4723
安徽	Anhui	33	296	35	1047	1575	1089	1132
福建	Fujian	206	361	4095	3864	5372	5083	5665
江西	Jiangxi	492	550	536	310	577	1063	649
山东	Shandong	237	786	752	1409	1348	6394	7319
河南	Henan	71	260	51	2	119	1374	1832
湖北	Hubei	1162	1374	637	5342	3669	5754	8666
湖南	Hunan	55		171	38		31	
广东	Guangdong	845	9255	11755	27868	35746	24942	56552
广西	Guangxi	48	164		1625	370	2084	494
海南	Hainan	48						
重庆	Chongqing			610	635	3067	354	1806
四川	Sichuan	6264	2816	5315	4989	9052	7784	10141
贵州	Guizhou	576	872	1124	826	1233	3314	5286
云南	Yunnan	20	5					
西藏	Tibet							
陕西	Shaanxi	2281	3225	5103	1597	4710	2886	8623
甘肃	Gansu	905	3016	1893	1255	234	566	920
青海	Qinghai							
宁夏	Ningxia	3	10	180	210	100		
新疆	Xinjiang				400	1000	150	200

2-211 电子及通信设备制造业科技活动经费筹集额中企业资金

Funds Raised by Enterprises in the Sources of Funds for S&T Activities of Electronic and Telecommunication Equipments Manufacturing

单位：万元 (10000 yuan)

地区	Region	1995	2000	2003	2004	2005	2006	2007
全　国	**Total**	**219232**	**1099209**	**1904205**	**2855487**	**3376503**	**3866705**	**4876099**
东部地区	Eastern Region	167855	975789	1683865	2499686	3053690	3482616	4439933
中部地区	Mid Region	17945	49049	56391	104681	141382	143139	130973
西部地区	Western Region	33432	74371	163949	251121	181431	240950	305193
北　京	Beijing	17639	156988	115550	115907	139283	153115	171392
天　津	Tianjin	16659	33956	118539	179974	215279	273801	480654
河　北	Hebei	2992	2373	3585	2604	3474	3224	5653
山　西	Shanxi	455	604	416	335	369	814	1185
内蒙古	Neimenggu	1028	33					
辽　宁	Liaoning	5860	33763	66444	40728	58994	39591	41742
吉　林	Jilin	1114	3631	2049	1279	2707	5434	5434
黑龙江	Heilongjiang	150	1177	465		790	1310	1500
上　海	Shanghai	50580	266889	250236	358237	370164	346007	397448
江　苏	Jiangsu	23889	58836	215228	431791	434292	558160	982398
浙　江	Zhejiang	10678	21646	77721	141793	206234	208056	167341
安　徽	Anhui	1454	1127	14682	19621	39907	29020	27781
福　建	Fujian	3506	21534	82484	88894	136322	141904	140890
江　西	Jiangxi	2725	2599	6867	4177	8329	9955	13120
山　东	Shandong	3246	61815	66348	135200	157071	202334	271970
河　南	Henan	5609	17379	20866	25743	22307	24434	25137
湖　北	Hubei	3598	21470	8866	30239	62514	66821	52292
湖　南	Hunan	1813	1030	2180	23287	4460	5351	4523
广　东	Guangdong	29074	316811	687679	1003115	1328978	1554584	1776974
广　西	Guangxi	3726	1178	51	1444	3431	1624	3472
海　南	Hainan	7				168	216	
重　庆	Chongqing		1804	1657	2305	5861	3806	5528
四　川	Sichuan	21064	17773	99936	97611	123689	180434	238697
贵　州	Guizhou	3414	3211	2788	1588	5751	5450	12378
云　南	Yunnan	167	697	198	382	371	327	352
西　藏	Tibet							
陕　西	Shaanxi	6275	47989	56533	141891	38464	42383	34916
甘　肃	Gansu	2347	2646	1670	3386	3139	5088	8422
青　海	Qinghai	30	12					
宁　夏	Ningxia	64	240	1167	1773	1629		
新　疆	Xinjiang	71			2185	2528	3462	4900

2-212 电子及通信设备制造业科技活动经费筹集额中金融机构贷款

Loans from Financial Institutions in the Sources of Funds for S&T Activities of Electronic and Telecommunication Equipments Manufacturing

单位：万元 (10000 yuan)

地 区 Region	1995	2000	2003	2004	2005	2006	2007
全 国 Total	**27471**	**111658**	**316948**	**305281**	**240933**	**441061**	**222540**
东部地区 Eastern Region	19482	90004	301185	284784	229046	424815	159129
中部地区 Mid Region	2790	9576	5649	17497	10077	6309	36591
西部地区 Western Region	5200	12078	10114	3000	1809	9938	26820
北 京 Beijing	1464	5150	19340	22317	8270	3010	
天 津 Tianjin	4677	5030	2430				
河 北 Hebei	2045						
山 西 Shanxi	100						
内蒙古 Neimenggu							
辽 宁 Liaoning	2500	2790	17182	1100	3066	811	811
吉 林 Jilin	118	300	387				
黑龙江 Heilongjiang	672		1022				
上 海 Shanghai	270	4400	3781	13120	6000	276414	3500
江 苏 Jiangsu	1869	2802	44586	12971	77970	32887	42574
浙 江 Zhejiang	1248	1429	7025	7322	12578	9503	13775
安 徽 Anhui	3	100	2320	600			540
福 建 Fujian	2451	150	7950	14300	25080	31680	37582
江 西 Jiangxi	1167	220	350		1000	500	51
山 东 Shandong	997	32000	39265	39182	46784	22883	25701
河 南 Henan	60	5100	870		100	2400	36000
湖 北 Hubei	25	2910	700	16597	104	3409	
湖 南 Hunan	645	946		300	8873		
广 东 Guangdong	1957	35653	159626	174472	49018	47446	35186
广 西 Guangxi	6	600			280	180	
海 南 Hainan							
重 庆 Chongqing		3440	6116	600	800	1250	970
四 川 Sichuan	2048	1200	1898		509	3700	24730
贵 州 Guizhou	750	30					
云 南 Yunnan		352					
西 藏 Tibet							
陕 西 Shaanxi	113	6756				4988	200
甘 肃 Gansu	2204	300		700			920
青 海 Qinghai	50						
宁 夏 Ningxia			2100	1700	500		
新 疆 Xinjiang	35						

2-213 电子及通信设备制造业科技活动经费内部支出

Intramural Expenditure for S&T Activities of Electronic and Telecommunication Equipments Manufacturing

单位：万元 (10000 yuan)

地 区 Region		1995	2000	2003	2004	2005	2006	2007
全 国	**Total**	**253534**	**1198325**	**2151194**	**2848921**	**3379228**	**4067020**	**5153423**
东部地区	Eastern Region	180800	984090	1900925	2433529	3026645	3647598	4545105
中部地区	Mid Region	23721	104529	69065	139772	139286	153621	217050
西部地区	Western Region	49013	109706	181204	275620	213296	265801	391268
北 京	Beijing	18233	119425	130772	121206	168349	162256	172392
天 津	Tianjin	21487	65916	72968	125282	58673	89921	176215
河 北	Hebei	3632	3112	3488	2712	3644	3149	5721
山 西	Shanxi	990	672	416	335	374	984	1275
内蒙古	Neimenggu	1050	33					
辽 宁	Liaoning	9095	24595	65812	31147	52382	30753	38450
吉 林	Jilin	1366	3985	2722	2027	2707	5534	5534
黑龙江	Heilongjiang	985	1916	2666		1047	1380	1600
上 海	Shanghai	40362	171269	222035	394786	459798	487717	593450
江 苏	Jiangsu	35193	71739	182390	287642	357727	586756	950476
浙 江	Zhejiang	11239	28555	84174	167618	228178	233024	186160
安 徽	Anhui	1528	1331	24501	20207	20115	33321	84116
福 建	Fujian	6025	19374	79142	89895	149015	149161	156417
江 西	Jiangxi	4427	3663	7379	5408	9092	10331	12581
山 东	Shandong	3993	92102	107737	173419	205727	235918	305901
河 南	Henan	6118	21367	17714	23413	20173	21311	44404
湖 北	Hubei	4621	70184	10585	64982	72205	75528	63317
湖 南	Hunan	2637	1377	3082	23400	13574	5233	4223
广 东	Guangdong	27457	386550	952370	1034168	1337014	1664383	1953533
广 西	Guangxi	4051	1452	37	5655	5970	4345	6391
海 南	Hainan	33				168	216	
重 庆	Chongqing		6007	2114	3302	7776	5976	6586
四 川	Sichuan	30031	32963	108322	108438	141801	183104	304797
贵 州	Guizhou	4881	3960	4188	2897	7235	9060	14671
云 南	Yunnan	350	1008	205	382	371	327	352
西 藏	Tibet							
陕 西	Shaanxi	8623	61339	58089	150491	43233	55521	47927
甘 肃	Gansu	4822	4168	4870	3842	6936	8401	11884
青 海	Qinghai	82	12					
宁 夏	Ningxia	119	250	3416	3683	2439		
新 疆	Xinjiang	106			2585	3505	3412	5050

2-214 电子及通信设备制造业科技活动经费内部支出中劳务费

Labor Expenses in the Intramural Expenditure for S&T Activities of Electronic and Telecommunication Equipments Manufacturing

单位：万元 (10000 yuan)

地区	Region	1995	2000	2003	2004	2005	2006	2007
全国	**Total**	**45710**	**306323**	**669591**	**915784**	**1040510**	**1161632**	**1528743**
东部地区	Eastern Region	30507	261947	618609	835357	962947	1065992	1386968
中部地区	Mid Region	4902	22348	18460	38872	37401	42619	43518
西部地区	Western Region	10301	22028	32522	41555	40162	53021	98257
北京	Beijing	2689	13495	45700	26444	57637	29722	57247
天津	Tianjin	2997	14580	36774	36452	40727	31823	41704
河北	Hebei	266	1066	644	779	714	751	2020
山西	Shanxi	192	278	263	256	284	281	216
内蒙古	Neimenggu	90	5					
辽宁	Liaoning	1712	5972	12683	6625	22520	7566	10651
吉林	Jilin	319	1088	1219	1126	420	115	115
黑龙江	Heilongjiang	223	523	735		400	556	631
上海	Shanghai	4477	55746	71227	89919	94040	106809	127080
江苏	Jiangsu	8647	18176	45300	78033	90588	94346	166781
浙江	Zhejiang	1135	3911	26407	61300	78541	82942	80497
安徽	Anhui	351	283	2797	2905	3508	3548	10074
福建	Fujian	714	2443	19443	22451	44582	47431	43217
江西	Jiangxi	1069	1255	2746	2165	2951	3807	4009
山东	Shandong	1412	16526	21512	19378	18920	19606	28378
河南	Henan	883	10169	4206	11912	5610	6387	5226
湖北	Hubei	1208	8078	5142	17829	22648	27215	22068
湖南	Hunan	567	669	1352	2679	1581	710	1180
广东	Guangdong	5816	129666	338898	493018	512923	643105	826887
广西	Guangxi	631	366	21	959	1666	1800	2506
海南	Hainan	11				87	91	
重庆	Chongqing		2724	866	1082	1351	1588	2610
四川	Sichuan	5491	6453	16485	21841	21733	32737	73009
贵州	Guizhou	703	1165	1315	1205	2129	2634	4063
云南	Yunnan	62	131	100	235	20	54	55
西藏	Tibet							
陕西	Shaanxi	2818	9739	10878	14302	13519	14606	16593
甘肃	Gansu	1132	1689	2523	1843	658	1060	1256
青海	Qinghai	76	9					
宁夏	Ningxia	13	119	355	912	621		
新疆	Xinjiang	7			135	131	343	671

2-215 电子及通信设备制造业科技活动经费内部支出中仪器设备费

Instruments and Equipments Expenses in the Intramural Expenditure for S&T Activities of Electronic and Telecommunication Equipments Manufacturing

单位：万元 (10000 yuan)

地区	Region	1995	2000	2003	2004	2005	2006	2007
全国	**Total**	**52405**	**310591**	**452767**	**696615**	**680795**	**991242**	**1121947**
东部地区	Eastern Region	33320	272145	366677	528824	600505	876052	936453
中部地区	Mid Region	6009	23081	31261	48426	34938	45880	72657
西部地区	Western Region	13076	15365	54829	119365	45351	69309	112837
北京	Beijing	1453	42707	7579	18794	15988	62658	22392
天津	Tianjin	5359	11760	1483	59911	4724	7372	22332
河北	Hebei	1368	734	1593	668	1431	1311	2372
山西	Shanxi	298	29	5			101	109
内蒙古	Neimenggu	860						
辽宁	Liaoning	1570	3585	32214	8025	9496	7127	7315
吉林	Jilin	44	264	480			1622	1622
黑龙江	Heilongjiang	444	471	1351		134	161	155
上海	Shanghai	3271	43363	47714	152216	216899	225508	176749
江苏	Jiangsu	7314	21098	41028	71389	94246	201071	266531
浙江	Zhejiang	1136	12989	16628	35119	27448	33255	31199
安徽	Anhui	392	270	14974	5490	5036	10896	26623
福建	Fujian	4202	7603	18799	19932	39776	27432	25315
江西	Jiangxi	916	425	2029	571	2270	2074	2617
山东	Shandong	688	14747	18354	39109	67973	72431	53023
河南	Henan	1479	3281	10526	7577	11373	6900	22293
湖北	Hubei	1107	18196	1529	16307	14348	20690	16946
湖南	Hunan	471	146	367	18481	1778	3437	2293
广东	Guangdong	6808	113241	181285	120388	121849	237654	328660
广西	Guangxi	152	319		3275	654	208	565
海南	Hainan					21	24	
重庆	Chongqing		535	192	652	2094	925	1991
四川	Sichuan	9070	8129	22569	22815	27086	43072	92492
贵州	Guizhou	1164	876	353	324	2329	3079	3635
云南	Yunnan	10	371	26	30			
西藏	Tibet							
陕西	Shaanxi	733	4820	29533	92980	13382	17709	8798
甘肃	Gansu	2024	633	1376	678	50	3842	5012
青海	Qinghai	2						
宁夏	Ningxia	10		780	640	411		
新疆	Xinjiang	64			1246		682	910

2-216 电子及通信设备制造业新产品开发经费支出

Expenditure for Developing New Products of Electronic and Telecommunication Equipments Manufacturing

单位：万元 (10000 yuan)

地区	Region	1995	2000	2003	2004	2005	2006	2007
全 国	**Total**	**122301**	**736736**	**1187605**	**1448101**	**2611326**	**3122449**	**3928726**
东部地区	Eastern Region	76383	610671	1070405	1270257	2412784	2851957	3500004
中部地区	Mid Region	12843	47206	42137	60716	72716	115345	137969
西部地区	Western Region	33076	78859	75063	117128	125827	155147	290753
北 京	Beijing	5321	19360	64462	53444	87498	60781	110924
天 津	Tianjin	2494	54509	13741	15748	50727	39329	95894
河 北	Hebei	1931	2908	3334	2169	1914	1193	4284
山 西	Shanxi	747	568	24	140	330	758	984
内蒙古	Neimenggu	201	33					
辽 宁	Liaoning	4278	11994	58855	12233	47485	26248	31977
吉 林	Jilin	912	3736	2672	1123	2707	4383	4325
黑龙江	Heilongjiang	155	1099	1427		990	1056	1299
上 海	Shanghai	6689	102493	124308	224683	249666	251514	346348
江 苏	Jiangsu	21843	53206	97944	138886	286520	490116	675266
浙 江	Zhejiang	3785	20336	66001	72005	213315	209042	171439
安 徽	Anhui	755	595	22618	14447	14587	23641	36605
福 建	Fujian	3849	14357	63536	69934	134227	140936	142325
江 西	Jiangxi	1955	2218	6324	3015	8655	9612	10528
山 东	Shandong	2825	78152	86195	122710	189861	213875	281300
河 南	Henan	4663	12098	2173	7998	9188	12043	36418
湖 北	Hubei	2922	25910	5988	30875	25806	59607	44422
湖 南	Hunan	533	950	911	3117	10453	4246	3388
广 东	Guangdong	19969	252326	492019	558229	1146067	1415331	1635142
广 西	Guangxi	3398	1031	10	216	5337	3375	5107
海 南	Hainan	2				168	216	
重 庆	Chongqing		2440	1761	2926	7390	5946	5766
四 川	Sichuan	18825	16463	51144	89681	81059	116397	227240
贵 州	Guizhou	4381	3581	2668	2081	5958	7899	11678
云 南	Yunnan	306	590			371	327	352
西 藏	Tibet							
陕 西	Shaanxi	7148	52288	16376	17581	23091	18576	35512
甘 肃	Gansu	2326	3144	2899	1650	4390	5038	7952
青 海	Qinghai	3	3					
宁 夏	Ningxia	72	350	215	1609	2161		
新 疆	Xinjiang	16			1600	1407	964	2254

2-217 电子及通信设备制造业新产品产值

Industrial Output Value of New Products of Electronic and Telecommunication Equipments Manufacturing

单位: 万元 (10000 yuan)

地 区 Region		2000	2003	2004	2005	2006	2007
全　国	**Total**	**17389673**	**28853308**	**40546832**	**38812363**	**43431944**	**62349265**
东部地区	Eastern Region	15134818	26490264	37965536	36317766	40160923	57043127
中部地区	Mid Region	441720	550813	1309422	532876	912310	1578101
西部地区	Western Region	1813135	1812231	1271874	1961722	2358710	3728037
北　京	Beijing	2155150	1277673	2072980	828449	887954	11818742
天　津	Tianjin	2366231	4103526	8603386	7918925	9200445	8797451
河　北	Hebei	64876	50501	59724	35050	16114	43304
山　西	Shanxi	14533	32362	31182	33043	87729	306770
内蒙古	Neimenggu	58					
辽　宁	Liaoning	134093	750890	630106	367189	469791	837146
吉　林	Jilin	7974		54696	13567	53200	53200
黑龙江	Heilongjiang	3108	20195		19866	17306	19028
上　海	Shanghai	2425335	4849842	6189086	4443511	5528821	4945940
江　苏	Jiangsu	1936654	3285729	3890811	3822668	3303037	6970884
浙　江	Zhejiang	836417	1484201	1723753	1561917	1982578	2097833
安　徽	Anhui	11229	174254	76187	48659	77408	185214
福　建	Fujian	669909	1521631	1621553	2950294	3134745	3432514
江　西	Jiangxi	32930	36949	55903	91196	97631	146623
山　东	Shandong	1131846	1804187	2454729	2199342	2617795	4222578
河　南	Henan	261206	245266	326368	223483	194625	204635
湖　北	Hubei	93276	38100	205601	70910	362005	587915
湖　南	Hunan	17407	3687	559486	32152	22407	74717
广　东	Guangdong	3400259	7361947	10718707	12181248	13006494	13859417
广　西	Guangxi	14047	137	701	9173	13145	17320
海　南	Hainan					6	
重　庆	Chongqing	30297	25509	57704	144244	171224	159410
四　川	Sichuan	1386227	1560910	1037316	1519824	1794837	3042557
贵　州	Guizhou	20646	113226	10191	51809	87724	112473
云　南	Yunnan	1957		300			23995
西　藏	Tibet						
陕　西	Shaanxi	279082	88532	105611	175350	220966	292804
甘　肃	Gansu	88233	19835	35066	26523	32538	37800
青　海	Qinghai	10					
宁　夏	Ningxia	6684	4219	3915	2269		
新　疆	Xinjiang			21770	41704	51422	58998

2-218 电子及通信设备制造业新产品销售收入

Sales Revenue from New Products of Electronic and Telecommunication Equipments Manufacturing

单位：万元 (10000 yuan)

地区 Region		1995	2000	2003	2004	2005	2006	2007
全 国	**Total**	**3501781**	**16308150**	**29261877**	**40264332**	**38520369**	**41734821**	**60130164**
东部地区	Eastern Region	2497891	14314337	26865017	37788410	35876102	38073415	55066399
中部地区	Mid Region	276065	403675	732120	1238880	702147	1112237	1572958
西部地区	Western Region	727825	1590139	1664740	1237042	1942120	2549169	3490808
北 京	Beijing	162695	2083722	1386314	2513164	838212	871078	11530068
天 津	Tianjin	271545	2194261	4060811	8608109	7878814	8436813	8626345
河 北	Hebei	56508	61734	39538	53991	33506	15634	40091
山 西	Shanxi	10178	14531	29151	31182	25932	87729	297124
内蒙古	Neimenggu	1804	45					
辽 宁	Liaoning	67857	162127	714637	613165	395503	466299	807196
吉 林	Jilin	25930	7037		49965	12312	53200	53200
黑龙江	Heilongjiang	772	2958	20875		19866	17306	19028
上 海	Shanghai	199824	2514590	4896185	6112854	4464801	5522028	4734769
江 苏	Jiangsu	650564	1861366	3457073	3774585	3715640	3332992	6853353
浙 江	Zhejiang	116853	685028	1377814	1520280	1428630	1905512	2128797
安 徽	Anhui	26122	9548	323170	71555	228422	259146	180103
福 建	Fujian	41509	587645	1503806	1613627	2758516	2906352	3151182
江 西	Jiangxi	29873	17831	85871	53701	98911	96663	135201
山 东	Shandong	147225	986316	1533909	2727499	2504788	2945828	4967962
河 南	Henan	105880	259098	234730	315160	216121	186139	191155
湖 北	Hubei	61040	81473	34797	180970	68644	377607	620777
湖 南	Hunan	14465	11155	3526	536347	31939	34449	76371
广 东	Guangdong	765296	3167579	7894811	10250549	11851519	11656250	12211047
广 西	Guangxi	18016	9969	119	588	6174	14624	15590
海 南	Hainan						6	
重 庆	Chongqing		28446	25168	54484	135671	134348	98908
四 川	Sichuan	617598	1236399	1420931	1031451	1553669	1889106	2873464
贵 州	Guizhou	14287	21327	93692	7916	46865	84419	113150
云 南	Yunnan	4799	1780		280			21300
西 藏	Tibet							
陕 西	Shaanxi	72194	212001	100550	85586	147941	355308	296922
甘 肃	Gansu	18519	83552	20003	32933	18576	31148	36964
青 海	Qinghai	155	5					
宁 夏	Ningxia	273	6629	4396	4616	2252		
新 疆	Xinjiang				19776	37146	54840	50100

2-219 电子及通信设备制造业专利申请数

Patent Applications Received of Electronic and Telecommunication Equipments Manufacturing

单位：项 (unit)

地区 Region		1995	2000	2003	2004	2005	2006	2007
全　国	**Total**	**145**	**1099**	**4890**	**6986**	**11022**	**16708**	**24680**
东部地区	Eastern Region	100	921	4474	6430	10293	15880	23357
中部地区	Mid Region	17	25	89	193	278	352	328
西部地区	Western Region	28	153	327	363	451	476	995
北　京	Beijing	8	3	193	81	362	137	611
天　津	Tianjin	9	8	361	93	91	155	247
河　北	Hebei	1	5	2	1	1		5
山　西	Shanxi	2					9	6
内蒙古	Neimenggu							
辽　宁	Liaoning	3	9	10	222	351	143	40
吉　林	Jilin	11	1	34	5	1		
黑龙江	Heilongjiang							3
上　海	Shanghai	4	64	697	1670	1060	1451	1563
江　苏	Jiangsu	38	52	257	345	623	411	870
浙　江	Zhejiang	7	12	122	206	272	551	616
安　徽	Anhui			18	5	11	14	39
福　建	Fujian	2	46	130	94	164	124	210
江　西	Jiangxi			1		28	7	7
山　东	Shandong	9	63	252	356	475	571	779
河　南	Henan		2	36	98	45	117	53
湖　北	Hubei	3	22		79	187	204	217
湖　南	Hunan	1			6	6	1	3
广　东	Guangdong	19	659	2450	3362	6893	12331	18409
广　西	Guangxi					1	6	7
海　南	Hainan							
重　庆	Chongqing		2	4			30	30
四　川	Sichuan	17	122	159	229	146	216	581
贵　州	Guizhou	4	5	5	2	28	77	127
云　南	Yunnan	1					2	4
西　藏	Tibet							
陕　西	Shaanxi	6	21	159	119	243	123	235
甘　肃	Gansu		1		5	17	22	8
青　海	Qinghai							
宁　夏	Ningxia		2		3	2		
新　疆	Xinjiang				5	15	6	10

2-220 电子及通信设备制造业拥有发明专利数

Owning Inventive Patent of Electronic and Telecommunication Equipments Manufacturing

单位：项 (unit)

地区	Region	1995	2000	2003	2004	2005	2006	2007
全　国	**Total**	**84**	**589**	**2100**	**2453**	**4268**	**3807**	**6532**
东部地区	Eastern Region	49	488	1979	2137	3991	3405	5994
中部地区	Mid Region	9	38	31	134	161	181	237
西部地区	Western Region	26	63	90	182	116	221	301
北　京	Beijing	4	5	65	31	251	184	463
天　津	Tianjin	8		343	318	48	25	54
河　北	Hebei	1		2			1	1
山　西	Shanxi							1
内蒙古	Neimenggu							
辽　宁	Liaoning	1	11	3	4	3	2	63
吉　林	Jilin	9	1	8	1	1	2	2
黑龙江	Heilongjiang		1					
上　海	Shanghai		95	265	189	188	431	214
江　苏	Jiangsu	21	26	63	122	195	186	621
浙　江	Zhejiang	3	16	25	186	100	212	254
安　徽	Anhui			12	13	10	8	38
福　建	Fujian		1	58	144	265	280	309
江　西	Jiangxi			1	1	12	16	21
山　东	Shandong	4	11	10	13	46	50	147
河　南	Henan		23	7	4	10	15	15
湖　北	Hubei		13	1	111	120	137	159
湖　南	Hunan			2	4	8	3	1
广　东	Guangdong	7	323	1145	1126	2891	2029	3866
广　西	Guangxi				4	4	5	2
海　南	Hainan							
重　庆	Chongqing		5			6	6	3
四　川	Sichuan	9	41	13	139	20	149	194
贵　州	Guizhou	3	3					4
云　南	Yunnan	1						
西　藏	Tibet							
陕　西	Shaanxi	12	13	77	38	87	51	94
甘　肃	Gansu		1		2		11	3
青　海	Qinghai							
宁　夏	Ningxia	1						
新　疆	Xinjiang				3	3	4	3

2-221 电子及通信设备制造业技术改造经费支出

Expenditure on Technical Renovation of Electronic and Telecommunication Equipments Manufacturing

单位: 万元 (10000 yuan)

地区 Region		1995	2000	2003	2004	2005	2006	2007
全　国	**Total**	**345892**	**520752**	**584805**	**851234**	**611919**	**625210**	**847537**
东部地区	Eastern Region	137540	370999	477832	577034	480476	500713	660834
中部地区	Mid Region	94706	21356	45267	88620	41867	52295	22370
西部地区	Western Region	113646	128397	61706	185580	89575	72202	164333
北　京	Beijing	19543	3481	17403	18449	6818	4966	11790
天　津	Tianjin	3207	42333	2523	5472	29256	6791	7414
河　北	Hebei	966	4389	6260	13854	1083	1591	1823
山　西	Shanxi	325	3215	31	510	256	68	4
内蒙古	Neimenggu	262	454					
辽　宁	Liaoning	12813	32800	1373	4242	4315	2434	1921
吉　林	Jilin	3180			2981	1580		
黑龙江	Heilongjiang	5948	2397	1924		135	6	3
上　海	Shanghai	10578	39578	19967	60880	44371	44829	32798
江　苏	Jiangsu	30749	63624	202129	182673	164159	152001	274402
浙　江	Zhejiang	11990	25142	50173	104442	70967	92237	82613
安　徽	Anhui	2649	4084	14404	31142	20109	4009	5804
福　建	Fujian	3173	11531	30563	34648	30847	50211	25650
江　西	Jiangxi	2386	3466	9589	3047	4843	4153	4310
山　东	Shandong	14789	55926	39980	48609	28865	32748	59429
河　南	Henan	10690	5359	14107	9208	6848	15611	4079
湖　北	Hubei	4986	2379	4704	20701	6145	24648	6552
湖　南	Hunan	64281	2	508	21030	1951	3801	1617
广　东	Guangdong	27465	92155	107461	103370	97711	111287	160801
广　西	Guangxi	2267	42		396	2085	1618	2192
海　南	Hainan							
重　庆	Chongqing		900	484	2131	291	702	1548
四　川	Sichuan	40126	16675	7462	36202	20245	33487	115393
贵　州	Guizhou	4301	14231	7577	10907	10072	4938	8931
云　南	Yunnan	10	49		200	9078		
西　藏	Tibet							
陕　西	Shaanxi	67100	82542	42057	127785	27136	27452	22315
甘　肃	Gansu	1960	4315	4126	6470	15720	4635	8377
青　海	Qinghai		2					
宁　夏	Ningxia	149	9684		672	753		
新　疆	Xinjiang				1213	6281	989	7769

2-222 电子及通信设备制造业技术引进经费支出

Expenditure on Technology Import of Electronic and Telecommunication Equipments Manufacturing

单位：万元 (10000 yuan)

地 区 Region		1995	2000	2003	2004	2005	2006	2007
全　国	**Total**	**200631**	**305560**	**595328**	**1000073**	**665035**	**605404**	**1044240**
东部地区	Eastern Region	180785	219002	532289	960024	655554	602033	1027101
中部地区	Mid Region	6236	11185	50955	35849	5557	2998	1953
西部地区	Western Region	13610	75373	12084	4200	3925	374	15185
北　京	Beijing	2163	1073	11561	260147	25168	21946	21224
天　津	Tianjin	7508	2666	50940	139233	207967	228101	384454
河　北	Hebei	132020	421	95	49	60	49	42
山　西	Shanxi	85					278	278
内蒙古	Neimenggu	162	112					
辽　宁	Liaoning	5145	11552	22404	151285	5780	4077	3972
吉　林	Jilin	50						
黑龙江	Heilongjiang	1969	387	1023				
上　海	Shanghai	11838	102346	140602	152893	105467	105538	89636
江　苏	Jiangsu	7196	44650	157373	142991	134944	79515	168710
浙　江	Zhejiang	3489	5296	19447	5700	4063	6655	5865
安　徽	Anhui	166		5054	8160	2474	1200	
福　建	Fujian	2256	11323	27543	25931	19445	47107	152769
江　西	Jiangxi	814	235	2338		1580	890	1120
山　东	Shandong	2737	4135	6502	4345	3806	4210	3663
河　南	Henan	2326	2600	26826	16110	70		159
湖　北	Hubei	532	7751	200	424	1433	563	396
湖　南	Hunan	133	100	15514	11156		67	
广　东	Guangdong	6096	35531	95822	77451	148855	104835	196766
广　西	Guangxi	338	9					
海　南	Hainan							
重　庆	Chongqing		305		9			723
四　川	Sichuan	5180	16274	1695	349	1759	50	12980
贵　州	Guizhou	5703	2280	80		1866	324	
云　南	Yunnan	1	369		3000			
西　藏	Tibet							
陕　西	Shaanxi	1516	53508	6688	125	300		426
甘　肃	Gansu	1207	2636	3575	542			1056
青　海	Qinghai		2					
宁　夏	Ningxia			46				
新　疆	Xinjiang	4			174			

2-223 电子及通信设备制造业消化吸收经费支出

Expenditure on Technology Absorption of Electronic and Telecommunication Equipments Manufacturing

单位：万元 (10000 yuan)

地区 Region		1995	2000	2003	2004	2005	2006	2007
全　国	**Total**	**16481**	**12716**	**33121**	**97303**	**226463**	**61971**	**61184**
东部地区	Eastern Region	11810	11641	28403	88227	225700	60316	58523
中部地区	Mid Region	3676	418	468	9033	426	1195	125
西部地区	Western Region	995	657	4250	42	337	461	2536
北　京	Beijing	118	4538		151		2355	1864
天　津	Tianjin	44	743	8	30	157326	497	1092
河　北	Hebei	9463	18		14	13	14	
山　西	Shanxi	20	1				23	3
内蒙古	Neimenggu							
辽　宁	Liaoning	352	2222	120			89	17
吉　林	Jilin	12						
黑龙江	Heilongjiang	200		107				
上　海	Shanghai	134	270	18465	47663	8790	7576	5745
江　苏	Jiangsu	981	612	1190	1596	3332	1744	17373
浙　江	Zhejiang	7	55	1175	378	516	3040	3137
安　徽	Anhui	19			8010	180	100	60
福　建	Fujian	18	220	4242	1893	2761	25952	9921
江　西	Jiangxi	335	20	11		45	65	35
山　东	Shandong	63	603	555	1139	1175	3640	3801
河　南	Henan	3067	50	249	380	201	35	28
湖　北	Hubei		347				905	
湖　南	Hunan	23	1	101	643		67	
广　东	Guangdong	628	2346	2648	35364	51786	15409	15572
广　西	Guangxi	1	15					
海　南	Hainan							
重　庆	Chongqing		300					
四　川	Sichuan	800	12	90	42	334	201	1012
贵　州	Guizhou		35			3		301
云　南	Yunnan		10					
西　藏	Tibet							
陕　西	Shaanxi	12	300	4160				200
甘　肃	Gansu	184					260	528
青　海	Qinghai							
宁　夏	Ningxia							
新　疆	Xinjiang							495

2-224 电子及通信设备制造业购买国内技术经费支出

Expenditure on Purchase of Domestic Technology of Electronic and Telecommunication Equipments Manufacturing

单位：万元 (10000 yuan)

地区 Region		1995	2000	2003	2004	2005	2006	2007
全　国	**Total**	**31344**	**3013**	**12044**	**25052**	**23056**	**29866**	**35525**
东部地区	Eastern Region	27638	2468	11466	23356	20896	18009	17852
中部地区	Mid Region	907	330	212	1308	474	1133	1776
西部地区	Western Region	2799	214	366	388	1685	10724	15896
北　京	Beijing	3	61		869		24	
天　津	Tianjin	29	89		1080	455		494
河　北	Hebei	25000			30	28	30	
山　西	Shanxi	115						
内蒙古	Neimenggu	62						
辽　宁	Liaoning	457	102		348	32	64	27
吉　林	Jilin	50						
黑龙江	Heilongjiang		45	100				
上　海	Shanghai	392	81	160	480	101	2579	134
江　苏	Jiangsu	1104	224	6381	7291	639	1571	778
浙　江	Zhejiang	235	1085	491	406	2877	4104	1849
安　徽	Anhui	451		36	590	50	60	72
福　建	Fujian	45	320	786	6045	9181	3439	8229
江　西	Jiangxi	35	18		340	250	247	1494
山　东	Shandong	318		100	246	105		675
河　南	Henan	158	3	25	138	69	212	
湖　北	Hubei	18	265	51	60	105	505	130
湖　南	Hunan	18			180		109	80
广　东	Guangdong	56	498	3548	6560	7468	6169	5582
广　西	Guangxi		8			12	30	85
海　南	Hainan							
重　庆	Chongqing					9	100	345
四　川	Sichuan	1913	87	346	1	548	3221	8548
贵　州	Guizhou	45	83			719		
云　南	Yunnan							
西　藏	Tibet							
陕　西	Shaanxi	824	44	20	101	410	7403	7003
甘　肃	Gansu	18			286			
青　海	Qinghai							
宁　夏	Ningxia							
新　疆	Xinjiang							

2-225 电子及通信设备制造业科技机构数

Number of S&T Institutions of Electronic and Telecommunication Equipments Manufacturing

单位：个 (unit)

地 区 Region		1995	2000	2003	2004	2005	2006	2007
全 国	**Total**	**841**	**482**	**451**	**755**	**643**	**798**	**929**
东部地区	Eastern Region	537	326	341	626	496	643	759
中部地区	Mid Region	139	52	40	44	50	65	66
西部地区	Western Region	165	104	70	85	97	90	104
北 京	Beijing	52	17	12	13	13	30	35
天 津	Tianjin	56	16	11	21	15	24	23
河 北	Hebei	13	5	5	4	4	4	3
山 西	Shanxi	8	2			1	1	1
内蒙古	Neimenggu	2						
辽 宁	Liaoning	62	24	17	20	13	18	14
吉 林	Jilin	16	3	2	2	1	3	3
黑龙江	Heilongjiang	3	2					
上 海	Shanghai	26	25	29	30	41	46	46
江 苏	Jiangsu	148	85	70	262	100	130	191
浙 江	Zhejiang	26	26	41	76	80	98	103
安 徽	Anhui	17	4	8	7	11	11	11
福 建	Fujian	14	11	16	15	21	35	35
江 西	Jiangxi	23	10	4	3	4	4	4
山 东	Shandong	34	30	22	32	43	29	31
河 南	Henan	25	9	9	5	7	15	21
湖 北	Hubei	25	19	11	17	16	18	19
湖 南	Hunan	20	3	6	10	10	13	7
广 东	Guangdong	92	85	118	153	164	227	277
广 西	Guangxi	13	2			1	1	1
海 南	Hainan	1				1	1	
重 庆	Chongqing		5	3	9	4	5	8
四 川	Sichuan	89	36	17	29	27	36	39
贵 州	Guizhou	12	13	8	4	10	14	9
云 南	Yunnan	6		1	1	1		1
西 藏	Tibet							
陕 西	Shaanxi	35	44	36	36	44	26	40
甘 肃	Gansu	21	5	4	4	9	8	6
青 海	Qinghai	1	1					
宁 夏	Ningxia	1		1	1	1		
新 疆	Xinjiang				1	1	1	1

2-226 电子及通信设备制造业科技机构科技活动人员

S&T Personnel in the S&T Institutions of Electronic and Telecommunication Equipments Manufacturing

单位：人 (person)

地 区 Region	1995	2000	2003	2004	2005	2006	2007
全 国 Total	**32404**	**44988**	**62059**	**70044**	**87031**	**113501**	**142986**
东部地区 Eastern Region	16707	34565	51803	59602	70492	95348	119047
中部地区 Mid Region	5403	4069	3758	2967	5862	6274	5785
西部地区 Western Region	10294	6354	6498	7475	10677	11879	18154
北 京 Beijing	2177	1850	1837	1376	1105	1497	2825
天 津 Tianjin	1901	1357	2071	1183	811	2278	2683
河 北 Hebei	254	511	315	238	172	231	321
山 西 Shanxi	242	78			7	216	50
内 蒙 古 Neimenggu	116						
辽 宁 Liaoning	1427	1116	1336	940	937	1183	1125
吉 林 Jilin	360	687	112	13	371	329	329
黑 龙 江 Heilongjiang	115	242					
上 海 Shanghai	1012	2127	3119	4785	4836	5531	7633
江 苏 Jiangsu	5396	5244	5473	6298	7058	8762	12881
浙 江 Zhejiang	473	1079	3236	5442	6483	9927	6919
安 徽 Anhui	474	124	669	349	558	592	841
福 建 Fujian	404	727	2275	2807	3342	5126	5212
江 西 Jiangxi	964	597	1289	411	803	1039	777
山 东 Shandong	970	3226	3739	3223	2765	2833	3194
河 南 Henan	970	1438	617	255	437	1205	1147
湖 北 Hubei	1727	840	845	1676	3493	2617	2429
湖 南 Hunan	435	63	226	263	193	276	212
广 东 Guangdong	2331	17178	28402	33310	42898	57869	76176
广 西 Guangxi	354	150			59	79	78
海 南 Hainan	8				26	32	
重 庆 Chongqing		793	386	332	444	559	647
四 川 Sichuan	5762	2685	3069	3890	6068	7641	13575
贵 州 Guizhou	780	488	310	360	477	666	770
云 南 Yunnan	103		52	24	44		27
西 藏 Tibet							
陕 西 Shaanxi	2459	1960	2116	2594	3128	2684	2718
甘 肃 Gansu	1081	411	505	190	437	240	330
青 海 Qinghai	92	17					
宁 夏 Ningxia	17		60	57	56		
新 疆 Xinjiang				28	23	89	87

2-227 电子及通信设备制造业科技机构科技活动经费内部支出
Intramural Expenditure for S&T Activities in the S&T Institutions of Electronic and Telecommunication Equipments Manufacturing

单位: 万元 (10000 yuan)

地区	Region	1995	2000	2003	2004	2005	2006	2007
全国	**Total**	**102157**	**596823**	**1172122**	**1585846**	**1749116**	**2542457**	**3083377**
东部地区	Eastern Region	74337	537738	1020437	1445586	1541541	2279518	2754077
中部地区	Mid Region	7435	21744	49310	33863	59291	92762	90235
西部地区	Western Region	20386	37341	102375	106398	148284	170177	239066
北京	Beijing	3872	14368	57685	41171	21233	66080	68868
天津	Tianjin	2899	48279	63684	16954	15056	57880	115315
河北	Hebei	684	1652	1443	1263	1972	1296	2499
山西	Shanxi	158	90			5	95	820
内蒙古	Neimenggu	21						
辽宁	Liaoning	1025	7000	55636	11472	9460	18771	20734
吉林	Jilin	363	1526	1347	60	2707	5534	5534
黑龙江	Heilongjiang	17	979					
上海	Shanghai	21681	60803	111179	143392	141497	168888	284467
江苏	Jiangsu	15278	52731	77460	143372	104693	215767	374794
浙江	Zhejiang	5019	19365	30452	72051	98712	181302	125966
安徽	Anhui	1009	1165	23155	14268	14511	14962	6701
福建	Fujian	1704	15868	34666	47854	90226	80514	84054
江西	Jiangxi	1256	2276	5398	1670	6407	8139	10544
山东	Shandong	1770	48619	72275	123136	132701	147516	222841
河南	Henan	1550	9312	14179	3683	9009	9692	12434
湖北	Hubei	2466	6032	4378	12600	25252	53162	52351
湖南	Hunan	596	365	853	1582	1400	1178	1851
广东	Guangdong	17504	268611	515957	844919	924008	1340065	1453507
广西	Guangxi	2895	443			1816	1221	1033
海南	Hainan	7				168	216	
重庆	Chongqing		3293	1666	2332	1011	2132	3250
四川	Sichuan	14827	17313	82750	83765	118773	135210	201725
贵州	Guizhou	925	2143	2155	1326	4257	5102	6499
云南	Yunnan	329		180	382	371		352
西藏	Tibet							
陕西	Shaanxi	3441	12541	12054	14890	19755	20809	19297
甘肃	Gansu	811	2040	2250	1507	2827	5023	6758
青海	Qinghai	7	12					
宁夏	Ningxia	47		1320	1512	910		
新疆	Xinjiang				683	380	1900	1186

2-228 电子计算机及办公设备制造业年末固定资产原价

Original Value of Fixed Assets of Computers and Office Equipments Manufacturing

单位：万元 (10000 yuan)

地 区	Region	2000	2003	2004	2005	2006	2007
全 国	**Total**	**1749579**	**5606254**	**8055748**	**10566391**	**13651912**	**15087170**
东部地区	Eastern Region	1422846	5220374	7838200	10241768	13400143	14752884
中部地区	Mid Region	237650	241144	129189	197083	207537	203333
西部地区	Western Region	89083	144736	88360	127541	44231	130953
北 京	Beijing	78590	168391	384848	1086302	1155515	296184
天 津	Tianjin	68352	68922	150537	100858	100148	103271
河 北	Hebei					4249	4305
山 西	Shanxi	4615	38331	71104	74902	80713	57624
内蒙古	Neimenggu						
辽 宁	Liaoning	330272	386530	399363	414512	403959	405821
吉 林	Jilin	1881	17051		13816	13713	22144
黑龙江	Heilongjiang	174263	18989	8526	8079	17849	20361
上 海	Shanghai	217512	419919	932063	958581	1572740	1737232
江 苏	Jiangsu	54513	1548321	2875966	3890620	4964289	5813248
浙 江	Zhejiang	7875	14916	108441	220978	426565	715144
安 徽	Anhui	2300	74426	2329	5359	6134	8143
福 建	Fujian	65929	219946	240693	315796	432619	571828
江 西	Jiangxi		5664	11361	13468	10492	12341
山 东	Shandong	64095	232362	205074	236703	233023	270660
河 南	Henan				2580	2891	15763
湖 北	Hubei	5677	33510	16627	33215	55466	47011
湖 南	Hunan	48914	53173	19241	45664	20279	19946
广 东	Guangdong	516819	2147970	2528075	3017419	4095924	4832327
广 西	Guangxi	18888	13097	13140		11116	2866
海 南	Hainan						
重 庆	Chongqing	19166	17862	21602	21431	22241	31364
四 川	Sichuan	39323	93414	43954	43304	4780	87779
贵 州	Guizhou	3252	8181	13840	54228		
云 南	Yunnan	3958	6266	8446	8578	12647	11810
西 藏	Tibet						
陕 西	Shaanxi	23384		517		4563	
甘 肃	Gansu		19013				
青 海	Qinghai						
宁 夏	Ningxia						
新 疆	Xinjiang						

2-229 电子计算机及办公设备制造业微电子控制设备原价

Original Value of Micro-electronic Equipments of Computers and Office Equipments Manufacturing

单位：万元 (10000 yuan)

地区 Region		1995	2000	2003	2004	2005	2006	2007
全国	**Total**	**50886**	**246062**	**439968**	**675208**	**842845**	**2598973**	**3276272**
东部地区	Eastern Region	47711	210955	401450	664026	823912	2586266	3254480
中部地区	Mid Region	1693	22771	14992	3328	1059	4340	13516
西部地区	Western Region	1483	12336	23526	7854	17874	8367	8276
北京	Beijing	4215	9421	2488	13096	11292	10583	13740
天津	Tianjin	7045	19370	15573		22220	35206	46900
河北	Hebei	417					861	905
山西	Shanxi	493	113		3200		334	334
内蒙古	Neimenggu							
辽宁	Liaoning	1643	73339	2028		61623	63395	67016
吉林	Jilin					150		
黑龙江	Heilongjiang		2661			190	1170	1170
上海	Shanghai	3083	22643	18109	8797	120328	53547	43503
江苏	Jiangsu	3315	7601	111517	407373	49265	848036	1005502
浙江	Zhejiang	738		124	25142	19335	84569	91607
安徽	Anhui		1500	14692	128	128	295	355
福建	Fujian		22045	6125	25984	103479	100467	80294
江西	Jiangxi					81	97	97
山东	Shandong	6362	94	14665	6880	26071	8556	8616
河南	Henan					15		
湖北	Hubei		184	300		495	2443	4975
湖南	Hunan	1200	18313					6585
广东	Guangdong	20084	56443	230821	176755	410300	1381046	1896398
广西	Guangxi	809						
海南	Hainan							
重庆	Chongqing		1982	2947	2612	2612	4000	3790
四川	Sichuan	975	3529	17815			3689	3808
贵州	Guizhou	150			4632	14652		
云南	Yunnan	358	236	579	610	610	678	678
西藏	Tibet							
陕西	Shaanxi		6588					
甘肃	Gansu			2185				
青海	Qinghai							
宁夏	Ningxia							
新疆	Xinjiang							

2-230 电子计算机及办公设备制造业R&D活动人员折合全时当量

Full-time Equivalent of R&D Personnel of Computers and Office Equipments Manufacturing

单位：人年 (man.year)

地区 Region		1995	2000	2003	2004	2005	2006	2007
全　国	**Total**	**1355**	**3941**	**12393**	**13578**	**17484**	**24591**	**29712**
东部地区	Eastern Region	996	3381	10860	12278	16296	23416	28786
中部地区	Mid Region	212	132	768	1114	974	903	609
西部地区	Western Region	147	428	765	186	214	272	318
北　京	Beijing	213	786	1915	2403	2225	1194	1137
天　津	Tianjin	102	94	116	33	267	289	57
河　北	Hebei						46	
山　西	Shanxi	26		48	109	79		
内蒙古	Neimenggu							
辽　宁	Liaoning	171	101	49	33			31
吉　林	Jilin			19				
黑龙江	Heilongjiang		29	85	254			
上　海	Shanghai	119	202	2239	832	300	1450	1815
江　苏	Jiangsu	197	309	577	2241	4763	3358	2729
浙　江	Zhejiang	5			853	1611	2860	2718
安　徽	Anhui		8	65		12	80	50
福　建	Fujian		746	1382	969	1268	1438	2187
江　西	Jiangxi							
山　东	Shandong	9	153	1464	2057	2213	2263	2730
河　南	Henan							
湖　北	Hubei			25		109	146	2
湖　南	Hunan	186	94	527	751	774	677	557
广　东	Guangdong	174	965	3085	2856	3650	10520	15381
广　西	Guangxi	6	26	34				
海　南	Hainan							
重　庆	Chongqing		355	222	97	107	185	126
四　川	Sichuan	106	15	429	22	60	24	102
贵　州	Guizhou							
云　南	Yunnan	41	37	64	67	47	63	90
西　藏	Tibet							
陕　西	Shaanxi		20					
甘　肃	Gansu			50				
青　海	Qinghai							
宁　夏	Ningxia							
新　疆	Xinjiang							

2-231 电子计算机及办公设备制造业R&D经费内部支出

Intramural Expenditure for R&D of Computers and Office Equipments Manufacturing

单位：万元 (10000 yuan)

地区 Region		1995	2000	2003	2004	2005	2006	2007
全国	**Total**	**5473**	**115541**	**257491**	**395999**	**434480**	**729251**	**818169**
东部地区	Eastern Region	3664	111815	246577	388222	428265	718508	808123
中部地区	Mid Region	967	1363	6340	5655	4255	7170	6268
西部地区	Western Region	842	2363	4574	2121	1960	3572	3779
北京	Beijing	510	70728	128783	117473	63405	184739	103940
天津	Tianjin	299	593	1246	251	5065	14688	54956
河北	Hebei						116	
山西	Shanxi	14		175	32	140		
内蒙古	Neimenggu							
辽宁	Liaoning	106	231	77	275			855
吉林	Jilin			58				
黑龙江	Heilongjiang		243	250	1773			
上海	Shanghai	518	3165	7814	70659	41635	45947	51665
江苏	Jiangsu	1112	4069	14346	37050	57337	79767	94382
浙江	Zhejiang	15			48130	59497	90942	114033
安徽	Anhui		40	1824		51	859	1054
福建	Fujian		13269	17755	23918	37330	30800	43419
江西	Jiangxi							
山东	Shandong	34	5487	24721	30786	73769	88296	104050
河南	Henan							
湖北	Hubei			3178		1017	2727	587
湖南	Hunan	953	1080	855	3850	3047	3584	4626
广东	Guangdong	833	14048	51795	59680	90226	183214	240823
广西	Guangxi	238	225	40				
海南	Hainan							
重庆	Chongqing		1065	2448	742	1050	1533	1655
四川	Sichuan	673	203	1160	375	300	309	650
贵州	Guizhou							
云南	Yunnan	169	945	829	1004	611	1730	1474
西藏	Tibet							
陕西	Shaanxi		150					
甘肃	Gansu			137				
青海	Qinghai							
宁夏	Ningxia							
新疆	Xinjiang							

2-232 电子计算机及办公设备制造业科技活动人员

Personnel for S&T Activities of Computers and Office Equipments Manufacturing

单位：人 (person)

地区 Region		1995	2000	2003	2004	2005	2006	2007
全　国	**Total**	**8422**	**14886**	**25886**	**34877**	**45288**	**41442**	**52754**
东部地区	Eastern Region	6368	12931	22096	32316	42630	38607	49517
中部地区	Mid Region	1114	814	2242	1584	1809	2026	2170
西部地区	Western Region	940	1141	1548	977	849	809	1067
北　京	Beijing	368	2412	3157	4160	4014	4127	2181
天　津	Tianjin	394	417	143	61	328	330	383
河　北	Hebei	69					64	66
山　西	Shanxi	541	41	353	369	316	316	40
内蒙古	Neimenggu							
辽　宁	Liaoning	1211	2066	49	234	81		49
吉　林	Jilin			93		360		413
黑龙江	Heilongjiang		48	188	397	232	97	126
上　海	Shanghai	551	726	4194	1571	2841	2377	3895
江　苏	Jiangsu	1225	1077	3464	5562	10317	7033	9897
浙　江	Zhejiang	183		42	1542	1965	3022	3423
安　徽	Anhui	70	112	419	20	18	264	282
福　建	Fujian	30	1280	1997	1080	2040	2827	3596
江　西	Jiangxi	29		20				
山　东	Shandong	1170	1749	2907	3438	3629	3194	3993
河　南	Henan							
湖　北	Hubei		10	399	41	109	364	457
湖　南	Hunan	474	603	770	757	774	985	852
广　东	Guangdong	1036	3105	6105	14662	17415	15633	22034
广　西	Guangxi	131	99	38	6			
海　南	Hainan							
重　庆	Chongqing		540	447	423	364	365	370
四　川	Sichuan	790	484	933	465	394	353	517
贵　州	Guizhou	68						
云　南	Yunnan	82	66	87	89	91	91	180
西　藏	Tibet							
陕　西	Shaanxi		51					
甘　肃	Gansu			81				
青　海	Qinghai							
宁　夏	Ningxia							
新　疆	Xinjiang							

2-233 电子计算机及办公设备制造业科技活动人员中科学家和工程师

Scientists and Engineers in S&T Personnel of Computers and Office Equipments Manufacturing

单位：人 (person)

地区 Region	1995	2000	2003	2004	2005	2006	2007
全国 Total	**4745**	**11347**	**19328**	**24374**	**33269**	**31014**	**41721**
东部地区 Eastern Region	3591	9966	16946	23085	31120	28734	38957
中部地区 Mid Region	697	620	1419	651	1399	1672	1916
西部地区 Western Region	457	761	963	638	750	608	848
北京 Beijing	309	2275	2276	3187	3624	3728	1583
天津 Tianjin	174	267	92	32	271	300	320
河北 Hebei	47					36	52
山西 Shanxi	338	41	197	214	173	221	36
内蒙古 Neimenggu							
辽宁 Liaoning	542	2014	20	49	76		49
吉林 Jilin			53		360		413
黑龙江 Heilongjiang		48	88	226	232	97	116
上海 Shanghai	266	487	3957	472	2634	1825	3076
江苏 Jiangsu	680	615	2612	4220	5936	3626	5624
浙江 Zhejiang	133		40	1343	1739	2644	3110
安徽 Anhui	26	112	208	12	12	243	244
福建 Fujian	24	964	1735	1013	1747	2332	2864
江西 Jiangxi	20		14				
山东 Shandong	738	922	1940	2609	2511	2451	3310
河南 Henan							
湖北 Hubei		8	374	41	109	326	374
湖南 Hunan	313	411	485	158	513	785	733
广东 Guangdong	618	2363	4236	10156	12582	11792	18969
广西 Guangxi	60	59	38	4			
海南 Hainan							
重庆 Chongqing		385	310	326	273	274	323
四川 Sichuan	353	259	539	231	394	243	432
贵州 Guizhou	28						
云南 Yunnan	76	66	82	81	83	91	93
西藏 Tibet							
陕西 Shaanxi		51					
甘肃 Gansu			32				
青海 Qinghai							
宁夏 Ningxia							
新疆 Xinjiang							

2-234 电子计算机及办公设备制造业科技活动经费筹集额

Sources of Funds for S&T Activities of Computers and Office Equipments Manufacturing

单位：万元 (10000 yuan)

地区 Region		1995	2000	2003	2004	2005	2006	2007
全　国	**Total**	**28408**	**356682**	**798181**	**898803**	**959056**	**1037525**	**1470400**
东部地区	Eastern Region	24728	343216	772973	886260	941243	1019950	1448390
中部地区	Mid Region	1535	4787	17460	7650	11929	10820	15009
西部地区	Western Region	2145	8679	7748	4894	5884	6755	7002
北　京	Beijing	1548	174037	148496	219334	214362	234566	114676
天　津	Tianjin	2909	6211	3976	560	11589	15367	98457
河　北	Hebei	101					116	687
山　西	Shanxi	365	15	604	70	135	1638	155
内蒙古	Neimenggu							
辽　宁	Liaoning	1057	2491	77	622	758		895
吉　林	Jilin			15		3500		4610
黑龙江	Heilongjiang		363	458	1773	1451	282	763
上　海	Shanghai	2266	52199	257803	246185	104801	66030	96583
江　苏	Jiangsu	3936	14835	108296	158888	183430	191087	268473
浙　江	Zhejiang	614		2450	53158	75375	99425	124193
安　徽	Anhui	40	110	5142	42	51	1870	2259
福　建	Fujian	13	13725	30109	24800	88812	62362	118392
江　西	Jiangxi	151		26				
山　东	Shandong	2705	5731	36242	69396	82409	97566	121286
河　南	Henan							
湖　北	Hubei		6	6565	1407	1532	3447	2547
湖　南	Hunan	979	4294	4650	4358	5260	3584	4675
广　东	Guangdong	8594	73661	185484	113148	179707	253432	504748
广　西	Guangxi	985	327	40	170			
海　南	Hainan							
重　庆	Chongqing		2005	2627	2544	2719	2866	2988
四　川	Sichuan	1916	3089	3556	920	1720	1693	1760
贵　州	Guizhou	18						
云　南	Yunnan	211	2745	1305	1429	1445	2197	2254
西　藏	Tibet							
陕　西	Shaanxi		840					
甘　肃	Gansu			260				
青　海	Qinghai							
宁　夏	Ningxia							
新　疆	Xinjiang							

2-235 电子计算机及办公设备制造业科技活动经费筹集额中政府资金

Government Funds in the Sources of Funds for S&T Activities of Computers and Office Equipments Manufacturing

单位：万元 (10000 yuan)

地 区 Region		1995	2000	2003	2004	2005	2006	2007
全　国	**Total**	**2810**	**4089**	**8134**	**10381**	**11529**	**11210**	**24029**
东部地区	Eastern Region	844	1779	3935	7552	9320	7121	18911
中部地区	Mid Region	301	120	983	1385	990	2661	1660
西部地区	Western Region	1665	2190	3216	1445	1219	1427	3458
北　京	Beijing	100	440	480	2235	3587	2359	6249
天　津	Tianjin		90	15	20	3	20	100
河　北	Hebei							
山　西	Shanxi	257		145	55	80	3	55
内蒙古	Neimenggu							
辽　宁	Liaoning	193	75		8			80
吉　林	Jilin			15				
黑龙江	Heilongjiang		120	178				
上　海	Shanghai	234		10		528	595	471
江　苏	Jiangsu	144	82	208	68	300	66	168
浙　江	Zhejiang			52	8	30	172	1278
安　徽	Anhui			35			523	917
福　建	Fujian	13	162	371	510	677	255	968
江　西	Jiangxi							
山　东	Shandong	100	677	1751	3686	3246	2300	4651
河　南	Henan							
湖　北	Hubei			10	130		902	688
湖　南	Hunan	44		600	1200	910	1233	
广　东	Guangdong	60	253	1030	1005	950	1354	4946
广　西	Guangxi			18	12			
海　南	Hainan							
重　庆	Chongqing		2005	2545	1082	690	800	2732
四　川	Sichuan	1665	100			130	127	446
贵　州	Guizhou							
云　南	Yunnan		85	671	363	399	500	280
西　藏	Tibet							
陕　西	Shaanxi							
甘　肃	Gansu							
青　海	Qinghai							
宁　夏	Ningxia							
新　疆	Xinjiang							

2-236 电子计算机及办公设备制造业科技活动经费筹集额中企业资金

Funds Raised by Enterprises in the Sources of Funds for S&T Activities of Computers and Office Equipments Manufacturing

单位：万元 (10000 yuan)

地区 Region		1995	2000	2003	2004	2005	2006	2007
全 国	**Total**	**21326**	**324959**	**699699**	**856197**	**916372**	**952774**	**1332681**
东部地区	Eastern Region	20378	313844	680598	846483	904197	943139	1320816
中部地区	Mid Region	605	4667	14569	6265	9384	6472	8578
西部地区	Western Region	344	6449	4532	3449	2791	3162	3288
北 京	Beijing	1158	159047	147988	216860	210339	231707	108427
天 津	Tianjin	2850	4961	3496	390	3646	8447	81557
河 北	Hebei	101					116	687
山 西	Shanxi	14	15	1	15		35	100
内蒙古	Neimenggu							
辽 宁	Liaoning	542	1616	77	614	758		815
吉 林	Jilin					2000		810
黑龙江	Heilongjiang		243	230	1773	1451	282	763
上 海	Shanghai	1641	49526	257643	243635	104272	28316	52699
江 苏	Jiangsu	2527	10804	36364	141634	182330	190321	261740
浙 江	Zhejiang	114		898	53150	71653	98464	122495
安 徽	Anhui	40	110	4512	42	51	1347	1342
福 建	Fujian		13564	25678	18970	86695	60117	114224
江 西	Jiangxi	51		26				
山 东	Shandong	2250	3982	31661	60510	71713	85666	100860
河 南	Henan							
湖 北	Hubei		6	5750	1277	1532	2458	1859
湖 南	Hunan	500	4294	4050	3158	4350	2351	3704
广 东	Guangdong	8209	70018	176771	110564	172791	239987	477312
广 西	Guangxi	985	327	22	158			
海 南	Hainan							
重 庆	Chongqing			82	1463	155		
四 川	Sichuan	145	2949	3556	920	1590	1465	1314
贵 州	Guizhou	18						
云 南	Yunnan	181	2660	634	1066	1046	1697	1974
西 藏	Tibet							
陕 西	Shaanxi		840					
甘 肃	Gansu			260				
青 海	Qinghai							
宁 夏	Ningxia							
新 疆	Xinjiang							

2-237 电子计算机及办公设备制造业科技活动经费筹集额中金融机构贷款

Loans from Financial Institutions in the Sources of Funds for S&T Activities of Computers and Office Equipments Manufacturing

单位：万元　　　　(10000 yuan)

地区 Region	1995	2000	2003	2004	2005	2006	2007
全国 Total	**3259**	**23820**	**12820**	**12321**	**28458**	**23509**	**60109**
东部地区 Eastern Region	2759	23820	11520	12321	25084	22263	58053
中部地区 Mid Region	500		1300		1500		1800
西部地区 Western Region					1874	1246	256
北京 Beijing	280	14550				500	
天津 Tianjin	55	1000	400	150	7941		16800
河北 Hebei							
山西 Shanxi							
内蒙古 Neimenggu							
辽宁 Liaoning	150	800					
吉林 Jilin					1500		1800
黑龙江 Heilongjiang							
上海 Shanghai	54	2670	150	171			
江苏 Jiangsu	1260	3000	800	600	800	500	3359
浙江 Zhejiang	500		1500		3692	790	400
安徽 Anhui			500				
福建 Fujian			4060	5200	1440	1990	3200
江西 Jiangxi	100						
山东 Shandong	350	900	2830	5200	7400	9600	12860
河南 Henan							
湖北 Hubei			800				
湖南 Hunan	400						
广东 Guangdong	110	900	1780	1000	3812	8883	21434
广西 Guangxi							
海南 Hainan							
重庆 Chongqing					1874	1146	256
四川 Sichuan						100	
贵州 Guizhou							
云南 Yunnan							
西藏 Tibet							
陕西 Shaanxi							
甘肃 Gansu							
青海 Qinghai							
宁夏 Ningxia							
新疆 Xinjiang							

2-238 电子计算机及办公设备制造业科技活动经费内部支出

Intramural Expenditure for S&T Activities of Computers and Office Equipments Manufacturing

单位：万元 (10000 yuan)

地 区 Region		1995	2000	2003	2004	2005	2006	2007
全 国	**Total**	**26411**	**204165**	**747958**	**811554**	**831659**	**1041921**	**1251062**
东部地区	Eastern Region	23335	193008	725039	799835	813424	1025591	1226797
中部地区	Mid Region	1643	3691	15515	6911	12809	10381	17263
西部地区	Western Region	1433	7466	7404	4808	5426	5949	7002
北 京	Beijing	1464	88938	145251	160245	208602	233575	108933
天 津	Tianjin	2891	4946	3093	530	5124	14751	76610
河 北	Hebei	98					116	725
山 西	Shanxi	489	15	1000	839	1581	1585	411
内蒙古	Neimenggu							
辽 宁	Liaoning	983	2685	77	979	758		895
吉 林	Jilin			107		3500		4610
黑龙江	Heilongjiang		243	401	1773	1451	282	763
上 海	Shanghai	2164	9807	251431	250917	76447	64588	94572
江 苏	Jiangsu	3194	13185	106091	107592	151062	173429	270487
浙 江	Zhejiang	161		1706	51334	61016	94968	116458
安 徽	Anhui	37	109	5087	42	51	1787	3147
福 建	Fujian	22	13680	24650	24649	51973	67390	102352
江 西	Jiangxi	152		26				
山 东	Shandong	2910	5531	33433	66222	80301	97213	128166
河 南	Henan							
湖 北	Hubei		6	4291	299	1017	3143	2553
湖 南	Hunan	965	3320	4603	3958	5210	3584	5781
广 东	Guangdong	8480	53855	159267	137197	178141	279562	327601
广 西	Guangxi	968	381	40	170			
海 南	Hainan							
重 庆	Chongqing		1157	3266	2036	2719	2435	2988
四 川	Sichuan	1223	2729	2673	1343	1550	1317	1760
贵 州	Guizhou	18						
云 南	Yunnan	192	2793	1305	1429	1157	2197	2254
西 藏	Tibet							
陕 西	Shaanxi		788					
甘 肃	Gansu			160				
青 海	Qinghai							
宁 夏	Ningxia							
新 疆	Xinjiang							

2-239 电子计算机及办公设备制造业科技活动经费内部支出中劳务费

Labor Expenses in the Intramural Expenditure for S&T Activities of Computers and Office Equipments Manufacturing

单位：万元 (10000 yuan)

地区 Region		1995	2000	2003	2004	2005	2006	2007
全　国	**Total**	**5558**	**41772**	**102903**	**179214**	**292174**	**340199**	**397594**
东部地区	Eastern Region	4893	39061	96359	174015	284572	333266	386263
中部地区	Mid Region	339	725	3524	3071	5778	4496	8632
西部地区	Western Region	326	1987	3020	2129	1824	2436	2700
北　京	Beijing	218	13927	22756	24028	53027	63181	23067
天　津	Tianjin	203	392	268	140	607	3771	7166
河　北	Hebei	28					26	120
山　西	Shanxi	169	7	316	654	248	408	80
内蒙古	Neimenggu							
辽　宁	Liaoning	540	2027	77	284	100		90
吉　林	Jilin			52		1620		2310
黑龙江	Heilongjiang		86	160	896	1207	146	313
上　海	Shanghai	693	1678	13719	13334	22446	25790	40533
江　苏	Jiangsu	722	1241	14370	33538	51479	48791	71713
浙　江	Zhejiang	60		541	18619	31933	46213	52231
安　徽	Anhui	28	76	641	18	16	1002	1082
福　建	Fujian	15	8363	10016	10297	11145	26787	38129
江　西	Jiangxi	2		24				
山　东	Shandong	774	2279	12003	17883	27702	34405	42014
河　南	Henan							
湖　北	Hubei		6	861	110	533	1670	1729
湖　南	Hunan	140	550	1470	1393	2154	1270	3118
广　东	Guangdong	1597	9081	22573	55883	86134	84303	111200
广　西	Guangxi	43	74	36	9			
海　南	Hainan							
重　庆	Chongqing		468	903	977	699	704	805
四　川	Sichuan	258	659	1158	420	412	747	900
贵　州	Guizhou	15						
云　南	Yunnan	53	640	806	732	713	986	995
西　藏	Tibet							
陕　西	Shaanxi		220					
甘　肃	Gansu			153				
青　海	Qinghai							
宁　夏	Ningxia							
新　疆	Xinjiang							

2-240 电子计算机及办公设备制造业科技活动经费内部支出中仪器设备费

Instruments and Equipments Expenses in the Intramural Expenditure for S&T Activities of Computers and Office Equipments Manufacturing

单位：万元 (10000 yuan)

地区	Region	1995	2000	2003	2004	2005	2006	2007
全　国	**Total**	**8277**	**52668**	**288682**	**144700**	**115615**	**194866**	**233243**
东部地区	Eastern Region	7816	50611	284660	143727	113224	191980	230284
中部地区	Mid Region	428	1014	2825	178	719	1222	938
西部地区	Western Region	33	1042	1197	795	1672	1663	2021
北　京	Beijing	338	20634	17565	24181	2245	12350	13653
天　津	Tianjin	1019	1739	995	16	1866	7279	12105
河　北	Hebei	6					78	394
山　西	Shanxi	2		189	12	258	372	19
内蒙古	Neimenggu							
辽　宁	Liaoning	68	66		433			601
吉　林	Jilin			23				130
黑龙江	Heilongjiang			96	1	7	8	
上　海	Shanghai	113	1235	232344	42711	13725	13890	12434
江　苏	Jiangsu	188	451	3596	9079	27645	55040	66993
浙　江	Zhejiang	16		698	18835	9544	12344	5146
安　徽	Anhui	2	14	2266			533	558
福　建	Fujian		1725	2315	4804	15368	9246	13933
江　西	Jiangxi	11						
山　东	Shandong	803	230	5456	14129	9429	15324	25090
河　南	Henan							
湖　北	Hubei			68			221	119
湖　南	Hunan	414	1000	183	165	455	89	112
广　东	Guangdong	5049	24494	21687	29511	33403	66430	79936
广　西	Guangxi	217	38	4	28			
海　南	Hainan							
重　庆	Chongqing		94	462	439	1051	1103	1210
四　川	Sichuan	33	151	685	331	547	331	595
贵　州	Guizhou							
云　南	Yunnan		699	50	25	74	229	216
西　藏	Tibet							
陕　西	Shaanxi		98					
甘　肃	Gansu							
青　海	Qinghai							
宁　夏	Ningxia							
新　疆	Xinjiang							

2-241 电子计算机及办公设备制造业新产品开发经费支出

Expenditure for Developing New Products of Computers and Office Equipments Manufacturing

单位：万元 (10000 yuan)

地区	Region	1995	2000	2003	2004	2005	2006	2007
全国	**Total**	**14946**	**133132**	**379397**	**565736**	**617788**	**828066**	**1013364**
东部地区	Eastern Region	13095	123357	366225	557968	601623	814318	994576
中部地区	Mid Region	951	2632	8025	3917	10789	8441	12426
西部地区	Western Region	900	7142	5147	3851	5376	5307	6362
北京	Beijing	724	71094	14948	138332	95253	210839	104972
天津	Tianjin	2355	4768	1234	103	3167	14641	52816
河北	Hebei	10					116	687
山西	Shanxi	353	15	67	47	140	33	31
内蒙古	Neimenggu							
辽宁	Liaoning	282	2434		190	758		855
吉林	Jilin			32		3500		4610
黑龙江	Heilongjiang		243	160		1451	282	763
上海	Shanghai	1878	6758	246137	225209	38483	46620	67495
江苏	Jiangsu	2126	12774	8295	27575	131359	155174	199724
浙江	Zhejiang	158			27103	57751	89661	114202
安徽	Anhui	37	91	1897	32	51	1399	1512
福建	Fujian		13259	22262	23836	44037	60863	89743
江西	Jiangxi	152						
山东	Shandong	2332	5531	26553	56582	73685	82257	101092
河南	Henan							
湖北	Hubei			3054		1017	3143	1011
湖南	Hunan	409	2284	2815	3838	4630	3584	4499
广东	Guangdong	2893	6514	46756	58868	157131	154148	262990
广西	Guangxi	338	226	40	170			
海南	Hainan							
重庆	Chongqing		1118	2949	1956	2719	2285	2987
四川	Sichuan	701	2703	1292	892	1500	1292	1500
贵州	Guizhou	18						
云南	Yunnan	181	2533	829	1004	1157	1730	1874
西藏	Tibet							
陕西	Shaanxi		788					
甘肃	Gansu			77				
青海	Qinghai							
宁夏	Ningxia							
新疆	Xinjiang							

2-242 电子计算机及办公设备制造业新产品产值

Industrial Output Value of New Products of Computers and Office Equipments Manufacturing

单位: 万元 (10000 yuan)

地区	Region	2000	2003	2004	2005	2006	2007
全国	**Total**	**5600311**	**11245425**	**12608074**	**20826746**	**29584882**	**28419292**
东部地区	Eastern Region	5497067	11149247	12557274	20641225	29408644	28218860
中部地区	Mid Region	56024	26067	1945	113361	102887	101139
西部地区	Western Region	47219	70111	48855	72161	73351	99293
北京	Beijing	1729772	2230474	2159016	2805195	3020572	3201920
天津	Tianjin	325657	723195	291514	714305	1053572	10322
河北	Hebei					298	927
山西	Shanxi	761		1877	47184	6956	6929
内蒙古	Neimenggu						
辽宁	Liaoning	70984	473308	4260		11355	26262
吉林	Jilin		3924			11350	10877
黑龙江	Heilongjiang	500	4156		13034	15711	15551
上海	Shanghai	237037	190014	1602410	7240566	8744303	8583613
江苏	Jiangsu	565104	733191	618102	223614	2590926	3721774
浙江	Zhejiang			122427	212475	475729	675233
安徽	Anhui	20	17885	68	86	17045	16652
福建	Fujian	1026594	4271045	3066357	3197944	3448184	3778189
江西	Jiangxi						
山东	Shandong	98101	580146	791976	1101266	1275155	1347504
河南	Henan						
湖北	Hubei		100			12723	2800
湖南	Hunan	54743	2		53057	39102	48330
广东	Guangdong	1441580	1947779	3901131	5145860	8788551	6873116
广西	Guangxi	2239	95	82			
海南	Hainan						
重庆	Chongqing	8126	577	15925	23885	20356	35032
四川	Sichuan		8786		15450	9246	11984
贵州	Guizhou		27495				
云南	Yunnan	35093	33253	32929	32826	43750	52277
西藏	Tibet						
陕西	Shaanxi	4000					
甘肃	Gansu						
青海	Qinghai						
宁夏	Ningxia						
新疆	Xinjiang						

2-243 电子计算机及办公设备制造业新产品销售收入

Sales Revenue from New Products of Computers and Office Equipments Manufacturing

单位：万元 (10000 yuan)

地区	Region	1995	2000	2003	2004	2005	2006	2007
全 国	**Total**	**366412**	**5369985**	**9549554**	**13420050**	**20700912**	**29631088**	**28147354**
东部地区	Eastern Region	317805	5268001	9467171	13288378	20580636	29454738	27958044
中部地区	Mid Region	17217	55980	24374	43420	53225	104228	101650
西部地区	Western Region	31390	46004	58009	88252	67051	72122	87660
北 京	Beijing	15511	1594290	538673	1999308	2588804	3010218	3122743
天 津	Tianjin	25643	340445	737003	280431	891876	1047399	11704
河 北	Hebei	23					288	684
山 西	Shanxi	329	658		2250		6956	6929
内蒙古	Neimenggu							
辽 宁	Liaoning	30934	70984	498212	4260	6588	11245	19000
吉 林	Jilin			3018			5902	9865
黑龙江	Heilongjiang		400	3476		16463	16679	15551
上 海	Shanghai	26787	227235	188836	1582880	7542895	8952624	8497526
江 苏	Jiangsu	35549	554391	613433	598194	227525	2588975	3636156
浙 江	Zhejiang	13453			140413	205480	479810	592147
安 徽	Anhui	150	20	17793	57	75	16442	14345
福 建	Fujian		937241	4467940	3043298	3213207	3444890	3769681
江 西	Jiangxi	1738						
山 东	Shandong	42175	97444	512723	922058	970540	1174224	1230496
河 南	Henan							
湖 北	Hubei			85	41114		10445	2780
湖 南	Hunan	15000	54902	2		36687	47804	52180
广 东	Guangdong	125419	1444365	1910293	4717412	4933720	8745066	7077907
广 西	Guangxi	2311	1609	58	123			
海 南	Hainan							
重 庆	Chongqing		8104	517	14370	20495	21180	23934
四 川	Sichuan	13153		2777	44758	15300	9246	11984
贵 州	Guizhou	5		27495				
云 南	Yunnan	18232	34300	27220	29124	31256	41696	51742
西 藏	Tibet							
陕 西	Shaanxi		3600					
甘 肃	Gansu							
青 海	Qinghai							
宁 夏	Ningxia							
新 疆	Xinjiang							

2-244 电子计算机及办公设备制造业专利申请数

Patent Applications Received of Computers and Office Equipments Manufacturing

单位：项 (unit)

地 区	Region	1995	2000	2003	2004	2005	2006	2007
全　国	**Total**	**12**	**263**	**1243**	**1334**	**1863**	**3221**	**3266**
东部地区	Eastern Region	6	219	1221	1318	1797	3164	3184
中部地区	Mid Region	6	33	13	16	58	31	48
西部地区	Western Region		11	9		8	26	34
北　京	Beijing			670	560	305	654	697
天　津	Tianjin	2	1		2	2	40	66
河　北	Hebei							
山　西	Shanxi	5			1		1	
内蒙古	Neimenggu							
辽　宁	Liaoning	4	3		1		9	22
吉　林	Jilin					45		7
黑龙江	Heilongjiang		5	2	6	1	1	1
上　海	Shanghai		7	16	38	132	10	37
江　苏	Jiangsu		2	105	156	47	87	210
浙　江	Zhejiang				76	247	297	577
安　徽	Anhui			7			12	10
福　建	Fujian		4	55	82	49	12	67
江　西	Jiangxi							
山　东	Shandong		25	139	77	85	94	239
河　南	Henan							
湖　北	Hubei						11	22
湖　南	Hunan	1	28	4	9	12	6	8
广　东	Guangdong		177	236	326	930	1961	1269
广　西	Guangxi							
海　南	Hainan							
重　庆	Chongqing							
四　川	Sichuan		8				16	17
贵　州	Guizhou							
云　南	Yunnan		3	4		8	10	17
西　藏	Tibet							
陕　西	Shaanxi							
甘　肃	Gansu			5				
青　海	Qinghai							
宁　夏	Ningxia							
新　疆	Xinjiang							

2-245 电子计算机及办公设备制造业拥有发明专利数

Owning Inventive Patent of Computers and Office Equipments Manufacturing

单位：项 (unit)

地区	Region	1995	2000	2003	2004	2005	2006	2007
全国	**Total**	**9**	**131**	**271**	**711**	**473**	**1174**	**3210**
东部地区	Eastern Region	3	90	257	706	456	1140	3180
中部地区	Mid Region	6	38	14	5	17	32	27
西部地区	Western Region		3				2	3
北京	Beijing		7	62	400	119	150	1815
天津	Tianjin	2						37
河北	Hebei							
山西	Shanxi	5						
内蒙古	Neimenggu							
辽宁	Liaoning	1	3				12	
吉林	Jilin					5		13
黑龙江	Heilongjiang		10			2	2	2
上海	Shanghai		2	10	1		1	3
江苏	Jiangsu			90	3	57	84	391
浙江	Zhejiang				10	11	13	33
安徽	Anhui			8			5	5
福建	Fujian			1	79	59	46	60
江西	Jiangxi							
山东	Shandong		20	9	12	11	5	13
河南	Henan							
湖北	Hubei						22	4
湖南	Hunan	1	28	6	5	10	3	3
广东	Guangdong		58	85	201	199	829	828
广西	Guangxi							
海南	Hainan							
重庆	Chongqing							
四川	Sichuan		3				2	2
贵州	Guizhou							
云南	Yunnan							1
西藏	Tibet							
陕西	Shaanxi							
甘肃	Gansu							
青海	Qinghai							
宁夏	Ningxia							
新疆	Xinjiang							

2-246 电子计算机及办公设备制造业技术改造经费支出

Expenditure on Technical Renovation of Computers and Office Equipments Manufacturing

单位：万元 (10000 yuan)

地区	Region	1995	2000	2003	2004	2005	2006	2007
全国	**Total**	**16335**	**28852**	**85706**	**82562**	**53753**	**105151**	**61308**
东部地区	Eastern Region	13082	21952	71210	73698	48644	105151	59027
中部地区	Mid Region	1492	2805	10536	4580	3449		1573
西部地区	Western Region	1762	4095	3960	4283	1660		708
北京	Beijing			3000	742			32
天津	Tianjin		79	7891		2231	2224	4172
河北	Hebei							
山西	Shanxi	105				99		
内蒙古	Neimenggu							
辽宁	Liaoning	99	4056		500	558		
吉林	Jilin			710		2500		300
黑龙江	Heilongjiang		2500	20				
上海	Shanghai	820	673	3045	47890	1313	4784	5145
江苏	Jiangsu	5148	177	4607	9588	1426	59938	10751
浙江	Zhejiang	6			2033	3595	1492	1062
安徽	Anhui			9003				
福建	Fujian		589	9446	1157	268	17624	18411
江西	Jiangxi	80						
山东	Shandong	3450	6703	8885	8070	6301	8243	3916
河南	Henan							
湖北	Hubei			30	280			
湖南	Hunan	1307	305	773	4300	850		1273
广东	Guangdong	3260	9639	34060	3634	32952	10847	15538
广西	Guangxi	300	37	276	84			
海南	Hainan							
重庆	Chongqing		150	2510	3198	610		578
四川	Sichuan	1673	1200	1370	1085	1050		130
贵州	Guizhou	44						
云南	Yunnan	45	2745					
西藏	Tibet							
陕西	Shaanxi							
甘肃	Gansu			80				
青海	Qinghai							
宁夏	Ningxia							
新疆	Xinjiang							

2-247 电子计算机及办公设备制造业技术引进经费支出

Expenditure on Technology Import of Computers and Office Equipments Manufacturing

单位：万元 (10000 yuan)

地区 Region		1995	2000	2003	2004	2005	2006	2007
全国	**Total**	**2467**	**77839**	**174268**	**22002**	**114665**	**98927**	**189915**
东部地区	Eastern Region	1337	75158	166818	22002	114095	98927	189915
中部地区	Mid Region	268	900	6001		570		
西部地区	Western Region	863	1782	1449				
北京	Beijing				3207			
天津	Tianjin	60	1639	27267		40003	51006	215
河北	Hebei							
山西	Shanxi							
内蒙古	Neimenggu							
辽宁	Liaoning	32	82					
吉林	Jilin							
黑龙江	Heilongjiang							
上海	Shanghai	220	40646	107554	3843	31318	1505	149673
江苏	Jiangsu		592	274	13768	28691	14422	18333
浙江	Zhejiang	429				2342	4712	2593
安徽	Anhui			5495				
福建	Fujian			6260		7832	6953	1441
江西	Jiangxi							
山东	Shandong	534	226	3777		481		180
河南	Henan							
湖北	Hubei			6				
湖南	Hunan	268	900	500		570		
广东	Guangdong	63	31973	21686	1183	3428	20329	17479
广西	Guangxi							
海南	Hainan							
重庆	Chongqing		184					
四川	Sichuan	825	1560	541				
贵州	Guizhou			908				
云南	Yunnan	38	38					
西藏	Tibet							
陕西	Shaanxi							
甘肃	Gansu							
青海	Qinghai							
宁夏	Ningxia							
新疆	Xinjiang							

2-248 电子计算机及办公设备制造业消化吸收经费支出

Expenditure on Technology Absorption of Computers and Office Equipments Manufacturing

单位：万元 (10000 yuan)

地区 Region		1995	2000	2003	2004	2005	2006	2007
全 国	**Total**	**297**	**6136**	**1524**	**854**	**8795**	**4453**	**18939**
东部地区	Eastern Region	246	4145	1324	704	8695	4453	18939
中部地区	Mid Region	51	800	200	150	100		
西部地区	Western Region		1192					
北 京	Beijing					33		
天 津	Tianjin		3			80	72	
河 北	Hebei							
山 西	Shanxi							
内蒙古	Neimenggu							
辽 宁	Liaoning	7	15					
吉 林	Jilin							
黑龙江	Heilongjiang		500					
上 海	Shanghai	100	100					
江 苏	Jiangsu	10	433	270		439	1366	17389
浙 江	Zhejiang					468	590	1232
安 徽	Anhui			100				
福 建	Fujian		175			325		262
江 西	Jiangxi							
山 东	Shandong	75	430			15	230	
河 南	Henan							
湖 北	Hubei							
湖 南	Hunan	51	300	100	150	100		
广 东	Guangdong	54	2989	1054	704	7335	2195	55
广 西	Guangxi							
海 南	Hainan							
重 庆	Chongqing		80					
四 川	Sichuan		468					
贵 州	Guizhou							
云 南	Yunnan		644					
西 藏	Tibet							
陕 西	Shaanxi							
甘 肃	Gansu							
青 海	Qinghai							
宁 夏	Ningxia							
新 疆	Xinjiang							

2-249 电子计算机及办公设备制造业购买国内技术经费支出

Expenditure on Purchase of Domestic Technology of Computers and Office Equipments Manufacturing

单位：万元 (10000 yuan)

地区 Region		1995	2000	2003	2004	2005	2006	2007
全　国	**Total**	**142**	**251**	**3354**	**671**	**2191**	**412**	**3187**
东部地区	Eastern Region	136	98	2771	621	2141	322	3187
中部地区	Mid Region		50	583	50	50		
西部地区	Western Region	7	104				90	
北　京	Beijing	70						
天　津	Tianjin							
河　北	Hebei							
山　西	Shanxi							
内蒙古	Neimenggu							
辽　宁	Liaoning	1						
吉　林	Jilin			5				
黑龙江	Heilongjiang		50					
上　海	Shanghai	5	9					
江　苏	Jiangsu	2	2	2642				
浙　江	Zhejiang					1844	182	22
安　徽	Anhui			528				
福　建	Fujian		87	60				48
江　西	Jiangxi							
山　东	Shandong	58				96		
河　南	Henan							
湖　北	Hubei							
湖　南	Hunan			50	50	50		
广　东	Guangdong			69	621	201	140	3117
广　西	Guangxi							
海　南	Hainan							
重　庆	Chongqing		104					
四　川	Sichuan						90	
贵　州	Guizhou							
云　南	Yunnan	7						
西　藏	Tibet							
陕　西	Shaanxi							
甘　肃	Gansu							
青　海	Qinghai							
宁　夏	Ningxia							
新　疆	Xinjiang							

2-250 电子计算机及办公设备制造业科技机构数

Number of S&T Institutions of Computers and Office Equipments Manufacturing

单位：个 (unit)

地区	Region	1995	2000	2003	2004	2005	2006	2007
全国	**Total**	**123**	**63**	**86**	**92**	**101**	**136**	**158**
东部地区	Eastern Region	89	49	63	79	87	126	146
中部地区	Mid Region	12	5	14	4	10	6	9
西部地区	Western Region	22	9	9	9	4	4	3
北京	Beijing	3	8	4	11	5	7	5
天津	Tianjin	7	2	1	1	2	3	2
河北	Hebei	4					1	1
山西	Shanxi	5	1		3	3	3	3
内蒙古	Neimenggu							
辽宁	Liaoning	10	2	1	1	1		
吉林	Jilin			1		6		3
黑龙江	Heilongjiang		1	4				
上海	Shanghai	20	4	3	8	3	10	8
江苏	Jiangsu	18	12	17	18	20	18	31
浙江	Zhejiang	3			2	6	8	8
安徽	Anhui	1	1	5			1	1
福建	Fujian	1	5	6	7	7	12	11
江西	Jiangxi	3		1				
山东	Shandong	8	2	9	7	7	8	10
河南	Henan							
湖北	Hubei			1			1	1
湖南	Hunan	3	2	2	1	1	1	1
广东	Guangdong	14	14	22	24	36	59	70
广西	Guangxi	1						
海南	Hainan							
重庆	Chongqing		3	3	2	2	2	2
四川	Sichuan	18	2	4	7	2	2	1
贵州	Guizhou							
云南	Yunnan	4	1	1				
西藏	Tibet							
陕西	Shaanxi		3					
甘肃	Gansu			1				
青海	Qinghai							
宁夏	Ningxia							
新疆	Xinjiang							

2-251 电子计算机及办公设备制造业科技机构科技活动人员

S&T Personnel in the S&T Institutions of Computers and Office Equipments Manufacturing

单位：人 (person)

地 区 Region		1995	2000	2003	2004	2005	2006	2007
全 国	**Total**	**4750**	**6715**	**8476**	**8657**	**21628**	**20175**	**27374**
东部地区	Eastern Region	3717	6117	6308	7838	19840	18376	25585
中部地区	Mid Region	681	217	1124	477	1446	1512	1455
西部地区	Western Region	352	381	1044	342	342	287	334
北 京	Beijing	280	1748	540	513	31	145	664
天 津	Tianjin	170	108	61	3	279	83	344
河 北	Hebei	32					18	66
山 西	Shanxi	456	7		321	312	316	40
内蒙古	Neimenggu							
辽 宁	Liaoning	492	212	49	49	49		
吉 林	Jilin			93		360		355
黑龙江	Heilongjiang		48	83				
上 海	Shanghai	365	76	294	742	2203	1407	2513
江 苏	Jiangsu	712	383	706	1553	3200	1116	2779
浙 江	Zhejiang	57			47	100	316	527
安 徽	Anhui	10	7	231			246	264
福 建	Fujian	18	374	1056	460	1066	1903	2164
江 西	Jiangxi	29		20				
山 东	Shandong	710	1287	1462	2463	2484	2440	2469
河 南	Henan							
湖 北	Hubei			7			218	35
湖 南	Hunan	186	155	690	156	774	732	761
广 东	Guangdong	847	1929	2140	2008	10428	10948	14059
广 西	Guangxi	34						
海 南	Hainan							
重 庆	Chongqing		169	195	190	180	186	188
四 川	Sichuan	294	95	700	152	162	101	146
贵 州	Guizhou							
云 南	Yunnan	58	66	68				
西 藏	Tibet							
陕 西	Shaanxi		51					
甘 肃	Gansu			81				
青 海	Qinghai							
宁 夏	Ningxia							
新 疆	Xinjiang							

2-252 电子计算机及办公设备制造业科技机构科技活动经费内部支出

Intramural Expenditure for S&T Activities in the S&T Institutions of Computers and Office Equipments Manufacturing

单位：万元 (10000 yuan)

地区	Region	1995	2000	2003	2004	2005	2006	2007
全　国	**Total**	**11772**	**125045**	**295322**	**177862**	**288173**	**390064**	**584183**
东部地区	Eastern Region	9668	116478	281945	171339	278873	380450	567804
中部地区	Mid Region	836	2897	7499	3895	6530	6219	12228
西部地区	Western Region	1268	5669	5878	2628	2771	3396	4151
北　京	Beijing	21	72932	112632	11881	1284	3671	52491
天　津	Tianjin	371	623	241	7	2585	6681	9412
河　北	Hebei	20					43	687
山　西	Shanxi	487	15		57	20	1585	411
内蒙古	Neimenggu							
辽　宁	Liaoning	91	2491	77	275	758		
吉　林	Jilin			43		3500		4580
黑龙江	Heilongjiang		243	232				
上　海	Shanghai	2111	3009	5570	6503	9247	35197	71483
江　苏	Jiangsu	2388	2830	18367	52597	68622	21678	52869
浙　江	Zhejiang	74			1405	1018	5264	8381
安　徽	Anhui	10	20	2983			1703	1856
福　建	Fujian	3	4738	10235	7622	20155	40480	59020
江　西	Jiangxi	152		26				
山　东	Shandong	2085	3937	16578	58143	71298	86888	97366
河　南	Henan							
湖　北	Hubei			29			601	873
湖　南	Hunan	187	2620	4186	3838	3010	2330	4508
广　东	Guangdong	2413	25919	118245	32906	103906	180549	216096
广　西	Guangxi	93						
海　南	Hainan							
重　庆	Chongqing		1102	2723	1736	1991	2203	2941
四　川	Sichuan	1087	1035	2166	892	780	1192	1210
贵　州	Guizhou							
云　南	Yunnan	181	2745	829				
西　藏	Tibet							
陕　西	Shaanxi		788					
甘　肃	Gansu			160				
青　海	Qinghai							
宁　夏	Ningxia							
新　疆	Xinjiang							

2-253 医疗设备及仪器仪表制造业年末固定资产原价

Original Value of Fixed Assets of Medical Treatment Instrument and Meter Manufacturing

单位：万元 (10000 yuan)

地区	Region	2000	2003	2004	2005	2006	2007
全　国	**Total**	**1900359**	**2475522**	**2733888**	**3506249**	**4367208**	**5447088**
东部地区	Eastern Region	1093566	1535950	1755427	2449997	3171975	4073535
中部地区	Mid Region	376584	364779	481585	602384	627064	652299
西部地区	Western Region	430209	574793	496876	453868	568169	721254
北　京	Beijing	113123	179662	140666	185141	186180	273920
天　津	Tianjin	52460	30962	18210	12849	18459	19513
河　北	Hebei	44331	35708	41403	51997	54788	61711
山　西	Shanxi	20017	5005	11193	56244	62244	73261
内蒙古	Neimenggu	2256					
辽　宁	Liaoning	91686	66377	128362	117674	96334	133120
吉　林	Jilin	87374	83204	95274	88701	1860	5581
黑龙江	Heilongjiang	56470	7687	49928	50734	51048	53940
上　海	Shanghai	249312	217299	239443	252721	344345	458704
江　苏	Jiangsu	211810	354160	269349	442875	685995	910337
浙　江	Zhejiang	108328	216987	261987	439551	571402	683252
安　徽	Anhui	26974	59795	64579	58778	87545	105201
福　建	Fujian		22430	22159	31670	51583	57444
江　西	Jiangxi	31699	103095	102008	107873	106073	123568
山　东	Shandong	124671	98853	142036	153340	373895	597106
河　南	Henan	48236	40378	132877	141572	186018	206557
湖　北	Hubei	74200	42820	23156	67222	90434	35330
湖　南	Hunan	29359	22795	2571	31260	41842	48861
广　东	Guangdong	82509	302996	472412	742093	763338	852677
广　西	Guangxi	13315	10516	19401	20086	25655	25751
海　南	Hainan	2020					
重　庆	Chongqing	93895	135489	143897	156153	152162	168597
四　川	Sichuan	30124	63064	17887	15199	15345	22462
贵　州	Guizhou	18923	2499	2807	5495	6811	7072
云　南	Yunnan	23000	43007	26734	19164	23801	146921
西　藏	Tibet						
陕　西	Shaanxi	207263	170886	252057	212520	325628	327897
甘　肃	Gansu	32149	110850	8045	2903		193
青　海	Qinghai		3540		6838	7336	5062
宁　夏	Ningxia	24855	45458	45449	35596	37086	43050
新　疆	Xinjiang						

2-254 医疗设备及仪器仪表制造业微电子控制设备原价

Original Value of Micro-electronic Equipments of Medical Treatment Instrument and Meter Manufacturing

单位：万元 (10000 yuan)

地 区	Region	1995	2000	2003	2004	2005	2006	2007
全 国	**Total**	**85622**	**188675**	**258252**	**237628**	**261552**	**442937**	**592677**
东部地区	Eastern Region	50571	161468	150815	149222	161705	318180	417433
中部地区	Mid Region	9701	10386	33130	33773	53359	66645	86705
西部地区	Western Region	25351	16821	74307	54634	46489	58112	88538
北 京	Beijing	5998	11698	21426	11857	21324	20387	17171
天 津	Tianjin	3043	5249		188			360
河 北	Hebei	3817	6754	6524	6551	7040	561	925
山 西	Shanxi	349	18	823		2965	3440	4885
内蒙古	Neimenggu	104						
辽 宁	Liaoning	1022	12706	9566	1243	159	141	188
吉 林	Jilin	1031	534		324	4378		35
黑龙江	Heilongjiang		240		275	625	4851	3939
上 海	Shanghai	10201	76814	6542	18479	15703	26713	18364
江 苏	Jiangsu	14451	18377	59221	11703	38010	72658	78844
浙 江	Zhejiang	5723	5630	24594	38777	34643	77798	61635
安 徽	Anhui	2101	4389	12755	6213	12128	4848	27341
福 建	Fujian			3055	2325	863	1994	633
江 西	Jiangxi	850	2699	6186	504	438	610	7014
山 东	Shandong	3873	20967	13805	1579	7002	11850	13883
河 南	Henan	2340	783	11319	25595	30331	37487	33983
湖 北	Hubei	2758	1436	1506	862	2494	12960	5471
湖 南	Hunan	166	288	541			2450	4037
广 东	Guangdong	2421	2001	6032	56520	36121	104676	225423
广 西	Guangxi	23	1213	50		839	1402	8
海 南	Hainan		60					
重 庆	Chongqing		875	20368	23815	20130	22355	35564
四 川	Sichuan	11726	2213	2841				37
贵 州	Guizhou	999	976	643	82	155	175	202
云 南	Yunnan	2175	3031	8296	7782	7060	10178	16790
西 藏	Tibet							
陕 西	Shaanxi	9717	8488	25473	17022	12282	19417	29507
甘 肃	Gansu	292	884	9874				14
青 海	Qinghai			889		957		
宁 夏	Ningxia	442	354	5923	5933	5906	5987	6425
新 疆	Xinjiang							

2-255 医疗设备及仪器仪表制造业R&D活动人员折合全时当量

Full-time Equivalent of R&D Personnel of Medical Treatment Instrument and Meter Manufacturing

单位：人年 (man.year)

地 区	Region	1995	2000	2003	2004	2005	2006	2007
全　国	**Total**	**6788**	**8036**	**8128**	**8782**	**11132**	**13815**	**18148**
东部地区	Eastern Region	5022	3382	4843	5271	6977	8246	12375
中部地区	Mid Region	808	1144	1426	1384	1584	2547	2933
西部地区	Western Region	958	3510	1859	2127	2571	3021	2840
北　京	Beijing	756	453	613	1085	909	895	1269
天　津	Tianjin	107	105	8	41	23	11	168
河　北	Hebei	48	6	108	116	447	427	311
山　西	Shanxi		45	103	19	131	291	206
内蒙古	Neimenggu		8					
辽　宁	Liaoning	88	346	351	524	270	495	697
吉　林	Jilin		110		148	27		47
黑龙江	Heilongjiang	262	91	320	195	220	118	466
上　海	Shanghai	1960	668	552	589	615	859	1130
江　苏	Jiangsu	1256	973	1506	1008	1102	1513	2799
浙　江	Zhejiang	83	253	622	536	1426	2128	2492
安　徽	Anhui	27	184	167	111	286	415	284
福　建	Fujian			35	90	21	86	76
江　西	Jiangxi	30	212	221	160	77	167	307
山　东	Shandong	196	251	627	493	348	594	1282
河　南	Henan	180	24	202	594	621	1075	917
湖　北	Hubei	289	201	70	110	194	346	264
湖　南	Hunan	20	270	343	45	29	136	441
广　东	Guangdong	470	264	357	761	1806	1229	2131
广　西	Guangxi	58	63	64	26	9	10	20
海　南	Hainan							
重　庆	Chongqing		156	777	900	1112	1217	1387
四　川	Sichuan	511	208	322	1	19	9	27
贵　州	Guizhou	118	77	43	44	63	28	17
云　南	Yunnan	39		102	111		54	69
西　藏	Tibet							
陕　西	Shaanxi	78	2805	268	810	1092	1401	1014
甘　肃	Gansu	167	227	88	25			
青　海	Qinghai			31				7
宁　夏	Ningxia	45	38	228	236	285	312	319
新　疆	Xinjiang							

2-256 医疗设备及仪器仪表制造业R&D经费内部支出

Intramural Expenditure for R&D of Medical Treatment Instrument and Meter Manufacturing

单位：万元 (10000 yuan)

地区	Region	1995	2000	2003	2004	2005	2006	2007
全国	**Total**	**13860**	**42827**	**82665**	**105541**	**165862**	**206989**	**305093**
东部地区	Eastern Region	11792	30034	53542	66701	127957	164534	250870
中部地区	Mid Region	766	5102	9199	15043	12224	23164	25064
西部地区	Western Region	1302	7691	19924	23796	25682	19292	29160
北京	Beijing	1550	6680	11651	14644	17699	19723	20601
天津	Tianjin	193	268	22	362	895	61	6510
河北	Hebei	146	27	536	2229	1646	3847	4149
山西	Shanxi		100	578	300	2093	2486	1236
内蒙古	Neimenggu		16					
辽宁	Liaoning	33	384	2399	2651	2137	3767	5923
吉林	Jilin		124		1855	405		321
黑龙江	Heilongjiang	49	829	293	1055	963	1212	1832
上海	Shanghai	5774	4203	5913	10317	13494	21884	25575
江苏	Jiangsu	2328	6506	9823	11884	22045	42811	79543
浙江	Zhejiang	150	5988	13064	8455	40990	40101	49941
安徽	Anhui	29	925	579	883	1252	5502	3366
福建	Fujian			140	299	388	1977	1132
江西	Jiangxi	40	1261	2006	2024	1188	1293	2065
山东	Shandong	146	3191	4649	5344	3666	5551	21300
河南	Henan	247	113	1963	5947	3676	6057	10438
湖北	Hubei	376	970	1527	1920	2250	5485	2424
湖南	Hunan	26	764	2253	1060	398	1129	3384
广东	Guangdong	1461	2558	5170	10447	24925	24746	34894
广西	Guangxi	12	229	175	70	72	67	1302
海南	Hainan							
重庆	Chongqing		1650	11409	9912	10529	9493	15443
四川	Sichuan	769	1734	3254	2960	26	39	450
贵州	Guizhou	127	46	101	99	313	69	30
云南	Yunnan	56		1387	785		400	746
西藏	Tibet							
陕西	Shaanxi	115	3716	1146	7307	13486	7566	9530
甘肃	Gansu	107	449	794	237			
青海	Qinghai			100				688
宁夏	Ningxia	129	97	1733	2497	1328	1726	2273
新疆	Xinjiang							

2-257 医疗设备及仪器仪表制造业科技活动人员
Personnel for S&T Activities of Medical Treatment Instrument and Meter Manufacturing

单位：人 (person)

地区	Region	1995	2000	2003	2004	2005	2006	2007
全国	**Total**	**36503**	**24121**	**22948**	**18847**	**24575**	**30652**	**39822**
东部地区	Eastern Region	19723	12749	12147	11876	15977	19770	25564
中部地区	Mid Region	8034	4422	4738	3011	4442	6058	8154
西部地区	Western Region	8746	6950	6063	3960	4156	4824	6104
北京	Beijing	2111	1585	1724	1644	1738	2128	3043
天津	Tianjin	1052	363	27	321	73	120	204
河北	Hebei	1323	786	438	620	600	773	825
山西	Shanxi	661	211	132	149	460	603	417
内蒙古	Neimenggu	47	12					
辽宁	Liaoning	781	747	591	681	767	987	1008
吉林	Jilin	599	391	680	348	593		142
黑龙江	Heilongjiang	700	512	320	235	413	540	1632
上海	Shanghai	6727	2728	1625	1620	2166	2309	2546
江苏	Jiangsu	4540	3369	3390	2467	3014	4349	6149
浙江	Zhejiang	829	938	2099	1199	3349	4456	5282
安徽	Anhui	928	634	631	362	419	655	737
福建	Fujian			241	233	197	255	341
江西	Jiangxi	1044	883	713	610	601	608	903
山东	Shandong	1330	1439	1276	1078	986	1454	2460
河南	Henan	805	205	611	1028	992	1949	2329
湖北	Hubei	2526	991	1039	165	465	854	1146
湖南	Hunan	724	583	612	114	499	849	848
广东	Guangdong	931	655	639	1928	2993	2826	3666
广西	Guangxi	99	99	97	85	94	113	40
海南	Hainan		40					
重庆	Chongqing		751	2075	1707	1862	1794	2823
四川	Sichuan	3179	406	955	65	86	62	155
贵州	Guizhou	384	217	71	93	165	146	120
云南	Yunnan	825	250	185	133	96	93	107
西藏	Tibet							
陕西	Shaanxi	3108	4100	1691	1682	1449	2377	2542
甘肃	Gansu	916	955	749	32	178		
青海	Qinghai			35			30	28
宁夏	Ningxia	334	271	302	248	320	322	329
新疆	Xinjiang							

2-258 医疗设备及仪器仪表制造业科技活动人员中科学家和工程师

Scientists and Engineers in S&T Personnel of Medical Treatment Instrument and Meter Manufacturing

单位：人 (person)

地区	Region	1995	2000	2003	2004	2005	2006	2007
全国	**Total**	**16205**	**14171**	**14847**	**11754**	**17054**	**21064**	**27548**
东部地区	Eastern Region	9358	8651	8340	7468	10847	13424	18347
中部地区	Mid Region	2730	2402	2475	1825	3023	4079	4608
西部地区	Western Region	4117	3118	4032	2461	3184	3561	4593
北京	Beijing	1190	1085	1343	1083	1310	1622	2201
天津	Tianjin	474	246	14	60	34	106	186
河北	Hebei	420	513	341	480	559	519	450
山西	Shanxi	193	62	30	144	390	514	295
内蒙古	Neimenggu	23	11					
辽宁	Liaoning	402	505	392	519	479	582	826
吉林	Jilin	264	210	247	295	335		91
黑龙江	Heilongjiang	311	300	174	234	198	357	969
上海	Shanghai	3217	2188	1153	1155	1316	1610	1728
江苏	Jiangsu	2229	1725	2071	1611	2316	2844	4409
浙江	Zhejiang	287	669	1285	810	2344	2840	3533
安徽	Anhui	300	248	297	257	206	416	543
福建	Fujian			145	209	196	178	261
江西	Jiangxi	240	350	379	296	309	330	415
山东	Shandong	593	1133	1042	621	614	1011	1812
河南	Henan	398	176	365	435	874	1231	1347
湖北	Hubei	766	622	720	136	294	710	471
湖南	Hunan	235	423	263	28	417	521	477
广东	Guangdong	509	515	477	864	1615	2040	2901
广西	Guangxi	37	42	77	56	64	72	40
海南	Hainan		30					
重庆	Chongqing		450	1329	1133	1387	1400	1778
四川	Sichuan	1313	257	708	37	57	48	118
贵州	Guizhou	209	104	57	80	137	126	108
云南	Yunnan	342	159	144	91	73	91	37
西藏	Tibet							
陕西	Shaanxi	1700	1574	1276	853	1168	1660	2195
甘肃	Gansu	408	443	243	22	42		
青海	Qinghai			35			24	28
宁夏	Ningxia	145	131	240	245	320	212	329
新疆	Xinjiang							

2-259 医疗设备及仪器仪表制造业科技活动经费筹集额

Sources of Funds for S&T Activities of Medical Treatment Instrument and Meter Manufacturing

单位：万元 (10000 yuan)

地区	Region	1995	2000	2003	2004	2005	2006	2007
全国	**Total**	**77235**	**92136**	**151600**	**156013**	**259669**	**370299**	**597120**
东部地区	Eastern Region	49647	69742	98661	106238	205292	291704	492689
中部地区	Mid Region	7361	11815	21311	20521	27080	47211	61702
西部地区	Western Region	20228	10579	31628	29254	27297	31384	42729
北京	Beijing	4406	13617	13984	15686	23600	28471	33944
天津	Tianjin	969	693	34	760	895	739	7394
河北	Hebei	1009	414	2264	4748	2513	3999	8292
山西	Shanxi	292	404	980	600	1764	5021	1662
内蒙古	Neimenggu	20	21					
辽宁	Liaoning	785	543	2752	3006	3871	10132	8535
吉林	Jilin	333	1535	2130	2987	4300		901
黑龙江	Heilongjiang	499	1880	360	1274	2341	2376	5870
上海	Shanghai	18546	18977	12952	13516	31276	36744	56272
江苏	Jiangsu	13489	12203	29504	28543	42745	76347	179056
浙江	Zhejiang	2132	11613	23214	13566	61188	70284	96055
安徽	Anhui	910	1602	4112	2712	2753	6157	16048
福建	Fujian			2108	1482	1799	3303	10529
江西	Jiangxi	1283	2867	3377	3166	3063	4300	5177
山东	Shandong	1294	7246	5291	8098	6402	9738	33755
河南	Henan	1170	327	2185	6358	6405	16068	18793
湖北	Hubei	2142	2347	3773	1564	2997	6994	5894
湖南	Hunan	711	831	4394	1860	3458	6295	7358
广东	Guangdong	6925	3890	6018	15752	30659	50672	54857
广西	Guangxi	92	476	540	1082	345	1275	4000
海南	Hainan		70					
重庆	Chongqing		2579	11045	12117	11623	14239	20390
四川	Sichuan	6259	2065	7805	3250	866	185	3651
贵州	Guizhou	353	155	167	186	313	219	963
云南	Yunnan	806	670	1734	820	630	770	945
西藏	Tibet							
陕西	Shaanxi	11755	3434	7768	9632	11790	13577	13621
甘肃	Gansu	545	459	1176	289	240		
青海	Qinghai			170			310	773
宁夏	Ningxia	511	1217	1763	2960	1835	2085	2385
新疆	Xinjiang							

2-260 医疗设备及仪器仪表制造业科技活动经费筹集额中政府资金

Government Funds in the Sources of Funds for S&T Activities of Medical Treatment Instrument and Meter Manufacturing

单位：万元 (10000 yuan)

地 区	Region	1995	2000	2003	2004	2005	2006	2007
全 国	**Total**	**5474**	**10119**	**11110**	**13762**	**16531**	**20796**	**33354**
东部地区	Eastern Region	2396	6807	5278	9982	12271	16712	21475
中部地区	Mid Region	915	1115	1160	863	1848	2663	5305
西部地区	Western Region	2163	2197	4672	2917	2413	1421	6574
北 京	Beijing	343	2900	380	2269	3212	4493	2691
天 津	Tianjin		30				30	41
河 北	Hebei	155			539	327	91	50
山 西	Shanxi	89	15	600	120	670	1500	571
内蒙古	Neimenggu							
辽 宁	Liaoning	331	72	515	1625	1326	2552	1914
吉 林	Jilin	19			310	640		207
黑龙江	Heilongjiang	25	150	65	123	199	190	521
上 海	Shanghai	212	906	1313	1094	976	1528	2033
江 苏	Jiangsu	1053	1621	2163	2660	1534	2554	8632
浙 江	Zhejiang	97	376	484	748	3002	2324	2900
安 徽	Anhui	89	248	50	10	38	39	3037
福 建	Fujian			109		15	49	45
江 西	Jiangxi	2	49	195	175	9	130	147
山 东	Shandong	21	264	39	320	345	293	316
河 南	Henan	360	20		15	66	420	767
湖 北	Hubei	242	542	250	110	210	333	10
湖 南	Hunan	89	91			16	51	45
广 东	Guangdong	185	604	200	711	1482	2749	2855
广 西	Guangxi		35	75	15	52	48	
海 南	Hainan							
重 庆	Chongqing		35	229	1062	467	338	4112
四 川	Sichuan	184	591	1164		40		
贵 州	Guizhou	29	2	10		65	80	140
云 南	Yunnan	320	427	502	230		50	264
西 藏	Tibet							
陕 西	Shaanxi	1617	864	2269	1380	1606	793	1284
甘 肃	Gansu	5	278	105		40		
青 海	Qinghai							85
宁 夏	Ningxia	8		393	245	195	160	689
新 疆	Xinjiang							

2-261 医疗设备及仪器仪表制造业科技活动经费筹集额中企业资金

Funds Raised by Enterprises in the Sources of Funds for S&T Activities of Medical Treatment Instrument and Meter Manufacturing

单位：万元 (10000 yuan)

地区	Region	1995	2000	2003	2004	2005	2006	2007
全　国	**Total**	**53011**	**66167**	**118795**	**128639**	**224389**	**316638**	**466179**
东部地区	Eastern Region	32136	50215	76655	87392	177231	255314	385660
中部地区	Mid Region	5524	8215	16747	19339	24233	38916	50890
西部地区	Western Region	15351	7737	25393	21907	22925	22408	29630
北　京	Beijing	1331	9307	13598	11749	19574	22183	23712
天　津	Tianjin	958	663	34	760	895	709	7353
河　北	Hebei	822	414	2104	4208	2186	3908	6242
山　西	Shanxi	193	364	100	480	1094	3496	1091
内蒙古	Neimenggu	20	21					
辽　宁	Liaoning	412	471	2135	1381	2546	7080	5621
吉　林	Jilin	315	1235	2130	2379	3660		668
黑龙江	Heilongjiang	464	1730	295	1151	2142	2186	5349
上　海	Shanghai	15687	14264	11465	12422	30250	35216	51717
江　苏	Jiangsu	7695	7744	21753	22188	37713	64352	108192
浙　江	Zhejiang	1917	8947	12894	12224	51406	61949	86325
安　徽	Anhui	779	1054	3982	2702	2715	5966	12957
福　建	Fujian			1999	1482	1784	3254	10084
江　西	Jiangxi	799	958	2244	2970	3054	4170	4985
山　东	Shandong	700	4948	4790	7020	5659	9444	32509
河　南	Henan	630	307	2185	6343	5340	10193	13136
湖　北	Hubei	1712	1805	2017	1454	2787	6660	5879
湖　南	Hunan	612	740	3794	1860	3442	6244	6825
广　东	Guangdong	2522	2946	5418	12891	24927	45993	49903
广　西	Guangxi	92	441	465	1067	293	1227	4000
海　南	Hainan		70					
重　庆	Chongqing		2544	9524	10126	9596	12112	15592
四　川	Sichuan	4592	1359	6641	190	826	185	1451
贵　州	Guizhou	227	153	157	186	248	139	823
云　南	Yunnan	400	243	1217	500	630	720	632
西　藏	Tibet							
陕　西	Shaanxi	9399	2040	5413	7902	9986	7018	8748
甘　肃	Gansu	302	181	1071	289			
青　海	Qinghai						310	688
宁　夏	Ningxia	431	1217	1370	2715	1640	1925	1696
新　疆	Xinjiang							

2-262 医疗设备及仪器仪表制造业科技活动经费筹集额中金融机构贷款

Loans from Financial Institutions in the Sources of Funds for S&T Activities of Medical Treatment Instrument and Meter Manufacturing

单位：万元 (10000 yuan)

地区	Region	1995	2000	2003	2004	2005	2006	2007
全　国	**Total**	**14671**	**10065**	**19403**	**9820**	**14705**	**24523**	**79944**
东部地区	Eastern Region	11840	7280	15703	6645	12065	16408	72044
中部地区	Mid Region	702	2185	2500	21	1000	3924	5381
西部地区	Western Region	2130	600	1200	3154	1640	4191	2519
北　京	Beijing	678	550	7	1200	300	600	
天　津	Tianjin							
河　北	Hebei	33		160				2000
山　西	Shanxi		25					
内蒙古	Neimenggu							
辽　宁	Liaoning	30					500	1000
吉　林	Jilin							25
黑龙江	Heilongjiang							
上　海	Shanghai	2356	2681			50		140
江　苏	Jiangsu	4247	609	5300	2320	2015	7895	59288
浙　江	Zhejiang	100	1890	9836	525	5300	5483	6277
安　徽	Anhui	42	300				151	55
福　建	Fujian							400
江　西	Jiangxi	416	1860	900	21			40
山　东	Shandong	196	1550		450	150		839
河　南	Henan	180				1000	3773	4840
湖　北	Hubei	54		1000				
湖　南	Hunan	10		600				421
广　东	Guangdong	4200		400	2150	4250	1930	2100
广　西	Guangxi							
海　南	Hainan							
重　庆	Chongqing			1030	94	1440	1620	319
四　川	Sichuan	1337	100		3060			2200
贵　州	Guizhou	97						
云　南	Yunnan	86						
西　藏	Tibet							
陕　西	Shaanxi	305	500				2571	
甘　肃	Gansu	233				200		
青　海	Qinghai			170				
宁　夏	Ningxia	72						
新　疆	Xinjiang							

2-263 医疗设备及仪器仪表制造业科技活动经费内部支出

Intramural Expenditure for S&T Activities of Medical Treatment Instrument and Meter Manufacturing

单位：万元 (10000 yuan)

地区	Region	1995	2000	2003	2004	2005	2006	2007
全　国	**Total**	**72969**	**90511**	**138796**	**168373**	**286762**	**366914**	**544915**
东部地区	Eastern Region	46806	65059	85259	117020	200133	286631	428149
中部地区	Mid Region	6735	10208	22361	21883	27806	42267	54970
西部地区	Western Region	19428	15244	31176	29470	58822	38016	61796
北　京	Beijing	3925	12194	13849	17464	21837	27284	41506
天　津	Tianjin	1156	693	34	753	895	739	7159
河　北	Hebei	1023	412	2444	5208	2557	5016	6960
山　西	Shanxi	210	405	744	590	2526	4098	2972
内蒙古	Neimenggu	18	21					
辽　宁	Liaoning	627	540	2577	4311	3154	7487	8802
吉　林	Jilin	352	1255	2130	2893	4140		921
黑龙江	Heilongjiang	499	1311	365	1467	2833	2588	4455
上　海	Shanghai	18485	15595	11029	17361	26803	37703	53802
江　苏	Jiangsu	11889	12692	22123	29065	50168	75983	126628
浙　江	Zhejiang	1986	11357	17740	12877	54652	56940	80211
安　徽	Anhui	629	1864	5330	3173	2209	6437	12644
福　建	Fujian			2098	1482	1799	3278	9775
江　西	Jiangxi	1610	1880	3422	3213	3702	4048	6726
山　东	Shandong	1272	7510	6940	12333	8711	13563	31855
河　南	Henan	978	470	2185	6731	5896	11687	16726
湖　北	Hubei	1778	2191	3801	1957	3043	7279	4798
湖　南	Hunan	661	811	4384	1860	3458	6130	5728
广　东	Guangdong	6373	3535	5934	15118	29300	57408	58913
广　西	Guangxi	70	461	491	1047	257	1231	2538
海　南	Hainan		70					
重　庆	Chongqing		2591	12860	12661	14273	22408	22294
四　川	Sichuan	6019	2036	6361	3334	731	185	3618
贵　州	Guizhou	356	153	159	214	313	219	675
云　南	Yunnan	683	3697	1467	785	1207	770	18944
西　藏	Tibet							
陕　西	Shaanxi	11375	4592	7254	9732	40691	12399	13220
甘　肃	Gansu	496	986	1188	237	280		
青　海	Qinghai			138			310	773
宁　夏	Ningxia	499	1189	1749	2507	1328	1726	2273
新　疆	Xinjiang							

2-264 医疗设备及仪器仪表制造业科技活动经费内部支出中劳务费

Labor Expenses in the Intramural Expenditure for S&T Activities of Medical Treatment Instrument and Meter Manufacturing

单位：万元 (10000 yuan)

地区	Region	1995	2000	2003	2004	2005	2006	2007
全　国	**Total**	**18904**	**27621**	**43572**	**54762**	**86880**	**110348**	**152110**
东部地区	Eastern Region	12142	19861	29885	39181	69722	88065	123190
中部地区	Mid Region	2254	3639	5830	7123	9034	14904	17482
西部地区	Western Region	4508	4122	7857	8459	8124	7379	11438
北　京	Beijing	971	2855	4783	4163	6229	9214	15646
天　津	Tianjin	437	318	18	524	392	425	1237
河　北	Hebei	665	240	548	628	610	1166	1414
山　西	Shanxi	69	103	230	277	675	1067	694
内蒙古	Neimenggu	14	5					
辽　宁	Liaoning	230	312	1361	3392	809	2249	3955
吉　林	Jilin	202	271	374	537	634		175
黑龙江	Heilongjiang	318	443	253	426	901	683	863
上　海	Shanghai	5739	6893	4819	6852	8618	14467	19492
江　苏	Jiangsu	2510	3980	7032	10967	11569	15726	28688
浙　江	Zhejiang	442	2355	5837	3384	25474	22578	25689
安　徽	Anhui	279	588	475	635	1046	1164	2332
福　建	Fujian			1041	748	782	1499	2520
江　西	Jiangxi	527	976	1286	1239	1317	1818	2539
山　东	Shandong	447	1645	1464	2258	2083	3133	6017
河　南	Henan	107	109	546	3160	836	4023	5419
湖　北	Hubei	436	634	1679	651	1299	2748	2429
湖　南	Hunan	303	510	987	200	2327	3400	3031
广　东	Guangdong	678	1091	2744	5820	13029	17432	18404
广　西	Guangxi	24	130	238	447	126	176	129
海　南	Hainan		44					
重　庆	Chongqing		751	2489	3309	3360	3824	5332
四　川	Sichuan	1507	412	1391	179	411	94	431
贵　州	Guizhou	128	123	54	126	212	150	450
云　南	Yunnan	276	326	392	143	108	175	197
西　藏	Tibet							
陕　西	Shaanxi	2220	1618	2632	4104	3512	2512	4301
甘　肃	Gansu	200	637	416	122	50		
青　海	Qinghai			46			45	84
宁　夏	Ningxia	178	256	437	477	470	580	643
新　疆	Xinjiang							

2-265 医疗设备及仪器仪表制造业科技活动经费内部支出中仪器设备费

Instruments and Equipments Expenses in the Intramural Expenditure for S&T Activities of Medical Treatment Instrument and Meter Manufacturing

单位：万元　(10000 yuan)

地 区	Region	1995	2000	2003	2004	2005	2006	2007
全 国	**Total**	**6087**	**18206**	**24033**	**31334**	**67343**	**76904**	**113186**
东部地区	Eastern Region	4103	11794	11953	19053	35053	58131	81143
中部地区	Mid Region	683	1721	4529	4440	6519	7472	8496
西部地区	Western Region	1301	4692	7551	7841	25771	11301	23547
北 京	Beijing	416	1649	741	650	1717	3257	3065
天 津	Tianjin	61	55	5	8		130	180
河 北	Hebei	54	82	117	2049	120	247	270
山 西	Shanxi	16	44	73	96	95	1107	93
内蒙古	Neimenggu		4					
辽 宁	Liaoning	13	3	449	70	533	737	1415
吉 林	Jilin	11	252	825	282	1655		232
黑龙江	Heilongjiang	41	539	74	590	900	147	636
上 海	Shanghai	904	2995	2252	2131	2847	6554	9128
江 苏	Jiangsu	983	3024	4706	6888	14151	18352	30716
浙 江	Zhejiang	872	1015	1905	4130	10811	11345	14130
安 徽	Anhui	69	361	748	326	132	916	1501
福 建	Fujian			178	121	209	142	392
江 西	Jiangxi	290	99	698	612	1192	1119	1120
山 东	Shandong	124	2168	1310	1462	1620	2941	7142
河 南	Henan	147	241	542	1567	2079	1726	2402
湖 北	Hubei	86	142	381	567	466	1629	1084
湖 南	Hunan	23	39	1188	400		828	1429
广 东	Guangdong	650	548	255	1529	2947	14089	12667
广 西	Guangxi	26	236	35	15	100	337	2038
海 南	Hainan		21					
重 庆	Chongqing		360	3958	3685	4619	9861	6666
四 川	Sichuan	811	633	153	2891	62	20	1529
贵 州	Guizhou	33	9	58	33	35	41	122
云 南	Yunnan	167	2985	304	25	483	86	13495
西 藏	Tibet							
陕 西	Shaanxi	226	385	2824	1120	20573	1093	1348
甘 肃	Gansu	1	212	254	13			
青 海	Qinghai						200	305
宁 夏	Ningxia	63	108		74			82
新 疆	Xinjiang							

2-266 医疗设备及仪器仪表制造业新产品开发经费支出

Expenditure for Developing New Products of Medical Treatment Instrument and Meter Manufacturing

单位：万元 (10000 yuan)

地区	Region	1995	2000	2003	2004	2005	2006	2007
全 国	**Total**	**37441**	**45938**	**81419**	**80405**	**178445**	**241920**	**400493**
东部地区	Eastern Region	25911	33895	46354	52195	137953	190407	329115
中部地区	Mid Region	3886	4767	11751	10098	16442	28302	42474
西部地区	Western Region	7644	7276	23314	18112	24050	23211	28904
北 京	Beijing	3002	2743	5116	5063	14214	23439	27824
天 津	Tianjin	545	560	22	165	895	739	6190
河 北	Hebei	396	185	448	3738	1732	3959	4616
山 西	Shanxi	32	399		150	1286	2018	1300
内蒙古	Neimenggu	18	16					
辽 宁	Liaoning	302	438	1451	910	3013	5948	6152
吉 林	Jilin	209	700	1216	1652	4000		901
黑龙江	Heilongjiang	367	213	285	705	1489	2013	3092
上 海	Shanghai	12231	9717	5988	10285	16832	21257	33102
江 苏	Jiangsu	5671	7829	13127	9306	25123	49881	100303
浙 江	Zhejiang	564	5650	9127	9431	44700	51727	75629
安 徽	Anhui	286	815	3569	1128	1422	5638	11850
福 建	Fujian			2001	1181	1799	3278	9529
江 西	Jiangxi	1312	547	1853	1240	1645	2264	2951
山 东	Shandong	672	5034	4055	3798	4575	8554	25632
河 南	Henan	488	294	1102	3925	4343	7742	15077
湖 北	Hubei	822	998	1166	1299	2050	6739	3949
湖 南	Hunan	353	786	2560		208	1889	3354
广 东	Guangdong	2500	1507	4959	7325	25019	20643	38839
广 西	Guangxi	27	232	60	992	52	983	1300
海 南	Hainan							
重 庆	Chongqing		1527	10944	9293	10303	9172	15113
四 川	Sichuan	4226	1723	5291	256	675	170	1568
贵 州	Guizhou	186	8	59	42	271	166	248
云 南	Yunnan	422	665	1387	690	486	770	730
西 藏	Tibet							
陕 西	Shaanxi	2386	2545	3721	5861	10988	11216	8488
甘 肃	Gansu	268	266	207				
青 海	Qinghai							688
宁 夏	Ningxia	156	542	1705	1969	1328	1717	2069
新 疆	Xinjiang							

2-267 医疗设备及仪器仪表制造业新产品产值

Industrial Output Value of New Products of Medical Treatment Instrument and Meter Manufacturing

单位：万元 (10000 yuan)

地区	Region	2000	2003	2004	2005	2006	2007
全　国	**Total**	**690149**	**1217949**	**1377226**	**1854438**	**2495670**	**4011038**
东部地区	Eastern Region	562560	876694	1056772	1474298	2006061	3352679
中部地区	Mid Region	66425	188911	197311	215339	292354	385007
西部地区	Western Region	61164	152344	123143	164801	197255	273353
北　京	Beijing	68979	92628	115066	114316	122925	159079
天　津	Tianjin	7218	680	8798	14566	6099	17471
河　北	Hebei	7517	19982	35006	31848	31327	21473
山　西	Shanxi	1174		4672	11772	17716	13911
内蒙古	Neimenggu						
辽　宁	Liaoning	1877	5693	66483	12503	11973	32884
吉　林	Jilin	2292	33697	16892	10858	877	5741
黑龙江	Heilongjiang	3145	3239	4891	7074	9263	28771
上　海	Shanghai	180461	161245	187909	245973	303932	347821
江　苏	Jiangsu	73077	181328	163505	271589	330551	1371240
浙　江	Zhejiang	153239	333363	159256	612171	827158	991710
安　徽	Anhui	22017	22748	39837	17301	50925	84768
福　建	Fujian		18158	1450	19822	18834	26045
江　西	Jiangxi	17217	57114	50269	50660	57723	63490
山　东	Shandong	65505	50461	102264	44332	75691	175252
河　南	Henan	7982	15280	48009	50890	63799	134857
湖　北	Hubei	6361	8492	8871	5831	29524	49831
湖　南	Hunan	6236	48341	23871	60952	62527	3638
广　东	Guangdong	1947	11506	214088	105692	273570	209062
广　西	Guangxi	2740	1650	2947	1487	4002	642
海　南	Hainan						
重　庆	Chongqing	15777	64948	71078	95513	125148	119563
四　川	Sichuan	9713	24906	4218	6789	280	6374
贵　州	Guizhou	1669	1075	1827	3791	2217	1837
云　南	Yunnan	4389	549	2655	3584	2913	38427
西　藏	Tibet						
陕　西	Shaanxi	24119	46502	32984	46114	58401	99007
甘　肃	Gansu	2626	4474	1264	41		
青　海	Qinghai		1054			1790	320
宁　夏	Ningxia	2871	8836	9117	8970	6506	7824
新　疆	Xinjiang						

2-268 医疗设备及仪器仪表制造业新产品销售收入

Sales Revenue from New Products of Medical Treatment Instrument and Meter Manufacturing

单位：万元 (10000 yuan)

地区 Region		1995	2000	2003	2004	2005	2006	2007
全　国	**Total**	**310008**	**644216**	**1149977**	**1293123**	**1858204**	**2373116**	**3836483**
东部地区	Eastern Region	199227	518736	860507	998947	1495106	1898983	3261111
中部地区	Mid Region	37166	62449	165862	182389	201159	283312	367840
西部地区	Western Region	73615	63031	123608	111787	161940	190821	207533
北　京	Beijing	19453	71853	102518	106485	128355	138142	153754
天　津	Tianjin	4329	7550	156	8740	13766	5963	15829
河　北	Hebei	3020	6680	18370	33276	29454	31642	24925
山　西	Shanxi	62	772		4672	12063	17759	14164
内蒙古	Neimenggu	188						
辽　宁	Liaoning	6729	1990	4830	64488	11808	11151	33407
吉　林	Jilin	1249	1659	33198	16819	9622	456	5378
黑龙江	Heilongjiang	4592	3004	3150	4801	6556	9123	28746
上　海	Shanghai	64114	181562	159097	194980	243560	316924	326843
江　苏	Jiangsu	64571	67993	178082	130379	268829	306606	1337786
浙　江	Zhejiang	17369	122640	324823	146869	602081	745174	901191
安　徽	Anhui	7660	23716	22118	37961	15695	49407	81644
福　建	Fujian			22549	1450	19822	18834	26866
江　西	Jiangxi	4257	15947	55887	49861	47807	53348	60063
山　东	Shandong	6836	54049	37951	95518	42969	74190	250507
河　南	Henan	2081	5606	15023	41864	49221	62052	122619
湖　北	Hubei	14732	5631	5391	7029	5075	29327	52094
湖　南	Hunan	2348	6115	31095	19382	55120	61840	3132
广　东	Guangdong	11792	1602	10814	213830	132976	246117	189383
广　西	Guangxi	1014	2818	1317	2932	1486	4240	619
海　南	Hainan							
重　庆	Chongqing		16489	58346	58226	94463	124582	111071
四　川	Sichuan	23759	12808	19743	4783	6486	265	5870
贵　州	Guizhou	357	1533	1051	921	3519	2109	2045
云　南	Yunnan	12721	4080	443	2949	3549	2923	38427
西　藏	Tibet							
陕　西	Shaanxi	35094	23018	33484	36009	45530	53541	42197
甘　肃	Gansu	932	2202	785	545	28		
青　海	Qinghai			920			996	320
宁　夏	Ningxia	753	2901	8836	8355	8365	6405	7603
新　疆	Xinjiang							

2-269 医疗设备及仪器仪表制造业专利申请数

Patent Applications Received of Medical Treatment Instrument and Meter Manufacturing

单位：项 (unit)

地区	Region	1995	2000	2003	2004	2005	2006	2007
全国	**Total**	**88**	**257**	**550**	**855**	**902**	**1479**	**2634**
东部地区	Eastern Region	48	139	424	569	595	1195	2118
中部地区	Mid Region	18	24	68	247	250	187	300
西部地区	Western Region	22	94	58	39	57	97	216
北京	Beijing	8	3	12	23	44	124	78
天津	Tianjin	2	2		13		10	11
河北	Hebei	6		5	2	3	25	44
山西	Shanxi			20	5	8	6	7
内蒙古	Neimenggu							
辽宁	Liaoning	6	3	5	26	28	49	48
吉林	Jilin		2		124	11		29
黑龙江	Heilongjiang	4	12	2	47	34	12	20
上海	Shanghai	6	12	73	47	74	69	116
江苏	Jiangsu	2	40	67	61	81	115	254
浙江	Zhejiang	5	27	160	174	152	300	551
安徽	Anhui	1	1	9		10	3	9
福建	Fujian			48	26	10	6	2
江西	Jiangxi			4	4	7	13	14
山东	Shandong	4	42	28	57	43	155	235
河南	Henan	1	3	15	57	33	57	129
湖北	Hubei	10	2	15		138	85	54
湖南	Hunan	2	4	3	10	9	11	38
广东	Guangdong	9	8	19	111	159	334	772
广西	Guangxi		2	7	29	1	8	7
海南	Hainan							
重庆	Chongqing		4	29	9	20	34	80
四川	Sichuan	4	1	9	1		3	9
贵州	Guizhou					14		2
云南	Yunnan	1	3	4	8	2	4	16
西藏	Tibet							
陕西	Shaanxi	13	26		13	18	18	79
甘肃	Gansu	4						
青海	Qinghai			4			34	30
宁夏	Ningxia		60	12	8	3	4	
新疆	Xinjiang							

2-270 医疗设备及仪器仪表制造业拥有发明专利数

Owning Inventive Patent of Medical Treatment Instrument and Meter Manufacturing

单位：项 (unit)

地区	Region	1995	2000	2003	2004	2005	2006	2007
全　国	**Total**	**47**	**170**	**385**	**396**	**591**	**967**	**892**
东部地区	Eastern Region	31	97	332	328	494	862	747
中部地区	Mid Region	11	46	30	26	39	72	75
西部地区	Western Region	5	27	23	42	58	33	70
北　京	Beijing	1	5	49	27	106	122	36
天　津	Tianjin	3			11			5
河　北	Hebei	4		1	4		14	3
山　西	Shanxi			8	4	6	7	8
内蒙古	Neimenggu							
辽　宁	Liaoning	3	3	22	48	6	52	43
吉　林	Jilin		1		2			1
黑龙江	Heilongjiang	3	38		1	4	4	5
上　海	Shanghai	2	1	10	6	10	13	30
江　苏	Jiangsu	4	46	36	27	49	176	214
浙　江	Zhejiang	3	4	114	52	178	224	167
安　徽	Anhui			6	6	8	7	6
福　建	Fujian			2	96	101	88	20
江　西	Jiangxi		3	3	5	2	5	7
山　东	Shandong	4	11	10	22	19	63	98
河　南	Henan		3	8	5	3	4	15
湖　北	Hubei	6	1	5		15	21	6
湖　南	Hunan	2			3	1	24	27
广　东	Guangdong	7	25	86	33	25	105	125
广　西	Guangxi		2	2	2		5	6
海　南	Hainan							
重　庆	Chongqing		1	2	19	11	12	32
四　川	Sichuan	1	3	5	7			1
贵　州	Guizhou							
云　南	Yunnan			2	6	34	5	5
西　藏	Tibet							
陕　西	Shaanxi	4	14	11	5	8	11	22
甘　肃	Gansu							
青　海	Qinghai							4
宁　夏	Ningxia		9	3	5	5	5	6
新　疆	Xinjiang							

2-271 医疗设备及仪器仪表制造业技术改造经费支出

Expenditure on Technical Renovation of Medical Treatment Instrument and Meter Manufacturing

单位: 万元 (10000 yuan)

地 区	Region	1995	2000	2003	2004	2005	2006	2007
全 国	**Total**	**59674**	**56621**	**68575**	**84945**	**114617**	**181343**	**204991**
东部地区	Eastern Region	28489	27444	37866	36610	66481	119361	148786
中部地区	Mid Region	25932	15547	10885	20651	18707	33668	35184
西部地区	Western Region	5253	13630	19824	27684	29429	28315	21021
北 京	Beijing	3357	3100	10953	2111	1732	2109	21656
天 津	Tianjin	41	80		118		50	70
河 北	Hebei	340		81	1316	2883	3090	119
山 西	Shanxi	359				843	6164	4026
内蒙古	Neimenggu	44						
辽 宁	Liaoning	1090	1356	90	275	6	717	1318
吉 林	Jilin	243	6883		49	2995		232
黑龙江	Heilongjiang	20000	1250	100	598	500	1513	2689
上 海	Shanghai	4419	3290	663	1046	851	5628	4322
江 苏	Jiangsu	9499	5950	4197	10297	12576	36578	45145
浙 江	Zhejiang	3823	9543	13859	11281	36521	46535	45076
安 徽	Anhui	1401	150	2145	120		157	3638
福 建	Fujian			185				100
江 西	Jiangxi	714	5672	6389	6470	5204	7917	11381
山 东	Shandong	685	3520	6973	6899	4425	5795	21376
河 南	Henan	1246	829		11650	6282	10463	5209
湖 北	Hubei	1595	754	1853	1764	2883	2139	2116
湖 南	Hunan	330	10	398			5314	5894
广 东	Guangdong	5169	398	662	1604	7183	17756	9604
广 西	Guangxi	67	208	203	1663	306	1104	
海 南	Hainan							
重 庆	Chongqing		3226	3808	3556	20627	21230	15168
四 川	Sichuan	1604	437	2467	5857	177	116	1889
贵 州	Guizhou	306	24	100	832	24	13	533
云 南	Yunnan	315	400	3999	24	148	568	324
西 藏	Tibet							
陕 西	Shaanxi	2133	3731	8180	17415	8454	6389	2721
甘 肃	Gansu	55	110	1183				
青 海	Qinghai			87				92
宁 夏	Ningxia	840	5703					294
新 疆	Xinjiang							

2-272 医疗设备及仪器仪表制造业技术引进经费支出

Expenditure on Technology Import of Medical Treatment Instrument and Meter Manufacturing

单位：万元 (10000 yuan)

地区	Region	1995	2000	2003	2004	2005	2006	2007
全国	**Total**	**18299**	**12149**	**16217**	**5534**	**2300**	**12526**	**22615**
东部地区	Eastern Region	8151	5304	9704	5139	1447	10646	20889
中部地区	Mid Region	768	2913	1250	221	428	1761	1079
西部地区	Western Region	9380	3932	5263	174	425	120	648
北京	Beijing	60	1347	242	113	614	846	4036
天津	Tianjin	0	12					
河北	Hebei	6			58	113		
山西	Shanxi						1000	
内蒙古	Neimenggu							
辽宁	Liaoning	12	30		52	33	50	39
吉林	Jilin		803					
黑龙江	Heilongjiang	14	200					183
上海	Shanghai	1554	2620	2198	2331	7	3373	2375
江苏	Jiangsu	1483	228	3055	743	323	1745	5278
浙江	Zhejiang	344	288	3398	1507	357	3372	5740
安徽	Anhui	700		1250	132		335	
福建	Fujian			80			212	
江西	Jiangxi	34	1910					
山东	Shandong	252	779	731	305		20	315
河南	Henan				89	428	426	896
湖北	Hubei	20						
湖南	Hunan							
广东	Guangdong	4440	1		30		1027	3105
广西	Guangxi							
海南	Hainan							
重庆	Chongqing			462	174	73	100	585
四川	Sichuan	1748	27	281				60
贵州	Guizhou							
云南	Yunnan	791		2604			20	
西藏	Tibet							
陕西	Shaanxi	6841	3745	576		352		3
甘肃	Gansu		110					
青海	Qinghai							
宁夏	Ningxia		50	1340				
新疆	Xinjiang							

2-273 医疗设备及仪器仪表制造业消化吸收经费支出

Expenditure on Technology Absorption of Medical Treatment Instrument and Meter Manufacturing

单位：万元 (10000 yuan)

地区	Region	1995	2000	2003	2004	2005	2006	2007
全国	**Total**	**1646**	**854**	**1447**	**1832**	**3306**	**5291**	**11162**
东部地区	Eastern Region	1002	418	1144	1281	3151	4559	10428
中部地区	Mid Region	33	97	280	119	100	652	525
西部地区	Western Region	611	339	23	433	55	80	209
北京	Beijing	20		84	14	0	1	1390
天津	Tianjin	7	3				100	60
河北	Hebei		29		6			
山西	Shanxi						18	
内蒙古	Neimenggu							
辽宁	Liaoning	45			146			
吉林	Jilin							
黑龙江	Heilongjiang	5	86			65		350
上海	Shanghai	25	320		759	512		559
江苏	Jiangsu	359	2	156	351	152	449	7192
浙江	Zhejiang			231		361	814	1137
安徽	Anhui				117			
福建	Fujian							
江西	Jiangxi	13		80	2			
山东	Shandong	98	43	673	5	9	10	90
河南	Henan					32	634	176
湖北	Hubei	15	11	200		3		
湖南	Hunan							
广东	Guangdong	449	21			2117	3185	
广西	Guangxi							
海南	Hainan							
重庆	Chongqing			20		25	66	185
四川	Sichuan	201	27	3		30	9	9
贵州	Guizhou							15
云南	Yunnan	3					5	
西藏	Tibet							
陕西	Shaanxi	400	300					
甘肃	Gansu	6						
青海	Qinghai							
宁夏	Ningxia		12		433			
新疆	Xinjiang							

2-274 医疗设备及仪器仪表制造业购买国内技术经费支出

Expenditure on Purchase of Domestic Technology of Medical Treatment Instrument and Meter Manufacturing

单位：万元 (10000 yuan)

地区	Region	1995	2000	2003	2004	2005	2006	2007
全　国	**Total**	**895**	**3708**	**1429**	**1688**	**3320**	**3400**	**3280**
东部地区	Eastern Region	338	3007	1273	1630	3245	3076	3130
中部地区	Mid Region	272	481	19			180	2
西部地区	Western Region	284	220	137	59	75	144	148
北　京	Beijing	26		250	756	750	86	630
天　津	Tianjin	6						
河　北	Hebei	1						
山　西	Shanxi						160	
内蒙古	Neimenggu							
辽　宁	Liaoning	5			143			
吉　林	Jilin							
黑龙江	Heilongjiang		480					
上　海	Shanghai	12	2730		154	1800	85	30
江　苏	Jiangsu	225	11	741	41	190	443	891
浙　江	Zhejiang	6	84		137	459	1641	969
安　徽	Anhui							
福　建	Fujian							
江　西	Jiangxi	33						
山　东	Shandong	15	144	102	395	45	90	610
河　南	Henan	164	1	19				
湖　北	Hubei	51						
湖　南	Hunan	24					20	2
广　东	Guangdong	43	38	160		2	731	
广　西	Guangxi			20	4			
海　南	Hainan							
重　庆	Chongqing			66	59	33	134	126
四　川	Sichuan	13	10					22
贵　州	Guizhou							
云　南	Yunnan					43	10	
西　藏	Tibet							
陕　西	Shaanxi	263	200	71				
甘　肃	Gansu	6						
青　海	Qinghai							
宁　夏	Ningxia	2	10					
新　疆	Xinjiang							

2-275 医疗设备及仪器仪表制造业科技机构数

Number of S&T Institutions of Medical Treatment Instrument and Meter Manufacturing

单位：个 (unit)

地区	Region	1995	2000	2003	2004	2005	2006	2007
全　国	**Total**	**338**	**172**	**145**	**191**	**191**	**236**	**290**
东部地区	Eastern Region	209	104	93	125	112	158	196
中部地区	Mid Region	67	33	20	26	42	42	52
西部地区	Western Region	62	35	32	40	37	36	42
北　京	Beijing	18	13	9	8	6	11	14
天　津	Tianjin	21	2		4		2	1
河　北	Hebei	8	5	1	2	3	3	4
山　西	Shanxi	4	4		1	8	9	8
内蒙古	Neimenggu	1						
辽　宁	Liaoning	16	4	8	7	4	4	7
吉　林	Jilin	10	6	2	4	2		1
黑龙江	Heilongjiang	4	2	1	3	6	6	7
上　海	Shanghai	22	15	6	6	6	9	13
江　苏	Jiangsu	66	27	29	46	28	32	51
浙　江	Zhejiang	12	13	25	24	43	60	66
安　徽	Anhui	18	4	4	5	3	6	4
福　建	Fujian			2	3	2	2	3
江　西	Jiangxi	5	2	3	4	3	4	4
山　东	Shandong	23	13	8	14	8	11	19
河　南	Henan	6	3	3	6	12	11	16
湖　北	Hubei	15	9	5	2	3	2	4
湖　南	Hunan	4	3	2	1	5	4	8
广　东	Guangdong	21	10	3	9	12	23	18
广　西	Guangxi	2	1	2	2		1	
海　南	Hainan		1					
重　庆	Chongqing		6	5	18	18	18	23
四　川	Sichuan	22	10	2	1	1	1	1
贵　州	Guizhou	2	1	1	1	3	3	3
云　南	Yunnan	5	1	3	2	2	2	1
西　藏	Tibet							
陕　西	Shaanxi	21	13	13	12	12	11	13
甘　肃	Gansu	9	1	3	1			
青　海	Qinghai			1				
宁　夏	Ningxia	3	3	4	5	1	1	1
新　疆	Xinjiang							

2-276 医疗设备及仪器仪表制造业科技机构科技活动人员

S&T Personnel in the S&T Institutions of Medical Treatment Instrument and Meter Manufacturing

单位：人 (person)

地区	Region	1995	2000	2003	2004	2005	2006	2007
全　国	**Total**	**11381**	**7396**	**8818**	**8758**	**11531**	**14330**	**17888**
东部地区	Eastern Region	6042	3975	4609	5279	7340	9743	12110
中部地区	Mid Region	2225	1870	2003	1691	2296	2475	3365
西部地区	Western Region	3114	1551	2206	1788	1895	2112	2413
北　京	Beijing	1185	460	300	649	363	834	1127
天　津	Tianjin	477	34		38		106	85
河　北	Hebei	332	53	53	184	600	631	542
山　西	Shanxi	182	103		110	196	277	234
内蒙古	Neimenggu	28						
辽　宁	Liaoning	373	98	214	585	194	201	264
吉　林	Jilin	247	316	175	284	452		50
黑龙江	Heilongjiang	256	101	270	139	232	192	443
上　海	Shanghai	656	545	399	349	802	547	873
江　苏	Jiangsu	1842	1162	1524	1248	1218	1770	2443
浙　江	Zhejiang	218	418	915	653	1981	3112	3296
安　徽	Anhui	213	350	202	187	135	444	307
福　建	Fujian			112	174	123	115	124
江　西	Jiangxi	151	203	284	191	189	202	214
山　东	Shandong	498	830	922	783	586	947	1460
河　南	Henan	356	60	410	572	578	730	1038
湖　北	Hubei	638	293	468	94	219	117	413
湖　南	Hunan	154	444	194	114	295	513	666
广　东	Guangdong	401	333	88	544	1473	1459	1896
广　西	Guangxi	60	26	82	72		21	
海　南	Hainan		16					
重　庆	Chongqing		233	865	766	934	1057	1219
四　川	Sichuan	914	316	235	24	27	11	56
贵　州	Guizhou	118	37	58	71	161	146	120
云　南	Yunnan	256	127	185	133	95	71	61
西　藏	Tibet							
陕　西	Shaanxi	1078	640	461	558	448	607	728
甘　肃	Gansu	533	36	187	17			
青　海	Qinghai			35				
宁　夏	Ningxia	215	162	180	219	230	220	229
新　疆	Xinjiang							

2-277 医疗设备及仪器仪表制造业科技机构科技活动经费内部支出

Intramural Expenditure for S&T Activities in the S&T Institutions of Medical Treatment Instrument and Meter Manufacturing

单位：万元 (10000 yuan)

地 区 Region		1995	2000	2003	2004	2005	2006	2007
全 国	**Total**	**19403**	**37216**	**57524**	**66443**	**102036**	**143574**	**240699**
东部地区	Eastern Region	14104	25667	30995	44598	73292	110285	185223
中部地区	Mid Region	1742	5076	12248	10829	15427	18531	33397
西部地区	Western Region	3557	6474	14281	11016	13317	14758	22079
北 京	Beijing	2444	1848	4201	7896	4092	13740	10133
天 津	Tianjin	528	106		347		739	676
河 北	Hebei	270	164	205	1089	2493	3857	4578
山 西	Shanxi	18	336		580	1983	1861	1661
内蒙古	Neimenggu	5						
辽 宁	Liaoning	190	160	1453	1382	1282	1962	5742
吉 林	Jilin	153	935	1216	2626	4140		140
黑龙江	Heilongjiang	124	619	285	249	691	534	1073
上 海	Shanghai	5858	4612	2783	3368	3835	6678	21490
江 苏	Jiangsu	3044	7118	11117	13314	15354	28604	46633
浙 江	Zhejiang	374	4759	6823	7633	28765	33445	45887
安 徽	Anhui	223	811	3407	1057	864	5082	9662
福 建	Fujian			1175	1265	1409	1300	1573
江 西	Jiangxi	182	959	2190	1393	875	1912	1966
山 东	Shandong	361	4841	2090	2740	3094	6575	13759
河 南	Henan	271	210	2185	2473	2893	3719	12193
湖 北	Hubei	727	546	1245	591	1040	1028	1932
湖 南	Hunan	40	660	1720	1860	2941	4396	4771
广 东	Guangdong	977	1750	857	4877	12968	13351	34753
广 西	Guangxi	58	240	291	688		34	
海 南	Hainan		70					
重 庆	Chongqing		1228	6794	5123	5373	6244	8234
四 川	Sichuan	1748	1713	628	290	23	5	325
贵 州	Guizhou	92	28	143	161	313	219	515
云 南	Yunnan	71	538	1255	690	486	493	512
西 藏	Tibet							
陕 西	Shaanxi	1307	1933	3083	2932	6168	6074	10350
甘 肃	Gansu	93	60	1188	0			
青 海	Qinghai			133				
宁 夏	Ningxia	246	974	1057	1820	955	1723	2143
新 疆	Xinjiang							

3

从业人员情况

Indicators of Employed Personnel

3-1 企业从业人员年平均人数
Annual Average Number of Employed Personnel of Enterprises

单位：人 (person)

行 业 Industry	1995	2000	2003	2004	2005	2006	2007
合计 **Total**	**4484239**	**3899785**	**4772823**	**5868861**	**6633422**	**7444894**	**8429582**
医药制造业 **Manufacture of Medicines**	**1157429**	**995641**	**1153951**	**1143815**	**1234389**	**1302750**	**1373407**
#化学药品制造 Manufacture of Chemical Medicine	737936	612191	615072	595401	641919	660821	691642
中成药制造 Manufacture of Finished Traditional Chinese Herbal Medicine	318400	300633	287198	333398	350233	363805	366185
生物、生化制品的制造 Manufacture of Biological and Biochemical Chemical Products	45169	53451	73350	61894	77122	83739	100363
航空航天器制造业 **Manufacture of Aircrafts and Spacecrafts**	**590713**	**456531**	**344182**	**271785**	**304691**	**297826**	**301418**
1.飞机制造及修理 Manufacture and Repairing of Airplanes	478596	394176	318061	254587	283082	275596	279217
2.航天器制造 Manufacture of Spacecrafts	112117	62355	26121	17198	21609	22230	22201
电子及通信设备制造业 **Manufacture of Electronic Equipment and Communication Equipment**	**1815230**	**1737523**	**2227398**	**3041097**	**3466681**	**3933366**	**4554095**
1.通信设备制造 Manufacture of Communication Equipment	310185	324066	385486	468436	555028	629884	759041
#通信传输设备制造 Manufacture of Communication Transmitting Equipment		67149	48179	63426	62438	64680	75046
通信交换设备制造 Manufacture of Communication Exchanging Equipment		84578	75194	79531	98932	105347	131119
通信终端设备制造 Manufacture of Communication Terminal Equipment		56902	92700	102561	115108	113241	109855
2.雷达及配套设备制造 Manufacture of Radar and Its Fittings	86164	54161	38178	34742	39307	41597	40622
3.广播电视设备制造 Manufacture of Broadcasting and TV Equipment	37707	21404	34267	77941	75849	83860	94182
4.电子器件制造 Manufacture of Electronic Appliances	297400	268611	381084	530852	616231	709202	854958
#电子真空器件制造 Manufacture of Electronic Vacuum Appliances		112600	124816	87745	104010	96568	98178
半导体分立器件制造 Manufacture of Semiconductor Discreting Appliances		82007	69913	78599	73727	88271	97337
集成电路制造 Manufacture of Integrate Circuit		74004	100454	169558	188080	231072	273677
5.电子元件制造 Manufacture of Electronic Components	633311	645061	890689	1331194	1495255	1741688	2014426
6.家用视听设备制造 Manufacture of Domestic TV Set and Radio Receiver	374354	317255	397968	508851	553288	568309	586040
7.其他电子设备制造 Manufacture of Other Electronic Equipment	76109	106965	99726	89081	131723	158826	204826
电子计算机及办公设备制造业 **Manufacture of Computers and Office Equipments**	**141771**	**238793**	**594252**	**827652**	**1011417**	**1215585**	**1429836**
1.电子计算机整机制造 Manufacture of Entired Computer	53002	62331	137326	271298	322380	391867	479097
2.电子计算机外部设备制造 Manufacture of Computer Peripheral Equipment	63491	125570	369879	475552	607302	725472	845987
3.办公设备制造 Manufacture of Office Equipment	25278	50892	87047	80802	81735	98246	104752
医疗设备及仪器仪表制造业 **Manufacture of Medical Equipments and Measuring Instrument**	**779096**	**471297**	**453040**	**584512**	**616244**	**695367**	**770826**
1.医疗设备及器械制造 Manufacture of Medical Equipment and Appliances	164722	117130	85487	131354	129701	150114	172717
2.仪器仪表制造 Manufacture of Measuring Instrument	614374	354167	367553	453158	486543	545253	598109

3-2 大型企业从业人员年平均人数
Annual Average Number of Employed Personnel of Large-sized Enterprises

单位：人 (person)

行业 Industry	1995	2000	2003	2004	2005	2006	2007
合计 Total	**1650612**	**1647818**	**1282906**	**1427923**	**2025018**	**2485489**	**2971758**
医药制造业 Manufacture of Medicines	**312296**	**377252**	**203297**	**171284**	**226909**	**245163**	**268050**
#化学药品制造 Manufacture of Chemical Medicine	265380	277246	136050	118543	151664	160543	174704
中成药制造 Manufacture of Finished Traditional Chinese Herbal Medicine	34023	82865	51068	42621	62210	66272	78000
生物、生化制品的制造 Manufacture of Biological and Biochemical Chemical Products	10777	14004	9893		5148	7860	5487
航空航天器制造业 Manufacture of Aircrafts and Spacecrafts	**509480**	**398231**	**193441**	**149272**	**200709**	**198751**	**202778**
1.飞机制造及修理 Manufacture and Repairing of Airplanes	418629	347529	185672	142060	193505	191484	195046
2.航天器制造 Manufacture of Spacecrafts	90851	50702	7769	7212	7204	7267	7732
电子及通信设备制造业 Manufacture of Electronic Equipment and Communication Equipment	**586158**	**656419**	**581604**	**694334**	**1014996**	**1268642**	**1525160**
1.通信设备制造 Manufacture of Communication Equipment	110783	136660	130116	155408	243573	300823	407410
#通信传输设备制造 Manufacture of Communication Transmitting Equipment	39867	39755	12620	9971	12801	13789	9515
通信交换设备制造 Manufacture of Communication Exchanging Equipment	18377	42685	39691	47207	64813	76892	104320
通信终端设备制造 Manufacture of Communication Terminal Equipment	30019	24114	15826	21811	35654	33330	32967
2.雷达及配套设备制造 Manufacture of Radar and Its Fittings	60510	34103	11768	5886	14850	18274	18515
3.广播电视设备制造 Manufacture of Broadcasting and TV Equipment	12774	6711			2300		12600
4.电子器件制造 Manufacture of Electronic Appliances	129793	136436	130143	127549	195332	238897	310087
#电子真空器件制造 Manufacture of Electronic Vacuum Appliances	98855	92398	81447	41724	54065	49005	50589
半导体分立器件制造 Manufacture of Semiconductor Discreting Appliances	18144	21838	8643	2029	3343	10109	9027
集成电路制造 Manufacture of Integrate Circuit	12794	22200	22709	48267	61680	84898	112156
5.电子元件制造 Manufacture of Electronic Components	145731	179995	157629	240413	378257	511275	564406
6.家用视听设备制造 Manufacture of Domestic TV Set and Radio Receiver	118182	144635	137394	154915	149092	158255	170491
7.其他电子设备制造 Manufacture of Other Electronic Equipment	8385	17879	14554	10163	31592	41118	41651
电子计算机及办公设备制造业 Manufacture of Computers and Office Equipments	**53259**	**62645**	**268933**	**367801**	**526695**	**690168**	**870275**
1.电子计算机整机制造 Manufacture of Entired Computer	29676	21063	86969	195811	251391	332689	417832
2.电子计算机外部设备制造 Manufacture of Computer Peripheral Equipment	18092	35819	139825	154651	253749	327619	416319
3.办公设备制造 Manufacture of Office Equipment	5491	5763	42139	17339	21555	29860	36124
医疗设备及仪器仪表制造业 Manufacture of Medical Equipments and Measuring Instrument	**189419**	**153271**	**35631**	**45232**	**55709**	**82765**	**105495**
1.医疗设备及器械制造 Manufacture of Medical Equipment and Appliances	14639	18744	5846	2000		2442	12309
2.仪器仪表制造 Manufacture of Measuring Instrument	174780	134527	29785	43232	55709	80323	93186

3-3 中型企业从业人员年平均人数

Annual Average Number of Employed Personnel of Medium-sized Enterprises

单位：人 (person)

行 业 Industry	1995	2000	2003	2004	2005	2006	2007
合计 **Total**	**927357**	**591982**	**2038706**	**2459575**	**2692442**	**2979753**	**3244753**
医药制造业 **Manufacture of Medicines**	**289068**	**202668**	**492593**	**496092**	**509001**	**532688**	**551827**
#化学药品制造 Manufacture of Chemical Medicine	200924	127475	286269	277445	288208	292380	307436
中成药制造 Manufacture of Finished Traditional Chinese Herbal Medicine	79381	59516	116844	157621	146531	153386	139283
生物、生化制品的制造 Manufacture of Biological and Biochemical Chemical Products	4039	12205	29474	23021	29060	29778	41997
航空航天器制造业 **Manufacture of Aircrafts and Spacecrafts**	**72506**	**42943**	**138925**	**113568**	**94899**	**91289**	**94187**
1.飞机制造及修理 Manufacture and Repairing of Airplanes	52998	33014	122489	104287	81497	78661	80765
2.航天器制造 Manufacture of Spacecrafts	19508	9929	16436	9281	13402	12628	13422
电子及通信设备制造业 **Manufacture of Electronic Equipment and Communication Equipment**	**389041**	**240521**	**990807**	**1333503**	**1498850**	**1689531**	**1891036**
1.通信设备制造 Manufacture of Communication Equipment	63318	52394	164530	184324	196037	213067	227586
#通信传输设备制造 Manufacture of Communication Transmitting Equipment	11986	8365	21286	28046	26620	30886	42009
通信交换设备制造 Manufacture of Communication Exchanging Equipment	17525	15124	20759	16658	22104	17231	14318
通信终端设备制造 Manufacture of Communication Terminal Equipment	17648	10546	55688	52214	53697	53612	50772
2.雷达及配套设备制造 Manufacture of Radar and Its Fittings	21985	16182	18450	21752	16959	16622	17895
3.广播电视设备制造 Manufacture of Broadcasting and TV Equipment	5936	3064	15276	35610	35006	48405	41119
4.电子器件制造 Manufacture of Electronic Appliances	69736	30263	166735	248035	288275	324236	371139
#电子真空器件制造 Manufacture of Electronic Vacuum Appliances	10634	2796	32225	34000	38085	35605	34430
半导体分立器件制造 Manufacture of Semiconductor Discreting Appliances	48284	20117	29945	41588	43145	46617	55271
集成电路制造 Manufacture of Integrate Circuit	10818	7350	55179	75574	94687	110632	117876
5.电子元件制造 Manufacture of Electronic Components	135435	98369	419598	594168	639846	733525	884401
6.家用视听设备制造 Manufacture of Domestic TV Set and Radio Receiver	82780	34702	174742	223552	278095	297322	276626
7.其他电子设备制造 Manufacture of Other Electronic Equipment	9851	5547	31476	26062	44632	56354	72270
电子计算机及办公设备制造业 **Manufacture of Computers and Office Equipments**	**26629**	**23731**	**243407**	**306965**	**348028**	**395159**	**405327**
1.电子计算机整机制造 Manufacture of Entired Computer	10816	5345	38609	58485	56900	48946	47521
2.电子计算机外部设备制造 Manufacture of Computer Peripheral Equipment	10810	13036	176262	212830	255594	300481	310048
3.办公设备制造 Manufacture of Office Equipment	5003	5350	28536	35650	35534	45732	47758
医疗设备及仪器仪表制造业 **Manufacture of Medical Equipments and Measuring Instrument**	**150113**	**82119**	**172974**	**209447**	**241664**	**271086**	**302376**
1.医疗设备及器械制造 Manufacture of Medical Equipment and Appliances	25420	20190	30844	50674	54682	66619	70189
2.仪器仪表制造 Manufacture of Measuring Instrument	124693	61929	142130	158773	186982	204467	232187

3-4 国有及国有控股企业从业人员年平均人数

Annual Average Number of Employed Personnel of State-owned and State-controlled Enterprises

单位：人 (person)

行业 Industry	1995	2000	2003	2004	2005	2006	2007
合计 Total	**2591764**	**2063069**	**1572555**	**1305091**	**1369536**	**1183550**	**1197769**
医药制造业 Manufacture of Medicines	**721308**	**608065**	**480846**	**361512**	**363415**	**315237**	**319762**
#化学药品制造 Manufacture of Chemical Medicine	490065	405300	301864	223885	239137	202667	204590
中成药制造 Manufacture of Finished Traditional Chinese Herbal Medicine	75500	163333	108548	102480	92390	81625	79719
生物、生化制品的制造 Manufacture of Biological and Biochemical Chemical Products	25614	27507	27696	17560	16156	14258	19803
航空航天器制造业 Manufacture of Aircrafts and Spacecrafts	**582276**	**452968**	**340527**	**265951**	**295644**	**278679**	**278971**
1.飞机制造及修理 Manufacture and Repairing of Airplanes	470286	391328	314643	249171	274519	258673	259468
2.航天器制造 Manufacture of Spacecrafts	111990	61640	25884	16780	21125	20006	19503
电子及通信设备制造业 Manufacture of Electronic Equipment and Communication Equipment	**819397**	**695338**	**534137**	**452354**	**507389**	**410564**	**418821**
1.通信设备制造 Manufacture of Communication Equipment	170473	166021	140034	122461	120006	85456	87478
#通信传输设备制造 Manufacture of Communication Transmitting Equipment	48836	51167	27001	28343	24380	24679	22320
通信交换设备制造 Manufacture of Communication Exchanging Equipment	27302	44911	32538	36243	42801	17174	21358
通信终端设备制造 Manufacture of Communication Terminal Equipment	32733	29872	24563	16346	16771	15928	16081
2.雷达及配套设备制造 Manufacture of Radar and Its Fittings	85684	49261	35611	30724	36056	37204	35404
3.广播电视设备制造 Manufacture of Broadcasting and TV Equipment	24086	9353	5832	6340	4981	5771	6063
4.电子器件制造 Manufacture of Electronic Appliances	154121	146365	119323	96703	119209	87642	94532
#电子真空器件制造 Manufacture of Electronic Vacuum Appliances	57954	87622	71140	36279	50984	40179	43292
半导体分立器件制造 Manufacture of Semiconductor Discreting Appliances	55103	44639	21751	16487	14837	10811	11531
集成电路制造 Manufacture of Integrate Circuit	15186	14104	12433	11030	9264	8824	8046
5.电子元件制造 Manufacture of Electronic Components	225032	158044	115732	124857	126186	109966	111102
6.家用视听设备制造 Manufacture of Domestic TV Set and Radio Receiver	132777	139927	105722	64121	94773	77976	69272
7.其他电子设备制造 Manufacture of Other Electronic Equipment	27224	26367	11883	7148	6178	6549	14970
电子计算机及办公设备制造业 Manufacture of Computers and Office Equipments	**61978**	**57090**	**59676**	**52101**	**53501**	**41277**	**38837**
1.电子计算机整机制造 Manufacture of Entired Computer	32727	31408	23125	24973	25754	19712	20504
2.电子计算机外部设备制造 Manufacture of Computer Peripheral Equipment	22665	21381	31984	22739	26022	18322	14874
3.办公设备制造 Manufacture of Office Equipment	6586	4301	4567	4389	1725	3243	3459
医疗设备及仪器仪表制造业 Manufacture of Medical Equipments and Measuring Instrument	**406805**	**249608**	**157369**	**173173**	**149587**	**137793**	**141378**
1.医疗设备及器械制造 Manufacture of Medical Equipment and Appliances	58548	38809	19011	25105	17542	16377	19005
2.仪器仪表制造 Manufacture of Measuring Instrument	348257	210799	138358	148068	132045	121416	122373

3-5 三资企业从业人员年平均人数
Annual Average Number of Employed Personnel of Joint Ventures

单位：人 (person)

行业 Industry	1995	2000	2003	2004	2005	2006	2007
合计 **Total**	**707493**	**1202474**	**2114779**	**3133700**	**3694250**	**4350571**	**5099413**
医药制造业 **Manufacture of Medicines**	**108577**	**116040**	**169176**	**197447**	**226236**	**252940**	**274025**
#化学药品制造 Manufacture of Chemical Medicine	62168	63972	87622	92449	125301	135110	147291
中成药制造 Manufacture of Finished Traditional Chinese Herbal Medicine	10586	41094	37835	52555	50956	53816	55380
生物、生化制品的制造 Manufacture of Biological and Biochemical Chemical Products	6051	8900	12055	16553	17663	19201	23728
航空航天器制造业 **Manufacture of Aircrafts and Spacecrafts**	**7913**	**8216**	**9651**	**11550**	**14070**	**16201**	**19108**
1.飞机制造及修理 Manufacture and Repairing of Airplanes	7894	8001	9414	11315	13819	15772	18756
2.航天器制造 Manufacture of Spacecrafts	19	215	237	235	251	429	352
电子及通信设备制造业 **Manufacture of Electronic Equipment and Communication Equipment**	**473803**	**832879**	**1369592**	**2037860**	**2367784**	**2738843**	**3218216**
1.通信设备制造 Manufacture of Communication Equipment	85213	119054	197555	266894	345796	398980	496210
#通信传输设备制造 Manufacture of Communication Transmitting Equipment	1195	13838	15808	23841	26719	28733	38618
通信交换设备制造 Manufacture of Communication Exchanging Equipment	4315	22205	16425	16513	19751	15751	20517
通信终端设备制造 Manufacture of Communication Terminal Equipment	3843	25675	61782	73071	81404	75604	69911
2.雷达及配套设备制造 Manufacture of Radar and Its Fittings	34		267	1737	1722	1265	219
3.广播电视设备制造 Manufacture of Broadcasting and TV Equipment	3455	4104	13365	39984	32809	45030	45972
4.电子器件制造 Manufacture of Electronic Appliances	63198	131747	246754	384796	439942	521001	645232
#电子真空器件制造 Manufacture of Electronic Vacuum Appliances	5642	38917	58923	48825	49503	48154	47660
半导体分立器件制造 Manufacture of Semiconductor Discreting Appliances		39005	39649	46760	41426	55664	64107
集成电路制造 Manufacture of Integrate Circuit	4029	53825	82645	142415	162848	195273	230324
5.电子元件制造 Manufacture of Electronic Components	167111	332338	594686	936212	1077264	1278425	1485217
6.家用视听设备制造 Manufacture of Domestic TV Set and Radio Receiver	127196	181630	257237	355763	383454	391369	410594
7.其他电子设备制造 Manufacture of Other Electronic Equipment	27596	64006	59728	52474	86797	102773	134772
电子计算机及办公设备制造业 **Manufacture of Computers and Office Equipments**	**56215**	**167975**	**457373**	**713181**	**880424**	**1088218**	**1296832**
1.电子计算机整机制造 Manufacture of Entired Computer	11490	30573	104898	238754	290227	353529	444100
2.电子计算机外部设备制造 Manufacture of Computer Peripheral Equipment	32112	96266	301102	413522	526878	654836	764855
3.办公设备制造 Manufacture of Office Equipment	12613	41136	51373	60905	63319	79853	87877
医疗设备及仪器仪表制造业 **Manufacture of Medical Equipments and Measuring Instrument**	**60985**	**77364**	**108987**	**173662**	**205736**	**254369**	**291232**
1.医疗设备及器械制造 Manufacture of Medical Equipment and Appliances	23968	22401	18904	41309	45964	57076	67987
2.仪器仪表制造 Manufacture of Measuring Instrument	37017	54963	90083	132353	159772	197293	223245

3-6 企业从业人员年平均人数

Annual Average Number of Employed Personnel of Enterprises

单位：人 (person)

地 区 Region	1995	2000	2003	2004	2005	2006	2007
全 国 Total	**4484239**	**3899785**	**4772823**	**5868861**	**6633422**	**7444894**	**8429582**
东部地区 Eastern Region	2647878	2551860	3528923	4654111	5333709	6082217	6939677
中部地区 Mid Region	994187	690173	666403	636718	711348	768601	854954
西部地区 Western Region	842174	657752	577497	578032	588365	594076	634951
北 京 Beijing	189221	156145	166694	183860	208827	224309	246244
天 津 Tianjin	134172	138686	156797	174766	176089	188991	199036
河 北 Hebei	122082	99205	108510	105337	111211	111857	118090
山 西 Shanxi	68485	41713	40333	40969	44027	64007	92231
内蒙古 Neimenggu	29354	17205	17219	17959	21598	23140	20767
辽 宁 Liaoning	312884	179598	138915	149329	162618	169334	193370
吉 林 Jilin	123027	78439	66418	65760	59259	60824	66992
黑龙江 Heilongjiang	120178	83455	86895	69133	82350	71424	71767
上 海 Shanghai	318061	212307	284967	356469	389357	427093	502404
江 苏 Jiangsu	492584	392389	596615	834626	1000337	1221713	1487226
浙 江 Zhejiang	211054	220991	295153	369004	429489	517967	582618
安 徽 Anhui	96113	53973	56535	61335	64533	71348	88363
福 建 Fujian	88353	124305	170859	200290	230226	269814	288580
江 西 Jiangxi	129339	95360	99551	93998	109870	127546	138469
山 东 Shandong	182645	171565	236389	292622	356621	393004	459981
河 南 Henan	155123	116114	107465	128237	139235	151067	165431
湖 北 Hubei	161317	129304	122445	95652	121394	128703	133765
湖 南 Hunan	111251	74610	69542	63675	69082	70542	77169
广 东 Guangdong	535540	811332	1323511	1938326	2214553	2500765	2798984
广 西 Guangxi	53937	39094	44251	42886	47455	49407	55327
海 南 Hainan	7345	6243	6262	6596	6926	7963	7817
重 庆 Chongqing		58706	44978	48728	51282	53726	58276
四 川 Sichuan	330247	197771	189987	187222	203812	210458	247461
贵 州 Guizhou	126120	92942	71798	67538	67411	65924	64832
云 南 Yunnan	33613	23264	22852	23241	23326	23964	25432
西 藏 Tibet	193	1191	1909	1241	1085	1550	1355
陕 西 Shaanxi	280640	222396	194582	195959	196330	194315	193806
甘 肃 Gansu	48867	45714	36593	34883	27156	30076	27635
青 海 Qinghai	4626	2831	4043	3678	4528	4617	4998
宁 夏 Ningxia	9251	7815	7476	10727	8565	4739	6078
新 疆 Xinjiang	8617	5122	3279	4815	4870	4707	5078

3-7 医药制造业企业从业人员年平均人数

Annual Average Number of Employed Personnel of Medical and Pharmaceutical Products Manufacturing

单位：人 (person)

地 区	Region	1995	2000	2003	2004	2005	2006	2007
全 国	**Total**	**1157429**	**995641**	**1153951**	**1143815**	**1234389**	**1302750**	**1373407**
东部地区	Eastern Region	592807	528510	624155	630353	676385	714917	751669
中部地区	Mid Region	417461	314017	360953	345338	377947	404351	428034
西部地区	Western Region	147161	153114	168843	168124	180057	183482	193704
北 京	Beijing	29822	30105	34807	34871	37126	38309	41598
天 津	Tianjin	26120	29856	39010	35298	39939	39565	38233
河 北	Hebei	62511	64707	74019	67661	72984	69912	72094
山 西	Shanxi	27387	22393	24734	25352	27117	28079	27146
内 蒙 古	Neimenggu	16056	11951	12819	13599	14513	16496	16066
辽 宁	Liaoning	81352	39793	32424	32741	37739	40157	44549
吉 林	Jilin	67185	44672	43757	41426	43719	47028	49186
黑 龙 江	Heilongjiang	50126	34411	45579	41674	45726	46631	47498
上 海	Shanghai	53970	44470	53044	52082	51574	51554	57007
江 苏	Jiangsu	95562	80818	85535	94591	94311	103699	108490
浙 江	Zhejiang	52530	59665	80999	78750	92161	102141	106916
安 徽	Anhui	39770	26303	27061	26470	29246	31020	40387
福 建	Fujian	19496	16277	18709	17442	17648	22155	19014
江 西	Jiangxi	39229	29260	45174	41241	48267	58852	60450
山 东	Shandong	72095	72767	95514	107311	122872	129405	143871
河 南	Henan	83791	60341	69472	79236	81168	85311	92830
湖 北	Hubei	61087	61565	66801	48915	59124	59712	59844
湖 南	Hunan	32830	23121	25556	27425	29067	31222	34627
广 东	Guangdong	67100	61385	73897	74604	70804	79803	82488
广 西	Guangxi	28183	23885	30943	29251	33260	31739	31284
海 南	Hainan	4066	4782	5254	5751	5967	6478	6125
重 庆	Chongqing		25731	20503	19659	21564	21143	23883
四 川	Sichuan	67745	44382	54617	56784	61260	65998	72088
贵 州	Guizhou	9386	14818	20273	21479	22208	21696	22824
云 南	Yunnan	12588	13624	14210	14310	17391	17127	18642
西 藏	Tibet	193	1191	1909	1241	1085	1550	1355
陕 西	Shaanxi	34642	31597	36273	34469	34681	33618	32743
甘 肃	Gansu	11677	12334	12085	10818	11026	12395	11492
青 海	Qinghai	2377	2274	3241	3038	3865	3940	4295
宁 夏	Ningxia	2064	2664	2670	4283	4726	3809	3920
新 疆	Xinjiang	6489	4499	3062	2043	2251	2206	2462

3-8 航空航天制造业企业从业人员年平均人数

Annual Average Number of Employed Personnel of Aircraft and Spacecraft Manufacturing

单位：人 (person)

地区	Region	1995	2000	2003	2004	2005	2006	2007
全　国	**Total**	**590713**	**456531**	**344182**	**271785**	**304691**	**297826**	**301418**
东部地区	Eastern Region	147220	102992	77469	65703	70347	78960	82371
中部地区	Mid Region	141967	130599	95217	59918	80561	65962	68105
西部地区	Western Region	301526	222940	171496	146164	153783	152904	150942
北　京	Beijing	26267	19507	17196	15689	16665	17627	17863
天　津	Tianjin	1591	960	944	1251	1385	1471	1503
河　北	Hebei	10110	8478	5793	4470	4881	5685	5934
山　西	Shanxi	8489	7307	3616	3547	864	824	828
内蒙古	Neimenggu	2178	1841					
辽　宁	Liaoning	65112	46273	30053	28358	28453	28416	28085
吉　林	Jilin	10748	6781	5058	4123	4212	4029	3807
黑龙江	Heilongjiang	33631	30979	30476	11556	26115	12474	10377
上　海	Shanghai	24865	9023	7128	7107	7620	7408	8097
江　苏	Jiangsu	15001	12935	9649	2193	3488	9031	9809
浙　江	Zhejiang	400			41	61	324	820
安　徽	Anhui	5748	4609	4440	4374	4313	4335	4446
福　建	Fujian	399	1723	2087	2212	3124	4210	4794
江　西	Jiangxi	30130	29192	18243	13080	15831	13151	12745
山　东	Shandong	1053	973	1058	1238	1234	1223	1543
河　南	Henan	13861	19310	9336	9556	10703	13405	15217
湖　北	Hubei	17395	10274	11556	9121	11471	11903	13669
湖　南	Hunan	19787	20306	12492	4561	7052	5841	7016
广　东	Guangdong	1407	2176	2678	3144	3436	3549	3923
广　西	Guangxi	1015	944	883			16	
海　南	Hainan							
重　庆	Chongqing			807	557	556	527	522
四　川	Sichuan	79668	50797	38456	29689	34196	32437	33526
贵　州	Guizhou	78419	59099	34938	31477	31345	31753	31197
云　南	Yunnan	3107	132					
西　藏	Tibet							
陕　西	Shaanxi	129796	105459	90780	78497	83713	84258	81824
甘　肃	Gansu	10536	7453	6515	5944	3973	3929	3873
青　海	Qinghai							
宁　夏	Ningxia							
新　疆	Xinjiang							

3-9 电子及通信设备制造业企业从业人员年平均人数

Annual Average Number of Employed Personnel of Electronic and Telecommunication Equipments Manufacturing

单位：人　　　　(person)

地区	Region	1995	2000	2003	2004	2005	2006	2007
全　国	**Total**	**1815230**	**1737523**	**2227398**	**3041097**	**3466681**	**3933366**	**4554095**
东部地区	Eastern Region	1316783	1404724	1940728	2737403	3141889	3566698	4111256
中部地区	Mid Region	243980	140278	125598	128772	144768	180326	229136
西部地区	Western Region	254467	192521	161072	174922	180024	186342	213703
北　京	Beijing	80874	65921	67163	78111	96417	107650	127026
天　津	Tianjin	69021	80213	89155	111124	112594	125835	137954
河　北	Hebei	29062	17005	18138	21158	20866	22823	25572
山　西	Shanxi	14928	5120	5140	4341	4077	23643	54475
内蒙古	Neimenggu	8127	2963	4157	4006	6698	6314	4378
辽　宁	Liaoning	95225	58762	49225	52803	58875	59766	75160
吉　林	Jilin	22067	17274	10308	11418	6799	6065	9024
黑龙江	Heilongjiang	13296	6562	5088	3815	2301	3766	3868
上　海	Shanghai	141426	101349	145173	180410	206924	217918	248855
江　苏	Jiangsu	264254	200920	320006	452020	546334	673737	867324
浙　江	Zhejiang	95444	107472	152142	203889	224051	268036	308255
安　徽	Anhui	30157	15577	16068	21342	21442	25392	30817
福　建	Fujian	55143	80875	111414	131474	155325	170019	180353
江　西	Jiangxi	37696	21139	23449	20119	27484	35005	40638
山　东	Shandong	65088	64254	88502	128500	162962	185273	226647
河　南	Henan	31097	22453	18395	17406	23725	24409	24148
湖　北	Hubei	48269	29613	23377	23965	31351	35231	39294
湖　南	Hunan	38343	19577	19616	22360	20891	20501	22494
广　东	Guangdong	399461	616228	891101	1368546	1547646	1723309	1895320
广　西	Guangxi	18630	10360	7794	8604	9031	10862	17098
海　南	Hainan	3155	1365	915	764	864	1470	1692
重　庆	Chongqing		8827	4984	5082	5918	8718	11065
四　川	Sichuan	125457	87800	82602	85757	94356	98691	122131
贵　州	Guizhou	27176	14558	11772	10026	8505	8686	8311
云　南	Yunnan	3974	1408	768	1269	1133	1796	1715
西　藏	Tibet							
陕　西	Shaanxi	76227	60487	50301	57429	58362	55486	58216
甘　肃	Gansu	16744	18371	9771	12243	8652	10645	9973
青　海	Qinghai	1745	557	34				
宁　夏	Ningxia	1292		728	799	797	84	
新　疆	Xinjiang	1852	513	112	2317	2301	2236	2292

3-10 电子计算机及办公设备制造业企业从业人员年平均人数

Annual Average Number of Employed Personnel of Computers and Office Equipments Manufacturing

单位：人 (person)

地区	Region	1995	2000	2003	2004	2005	2006	2007
全国	**Total**	**141771**	**238793**	**594252**	**827652**	**1011417**	**1215585**	**1429836**
东部地区	Eastern Region	115070	223040	568181	803279	981005	1186470	1394654
中部地区	Mid Region	17917	7661	17364	15394	22202	24755	27698
西部地区	Western Region	8784	8092	8707	8979	8210	4360	7484
北京	Beijing	12045	17077	17366	23260	21633	24125	18823
天津	Tianjin	6104	7112	10236	14034	9520	9090	8091
河北	Hebei	1363	48	487	794	1090	1301	1648
山西	Shanxi	7717	486	4093	4856	6073	5997	3708
内蒙古	Neimenggu	784	98	93	289	387	330	323
辽宁	Liaoning	12220	17877	12801	16228	18391	18791	22039
吉林	Jilin	111	147	193	318	820	988	1139
黑龙江	Heilongjiang	3122	3278	2966	1533	1307	1368	1570
上海	Shanghai	6846	16529	41220	63463	73271	95735	126534
江苏	Jiangsu	13839	28752	114830	209184	277797	339582	388301
浙江	Zhejiang	4576	1812	6538	13235	23211	34687	44746
安徽	Anhui	1447	757	1245	1081	1114	1194	2421
福建	Fujian	5471	19401	28603	39016	41607	58032	67487
江西	Jiangxi	1203	40	143	1835	2529	3594	6248
山东	Shandong	6658	8217	25226	21729	26443	27878	29415
河南	Henan	235	130	478	102	1302	1227	2712
湖北	Hubei	299	1760	5673	3973	5706	7292	7182
湖南	Hunan	2999	965	2480	1407	2964	2765	2395
广东	Guangdong	43562	104398	309794	401076	487862	575399	685987
广西	Guangxi	2360	1817	1012	1260	180	1850	1583
海南	Hainan	26		68				
重庆	Chongqing		2274	2010	1934	1740	1637	1497
四川	Sichuan	4706	4230	3890	4150	4069	1683	5448
贵州	Guizhou	2316	96	1350	1375	1673	477	
云南	Yunnan	898	1069	1306	592	469	480	510
西藏	Tibet							
陕西	Shaanxi	842	423	151	928	259	83	29
甘肃	Gansu							
青海	Qinghai							
宁夏	Ningxia							
新疆	Xinjiang	22						

3-11 医疗设备及仪器仪表制造业企业从业人员年平均人数

Annual Average Number of Employed Personnel of Medical Treatment Instrument and Meter Manufacturing

单位：人 (person)

地 区	Region	1995	2000	2003	2004	2005	2006	2007
全 国	**Total**	**779096**	**471297**	**453040**	**584512**	**616244**	**695367**	**770826**
东部地区	Eastern Region	475998	292594	318390	417373	464083	535172	599727
中部地区	Mid Region	172862	97618	67271	87296	85870	93207	101981
西部地区	Western Region	130236	81085	67379	79843	66291	66988	69118
北 京	Beijing	40213	23535	30162	31929	36986	36598	40934
天 津	Tianjin	31336	20545	17452	13059	12651	13030	13255
河 北	Hebei	19036	8967	10073	11254	11390	12136	12842
山 西	Shanxi	9964	6407	2750	2873	5896	5464	6074
内蒙古	Neimenggu	2209	352	150	65			
辽 宁	Liaoning	58975	16893	14412	19199	19160	22204	23537
吉 林	Jilin	22916	9565	7102	8475	3709	2714	3836
黑龙江	Heilongjiang	20003	8225	2786	10555	6901	7185	8454
上 海	Shanghai	90954	40936	38402	53407	49968	54478	61911
江 苏	Jiangsu	103928	68964	66595	76638	78407	95664	113302
浙 江	Zhejiang	58104	52042	55474	73089	90005	112779	121881
安 徽	Anhui	18991	6727	7721	8068	8418	9407	10292
福 建	Fujian	7844	6029	10046	10146	12522	15398	16932
江 西	Jiangxi	21081	15729	12542	17723	15759	16944	18388
山 东	Shandong	37751	25354	26089	33844	43110	49225	58505
河 南	Henan	26139	13880	9784	21937	22337	26715	30524
湖 北	Hubei	34267	26092	15038	9678	13742	14565	13776
湖 南	Hunan	17292	10641	9398	7922	9108	10213	10637
广 东	Guangdong	24010	27145	46041	90956	104805	118705	131266
广 西	Guangxi	3749	2088	3619	3771	4984	4940	5362
海 南	Hainan	98	96	25	81	95	15	
重 庆	Chongqing		21874	16674	21496	21504	21701	21309
四 川	Sichuan	52671	10562	10422	10842	9931	11649	14268
贵 州	Guizhou	8823	4371	3465	3181	3680	3312	2500
云 南	Yunnan	13046	7031	6568	7070	4333	4561	4565
西 藏	Tibet							
陕 西	Shaanxi	39133	24430	17077	24636	19315	20870	20994
甘 肃	Gansu	9910	7556	8222	5878	3505	3107	2297
青 海	Qinghai	504		768	640	663	677	703
宁 夏	Ningxia	5895	5151	4078	5645	3042	846	2158
新 疆	Xinjiang	254	110	105	455	318	265	324

固定资产投资情况
Indicators of Investment in Fixed Assets

4-1 高技术产业固定资产投资基本情况
Fixed Investment in High Technology Industry

指 标 Indicator	1996	2000	2002	2003	2004	2005	2006	2007
施工项目个数（个） Projects under Construction (unit)	2507	2734	4165	6436	6334	7095	7507	7789
#新开工项目个数 Of which:Started This Year	1182	1640	2498	3005	3718	4460	4435	4541
全部建成或投产项目个数（个） Projects Completed or Put into Use (unit)	1186	1282	1488	2420	2554	3158	3227	3399
项目建成投产率（%） Rate of Projects Completed or Put into Use (%)	47.31	46.89	35.73	37.60	40.32	44.51	42.99	43.64
投资额（亿元） Investment(100 million yuan)	306.60	562.95	986.78	1423.13	1790.49	2144.00	2761.02	3388.35
新增固定资产（亿元） Newly Increased Fixed Assets(100 million yuan)	238.89	421.02	620.27	939.43	1196.76	1464.00	1898.28	2071.33
固定资产交付使用率(%) Rate of Fixed Assets Put into Use (%)	77.92	74.79	62.86	66.01	66.84	68.28	68.75	61.13

注：1996年固定资产投资的统计起点为5万元，1997年起改为50万元，下同。

4-2 制造业固定资产投资基本情况
Fixed Investment in Manufacturing

指 标 Indicator	1996	2000	2002	2003	2004	2005	2006	2007
施工项目个数（个） Projects under Construction (unit)	33975	28463	36522	66598	72293	90627	106930	126112
#新开工项目个数 Of which:Started This Year	19639	19566	25728	50398	52269	67686	77750	89590
全部建成或投产项目个数（个） Projects Completed or Put into Use (unit)	19674	16803	18813	33701	36043	49335	58914	69040
项目建成投产率（%） Rate of Projects Completed or Put into Use (%)	57.91	59.03	51.51	50.60	49.90	54.44	55.10	54.74
投资额（亿元） Investment(100 million yuan)	3524.23	3279.26	5621.60	10744.00	14657.20	20406.58	26336.05	35476.72
新增固定资产（亿元） Newly Increased Fixed Assets(100 million yuan)	2874.70	2689.27	3686.18	6646.90	9024.10	13276.49	17627.98	21654.59
固定资产交付使用率(%) Rate of Fixed Assets Put into Use (%)	81.6	82.0	65.6	61.9	61.6	65.1	66.9	61.0

4-3 施工项目

Projects under Construction

单位：个 (unit)

行　业 Industry	1996	2000	2003	2004	2005	2006	2007
合计 **Total**	**2507**	**2734**	**6436**	**6334**	**7095**	**7507**	**7789**
医药制造业 **Manufacture of Medicines**	**1041**	**1261**	**3171**	**3219**	**3201**	**3291**	**3183**
#化学药品制造 Manufacture of Chemical Medicine	646	727	1347	1234	1185	1222	1106
中成药制造 Manufacture of Finished Traditional Chinese Herbal Medicine	300	374	709	802	718	662	659
生物、生化制品的制造 Manufacture of Biological and Biochemical Chemical Products	67	120	305	346	405	503	509
航空航天器制造业 **Manufacture of Aircrafts and Spacecrafts**	**370**	**331**	**292**	**275**	**181**	**231**	**247**
#飞机制造及修理 Manufacture and Repairing of Airplanes	251	274	260	245	159	196	218
电子及通信设备制造业 **Manufacture of Electronic Equipment and Communication Equipment**	**688**	**826**	**2018**	**1913**	**2524**	**2715**	**2890**
1.通信设备制造 Manufacture of Communication Equipment	122	159	358	266	394	398	367
#通信传输设备制造 Manufacture of Communication Transmitting Equipment	35	60	100	57	96	91	74
通信交换设备制造 Manufacture of Communication Exchanging Equipment	33	31	40	29	46	45	39
通信终端设备制造 Manufacture of Communication Terminal Equipment	22	36	45	34	49	43	54
2.广播电视设备制造 Manufacture of Broadcasting and TV Equipment	15	19	28	36	57	52	68
3.电子器件制造 Manufacture of Electronic Appliances	133	153	348	348	474	547	612
#电子真空器件制造 Manufacture of Electronic Vacuum Appliances	64	49	78	60	63	72	80
半导体分立器件制造 Manufacture of Semiconductor Discreting Appliances	44	57	59	52	54	90	96
集成电路制造 Manufacture of Integrate Circuit	25	47	93	104	139	147	166
4.电子元件制造 Manufacture of Electronic Components	246	291	882	824	1059	1155	1244
5.家用视听设备制造 Manufacture of Domestic TV Set and Radio Receiver	96	92	143	137	174	164	159
6.其他电子设备制造 Manufacture of Other Electronic Equipment	76	112	259	302	366	399	440
电子计算机及办公设备制造业 **Manufacture of Computers and Office Equipments**	**68**	**72**	**307**	**258**	**298**	**298**	**324**
1.电子计算机整机制造 Manufacture of Entired Computer	24	35	105	69	66	59	65
2.电子计算机外部设备制造 Manufacture of Computer Peripheral Equipment	33	32	158	160	184	189	218
3.办公设备制造 Manufacture of Office Equipment	11	5	44	29	48	50	41
医疗设备及仪器仪表制造业 **Manufacture of Medical Equipments and Measuring Instrument**	**340**	**244**	**648**	**669**	**891**	**972**	**1145**
1.医疗设备及器械制造 Manufacture of Medical Equipment and Appliances	68	72	163	178	238	287	328
2.仪器仪表制造 Manufacture of Measuring Instrument	272	172	485	491	653	685	817

4-4 新开工项目

Newly Started from Current Year in Construction

单位：个 (unit)

行业 Industry	1996	2000	2003	2004	2005	2006	2007
合计 Total	**1182**	**1640**	**3005**	**3718**	**4460**	**4435**	**4541**
医药制造业 Manufacture of Medicines	**559**	**774**	**1666**	**1888**	**1983**	**1926**	**1904**
#化学药品制造 Manufacture of Chemical Medicine	363	450	715	699	720	652	640
中成药制造 Manufacture of Finished Traditional Chinese Herbal Medicine	152	237	401	468	446	406	398
生物、生化制品的制造 Manufacture of Biological and Biochemical Chemical Products	25	65	140	207	245	275	292
航空航天器制造业 Manufacture of Aircrafts and Spacecrafts	**144**	**196**	**85**	**96**	**68**	**102**	**111**
#飞机制造及修理 Manufacture and Repairing of Airplanes	91	160	71	85	61	91	98
电子及通信设备制造业 Manufacture of Electronic Equipment and Communication Equipment	**287**	**481**	**865**	**1180**	**1632**	**1595**	**1667**
1.通信设备制造 Manufacture of Communication Equipment	39	90	163	158	251	220	189
#通信传输设备制造 Manufacture of Communication Transmitting Equipment	10	33	66	43	51	48	33
通信交换设备制造 Manufacture of Communication Exchanging Equipment	8	15	15	15	31	23	19
通信终端设备制造 Manufacture of Communication Terminal Equipment	11	21	14	20	35	27	31
2.广播电视设备制造 Manufacture of Broadcasting and TV Equipment	8	13	16	23	40	30	47
3.电子器件制造 Manufacture of Electronic Appliances	47	73	169	175	284	314	312
#电子真空器件制造 Manufacture of Electronic Vacuum Appliances	22	27	41	25	36	47	52
半导体分立器件制造 Manufacture of Semiconductor Discreting Appliances	14	23	21	21	28	55	45
集成电路制造 Manufacture of Integrate Circuit	11	23	42	58	69	61	69
4.电子元件制造 Manufacture of Electronic Components	116	185	360	536	722	707	775
5.家用视听设备制造 Manufacture of Domestic TV Set and Radio Receiver	45	54	52	82	104	78	91
6.其他电子设备制造 Manufacture of Other Electronic Equipment	32	66	105	206	231	246	253
电子计算机及办公设备制造业 Manufacture of Computers and Office Equipments	**32**	**34**	**123**	**142**	**164**	**173**	**173**
1.电子计算机整机制造 Manufacture of Entired Computer	8	16	46	37	34	29	33
2.电子计算机外部设备制造 Manufacture of Computer Peripheral Equipment	20	15	61	90	97	116	118
3.办公设备制造 Manufacture of Office Equipment	4	3	16	15	33	28	22
医疗设备及仪器仪表制造业 Manufacture of Medical Equipments and Measuring Instrument	**160**	**155**	**266**	**412**	**613**	**639**	**686**
1.医疗设备及器械制造 Manufacture of Medical Equipment and Appliances	31	42	79	107	165	182	190
2.仪器仪表制造 Manufacture of Measuring Instrument	129	113	187	305	448	457	496

4-5 建成或投产项目

Projects Completed and Put into Use

单位：个 (unit)

行业 Industry	1996	2000	2003	2004	2005	2006	2007
合计 Total	**1186**	**1282**	**2420**	**2554**	**3158**	**3227**	**3399**
医药制造业 Manufacture of Medicines	**535**	**602**	**1217**	**1386**	**1457**	**1460**	**1454**
#化学药品制造 Manufacture of Chemical Medicine	348	369	539	544	546	495	464
中成药制造 Manufacture of Finished Traditional Chinese Herbal Medicine	145	173	263	385	356	307	323
生物、生化制品的制造 Manufacture of Biological and Biochemical Chemical Products	24	38	97	110	132	212	219
航空航天器制造业 Manufacture of Aircrafts and Spacecrafts	**109**	**168**	**74**	**111**	**73**	**82**	**94**
#飞机制造及修理 Manufacture and Repairing of Airplanes	61	155	64	99	64	64	87
电子及通信设备制造业 Manufacture of Electronic Equipment and Communication Equipment	**327**	**374**	**744**	**707**	**1111**	**1134**	**1188**
1.通信设备制造 Manufacture of Communication Equipment	51	64	153	106	166	162	145
#通信传输设备制造 Manufacture of Communication Transmitting Equipment	14	20	68	25	37	40	41
通信交换设备制造 Manufacture of Communication Exchanging Equipment	13	13	16	9	16	16	16
通信终端设备制造 Manufacture of Communication Terminal Equipment	8	19	15	12	26	18	11
2.广播电视设备制造 Manufacture of Broadcasting and TV Equipment	8	11	15	15	21	22	33
3.电子器件制造 Manufacture of Electronic Appliances	67	65	117	117	195	216	221
#电子真空器件制造 Manufacture of Electronic Vacuum Appliances	34	23	24	21	24	34	36
半导体分立器件制造 Manufacture of Semiconductor Discreting Appliances	21	27	19	20	25	43	36
集成电路制造 Manufacture of Integrate Circuit	12	15	27	34	47	47	59
4.电子元件制造 Manufacture of Electronic Components	125	139	368	328	502	529	562
5.家用视听设备制造 Manufacture of Domestic TV Set and Radio Receiver	43	45	34	45	64	61	57
6.其他电子设备制造 Manufacture of Other Electronic Equipment	33	50	57	96	163	144	170
电子计算机及办公设备制造业 Manufacture of Computers and Office Equipments	**42**	**32**	**107**	**89**	**118**	**125**	**121**
1.电子计算机整机制造 Manufacture of Entired Computer	15	12	40	24	25	25	30
2.电子计算机外部设备制造 Manufacture of Computer Peripheral Equipment	23	18	52	56	68	76	72
3.办公设备制造 Manufacture of Office Equipment	4	2	15	9	25	24	19
医疗设备及仪器仪表制造业 Manufacture of Medical Equipments and Measuring Instrument	**173**	**106**	**278**	**261**	**399**	**426**	**542**
1.医疗设备及器械制造 Manufacture of Medical Equipment and Appliances	30	27	63	76	109	122	158
2.仪器仪表制造 Manufacture of Measuring Instrument	143	79	215	185	290	304	384

4-6 项目建成投产率

Rate of Projects Completed and Put into Use

单位：% (%)

行 业 Industry	1996	2000	2003	2004	2005	2006	2007
合计 **Total**	**47.31**	**46.89**	**37.60**	**40.32**	**44.51**	**42.99**	**43.64**
医药制造业 **Manufacture of Medicines**	**51.39**	**47.74**	**38.38**	**43.06**	**45.52**	**44.36**	**45.68**
#化学药品制造 Manufacture of Chemical Medicine	53.87	50.76	40.01	44.08	46.08	40.51	41.95
中成药制造 Manufacture of Finished Traditional Chinese Herbal Medicine	48.33	46.26	37.09	48.00	49.58	46.37	49.01
生物、生化制品的制造 Manufacture of Biological and Biochemical Chemical Products	35.82	31.67	31.80	31.79	32.59	42.15	43.03
航空航天器制造业 **Manufacture of Aircrafts and Spacecrafts**	**29.46**	**50.76**	**25.34**	**40.36**	**40.33**	**35.50**	**38.06**
#飞机制造及修理 Manufacture and Repairing of Airplanes	24.30	56.57	24.62	40.41	40.25	32.65	39.91
电子及通信设备制造业 **Manufacture of Electronic Equipment and Communication Equipment**	**47.53**	**45.28**	**36.87**	**36.96**	**44.02**	**41.77**	**41.11**
1.通信设备制造 Manufacture of Communication Equipment	41.80	40.25	42.74	39.85	42.13	40.70	39.51
#通信传输设备制造 Manufacture of Communication Transmitting Equipment	40.00	33.33	68.00	43.86	38.54	43.96	55.41
通信交换设备制造 Manufacture of Communication Exchanging Equipment	39.39	41.94	40.00	31.03	34.78	35.56	41.03
通信终端设备制造 Manufacture of Communication Terminal Equipment	36.36	52.78	33.33	35.29	53.06	41.86	20.37
2.广播电视设备制造 Manufacture of Broadcasting and TV Equipment	53.33	57.89	53.57	41.67	36.84	42.31	48.53
3.电子器件制造 Manufacture of Electronic Appliances	50.38	42.48	33.62	33.62	41.14	39.49	36.11
#电子真空器件制造 Manufacture of Electronic Vacuum Appliances	53.13	46.94	30.77	35.00	38.10	47.22	45.00
半导体分立器件制造 Manufacture of Semiconductor Discreting Appliances	47.73	47.37	32.20	38.46	46.30	47.78	37.50
集成电路制造 Manufacture of Integrate Circuit	48.00	31.91	29.03	32.69	33.81	31.97	35.54
4.电子元件制造 Manufacture of Electronic Components	50.81	47.77	41.72	39.81	47.40	45.80	45.18
5.家用视听设备制造 Manufacture of Domestic TV Set and Radio Receiver	44.79	48.91	23.78	32.85	36.78	37.20	35.85
6.其他电子设备制造 Manufacture of Other Electronic Equipment	43.42	44.64	22.01	31.79	44.54	36.09	38.64
电子计算机及办公设备制造业 **Manufacture of Computers and Office Equipments**	**61.76**	**44.44**	**34.85**	**34.50**	**39.60**	**41.95**	**37.35**
1.电子计算机整机制造 Manufacture of Entired Computer	62.50	34.29	38.10	34.78	37.88	42.37	46.15
2.电子计算机外部设备制造 Manufacture of Computer Peripheral Equipment	69.70	56.25	32.91	35.00	36.96	40.21	33.03
3.办公设备制造 Manufacture of Office Equipment	36.36	40.00	34.09	31.03	52.08	48.00	46.34
医疗设备及仪器仪表制造业 **Manufacture of Medical Equipments and Measuring Instrument**	**50.88**	**43.44**	**42.90**	**39.01**	**44.78**	**43.83**	**47.34**
1.医疗设备及器械制造 Manufacture of Medical Equipment and Appliances	44.12	37.50	38.65	42.70	45.80	42.51	48.17
2.仪器仪表制造 Manufacture of Measuring Instrument	52.57	45.93	44.33	37.68	44.41	44.38	47.00

4-7 投资额
Investment

单位：亿元 (100 million yuan)

行业 Industry	1996	2000	2003	2004	2005	2006	2007
合计 **Total**	**306.60**	**562.95**	**1423.13**	**1790.49**	**2144.09**	**2761.02**	**3388.35**
医药制造业 **Manufacture of Medicines**	**74.05**	**133.62**	**501.45**	**594.45**	**696.05**	**759.92**	**843.49**
#化学药品制造 Manufacture of Chemical Medicine	51.47	81.50	228.12	258.76	289.30	291.01	326.57
中成药制造 Manufacture of Finished Traditional Chinese Herbal Medicine	13.86	27.40	106.82	137.18	140.52	139.31	160.89
生物、生化制品的制造 Manufacture of Biological and Biochemical Chemical Products	7.89	20.74	50.97	84.88	116.50	170.59	153.25
航空航天器制造业 **Manufacture of Aircrafts and Spacecrafts**	**35.92**	**43.23**	**60.79**	**52.45**	**69.99**	**80.39**	**126.56**
#飞机制造及修理 Manufacture and Repairing of Airplanes	25.05	31.70	50.99	47.61	64.20	70.37	112.47
电子及通信设备制造业 **Manufacture of Electronic Equipment and Communication Equipment**	**172.24**	**335.98**	**672.18**	**903.90**	**1062.99**	**1522.37**	**1880.51**
1.通信设备制造 Manufacture of Communication Equipment	39.52	55.36	83.94	90.76	139.89	200.50	238.50
#通信传输设备制造 Manufacture of Communication Transmitting Equipment	8.50	24.74	16.41	13.33	19.13	33.34	29.40
通信交换设备制造 Manufacture of Communication Exchanging Equipment	4.65	10.30	17.17	12.44	13.83	30.99	22.09
通信终端设备制造 Manufacture of Communication Terminal Equipment	2.69	8.37	8.48	8.74	16.02	19.06	30.47
2.广播电视设备制造 Manufacture of Broadcasting and TV Equipment	0.31	2.06	3.29	9.70	9.96	11.28	17.70
3.电子器件制造 Manufacture of Electronic Appliances	70.92	159.65	258.59	450.20	399.08	615.41	871.62
#电子真空器件制造 Manufacture of Electronic Vacuum Appliances	41.49	67.89	45.17	45.39	17.48	17.82	22.21
半导体分立器件制造 Manufacture of Semiconductor Discreting Appliances	3.45	10.11	31.01	63.50	56.18	68.73	76.10
集成电路制造 Manufacture of Integrate Circuit	25.98	81.65	142.06	208.92	195.44	348.29	474.75
4.电子元件制造 Manufacture of Electronic Components	34.71	70.93	225.18	250.61	345.87	493.48	526.01
5.家用视听设备制造 Manufacture of Domestic TV Set and Radio Receiver	18.82	32.25	52.50	41.40	70.19	78.72	78.39
6.其他电子设备制造 Manufacture of Other Electronic Equipment	7.96	15.73	48.68	61.22	98.00	122.98	148.28
电子计算机及办公设备制造业 **Manufacture of Computers and Office Equipments**	**8.44**	**26.17**	**109.61**	**129.81**	**168.14**	**188.02**	**236.45**
1.电子计算机整机制造 Manufacture of Entired Computer	3.84	12.41	28.29	30.47	49.66	41.77	76.66
2.电子计算机外部设备制造 Manufacture of Computer Peripheral Equipment	3.35	13.51	68.81	86.78	102.91	121.43	136.68
3.办公设备制造 Manufacture of Office Equipment	1.26	0.25	12.50	12.56	15.57	24.82	23.11
医疗设备及仪器仪表制造业 **Manufacture of Medical Equipments and Measuring Instrument**	**15.96**	**23.95**	**79.09**	**109.89**	**146.92**	**210.32**	**301.34**
1.医疗设备及器械制造 Manufacture of Medical Equipment and Appliances	4.08	8.90	16.41	25.47	38.83	62.72	93.97
2.仪器仪表制造 Manufacture of Measuring Instrument	11.88	15.05	62.68	84.41	108.09	147.61	207.37

4-8 新增固定资产
Newly Increased Fixed Assets

单位：亿元 (100 million yuan)

行业 Industry	1996	2000	2003	2004	2005	2006	2007
合计 Total	**238.89**	**421.02**	**939.43**	**1196.76**	**1463.88**	**1898.28**	**2071.33**
医药制造业 Manufacture of Medicines	**55.95**	**105.05**	**305.94**	**390.64**	**442.20**	**489.93**	**528.88**
#化学药品制造 Manufacture of Chemical Medicine	40.40	65.94	143.37	171.66	188.69	185.26	208.13
中成药制造 Manufacture of Finished Traditional Chinese Herbal Medicine	11.47	19.32	65.65	93.64	96.50	98.94	113.23
生物、生化制品的制造 Manufacture of Biological and Biochemical Chemical Products	3.19	16.21	30.50	51.67	55.68	103.42	81.55
航空航天器制造业 Manufacture of Aircrafts and Spacecrafts	**31.85**	**34.44**	**54.28**	**49.17**	**43.73**	**38.62**	**54.93**
#飞机制造及修理 Manufacture and Repairing of Airplanes	24.91	29.01	48.04	46.67	40.09	32.90	51.04
电子及通信设备制造业 Manufacture of Electronic Equipment and Communication Equipment	**132.21**	**239.78**	**454.85**	**596.82**	**742.71**	**1123.32**	**1179.07**
1.通信设备制造 Manufacture of Communication Equipment	19.99	45.83	51.83	63.01	73.54	120.93	127.92
#通信传输设备制造 Manufacture of Communication Transmitting Equipment	7.42	18.25	11.21	8.93	7.86	25.31	23.59
通信交换设备制造 Manufacture of Communication Exchanging Equipment	4.21	9.25	8.95	6.12	6.70	8.14	3.72
通信终端设备制造 Manufacture of Communication Terminal Equipment	0.96	7.94	5.49	5.39	10.92	11.74	7.08
2.广播电视设备制造 Manufacture of Broadcasting and TV Equipment	0.64	2.06	1.46	3.62	10.06	6.93	12.96
3.电子器件制造 Manufacture of Electronic Appliances	64.25	99.07	150.59	287.51	304.49	498.37	603.68
#电子真空器件制造 Manufacture of Electronic Vacuum Appliances	43.67	45.46	22.09	13.36	12.09	14.76	15.32
半导体分立器件制造 Manufacture of Semiconductor Discreting Appliances	4.92	9.40	14.99	20.56	19.59	85.43	74.35
集成电路制造 Manufacture of Integrate Circuit	15.66	44.21	88.21	228.84	129.03	297.80	332.14
4.电子元件制造 Manufacture of Electronic Components	28.48	52.12	181.17	179.07	240.71	363.83	291.44
5.家用视听设备制造 Manufacture of Domestic TV Set and Radio Receiver	11.68	28.42	46.25	28.54	40.98	57.43	48.55
6.其他电子设备制造 Manufacture of Other Electronic Equipment	7.18	12.29	23.56	35.06	72.94	75.82	94.52
电子计算机及办公设备制造业 Manufacture of Computers and Office Equipments	**5.03**	**22.81**	**70.97**	**92.22**	**140.51**	**127.85**	**119.19**
1.电子计算机整机制造 Manufacture of Entired Computer	1.68	9.43	15.04	21.47	33.44	29.71	30.20
2.电子计算机外部设备制造 Manufacture of Computer Peripheral Equipment	2.45	13.25	48.54	62.50	92.44	77.66	72.51
3.办公设备制造 Manufacture of Office Equipment	0.90	0.13	7.39	8.26	14.62	20.48	16.47
医疗设备及仪器仪表制造业 Manufacture of Medical Equipments and Measuring Instrument	**13.86**	**18.94**	**53.39**	**67.91**	**94.73**	**118.56**	**189.27**
1.医疗设备及器械制造 Manufacture of Medical Equipment and Appliances	3.76	8.54	8.49	14.00	25.39	37.93	69.70
2.仪器仪表制造 Manufacture of Measuring Instrument	10.10	10.40	44.90	53.92	69.34	80.63	119.57

4-9 固定资产交付使用率

Rate of Fixed Assets Put into Use

单位：% (%)

行　业 Industry	1996	2000	2003	2004	2005	2006	2007
合计 **Total**	**77.92**	**74.79**	**66.01**	**66.84**	**68.28**	**68.75**	**61.13**
医药制造业 **Manufacture of Medicines**	**75.56**	**78.62**	**61.01**	**65.71**	**63.53**	**64.47**	**62.70**
#化学药品制造 Manufacture of Chemical Medicine	78.49	80.90	62.85	66.34	65.22	63.66	63.73
中成药制造 Manufacture of Finished Traditional Chinese Herbal Medicine	82.75	70.50	61.46	68.26	68.67	71.02	70.38
生物、生化制品的制造 Manufacture of Biological and Biochemical Chemical Products	40.45	78.14	59.84	60.87	47.79	60.62	53.21
航空航天器制造业 **Manufacture of Aircrafts and Spacecrafts**	**88.66**	**79.67**	**89.29**	**93.75**	**62.48**	**48.04**	**43.40**
#飞机制造及修理 Manufacture and Repairing of Airplanes	99.44	91.51	94.21	98.03	62.45	46.75	45.38
电子及通信设备制造业 **Manufacture of Electronic Equipment and Communication Equipment**	**76.76**	**71.37**	**67.67**	**66.03**	**69.87**	**73.79**	**62.70**
1.通信设备制造 Manufacture of Communication Equipment	50.59	82.78	61.75	69.42	52.57	60.31	53.64
#通信传输设备制造 Manufacture of Communication Transmitting Equipment	87.31	73.78	68.31	66.99	41.09	75.91	80.24
通信交换设备制造 Manufacture of Communication Exchanging Equipment	90.60	89.86	52.13	49.20	48.45	26.27	16.84
通信终端设备制造 Manufacture of Communication Terminal Equipment	35.54	94.90	64.74	61.67	68.16	61.59	23.24
2.广播电视设备制造 Manufacture of Broadcasting and TV Equipment	208.23	100.00	44.38	37.32	101.00	61.44	73.22
3.电子器件制造 Manufacture of Electronic Appliances	90.59	62.06	58.24	63.86	76.30	80.98	69.26
#电子真空器件制造 Manufacture of Electronic Vacuum Appliances	105.25	66.96	48.90	29.43	69.16	82.83	68.98
半导体分立器件制造 Manufacture of Semiconductor Discreting Appliances	142.70	93.00	48.34	32.38	34.87	124.30	97.70
集成电路制造 Manufacture of Integrate Circuit	60.28	54.15	62.09	109.53	66.02	85.50	69.96
4.电子元件制造 Manufacture of Electronic Components	82.04	73.47	80.46	71.45	69.60	73.73	55.41
5.家用视听设备制造 Manufacture of Domestic TV Set and Radio Receiver	62.06	88.12	88.10	68.94	58.38	72.95	61.93
6.其他电子设备制造 Manufacture of Other Electronic Equipment	90.13	78.11	48.40	57.27	74.43	61.65	63.74
电子计算机及办公设备制造业 **Manufacture of Computers and Office Equipments**	**59.54**	**87.14**	**64.75**	**71.04**	**83.57**	**68.00**	**50.41**
1.电子计算机整机制造 Manufacture of Entired Computer	43.66	75.99	53.16	70.46	67.34	71.13	39.39
2.电子计算机外部设备制造 Manufacture of Computer Peripheral Equipment	73.07	98.08	70.54	72.02	89.83	63.95	53.05
3.办公设备制造 Manufacture of Office Equipment	72.07	49.78	59.12	65.76	93.90	82.51	71.27
医疗设备及仪器仪表制造业 **Manufacture of Medical Equipments and Measuring Instrument**	**86.86**	**79.08**	**67.51**	**61.80**	**64.48**	**56.37**	**62.81**
1.医疗设备及器械制造 Manufacture of Medical Equipment and Appliances	92.20	95.94	51.74	54.97	65.39	60.48	74.17
2.仪器仪表制造 Manufacture of Measuring Instrument	85.03	69.11	71.63	63.88	64.15	54.62	57.66

4-10 国有及国有控股投资施工项目

Projects under Construction of State-owned and State-controlled Enterprises

单位：个 (unit)

行　业 Industry	1996	2000	2003	2004	2005	2006	2007
合计 Total	**1878**	**1321**	**1020**	**1900**	**1285**	**1587**	**1421**
医药制造业 Manufacture of Medicines	**774**	**478**	**401**	**983**	**553**	**607**	**533**
#化学药品制造 Manufacture of Chemical Medicine	501	310	212	432	269	279	231
中成药制造 Manufacture of Finished Traditional Chinese Herbal Medicine	207	131	76	240	115	118	114
生物、生化制品的制造 Manufacture of Biological and Biochemical Chemical Products	40	29	35	100	65	94	74
航空航天器制造业 Manufacture of Aircrafts and Spacecrafts	**366**	**328**	**272**	**261**	**169**	**214**	**217**
#飞机制造及修理 Manufacture and Repairing of Airplanes	248	273	247	237	148	180	195
电子及通信设备制造业 Manufacture of Electronic Equipment and Communication Equipment	**435**	**363**	**219**	**429**	**369**	**525**	**443**
1.通信设备制造 Manufacture of Communication Equipment	84	74	51	81	103	121	98
#通信传输设备制造 Manufacture of Communication Transmitting Equipment	25	33	12	30	43	35	28
通信交换设备制造 Manufacture of Communication Exchanging Equipment	27	17	9	6	12	14	12
通信终端设备制造 Manufacture of Communication Terminal Equipment	17	11	8	14	10	14	16
2.广播电视设备制造 Manufacture of Broadcasting and TV Equipment	12	13	9	10	18	14	14
3.电子器件制造 Manufacture of Electronic Appliances	71	67	42	104	84	105	98
#电子真空器件制造 Manufacture of Electronic Vacuum Appliances	25	19	23	34	21	20	12
半导体分立器件制造 Manufacture of Semiconductor Discreting Appliances	31	35	11	19	13	27	27
集成电路制造 Manufacture of Integrate Circuit	15	13	6	22	19	19	17
4.电子元件制造 Manufacture of Electronic Components	155	111	52	116	91	169	116
5.家用视听设备制造 Manufacture of Domestic TV Set and Radio Receiver	59	39	22	34	31	35	34
6.其他电子设备制造 Manufacture of Other Electronic Equipment	54	59	43	84	42	81	83
电子计算机及办公设备制造业 Manufacture of Computers and Office Equipments	**34**	**19**	**24**	**56**	**41**	**60**	**49**
1.电子计算机整机制造 Manufacture of Entired Computer	15	16	12	24	11	15	15
2.电子计算机外部设备制造 Manufacture of Computer Peripheral Equipment	13		9	25	26	32	26
3.办公设备制造 Manufacture of Office Equipment	6	3	3	7	4	13	8
医疗设备及仪器仪表制造业 Manufacture of Medical Equipments and Measuring Instrument	**269**	**133**	**104**	**171**	**153**	**181**	**179**
1.医疗设备及器械制造 Manufacture of Medical Equipment and Appliances	40	27	10	31	16	42	31
2.仪器仪表制造 Manufacture of Measuring Instrument	229	106	94	140	137	139	148

4-11 国有及国有控股投资新开工项目
Newly Started from Current Year in Construction of State-owned and State-controlled Enterprises

单位：个 (unit)

行　业 Industry	1996	2000	2003	2004	2005	2006	2007
合计 Total	**884**	**803**	**481**	**891**	**636**	**787**	**692**
医药制造业 Manufacture of Medicines	**429**	**311**	**238**	**490**	**303**	**315**	**278**
#化学药品制造 Manufacture of Chemical Medicine	295	200	134	221	152	147	115
中成药制造 Manufacture of Finished Traditional Chinese Herbal Medicine	105	92	43	122	60	63	70
生物、生化制品的制造 Manufacture of Biological and Biochemical Chemical Products	12	13	14	50	39	41	30
航空航天器制造业 Manufacture of Aircrafts and Spacecrafts	**143**	**194**	**79**	**87**	**60**	**89**	**91**
#飞机制造及修理 Manufacture and Repairing of Airplanes	91	160	68	80	54	79	85
电子及通信设备制造业 Manufacture of Electronic Equipment and Communication Equipment	**170**	**212**	**120**	**195**	**181**	**261**	**213**
1.通信设备制造 Manufacture of Communication Equipment	25	41	34	40	52	58	43
#通信传输设备制造 Manufacture of Communication Transmitting Equipment	8	18	5	20	15	11	10
通信交换设备制造 Manufacture of Communication Exchanging Equipment	6	9	6	2	6	8	3
通信终端设备制造 Manufacture of Communication Terminal Equipment	7	5	5	6	9	9	10
2.广播电视设备制造 Manufacture of Broadcasting and TV Equipment	5	8	7	7	14	5	11
3.电子器件制造 Manufacture of Electronic Appliances	24	34	19	43	36	50	42
#电子真空器件制造 Manufacture of Electronic Vacuum Appliances	10	11	11	13	6	8	5
半导体分立器件制造 Manufacture of Semiconductor Discreting Appliances	8	14	6	6	6	15	11
集成电路制造 Manufacture of Integrate Circuit	6	9	1	12	8	7	4
4.电子元件制造 Manufacture of Electronic Components	66	73	27	49	52	93	48
5.家用视听设备制造 Manufacture of Domestic TV Set and Radio Receiver	30	23	11	15	12	13	22
6.其他电子设备制造 Manufacture of Other Electronic Equipment	20	33	22	41	15	42	47
电子计算机及办公设备制造业 Manufacture of Computers and Office Equipments	**13**	**7**	**8**	**21**	**12**	**21**	**22**
1.电子计算机整机制造 Manufacture of Entired Computer	4	6	3	15	4	6	7
2.电子计算机外部设备制造 Manufacture of Computer Peripheral Equipment	6		5	5	7	11	10
3.办公设备制造 Manufacture of Office Equipment	3	1		1	1	4	5
医疗设备及仪器仪表制造业 Manufacture of Medical Equipments and Measuring Instrument	**129**	**79**	**36**	**98**	**80**	**101**	**88**
1.医疗设备及器械制造 Manufacture of Medical Equipment and Appliances	19	12	4	19	10	23	15
2.仪器仪表制造 Manufacture of Measuring Instrument	110	67	32	79	70	78	73

4-12 国有及国有控股投资全部建成或投产项目

Projects Completed and Put into Use of State-owned and State-controlled Enterprises

单位：个 (unit)

行业 Industry	1996	2000	2003	2004	2005	2006	2007
合计 **Total**	**878**	**627**	**352**	**748**	**503**	**654**	**575**
医药制造业 **Manufacture of Medicines**	**410**	**233**	**155**	**420**	**260**	**264**	**226**
#化学药品制造 Manufacture of Chemical Medicine	283	148	99	205	128	115	90
中成药制造 Manufacture of Finished Traditional Chinese Herbal Medicine	95	70	31	101	60	61	60
生物、生化制品的制造 Manufacture of Biological and Biochemical Chemical Products	14	9	8	36	23	43	29
航空航天器制造业 **Manufacture of Aircrafts and Spacecrafts**	**108**	**167**	**68**	**105**	**68**	**77**	**85**
#飞机制造及修理 Manufacture and Repairing of Airplanes	60	155	61	97	60	60	81
电子及通信设备制造业 **Manufacture of Electronic Equipment and Communication Equipment**	**202**	**159**	**72**	**144**	**128**	**203**	**165**
1.通信设备制造 Manufacture of Communication Equipment	36	29	25	35	43	47	42
#通信传输设备制造 Manufacture of Communication Transmitting Equipment	10	11	5	16	19	15	15
通信交换设备制造 Manufacture of Communication Exchanging Equipment	11	5	6		5	2	4
通信终端设备制造 Manufacture of Communication Terminal Equipment	7	7	3	7	4	6	6
2.广播电视设备制造 Manufacture of Broadcasting and TV Equipment	5	9	6	3	8	6	7
3.电子器件制造 Manufacture of Electronic Appliances	32	27	6	36	24	40	28
#电子真空器件制造 Manufacture of Electronic Vacuum Appliances	12	7	2	13	4	9	3
半导体分立器件制造 Manufacture of Semiconductor Discreting Appliances	14	17	2	7	2	10	11
集成电路制造 Manufacture of Integrate Circuit	6	3	1	8	5	4	3
4.电子元件制造 Manufacture of Electronic Components	83	52	20	41	34	69	55
5.家用视听设备制造 Manufacture of Domestic TV Set and Radio Receiver	21	18	4	12	8	12	11
6.其他电子设备制造 Manufacture of Other Electronic Equipment	25	24	11	17	11	29	22
电子计算机及办公设备制造业 **Manufacture of Computers and Office Equipments**	**18**	**9**	**10**	**11**	**5**	**30**	**16**
1.电子计算机整机制造 Manufacture of Entired Computer	10	7	4	6	2	3	4
2.电子计算机外部设备制造 Manufacture of Computer Peripheral Equipment	7		3	3	1	17	7
3.办公设备制造 Manufacture of Office Equipment	1	2	3	2	2	10	5
医疗设备及仪器仪表制造业 **Manufacture of Medical Equipments and Measuring Instrument**	**140**	**59**	**47**	**68**	**42**	**80**	**83**
1.医疗设备及器械制造 Manufacture of Medical Equipment and Appliances	18	10	4	10	7	17	15
2.仪器仪表制造 Manufacture of Measuring Instrument	122	49	43	58	35	63	68

4-13 国有及国有控股投资项目建成投产率

Rate of Projects Completed and Put into Use of State-owned and State-controlled Enterprises

单位：% (%)

行 业 Industry	1996	2000	2003	2004	2005	2006	2007
合计 **Total**	**46.75**	**47.46**	**34.51**	**39.37**	**39.14**	**41.21**	**40.46**
医药制造业 **Manufacture of Medicines**	**52.97**	**48.74**	**38.65**	**42.73**	**47.02**	**43.49**	**42.40**
#化学药品制造 Manufacture of Chemical Medicine	56.49	47.74	46.70	47.45	47.58	41.22	38.96
中成药制造 Manufacture of Finished Traditional Chinese Herbal Medicine	45.89	53.44	40.79	42.08	52.17	51.69	52.63
生物、生化制品的制造 Manufacture of Biological and Biochemical Chemical Products	35.00	31.03	22.86	36.00	35.38	45.74	39.19
航空航天器制造业 **Manufacture of Aircrafts and Spacecrafts**	**29.51**	**50.91**	**25.00**	**40.23**	**40.24**	**35.98**	**39.17**
#飞机制造及修理 Manufacture and Repairing of Airplanes	24.19	56.78	24.70	40.93	40.54	33.33	41.54
电子及通信设备制造业 **Manufacture of Electronic Equipment and Communication Equipment**	**46.44**	**43.80**	**32.88**	**33.57**	**34.69**	**38.67**	**37.25**
1.通信设备制造 Manufacture of Communication Equipment	42.86	39.19	49.02	43.21	41.75	38.84	42.86
#通信传输设备制造 Manufacture of Communication Transmitting Equipment	40.00	33.33	41.67	53.33	44.19	42.86	53.57
通信交换设备制造 Manufacture of Communication Exchanging Equipment	40.74	29.41	66.67		41.67	14.29	33.33
通信终端设备制造 Manufacture of Communication Terminal Equipment	41.18	63.64	37.50	50.00	40.00	42.86	37.50
2.广播电视设备制造 Manufacture of Broadcasting and TV Equipment	41.67	69.23	66.67	30.00	44.44	42.86	50.00
3.电子器件制造 Manufacture of Electronic Appliances	45.07	40.30	14.29	34.62	28.57	38.10	28.57
#电子真空器件制造 Manufacture of Electronic Vacuum Appliances	48.00	36.84	8.70	38.24	19.05	45.00	25.00
半导体分立器件制造 Manufacture of Semiconductor Discreting Appliances	45.16	48.57	18.18	36.84	15.38	37.04	40.74
集成电路制造 Manufacture of Integrate Circuit	40.00	23.08	16.67	36.36	26.32	21.05	17.65
4.电子元件制造 Manufacture of Electronic Components	53.55	46.85	38.46	35.34	37.36	40.83	47.41
5.家用视听设备制造 Manufacture of Domestic TV Set and Radio Receiver	35.59	46.15	18.18	35.29	25.81	34.29	32.35
6.其他电子设备制造 Manufacture of Other Electronic Equipment	46.30	40.68	25.58	20.24	26.19	35.80	26.51
电子计算机及办公设备制造业 **Manufacture of Computers and Office Equipments**	**52.94**	**47.37**	**41.67**	**19.64**	**12.20**	**50.00**	**32.65**
1.电子计算机整机制造 Manufacture of Entired Computer	66.67	43.75	33.33	25.00	18.18	20.00	26.67
2.电子计算机外部设备制造 Manufacture of Computer Peripheral Equipment	53.85		33.33	12.00	3.85	53.13	26.92
3.办公设备制造 Manufacture of Office Equipment	16.67	66.67	100.00	28.57	50.00	76.92	62.50
医疗设备及仪器仪表制造业 **Manufacture of Medical Equipments and Measuring Instrument**	**52.04**	**44.36**	**45.19**	**39.77**	**27.45**	**44.20**	**46.37**
1.医疗设备及器械制造 Manufacture of Medical Equipment and Appliances	45.00	37.04	40.00	32.26	43.75	40.48	48.39
2.仪器仪表制造 Manufacture of Measuring Instrument	53.28	46.23	45.74	41.43	25.55	45.32	45.95

4-14 国有及国有控股投资额

Investment in Construction of State-owned and State-controlled Enterprises

单位：亿元 (100 million yuan)

行 业 Industry	1996	2000	2003	2004	2005	2006	2007
合计 Total	**129.99**	**168.44**	**187.37**	**473.89**	**380.71**	**585.82**	**645.61**
医药制造业 Manufacture of Medicines	**37.45**	**39.66**	**63.29**	**197.20**	**137.69**	**162.08**	**144.48**
#化学药品制造 Manufacture of Chemical Medicine	25.84	28.85	36.77	93.85	61.14	66.73	56.34
中成药制造 Manufacture of Finished Traditional Chinese Herbal Medicine	7.38	7.12	12.19	43.36	20.29	25.58	25.86
生物、生化制品的制造 Manufacture of Biological and Biochemical Chemical Products	3.53	3.25	4.60	25.34	30.03	44.12	30.77
航空航天器制造业 Manufacture of Aircrafts and Spacecrafts	**32.78**	**41.21**	**56.29**	**48.97**	**67.20**	**67.31**	**90.72**
#飞机制造及修理 Manufacture and Repairing of Airplanes	22.03	30.33	47.19	44.94	61.46	57.41	79.17
电子及通信设备制造业 Manufacture of Electronic Equipment and Communication Equipment	**45.97**	**71.98**	**50.18**	**176.59**	**150.31**	**288.60**	**322.39**
1.通信设备制造 Manufacture of Communication Equipment	7.72	17.20	9.38	32.30	42.09	49.68	43.00
#通信传输设备制造 Manufacture of Communication Transmitting Equipment	3.35	9.13	3.11	7.44	11.36	18.08	16.39
通信交换设备制造 Manufacture of Communication Exchanging Equipment	2.10	1.88	1.54	5.40	5.93	9.33	1.82
通信终端设备制造 Manufacture of Communication Terminal Equipment	1.62	3.14	1.24	5.15	4.04	3.95	4.60
2.广播电视设备制造 Manufacture of Broadcasting and TV Equipment	0.27	1.17	0.59	2.26	3.21	3.52	4.09
3.电子器件制造 Manufacture of Electronic Appliances	14.59	19.34	14.80	90.40	49.24	106.08	154.74
#电子真空器件制造 Manufacture of Electronic Vacuum Appliances	5.54	16.47	3.50	13.91	9.81	3.80	3.71
半导体分立器件制造 Manufacture of Semiconductor Discreting Appliances	1.54	1.34	7.46	5.26	5.73	10.21	13.84
集成电路制造 Manufacture of Integrate Circuit	7.51	1.53	3.34	21.72	10.85	22.98	51.33
4.电子元件制造 Manufacture of Electronic Components	11.17	15.51	4.80	33.50	27.95	82.59	61.20
5.家用视听设备制造 Manufacture of Domestic TV Set and Radio Receiver	8.67	12.93	13.09	8.96	7.67	13.63	26.86
6.其他电子设备制造 Manufacture of Other Electronic Equipment	3.55	5.84	7.52	9.16	20.14	33.09	32.49
电子计算机及办公设备制造业 Manufacture of Computers and Office Equipments	**2.10**	**4.84**	**5.30**	**19.62**	**8.11**	**25.42**	**24.94**
1.电子计算机整机制造 Manufacture of Entired Computer	0.71	4.67	2.78	6.93	2.05	2.80	2.14
2.电子计算机外部设备制造 Manufacture of Computer Peripheral Equipment	1.08	0.14	2.28	11.64	5.79	20.21	14.96
3.办公设备制造 Manufacture of Office Equipment	0.31	0.03	0.24	1.05	0.27	2.41	7.84
医疗设备及仪器仪表制造业 Manufacture of Medical Equipments and Measuring Instrument	**11.69**	**10.75**	**12.31**	**31.51**	**17.40**	**42.41**	**63.09**
1.医疗设备及器械制造 Manufacture of Medical Equipment and Appliances	1.97	2.53	1.33	7.32	2.18	10.33	16.10
2.仪器仪表制造 Manufacture of Measuring Instrument	9.72	8.22	10.97	24.19	15.22	32.09	46.99

4-15 国有及国有控股投资新增固定资产

Newly Increased Fixed Assets of State-owned and State-controlled Enterprises

单位：亿元 (100 million yuan)

行业 Industry	1996	2000	2003	2004	2005	2006	2007
合计 Total	**97.72**	**130.94**	**135.49**	**289.64**	**213.70**	**372.20**	**332.20**
医药制造业 Manufacture of Medicines	**26.64**	**32.52**	**37.34**	**130.91**	**93.08**	**113.88**	**89.95**
#化学药品制造 Manufacture of Chemical Medicine	19.37	23.10	24.96	66.25	40.76	39.01	41.68
中成药制造 Manufacture of Finished Traditional Chinese Herbal Medicine	5.24	5.27	6.02	26.02	19.02	22.21	18.46
生物、生化制品的制造 Manufacture of Biological and Biochemical Chemical Products	1.15	2.94	3.23	12.67	18.48	35.97	15.42
航空航天器制造业 Manufacture of Aircrafts and Spacecrafts	**23.38**	**34.32**	**49.80**	**47.76**	**41.88**	**35.00**	**49.08**
#飞机制造及修理 Manufacture and Repairing of Airplanes	16.45	29.00	44.02	45.91	38.28	29.40	45.70
电子及通信设备制造业 Manufacture of Electronic Equipment and Communication Equipment	**35.68**	**53.38**	**33.99**	**86.18**	**66.12**	**173.73**	**147.31**
1.通信设备制造 Manufacture of Communication Equipment	6.16	15.23	5.66	21.27	21.72	29.28	24.99
#通信传输设备制造 Manufacture of Communication Transmitting Equipment	3.50	8.19	1.40	4.16	4.17	13.51	13.63
通信交换设备制造 Manufacture of Communication Exchanging Equipment	1.64	1.10	2.30	2.86	3.10	2.80	0.69
通信终端设备制造 Manufacture of Communication Terminal Equipment	0.67	3.44	0.76	3.26	1.73	1.81	2.47
2.广播电视设备制造 Manufacture of Broadcasting and TV Equipment	0.61	1.23	0.37	0.57	1.98	1.11	2.77
3.电子器件制造 Manufacture of Electronic Appliances	9.76	8.51	1.40	31.23	20.59	81.87	63.51
#电子真空器件制造 Manufacture of Electronic Vacuum Appliances	5.79	6.16	0.63	12.04	4.35	4.36	1.06
半导体分立器件制造 Manufacture of Semiconductor Discreting Appliances	1.90	1.07	0.16	4.13	2.37	25.61	6.95
集成电路制造 Manufacture of Integrate Circuit	2.07	1.28	0.41	11.58	8.52	3.41	29.70
4.电子元件制造 Manufacture of Electronic Components	10.53	12.65	7.49	22.16	15.96	40.60	30.90
5.家用视听设备制造 Manufacture of Domestic TV Set and Radio Receiver	5.16	11.77	14.82	6.73	2.49	5.47	13.63
6.其他电子设备制造 Manufacture of Other Electronic Equipment	3.46	3.99	4.25	4.22	3.38	15.40	11.53
电子计算机及办公设备制造业 Manufacture of Computers and Office Equipments	**1.92**	**3.37**	**2.42**	**8.88**	**1.90**	**21.70**	**10.95**
1.电子计算机整机制造 Manufacture of Entired Computer	1.12	3.30	0.84	2.92	0.53	1.84	1.17
2.电子计算机外部设备制造 Manufacture of Computer Peripheral Equipment	0.51	0.04	1.29	5.28	0.29	17.92	4.94
3.办公设备制造 Manufacture of Office Equipment	0.29	0.04	0.29	0.68	1.09	1.93	4.84
医疗设备及仪器仪表制造业 Manufacture of Medical Equipments and Measuring Instrument	**10.10**	**7.35**	**11.95**	**15.90**	**10.72**	**27.89**	**34.91**
1.医疗设备及器械制造 Manufacture of Medical Equipment and Appliances	1.75	2.32	1.44	2.65	1.53	7.07	11.82
2.仪器仪表制造 Manufacture of Measuring Instrument	8.35	5.04	10.51	13.25	9.19	20.83	23.09

4-16 国有及国有控股投资固定资产交付使用率

Rate of Fixed Assets Put into Use of State-owned and State-controlled Enterprises

单位：%　　(%)

行业 Industry	1996	2000	2003	2004	2005	2006	2007
合计 Total	**75.17**	**77.74**	**72.31**	**61.12**	**56.13**	**63.53**	**51.46**
医药制造业 Manufacture of Medicines	**71.13**	**81.99**	**59.00**	**66.38**	**67.60**	**70.26**	**62.26**
#化学药品制造 Manufacture of Chemical Medicine	74.94	80.08	67.88	70.59	66.67	58.46	73.98
中成药制造 Manufacture of Finished Traditional Chinese Herbal Medicine	71.03	74.01	49.38	60.01	93.74	86.83	71.38
生物、生化制品的制造 Manufacture of Biological and Biochemical Chemical Products	32.54	90.51	70.22	50.00	61.54	81.53	50.11
航空航天器制造业 Manufacture of Aircrafts and Spacecrafts	**71.33**	**83.28**	**88.47**	**97.53**	**62.32**	**52.00**	**54.10**
#飞机制造及修理 Manufacture and Repairing of Airplanes	74.67	95.63	93.28	102.16	62.28	51.21	57.72
电子及通信设备制造业 Manufacture of Electronic Equipment and Communication Equipment	**77.62**	**74.16**	**67.74**	**48.80**	**43.99**	**60.20**	**45.69**
1.通信设备制造 Manufacture of Communication Equipment	79.87	88.56	60.34	65.85	51.60	58.94	58.12
#通信传输设备制造 Manufacture of Communication Transmitting Equipment	104.46	89.64	45.02	55.91	36.71	74.72	83.16
通信交换设备制造 Manufacture of Communication Exchanging Equipment	78.13	58.47	149.35	52.96	52.28	30.01	37.91
通信终端设备制造 Manufacture of Communication Terminal Equipment	41.51	109.43	61.29	63.30	42.82	45.82	53.70
2.广播电视设备制造 Manufacture of Broadcasting and TV Equipment	222.77	105.66	62.71	25.22	61.68	31.53	67.73
3.电子器件制造 Manufacture of Electronic Appliances	66.87	44.00	9.46	34.55	41.82	77.18	41.04
#电子真空器件制造 Manufacture of Electronic Vacuum Appliances	104.47	37.40	18.00	86.56	44.34	114.74	28.57
半导体分立器件制造 Manufacture of Semiconductor Discreting Appliances	123.03	79.72	2.14	78.52	41.36	250.83	50.22
集成电路制造 Manufacture of Integrate Circuit	27.56	83.86	12.28	53.31	78.53	14.84	57.86
4.电子元件制造 Manufacture of Electronic Components	94.32	81.60	156.04	66.15	57.10	49.16	50.49
5.家用视听设备制造 Manufacture of Domestic TV Set and Radio Receiver	59.46	91.01	113.22	75.11	32.46	40.13	50.74
6.其他电子设备制造 Manufacture of Other Electronic Equipment	97.54	68.30	56.52	46.07	16.78	46.54	35.49
电子计算机及办公设备制造业 Manufacture of Computers and Office Equipments	**91.24**	**69.66**	**45.66**	**45.26**	**23.43**	**85.37**	**43.91**
1.电子计算机整机制造 Manufacture of Entired Computer	157.47	70.70	30.22	42.14	25.85	65.71	54.67
2.电子计算机外部设备制造 Manufacture of Computer Peripheral Equipment	46.82	25.45	56.58	45.36	5.01	88.67	33.02
3.办公设备制造 Manufacture of Office Equipment	93.54	105.39	120.83	64.76	403.70	80.08	61.73
医疗设备及仪器仪表制造业 Manufacture of Medical Equipments and Measuring Instrument	**86.39**	**68.39**	**97.08**	**50.46**	**61.61**	**65.76**	**55.33**
1.医疗设备及器械制造 Manufacture of Medical Equipment and Appliances	88.80	91.51	108.27	36.20	70.18	68.44	73.42
2.仪器仪表制造 Manufacture of Measuring Instrument	85.90	61.26	95.81	54.77	60.38	64.91	49.14

4-17 三资企业投资施工项目

Projects under Construction of Joint Ventures

单位：个 (unit)

行业 Industry	1996	2000	2003	2004	2005	2006	2007
合计 **Total**	**342**	**464**	**1463**	**1325**	**1671**	**1504**	**1589**
医药制造业 **Manufacture of Medicines**	**106**	**147**	**318**	**300**	**343**	**306**	**301**
#化学药品制造 Manufacture of Chemical Medicine	69	85	143	142	157	129	113
中成药制造 Manufacture of Finished Traditional Chinese Herbal Medicine	24	36	76	65	65	59	54
生物、生化制品的制造 Manufacture of Biological and Biochemical Chemical Products	12	22	32	35	55	57	73
航空航天器制造业 **Manufacture of Aircrafts and Spacecrafts**	**4**	**2**	**5**	**4**	**6**	**11**	**14**
#飞机制造及修理 Manufacture and Repairing of Airplanes	3	1	4	3	6	11	12
电子及通信设备制造业 **Manufacture of Electronic Equipment and Communication Equipment**	**173**	**241**	**866**	**782**	**1029**	**931**	**963**
1.通信设备制造 Manufacture of Communication Equipment	27	25	88	75	110	109	90
#通信传输设备制造 Manufacture of Communication Transmitting Equipment	5	5	12	6	11	18	9
通信交换设备制造 Manufacture of Communication Exchanging Equipment	5	5	8	8	12	12	6
通信终端设备制造 Manufacture of Communication Terminal Equipment	4	9	5	7	19	10	9
2.广播电视设备制造 Manufacture of Broadcasting and TV Equipment	1	3	3	4	14	8	20
3.电子器件制造 Manufacture of Electronic Appliances	41	52	176	172	226	224	241
#电子真空器件制造 Manufacture of Electronic Vacuum Appliances	21	16	31	16	17	9	19
半导体分立器件制造 Manufacture of Semiconductor Discreting Appliances	10	8	27	24	23	27	29
集成电路制造 Manufacture of Integrate Circuit	10	28	68	74	92	86	85
4.电子元件制造 Manufacture of Electronic Components	63	105	450	385	459	414	455
5.家用视听设备制造 Manufacture of Domestic TV Set and Radio Receiver	29	34	58	49	82	66	60
6.其他电子设备制造 Manufacture of Other Electronic Equipment	12	22	91	97	138	110	97
电子计算机及办公设备制造业 **Manufacture of Computers and Office Equipments**	**27**	**36**	**152**	**125**	**156**	**123**	**150**
1.电子计算机整机制造 Manufacture of Entired Computer	7	11	34	24	27	22	28
2.电子计算机外部设备制造 Manufacture of Computer Peripheral Equipment	15	24	93	86	102	86	110
3.办公设备制造 Manufacture of Office Equipment	5	1	25	15	27	15	12
医疗设备及仪器仪表制造业 **Manufacture of Medical Equipments and Measuring Instrument**	**32**	**38**	**122**	**114**	**137**	**133**	**161**
1.医疗设备及器械制造 Manufacture of Medical Equipment and Appliances	14	14	35	41	42	45	59
2.仪器仪表制造 Manufacture of Measuring Instrument	18	24	87	73	95	88	102

4-18 三资企业投资新开工项目

Newly Started from Current Year in Construction of Joint Ventures

单位：个 (unit)

行 业 Industry	1996	2000	2003	2004	2005	2006	2007
合计 Total	**167**	**268**	**885**	**770**	**1038**	**821**	**826**
医药制造业 Manufacture of Medicines	**53**	**83**	**187**	**168**	**193**	**148**	**143**
#化学药品制造 Manufacture of Chemical Medicine	36	51	87	81	87	68	47
中成药制造 Manufacture of Finished Traditional Chinese Herbal Medicine	8	18	44	28	35	26	28
生物、生化制品的制造 Manufacture of Biological and Biochemical Chemical Products	8	14	21	27	37	25	46
航空航天器制造业 Manufacture of Aircrafts and Spacecrafts	**1**	**1**		**3**	**2**	**5**	**5**
#飞机制造及修理 Manufacture and Repairing of Airplanes				3	2	5	3
电子及通信设备制造业 Manufacture of Electronic Equipment and Communication Equipment	**83**	**141**	**544**	**470**	**653**	**510**	**526**
1.通信设备制造 Manufacture of Communication Equipment	9	18	55	43	75	55	41
#通信传输设备制造 Manufacture of Communication Transmitting Equipment	1	4	9	3	9	7	5
通信交换设备制造 Manufacture of Communication Exchanging Equipment	2	3	3	3	10	6	2
通信终端设备制造 Manufacture of Communication Terminal Equipment	3	7		5	12	5	6
2.广播电视设备制造 Manufacture of Broadcasting and TV Equipment	1	2		2	10	2	12
3.电子器件制造 Manufacture of Electronic Appliances	16	23	113	86	127	114	108
#电子真空器件制造 Manufacture of Electronic Vacuum Appliances	7	8	21	7	11	4	15
半导体分立器件制造 Manufacture of Semiconductor Discreting Appliances	4	3	13	9	12	13	15
集成电路制造 Manufacture of Integrate Circuit	5	12	40	41	39	34	25
4.电子元件制造 Manufacture of Electronic Components	35	66	281	240	308	249	281
5.家用视听设备制造 Manufacture of Domestic TV Set and Radio Receiver	14	19	35	32	48	30	32
6.其他电子设备制造 Manufacture of Other Electronic Equipment	8	13	60	67	85	60	52
电子计算机及办公设备制造业 Manufacture of Computers and Office Equipments	**17**	**19**	**79**	**63**	**96**	**76**	**81**
1.电子计算机整机制造 Manufacture of Entired Computer	3	5	21	8	13	13	13
2.电子计算机外部设备制造 Manufacture of Computer Peripheral Equipment	13	13	50	48	62	54	63
3.办公设备制造 Manufacture of Office Equipment	1	1	8	7	21	9	5
医疗设备及仪器仪表制造业 Manufacture of Medical Equipments and Measuring Instrument	**13**	**24**	**75**	**66**	**94**	**82**	**71**
1.医疗设备及器械制造 Manufacture of Medical Equipment and Appliances	6	9	22	19	23	29	26
2.仪器仪表制造 Manufacture of Measuring Instrument	7	15	53	47	71	53	45

4-19 三资企业投资全部建成或投产项目

Projects Completed and Put into Use of Joint Ventures

单位：个 (unit)

行业 Industry	1996	2000	2003	2004	2005	2006	2007
合计 Total	**173**	**225**	**489**	**488**	**764**	**566**	**592**
医药制造业 Manufacture of Medicines	**38**	**81**	**104**	**108**	**152**	**106**	**114**
#化学药品制造 Manufacture of Chemical Medicine	27	48	57	52	75	42	51
中成药制造 Manufacture of Finished Traditional Chinese Herbal Medicine	9	20	21	24	30	23	23
生物、生化制品的制造 Manufacture of Biological and Biochemical Chemical Products	2	10	7	13	15	23	25
航空航天器制造业 Manufacture of Aircrafts and Spacecrafts	**1**		**2**	**1**	**3**	**1**	**4**
#飞机制造及修理 Manufacture and Repairing of Airplanes	1		2		3	1	3
电子及通信设备制造业 Manufacture of Electronic Equipment and Communication Equipment	**95**	**109**	**291**	**288**	**468**	**365**	**355**
1.通信设备制造 Manufacture of Communication Equipment	12	11	18	24	38	44	26
#通信传输设备制造 Manufacture of Communication Transmitting Equipment	3	1	4	3	1	11	4
通信交换设备制造 Manufacture of Communication Exchanging Equipment	2	2	2	1	3	8	1
通信终端设备制造 Manufacture of Communication Terminal Equipment	1	5			11	3	2
2.广播电视设备制造 Manufacture of Broadcasting and TV Equipment	1	2	2	1	3		7
3.电子器件制造 Manufacture of Electronic Appliances	24	22	65	58	100	86	75
#电子真空器件制造 Manufacture of Electronic Vacuum Appliances	12	9	13	4	9	6	4
半导体分立器件制造 Manufacture of Semiconductor Discreting Appliances	6	2	9	11	12	13	5
集成电路制造 Manufacture of Integrate Circuit	6	11	23	22	34	26	33
4.电子元件制造 Manufacture of Electronic Components	34	49	169	150	232	169	199
5.家用视听设备制造 Manufacture of Domestic TV Set and Radio Receiver	19	19	16	15	31	24	15
6.其他电子设备制造 Manufacture of Other Electronic Equipment	5	6	21	40	64	42	33
电子计算机及办公设备制造业 Manufacture of Computers and Office Equipments	**22**	**18**	**50**	**49**	**72**	**47**	**58**
1.电子计算机整机制造 Manufacture of Entired Computer	5	2	10	7	14	11	17
2.电子计算机外部设备制造 Manufacture of Computer Peripheral Equipment	14	16	33	36	48	30	39
3.办公设备制造 Manufacture of Office Equipment	3		7	6	10	6	2
医疗设备及仪器仪表制造业 Manufacture of Medical Equipments and Measuring Instrument	**17**	**17**	**42**	**42**	**69**	**47**	**61**
1.医疗设备及器械制造 Manufacture of Medical Equipment and Appliances	6	5	12	14	24	13	20
2.仪器仪表制造 Manufacture of Measuring Instrument	11	12	30	28	45	34	41

4-20 三资企业投资项目建成投产率

Rate of Projects Completed and Put into Use of Joint Ventures

单位：% (%)

行业 Industry	1996	2000	2003	2004	2005	2006	2007
合计 **Total**	**50.58**	**48.49**	**33.42**	**36.83**	**45.72**	**37.63**	**37.26**
医药制造业 **Manufacture of Medicines**	**35.85**	**55.10**	**32.70**	**36.00**	**44.31**	**34.64**	**37.87**
#化学药品制造 Manufacture of Chemical Medicine	39.13	56.47	39.86	36.62	47.77	32.56	45.13
中成药制造 Manufacture of Finished Traditional Chinese Herbal Medicine	37.50	55.56	27.63	36.92	46.15	38.98	42.59
生物、生化制品的制造 Manufacture of Biological and Biochemical Chemical Products	16.67	45.45	21.88	37.14	27.27	40.35	34.25
航空航天器制造业 **Manufacture of Aircrafts and Spacecrafts**	**25.00**		**40.00**	**25.00**	**50.00**	**9.09**	**28.57**
#飞机制造及修理 Manufacture and Repairing of Airplanes	33.33		50.00		50.00	9.09	25.00
电子及通信设备制造业 **Manufacture of Electronic Equipment and Communication Equipment**	**54.91**	**45.23**	**33.60**	**36.83**	**45.48**	**39.21**	**36.86**
1.通信设备制造 Manufacture of Communication Equipment	44.44	44.00	20.45	32.00	34.55	40.37	28.89
#通信传输设备制造 Manufacture of Communication Transmitting Equipment	60.00	20.00	33.33	50.00	9.09	61.11	44.44
通信交换设备制造 Manufacture of Communication Exchanging Equipment	40.00	40.00	25.00	12.50	25.00	66.67	16.67
通信终端设备制造 Manufacture of Communication Terminal Equipment	25.00	55.56			57.89	30.00	22.22
2.广播电视设备制造 Manufacture of Broadcasting and TV Equipment	100.00	66.67	66.67	25.00	21.43		35.00
3.电子器件制造 Manufacture of Electronic Appliances	58.54	42.31	36.93	33.72	44.25	38.39	31.12
#电子真空器件制造 Manufacture of Electronic Vacuum Appliances	57.14	56.25	41.94	25.00	52.94	66.67	21.05
半导体分立器件制造 Manufacture of Semiconductor Discreting Appliances	60.00	25.00	33.33	45.83	52.17	48.15	17.24
集成电路制造 Manufacture of Integrate Circuit	60.00	39.29	33.82	29.73	36.96	30.23	38.82
4.电子元件制造 Manufacture of Electronic Components	53.97	46.67	37.56	38.96	50.54	40.82	43.74
5.家用视听设备制造 Manufacture of Domestic TV Set and Radio Receiver	65.52	55.88	27.59	30.61	37.80	36.36	25.00
6.其他电子设备制造 Manufacture of Other Electronic Equipment	41.67	27.27	23.08	41.24	46.38	38.18	34.02
电子计算机及办公设备制造业 **Manufacture of Computers and Office Equipments**	**81.48**	**50.00**	**32.89**	**39.20**	**46.15**	**38.21**	**38.67**
1.电子计算机整机制造 Manufacture of Entired Computer	71.43	18.18	29.41	29.17	51.85	50.00	60.71
2.电子计算机外部设备制造 Manufacture of Computer Peripheral Equipment	93.33	66.67	35.48	41.86	47.06	34.88	35.45
3.办公设备制造 Manufacture of Office Equipment	60.00		28.00	40.00	37.04	40.00	16.67
医疗设备及仪器仪表制造业 **Manufacture of Medical Equipments and Measuring Instrument**	**53.13**	**44.74**	**34.43**	**36.84**	**50.36**	**35.34**	**37.89**
1.医疗设备及器械制造 Manufacture of Medical Equipment and Appliances	42.86	35.71	34.29	34.15	57.14	28.89	33.90
2.仪器仪表制造 Manufacture of Measuring Instrument	61.11	50.00	34.48	38.36	47.37	38.64	40.20

4-21 三资企业投资额

Investment in Construction of Joint Ventures

单位：亿元 (100 million yuan)

行　业 Industry	1996	2000	2003	2004	2005	2006	2007
合计 Total	**138.70**	**262.46**	**620.31**	**862.29**	**993.61**	**1275.79**	**1544.37**
医药制造业 Manufacture of Medicines	**21.20**	**25.96**	**59.87**	**81.90**	**105.09**	**100.53**	**116.51**
#化学药品制造 Manufacture of Chemical Medicine	16.85	18.09	29.50	39.14	56.89	45.72	52.76
中成药制造 Manufacture of Finished Traditional Chinese Herbal Medicine	1.40	2.51	11.84	10.25	13.83	12.42	17.59
生物、生化制品的制造 Manufacture of Biological and Biochemical Chemical Products	2.84	3.92	4.93	22.80	19.62	25.16	21.37
航空航天器制造业 Manufacture of Aircrafts and Spacecrafts	**3.14**	**1.91**	**2.40**	**1.25**	**3.71**	**6.62**	**8.76**
#飞机制造及修理 Manufacture and Repairing of Airplanes	3.02	1.37	2.37	0.96	3.71	6.54	8.05
电子及通信设备制造业 Manufacture of Electronic Equipment and Communication Equipment	**107.05**	**212.77**	**446.85**	**655.04**	**719.38**	**994.09**	**1190.93**
1.通信设备制造 Manufacture of Communication Equipment	30.83	13.50	34.73	40.87	62.65	105.66	135.63
#通信传输设备制造 Manufacture of Communication Transmitting Equipment	4.72	5.00	6.60	2.39	1.89	6.03	3.73
通信交换设备制造 Manufacture of Communication Exchanging Equipment	2.45	3.59	4.08	4.81	2.82	11.42	10.50
通信终端设备制造 Manufacture of Communication Terminal Equipment	0.77	1.53	2.36	2.56	7.66	9.74	15.92
2.广播电视设备制造 Manufacture of Broadcasting and TV Equipment	0.01	0.58	0.57	3.89	2.18	3.70	5.36
3.电子器件制造 Manufacture of Electronic Appliances	46.45	130.11	200.68	378.04	316.35	480.81	634.10
#电子真空器件制造 Manufacture of Electronic Vacuum Appliances	26.53	45.44	18.23	12.86	5.11	4.85	8.41
半导体分立器件制造 Manufacture of Semiconductor Discreting Appliances	1.50	6.36	19.63	58.35	46.92	53.20	53.99
集成电路制造 Manufacture of Integrate Circuit	18.43	78.31	134.12	194.43	178.95	310.12	393.93
4.电子元件制造 Manufacture of Electronic Components	18.72	45.71	165.32	176.41	240.33	309.30	325.58
5.家用视听设备制造 Manufacture of Domestic TV Set and Radio Receiver	8.30	16.12	21.64	18.78	45.06	42.82	40.34
6.其他电子设备制造 Manufacture of Other Electronic Equipment	2.73	6.74	23.92	37.06	52.79	51.80	49.92
电子计算机及办公设备制造业 Manufacture of Computers and Office Equipments	**4.39**	**13.85**	**81.56**	**97.71**	**134.70**	**132.15**	**168.56**
1.电子计算机整机制造 Manufacture of Entired Computer	3.07	5.27	13.48	18.28	38.84	32.63	60.71
2.电子计算机外部设备制造 Manufacture of Computer Peripheral Equipment	0.38	8.48	56.98	69.00	82.90	81.62	100.43
3.办公设备制造 Manufacture of Office Equipment	0.95	0.10	11.10	10.43	12.97	17.90	7.42
医疗设备及仪器仪表制造业 Manufacture of Medical Equipments and Measuring Instrument	**2.91**	**7.97**	**29.63**	**26.40**	**30.74**	**42.40**	**59.61**
1.医疗设备及器械制造 Manufacture of Medical Equipment and Appliances	1.80	2.64	6.23	7.52	7.36	14.75	24.29
2.仪器仪表制造 Manufacture of Measuring Instrument	1.11	5.33	23.41	18.88	23.38	27.65	35.32

4-22 三资企业投资新增固定资产

Newly Increased Fixed Assets of Joint Ventures

单位：亿元 (100 million yuan)

行 业 Industry	1996	2000	2003	2004	2005	2006	2007
合计 **Total**	**114.53**	**186.95**	**450.35**	**599.03**	**764.77**	**976.31**	**1013.06**
医药制造业 **Manufacture of Medicines**	**15.45**	**26.71**	**45.31**	**55.21**	**63.23**	**55.43**	**60.46**
#化学药品制造 Manufacture of Chemical Medicine	13.83	18.47	23.69	21.53	37.32	26.82	27.55
中成药制造 Manufacture of Finished Traditional Chinese Herbal Medicine	1.29	2.02	7.98	5.44	10.45	9.60	11.90
生物、生化制品的制造 Manufacture of Biological and Biochemical Chemical Products	0.33	5.07	2.00	21.34	8.11	9.43	9.88
航空航天器制造业 **Manufacture of Aircrafts and Spacecrafts**	**8.46**	**0.01**	**2.96**	**0.32**	**1.17**	**1.92**	**4.98**
#飞机制造及修理 Manufacture and Repairing of Airplanes	8.46		2.96	0.06	1.17	1.84	4.37
电子及通信设备制造业 **Manufacture of Electronic Equipment and Communication Equipment**	**86.37**	**139.78**	**324.66**	**446.82**	**552.05**	**813.16**	**825.93**
1.通信设备制造 Manufacture of Communication Equipment	13.78	6.78	20.97	37.51	34.05	69.49	71.89
#通信传输设备制造 Manufacture of Communication Transmitting Equipment	3.90	0.33	2.40	3.02	0.38	6.63	2.88
通信交换设备制造 Manufacture of Communication Exchanging Equipment	2.57	1.75	0.96	1.25	0.92	2.25	0.65
通信终端设备制造 Manufacture of Communication Terminal Equipment	0.28	1.48	2.31	1.52	5.86	7.44	1.65
2.广播电视设备制造 Manufacture of Broadcasting and TV Equipment	0.01	0.58	0.66	1.39	1.22	0.21	4.16
3.电子器件制造 Manufacture of Electronic Appliances	50.71	80.57	137.64	255.29	263.78	398.53	501.49
#电子真空器件制造 Manufacture of Electronic Vacuum Appliances	34.34	32.99	19.29	7.03	5.54	4.68	5.03
半导体分立器件制造 Manufacture of Semiconductor Discreting Appliances	2.83	6.26	12.56	11.64	14.69	57.29	60.59
集成电路制造 Manufacture of Integrate Circuit	13.54	41.32	86.05	219.11	124.40	270.45	297.96
4.电子元件制造 Manufacture of Electronic Components	14.92	31.54	131.50	119.60	173.07	254.74	183.40
5.家用视听设备制造 Manufacture of Domestic TV Set and Radio Receiver	4.53	14.93	23.28	11.44	30.69	44.17	20.19
6.其他电子设备制造 Manufacture of Other Electronic Equipment	2.43	5.39	10.62	21.59	49.24	46.02	44.79
电子计算机及办公设备制造业 **Manufacture of Computers and Office Equipments**	**1.32**	**12.64**	**57.12**	**75.56**	**125.02**	**83.72**	**83.23**
1.电子计算机整机制造 Manufacture of Entired Computer	0.49	4.22	8.51	16.08	28.53	19.40	22.20
2.电子计算机外部设备制造 Manufacture of Computer Peripheral Equipment	0.21	8.32	42.77	51.67	85.38	49.51	56.34
3.办公设备制造 Manufacture of Office Equipment	0.61	0.09	5.84	7.81	11.11	14.82	4.69
医疗设备及仪器仪表制造业 **Manufacture of Medical Equipments and Measuring Instrument**	**2.92**	**7.80**	**20.30**	**21.12**	**23.30**	**22.09**	**38.47**
1.医疗设备及器械制造 Manufacture of Medical Equipment and Appliances	1.72	3.34	3.08	3.70	8.12	5.87	20.16
2.仪器仪表制造 Manufacture of Measuring Instrument	1.20	4.46	17.21	17.42	15.18	16.22	18.31

4-23 三资企业投资固定资产交付使用率

Rate of Fixed Assets Put into Use of Joint Ventures

单位：% (%)

行业 Industry	1996	2000	2003	2004	2005	2006	2007
合计 **Total**	**82.57**	**71.23**	**72.60**	**69.47**	**76.97**	**76.53**	**65.60**
医药制造业 **Manufacture of Medicines**	**72.88**	**102.88**	**75.68**	**67.41**	**60.17**	**55.14**	**51.89**
#化学药品制造 Manufacture of Chemical Medicine	82.08	102.09	80.31	55.01	65.60	58.66	52.22
中成药制造 Manufacture of Finished Traditional Chinese Herbal Medicine	91.76	80.52	67.40	53.07	75.56	77.29	67.65
生物、生化制品的制造 Manufacture of Biological and Biochemical Chemical Products	11.59	129.38	40.57	93.60	41.34	37.48	46.23
航空航天器制造业 **Manufacture of Aircrafts and Spacecrafts**	**269.58**	**0.77**	**123.33**	**25.60**	**31.54**	**29.00**	**56.85**
#飞机制造及修理 Manufacture and Repairing of Airplanes	279.85		124.89	6.25	31.54	28.13	54.29
电子及通信设备制造业 **Manufacture of Electronic Equipment and Communication Equipment**	**80.68**	**65.69**	**72.66**	**68.21**	**76.74**	**81.80**	**69.35**
1.通信设备制造 Manufacture of Communication Equipment	44.71	50.20	60.38	91.78	54.35	65.77	53.00
#通信传输设备制造 Manufacture of Communication Transmitting Equipment	82.63	6.61	36.36	126.36	20.11	109.95	77.21
通信交换设备制造 Manufacture of Communication Exchanging Equipment	104.95	48.67	23.53	25.99	32.62	19.70	6.19
通信终端设备制造 Manufacture of Communication Terminal Equipment	36.80	97.11	97.88	59.38	76.50	76.39	10.36
2.广播电视设备制造 Manufacture of Broadcasting and TV Equipment	65.07	99.06	115.79	35.73	55.96	5.68	77.61
3.电子器件制造 Manufacture of Electronic Appliances	109.16	61.92	68.59	67.53	83.38	82.89	79.09
#电子真空器件制造 Manufacture of Electronic Vacuum Appliances	129.45	72.60	105.81	54.67	108.41	96.49	59.81
半导体分立器件制造 Manufacture of Semiconductor Discreting Appliances	188.57	98.33	63.98	19.95	31.31	107.69	112.22
集成电路制造 Manufacture of Integrate Circuit	73.50	52.76	64.16	112.69	69.52	87.21	75.64
4.电子元件制造 Manufacture of Electronic Components	79.67	68.99	79.54	67.80	72.01	82.36	56.33
5.家用视听设备制造 Manufacture of Domestic TV Set and Radio Receiver	54.54	92.63	107.58	60.92	68.11	103.15	50.05
6.其他电子设备制造 Manufacture of Other Electronic Equipment	88.78	79.91	44.40	58.26	93.28	88.84	89.72
电子计算机及办公设备制造业 **Manufacture of Computers and Office Equipments**	**30.14**	**91.26**	**70.03**	**77.33**	**92.81**	**63.35**	**49.38**
1.电子计算机整机制造 Manufacture of Entired Computer	16.12	80.14	63.13	87.96	73.46	59.45	36.57
2.电子计算机外部设备制造 Manufacture of Computer Peripheral Equipment	56.47	98.16	75.06	74.88	102.99	60.66	56.10
3.办公设备制造 Manufacture of Office Equipment	65.04	92.74	52.61	74.88	85.66	82.79	63.21
医疗设备及仪器仪表制造业 **Manufacture of Medical Equipments and Measuring Instrument**	**100.13**	**97.89**	**68.51**	**80.00**	**75.80**	**52.10**	**64.54**
1.医疗设备及器械制造 Manufacture of Medical Equipment and Appliances	95.60	126.42	49.44	49.20	110.33	39.80	83.00
2.仪器仪表制造 Manufacture of Measuring Instrument	107.46	83.76	73.52	92.27	64.93	58.66	51.84

4-24 施工项目

Projects under Construction

单位：个 (unit)

地区	Region	1996	2000	2003	2004	2005	2006	2007
全国	**Total**	**2507**	**2734**	**6436**	**6334**	**7095**	**7507**	**7789**
东部地区	Eastern Region	1365	1549	3828	3561	4165	4280	4439
中部地区	Mid Region	652	643	1579	1693	1849	2082	2258
西部地区	Western Region	490	542	1029	1080	1081	1145	1092
北京	Beijing	95	111	80	87	72	73	69
天津	Tianjin	77	83	88	99	76	89	112
河北	Hebei	134	138	210	217	251	354	355
山西	Shanxi	34	36	78	103	116	79	82
内蒙古	Neimenggu	34	23	76	87	72	52	54
辽宁	Liaoning	79	132	258	263	290	307	309
吉林	Jilin	46	96	186	208	200	238	250
黑龙江	Heilongjiang	53	83	164	157	133	103	102
上海	Shanghai	242	134	142	134	127	118	98
江苏	Jiangsu	209	206	810	702	804	870	1087
浙江	Zhejiang	100	171	364	381	502	538	557
安徽	Anhui	84	59	188	200	257	341	379
福建	Fujian	69	70	154	223	243	216	270
江西	Jiangxi	73	44	226	269	291	400	367
山东	Shandong	136	155	542	503	614	640	634
河南	Henan	161	99	181	187	276	339	448
湖北	Hubei	112	146	339	284	288	280	266
湖南	Hunan	55	57	141	198	216	250	310
广东	Guangdong	174	264	993	751	976	826	668
广西	Guangxi	42	68	153	178	184	229	269
海南	Hainan	8	17	34	23	26	20	11
重庆	Chongqing		29	57	74	108	141	153
四川	Sichuan	183	146	310	363	421	442	411
贵州	Guizhou	94	145	203	166	74	158	152
云南	Yunnan	33	46	79	77	68	42	42
西藏	Tibet	7	2	6	3	2	2	2
陕西	Shaanxi	124	117	223	259	268	237	218
甘肃	Gansu	28	26	90	75	83	70	68
青海	Qinghai	7	11	11	20	16	10	6
宁夏	Ningxia	7	14	30	16	9	17	16
新疆	Xinjiang	7	6	20	27	32	26	24

4-25 新开工项目

Newly Started from Current Year

单位：个 (unit)

地区 Region		1996	2000	2003	2004	2005	2006	2007
全　国	**Total**	**1182**	**1640**	**3923**	**3718**	**4460**	**4435**	**4541**
东部地区	Eastern Region	672	943	2359	2119	2668	2540	2497
中部地区	Mid Region	321	384	1020	1049	1162	1243	1466
西部地区	Western Region	189	313	544	550	630	652	578
北　京	Beijing	24	58	35	33	26	22	22
天　津	Tianjin	56	62	52	72	44	35	77
河　北	Hebei	85	94	168	155	187	300	249
山　西	Shanxi	18	20	49	72	46	35	42
内蒙古	Neimenggu	21	11	46	59	49	33	44
辽　宁	Liaoning	32	85	186	186	216	224	237
吉　林	Jilin	19	43	123	130	150	169	188
黑龙江	Heilongjiang	22	57	99	96	86	55	50
上　海	Shanghai	124	80	38	71	65	57	40
江　苏	Jiangsu	130	139	575	400	564	554	641
浙　江	Zhejiang	34	94	198	188	285	263	275
安　徽	Anhui	51	41	153	132	155	204	243
福　建	Fujian	37	28	96	137	134	98	127
江　西	Jiangxi	38	19	129	145	152	144	199
山　东	Shandong	68	94	404	367	435	403	363
河　南	Henan	86	70	127	136	201	248	335
湖　北	Hubei	47	87	207	162	189	189	158
湖　南	Hunan	19	36	87	117	134	166	207
广　东	Guangdong	62	150	503	399	578	445	311
广　西	Guangxi	17	46	89	96	118	130	147
海　南	Hainan	3	13	15	15	16	9	8
重　庆	Chongqing		17	30	39	68	68	69
四　川	Sichuan	65	75	175	209	273	259	214
贵　州	Guizhou	42	118	99	56	47	105	96
云　南	Yunnan	11	14	41	34	31	15	23
西　藏	Tibet	6	2	4		2	1	1
陕　西	Shaanxi	43	62	111	136	115	128	112
甘　肃	Gansu	10	13	46	33	63	41	31
青　海	Qinghai	5	4	8	16	6	7	3
宁　夏	Ningxia	4	4	19	6	7	16	13
新　疆	Xinjiang	3	4	11	21	18	12	16

4-26 全部建成或投产项目
Projects Completed and Put into Use

单位：个 (unit)

地区	Region	1996	2000	2003	2004	2005	2006	2007
全　国	**Total**	**1186**	**1282**	**2420**	**2554**	**3158**	**3227**	**3399**
东部地区	Eastern Region	668	705	1381	1402	1912	1790	1854
中部地区	Mid Region	319	335	712	751	840	957	1109
西部地区	Western Region	199	242	327	401	406	480	436
北　京	Beijing	24	38	17	34	26	24	24
天　津	Tianjin	60	46	32	45	28	54	39
河　北	Hebei	72	61	82	109	136	192	221
山　西	Shanxi	16	13	29	38	45	35	29
内蒙古	Neimenggu	18	13	35	38	44	33	36
辽　宁	Liaoning	23	66	111	128	171	139	148
吉　林	Jilin	20	34	84	89	109	141	155
黑龙江	Heilongjiang	21	43	97	84	70	47	64
上　海	Shanghai	123	21	30	52	57	50	35
江　苏	Jiangsu	137	120	479	401	495	469	570
浙　江	Zhejiang	45	70	112	140	200	216	196
安　徽	Anhui	54	33	68	68	84	155	133
福　建	Fujian	40	22	55	58	88	39	44
江　西	Jiangxi	29	28	93	120	137	119	144
山　东	Shandong	68	79	214	178	224	262	215
河　南	Henan	68	53	78	108	146	203	297
湖　北	Hubei	70	91	174	139	120	125	130
湖　南	Hunan	23	27	54	67	85	99	121
广　东	Guangdong	51	134	199	176	412	253	272
广　西	Guangxi	20	43	41	73	70	85	87
海　南	Hainan	5	5	9	8	5	7	3
重　庆	Chongqing		14	21	28	40	45	59
四　川	Sichuan	75	66	90	158	129	210	174
贵　州	Guizhou	46	97	42	62	42	69	64
云　南	Yunnan	14	14	29	25	25	20	14
西　藏	Tibet	6	2	3	2	1	1	1
陕　西	Shaanxi	36	34	86	74	105	94	83
甘　肃	Gansu	14	7	25	29	29	10	16
青　海	Qinghai	3	2	4	5	14	7	3
宁　夏	Ningxia		5	18	6	8	11	9
新　疆	Xinjiang	5	1	9	12	13	13	13

4-27 项目建成投产率

Rate of Projects Completed and Put into Use

单位：% (%)

地 区	Region	1996	2000	2003	2004	2005	2006	2007
全 国	**Total**	**47.31**	**46.89**	**37.60**	**40.32**	**44.51**	**42.99**	**43.64**
东部地区	Eastern Region	48.94	45.51	36.08	39.37	45.91	41.82	41.77
中部地区	Mid Region	48.93	52.10	45.09	44.36	45.43	45.97	49.11
西部地区	Western Region	40.61	44.65	31.78	37.13	37.56	41.92	39.93
北 京	Beijing	25.26	34.23	21.25	39.08	36.11	32.88	34.78
天 津	Tianjin	77.92	55.42	36.36	45.45	36.84	60.67	34.82
河 北	Hebei	53.73	44.20	39.05	50.23	54.18	54.24	62.25
山 西	Shanxi	47.06	36.11	37.18	36.89	38.79	44.30	35.37
内蒙古	Neimenggu	52.94	56.52	46.05	43.68	61.11	63.46	66.67
辽 宁	Liaoning	29.11	50.00	43.02	48.67	58.97	45.28	47.90
吉 林	Jilin	43.48	35.42	45.16	42.79	54.50	59.24	62.00
黑龙江	Heilongjiang	39.62	51.81	59.15	53.50	52.63	45.63	62.75
上 海	Shanghai	50.83	15.67	21.13	38.81	44.88	42.37	35.71
江 苏	Jiangsu	65.55	58.25	59.14	57.12	61.57	53.91	52.44
浙 江	Zhejiang	45.00	40.94	30.77	36.75	39.84	40.15	35.19
安 徽	Anhui	64.29	55.93	36.17	34.00	32.68	45.45	35.09
福 建	Fujian	57.97	31.43	35.71	26.01	36.21	18.06	16.30
江 西	Jiangxi	39.73	63.64	41.15	44.61	47.08	29.75	39.24
山 东	Shandong	50.00	50.97	39.48	35.39	36.48	40.94	33.91
河 南	Henan	42.24	53.54	43.09	57.75	52.90	59.88	66.29
湖 北	Hubei	62.50	62.33	51.33	48.94	41.67	44.64	48.87
湖 南	Hunan	41.82	47.37	38.30	33.84	39.35	39.60	39.03
广 东	Guangdong	29.31	50.76	20.04	23.44	42.21	30.63	40.72
广 西	Guangxi	47.62	63.24	26.80	41.01	38.04	37.12	32.34
海 南	Hainan	62.50	29.41	26.47	34.78	19.23	35.00	27.27
重 庆	Chongqing		48.28	36.84	37.84	37.04	31.91	38.56
四 川	Sichuan	40.98	45.21	29.03	43.53	30.64	47.51	42.34
贵 州	Guizhou	48.94	66.90	20.69	37.35	56.76	43.67	42.11
云 南	Yunnan	42.42	30.43	36.71	32.47	36.76	47.62	33.33
西 藏	Tibet	85.71	100.00	50.00	66.67	50.00	50.00	50.00
陕 西	Shaanxi	29.03	29.06	38.57	28.57	39.18	39.66	38.07
甘 肃	Gansu	50.00	26.92	27.78	38.67	34.94	14.29	23.53
青 海	Qinghai	42.86	18.18	36.36	25.00	87.50	70.00	50.00
宁 夏	Ningxia		35.71	60.00	37.50	88.89	64.71	56.25
新 疆	Xinjiang	71.43	16.67	45.00	44.44	40.63	50.00	54.17

4-28 投 资 额

Investment

单位：亿元 (100 million yuan)

地 区	Region	1996	2000	2003	2004	2005	2006	2007
全 国	**Total**	**306.60**	**562.95**	**1423.13**	**1790.49**	**2144.09**	**2761.02**	**3388.35**
东部地区	Eastern Region	209.25	398.10	1023.85	1259.01	1513.21	1947.65	2275.38
中部地区	Mid Region	55.13	90.03	251.01	352.03	411.88	550.34	768.12
西部地区	Western Region	42.22	74.82	148.26	179.46	219.00	263.03	344.85
北 京	Beijing	22.44	24.49	24.14	108.53	84.10	56.63	38.37
天 津	Tianjin	27.30	53.88	43.32	66.98	58.04	65.13	85.93
河 北	Hebei	23.81	13.89	35.50	42.04	66.81	79.97	101.40
山 西	Shanxi	1.38	2.97	12.73	36.19	32.81	40.34	60.84
内蒙古	Neimenggu	1.33	1.87	13.75	35.41	30.40	14.48	22.19
辽 宁	Liaoning	6.55	18.15	44.76	47.80	75.16	103.08	155.62
吉 林	Jilin	3.00	16.27	37.48	56.64	57.22	85.50	105.51
黑龙江	Heilongjiang	10.03	15.51	36.57	31.47	43.47	34.51	43.47
上 海	Shanghai	40.90	85.53	148.72	209.72	126.80	150.77	176.40
江 苏	Jiangsu	20.39	32.70	260.42	265.51	400.16	584.74	761.20
浙 江	Zhejiang	6.11	19.60	67.35	79.41	102.78	117.50	145.48
安 徽	Anhui	3.77	5.55	26.53	26.46	32.92	49.15	69.94
福 建	Fujian	6.55	12.08	47.43	44.13	51.04	64.90	92.51
江 西	Jiangxi	4.10	2.36	29.87	45.31	69.88	116.77	147.81
山 东	Shandong	18.22	23.99	107.07	136.31	198.56	268.64	261.31
河 南	Henan	19.47	12.69	25.36	41.91	52.43	86.78	122.34
湖 北	Hubei	6.95	15.53	48.02	46.96	53.96	68.31	118.17
湖 南	Hunan	5.10	17.29	20.69	31.68	38.79	54.51	77.85
广 东	Guangdong	35.42	108.63	222.57	235.70	318.29	422.74	420.62
广 西	Guangxi	0.87	2.05	16.99	19.06	24.12	31.08	35.34
海 南	Hainan	0.70	3.11	5.59	3.80	7.33	2.46	1.21
重 庆	Chongqing		3.21	8.33	13.06	28.30	41.28	67.09
四 川	Sichuan	22.07	31.05	53.15	69.87	99.58	121.17	171.43
贵 州	Guizhou	3.53	6.31	22.49	20.97	10.36	15.68	17.97
云 南	Yunnan	1.35	1.24	10.07	8.26	12.94	9.78	4.03
西 藏	Tibet	0.06	0.07	0.65	0.25	0.22	0.12	0.07
陕 西	Shaanxi	12.31	28.23	33.64	46.63	49.31	56.91	62.69
甘 肃	Gansu	1.92	2.98	9.31	6.50	10.48	7.86	8.32
青 海	Qinghai	0.33	0.30	1.97	5.14	2.28	1.23	1.64
宁 夏	Ningxia	0.49	1.22	6.96	5.89	1.59	5.45	8.67
新 疆	Xinjiang	0.16	0.19	1.70	2.89	3.94	3.55	2.93

4-29 新增固定资产

Newly Increased Fixed Assets

单位：亿元 (100 million yuan)

地区	Region	1996	2000	2003	2004	2005	2006	2007
全　国	**Total**	**238.89**	**421.02**	**939.43**	**1196.76**	**1463.88**	**1898.28**	**2071.33**
东部地区	Eastern Region	151.43	299.64	678.45	848.00	1085.55	1393.02	1448.21
中部地区	Mid Region	55.00	67.49	169.01	220.54	273.50	375.06	463.48
西部地区	Western Region	32.47	53.88	91.96	128.22	104.83	130.21	159.64
北　京	Beijing	19.53	15.89	11.12	19.24	104.89	63.31	45.68
天　津	Tianjin	4.29	20.54	24.69	28.57	28.05	51.79	36.27
河　北	Hebei	13.49	10.50	16.66	26.06	44.15	43.94	67.49
山　西	Shanxi	1.43	1.69	7.46	13.30	16.81	40.74	41.73
内蒙古	Neimenggu	1.68	0.67	7.66	19.91	19.84	26.84	17.88
辽　宁	Liaoning	4.59	13.89	25.45	37.05	42.76	41.17	74.76
吉　林	Jilin	2.66	11.46	23.87	39.84	32.38	54.25	83.88
黑龙江	Heilongjiang	4.24	17.06	42.69	22.12	38.84	27.12	40.81
上　海	Shanghai	32.38	66.19	109.77	228.31	68.14	136.02	102.58
江　苏	Jiangsu	18.08	28.76	169.02	184.62	367.60	513.94	533.50
浙　江	Zhejiang	5.70	16.47	49.76	59.26	59.04	63.01	66.26
安　徽	Anhui	1.96	3.80	14.80	19.01	20.13	29.86	36.16
福　建	Fujian	7.56	7.05	43.30	34.98	30.26	26.27	50.94
江　西	Jiangxi	2.18	2.23	17.38	30.41	46.54	60.35	66.17
山　东	Shandong	13.45	21.40	66.54	72.23	102.31	147.52	133.02
河　南	Henan	24.37	5.32	14.79	23.85	32.96	59.45	88.08
湖　北	Hubei	6.94	10.78	31.71	30.37	35.61	49.47	47.84
湖　南	Hunan	9.56	14.48	8.65	21.75	30.39	26.98	40.94
广　东	Guangdong	30.60	96.50	147.10	145.14	226.05	290.18	318.82
广　西	Guangxi	1.24	1.56	11.58	10.94	9.63	14.35	18.34
海　南	Hainan	0.51	0.89	3.48	1.59	2.68	1.50	0.57
重　庆	Chongqing		1.50	4.64	7.04	9.88	17.40	46.59
四　川	Sichuan	13.30	28.93	31.09	44.03	33.00	53.86	41.92
贵　州	Guizhou	5.49	4.91	14.99	18.01	10.40	10.61	12.76
云　南	Yunnan	1.05	1.17	5.20	5.57	5.50	4.15	2.72
西　藏	Tibet	0.05	0.07	0.30	0.47	0.22	0.05	0.03
陕　西	Shaanxi	10.59	13.66	24.01	34.17	33.24	38.70	38.90
甘　肃	Gansu	1.44	2.75	4.59	5.65	4.72	1.02	4.54
青　海	Qinghai	0.28	0.24	0.76	1.61	3.12	0.91	1.51
宁　夏	Ningxia	0.11	0.45	5.11	8.67	1.59	0.52	8.36
新　疆	Xinjiang	0.15	0.20	1.29	3.01	3.17	2.99	2.32

4-30 固定资产交付使用率

Rate of Fixed Assets Put into Use

单位：%　　(%)

地区	Region	1996	2000	2003	2004	2005	2006	2007
全　国	**Total**	**77.92**	**74.79**	**66.01**	**66.84**	**68.28**	**68.75**	**61.13**
东部地区	Eastern Region	72.37	75.27	66.26	67.35	71.74	71.52	63.65
中部地区	Mid Region	99.76	74.96	67.33	62.65	66.40	68.15	60.34
西部地区	Western Region	76.91	72.02	62.03	71.45	47.87	49.50	46.29
北　京	Beijing	87.06	64.87	46.06	17.73	124.72	111.80	119.05
天　津	Tianjin	15.72	38.12	56.99	42.65	48.33	79.52	42.21
河　北	Hebei	56.64	75.60	46.93	61.99	66.08	54.95	66.56
山　西	Shanxi	103.26	56.88	58.60	36.75	51.23	100.99	68.59
内蒙古	Neimenggu	126.29	35.79	55.71	56.23	65.26	185.36	80.58
辽　宁	Liaoning	70.20	76.52	56.86	77.51	56.89	39.94	48.04
吉　林	Jilin	88.54	70.46	63.69	70.34	56.59	63.45	79.50
黑龙江	Heilongjiang	42.23	109.97	116.74	70.29	89.35	78.59	93.88
上　海	Shanghai	79.17	77.39	73.81	108.86	53.74	90.22	58.15
江　苏	Jiangsu	88.68	87.94	64.90	69.53	91.86	87.89	70.09
浙　江	Zhejiang	93.19	84.07	73.88	74.63	57.44	53.63	45.55
安　徽	Anhui	51.83	68.51	55.79	71.84	61.15	60.75	51.70
福　建	Fujian	115.44	58.37	91.29	79.27	59.29	40.48	55.06
江　西	Jiangxi	53.15	94.49	58.19	67.12	66.60	51.68	44.77
山　东	Shandong	73.82	89.19	62.15	52.99	51.53	54.91	50.91
河　南	Henan	125.18	41.89	58.32	56.91	62.86	68.51	72.00
湖　北	Hubei	99.83	69.44	66.03	64.67	65.99	72.42	40.48
湖　南	Hunan	187.55	83.77	41.81	68.66	78.34	49.50	52.59
广　东	Guangdong	86.40	88.83	66.09	61.58	71.02	68.64	75.80
广　西	Guangxi	143.46	76.39	68.16	57.40	39.93	46.17	51.90
海　南	Hainan	72.09	28.59	62.25	41.84	36.56	60.98	47.11
重　庆	Chongqing		46.77	55.70	53.91	34.91	42.15	69.44
四　川	Sichuan	60.28	93.15	58.49	63.02	33.14	44.45	24.45
贵　州	Guizhou	155.46	77.83	66.65	85.88	100.39	67.67	71.01
云　南	Yunnan	77.40	93.62	51.64	67.43	42.50	42.43	67.49
西　藏	Tibet	85.84	100.00	46.15	188.00	100.00	41.67	42.86
陕　西	Shaanxi	85.97	48.40	71.37	73.28	67.41	68.00	62.05
甘　肃	Gansu	75.21	92.34	49.30	86.92	45.04	12.98	54.57
青　海	Qinghai	86.17	79.16	38.58	31.32	136.84	73.98	92.07
宁　夏	Ningxia	22.76	37.21	73.42	147.20	100.00	9.54	96.42
新　疆	Xinjiang	98.01	104.96	75.88	104.15	80.46	84.23	79.18

4-31 医药制造业施工项目

Projects under Construction of Medical and Pharmaceutical Products Manufacturing

单位：个 (unit)

地 区	Region	1996	2000	2003	2004	2005	2006	2007
全 国	**Total**	**1041**	**1261**	**3171**	**3219**	**3201**	**3291**	**3183**
东部地区	Eastern Region	602	691	1439	1387	1411	1439	1381
中部地区	Mid Region	313	392	1084	1163	1136	1258	1227
西部地区	Western Region	126	178	648	669	654	594	575
北 京	Beijing	17	26	44	43	37	31	28
天 津	Tianjin	54	44	41	52	29	20	34
河 北	Hebei	101	99	149	138	157	191	173
山 西	Shanxi	16	13	63	78	55	48	48
内蒙古	Neimenggu	10	13	68	71	57	39	39
辽 宁	Liaoning	33	41	133	136	135	128	103
吉 林	Jilin	28	81	164	182	153	165	181
黑龙江	Heilongjiang	22	42	97	94	92	80	63
上 海	Shanghai	76	73	55	47	43	32	16
江 苏	Jiangsu	78	88	172	165	164	187	217
浙 江	Zhejiang	57	108	191	190	192	185	181
安 徽	Anhui	49	31	113	128	139	162	151
福 建	Fujian	16	29	55	71	65	53	62
江 西	Jiangxi	33	16	137	151	164	252	174
山 东	Shandong	69	73	254	226	294	301	291
河 南	Henan	90	63	124	136	175	229	279
湖 北	Hubei	45	94	217	182	164	160	150
湖 南	Hunan	20	39	101	141	137	123	142
广 东	Guangdong	73	53	207	150	141	152	135
广 西	Guangxi	21	44	118	150	130	141	131
海 南	Hainan	7	13	20	19	24	18	10
重 庆	Chongqing		16	47	58	77	80	78
四 川	Sichuan	59	64	200	237	254	226	227
贵 州	Guizhou	7	14	107	87	62	70	76
云 南	Yunnan	18	24	75	73	61	38	34
西 藏	Tibet	7	2	6	3	2	2	2
陕 西	Shaanxi	14	22	116	122	96	88	82
甘 肃	Gansu	9	14	52	32	51	46	45
青 海	Qinghai	5	11	10	20	16	8	5
宁 夏	Ningxia	2	5	15	10	8	13	9
新 疆	Xinjiang	5	6	20	27	27	23	17

4-32 医药制造业新开工项目

Newly Started from Current Year in Construction of Medical and Pharmaceutical Products Manufacturing

单位：个 (unit)

地 区	Region	1996	2000	2003	2004	2005	2006	2007
全 国	**Total**	**559**	**774**	**2019**	**1888**	**1983**	**1926**	**1904**
东部地区	Eastern Region	339	430	909	792	866	855	793
中部地区	Mid Region	176	246	736	725	713	740	771
西部地区	Western Region	44	98	374	371	404	331	340
北 京	Beijing	7	11	20	17	16	6	10
天 津	Tianjin	44	36	23	38	16	8	25
河 北	Hebei	66	63	120	88	119	160	120
山 西	Shanxi	9	10	41	48	27	29	23
内蒙古	Neimenggu	6	3	41	45	38	27	32
辽 宁	Liaoning	18	34	104	100	91	94	77
吉 林	Jilin	13	36	106	109	107	112	135
黑龙江	Heilongjiang	11	31	74	61	64	44	29
上 海	Shanghai	54	41	5	22	22	16	7
江 苏	Jiangsu	52	64	121	92	120	117	131
浙 江	Zhejiang	20	53	106	87	99	95	89
安 徽	Anhui	31	19	88	82	87	99	81
福 建	Fujian	7	11	37	39	38	21	32
江 西	Jiangxi	19	9	93	80	86	74	75
山 东	Shandong	33	47	188	154	185	191	175
河 南	Henan	58	51	91	104	128	176	216
湖 北	Hubei	22	61	138	114	108	110	86
湖 南	Hunan	7	26	64	82	68	69	94
广 东	Guangdong	26	31	109	60	73	68	58
广 西	Guangxi	10	29	65	80	71	70	62
海 南	Hainan	2	10	11	15	16	9	7
重 庆	Chongqing		8	23	30	48	27	32
四 川	Sichuan	14	37	119	130	168	121	133
贵 州	Guizhou	3	8	62	38	37	46	55
云 南	Yunnan	6	10	37	33	27	14	18
西 藏	Tibet	6	2	4		2	1	1
陕 西	Shaanxi	6	15	72	81	51	67	56
甘 肃	Gansu	2	8	27	17	44	29	23
青 海	Qinghai	4	4	7	16	6	5	3
宁 夏	Ningxia		2	12	5	6	12	7
新 疆	Xinjiang	3	4	11	21	15	9	12

4-33 医药制造业全部建成或投产项目
Projects Completed and Put into Use of Medical and Pharmaceutical Products Manufacturing

单位：个 (unit)

地区 Region		1996	2000	2003	2004	2005	2006	2007
全国	**Total**	**535**	**602**	**1217**	**1386**	**1457**	**1460**	**1454**
东部地区	Eastern Region	310	338	507	597	624	630	583
中部地区	Mid Region	170	199	490	523	556	552	624
西部地区	Western Region	55	65	220	266	277	278	247
北京	Beijing	1	8	11	14	15	11	12
天津	Tianjin	47	28	11	26	11	10	17
河北	Hebei	55	44	42	73	90	115	103
山西	Shanxi	6	4	22	35	25	17	17
内蒙古	Neimenggu	3	6	29	33	37	23	27
辽宁	Liaoning	4	25	65	70	77	60	49
吉林	Jilin	13	28	71	76	85	95	105
黑龙江	Heilongjiang	15	20	59	49	49	39	44
上海	Shanghai	50	9	10	22	21	17	7
江苏	Jiangsu	55	61	88	96	90	96	113
浙江	Zhejiang	29	46	59	74	85	67	61
安徽	Anhui	33	15	33	45	46	59	40
福建	Fujian	5	14	19	22	25	11	19
江西	Jiangxi	13	6	56	70	91	55	71
山东	Shandong	30	43	94	82	99	125	84
河南	Henan	45	38	59	81	98	145	187
湖北	Hubei	32	61	123	99	72	76	79
湖南	Hunan	10	21	38	35	53	43	54
广东	Guangdong	15	29	68	50	57	48	67
广西	Guangxi	14	28	32	61	49	63	48
海南	Hainan	5	3	8	7	5	7	3
重庆	Chongqing		10	15	24	29	30	29
四川	Sichuan	22	30	61	96	84	122	108
贵州	Guizhou	4	4	28	37	36	33	36
云南	Yunnan	6	3	28	24	24	18	12
西藏	Tibet	6	2	3	2	1	1	1
陕西	Shaanxi	4	7	52	47	56	42	34
甘肃	Gansu	6	3	13	13	15	5	10
青海	Qinghai	3	2	3	5	14	6	2
宁夏	Ningxia		3	8	6	7	8	5
新疆	Xinjiang	4	1	9	12	11	13	10

4-34 医药制造业项目建成投产率

Rate of Projects Completed and Put into Use of Medical and Pharmaceutical Products Manufacturing

单位：% (%)

地 区 Region		1996	2000	2003	2004	2005	2006	2007
全　国	**Total**	**51.39**	**47.74**	**38.38**	**43.06**	**45.52**	**44.36**	**45.68**
东部地区	Eastern Region	51.50	48.91	35.23	43.04	44.22	43.78	42.22
中部地区	Mid Region	54.31	50.77	45.20	44.97	48.94	43.88	50.86
西部地区	Western Region	43.65	36.52	33.95	39.76	42.35	46.80	42.96
北　京	Beijing	5.88	30.77	25.00	32.56	40.54	35.48	42.86
天　津	Tianjin	87.04	63.64	26.83	50.00	37.93	50.00	50.00
河　北	Hebei	54.46	44.44	28.19	52.90	57.32	60.21	59.54
山　西	Shanxi	37.50	30.77	34.92	44.87	45.45	35.42	35.42
内蒙古	Neimenggu	30.00	46.15	42.65	46.48	64.91	58.97	69.23
辽　宁	Liaoning	12.12	60.98	48.87	51.47	57.04	46.88	47.57
吉　林	Jilin	46.43	34.57	43.29	41.76	55.56	57.58	58.01
黑龙江	Heilongjiang	68.18	47.62	60.82	52.13	53.26	48.75	69.84
上　海	Shanghai	65.79	12.33	18.18	46.81	48.84	53.13	43.75
江　苏	Jiangsu	70.51	69.32	51.16	58.18	54.88	51.34	52.07
浙　江	Zhejiang	50.88	42.59	30.89	38.95	44.27	36.22	33.70
安　徽	Anhui	67.35	48.39	29.20	35.16	33.09	36.42	26.49
福　建	Fujian	31.25	48.28	34.55	30.99	38.46	20.75	30.65
江　西	Jiangxi	39.39	37.50	40.88	46.36	55.49	21.83	40.80
山　东	Shandong	43.48	58.90	37.01	36.28	33.67	41.53	28.87
河　南	Henan	50.00	60.32	47.58	59.56	56.00	63.32	67.03
湖　北	Hubei	71.11	64.89	56.68	54.40	43.90	47.50	52.67
湖　南	Hunan	50.00	53.85	37.62	24.82	38.69	34.96	38.03
广　东	Guangdong	20.55	54.72	32.85	33.33	40.43	31.58	49.63
广　西	Guangxi	66.67	63.64	27.12	40.67	37.69	44.68	36.64
海　南	Hainan	71.43	23.08	40.00	36.84	20.83	38.89	30.00
重　庆	Chongqing		62.50	31.91	41.38	37.66	37.50	37.18
四　川	Sichuan	37.29	46.88	30.50	40.51	33.07	53.98	47.58
贵　州	Guizhou	57.14	28.57	26.17	42.53	58.06	47.14	47.37
云　南	Yunnan	33.33	12.50	37.33	32.88	39.34	47.37	35.29
西　藏	Tibet	85.71	100.00	50.00	66.67	50.00	50.00	50.00
陕　西	Shaanxi	28.57	31.82	44.83	38.52	58.33	47.73	41.46
甘　肃	Gansu	66.67	21.43	25.00	40.63	29.41	10.87	22.22
青　海	Qinghai	60.00	18.18	30.00	25.00	87.50	75.00	40.00
宁　夏	Ningxia		60.00	53.33	60.00	87.50	61.54	55.56
新　疆	Xinjiang	80.00	16.67	45.00	44.44	40.74	56.52	58.82

4-35 医药制造业投资额

Investment of Medical and Pharmaceutical Products Manufacturing

单位：亿元 (100 million yuan)

地区	Region	1996	2000	2003	2004	2005	2006	2007
全　国	**Total**	**74.05**	**133.62**	**501.45**	**594.45**	**696.05**	**759.92**	**843.49**
东部地区	Eastern Region	43.73	80.96	242.37	252.20	340.77	348.62	382.53
中部地区	Mid Region	20.58	37.81	171.08	232.98	242.82	309.59	342.94
西部地区	Western Region	9.74	14.84	88.00	109.27	112.47	101.70	118.02
北　京	Beijing	2.19	5.67	7.36	6.59	6.47	2.75	5.34
天　津	Tianjin	1.85	5.79	15.09	13.52	11.87	9.43	12.59
河　北	Hebei	13.14	9.44	24.78	29.84	45.89	41.75	41.52
山　西	Shanxi	1.01	1.13	11.99	21.79	11.92	11.44	8.28
内蒙古	Neimenggu	0.59	1.76	12.13	27.81	17.45	8.21	18.09
辽　宁	Liaoning	1.43	4.71	18.37	22.81	27.18	31.13	35.49
吉　林	Jilin	1.14	10.60	31.74	46.53	43.75	58.47	69.73
黑龙江	Heilongjiang	2.95	4.78	19.77	20.62	21.80	22.34	18.75
上　海	Shanghai	8.39	10.34	15.95	11.67	10.28	7.14	2.25
江　苏	Jiangsu	3.16	11.80	32.36	30.06	46.28	58.10	72.93
浙　江	Zhejiang	2.89	10.32	30.35	28.09	41.04	42.60	38.70
安　徽	Anhui	2.75	3.53	17.23	16.05	18.39	21.43	25.48
福　建	Fujian	0.60	2.77	6.55	10.04	9.66	9.87	12.51
江　西	Jiangxi	1.91	0.64	18.22	21.09	36.88	56.99	62.09
山　东	Shandong	4.83	7.68	50.23	57.33	90.07	94.20	110.80
河　南	Henan	6.43	4.63	16.25	29.22	40.86	66.97	69.51
湖　北	Hubei	3.11	8.77	28.76	25.48	26.56	36.40	41.73
湖　南	Hunan	0.69	1.98	14.98	24.38	25.19	27.34	29.29
广　东	Guangdong	4.18	8.50	26.95	22.99	31.08	31.75	32.68
广　西	Guangxi	0.39	1.07	11.60	15.96	13.85	17.92	16.71
海　南	Hainan	0.68	2.88	2.78	3.31	7.09	1.98	1.01
重　庆	Chongqing		2.14	7.08	9.78	16.96	15.21	18.57
四　川	Sichuan	5.40	5.80	28.40	40.55	51.69	43.69	50.84
贵　州	Guizhou	0.22	1.13	11.19	13.03	7.52	6.91	9.90
云　南	Yunnan	1.18	0.56	9.80	7.70	9.27	5.85	3.33
西　藏	Tibet	0.06	0.07	0.65	0.25	0.22	0.12	0.07
陕　西	Shaanxi	1.00	3.62	15.87	21.00	15.19	14.75	17.95
甘　肃	Gansu	1.06	0.75	5.80	3.27	4.59	5.59	6.48
青　海	Qinghai	0.31	0.30	1.96	5.14	2.28	1.18	1.62
宁　夏	Ningxia	0.40	0.28	5.55	5.65	1.54	5.21	7.45
新　疆	Xinjiang	0.11	0.19	1.70	2.89	3.20	3.20	1.81

4-36 医药制造业新增固定资产

Newly Increased Fixed Assets of Medical and Pharmaceutical Products Manufacturing

单位：亿元 (100 million yuan)

地 区	Region	1996	2000	2003	2004	2005	2006	2007
全 国	**Total**	**55.95**	**105.05**	**305.94**	**390.64**	**442.20**	**489.93**	**528.88**
东部地区	Eastern Region	34.73	69.94	149.06	159.39	215.29	225.91	225.55
中部地区	Mid Region	16.47	24.83	108.05	154.59	166.50	204.84	238.51
西部地区	Western Region	4.75	10.28	48.83	76.66	60.42	59.17	64.82
北 京	Beijing	0.68	4.94	3.47	2.98	9.30	3.75	3.68
天 津	Tianjin	0.41	4.56	5.02	5.20	7.29	7.95	2.61
河 北	Hebei	9.87	5.84	11.37	19.71	31.31	27.36	30.35
山 西	Shanxi	0.91	0.33	6.60	12.25	11.09	12.58	5.83
内蒙古	Neimenggu	0.70	0.58	5.95	18.18	17.73	8.21	15.16
辽 宁	Liaoning	0.86	3.26	10.62	16.27	18.51	17.07	23.83
吉 林	Jilin	0.79	7.27	20.40	33.06	23.61	33.68	46.98
黑龙江	Heilongjiang	1.32	4.21	16.77	15.16	16.42	17.53	18.76
上 海	Shanghai	8.24	15.53	17.62	9.88	8.26	7.09	2.22
江 苏	Jiangsu	4.66	11.99	18.10	24.57	35.66	41.34	43.87
浙 江	Zhejiang	3.18	6.65	21.86	18.70	19.56	23.24	21.24
安 徽	Anhui	1.26	2.47	10.42	11.71	9.61	11.77	13.10
福 建	Fujian	0.31	1.38	4.79	5.78	6.77	5.34	3.99
江 西	Jiangxi	0.76	0.45	11.15	13.85	25.23	31.74	34.88
山 东	Shandong	2.62	8.21	29.57	31.77	53.77	60.98	51.73
河 南	Henan	4.85	3.10	10.62	19.00	24.56	45.37	56.07
湖 北	Hubei	4.08	5.15	21.01	19.32	19.21	30.20	31.83
湖 南	Hunan	1.79	1.27	5.15	12.05	19.04	13.75	15.89
广 东	Guangdong	2.83	6.15	15.88	13.62	16.51	20.61	29.30
广 西	Guangxi	0.57	0.71	9.24	9.62	5.88	9.69	12.37
海 南	Hainan	0.51	0.71	1.52	1.30	2.45	1.50	0.37
重 庆	Chongqing		1.04	2.99	5.98	6.67	10.58	9.97
四 川	Sichuan	2.74	3.86	16.05	25.11	16.45	23.79	18.81
贵 州	Guizhou	0.10	1.13	5.54	7.75	7.89	5.48	7.00
云 南	Yunnan	0.79	0.38	5.17	5.45	5.05	3.93	2.57
西 藏	Tibet	0.05	0.07	0.30	0.47	0.22	0.05	0.03
陕 西	Shaanxi	0.12	2.72	11.38	15.70	14.88	10.88	12.65
甘 肃	Gansu	0.54	0.57	2.81	3.05	1.74	0.25	2.63
青 海	Qinghai	0.28	0.24	0.75	1.61	3.12	0.88	1.47
宁 夏	Ningxia	0.04	0.07	2.55	8.54	1.54	0.35	7.83
新 疆	Xinjiang	0.09	0.20	1.29	3.01	2.87	2.99	1.85

4-37 医药制造业固定资产交付使用率

Rate of Fixed Assets Put into Use of Medical and Pharmaceutical Products Manufacturing

单位：%　　(%)

地区 Region		1996	2000	2003	2004	2005	2006	2007
全　国	**Total**	**75.56**	**78.62**	**61.01**	**65.71**	**63.53**	**64.47**	**62.70**
东部地区	Eastern Region	79.43	86.38	61.50	63.20	63.18	64.80	58.96
中部地区	Mid Region	80.03	65.67	63.16	66.35	68.57	66.16	69.55
西部地区	Western Region	48.76	69.26	55.49	70.16	53.72	58.18	54.92
北　京	Beijing	31.27	87.18	47.15	45.22	143.74	136.36	68.91
天　津	Tianjin	22.31	78.72	33.27	38.46	61.42	84.31	20.73
河　北	Hebei	75.17	61.82	45.88	66.05	68.23	65.53	73.10
山　西	Shanxi	90.50	29.12	55.05	56.22	93.04	109.97	70.41
内蒙古	Neimenggu	118.61	33.10	49.05	65.37	101.60	100.00	83.80
辽　宁	Liaoning	60.25	69.18	57.81	71.33	68.10	54.83	67.15
吉　林	Jilin	69.47	68.59	64.27	71.05	53.97	57.60	67.37
黑龙江	Heilongjiang	44.70	88.11	84.83	73.52	75.32	78.47	100.05
上　海	Shanghai	98.17	150.27	110.47	84.66	80.35	99.30	98.67
江　苏	Jiangsu	147.12	101.67	55.93	81.74	77.05	71.15	60.15
浙　江	Zhejiang	110.20	64.48	72.03	66.57	47.66	54.55	54.88
安　徽	Anhui	45.98	69.90	60.48	72.96	52.26	54.92	51.41
福　建	Fujian	50.92	49.92	73.13	57.57	70.08	54.10	31.89
江　西	Jiangxi	40.02	69.62	61.20	65.67	68.41	55.69	56.18
山　东	Shandong	54.17	106.95	58.87	55.42	59.70	64.73	46.69
河　南	Henan	75.39	66.95	65.35	65.02	60.11	67.75	80.66
湖　北	Hubei	131.21	58.77	73.05	75.82	72.33	82.97	76.28
湖　南	Hunan	259.99	64.43	34.38	49.43	75.59	50.29	54.25
广　东	Guangdong	67.68	72.43	58.92	59.24	53.12	64.91	89.66
广　西	Guangxi	145.54	65.70	79.66	60.28	42.45	54.07	74.03
海　南	Hainan	74.20	24.62	54.68	39.27	34.56	75.76	36.63
重　庆	Chongqing		48.58	42.23	61.15	39.33	69.56	53.69
四　川	Sichuan	50.82	66.59	56.51	61.92	31.82	54.45	37.00
贵　州	Guizhou	46.17	99.74	49.51	59.48	104.92	79.31	70.71
云　南	Yunnan	66.50	68.49	52.76	70.78	54.48	67.18	77.18
西　藏	Tibet	85.84	100.00	46.15	188.00	100.00	41.67	42.86
陕　西	Shaanxi	11.78	75.11	71.71	74.76	97.96	73.76	70.47
甘　肃	Gansu	51.31	76.82	48.45	93.27	37.91	4.47	40.59
青　海	Qinghai	89.32	79.16	38.27	31.32	136.84	74.58	90.74
宁　夏	Ningxia	9.40	22.93	45.95	151.15	100.00	6.72	105.10
新　疆	Xinjiang	81.39	104.96	75.88	104.15	89.69	93.44	102.21

4-38 航空航天制造业施工项目

Projects under Construction of Aircraft and Spacecraft Manufacturing

单位：个 (unit)

地 区	Region	1996	2000	2003	2004	2005	2006	2007
全 国	**Total**	**370**	**331**	**292**	**275**	**181**	**231**	**247**
东部地区	Eastern Region	91	62	53	37	34	38	38
中部地区	Mid Region	110	98	104	101	66	39	69
西部地区	Western Region	169	171	135	137	81	154	140
北 京	Beijing	13	7	4	6	5	10	5
天 津	Tianjin		2		1		2	3
河 北	Hebei	3	1	1	1	4	2	2
山 西	Shanxi	5	6	3			3	2
内 蒙 古	Neimenggu	15	8	3	2	4	1	
辽 宁	Liaoning	15	34	25	13	10	10	10
吉 林	Jilin			2	3	3	6	9
黑 龙 江	Heilongjiang	18	36	50	44	25	4	20
上 海	Shanghai	50	6	2		2		4
江 苏	Jiangsu	9	10	16	12	8	9	8
浙 江	Zhejiang							1
安 徽	Anhui	10	3	1	1	2	2	
福 建	Fujian	1	1	1	1	2	1	1
江 西	Jiangxi	8	17	12	10	11	13	12
山 东	Shandong		1	1	3	3	3	3
河 南	Henan	26	13	9	8	8	3	10
湖 北	Hubei	16	12	13	13	11	5	9
湖 南	Hunan	12	3	11	20	2	2	7
广 东	Guangdong			3				1
广 西	Guangxi						1	
海 南	Hainan							
重 庆	Chongqing		2	2	1	1	2	3
四 川	Sichuan	27	11	16	15	14	18	13
贵 州	Guizhou	72	117	70	61	1	55	57
云 南	Yunnan							
西 藏	Tibet							
陕 西	Shaanxi	69	39	45	58	63	78	66
甘 肃	Gansu	1	2	2	2	2	1	1
青 海	Qinghai							
宁 夏	Ningxia							
新 疆	Xinjiang							

4-39 航空航天制造业新开工项目

Newly Started from Current Year in Construction of Aircraft and Spacecraft Manufacturing

单位：个 (unit)

地 区	Region	1996	2000	2003	2004	2005	2006	2007
全 国	**Total**	**144**	**196**	**88**	**96**	**68**	**102**	**111**
东部地区	Eastern Region	33	31	15	15	18	21	17
中部地区	Mid Region	51	48	37	56	29	16	39
西部地区	Western Region	60	117	36	25	21	65	55
北 京	Beijing	2	2		2		1	
天 津	Tianjin		1		1		1	1
河 北	Hebei			1	1	4	1	1
山 西	Shanxi	1	1	2			1	1
内 蒙 古	Neimenggu	10	6		1	3		
辽 宁	Liaoning	4	20	6	3	5	7	6
吉 林	Jilin			2	3	3	5	9
黑 龙 江	Heilongjiang	6	24	15	24	12		11
上 海	Shanghai	22	4					3
江 苏	Jiangsu	5	3	6	4	5	7	2
浙 江	Zhejiang							1
安 徽	Anhui	4	1	1			2	
福 建	Fujian				1	1		
江 西	Jiangxi	4	4		2	7	4	4
山 东	Shandong		1		3	3	3	2
河 南	Henan	11	3	4	5	3	1	2
湖 北	Hubei	11	8	9	7	1	2	7
湖 南	Hunan	4	1	4	14		1	5
广 东	Guangdong			2				1
广 西	Guangxi						1	
海 南	Hainan							
重 庆	Chongqing		2	2			1	2
四 川	Sichuan	8	3	5	5	5	9	4
贵 州	Guizhou	35	103	19	11	1	29	31
云 南	Yunnan							
西 藏	Tibet							
陕 西	Shaanxi	17	7	10	9	14	26	18
甘 肃	Gansu		2			1		
青 海	Qinghai							
宁 夏	Ningxia							
新 疆	Xinjiang							

4-40 航空航天制造业全部建成或投产项目

Projects Completed and Put into Use of Aircraft and Spacecraft Manufacturing

单位：个 (unit)

地 区	Region	1996	2000	2003	2004	2005	2006	2007
全　　国	**Total**	**109**	**168**	**74**	**111**	**73**	**82**	**94**
东部地区	Eastern Region	26	20	11	13	12	10	11
中部地区	Mid Region	32	55	53	70	34	16	34
西部地区	Western Region	51	93	10	28	27	56	49
北　　京	Beijing	2	2	1	3	2	5	1
天　　津	Tianjin		1					1
河　　北	Hebei		1	1		1		1
山　　西	Shanxi	3	1				2	2
内 蒙 古	Neimenggu	8	6	2	1	3	1	
辽　　宁	Liaoning	4	13	4	1	4	2	1
吉　　林	Jilin			2	3	2	4	9
黑 龙 江	Heilongjiang	2	21	31	28	16		9
上　　海	Shanghai	17				2		
江　　苏	Jiangsu	3	3	4	7	3	2	4
浙　　江	Zhejiang							1
安　　徽	Anhui	6	2	1	1	2	1	
福　　建	Fujian							
江　　西	Jiangxi	1	14	3	7	4	4	2
山　　东	Shandong				2			1
河　　南	Henan	4	4	3	2	5		8
湖　　北	Hubei	7	7	6	11	2	3	3
湖　　南	Hunan	1		5	17		1	1
广　　东	Guangdong			1				1
广　　西	Guangxi						1	
海　　南	Hainan							
重　　庆	Chongqing			2			1	1
四　　川	Sichuan	5	4	2	6	3	9	1
贵　　州	Guizhou	33	85	1	17		23	20
云　　南	Yunnan							
西　　藏	Tibet							
陕　　西	Shaanxi	12	3	5	4	23	23	26
甘　　肃	Gansu	1	1		1	1		1
青　　海	Qinghai							
宁　　夏	Ningxia							
新　　疆	Xinjiang							

4-41 航空航天制造业项目建成投产率

Rate of Projects Completed and Put into Use of Aircraft and Spacecraft Manufacturing

单位：%　　　　(%)

地区	Region	1996	2000	2003	2004	2005	2006	2007
全　国	**Total**	**29.46**	**50.76**	**25.34**	**40.36**	**40.33**	**35.50**	**38.06**
东部地区	Eastern Region	28.57	32.26	20.75	35.14	35.29	26.32	28.95
中部地区	Mid Region	29.09	56.12	50.96	69.31	51.52	41.03	49.28
西部地区	Western Region	30.18	54.39	7.41	20.44	33.33	36.36	35.00
北　京	Beijing	15.38	28.57	25.00	50.00	40.00	50.00	20.00
天　津	Tianjin		50.00					33.33
河　北	Hebei		100.00	100.00		25.00		50.00
山　西	Shanxi	60.00	16.67				66.67	100.00
内蒙古	Neimenggu	53.33	75.00	66.67	50.00	75.00	100.00	
辽　宁	Liaoning	26.67	38.24	16.00	7.69	40.00	20.00	10.00
吉　林	Jilin			100.00	100.00	66.67	66.67	100.00
黑龙江	Heilongjiang	11.11	58.33	62.00	63.64	64.00		45.00
上　海	Shanghai	34.00				100.00		
江　苏	Jiangsu	33.33	30.00	25.00	58.33	37.50	22.22	50.00
浙　江	Zhejiang							100.00
安　徽	Anhui				100.00	100.00	50.00	
福　建	Fujian							
江　西	Jiangxi	12.50	82.35	25.00	70.00	36.36	30.77	16.67
山　东	Shandong				66.67			33.33
河　南	Henan	15.38	30.77	33.33	25.00	62.50		80.00
湖　北	Hubei	43.75	58.33	46.15	84.62	18.18	60.00	33.33
湖　南	Hunan	8.33		45.45	85.00		50.00	14.29
广　东	Guangdong			33.33				100.00
广　西	Guangxi						100.00	
海　南	Hainan							
重　庆	Chongqing			100.00			50.00	33.33
四　川	Sichuan	18.52	36.36	12.50	40.00	21.43	50.00	7.69
贵　州	Guizhou	45.83	72.65	1.43	27.87		41.82	35.09
云　南	Yunnan							
西　藏	Tibet							
陕　西	Shaanxi	17.39	7.69	11.11	6.90	36.51	29.49	39.39
甘　肃	Gansu	100.00	50.00		50.00	50.00		100.00
青　海	Qinghai							
宁　夏	Ningxia							
新　疆	Xinjiang							

4-42 航空航天制造业投资额

Investment of Aircraft and Spacecraft Manufacturing

单位：亿元 (100 million yuan)

地 区 Region		1996	2000	2003	2004	2005	2006	2007
全 国	**Total**	**35.92**	**43.23**	**60.79**	**52.45**	**69.99**	**80.39**	**126.56**
东部地区	Eastern Region	13.12	11.47	14.19	12.09	20.61	23.08	52.20
中部地区	Mid Region	9.31	16.78	23.33	19.25	26.62	27.57	45.78
西部地区	Western Region	13.49	14.98	23.28	21.12	22.76	29.74	28.58
北 京	Beijing	5.90	2.42	1.57	1.53	2.16	2.56	3.51
天 津	Tianjin		0.58		0.09		6.78	23.61
河 北	Hebei	0.08	0.02	0.04	0.09	1.07	0.24	0.64
山 西	Shanxi	0.19	1.14	0.22			0.40	0.54
内蒙古	Neimenggu	0.12	0.09	0.57	0.13	1.07	0.07	
辽 宁	Liaoning	2.54	5.33	7.50	5.65	2.41	4.05	12.38
吉 林	Jilin			0.20	0.38	1.99	3.15	3.41
黑龙江	Heilongjiang	3.06	9.24	15.15	9.06	14.94	6.74	12.40
上 海	Shanghai	3.01	0.74	0.31		0.28	0.41	4.75
江 苏	Jiangsu	0.40	0.78	2.86	3.50	11.26	2.44	4.30
浙 江	Zhejiang							0.22
安 徽	Anhui	0.07	0.20	0.13	0.06	0.18	0.22	0.24
福 建	Fujian	1.18	1.40	0.04	0.63	2.74	1.24	0.96
江 西	Jiangxi	0.50	1.02	3.01	4.96	5.44	13.05	8.44
山 东	Shandong		0.19	0.60	0.61	0.68	2.53	1.17
河 南	Henan	2.69	1.91	0.80	0.36	0.28	0.45	4.00
湖 北	Hubei	1.08	2.74	1.70	1.88	1.90	2.06	3.72
湖 南	Hunan	1.61	0.43	1.55	2.43	0.81	1.43	13.03
广 东	Guangdong			1.27			0.10	0.44
广 西	Guangxi						2.73	0.24
海 南	Hainan							
重 庆	Chongqing		0.02	0.05	0.01		0.17	0.40
四 川	Sichuan	4.68	2.45	6.29	5.51	4.00	7.15	8.95
贵 州	Guizhou	2.81	3.69	6.24	3.88	0.13	4.98	4.90
云 南	Yunnan							
西 藏	Tibet							
陕 西	Shaanxi	5.95	8.57	10.48	11.57	18.05	17.39	14.34
甘 肃	Gansu	0.04	0.24	0.22	0.14	0.58	0.06	
青 海	Qinghai							
宁 夏	Ningxia							
新 疆	Xinjiang							

4-43 航空航天制造业新增固定资产

Newly Increased Fixed Assets of Aircraft and Spacecraft Manufacturing

单位: 亿元 (100 million yuan)

地区	Region	1996	2000	2003	2004	2005	2006	2007
全　国	**Total**	**31.85**	**34.44**	**54.28**	**49.17**	**43.73**	**38.62**	**54.93**
东部地区	Eastern Region	13.02	5.39	10.14	9.77	5.92	7.62	9.79
中部地区	Mid Region	6.97	19.15	29.98	21.31	24.97	15.19	26.19
西部地区	Western Region	11.86	9.90	14.15	18.09	12.84	15.82	18.94
北　京	Beijing	6.99	0.58	1.19	2.31	0.45	2.74	1.47
天　津	Tianjin		0.06					0.10
河　北	Hebei	0.06	0.11	0.05		0.34		0.53
山　西	Shanxi	0.19	0.99	0.14			0.29	0.65
内蒙古	Neimenggu	0.06	0.07	0.69	0.04	1.60	0.10	
辽　宁	Liaoning	1.49	3.60	4.16	4.83	2.07	1.60	2.10
吉　林	Jilin			0.20	0.38	1.35	2.28	3.41
黑龙江	Heilongjiang	1.99	11.56	24.54	5.75	16.67	6.62	13.26
上　海	Shanghai	1.45	0.00			0.07		
江　苏	Jiangsu	0.48	0.95	3.03	2.00	2.14	1.23	3.63
浙　江	Zhejiang							0.16
安　徽	Anhui	0.07	0.09	0.13	0.04	0.16	0.17	0.24
福　建	Fujian	2.56		0.04	0.03	0.35	1.24	
江　西	Jiangxi	0.39	1.46	0.86	7.07	3.69	2.65	1.80
山　东	Shandong		0.09		0.61	0.50	0.68	1.17
河　南	Henan	3.27	0.94	0.26	0.23	0.48	0.32	4.19
湖　北	Hubei	0.49	2.80	1.38	1.35	1.01	0.84	1.30
湖　南	Hunan	0.52	1.25	1.78	6.46		1.93	1.36
广　东	Guangdong			1.68			0.10	0.39
广　西	Guangxi						0.03	0.24
海　南	Hainan							
重　庆	Chongqing		0.01	0.10			0.21	0.29
四　川	Sichuan	2.65	2.34	2.95	2.40	1.21	1.88	1.05
贵　州	Guizhou	4.79	2.23	4.00	5.92		2.93	2.91
云　南	Yunnan							
西　藏	Tibet							
陕　西	Shaanxi	4.32	5.24	6.97	9.70	11.53	10.80	14.17
甘　肃	Gansu	0.10	0.08	0.14	0.06	0.10		0.54
青　海	Qinghai							
宁　夏	Ningxia							
新　疆	Xinjiang							

4-44 航空航天制造业固定资产交付使用率

Rate of Fixed Assets Put into Use of Aircraft and Spacecraft Manufacturing

单位：%　　　　(%)

地区	Region	1996	2000	2003	2004	2005	2006	2007
全　国	**Total**	**88.66**	**79.67**	**89.29**	**93.75**	**62.48**	**48.04**	**43.40**
东部地区	Eastern Region	99.22	47.00	71.46	80.81	28.72	33.02	18.75
中部地区	Mid Region	74.88	114.13	128.50	110.70	93.80	55.10	57.21
西部地区	Western Region	87.90	66.07	60.78	85.65	56.41	53.19	66.27
北　京	Beijing	118.36	23.89	75.80	150.98	20.83	107.03	41.88
天　津	Tianjin		9.51					0.42
河　北	Hebei	70.56	673.21	125.00		31.78		82.81
山　西	Shanxi	99.63	86.31	63.64			72.50	120.37
内蒙古	Neimenggu	49.36	78.74	121.05	30.77	149.53	142.86	
辽　宁	Liaoning	58.46	67.59	55.47	85.49	85.89	39.51	16.96
吉　林	Jilin			100.00	100.00	67.84	72.38	100.00
黑龙江	Heilongjiang	64.99	125.00	161.98	63.47	111.58	98.22	106.94
上　海	Shanghai	48.27	0.12			25.00		
江　苏	Jiangsu	117.93	121.03	105.94	57.14	19.01	50.41	84.42
浙　江	Zhejiang							72.73
安　徽	Anhui	95.10	46.00	100.00	66.67	88.89	77.27	100.00
福　建	Fujian	216.84		100.00	4.76	12.77	100.00	
江　西	Jiangxi	78.84	142.26	28.57	142.54	67.83	20.31	21.33
山　东	Shandong		46.61		100.00	73.53	26.88	100.00
河　南	Henan	121.72	49.41	32.50	63.89	171.43	71.11	104.75
湖　北	Hubei	45.15	102.18	81.18	71.81	53.16	40.78	34.95
湖　南	Hunan	32.32	288.96	114.84	265.84		134.97	10.44
广　东	Guangdong			132.28			100.00	88.64
广　西	Guangxi						1.10	100.00
海　南	Hainan							
重　庆	Chongqing		58.68	200.00			123.53	72.50
四　川	Sichuan	56.54	95.52	46.90	43.56	30.25	26.29	11.73
贵　州	Guizhou	170.17	60.27	64.10	152.58		58.84	59.39
云　南	Yunnan							
西　藏	Tibet							
陕　西	Shaanxi	72.65	61.15	66.51	83.84	63.88	62.10	98.81
甘　肃	Gansu	233.89	31.67	63.64	42.86	17.24		
青　海	Qinghai							
宁　夏	Ningxia							
新　疆	Xinjiang							

4-45 电子及通信设备制造业施工项目

Projects under Construction of Electronic and Telecommunication Equipments Manufacturing

单位：个 (unit)

地 区	Region	1996	2000	2003	2004	2005	2006	2007
全　国	**Total**	**688**	**826**	**2018**	**1913**	**2524**	**2715**	**2890**
东部地区	Eastern Region	435	589	1658	1506	1949	2010	2101
中部地区	Mid Region	141	92	222	243	397	482	583
西部地区	Western Region	112	145	138	164	178	223	206
北　京	Beijing	40	46	18	20	20	16	21
天　津	Tianjin	16	30	38	33	37	46	62
河　北	Hebei	22	24	37	46	55	97	117
山　西	Shanxi	4	7	4	8	29	7	11
内蒙古	Neimenggu	8		3	7	8	9	9
辽　宁	Liaoning	23	39	55	61	75	92	100
吉　林	Jilin	16	12	9	11	18	20	20
黑龙江	Heilongjiang	6	3	7	8	12	12	10
上　海	Shanghai	72	42	54	51	52	64	61
江　苏	Jiangsu	70	86	459	377	435	465	574
浙　江	Zhejiang	27	40	113	121	192	237	236
安　徽	Anhui	17	18	37	49	81	121	157
福　建	Fujian	34	32	72	120	139	122	170
江　西	Jiangxi	25	7	49	72	72	99	130
山　东	Shandong	47	64	177	179	223	252	225
河　南	Henan	23	12	28	25	56	70	84
湖　北	Hubei	27	25	70	40	71	69	58
湖　南	Hunan	15	8	15	23	50	75	104
广　东	Guangdong	66	162	606	476	682	560	437
广　西	Guangxi	17	21	15	19	38	58	97
海　南	Hainan	1	3	14	3	1	1	1
重　庆	Chongqing		5	3	5	12	21	24
四　川	Sichuan	61	54	57	72	99	124	109
贵　州	Guizhou	12	11	23	11	5	25	16
云　南	Yunnan	3	17	2	1	5	2	4
西　藏	Tibet							
陕　西	Shaanxi	21	49	36	60	40	34	36
甘　肃	Gansu	12	6	15	13	12	12	12
青　海	Qinghai	1					1	
宁　夏	Ningxia	1	3	2	2	1	1	1
新　疆	Xinjiang	1				4	3	4

4-46 电子及通信设备制造业新开工项目

Newly Started from Current Year in Construction of Electronic and Telecommunication Equipments Manufacturing

单位：个 (unit)

地 区 Region		1996	2000	2003	2004	2005	2006	2007
全 国	**Total**	**287**	**481**	**1236**	**1180**	**1632**	**1595**	**1667**
东部地区	Eastern Region	182	356	1031	930	1270	1167	1180
中部地区	Mid Region	60	49	132	150	247	286	385
西部地区	Western Region	45	76	73	100	115	142	102
北 京	Beijing	8	27	8	9	6	5	8
天 津	Tianjin	6	20	25	24	24	16	42
河 北	Hebei	14	19	31	37	39	86	84
山 西	Shanxi	2	3	2	8	10	1	7
内蒙古	Neimenggu	4		3	6	6	4	6
辽 宁	Liaoning	5	25	42	39	60	65	76
吉 林	Jilin	5	4	7	7	16	15	14
黑龙江	Heilongjiang	3	1	5	5	6	5	3
上 海	Shanghai	29	27	24	29	29	31	23
江 苏	Jiangsu	34	55	340	221	294	277	346
浙 江	Zhejiang	9	21	54	59	120	114	116
安 徽	Anhui	12	15	30	34	43	66	110
福 建	Fujian	16	12	42	83	70	57	73
江 西	Jiangxi	10	4	22	40	32	50	86
山 东	Shandong	28	36	134	140	169	157	132
河 南	Henan	9	10	19	14	42	46	57
湖 北	Hubei	11	9	35	20	48	43	34
湖 南	Hunan	4	3	9	16	44	56	68
广 东	Guangdong	28	98	319	276	426	317	214
广 西	Guangxi	4	14	8	13	33	42	65
海 南	Hainan	1	2	4				1
重 庆	Chongqing		4	2	4	9	13	15
四 川	Sichuan	24	26	31	52	67	77	48
贵 州	Guizhou	2	6	15	2	5	23	8
云 南	Yunnan		3	2	1	3		2
西 藏	Tibet							
陕 西	Shaanxi	11	35	14	37	21	17	22
甘 肃	Gansu	7	1	7	4	6	7	5
青 海	Qinghai						1	
宁 夏	Ningxia	1	1	2		1	1	1
新 疆	Xinjiang					3	3	1

4-47 电子及通信设备制造业全部建成或投产项目

Projects Completed and Put into Use of Electronic and Telecommunication Equipments Manufacturing

单位：个 (unit)

地 区	Region	1996	2000	2003	2004	2005	2006	2007
全 国	**Total**	**327**	**374**	**744**	**707**	**1111**	**1134**	**1188**
东部地区	Eastern Region	202	257	612	554	906	827	867
中部地区	Mid Region	76	53	83	92	151	224	260
西部地区	Western Region	49	64	49	61	54	83	61
北 京	Beijing	9	9	4	7	6	4	7
天 津	Tianjin	10	14	16	16	14	28	19
河 北	Hebei	13	11	22	22	32	55	81
山 西	Shanxi	2	2	4		13	4	1
内蒙古	Neimenggu	6		2	2	3	6	4
辽 宁	Liaoning	9	21	20	29	40	34	48
吉 林	Jilin	6	5	5	4	9	12	12
黑龙江	Heilongjiang	3	2	2	2	4	4	6
上 海	Shanghai	32	7	12	14	18	26	24
江 苏	Jiangsu	41	43	293	214	272	256	301
浙 江	Zhejiang	9	14	35	48	69	108	89
安 徽	Anhui	10	13	15	15	22	66	71
福 建	Fujian	21	6	28	26	54	22	23
江 西	Jiangxi	10	5	19	29	22	44	44
山 东	Shandong	28	30	76	69	92	109	86
河 南	Henan	14	7	8	17	23	36	51
湖 北	Hubei	16	15	24	14	31	22	25
湖 南	Hunan	9	4	4	9	24	30	46
广 东	Guangdong	26	87	101	101	290	168	160
广 西	Guangxi	4	14	4	8	19	17	29
海 南	Hainan		1	1				
重 庆	Chongqing		3	2	2	4	6	7
四 川	Sichuan	26	23	12	36	26	48	33
贵 州	Guizhou	7	5	12	5	3	9	6
云 南	Yunnan	1	9	1		1		2
西 藏	Tibet							
陕 西	Shaanxi	10	22	16	15	11	16	10
甘 肃	Gansu	4	1	5	3	6	2	1
青 海	Qinghai						1	
宁 夏	Ningxia		1	1		1	1	
新 疆	Xinjiang	1				2		2

4-48 电子及通信设备制造业项目建成投产率

Rate of Projects Completed and Put into Use of Electronic and Telecommunication Equipments Manufacturing

单位：% (%)

地 区 Region		1996	2000	2003	2004	2005	2006	2007
全 国	**Total**	**47.53**	**45.28**	**36.87**	**36.96**	**44.02**	**41.77**	**41.11**
东部地区	Eastern Region	46.44	43.63	36.91	36.79	46.49	41.14	41.27
中部地区	Mid Region	53.90	57.61	37.39	37.86	38.04	46.47	44.60
西部地区	Western Region	43.75	44.14	35.51	37.20	30.34	37.22	29.61
北 京	Beijing	22.50	19.57	22.22	35.00	30.00	25.00	33.33
天 津	Tianjin	62.50	46.67	42.11	48.48	37.84	60.87	30.65
河 北	Hebei	59.09	45.83	59.46	47.83	58.18	56.70	69.23
山 西	Shanxi	50.00	28.57	100.00		44.83	57.14	9.09
内 蒙 古	Neimenggu	75.00		66.67	28.57	37.50	66.67	44.44
辽 宁	Liaoning	39.13	53.85	36.36	47.54	53.33	36.96	48.00
吉 林	Jilin	37.50	41.67	55.56	36.36	50.00	60.00	60.00
黑 龙 江	Heilongjiang	50.00	66.67	28.57	25.00	33.33	33.33	60.00
上 海	Shanghai	44.44	16.67	22.22	27.45	34.62	40.63	39.34
江 苏	Jiangsu	58.57	50.00	63.83	56.76	62.53	55.05	52.44
浙 江	Zhejiang	33.33	35.00	30.97	39.67	35.94	45.57	37.71
安 徽	Anhui	58.82	72.22	40.54	30.61	27.16	54.55	45.22
福 建	Fujian	61.76	18.75	38.89	21.67	38.85	18.03	13.53
江 西	Jiangxi	40.00	71.43	38.78	40.28	30.56	44.44	33.85
山 东	Shandong	59.57	46.88	42.94	38.55	41.26	43.25	38.22
河 南	Henan				68.00	41.07	51.43	60.71
湖 北	Hubei	59.26	60.00	34.29	35.00	43.66	31.88	43.10
湖 南	Hunan	60.00	50.00	26.67	39.13	48.00	40.00	44.23
广 东	Guangdong	39.39	53.70	16.67	21.22	42.52	30.00	36.61
广 西	Guangxi	23.53	66.67	26.67	42.11	50.00	29.31	29.90
海 南	Hainan		33.33	7.14				
重 庆	Chongqing		60.00	66.67	40.00	33.33	28.57	29.17
四 川	Sichuan	42.62	42.59	21.05	50.00	26.26	38.71	30.28
贵 州	Guizhou	58.33	45.45	52.17	45.45	60.00	36.00	37.50
云 南	Yunnan	33.33	52.94	50.00		20.00		50.00
西 藏	Tibet							
陕 西	Shaanxi	47.62	44.90	44.44	25.00	27.50	47.06	27.78
甘 肃	Gansu	33.33	16.67	33.33	23.08	50.00	16.67	8.33
青 海	Qinghai						100.00	
宁 夏	Ningxia		33.33	50.00		100.00	100.00	
新 疆	Xinjiang	100.00				50.00		50.00

4-49 电子及通信设备制造业投资额

Investment of Electronic and Telecommunication Equipments Manufacturing

单位：亿元 (100 million yuan)

地 区	Region	1996	2000	2003	2004	2005	2006	2007
全 国	**Total**	**172.24**	**335.98**	**672.18**	**903.90**	**1062.99**	**1522.37**	**1880.51**
东部地区	Eastern Region	138.12	264.72	611.99	804.94	899.75	1278.74	1472.53
中部地区	Mid Region	18.35	29.76	35.38	66.66	104.01	151.51	255.53
西部地区	Western Region	15.77	41.49	24.81	32.29	59.24	92.13	152.44
北 京	Beijing	12.25	12.47	10.95	94.37	74.56	46.08	25.23
天 津	Tianjin	25.21	46.41	26.21	51.00	44.90	45.61	46.68
河 北	Hebei	10.11	3.57	5.20	7.46	11.49	25.93	44.84
山 西	Shanxi	0.09	0.34	0.13	9.13	16.05	20.03	40.85
内 蒙 古	Neimenggu	0.58		0.89	6.15	11.61	5.54	2.69
辽 宁	Liaoning	2.28	5.62	13.08	11.83	36.02	52.05	84.22
吉 林	Jilin	1.81	4.71	2.43	6.74	4.91	9.59	11.72
黑 龙 江	Heilongjiang	0.51	0.83	0.66	1.00	6.58	4.32	9.75
上 海	Shanghai	26.45	69.45	121.10	172.31	89.70	117.02	149.88
江 苏	Jiangsu	15.21	18.53	164.88	168.38	251.83	428.31	538.09
浙 江	Zhejiang	2.86	7.80	26.51	38.59	36.64	45.58	56.85
安 徽	Anhui	0.69	1.59	5.87	8.54	11.71	20.03	32.19
福 建	Fujian	4.45	5.42	36.62	28.89	30.64	42.88	65.18
江 西	Jiangxi	1.58	0.41	5.52	13.20	18.46	39.87	66.38
山 东	Shandong	11.47	13.70	38.46	55.78	81.52	138.89	104.48
河 南	Henan	9.55	4.70	5.99	10.42	6.65	12.65	29.39
湖 北	Hubei	1.50	2.60	11.88	7.70	18.78	21.08	37.71
湖 南	Hunan	2.05	14.58	2.03	3.77	9.27	18.40	24.85
广 东	Guangdong	27.39	80.68	163.02	174.39	234.83	329.89	343.29
广 西	Guangxi	0.43	0.93	3.19	1.63	7.40	6.03	13.60
海 南	Hainan	0.02	0.13	2.78	0.32	0.22	0.47	0.20
重 庆	Chongqing		0.62	0.26	2.25	8.55	14.75	36.27
四 川	Sichuan	10.40	21.71	14.86	15.35	33.11	54.91	90.54
贵 州	Guizhou	0.42	1.31	3.16	1.50	0.98	2.89	2.47
云 南	Yunnan	0.02	0.23	0.04	0.02	3.41	3.71	0.38
西 藏	Tibet							
陕 西	Shaanxi	4.39	15.58	4.99	12.30	10.68	14.20	20.59
甘 肃	Gansu	0.50	1.74	1.34	0.81	1.81	1.22	1.20
青 海	Qinghai	0.00					0.03	
宁 夏	Ningxia	0.00	0.31	0.16	0.05	0.05	0.08	0.15
新 疆	Xinjiang	0.04				0.66	0.34	0.84

4-50 电子及通信设备制造业新增固定资产

Newly Increased Fixed Assets in Construction of Electronic and Telecommunication Equipments Manufacturing

单位：亿元 (100 million yuan)

地区	Region	1996	2000	2003	2004	2005	2006	2007
全国	**Total**	**132.21**	**239.78**	**454.85**	**596.82**	**742.71**	**1123.32**	**1179.07**
东部地区	Eastern Region	91.08	187.46	420.33	547.41	667.21	983.94	1003.08
中部地区	Mid Region	28.61	20.99	16.05	27.47	57.75	106.64	123.16
西部地区	Western Region	12.53	31.33	18.47	21.94	17.75	32.74	52.83
北京	Beijing	9.69	5.83	6.41	6.36	93.12	54.37	37.94
天津	Tianjin	3.59	14.94	17.97	22.62	20.12	39.84	32.87
河北	Hebei	3.24	3.91	2.57	3.93	7.81	12.10	23.88
山西	Shanxi	0.26	0.11	0.15		3.62	17.41	28.19
内蒙古	Neimenggu	0.88		0.87	0.92	0.41	17.90	1.31
辽宁	Liaoning	2.00	4.47	6.06	9.85	14.67	13.77	31.22
吉林	Jilin	1.86	4.08	1.57	4.38	3.72	6.91	8.50
黑龙江	Heilongjiang	0.27	0.99	0.10	0.43	5.71	2.25	6.89
上海	Shanghai	20.07	47.15	82.71	199.90	47.05	126.76	97.71
江苏	Jiangsu	11.37	14.87	110.89	101.55	234.07	393.38	394.29
浙江	Zhejiang	2.09	8.72	20.35	33.20	21.03	27.17	33.30
安徽	Anhui	0.43	1.10	2.04	6.43	9.35	13.20	19.01
福建	Fujian	4.39	3.31	36.10	26.58	17.11	16.32	42.91
江西	Jiangxi	0.95	0.21	3.52	5.37	11.03	20.55	20.40
山东	Shandong	9.83	11.14	27.16	32.92	38.81	73.94	52.18
河南	Henan	15.82	0.34	2.17	3.35	2.96	8.36	12.79
湖北	Hubei	1.17	2.33	4.80	4.30	10.97	12.15	8.36
湖南	Hunan	6.96	11.83	0.83	2.29	9.98	7.91	17.71
广东	Guangdong	24.33	72.18	106.28	109.33	170.49	223.30	252.12
广西	Guangxi	0.48	0.85	1.88	1.14	2.72	3.00	4.46
海南	Hainan		0.08	1.94	0.03	0.22		0.20
重庆	Chongqing		0.40	0.22	0.37	1.80	1.70	29.06
四川	Sichuan	6.74	21.92	9.64	11.01	9.71	17.08	15.90
贵州	Guizhou	0.54	1.34	4.04	3.03	0.88	1.62	2.15
云南	Yunnan	0.04	0.34	0.02		0.43		0.13
西藏	Tibet							
陕西	Shaanxi	5.05	5.47	3.63	6.96	3.32	12.16	4.37
甘肃	Gansu	0.13	1.84	0.85	0.44	1.29	0.06	0.84
青海	Qinghai	0.00					0.03	
宁夏	Ningxia	0.00	0.03	0.07	0.13	0.05	0.08	
新疆	Xinjiang	0.04				0.28		0.38

4-51 电子及通信设备制造业固定资产交付使用率
Rate of Fixed Assets Put into Use of Electronic and Telecommunication Equipments Manufacturing

单位：%　　　　(%)

地区	Region	1996	2000	2003	2004	2005	2006	2007
全　国	**Total**	**76.76**	**71.37**	**67.67**	**66.03**	**69.87**	**73.79**	**62.70**
东部地区	Eastern Region	65.94	70.81	68.68	68.01	74.16	76.95	68.12
中部地区	Mid Region	155.89	70.53	45.36	41.21	55.52	70.38	48.20
西部地区	Western Region	79.45	75.52	74.45	67.95	29.96	35.54	34.66
北　京	Beijing	79.05	46.77	58.54	6.74	124.89	117.99	150.38
天　津	Tianjin	14.23	32.18	68.56	44.35	44.81	87.35	70.42
河　北	Hebei	32.09	109.55	49.42	52.68	67.97	46.66	53.26
山　西	Shanxi	303.36	30.96	115.38		22.55	86.92	69.01
内蒙古	Neimenggu	151.45		97.75	14.96	3.53	323.10	48.70
辽　宁	Liaoning	87.48	79.62	46.33	83.26	40.73	26.46	37.07
吉　林	Jilin	102.61	86.54	64.61	64.99	75.76	72.05	72.53
黑龙江	Heilongjiang	53.09	119.89	15.15	43.00	86.78	52.08	70.67
上　海	Shanghai	75.87	67.89	68.30	116.01	52.45	108.32	65.19
江　苏	Jiangsu	74.73	80.26	67.25	60.31	92.95	91.84	73.28
浙　江	Zhejiang	73.26	111.73	76.76	86.03	57.40	59.61	58.58
安　徽	Anhui	62.79	69.11	34.75	75.29	79.85	65.90	59.06
福　建	Fujian	98.73	61.16	98.58	92.00	55.84	38.06	65.83
江　西	Jiangxi	60.03	50.32	63.77	40.68	59.75	51.54	30.73
山　东	Shandong	85.73	81.31	70.62	59.02	47.61	53.24	49.94
河　南	Henan	165.70	7.20	36.23	32.15	44.51	66.09	43.52
湖　北	Hubei	78.27	89.62	40.40	55.84	58.41	57.64	22.17
湖　南	Hunan	339.67	81.18	40.89	60.74	107.66	42.99	71.27
广　东	Guangdong	88.85	89.47	65.19	62.69	72.60	67.69	73.44
广　西	Guangxi	113.26	90.81	58.93	69.94	36.76	49.75	32.79
海　南	Hainan		61.15	69.78	9.38	100.00		100.00
重　庆	Chongqing		64.25	84.62	16.44	21.05	11.53	80.12
四　川	Sichuan	64.75	100.99	64.87	71.73	29.33	31.11	17.56
贵　州	Guizhou	128.01	102.11	127.85	202.00	89.80	56.06	87.04
云　南	Yunnan	207.87	148.80	50.00		12.61		34.21
西　藏	Tibet							
陕　西	Shaanxi	114.97	35.10	72.75	56.59	31.09	85.63	21.22
甘　肃	Gansu	25.94	105.76	63.43	54.32	71.27	4.92	70.00
青　海	Qinghai	100.00					100.00	
宁　夏	Ningxia	100.00	9.40	43.75	260.00	100.00	100.00	
新　疆	Xinjiang	100.00				42.42		45.24

4-52 电子计算机及办公设备制造业施工项目

Projects under Construction of Computers and Office Equipments Manufacturing

单位：个 (unit)

地 区 Region		1996	2000	2003	2004	2005	2006	2007
全 国	**Total**	**68**	**72**	**307**	**258**	**298**	**298**	**324**
东部地区	Eastern Region	56	59	244	212	239	232	255
中部地区	Mid Region	9	7	44	30	42	42	46
西部地区	Western Region	3	6	19	16	17	24	23
北 京	Beijing	10	6	3	1		2	
天 津	Tianjin	2	4	6	6	3	9	5
河 北	Hebei		1	6	6	6	11	7
山 西	Shanxi	4	2	2	5	15	7	6
内蒙古	Neimenggu	1		1	3	1		
辽 宁	Liaoning	2	4	6	5	3	11	13
吉 林	Jilin				1		1	1
黑龙江	Heilongjiang	1	1	1	1		1	1
上 海	Shanghai	3	3	10	14	11	7	5
江 苏	Jiangsu	6	2	49	63	61	60	87
浙 江	Zhejiang	2	3	17	14	22	26	38
安 徽	Anhui		1	22	2	1	6	5
福 建	Fujian	15	2	11	16	14	21	19
江 西	Jiangxi			5	8	13	9	13
山 东	Shandong	5	3	27	18	14	11	19
河 南	Henan			4	3	4	3	7
湖 北	Hubei	1	2	9	5	5	8	8
湖 南	Hunan	2	1		2	3	7	5
广 东	Guangdong	11	30	103	65	95	60	48
广 西	Guangxi			6	4	9	13	14
海 南	Hainan		1			1	1	
重 庆	Chongqing		2		2	2	4	4
四 川	Sichuan	3	2	8	6	9	11	13
贵 州	Guizhou		1	3	3	3	3	
云 南	Yunnan			1	1	1	1	1
西 藏	Tibet							
陕 西	Shaanxi		1	2	1	2	4	3
甘 肃	Gansu			4	3		1	2
青 海	Qinghai			1				
宁 夏	Ningxia							
新 疆	Xinjiang							

4-53 电子计算机及办公设备制造业新开工项目

Newly Started from Current Year in Construction of Computers and Office Equipments Manufacturing

单位：个 (unit)

地区 Region		1996	2000	2003	2004	2005	2006	2007
全　国	**Total**	**32**	**34**	**168**	**142**	**164**	**173**	**173**
东部地区	Eastern Region	27	30	122	117	138	131	127
中部地区	Mid Region	5	2	35	19	20	27	31
西部地区	Western Region		2	11	6	6	15	15
北　京	Beijing	2	2	1			1	
天　津	Tianjin	2	3	1	2	1	4	4
河　北	Hebei		1	3	5	2	8	3
山　西	Shanxi	4	1	1	5	1	2	4
内蒙古	Neimenggu	1		1	3			
辽　宁	Liaoning	1	2	3	4	3	10	11
吉　林	Jilin						1	1
黑龙江	Heilongjiang				1		1	1
上　海	Shanghai	1	2	4	8	4	4	1
江　苏	Jiangsu	3	1	26	34	40	43	49
浙　江	Zhejiang		3	13	8	12	9	19
安　徽	Anhui			22	1	1	6	2
福　建	Fujian	12	2	8	7	12	10	11
江　西	Jiangxi			1	4	8	6	10
山　东	Shandong	2	1	18	12	10	6	7
河　南	Henan			3	2	4	1	6
湖　北	Hubei		1	7	2	4	5	5
湖　南	Hunan				1	2	5	2
广　东	Guangdong	4	12	40	37	47	30	18
广　西	Guangxi			5		7	6	4
海　南	Hainan		1					
重　庆	Chongqing					1	2	1
四　川	Sichuan		1	4	3	3	8	10
贵　州	Guizhou			3	1	1	3	
云　南	Yunnan			1				1
西　藏	Tibet							
陕　西	Shaanxi		1			1	2	2
甘　肃	Gansu			2	2			1
青　海	Qinghai			1				
宁　夏	Ningxia							
新　疆	Xinjiang							

4-54 电子计算机及办公设备制造业全部建成或投产项目

Projects Completed and Put into Use of Computers and Office Equipments Manufacturing

单位：个 (unit)

地区 Region		1996	2000	2003	2004	2005	2006	2007
全　国	**Total**	**42**	**32**	**107**	**89**	**118**	**125**	**121**
东部地区	Eastern Region	33	27	75	75	103	94	100
中部地区	Mid Region	6	2	23	7	11	20	15
西部地区	Western Region	3	3	9	7	4	11	6
北　京	Beijing	5	4		1		2	
天　津	Tianjin	1	2	2	2	2	8	2
河　北	Hebei		1	4	3	2	4	3
山　西	Shanxi	3	1	1	1	2	5	3
内蒙古	Neimenggu	1		1				
辽　宁	Liaoning	2	2	1	3	2	6	10
吉　林	Jilin						1	1
黑龙江	Heilongjiang			1			1	
上　海	Shanghai	2	1	4	7	4	2	
江　苏	Jiangsu	5	2	29	40	43	37	51
浙　江	Zhejiang	1		5	5	8	9	7
安　徽	Anhui		1	12			2	1
福　建	Fujian	13	1	3	5	2	2	
江　西	Jiangxi			2	3	6	3	2
山　东	Shandong	1		9	4	2	1	9
河　南	Henan				2	2	2	5
湖　北	Hubei	1		6	1	1	5	3
湖　南	Hunan	1					1	
广　东	Guangdong	3	13	18	5	38	21	16
广　西	Guangxi						2	2
海　南	Hainan		1					
重　庆	Chongqing		1				1	1
四　川	Sichuan	3		4	3	2	6	4
贵　州	Guizhou		1	1		1	1	
云　南	Yunnan				1		1	
西　藏	Tibet							
陕　西	Shaanxi		1	1		1	2	
甘　肃	Gansu			2	3			1
青　海	Qinghai			1				
宁　夏	Ningxia							
新　疆	Xinjiang							

4-55 电子计算机及办公设备制造业项目建成投产率

Rate of Projects Completed and Put into Use of Computers and Office Equipments Manufacturing

单位：% (%)

地 区 Region		1996	2000	2003	2004	2005	2006	2007
全　国	**Total**	**61.76**	**44.44**	**34.85**	**34.50**	**39.60**	**41.95**	**37.35**
东部地区	Eastern Region	58.93	45.76	30.74	35.38	43.10	40.52	39.22
中部地区	Mid Region	66.67	28.57	52.27	23.33	26.19	47.62	32.61
西部地区	Western Region	100.00	50.00	47.37	43.75	23.53	45.83	26.09
北　京	Beijing	50.00	66.67		100.00		100.00	
天　津	Tianjin	50.00	50.00	33.33	33.33	66.67	88.89	40.00
河　北	Hebei		100.00	66.67	50.00	33.33	36.36	42.86
山　西	Shanxi	75.00	50.00	50.00	20.00	13.33	71.43	50.00
内蒙古	Neimenggu	100.00		100.00				
辽　宁	Liaoning	100.00	50.00	16.67	60.00	66.67	54.55	76.92
吉　林	Jilin						100.00	100.00
黑龙江	Heilongjiang			100.00			100.00	
上　海	Shanghai	66.67	33.33	40.00	50.00	36.36	28.57	
江　苏	Jiangsu	83.33	100.00	59.18	63.49	70.49	61.67	58.62
浙　江	Zhejiang	50.00		29.41	35.71	36.36	34.62	18.42
安　徽	Anhui		100.00	54.55			33.33	20.00
福　建	Fujian	86.67	50.00	27.27	31.25	14.29	9.52	
江　西	Jiangxi			40.00	37.50	46.15	33.33	15.38
山　东	Shandong	20.00		33.33	22.22	14.29	9.09	47.37
河　南	Henan				66.67	50.00	66.67	71.43
湖　北	Hubei	100.00		66.67	20.00	20.00	62.50	37.50
湖　南	Hunan	50.00					14.29	
广　东	Guangdong	27.27	43.33	17.48	7.69	40.00	35.00	33.33
广　西	Guangxi						15.38	14.29
海　南	Hainan		100.00					
重　庆	Chongqing		50.00				25.00	25.00
四　川	Sichuan	100.00		50.00	50.00	22.22	54.55	30.77
贵　州	Guizhou		100.00	33.33		33.33	33.33	
云　南	Yunnan				100.00		100.00	
西　藏	Tibet							
陕　西	Shaanxi		100.00	50.00		50.00	50.00	
甘　肃	Gansu			50.00	100.00			50.00
青　海	Qinghai			100.00				
宁　夏	Ningxia							
新　疆	Xinjiang							

4-56 电子计算机及办公设备制造业投资额

Investment of Computers and Office Equipments Manufacturing

单位：亿元 (100 million yuan)

地区	Region	1996	2000	2003	2004	2005	2006	2007
全　国	**Total**	**8.44**	**26.17**	**109.61**	**129.81**	**168.14**	**188.02**	**236.45**
东部地区	Eastern Region	4.81	24.31	97.58	116.43	156.32	164.30	177.63
中部地区	Mid Region	3.60	0.86	7.37	5.35	6.89	15.54	46.79
西部地区	Western Region	0.04	1.00	4.65	8.02	4.93	8.18	12.03
北　京	Beijing	0.68	2.33	0.84	0.08		0.15	
天　津	Tianjin	0.01	1.00	1.71	1.18	0.23	1.48	1.22
河　北	Hebei		0.10	4.07	1.87	1.01	2.11	0.66
山　西	Shanxi	0.03	0.14	0.08	1.87	1.94	5.80	5.62
内蒙古	Neimenggu	0.04		0.15	0.49	0.17		
辽　宁	Liaoning	0.08	1.66	2.24	1.85	1.29	3.84	5.38
吉　林	Jilin				0.30		0.70	0.99
黑龙江	Heilongjiang	2.84	0.30	0.06	0.03		0.08	0.50
上　海	Shanghai	0.14	0.81	7.11	20.75	23.33	23.93	15.44
江　苏	Jiangsu	0.45	0.26	39.84	49.33	66.47	48.83	68.98
浙　江	Zhejiang	0.03	0.80	5.42	3.96	10.58	17.73	28.90
安　徽	Anhui		0.04	2.56	0.16	0.01	1.59	4.29
福　建	Fujian	0.28	1.98	3.23	2.78	6.32	9.05	11.97
江　西	Jiangxi			0.71	0.97	1.86	1.91	2.95
山　东	Shandong	0.39	0.91	6.47	4.87	5.07	7.01	11.92
河　南	Henan			0.96	0.20	1.05	1.16	4.14
湖　北	Hubei	0.14	0.24	2.79	0.93	1.53	3.22	27.48
湖　南	Hunan	0.55	0.14	0.07	0.39	0.33	1.08	0.83
广　东	Guangdong	2.76	14.38	24.84	28.72	40.18	47.17	30.44
广　西	Guangxi			1.82	1.06	1.82	2.98	2.71
海　南	Hainan		0.10			0.02		
重　庆	Chongqing		0.17		0.30	0.09	0.55	0.49
四　川	Sichuan	0.03	0.62	1.49	4.22	3.04	5.85	10.81
贵　州	Guizhou	0.00	0.12	1.88	2.40	1.08	0.25	
云　南	Yunnan			0.22	0.33	0.25	0.15	0.02
西　藏	Tibet							
陕　西	Shaanxi		0.09	0.30		0.48	1.26	0.64
甘　肃	Gansu			0.76	0.77		0.11	0.06
青　海	Qinghai			0.01				
宁　夏	Ningxia							
新　疆	Xinjiang							

4-57 电子计算机及办公设备制造业新增固定资产
Newly Increased Fixed Assets of Computers and Office Equipments Manufacturing

单位：亿元 (100 million yuan)

地 区	Region	1996	2000	2003	2004	2005	2006	2007
全 国	**Total**	**5.03**	**22.81**	**70.97**	**92.22**	**140.51**	**127.85**	**119.19**
东部地区	Eastern Region	4.34	21.68	63.23	83.91	132.30	111.30	103.50
中部地区	Mid Region	0.65	0.49	5.06	2.36	4.64	10.39	14.09
西部地区	Western Region	0.04	0.63	2.68	5.95	3.56	6.15	1.61
北 京	Beijing	1.07	3.19		0.91		0.26	
天 津	Tianjin	0.00	0.91	1.39	0.62	0.23	1.59	0.49
河 北	Hebei		0.10	1.66	0.85	0.79	0.56	0.59
山 西	Shanxi	0.01	0.08	0.03	0.45	0.83	4.59	5.08
内 蒙 古	Neimenggu	0.04		0.15				
辽 宁	Liaoning	0.08	1.52	1.84	1.81	1.24	2.72	5.43
吉 林	Jilin						0.70	0.99
黑 龙 江	Heilongjiang	0.35	0.30	0.18	0.03		0.08	
上 海	Shanghai	0.03	0.05	7.09	14.96	8.26	1.28	1.25
江 苏	Jiangsu	0.26	0.26	22.33	43.38	77.70	53.12	50.95
浙 江	Zhejiang	0.11	0.56	5.46	2.35	8.08	7.75	4.64
安 徽	Anhui		0.05	1.95	0.04		0.40	0.40
福 建	Fujian	0.26	1.94	1.99	1.19	4.71	2.42	3.49
江 西	Jiangxi			0.13	0.99	1.36	1.09	1.59
山 东	Shandong	0.13	0.75	2.56	1.87	0.77	1.46	11.23
河 南	Henan			0.36	0.11	1.00	0.75	2.66
湖 北	Hubei	0.14	0.08	2.27	0.74	1.21	2.70	2.36
湖 南	Hunan	0.11				0.23	0.09	1.02
广 东	Guangdong	2.38	12.30	18.92	15.98	29.79	38.64	24.90
广 西	Guangxi					0.73	1.51	0.52
海 南	Hainan		0.10					
重 庆	Chongqing		0.05		0.20	0.06	0.07	0.08
四 川	Sichuan	0.03	0.34	0.73	3.18	2.06	5.03	0.96
贵 州	Guizhou	0.00	0.16	1.41	1.15	0.99	0.05	
云 南	Yunnan				0.01	0.01	0.15	
西 藏	Tibet							
陕 西	Shaanxi		0.09	0.38		0.45	0.86	0.50
甘 肃	Gansu			0.16	1.41			0.06
青 海	Qinghai			0.01				
宁 夏	Ningxia							
新 疆	Xinjiang							

4-58 电子计算机及办公设备制造业基本建设固定资产交付使用率

Rate of Fixed Assets Put into Use of Computers and Office Equipments Manufacturing

单位：%　　　　(%)

地区	Region	1996	2000	2003	2004	2005	2006	2007
全国	**Total**	**59.54**	**87.14**	**64.75**	**71.04**	**83.57**	**68.00**	**50.41**
东部地区	Eastern Region	90.12	89.17	64.80	72.07	84.63	67.74	58.27
中部地区	Mid Region	18.19	57.62	68.66	44.11	67.34	66.86	30.11
西部地区	Western Region	100.00	63.10	57.63	74.19	72.21	75.18	13.38
北京	Beijing	158.40	137.25		1137.50		173.33	
天津	Tianjin	28.57	91.63	81.29	52.54	100.00	107.43	40.16
河北	Hebei		100.00	40.79	45.45	78.22	26.54	89.39
山西	Shanxi	39.81	53.90	37.50	24.06	42.78	79.14	90.39
内蒙古	Neimenggu	100.00		100.00				
辽宁	Liaoning	100.00	91.76	82.14	97.84	96.12	70.83	100.93
吉林	Jilin						100.00	100.00
黑龙江	Heilongjiang	12.50	100.00	300.00	100.00		100.00	
上海	Shanghai	24.51	5.83	99.72	72.10	35.41	5.35	8.10
江苏	Jiangsu	58.05	100.93	56.05	87.94	116.89	108.79	73.86
浙江	Zhejiang	353.16	70.32	100.74	59.34	76.37	43.71	16.06
安徽	Anhui		116.58	76.17	25.00		25.16	9.32
福建	Fujian	91.79	97.98	61.61	42.81	74.53	26.74	29.16
江西	Jiangxi			18.31	102.06	73.12	57.07	53.90
山东	Shandong	33.68	81.98	39.57	38.40	15.19	20.83	94.21
河南	Henan			37.50	55.00	95.24	64.66	64.25
湖北	Hubei	100.00	31.58	81.36	79.57	79.08	83.85	8.59
湖南	Hunan	20.11				69.70	8.33	122.89
广东	Guangdong	86.51	85.54	76.17	55.64	74.14	81.92	81.80
广西	Guangxi					40.11	50.67	19.19
海南	Hainan							
重庆	Chongqing		26.61		66.67	66.67	12.73	16.33
四川	Sichuan	100.00	54.37	48.99	75.36	67.76	85.98	8.88
贵州	Guizhou	100.00	130.71	75.00	47.92	91.67	20.00	
云南	Yunnan				3.03	4.00	100.00	
西藏	Tibet							
陕西	Shaanxi		100.00	126.67		93.75	68.25	78.13
甘肃	Gansu			21.05	183.12			100.00
青海	Qinghai			100.00				
宁夏	Ningxia							
新疆	Xinjiang							

4-59 医疗设备及仪器仪表制造业施工项目

Projects under Construction of Medical Treatment Instrument and Meter Manufacturing

单位：个 (unit)

地 区	Region	1996	2000	2003	2004	2005	2006	2007
全 国	**Total**	**340**	**244**	**648**	**669**	**891**	**972**	**1145**
东部地区	Eastern Region	181	148	434	419	532	561	664
中部地区	Mid Region	79	54	125	156	208	261	333
西部地区	Western Region	80	42	89	94	151	150	148
北 京	Beijing	15	26	11	17	10	14	15
天 津	Tianjin	5	3	3	7	7	12	8
河 北	Hebei	8	13	17	26	29	53	56
山 西	Shanxi	5	8	6	12	17	14	15
内蒙古	Neimenggu		2	1	4	2	3	6
辽 宁	Liaoning	6	14	39	48	67	66	83
吉 林	Jilin	2	3	11	11	26	46	39
黑龙江	Heilongjiang	6	1	9	10	4	6	8
上 海	Shanghai	41	10	21	22	19	15	12
江 苏	Jiangsu	46	20	114	85	136	149	201
浙 江	Zhejiang	14	20	43	56	96	90	101
安 徽	Anhui	8	6	15	20	34	50	66
福 建	Fujian	3	6	15	15	23	19	18
江 西	Jiangxi	7	4	23	28	31	27	38
山 东	Shandong	15	14	83	77	80	73	96
河 南	Henan	22	11	16	15	33	34	68
湖 北	Hubei	23	13	30	44	37	38	41
湖 南	Hunan	6	6	14	12	24	43	52
广 东	Guangdong	24	19	74	60	58	54	47
广 西	Guangxi	4	3	14	5	7	16	27
海 南	Hainan				1			
重 庆	Chongqing		4	5	8	16	34	44
四 川	Sichuan	33	15	29	33	45	63	49
贵 州	Guizhou	3	2		4	3	5	3
云 南	Yunnan	12	5	1	2	1	1	3
西 藏	Tibet							
陕 西	Shaanxi	20	6	24	18	67	33	31
甘 肃	Gansu	6	4	17	25	18	10	8
青 海	Qinghai	1					1	1
宁 夏	Ningxia	4	6	13	4		3	6
新 疆	Xinjiang	1				1		3

4-60 医疗设备及仪器仪表制造业新开工项目

Newly Started from Current Year in Construction of Medical Treatment Instrument and Meter Manufacturing

单位：个 (unit)

地 区 Region		1996	2000	2003	2004	2005	2006	2007
全　国	**Total**	**160**	**155**	**412**	**412**	**613**	**639**	**686**
东部地区	Eastern Region	91	96	282	265	376	366	380
中部地区	Mid Region	29	39	80	99	153	174	240
西部地区	Western Region	40	20	50	48	84	99	66
北　京	Beijing	5	16	6	5	4	9	4
天　津	Tianjin	4	2	3	7	3	6	5
河　北	Hebei	5	11	13	24	23	45	41
山　西	Shanxi	2	5	3	11	8	2	7
内蒙古	Neimenggu		2	1	4	2	2	6
辽　宁	Liaoning	4	4	31	40	57	48	67
吉　林	Jilin	1	3	8	11	24	36	29
黑龙江	Heilongjiang	2	1	5	5	4	5	6
上　海	Shanghai	18	6	5	12	10	6	6
江　苏	Jiangsu	36	16	82	49	105	110	113
浙　江	Zhejiang	5	17	25	34	54	45	50
安　徽	Anhui	4	6	12	15	24	31	50
福　建	Fujian	2	3	9	7	13	10	11
江　西	Jiangxi	5	2	13	19	19	10	24
山　东	Shandong	5	9	64	58	68	46	47
河　南	Henan	8	6	10	11	24	24	54
湖　北	Hubei	3	8	18	19	28	29	26
湖　南	Hunan	4	6	10	4	20	35	38
广　东	Guangdong	4	9	33	26	32	30	20
广　西	Guangxi	3	3	11	3	7	11	16
海　南	Hainan							
重　庆	Chongqing		3	3	5	10	25	19
四　川	Sichuan	19	8	16	19	30	44	19
贵　州	Guizhou	2	1		4	3	4	2
云　南	Yunnan	5	1	1		1	1	2
西　藏	Tibet							
陕　西	Shaanxi	9	4	15	9	28	16	14
甘　肃	Gansu	1	2	10	10	12	5	2
青　海	Qinghai	1					1	
宁　夏	Ningxia	3	1	5	1		3	5
新　疆	Xinjiang							3

4-61 医疗设备及仪器仪表制造业全部建成或投产项目

Projects Completed and Put into Use of Medical Treatment Instrument and Meter Manufacturing

单位：个 (unit)

地区	Region	1996	2000	2003	2004	2005	2006	2007
全　国	**Total**	**173**	**106**	**278**	**261**	**399**	**426**	**542**
东部地区	Eastern Region	97	63	176	163	267	229	293
中部地区	Mid Region	35	26	63	59	88	145	176
西部地区	Western Region	41	17	39	39	44	52	73
北　京	Beijing	7	15	1	9	3	2	4
天　津	Tianjin	2	1	3	1	1	8	
河　北	Hebei	4	4	13	11	11	18	33
山　西	Shanxi	2	5	2	2	5	7	6
内蒙古	Neimenggu		1	1	2	1	3	5
辽　宁	Liaoning	4	5	21	25	48	37	40
吉　林	Jilin	1	1	6	6	13	29	28
黑龙江	Heilongjiang	1		4	5	1	3	5
上　海	Shanghai	22	4	4	9	12	5	4
江　苏	Jiangsu	33	11	65	44	87	78	101
浙　江	Zhejiang	6	10	13	13	38	32	38
安　徽	Anhui	5	2	7	7	14	27	21
福　建	Fujian	1	1	5	5	7	4	2
江　西	Jiangxi	5	3	13	11	14	13	25
山　东	Shandong	9	6	35	21	31	27	35
河　南	Henan	5	4	8	6	18	20	46
湖　北	Hubei	14	8	15	14	14	19	20
湖　南	Hunan	2	2	7	6	8	24	20
广　东	Guangdong	7	5	11	20	27	16	28
广　西	Guangxi	2	1	5	4	2	2	8
海　南	Hainan				1			
重　庆	Chongqing			2	2	7	7	21
四　川	Sichuan	19	9	11	17	14	25	28
贵　州	Guizhou	2	2		3	2	3	2
云　南	Yunnan	7	2				1	
西　藏	Tibet							
陕　西	Shaanxi	10	1	12	8	14	11	13
甘　肃	Gansu	3	2	5	9	7	3	3
青　海	Qinghai							1
宁　夏	Ningxia		1	9			2	4
新　疆	Xinjiang							1

4-62 医疗设备及仪器仪表制造业项目建成投产率
Rate of Projects Completed and Put into Use of Medical Treatment Instrument and Meter Manufacturing

单位：%　　　　(%)

地 区 Region	1996	2000	2003	2004	2005	2006	2007
全　国　Total	**50.88**	**43.44**	**42.90**	**39.01**	**44.78**	**43.83**	**47.34**
东部地区　Eastern Region	53.59	42.57	40.55	38.90	50.19	40.82	44.13
中部地区　Mid Region	44.30	48.15	50.40	37.82	42.31	55.56	52.85
西部地区　Western Region	51.25	40.48	43.82	41.49	29.14	34.67	49.32
北　京　Beijing	46.67	57.69	9.09	52.94	30.00	14.29	26.67
天　津　Tianjin	40.00	33.33	100.00	14.29	14.29	66.67	
河　北　Hebei	50.00	30.77	76.47	42.31	37.93	33.96	58.93
山　西　Shanxi	40.00	62.50	33.33	16.67	29.41	50.00	40.00
内蒙古　Neimenggu		50.00	100.00	50.00	50.00	100.00	83.33
辽　宁　Liaoning	66.67	35.71	53.85	52.08	71.64	56.06	48.19
吉　林　Jilin	50.00	33.33	54.55	54.55	50.00	63.04	71.79
黑龙江　Heilongjiang	16.67		44.44	50.00	25.00	50.00	62.50
上　海　Shanghai	53.66	40.00	19.05	40.91	63.16	33.33	33.33
江　苏　Jiangsu	71.74	55.00	57.02	51.76	63.97	52.35	50.25
浙　江　Zhejiang	42.86	50.00	30.23	23.21	39.58	35.56	37.62
安　徽　Anhui	62.50	33.33	46.67	35.00	41.18	54.00	31.82
福　建　Fujian	33.33	16.67	33.33	33.33	30.43	21.05	11.11
江　西　Jiangxi	71.43	75.00	56.52	39.29	45.16	48.15	65.79
山　东　Shandong	60.00	42.86	42.17	27.27	38.75	36.99	36.46
河　南　Henan	22.73	36.36	50.00	40.00	54.55	58.82	67.65
湖　北　Hubei	60.87	61.54	50.00	31.82	37.84	50.00	48.78
湖　南　Hunan	33.33	33.33	50.00	50.00	33.33	55.81	38.46
广　东　Guangdong	29.17	26.32	14.86	33.33	46.55	29.63	59.57
广　西　Guangxi	50.00	33.33	35.71	80.00	28.57	12.50	29.63
海　南　Hainan				100.00			
重　庆　Chongqing			40.00	25.00	43.75	20.59	47.73
四　川　Sichuan	57.58	60.00	37.93	51.52	31.11	39.68	57.14
贵　州　Guizhou	66.67	100.00		75.00	66.67	60.00	66.67
云　南　Yunnan	58.33	40.00				100.00	
西　藏　Tibet							
陕　西　Shaanxi	50.00	16.67	50.00	44.44	20.90	33.33	41.94
甘　肃　Gansu	50.00	50.00	29.41	36.00	38.89	30.00	37.50
青　海　Qinghai							100.00
宁　夏　Ningxia		16.67	69.23			66.67	66.67
新　疆　Xinjiang							33.33

4-63 医疗设备及仪器仪表制造业投资额

Investment of Medical Treatment Instrument and Meter Manufacturing

单位：亿元 (100 million yuan)

地 区	Region	1996	2000	2003	2004	2005	2006	2007
全 国	**Total**	**15.96**	**23.95**	**79.09**	**109.89**	**146.92**	**210.32**	**301.34**
东部地区	Eastern Region	9.47	16.63	57.72	73.34	95.77	132.91	190.49
中部地区	Mid Region	3.29	4.81	13.85	27.79	31.55	46.14	77.07
西部地区	Western Region	3.19	2.51	7.52	8.76	19.60	31.27	33.78
北 京	Beijing	1.42	1.60	3.42	5.96	0.91	5.09	4.30
天 津	Tianjin	0.23	0.09	0.30	1.20	1.04	1.84	1.83
河 北	Hebei	0.49	0.76	1.41	2.79	7.35	9.95	13.74
山 西	Shanxi	0.07	0.22	0.32	3.39	2.91	2.68	5.56
内蒙古	Neimenggu		0.03	0.01	0.83	0.10	0.66	1.41
辽 宁	Liaoning	0.21	0.83	3.59	5.67	8.26	12.00	18.15
吉 林	Jilin	0.05	0.95	3.11	2.70	6.58	13.59	19.66
黑龙江	Heilongjiang	0.67	0.36	0.95	0.76	0.14	1.02	2.08
上 海	Shanghai	2.90	4.19	4.25	5.00	3.21	2.27	4.08
江 苏	Jiangsu	1.16	1.33	20.48	14.25	24.31	47.05	76.90
浙 江	Zhejiang	0.34	0.68	5.07	8.77	14.52	11.58	20.81
安 徽	Anhui	0.27	0.18	0.75	1.65	2.62	5.89	7.74
福 建	Fujian	0.04	0.51	1.00	1.79	1.69	1.86	1.89
江 西	Jiangxi	0.11	0.29	2.41	5.08	7.24	4.95	7.95
山 东	Shandong	1.54	1.52	11.31	17.73	21.22	26.01	32.95
河 南	Henan	0.79	1.45	1.35	1.70	3.58	5.55	15.30
湖 北	Hubei	1.13	1.18	2.90	10.98	5.19	5.55	7.52
湖 南	Hunan	0.20	0.16	2.06	0.71	3.20	6.26	9.85
广 东	Guangdong	1.10	5.08	6.49	9.61	12.21	13.84	13.77
广 西	Guangxi	0.05	0.04	0.38	0.41	1.06	1.43	2.08
海 南	Hainan			0.02	0.17	0.01		
重 庆	Chongqing		0.27	0.94	0.71	2.70	10.61	11.37
四 川	Sichuan	1.56	0.48	2.11	4.23	7.74	9.58	10.29
贵 州	Guizhou	0.08	0.05		0.16	0.65	0.66	0.71
云 南	Yunnan	0.15	0.46	0.02	0.21	0.02	0.07	0.30
西 藏	Tibet							
陕 西	Shaanxi	0.97	0.37	2.01	1.75	4.92	9.31	9.16
甘 肃	Gansu	0.32	0.24	1.19	1.51	3.49	0.87	0.57
青 海	Qinghai	0.01					0.02	0.02
宁 夏	Ningxia	0.09	0.63	1.26	0.19		0.16	1.07
新 疆	Xinjiang	0.01				0.08		0.29

4-64 医疗设备及仪器仪表制造业新增固定资产

Newly Increased Fixed Assets of Medical Treatment Instrument and Meter Manufacturing

单位：亿元 (100 million yuan)

地区	Region	1996	2000	2003	2004	2005	2006	2007
全国	**Total**	**13.86**	**18.94**	**53.39**	**67.91**	**94.73**	**118.56**	**189.27**
东部地区	Eastern Region	8.26	15.18	35.69	47.51	64.82	64.24	106.30
中部地区	Mid Region	2.29	2.02	9.87	14.81	19.65	37.98	61.53
西部地区	Western Region	3.30	1.74	7.83	5.59	10.25	16.34	21.44
北京	Beijing	1.11	1.34	0.05	6.69	2.01	2.20	2.60
天津	Tianjin	0.29	0.07	0.30	0.13	0.41	2.42	0.20
河北	Hebei	0.31	0.54	1.03	1.58	3.90	3.91	12.14
山西	Shanxi	0.05	0.19	0.55	0.60	1.26	5.87	1.98
内蒙古	Neimenggu		0.02	0.01	0.77	0.10	0.64	1.41
辽宁	Liaoning	0.17	1.03	2.77	4.30	6.27	6.02	12.19
吉林	Jilin	0.01	0.11	1.70	2.03	3.70	10.69	24.00
黑龙江	Heilongjiang	0.30		1.11	0.74	0.03	0.63	1.90
上海	Shanghai	2.59	3.46	2.35	3.57	4.49	0.89	1.39
江苏	Jiangsu	1.32	0.68	14.67	13.12	18.03	24.86	40.76
浙江	Zhejiang	0.31	0.54	2.09	5.01	10.36	4.86	6.92
安徽	Anhui	0.19	0.09	0.25	0.80	1.01	4.32	3.42
福建	Fujian	0.04	0.41	0.38	1.41	1.32	0.96	0.55
江西	Jiangxi	0.07	0.12	1.72	3.13	5.22	4.32	7.50
山东	Shandong	0.88	1.22	7.24	5.05	8.45	10.47	16.70
河南	Henan	0.42	0.93	1.38	1.15	3.96	4.65	12.37
湖北	Hubei	1.06	0.42	2.25	4.65	3.22	3.57	3.99
湖南	Hunan	0.18	0.12	0.89	0.94	1.15	3.30	4.96
广东	Guangdong	1.06	5.87	4.33	6.22	9.26	7.54	12.11
广西	Guangxi	0.19	0.01	0.45	0.18	0.30	0.11	0.75
海南	Hainan			0.02	0.26	0.01		
重庆	Chongqing		0.01	1.33	0.49	1.36	4.85	7.20
四川	Sichuan	1.15	0.47	1.73	2.34	3.57	6.09	5.19
贵州	Guizhou	0.06	0.06		0.16	0.65	0.53	0.70
云南	Yunnan	0.22	0.45	0.01	0.10	0.02	0.07	0.02
西藏	Tibet							
陕西	Shaanxi	1.10	0.14	1.65	1.82	3.05	4.00	7.20
甘肃	Gansu	0.67	0.26	0.64	0.69	1.59	0.71	0.47
青海	Qinghai							0.04
宁夏	Ningxia	0.07	0.36	2.48			0.09	0.53
新疆	Xinjiang	0.02				0.01		0.09

4-65 医疗设备及仪器仪表制造业固定资产交付使用率

Rate of Fixed Assets Put into Use of Medical Treatment Instrument and Meter Manufacturing

单位：%　　　　　　　　　　　　　　　　　　　　　　　　　　(%)

地 区	Region	1996	2000	2003	2004	2005	2006	2007
全 国	**Total**	**86.86**	**79.08**	**67.51**	**61.80**	**64.48**	**56.37**	**62.81**
东部地区	Eastern Region	87.24	91.26	61.83	64.78	67.68	48.33	55.80
中部地区	Mid Region	69.63	41.92	71.26	53.29	62.28	82.31	79.84
西部地区	Western Region	103.55	69.56	104.12	63.81	52.30	52.25	63.47
北 京	Beijing				112.25	220.88	43.22	60.47
天 津	Tianjin	125.83	79.63	100.00	10.83	39.42	131.52	10.93
河 北	Hebei	64.39	71.10	73.05	56.63	53.06	39.30	88.36
山 西	Shanxi	78.50	88.23	171.88	17.70	43.30	219.03	35.61
内蒙古	Neimenggu		72.83	100.00	92.77	100.00	96.97	100.00
辽 宁	Liaoning	80.07	124.41	77.16	75.84	75.91	50.17	67.16
吉 林	Jilin	14.23	11.64	54.66	75.19	56.23	78.66	122.08
黑龙江	Heilongjiang	45.03		116.84	97.37	21.43	61.76	91.35
上 海	Shanghai	89.09	82.63	55.29	71.40	139.88	39.21	34.07
江 苏	Jiangsu	113.61	51.35	71.63	92.07	74.17	52.84	53.00
浙 江	Zhejiang	91.90	80.04	41.22	57.13	71.35	41.97	33.25
安 徽	Anhui	72.00	50.73	33.33	48.48	38.55	73.34	44.19
福 建	Fujian	115.08	80.15	38.00	78.77	78.11	51.61	29.10
江 西	Jiangxi	65.41	42.83	71.37	61.61	72.10	87.27	94.34
山 东	Shandong	56.91	80.24	64.01	28.48	39.82	40.25	50.68
河 南	Henan	52.87	64.29	102.22	67.65	110.61	83.78	80.85
湖 北	Hubei	94.34	35.97	77.59	42.35	62.04	64.32	53.06
湖 南	Hunan	89.19	77.66	43.20	132.39	35.94	52.72	50.36
广 东	Guangdong	96.38	115.48	66.72	64.72	75.84	54.48	87.94
广 西	Guangxi	387.07	28.99	118.42	43.90	28.30	7.69	36.06
海 南	Hainan			100.00	152.94	100.00		
重 庆	Chongqing		3.62	141.49	69.01	50.37	45.71	63.32
四 川	Sichuan	73.55	97.22	81.99	55.32	46.12	63.57	50.44
贵 州	Guizhou	82.50	111.71		100.00	100.00	80.30	98.59
云 南	Yunnan	147.46	97.01	50.00	47.62	100.00	100.00	6.67
西 藏	Tibet							
陕 西	Shaanxi	113.26	38.71	82.09	104.00	61.99	42.96	78.60
甘 肃	Gansu	208.78	104.67	53.78	45.70	45.56	81.61	82.46
青 海	Qinghai							200.00
宁 夏	Ningxia	80.53	57.24	196.83			56.25	49.53
新 疆	Xinjiang	339.73				12.50		31.03

出口情况
Export

5-1 出口交货值
Export

单位：亿元 (100 million yuan)

行业 Industry	1995	2000	2003	2004	2005	2006	2007
合计 Total	**1125.23**	**3388.38**	**9098.27**	**14830.90**	**17635.97**	**23476.46**	**28422.79**
医药制造业 Manufacture of Medicines	**127.32**	**167.93**	**300.23**	**343.40**	**439.28**	**538.69**	**639.43**
#化学药品制造 Manufacture of Chemical Medicine	110.12	139.22	226.85	252.60	312.75	367.85	436.54
中成药制造 Manufacture of Finished Traditional Chinese Herbal Medicine	10.29	15.09	11.70	15.70	25.22	33.70	39.07
生物、生化制品的制造 Manufacture of Biological and Biochemical Chemical Products	1.68	10.06	23.92	26.80	55.26	68.94	87.35
航空航天器制造业 Manufacture of Aircrafts and Spacecrafts	**16.44**	**31.23**	**54.52**	**42.40**	**77.76**	**121.10**	**154.57**
1.飞机制造及修理 Manufacture and Repairing of Airplanes	15.30	27.53	54.26	41.70	77.33	119.75	152.80
2.航天器制造 Manufacture of Spacecrafts	1.13	3.70	0.26	0.70	0.44	1.35	1.77
电子及通信设备制造业 Manufacture of Electronic Equipment and Communication Equipment	**712.24**	**2157.78**	**4401.77**	**7259.90**	**9409.95**	**12130.76**	**14963.18**
1.通信设备制造 Manufacture of Communication Equipment	116.32	439.28	1018.28	1891.00	3084.64	4034.69	4629.25
#通信传输设备制造 Manufacture of Communication Transmitting Equipment	6.66	28.18	20.08	56.30	74.82	74.56	111.47
通信交换设备制造 Manufacture of Communication Exchanging Equipment	16.00	48.38	93.69	205.30	342.50	557.96	853.27
通信终端设备制造 Manufacture of Communication Terminal Equipment	63.45	103.03	150.36	196.70	294.33	356.57	356.60
2.雷达及配套设备制造 Manufacture of Radar and Its Fittings	1.66	6.05	10.75	4.10	14.25	23.63	33.06
3.广播电视设备制造 Manufacture of Broadcasting and TV Equipment	2.74	4.24	27.82	92.20	66.67	99.08	118.69
4.电子器件制造 Manufacture of Electronic Appliances	91.55	367.72	837.68	1664.20	1819.58	2379.64	3259.44
#电子真空器件制造 Manufacture of Electronic Vacuum Appliances	25.38	117.73	235.34	208.30	238.92	240.13	265.88
半导体分立器件制造 Manufacture of Semiconductor Discreting Appliances	24.19	90.45	96.79	123.50	149.11	215.35	261.97
集成电路制造 Manufacture of Integrate Circuit	41.98	159.53	265.03	786.60	833.68	1155.45	1517.58
5.电子元件制造 Manufacture of Electronic Components	196.22	644.39	1181.64	2019.50	2548.66	3417.04	4491.10
6.家用视听设备制造 Manufacture of Domestic TV Set and Radio Receiver	262.05	590.33	1219.59	1502.50	1707.55	1916.11	2082.89
7.其他电子设备制造 Manufacture of Other Electronic Equipment	41.69	105.78	106.01	86.50	168.61	260.57	348.74
电子计算机及办公设备制造业 Manufacture of Computers and Office Equipments	**219.15**	**904.12**	**4137.31**	**6845.70**	**7194.57**	**9997.70**	**11858.78**
1.电子计算机整机制造 Manufacture of Entired Computer	75.31	239.82	1805.23	3527.70	3160.92	5264.05	6643.90
2.电子计算机外部设备制造 Manufacture of Computer Peripheral Equipment	129.24	538.21	2053.79	2964.60	3593.32	4211.71	4653.10
3.办公设备制造 Manufacture of Office Equipment	14.60	126.10	278.29	353.50	440.32	521.94	561.77
医疗设备及仪器仪表制造业 Manufacture of Medical Equipments and Measuring Instrument	**50.07**	**127.30**	**204.44**	**339.40**	**514.42**	**688.22**	**806.84**
1.医疗设备及器械制造 Manufacture of Medical Equipment and Appliances	22.68	49.86	57.26	100.80	114.52	168.02	205.27
2.仪器仪表制造 Manufacture of Measuring Instrument	27.40	77.44	147.18	238.60	399.89	520.20	601.57

5-2 大型企业出口交货值
Export of Large-sized Enterprises

单位：亿元 (100 million yuan)

行 业 Industry	1995	2000	2003	2004	2005	2006	2007
合计 Total	**439.03**	**1337.06**	**4990.15**	**8311.50**	**10686.20**	**14893.21**	**18890.54**
医药制造业 Manufacture of Medicines	**72.89**	**85.55**	**87.42**	**84.00**	**113.11**	**135.89**	**168.99**
#化学药品制造 Manufacture of Chemical Medicine	69.80	77.97	81.56	80.40	93.13	111.10	143.47
中成药制造 Manufacture of Finished Traditional Chinese Herbal Medicine	2.73	5.64	1.91	3.30	6.22	5.92	5.25
生物、生化制品的制造 Manufacture of Biological and Biochemical Chemical Products	0.05	1.16	3.85		13.33	18.37	19.61
航空航天器制造业 Manufacture of Aircrafts and Spacecrafts	**13.62**	**22.73**	**36.94**	**29.10**	**64.08**	**97.90**	**121.44**
1.飞机制造及修理 Manufacture and Repairing of Airplanes	12.61	19.46	36.94	29.10	63.87	97.69	120.89
2.航天器制造 Manufacture of Spacecrafts	1.02	3.27			0.21	0.22	0.56
电子及通信设备制造业 Manufacture of Electronic Equipment and Communication Equipment	**262.27**	**925.74**	**1859.01**	**3236.40**	**5050.90**	**6472.25**	**8682.29**
1.通信设备制造 Manufacture of Communication Equipment	41.53	238.34	470.19	1042.30	2339.51	2652.08	3552.55
#通信传输设备制造 Manufacture of Communication Transmitting Equipment	4.72	17.47	11.40	32.20	51.12	36.43	34.96
通信交换设备制造 Manufacture of Communication Exchanging Equipment	5.66	23.53	74.61	162.00	310.53	505.93	773.52
通信终端设备制造 Manufacture of Communication Terminal Equipment	14.76	64.30	58.87	76.50	134.47	141.96	136.19
2.雷达及配套设备制造 Manufacture of Radar and Its Fittings	1.30	5.80	9.57	0.20	13.17	22.18	24.02
3.广播电视设备制造 Manufacture of Broadcasting and TV Equipment	0.11	2.61			4.56		21.17
4.电子器件制造 Manufacture of Electronic Appliances	37.65	172.37	350.07	830.90	932.29	1286.06	1794.97
#电子真空器件制造 Manufacture of Electronic Vacuum Appliances	21.36	99.86	165.60	161.40	185.42	175.76	207.53
半导体分立器件制造 Manufacture of Semiconductor Discreting Appliances	0.63	13.92	21.70	10.80	11.91	60.07	56.06
集成电路制造 Manufacture of Integrate Circuit	15.66	58.59	85.59	408.20	462.70	670.17	848.25
5.电子元件制造 Manufacture of Electronic Components	61.84	196.77	414.32	691.00	1060.16	1563.50	2185.05
6.家用视听设备制造 Manufacture of Domestic TV Set and Radio Receiver	116.14	299.23	574.06	640.20	621.03	796.46	936.90
7.其他电子设备制造 Manufacture of Other Electronic Equipment	3.71	10.63	40.80	31.90	80.19	151.96	167.64
电子计算机及办公设备制造业 Manufacture of Computers and Office Equipments	**73.25**	**259.92**	**2991.87**	**4914.20**	**5329.01**	**7988.79**	**9666.44**
1.电子计算机整机制造 Manufacture of Entired Computer	49.88	57.37	1660.11	3036.00	2700.56	4787.42	6038.30
2.电子计算机外部设备制造 Manufacture of Computer Peripheral Equipment	22.08	188.91	1209.57	1731.10	2396.47	2913.89	3279.33
3.办公设备制造 Manufacture of Office Equipment	1.29	13.63	122.19	147.10	231.97	287.48	348.81
医疗设备及仪器仪表制造业 Manufacture of Medical Equipments and Measuring Instrument	**16.99**	**43.12**	**14.91**	**47.70**	**129.11**	**198.37**	**251.38**
1.医疗设备及器械制造 Manufacture of Medical Equipment and Appliances	6.63	21.19	2.07	0.10		7.12	33.57
2.仪器仪表制造 Manufacture of Measuring Instrument	10.36	21.93	12.84	47.60	129.11	191.25	217.81

5-3 中型企业出口交货值

Export of Medium-sized Enterprises

单位：亿元 (100 million yuan)

行业 Industry	1995	2000	2003	2004	2005	2006	2007
合计 Total	**152.59**	**432.72**	**3356.36**	**5309.00**	**5585.56**	**6742.46**	**7984.86**
医药制造业 Manufacture of Medicines	**23.00**	**27.03**	**119.43**	**146.40**	**186.66**	**253.03**	**308.03**
#化学药品制造 Manufacture of Chemical Medicine	19.54	23.68	97.86	111.00	147.37	181.53	210.13
中成药制造 Manufacture of Finished Traditional Chinese Herbal Medicine	1.92	0.70	4.53	7.90	9.50	20.99	24.80
生物、生化制品的制造 Manufacture of Biological and Biochemical Chemical Products	0.04	2.57	3.30	6.40	12.01	18.47	37.34
航空航天器制造业 Manufacture of Aircrafts and Spacecrafts	**2.81**	**1.31**	**15.12**	**8.80**	**8.35**	**15.04**	**27.81**
1.飞机制造及修理 Manufacture and Repairing of Airplanes	2.70	0.87	15.11	8.80	8.34	14.20	26.60
2.航天器制造 Manufacture of Spacecrafts	0.12	0.44	0.01		0.01	0.85	1.21
电子及通信设备制造业 Manufacture of Electronic Equipment and Communication Equipment	**99.05**	**268.39**	**2130.90**	**3326.80**	**3580.32**	**4566.59**	**5304.25**
1.通信设备制造 Manufacture of Communication Equipment	6.57	33.13	501.48	757.00	583.63	1001.76	982.22
#通信传输设备制造 Manufacture of Communication Transmitting Equipment	0.05	0.28	5.00	17.80	15.23	27.38	61.05
通信交换设备制造 Manufacture of Communication Exchanging Equipment	0.93	1.75	17.31	10.00	26.68	44.54	68.40
通信终端设备制造 Manufacture of Communication Terminal Equipment	4.79	29.62	82.26	102.60	148.34	197.31	191.98
2.雷达及配套设备制造 Manufacture of Radar and Its Fittings	0.36	0.25	0.31	3.20	0.46	0.74	8.11
3.广播电视设备制造 Manufacture of Broadcasting and TV Equipment	0.08	0.60	14.41	60.40	35.40	77.14	71.60
4.电子器件制造 Manufacture of Electronic Appliances	7.94	22.86	430.78	700.00	761.49	949.76	1284.11
#电子真空器件制造 Manufacture of Electronic Vacuum Appliances	2.19	0.37	62.58	38.90	47.29	53.27	49.45
半导体分立器件制造 Manufacture of Semiconductor Discreting Appliances	4.43	10.47	59.39	87.70	114.67	121.73	172.61
集成电路制造 Manufacture of Integrate Circuit	1.32	12.01	158.31	332.20	334.88	448.35	629.66
5.电子元件制造 Manufacture of Electronic Components	31.52	109.08	569.78	1034.90	1177.89	1464.92	1864.76
6.家用视听设备制造 Manufacture of Domestic TV Set and Radio Receiver	47.90	97.12	576.13	749.50	969.59	1007.18	980.28
7.其他电子设备制造 Manufacture of Other Electronic Equipment	4.68	5.36	38.01	21.90	51.85	65.08	113.17
电子计算机及办公设备制造业 Manufacture of Computers and Office Equipments	**17.20**	**119.36**	**987.09**	**1661.00**	**1566.76**	**1603.53**	**2003.97**
1.电子计算机整机制造 Manufacture of Entired Computer	0.14	1.51	138.16	485.80	453.92	472.34	599.06
2.电子计算机外部设备制造 Manufacture of Computer Peripheral Equipment	15.64	113.49	705.22	996.80	934.09	919.57	1212.63
3.办公设备制造 Manufacture of Office Equipment	1.42	4.36	143.71	178.40	178.75	211.62	192.28
医疗设备及仪器仪表制造业 Manufacture of Medical Equipments and Measuring Instrument	**10.53**	**16.64**	**103.82**	**165.90**	**243.48**	**304.27**	**340.80**
1.医疗设备及器械制造 Manufacture of Medical Equipment and Appliances	4.95	7.05	32.61	66.10	76.39	112.04	117.04
2.仪器仪表制造 Manufacture of Measuring Instrument	5.57	9.59	71.21	99.80	167.08	192.23	223.76

5-4 国有及国有控股企业出口交货值

Export of State-owned and State-controlled Enterprises

单位：亿元 (100 million yuan)

行业 Industry	1995	2000	2003	2004	2005	2006	2007
合计 Total	**160.25**	**706.35**	**1017.09**	**1309.00**	**1566.84**	**964.01**	**961.31**
医药制造业 Manufacture of Medicines	**72.27**	**82.91**	**119.60**	**112.50**	**120.02**	**113.14**	**137.33**
#化学药品制造 Manufacture of Chemical Medicine	67.77	75.40	108.83	101.40	109.46	101.24	125.25
中成药制造 Manufacture of Finished Traditional Chinese Herbal Medicine	3.04	7.04	4.84	6.20	7.08	8.73	7.43
生物、生化制品的制造 Manufacture of Biological and Biochemical Chemical Products	0.15	0.47	1.04	0.60	1.02	1.26	2.21
航空航天器制造业 Manufacture of Aircrafts and Spacecrafts	**14.60**	**25.00**	**45.50**	**30.20**	**48.50**	**79.86**	**95.41**
1.飞机制造及修理 Manufacture and Repairing of Airplanes	13.47	21.63	45.49	30.20	48.29	79.57	94.85
2.航天器制造 Manufacture of Spacecrafts	1.13	3.37	0.01		0.22	0.29	0.56
电子及通信设备制造业 Manufacture of Electronic Equipment and Communication Equipment	**58.19**	**511.52**	**697.10**	**655.00**	**852.04**	**587.18**	**625.47**
1.通信设备制造 Manufacture of Communication Equipment	8.60	124.95	251.59	189.10	216.06	43.56	93.74
#通信传输设备制造 Manufacture of Communication Transmitting Equipment	4.36	4.56	11.97	15.90	11.21	6.52	6.74
通信交换设备制造 Manufacture of Communication Exchanging Equipment	1.25	19.76	36.23	82.50	108.78	9.84	68.72
通信终端设备制造 Manufacture of Communication Terminal Equipment	2.06	22.70	25.31	7.20	6.51	3.41	4.69
2.雷达及配套设备制造 Manufacture of Radar and Its Fittings	1.66	6.05	9.89	2.60	13.66	23.01	32.14
3.广播电视设备制造 Manufacture of Broadcasting and TV Equipment	0.19	0.10	2.19	5.20	3.22	2.72	0.74
4.电子器件制造 Manufacture of Electronic Appliances	12.13	110.24	115.40	130.90	176.55	166.94	229.89
#电子真空器件制造 Manufacture of Electronic Vacuum Appliances	8.68	72.07	85.66	26.40	72.65	70.78	74.76
半导体分立器件制造 Manufacture of Semiconductor Discreting Appliances	2.77	13.77	6.04	5.40	5.87	4.69	5.32
集成电路制造 Manufacture of Integrate Circuit	0.24	24.40	16.50	31.70	13.61	20.03	2.45
5.电子元件制造 Manufacture of Electronic Components	20.11	61.43	45.64	135.10	206.68	110.73	62.30
6.家用视听设备制造 Manufacture of Domestic TV Set and Radio Receiver	14.66	203.37	271.16	191.60	234.29	238.03	205.07
7.其他电子设备制造 Manufacture of Other Electronic Equipment	0.84	5.39	1.23	0.40	1.58	2.20	1.59
电子计算机及办公设备制造业 Manufacture of Computers and Office Equipments	**2.19**	**67.43**	**135.79**	**485.50**	**519.78**	**151.15**	**48.38**
1.电子计算机整机制造 Manufacture of Entired Computer	0.84	13.12	5.45	386.10	370.04	24.61	20.21
2.电子计算机外部设备制造 Manufacture of Computer Peripheral Equipment	0.59	53.91	126.36	88.50	144.74	120.73	22.79
3.办公设备制造 Manufacture of Office Equipment	0.75	0.41	3.98	10.90	4.99	5.81	5.38
医疗设备及仪器仪表制造业 Manufacture of Medical Equipments and Measuring Instrument	**13.01**	**19.48**	**19.10**	**25.80**	**26.50**	**32.69**	**54.72**
1.医疗设备及器械制造 Manufacture of Medical Equipment and Appliances	2.62	3.93	2.19	4.60	5.32	4.21	16.38
2.仪器仪表制造 Manufacture of Measuring Instrument	10.39	15.55	16.91	21.20	21.18	28.48	38.34

5-5 三资企业出口交货值

Export of Joint Ventures

单位：亿元 (100 million yuan)

行 业 Industry	1995	2000	2003	2004	2005	2006	2007
合计 Total	**830.16**	**2882.06**	**8102.73**	**13827.40**	**16145.27**	**20942.50**	**25892.98**
医药制造业 Manufacture of Medicines	**19.38**	**35.95**	**77.81**	**98.60**	**118.54**	**167.31**	**211.84**
#化学药品制造 Manufacture of Chemical Medicine	12.53	25.07	41.77	52.30	70.06	91.80	121.24
中成药制造 Manufacture of Finished Traditional Chinese Herbal Medicine	0.68	4.56	4.17	3.80	4.88	8.69	11.04
生物、生化制品的制造 Manufacture of Biological and Biochemical Chemical Products	0.55	4.69	11.61	13.90	21.38	29.72	38.88
航空航天器制造业 Manufacture of Aircrafts and Spacecrafts	**1.84**	**6.83**	**9.02**	**12.80**	**30.11**	**40.62**	**59.16**
1.飞机制造及修理 Manufacture and Repairing of Airplanes	1.84	6.49	8.77	12.10	29.95	39.63	59.16
2.航天器制造 Manufacture of Spacecrafts		0.34	0.25	0.70	0.15	0.99	
电子及通信设备制造业 Manufacture of Electronic Equipment and Communication Equipment	**586.56**	**1920.71**	**3840.61**	**6705.20**	**8555.52**	**10849.22**	**13284.92**
1.通信设备制造 Manufacture of Communication Equipment	102.14	414.05	921.27	1700.80	2748.57	3505.03	3833.70
#通信传输设备制造 Manufacture of Communication Transmitting Equipment	0.41	25.46	7.57	39.20	62.48	65.16	99.50
通信交换设备制造 Manufacture of Communication Exchanging Equipment	4.66	33.84	33.35	74.20	70.07	98.81	131.41
通信终端设备制造 Manufacture of Communication Terminal Equipment	3.79	99.37	136.89	192.00	289.84	342.78	345.37
2.雷达及配套设备制造 Manufacture of Radar and Its Fittings			0.86	1.30	0.40	0.42	0.44
3.广播电视设备制造 Manufacture of Broadcasting and TV Equipment	2.08	3.70	15.39	68.00	45.27	74.09	87.56
4.电子器件制造 Manufacture of Electronic Appliances	72.63	303.66	754.97	1622.90	1693.17	2221.77	3072.78
#电子真空器件制造 Manufacture of Electronic Vacuum Appliances	6.98	67.22	176.04	200.70	181.16	177.18	192.70
半导体分立器件制造 Manufacture of Semiconductor Discreting Appliances		85.00	87.92	115.40	128.31	200.47	250.84
集成电路制造 Manufacture of Integrate Circuit	12.09	151.44	258.84	775.60	816.78	1124.72	1472.50
5.电子元件制造 Manufacture of Electronic Components	146.72	567.27	1087.80	1909.10	2410.05	3241.14	4247.97
6.家用视听设备制造 Manufacture of Domestic TV Set and Radio Receiver	225.46	533.19	961.50	1323.10	1503.97	1569.20	1718.11
7.其他电子设备制造 Manufacture of Other Electronic Equipment	37.53	98.84	98.82	80.00	154.08	237.57	324.37
电子计算机及办公设备制造业 Manufacture of Computers and Office Equipments	**202.95**	**838.28**	**4024.14**	**6736.10**	**7021.70**	**9348.23**	**11745.97**
1.电子计算机整机制造 Manufacture of Entired Computer	62.32	218.05	1799.59	3520.10	3144.17	4923.94	6605.70
2.电子计算机外部设备制造 Manufacture of Computer Peripheral Equipment	127.58	497.99	1954.24	2870.70	3447.81	3918.75	4588.54
3.办公设备制造 Manufacture of Office Equipment	13.05	122.24	270.31	345.40	429.72	505.54	551.72
医疗设备及仪器仪表制造业 Manufacture of Medical Equipments and Measuring Instrument	**19.43**	**80.29**	**151.15**	**274.60**	**419.40**	**537.12**	**591.10**
1.医疗设备及器械制造 Manufacture of Medical Equipment and Appliances	10.41	32.65	44.40	85.40	98.32	133.21	155.53
2.仪器仪表制造 Manufacture of Measuring Instrument	9.02	47.64	106.75	189.20	321.08	403.92	435.56

5-6 出口交货值

Export

单位：亿元 (100 million yuan)

地区	Region	1995	2000	2003	2004	2005	2006	2007
全　国	**Total**	**1125.23**	**3388.38**	**9098.27**	**14830.90**	**17635.97**	**23476.46**	**28422.79**
东部地区	Eastern Region	1031.10	3272.85	8842.34	14567.10	17285.17	22960.60	27824.03
中部地区	Mid Region	54.18	57.83	106.11	131.10	227.68	342.84	379.91
西部地区	Western Region	39.95	57.69	149.82	132.60	123.12	173.02	218.85
北　京	Beijing	39.09	160.17	251.42	453.20	832.58	1151.99	1420.54
天　津	Tianjin	62.05	259.44	509.35	852.90	1054.52	1168.81	1412.75
河　北	Hebei	10.93	17.25	36.14	35.30	41.82	45.51	66.83
山　西	Shanxi	1.22	1.72	1.47	2.50	5.72	19.58	29.52
内蒙古	Neimenggu	1.96	1.09	1.54	1.60	31.65	37.65	6.15
辽　宁	Liaoning	59.73	163.87	251.83	285.80	271.07	329.58	382.19
吉　林	Jilin	1.96	2.05	5.07	10.50	6.61	9.07	9.88
黑龙江	Heilongjiang	12.02	12.73	11.18	4.40	15.36	13.80	17.29
上　海	Shanghai	84.38	370.20	1304.73	2101.80	2726.02	3191.27	4180.30
江　苏	Jiangsu	87.78	531.39	1530.57	3373.40	3876.44	4778.10	6136.32
浙　江	Zhejiang	45.84	122.80	253.33	473.70	744.66	1253.41	1411.84
安　徽	Anhui	3.89	4.42	8.78	10.00	15.55	22.23	37.11
福　建	Fujian	63.72	195.60	511.33	730.40	827.54	942.48	1065.01
江　西	Jiangxi	8.49	4.51	19.37	19.00	27.13	47.28	70.23
山　东	Shandong	45.49	77.73	220.41	285.80	423.85	664.95	1017.02
河　南	Henan	6.44	10.08	16.59	23.70	33.66	36.46	33.42
湖　北	Hubei	14.91	11.66	23.45	32.70	61.54	122.77	139.90
湖　南	Hunan	3.29	9.57	18.66	26.70	30.45	34.00	36.42
广　东	Guangdong	528.41	1371.45	3969.42	5969.20	6475.20	9422.35	10707.85
广　西	Guangxi	3.28	2.01	2.73	4.20	9.52	9.32	20.35
海　南	Hainan	0.40	0.94	1.08	1.60	1.96	2.83	3.02
重　庆	Chongqing		6.29	6.80	7.90	9.49	18.27	29.67
四　川	Sichuan	14.75	21.64	94.56	65.60	66.05	94.53	122.39
贵　州	Guizhou	3.13	1.84	9.86	13.80	10.66	8.03	7.45
云　南	Yunnan	3.24	4.00	3.47	4.20	4.95	7.10	7.19
西　藏	Tibet					0.01	0.02	0.01
陕　西	Shaanxi	16.53	19.65	26.46	35.10	24.83	36.41	40.56
甘　肃	Gansu	0.89	2.73	6.01	2.20	0.47	0.64	0.81
青　海	Qinghai	0.06		0.34	0.40	0.22	0.22	0.14
宁　夏	Ningxia	0.03	1.11	2.13	2.60	6.05	6.70	7.13
新　疆	Xinjiang	1.32	0.44	0.19	0.70	0.39	1.11	3.49

5-7 医药制造业出口交货值

Export of Medical and Pharmaceutical Products Manufacturing

单位：亿元 (100 million yuan)

地区	Region	1995	2000	2003	2004	2005	2006	2007
全　国	**Total**	**127.32**	**167.93**	**300.23**	**343.40**	**439.28**	**538.69**	**639.43**
东部地区	Eastern Region	89.56	139.07	255.40	291.50	367.26	446.41	513.79
中部地区	Mid Region	25.11	16.51	30.23	34.90	47.56	62.02	84.86
西部地区	Western Region	12.65	12.35	14.60	17.00	24.46	30.26	40.78
北　京	Beijing	1.95	2.50	2.31	3.10	4.59	5.18	6.45
天　津	Tianjin	4.11	7.61	15.10	12.50	17.88	20.91	19.60
河　北	Hebei	8.68	14.05	30.64	28.50	34.66	37.02	50.78
山　西	Shanxi	0.91	0.54	1.20	2.20	0.12	4.51	7.47
内蒙古	Neimenggu	1.71	0.84	1.27	1.40	2.34	4.19	5.10
辽　宁	Liaoning	5.94	8.94	17.60	20.30	21.90	17.63	21.83
吉　林	Jilin	1.57	1.48	3.48	2.10	3.06	4.62	4.78
黑龙江	Heilongjiang	2.21	1.08	2.53	2.50	2.73	3.53	8.55
上　海	Shanghai	14.81	12.62	19.71	19.80	26.70	34.38	36.29
江　苏	Jiangsu	21.50	28.69	42.32	54.90	52.25	62.53	70.90
浙　江	Zhejiang	11.54	39.37	83.83	97.10	132.36	165.45	181.65
安　徽	Anhui	2.72	1.85	2.02	2.40	3.02	3.27	5.84
福　建	Fujian	4.92	2.97	6.72	7.60	8.92	12.25	13.27
江　西	Jiangxi	5.82	1.27	3.23	3.10	2.26	3.51	4.74
山　东	Shandong	8.93	14.68	25.68	32.30	52.25	64.68	80.57
河　南	Henan	2.18	3.01	5.03	6.90	14.75	19.60	20.25
湖　北	Hubei	6.61	5.15	9.94	12.60	17.19	17.50	25.78
湖　南	Hunan	1.37	1.30	1.53	1.80	2.09	1.28	2.34
广　东	Guangdong	6.19	6.48	9.77	13.30	12.85	22.91	28.69
广　西	Guangxi	0.92	0.97	1.49	1.80	2.76	3.43	3.73
海　南	Hainan	0.05	0.18	0.23	0.10	0.13	0.04	0.03
重　庆	Chongqing		4.58	3.73	3.40	4.47	9.27	17.12
四　川	Sichuan	8.63	3.05	4.38	6.40	9.03	6.94	8.54
贵　州	Guizhou	0.55	0.07	0.04		0.03	0.05	0.01
云　南	Yunnan	0.38	1.47	1.00	1.70	2.42	4.07	3.81
西　藏	Tibet					0.01	0.02	0.01
陕　西	Shaanxi	1.35	1.21	3.06	2.70	2.24	2.53	3.52
甘　肃	Gansu	0.40	0.42	0.33	0.30	0.32	0.58	0.40
青　海	Qinghai	0.01					0.00	
宁　夏	Ningxia	0.01	1.11	1.87	2.20	5.83	6.66	7.13
新　疆	Xinjiang	1.32	0.44	0.19	0.20	0.12	0.14	0.25

5-8 航空航天制造业出口交货值

Export of Aircraft and Spacecraft Manufacturing

单位：亿元 (100 million yuan)

地区	Region	1995	2000	2003	2004	2005	2006	2007
全　国	**Total**	**16.44**	**31.23**	**54.52**	**42.40**	**77.76**	**121.10**	**154.57**
东部地区	Eastern Region	5.40	15.01	25.79	18.00	38.04	64.84	88.44
中部地区	Mid Region	1.67	5.48	11.23	7.00	14.75	11.92	14.63
西部地区	Western Region	9.37	10.74	17.50	17.50	24.97	44.34	51.50
北　京	Beijing	0.04	0.06	0.13	0.20	0.34	0.32	0.32
天　津	Tianjin					1.36	2.14	2.50
河　北	Hebei	0.08	0.07	0.01	0.10	0.13	0.26	0.34
山　西	Shanxi	0.05	0.52	0.11				
内蒙古	Neimenggu							
辽　宁	Liaoning	1.77	2.13	2.29	2.80	4.34	5.48	7.48
吉　林	Jilin	0.05	0.13	0.25	0.20	0.16	0.18	0.32
黑龙江	Heilongjiang	0.22	1.32	0.91	0.10	5.11	1.14	1.90
上　海	Shanghai	0.42	2.63	2.27	2.60	2.87	3.60	3.81
江　苏	Jiangsu	1.10	3.87	12.13	1.90	3.46	19.65	21.17
浙　江	Zhejiang						0.08	1.22
安　徽	Anhui	0.14	0.14	0.30	0.10	0.19	0.34	0.34
福　建	Fujian		5.90	7.54	9.10	23.55	27.17	36.70
江　西	Jiangxi	0.15	1.92	4.83	5.50	5.15	5.17	7.95
山　东	Shandong	0.15	0.36	0.35	0.40	0.30	0.40	0.37
河　南	Henan	0.14	0.27	0.17	0.10	0.57	0.72	0.87
湖　北	Hubei	0.33	0.01	0.01	0.20		0.26	0.78
湖　南	Hunan	0.60	1.16	4.65	0.60	3.59	4.12	2.48
广　东	Guangdong	1.84		1.07	0.80	1.69	5.74	14.54
广　西	Guangxi							
海　南	Hainan							
重　庆	Chongqing			0.01		0.01	0.00	
四　川	Sichuan	1.53	4.56	5.89	4.30	8.46	18.31	20.99
贵　州	Guizhou	1.91	1.16	4.26	4.10	4.97	6.99	7.17
云　南	Yunnan							
西　藏	Tibet							
陕　西	Shaanxi	5.69	4.92	7.21	8.90	11.51	19.02	23.33
甘　肃	Gansu	0.22	0.09	0.13	0.10	0.02	0.01	0.01
青　海	Qinghai							
宁　夏	Ningxia							
新　疆	Xinjiang							

5-9 电子及通信设备制造业出口交货值

Export of Electronic and Telecommunication Equipments Manufacturing

单位：亿元 (100 million yuan)

地 区 Region		1995	2000	2003	2004	2005	2006	2007
全 国	**Total**	**712.24**	**2157.78**	**4401.77**	**7259.90**	**9409.95**	**12130.76**	**14963.18**
东部地区	Eastern Region	686.52	2112.37	4253.48	7117.80	9247.99	11913.50	14711.65
中部地区	Mid Region	12.35	18.77	46.87	69.50	101.64	130.30	139.53
西部地区	Western Region	13.49	26.65	101.42	72.60	60.32	86.96	112.00
北 京	Beijing	23.40	136.02	222.32	394.50	718.91	1020.41	1337.62
天 津	Tianjin	54.08	224.01	422.61	732.10	936.15	1065.34	1290.56
河 北	Hebei	1.79	2.87	5.08	5.80	5.92	7.54	12.85
山 西	Shanxi	0.06		0.16	0.20	0.21	7.32	21.42
内蒙古	Neimenggu	0.25	0.22	0.27	0.20	29.31	33.46	1.04
辽 宁	Liaoning	22.70	80.61	117.73	125.70	148.37	206.25	255.06
吉 林	Jilin	0.30	0.29	1.22	7.90	3.11	3.89	4.31
黑龙江	Heilongjiang	0.39	0.03	0.85	1.20	1.29	2.15	1.84
上 海	Shanghai	55.56	268.19	519.61	718.60	1093.75	962.75	1221.96
江 苏	Jiangsu	41.20	277.94	684.15	1364.90	1485.25	2170.04	3015.77
浙 江	Zhejiang	26.73	63.84	131.27	225.90	382.18	749.26	648.87
安 徽	Anhui	1.01	2.04	5.38	4.80	9.38	15.05	26.14
福 建	Fujian	41.48	103.97	186.15	248.50	288.03	302.99	376.28
江 西	Jiangxi	2.14	1.28	6.82	5.80	16.16	29.84	44.37
山 东	Shandong	33.45	55.82	154.65	219.30	306.30	477.84	799.06
河 南	Henan	3.40	6.56	10.78	13.50	13.41	7.49	3.10
湖 北	Hubei	3.47	2.52	10.32	11.60	5.81	3.03	6.85
湖 南	Hunan	1.23	5.82	11.07	24.30	22.96	28.07	30.45
广 东	Guangdong	383.97	897.59	1808.83	3080.50	3876.24	4946.50	5736.32
广 西	Guangxi	1.81	0.81	0.26	0.70	5.04	1.79	14.32
海 南	Hainan	0.35	0.71	0.82	1.40	1.83	2.79	2.99
重 庆	Chongqing		0.18	0.69	0.90	1.90	3.42	6.65
四 川	Sichuan	3.81	11.05	76.86	46.90	44.34	68.70	89.74
贵 州	Guizhou	0.60	0.42	2.59	4.30	4.00	0.91	0.18
云 南	Yunnan	0.08			0.10	0.22	0.45	0.43
西 藏	Tibet							
陕 西	Shaanxi	8.69	12.99	15.68	17.90	9.23	12.42	11.35
甘 肃	Gansu	0.25	2.01	5.47	1.50	0.13	0.05	0.41
青 海	Qinghai	0.06						
宁 夏	Ningxia			0.13	0.50	0.23	0.04	
新 疆	Xinjiang				0.50	0.27	0.97	3.24

5-10 电子计算机及办公设备制造业出口交货值

Export of Computers and Office Equipments Manufacturing

单位：亿元 (100 million yuan)

地区	Region	1995	2000	2003	2004	2005	2006	2007
全　国	**Total**	**219.15**	**904.12**	**4137.31**	**6845.70**	**7194.57**	**9997.70**	**11858.78**
东部地区	Eastern Region	209.80	890.02	4117.03	6821.80	7138.15	9881.09	11745.52
中部地区	Mid Region	9.06	11.00	10.44	7.80	52.49	116.33	111.98
西部地区	Western Region	0.29	3.11	9.84	16.20	3.92	0.28	1.28
北　京	Beijing	12.38	13.65	13.73	38.60	90.53	97.61	47.35
天　津	Tianjin	2.51	23.94	66.10	104.00	93.84	74.46	93.11
河　北	Hebei	0.01				0.06		0.10
山　西	Shanxi					5.33	7.29	
内蒙古	Neimenggu							
辽　宁	Liaoning	24.35	60.40	102.04	123.50	81.46	82.92	78.24
吉　林	Jilin				0.10	0.03	0.01	0.08
黑龙江	Heilongjiang	9.04	9.97	6.55		6.00	6.77	3.36
上　海	Shanghai	7.72	70.41	738.91	1318.00	1548.68	2117.15	2827.09
江　苏	Jiangsu	11.74	191.49	758.76	1899.00	2228.04	2393.92	2846.61
浙　江	Zhejiang	1.28	0.07	5.95	108.90	160.65	221.03	449.16
安　徽	Anhui		0.02	0.02	0.40	0.57	0.54	0.87
福　建	Fujian	15.76	77.74	300.29	454.90	492.17	578.87	616.77
江　西	Jiangxi				0.10	0.63	0.96	2.55
山　东	Shandong	0.10	2.50	27.53	26.60	48.85	82.52	100.58
河　南	Henan					0.01	0.01	
湖　北	Hubei	0.02		2.52	7.10	38.21	100.51	104.61
湖　南	Hunan		1.01	1.35		1.71	0.25	0.50
广　东	Guangdong	133.92	449.75	2103.53	2747.70	2393.47	4230.25	4686.35
广　西	Guangxi	0.03	0.08	0.16	0.60	0.42	2.37	0.15
海　南	Hainan			0.03				
重　庆	Chongqing		0.10					
四　川	Sichuan	0.01	2.76	6.73	7.20	2.09		0.94
贵　州	Guizhou			2.93	5.30	1.57		
云　南	Yunnan	0.05	0.25	0.18	0.20	0.27	0.28	0.35
西　藏	Tibet							
陕　西	Shaanxi	0.23			3.50			
甘　肃	Gansu							
青　海	Qinghai							
宁　夏	Ningxia							
新　疆	Xinjiang							

5-11 医疗设备及仪器仪表制造业出口交货值

Export of Medical Treatment Instrument and Meter Manufacturing

单位：亿元 (100 million yuan)

地 区	Region	1995	2000	2003	2004	2005	2006	2007
全 国	**Total**	**50.07**	**127.30**	**204.44**	**339.40**	**514.42**	**688.22**	**806.84**
东部地区	Eastern Region	39.82	116.37	190.64	318.10	493.74	654.77	764.64
中部地区	Mid Region	6.09	6.08	7.34	12.00	11.23	22.27	28.91
西部地区	Western Region	4.16	4.85	6.46	9.30	9.44	11.18	13.30
北 京	Beijing	1.32	7.95	12.93	16.80	18.20	28.48	28.80
天 津	Tianjin	1.34	3.89	5.54	4.20	5.29	5.97	6.99
河 北	Hebei	0.36	0.26	0.41	0.90	1.05	0.69	2.77
山 西	Shanxi	0.20	0.66			0.06	0.46	0.62
内蒙古	Neimenggu		0.03					
辽 宁	Liaoning	4.97	11.78	12.17	13.40	14.99	17.30	19.58
吉 林	Jilin	0.04	0.14	0.12	0.30	0.26	0.38	0.39
黑龙江	Heilongjiang	0.16	0.33	0.34	0.60	0.23	0.22	1.64
上 海	Shanghai	5.87	16.36	24.23	42.90	54.02	73.40	91.15
江 苏	Jiangsu	12.24	29.40	33.21	52.70	107.44	131.96	181.87
浙 江	Zhejiang	6.29	19.52	32.28	41.80	69.47	117.59	130.95
安 徽	Anhui	0.03	0.38	1.06	2.20	2.39	3.03	3.92
福 建	Fujian	1.55	5.01	10.63	10.20	14.87	21.20	21.98
江 西	Jiangxi	0.38	0.05	4.49	4.50	2.93	7.80	10.61
山 东	Shandong	2.86	4.38	12.20	7.20	16.15	39.51	36.44
河 南	Henan	0.72	0.24	0.61	3.10	4.92	8.65	9.20
湖 北	Hubei	4.48	3.98	0.66	1.20	0.34	1.46	1.88
湖 南	Hunan	0.09	0.29	0.06	0.10	0.11	0.27	0.65
广 东	Guangdong	2.50	17.62	46.22	126.90	190.94	216.96	241.95
广 西	Guangxi	0.53	0.15	0.82	1.10	1.31	1.72	2.16
海 南	Hainan		0.05					
重 庆	Chongqing		1.43	2.37	3.60	3.11	5.58	5.90
四 川	Sichuan	0.77	0.22	0.70	0.80	2.13	0.58	2.19
贵 州	Guizhou	0.06	0.19	0.04	0.10	0.09	0.07	0.09
云 南	Yunnan	2.72	2.28	2.29	2.20	2.04	2.30	2.60
西 藏	Tibet							
陕 西	Shaanxi	0.58	0.52	0.51	2.10	1.85	2.43	2.36
甘 肃	Gansu	0.01	0.21	0.08	0.20		0.00	
青 海	Qinghai			0.34	0.40	0.22	0.22	0.14
宁 夏	Ningxia	0.01		0.13				0.01
新 疆	Xinjiang							

5-12 新产品出口销售收入

Sales Revenue from New Products for Export

单位：万元 (10000 yuan)

地 区	Region	1995	2000	2003	2004	2005	2006	2007
全 国	**Total**	**695011**	**6783131**	**14168325**	**27242033**	**26662498**	**33415657**	**43520861**
东部地区	Eastern Region	66166	151990	382158	533750	711093	740940	1406510
中部地区	Mid Region							
西部地区	Western Region	60340	131897	302272	489138	637561	630255	1109863
北 京	Beijing	2147	2628	20189	19335	32611	82960	171220
天 津	Tianjin							
河 北	Hebei	192	12538	58117	23810	32898	16884	70193
山 西	Shanxi							
内蒙古	Neimenggu	18994	77456	89219	50860	68223	124078	118554
辽 宁	Liaoning	8538	58050	89219	50860	68223	124078	109607
吉 林	Jilin							
黑龙江	Heilongjiang	10456	19407					8948
上 海	Shanghai	422013	3989848	7375853	18184089	13808734	14854269	29318905
江 苏	Jiangsu							
浙 江	Zhejiang	163690	1522295	1589078	8717671	4390800	4820513	14783137
安 徽	Anhui							
福 建	Fujian	1977	1240	11153	45125	65521	86699	149446
江 西	Jiangxi							
山 东	Shandong	31955	25217	178046	1096931	1798757	1918171	3511648
河 南	Henan	8198	376021	268622	399010	375738	465014	53480
湖 北	Hubei							
湖 南	Hunan	3963	3620	19031	12524	74055	2413	203597
广 东	Guangdong							
广 西	Guangxi	143		5282	80840	64059	100410	216986
海 南	Hainan							
		16644	393957	857555	2705299	2545856	2335233	4799722
重 庆	Chongqing							
四 川	Sichuan	11542	147213	75749	167808	156375	454061	515558
贵 州	Guizhou							
云 南	Yunnan	3266	10830	45544	78606	28045	152863	121519
西 藏	Tibet							
		1836	235914	286994	1245157	1383157	919769	1448223
陕 西	Shaanxi							
甘 肃	Gansu	59028	501769	626511	1808817	1359491	1838266	2895467
青 海	Qinghai							
宁 夏	Ningxia	177975	1537802	4248650	4848651	5312171	5611971	6112112
新 疆	Xinjiang							

5-13 大型企业新产品出口销售收入

Sales Revenue from New Products for Export of Large-sized Enterprises

单位：万元 (10000 yuan)

行业 Industry	1995	2000	2003	2004	2005	2006	2007
合计 **Total**	**566707**	**4943045**	**9351640**	**19637507**	**19352123**	**23307305**	**33500313**
医药制造业 **Manufacture of Medicines**	**59297**	**84286**	**165229**	**263269**	**273335**	**274625**	**568687**
#化学药品制造 Manufacture of Chemical Medicine	54986	74494	99277	245263	246532	255835	541931
中成药制造 Manufacture of Finished Traditional Chinese Herbal Medicine	740	2469	12853	18006	26803	18791	26756
生物、生化制品的制造 Manufacture of Biological and Biochemical Chemical Products	192	2462	52573				
航空航天器制造业 **Manufacture of Aircrafts and Spacecrafts**	**18786**	**76740**	**73647**	**32313**	**50014**	**96133**	**96394**
1.飞机制造及修理 Manufacture and Repairing of Airplanes	8331	57349	73647	32313	50014	96133	96394
2.航天器制造 Manufacture of Spacecrafts	10456	19391					
电子及通信设备制造业 **Manufacture of Electronic Equipment and Communication Equipment**	**333471**	**3216803**	**4999352**	**11687338**	**8567473**	**7419474**	**22625170**
1.通信设备制造 Manufacture of Communication Equipment	156201	1252682	1306992	5928901	2742753	2743258	13172637
#通信传输设备制造 Manufacture of Communication Transmitting Equipment	1977	1138		31960	29303	40356	87284
通信交换设备制造 Manufacture of Communication Exchanging Equipment	25201	942	177061	1006711	1646339	1909380	3461037
通信终端设备制造 Manufacture of Communication Terminal Equipment	7598	134903	127699	302884	538	195960	667
2.雷达及配套设备制造 Manufacture of Radar and Its Fittings	1425	1176	19021	5329	73398	1433	127899
3.广播电视设备制造 Manufacture of Broadcasting and TV Equipment	143				10092	4931	28430
4.电子器件制造 Manufacture of Electronic Appliances	12999	357298	516694	2019698	1716008	882154	3650524
#电子真空器件制造 Manufacture of Electronic Vacuum Appliances	11405	145063	47990	146164	67070	251458	289564
半导体分立器件制造 Manufacture of Semiconductor Discreting Appliances	236	1680					
集成电路制造 Manufacture of Integrate Circuit	1358	210556	40171	810573	946963	202592	962812
5.电子元件制造 Manufacture of Electronic Components	18304	427075	359694	819038	792813	885582	1544358
6.家用视听设备制造 Manufacture of Domestic TV Set and Radio Receiver	144400	1148177	2796951	2914371	3221134	2838754	3979982
7.其他电子设备制造 Manufacture of Other Electronic Equipment		30395			11276	63362	121341
电子计算机及办公设备制造业 **Manufacture of Computers and Office Equipments**	**125684**	**1500439**	**4084122**	**7620853**	**10368163**	**15416031**	**9452407**
1.电子计算机整机制造 Manufacture of Entired Computer	2579	368982	1501377	3891623	4924663	10211144	1696682
2.电子计算机外部设备制造 Manufacture of Computer Peripheral Equipment	123040	1095935	2582745	3350898	4899084	4729054	7284536
3.办公设备制造 Manufacture of Office Equipment	66	35522		378332	544416	475832	471190
医疗设备及仪器仪表制造业 **Manufacture of Medical Equipments and Measuring Instrument**	**29469**	**64778**	**29290**	**33734**	**93139**	**101042**	**757656**
1.医疗设备及器械制造 Manufacture of Medical Equipment and Appliances	9810	8973	208	924		15780	93901
2.仪器仪表制造 Manufacture of Measuring Instrument	19659	55805	29082	32810	93139	85262	663755

5-14 中型企业新产品出口销售收入

Sales Revenue from New Products for Export of Medium-sized Enterprises

单位：万元 (10000 yuan)

行业 Industry	1995	2000	2003	2004	2005	2006	2007
合计 Total	**128304**	**1840086**	**4816685**	**7604527**	**7310375**	**10108352**	**10020548**
医药制造业 Manufacture of Medicines	**6868**	**67704**	**216929**	**270480**	**437758**	**466315**	**837823**
#化学药品制造 Manufacture of Chemical Medicine	5354	57403	202995	243874	391029	374421	567932
中成药制造 Manufacture of Finished Traditional Chinese Herbal Medicine	1406	159	7336	1329	5808	64170	144464
生物、生化制品的制造 Manufacture of Biological and Biochemical Chemical Products		10076	5544	23810	32898	16884	70193
航空航天器制造业 Manufacture of Aircrafts and Spacecrafts	**208**	**716**	**15572**	**18547**	**18210**	**27945**	**22161**
1.飞机制造及修理 Manufacture and Repairing of Airplanes	208	701	15572	18547	18210	27945	13213
2.航天器制造 Manufacture of Spacecrafts		15					8948
电子及通信设备制造业 Manufacture of Electronic Equipment and Communication Equipment	**88542**	**773045**	**2376501**	**6496752**	**5241261**	**7434794**	**6693735**
1.通信设备制造 Manufacture of Communication Equipment	7489	269613	282086	2788770	1648047	2077255	1610499
#通信传输设备制造 Manufacture of Communication Transmitting Equipment		102	11153	13165	36219	46343	62162
通信交换设备制造 Manufacture of Communication Exchanging Equipment	6754	24275	985	90220	152418	8791	50611
通信终端设备制造 Manufacture of Communication Terminal Equipment	600	241119	140923	96126	375199	269054	52812
2.雷达及配套设备制造 Manufacture of Radar and Its Fittings	2538	2445	10	7195	658	980	75698
3.广播电视设备制造 Manufacture of Broadcasting and TV Equipment			5282	80840	53966	95479	188556
4.电子器件制造 Manufacture of Electronic Appliances	3645	36659	340861	685601	829849	1453078	1149198
#电子真空器件制造 Manufacture of Electronic Vacuum Appliances	136	2150	27759	21644	89305	202603	225994
半导体分立器件制造 Manufacture of Semiconductor Discreting Appliances	3031	9151	45544	78606	28045	152863	121519
集成电路制造 Manufacture of Integrate Circuit	478	25358	246823	434584	436194	717177	485411
5.电子元件制造 Manufacture of Electronic Components	40724	74694	266817	989779	566678	952684	1351108
6.家用视听设备制造 Manufacture of Domestic TV Set and Radio Receiver	33575	389625	1451699	1934280	2091037	2773216	2132130
7.其他电子设备制造 Manufacture of Other Electronic Equipment	570	10	29746	10287	51026	82102	186545
电子计算机及办公设备制造业 Manufacture of Computers and Office Equipments	**19078**	**956785**	**2051608**	**588369**	**1216247**	**1738033**	**1747982**
1.电子计算机整机制造 Manufacture of Entired Computer	321	11765	550279	4766	28102	736409	573035
2.电子计算机外部设备制造 Manufacture of Computer Peripheral Equipment	18583	944205	1392424	448111	1139408	798591	970475
3.办公设备制造 Manufacture of Office Equipment	173	815	108905	135492	48737	203033	204472
医疗设备及仪器仪表制造业 Manufacture of Medical Equipments and Measuring Instrument	**13609**	**41835**	**156075**	**230379**	**396899**	**441265**	**718847**
1.医疗设备及器械制造 Manufacture of Medical Equipment and Appliances	3932	4873	25465	50804	89164	52453	144400
2.仪器仪表制造 Manufacture of Measuring Instrument	9678	36962	130610	179575	307735	388812	574447

5-15 国有及国有控股企业新产品出口销售收入

Sales Revenue from New Products for Export of State-owned and State-controlled Enterprises

单位：万元 (10000 yuan)

行　业 Industry	1995	2000	2003	2004	2005	2006	2007
合计 **Total**	**181755**	**598696**	**1127603**	**3901097**	**4132480**	**4540507**	**3650263**
医药制造业 **Manufacture of Medicines**	**53185**	**32652**	**96796**	**239988**	**262418**	**256461**	**492090**
#化学药品制造 Manufacture of Chemical Medicine	52482	32650	95626	225042	234711	228154	473590
中成药制造 Manufacture of Finished Traditional Chinese Herbal Medicine	489	2	452	13866	19181	21667	18500
生物、生化制品的制造 Manufacture of Biological and Biochemical Chemical Products	192				503	111	
航空航天器制造业 **Manufacture of Aircrafts and Spacecrafts**	**18994**	**77456**	**82869**	**50860**	**66369**	**122474**	**107746**
1.飞机制造及修理 Manufacture and Repairing of Airplanes	8538	58050	82869	50860	66369	122474	107746
2.航天器制造 Manufacture of Spacecrafts	10456	19407					
电子及通信设备制造业 **Manufacture of Electronic Equipment and Communication Equipment**	**72428**	**465090**	**924904**	**3372820**	**3521688**	**3915673**	**2645101**
1.通信设备制造 Manufacture of Communication Equipment	17811	195645	48474	856612	1213355	1617887	755543
#通信传输设备制造 Manufacture of Communication Transmitting Equipment	1977	1240	9644	40790	51337	66375	58403
通信交换设备制造 Manufacture of Communication Exchanging Equipment	11650	24154		492148	817211	1336673	582055
通信终端设备制造 Manufacture of Communication Terminal Equipment	3476	147146	1613	33787	42013	103020	14283
2.雷达及配套设备制造 Manufacture of Radar and Its Fittings	3963	2445	19021	11611	73398	1433	202722
3.广播电视设备制造 Manufacture of Broadcasting and TV Equipment	143			9916	7626	8905	
4.电子器件制造 Manufacture of Electronic Appliances	7550	43699	37326	865334	532301	588878	481183
#电子真空器件制造 Manufacture of Electronic Vacuum Appliances	4650	16480	18471	114449	86651	74422	60513
半导体分立器件制造 Manufacture of Semiconductor Discreting Appliances	1812	1878	8917	8484	23643	64844	19312
集成电路制造 Manufacture of Integrate Circuit	1089	25341	9938	211694	316	152024	3210
5.电子元件制造 Manufacture of Electronic Components	22926	120188	75307	158287	194283	378083	231603
6.家用视听设备制造 Manufacture of Domestic TV Set and Radio Receiver	20035	103104	744776	1471061	1487870	1302972	956503
7.其他电子设备制造 Manufacture of Other Electronic Equipment		10			12856	17515	17547
电子计算机及办公设备制造业 **Manufacture of Computers and Office Equipments**	**2910**		**1849**	**108545**	**151031**	**62648**	**190019**
1.电子计算机整机制造 Manufacture of Entired Computer	2900		120	4	55079	12458	85710
2.电子计算机外部设备制造 Manufacture of Computer Peripheral Equipment	10		1281	68439	60192	45350	86088
3.办公设备制造 Manufacture of Office Equipment			448	40102	35759	4840	18222
医疗设备及仪器仪表制造业 **Manufacture of Medical Equipments and Measuring Instrument**	**34239**	**23497**	**21185**	**128885**	**130974**	**183251**	**215306**
1.医疗设备及器械制造 Manufacture of Medical Equipment and Appliances	9089	1874	477	4979	9769	23426	49475
2.仪器仪表制造 Manufacture of Measuring Instrument	25150	21624	20708	123905	121205	159825	165830

5-16 三资企业新产品出口销售收入

Sales Revenue from New Products for Export of Joint Ventures

单位：万元 (10000 yuan)

行业 Industry	1995	2000	2003	2004	2005	2006	2007
合计 Total	**454183**	**5878981**	**11097350**	**24002154**	**22462650**	**28319301**	**35252676**
医药制造业 Manufacture of Medicines	**9124**	**18507**	**32492**	**35145**	**57066**	**64593**	**96658**
#化学药品制造 Manufacture of Chemical Medicine	4425	11073	26435	35141	52960	47331	41209
中成药制造 Manufacture of Finished Traditional Chinese Herbal Medicine	1321	111	538	4	695	217	547
生物、生化制品的制造 Manufacture of Biological and Biochemical Chemical Products		2462	5476		3411	16195	8718
航空航天器制造业 Manufacture of Aircrafts and Spacecrafts					**1854**	**8738**	**2361**
1.飞机制造及修理 Manufacture and Repairing of Airplanes					1854	8738	2361
2.航天器制造 Manufacture of Spacecrafts							
电子及通信设备制造业 Manufacture of Electronic Equipment and Communication Equipment	**304251**	**3379441**	**5695199**	**15753039**	**10726567**	**10954000**	**23307618**
1.通信设备制造 Manufacture of Communication Equipment	143028	1307922	1462204	7767506	2810733	3048442	11486678
#通信传输设备制造 Manufacture of Communication Transmitting Equipment				4266	14185	20324	88943
通信交换设备制造 Manufacture of Communication Exchanging Equipment	20306	704	156245	405585	569298	581375	614019
通信终端设备制造 Manufacture of Communication Terminal Equipment	4722	210703	259299	395356	357611	387741	32381
2.雷达及配套设备制造 Manufacture of Radar and Its Fittings							
3.广播电视设备制造 Manufacture of Broadcasting and TV Equipment			2849	22925	7890	39675	97139
4.电子器件制造 Manufacture of Electronic Appliances	8069	321319	774480	2579673	2325313	1975895	4432011
#电子真空器件制造 Manufacture of Electronic Vacuum Appliances	6880	110456	37434	142328	91329	389153	470947
半导体分立器件制造 Manufacture of Semiconductor Discreting Appliances	920	5270	35012	69692	934	120590	91943
集成电路制造 Manufacture of Integrate Circuit	269	205593	253068	1181532	1321487	743144	1318194
5.电子元件制造 Manufacture of Electronic Components	9094	331418	474255	1520828	1141639	1346809	2222277
6.家用视听设备制造 Manufacture of Domestic TV Set and Radio Receiver	143490	1388387	2968532	3862107	4406678	4453527	4839208
7.其他电子设备制造 Manufacture of Other Electronic Equipment	570	30395	12879		34314	89653	230306
电子计算机及办公设备制造业 Manufacture of Computers and Office Equipments	**138894**	**2426157**	**5246958**	**8109886**	**11427005**	**17065091**	**10928285**
1.电子计算机整机制造 Manufacture of Entired Computer		379503	2027089	3896002	4896579	10933688	2098830
2.电子计算机外部设备制造 Manufacture of Computer Peripheral Equipment	138655	2010317	3141511	3740481	5973601	5460761	8176848
3.办公设备制造 Manufacture of Office Equipment	239	36337	78358	473402	556825	670642	652607
医疗设备及仪器仪表制造业 Manufacture of Medical Equipments and Measuring Instrument	**1913**	**54876**	**122701**	**104086**	**250159**	**226880**	**917754**
1.医疗设备及器械制造 Manufacture of Medical Equipment and Appliances	5	3400	19224	769	77068	32362	148685
2.仪器仪表制造 Manufacture of Measuring Instrument	1909	51476	103477	103317	173090	194518	769068

5-17 新产品出口销售收入

Sales Revenue from New Products for Export

单位：万元 (10000 yuan)

地区	Region	1995	2000	2003	2004	2005	2006	2007
全国	**Total**	**695011**	**6783131**	**14168325**	**27242033**	**26662498**	**33415657**	**43520861**
东部地区	Eastern Region	640239	6597715	13345327	26607455	25999029	32600432	42397335
中部地区	Mid Region	30531	85219	149166	269119	227433	231984	452447
西部地区	Western Region	24241	100198	673832	365459	436036	583242	671080
北京	Beijing	7724	1239076	114480	1323455	576296	556796	7217602
天津	Tianjin	63442	594111	1161666	5557449	2335622	2502651	3496118
河北	Hebei	5771	12089	16383	29289	28166	28618	46971
山西	Shanxi		1509		884	603	961	120
内蒙古	Neimenggu	47					1570	
辽宁	Liaoning	16855	49699	674833	377457	208970	60221	377905
吉林	Jilin	1006	116	6354	12611	16285	17513	16384
黑龙江	Heilongjiang	2193	583	52598	2395	37010	3715	23728
上海	Shanghai	27809	927266	2285669	4786105	5792998	7575219	2913910
江苏	Jiangsu	66107	1074420	1172595	1837144	1129691	1985638	7057017
浙江	Zhejiang	47088	130061	405347	760403	1140440	1658511	2202938
安徽	Anhui	717	2003	27144	11184	5360	10014	78403
福建	Fujian	22737	588426	3042807	3163394	3685312	4121220	5229022
江西	Jiangxi	5788	25161	28677	71068	72050	54418	69946
山东	Shandong	17350	68824	87219	1030404	496205	604360	1857305
河南	Henan	7500	34251	16291	127829	55221	51281	129596
湖北	Hubei	12601	5273	7994	23268	22591	61021	97554
湖南	Hunan	678	16322	10108	19881	18315	31490	36716
广东	Guangdong	361026	1911396	4383558	7735892	10595446	13503374	11988146
广西	Guangxi	4331	2349	770	6464	9885	3817	10402
海南	Hainan						6	
重庆	Chongqing		5856	645	7707	8598	81751	148519
四川	Sichuan	5252	40739	585749	305533	344984	304634	300431
贵州	Guizhou	2169	3730	58154	12514	29574	67605	53630
云南	Yunnan	6523	6042	4977	9620	6944	5919	45668
西藏	Tibet							
陕西	Shaanxi	8398	10658	22494	24388	23913	81717	49730
甘肃	Gansu	1899	20781	112	600			2759
青海	Qinghai			736				180
宁夏	Ningxia		12392	965	1392	19371	31948	43560
新疆	Xinjiang				3705	2652	9667	26602

5-18 医药制造业新产品出口销售收入

Sales Revenue from New Products for Export of Medical and Pharmaceutical Products Manufacturing

单位：万元 (10000 yuan)

地区 Region		1995	2000	2003	2004	2005	2006	2007
全国	**Total**	**66166**	**151990**	**382158**	**533750**	**711093**	**740940**	**1406510**
东部地区	Eastern Region	60431	130940	354955	482028	589833	592134	1116903
中部地区	Mid Region	3314	6963	20355	42564	56793	60753	117147
西部地区	Western Region	2420	14087	6848	9158	64467	88053	172460
北京	Beijing	89	25	12370	12702	9237	7533	11465
天津	Tianjin	2034		23198	37938	37682	8295	98031
河北	Hebei	3432	9854	15755	24691	24755	24487	31763
山西	Shanxi							120
内蒙古	Neimenggu						1570	
辽宁	Liaoning	4745	3045	7425	8463	59730	23496	44085
吉林	Jilin		41	6354	1013	5933	8285	5605
黑龙江	Heilongjiang			24	480	1967	2856	4405
上海	Shanghai	12035	19349	29740	20283	38332	12581	17896
江苏	Jiangsu	11010	7202	22176	22870	52351	56213	51042
浙江	Zhejiang	20137	79132	222673	277041	271134	356269	601298
安徽	Anhui		1716	270	569	1164	1945	675
福建	Fujian	3555	547	863	12844	34190	29739	38022
江西	Jiangxi	286	175	225	12658	532	8000	727
山东	Shandong		4541	20625	58697	38541	58263	121810
河南	Henan	2000	2080	10087	17604	26619	21071	56987
湖北	Hubei	654	5	3334	10070	16926	13519	44633
湖南	Hunan	375	2946	61	170	3652	3507	3995
广东	Guangdong	1919	5909	130	399	14812	12848	91991
广西	Guangxi	1476	1337		6100	9069	2413	9502
海南	Hainan							
重庆	Chongqing		3832	3	312	3615	51791	108870
四川	Sichuan	1885	1117	1066	1375	35367	58	605
贵州	Guizhou		10				22	50
云南	Yunnan	302	2253	4642	7193	4836	1208	19321
西藏	Tibet							
陕西	Shaanxi	40		254	83	1949	3026	55
甘肃	Gansu	192	110	43	196			
青海	Qinghai							
宁夏	Ningxia		6765	840		18700	31948	43560
新疆	Xinjiang							

5-19 航空航天制造业新产品出口销售收入

Sales Revenue from New Products for Export of Aircraft and Spacecraft Manufacturing

单位：万元 (10000 yuan)

地 区 Region		1995	2000	2003	2004	2005	2006	2007
全 国	**Total**	**18994**	**77456**	**89219**	**50860**	**68223**	**124078**	**118554**
东部地区	Eastern Region	11679	50827	7000	4467	2724	13412	44056
中部地区	Mid Region	9	12116	61612	28525	28089	49715	17792
西部地区	Western Region	7305	14514	20607	17868	37411	60951	56707
北 京	Beijing				176	248		
天 津	Tianjin							
河 北	Hebei							
山 西	Shanxi				884			
内蒙古	Neimenggu							
辽 宁	Liaoning	10234	14220	3420				21817
吉 林	Jilin							
黑龙江	Heilongjiang			50244		27432		
上 海	Shanghai	614	22127			600	77	
江 苏	Jiangsu	831	13727	3460	3251	22	4597	12792
浙 江	Zhejiang							8948
安 徽	Anhui		237	46	232	108		
福 建	Fujian							
江 西	Jiangxi		11744		27410	532	2035	10920
山 东	Shandong		752	120	1040		174	500
河 南	Henan			1231		16	126	
湖 北	Hubei		135	44			36982	2825
湖 南	Hunan	9		10047			10572	4047
广 东	Guangdong					1854	8564	
广 西	Guangxi							
海 南	Hainan							
重 庆	Chongqing							
四 川	Sichuan	665	10751	6385	901	15078	13200	38553
贵 州	Guizhou	1987	2236	10405	12165	17219	18633	6510
云 南	Yunnan							
西 藏	Tibet							
陕 西	Shaanxi	4295	750	3805	4802	5114	29118	11644
甘 肃	Gansu	359	777	12				
青 海	Qinghai							
宁 夏	Ningxia							
新 疆	Xinjiang							

5-20 电子及通信设备制造业新产品出口销售收入

Sales Revenue from New Products for Export of Electronic and Telecommunication Equipments Manufacturing

单位：万元 (10000 yuan)

地区	Region	1995	2000	2003	2004	2005	2006	2007
全国	**Total**	**422013**	**3989848**	**7375853**	**18184089**	**13808734**	**14854269**	**29318905**
东部地区	Eastern Region	394101	3883984	6712629	17725137	13391194	14381575	28686134
中部地区	Mid Region	22498	40520	47698	132659	92910	73808	220166
西部地区	Western Region	5414	65344	615526	326293	324630	398886	412606
北京	Beijing	1106	1231118	100889	1089440	272817	257493	6934383
天津	Tianjin	45308	426008	665605	5487330	1720753	1985688	3383886
河北	Hebei	2339	1135	200	668	2129	2748	8821
山西	Shanxi		1400					
内蒙古	Neimenggu	47						
辽宁	Liaoning	1358	31610	170109	368816	149173	36561	312004
吉林	Jilin	1006			11248	10352	9228	9228
黑龙江	Heilongjiang		2			7565		8220
上海	Shanghai	8242	783208	2120271	3211377	2063472	2619469	2533385
江苏	Jiangsu	42918	529444	593186	1265819	952875	978427	2774744
浙江	Zhejiang	22080	42138	150068	427725	523213	908275	1088310
安徽	Anhui	628	50	24728	1443	3377	3501	75664
福建	Fujian	19182	141616	204038	703665	1139829	1069231	2039069
江西	Jiangxi	5397	1342	18260	4309	45516	25355	37517
山东	Shandong	15730	42301	19161	879355	405741	475606	1591171
河南	Henan	5102	32171	363	82751	6557	12633	19589
湖北	Hubei	10049	3346	4347	13197	5664	8030	45237
湖南	Hunan	269	2210		19711	13879	15061	24712
广东	Guangdong	233922	655289	2689102	4290942	6161191	6048071	8020028
广西	Guangxi	1917	117					334
海南	Hainan						6	
重庆	Chongqing		704	465	1169	316	1788	18843
四川	Sichuan	1682	28803	577670	301239	292574	291376	260751
贵州	Guizhou	72	676	20447	308	12349	48202	47060
云南	Yunnan							21300
西藏	Tibet							
陕西	Shaanxi	2311	9780	16762	18077	16068	47854	35290
甘肃	Gansu	1348	19844	57	404			2759
青海	Qinghai							
宁夏	Ningxia		5536	125	1392	671		
新疆	Xinjiang				3705	2652	9667	26602

5-21 电子计算机及办公设备制造业新产品出口销售收入

Sales Revenue from New Products for Export of Computers and Office Equipments Manufacturing

单位：万元 (10000 yuan)

地区	Region	1995	2000	2003	2004	2005	2006	2007
全国	**Total**	**144762**	**2457224**	**6135730**	**8209222**	**11584410**	**17154064**	**11200389**
东部地区	Eastern Region	144216	2443313	6107008	8209221	11583573	17148277	11191851
中部地区	Mid Region	10	11417	1420		628	2974	4300
西部地区	Western Region	536	2494	27302	1	209	2812	4238
北京	Beijing			449	218951	278516	286408	263055
天津	Tianjin	15828	168103	472863	23441	564790	502710	1024
河北	Hebei							
山西	Shanxi							
内蒙古	Neimenggu							
辽宁	Liaoning	129	815	493879	178			
吉林	Jilin							12
黑龙江	Heilongjiang		250	120				
上海	Shanghai	1083	47764	89565	1494789	3607739	4858284	259629
江苏	Jiangsu	488	514251	492656	540828	45793	886405	3390860
浙江	Zhejiang	2958			12113	200164	219427	291448
安徽	Anhui			1300			16	408
福建	Fujian		446262	2821533	2446371	2497065	3007184	3135481
江西	Jiangxi							
山东	Shandong	556	16167	42419	35901	47349	52777	78946
河南	Henan							
湖北	Hubei						619	183
湖南	Hunan	10	11167			628	2339	3697
广东	Guangdong	123175	1249952	1693644	3436605	4342157	7335083	3771407
广西	Guangxi				44			
海南	Hainan							
重庆	Chongqing							
四川	Sichuan							
贵州	Guizhou			27302				
云南	Yunnan	536	2489		1	209	2812	4238
西藏	Tibet							
陕西	Shaanxi		5					
甘肃	Gansu							
青海	Qinghai							
宁夏	Ningxia							
新疆	Xinjiang							

5-22 医疗设备及仪器仪表制造业新产品出口销售收入

Sales Revenue from New Products for Export of Medical Treatment Instrument and Meter Manufacturing

单位：万元 (10000 yuan)

地区	Region	1995	2000	2003	2004	2005	2006	2007
全　国	**Total**	**43078**	**106613**	**185365**	**264113**	**490038**	**542307**	**1476503**
东部地区	Eastern Region	29812	88652	163735	186603	431706	465034	1358392
中部地区	Mid Region	4699	14202	18081	65371	49014	44734	93042
西部地区	Western Region	8567	3759	3549	12139	9319	32539	25069
北　京	Beijing	6529	7933	772	2186	15478	5362	8700
天　津	Tianjin	273			8740	12397	5959	13177
河　北	Hebei	1	1100	428	3930	1281	1383	6387
山　西	Shanxi		109			603	961	
内蒙古	Neimenggu							
辽　宁	Liaoning	389	9			67	163	
吉　林	Jilin		75		351			1539
黑龙江	Heilongjiang	2193	331	2210	1914	45	859	11102
上　海	Shanghai	5835	54819	46093	59657	82855	84809	103000
江　苏	Jiangsu	10861	9797	61117	4377	78650	59997	827580
浙　江	Zhejiang	1913	8791	32606	43524	145928	174541	212934
安　徽	Anhui	89		800	8941	711	4552	1656
福　建	Fujian			16373	514	14228	15067	16450
江　西	Jiangxi	106	11900	10192	26692	25470	19028	20783
山　东	Shandong	1063	5063	4894	55411	4575	17540	64877
河　南	Henan	398		4610	27474	22029	17452	53019
湖　北	Hubei	1898	1788	269			1871	4678
湖　南	Hunan	16				156	11	266
广　东	Guangdong	2011	246	682	7946	75432	98808	104721
广　西	Guangxi	938	895	770	320	816	1405	567
海　南	Hainan							
重　庆	Chongqing		1319	177	6226	4668	28172	20806
四　川	Sichuan	1020	69	628	2018	1965		522
贵　州	Guizhou	110	807		42	6	749	11
云　南	Yunnan	5686	1300	335	2427	1899	1899	809
西　藏	Tibet							
陕　西	Shaanxi	1751	123	1673	1427	781	1719	2742
甘　肃	Gansu		50					
青　海	Qinghai			736				180
宁　夏	Ningxia		91					
新　疆	Xinjiang							

国际比较情况
International Comparison

6-1 部分国家高技术产业R&D经费占工业总产值比例

The Ratio of R&D Expenditure to Gross Industrial Output Value of High Technology Industry in Selected Countries

(%)

国别 Country		高技术产业 High Technology Industry	飞机和航天器制造业 Aircraft and Spacecraft	医药制造业 Pharmacruticals	办公、会计和计算机制造业 Office,accounting and computing Machinery	广播、电视及通信设备制造业 Radio,Television and communication Equipment	医疗、精密仪器和光学器具制造业 Medical,Precision and Optical Instruments
中国	China (2007)*	1.29	4.36	1.70	0.57	1.50	1.78
美国	USA (2003)	12.50	12.49	11.54	10.02	10.78	18.72
日本	Japan (2003)	9.96	4.70	11.21	22.03	5.92	14.73
欧盟	EU (2002)**	8.11	-	10.32	4.04	9.28	5.71
德国	Germany (2005)	8.46	10.34	10.41	3.96	9.62	6.51
英国	UK (2003)	10.64	12.21	22.88	0.63	8.65	3.51
法国	France (2002)	7.69	6.19	8.80	3.70	10.40	6.50
意大利	Italy (2005)	4.24	13.72	1.93	1.23	6.34	2.50
加拿大	Canada (2002)	11.14	6.00	10.40	11.88	13.98	-
西班牙	Spain (2005)	14.50	27.99	15.60	6.08	13.72	6.59
韩国	Korea (2005)	5.46	8.90	1.99	3.28	6.24	1.88
瑞典	Sweden (2002)	16.98	15.50	21.70	11.10	17.80	8.90
丹麦	Denmark (2003)	14.07	-	17.69	9.27	9.52	12.12
挪威	Norway (2005)	6.83	1.64	5.49	3.79	9.75	6.84
芬兰	Finland (2003)	11.74	-	-	3.20	12.80	5.70

*按大中型工业企业计算。Calculated by large-size and medium-sized enterprises data.
** 欧盟15国，不含奥地利、希腊、卢森堡和葡萄牙。EU15 excluding Austria, Greece, Luxembourg and Portugal.
数据来源：国外数据来自经济合作与发展组织《结构分析数据库2007》、《研究与发展统计2007》。Foreign Countries' data sourced from OECD, DSTI(STAN Industrial database) 2007 and Research and Development Statistics 2007.

6-2 部分国家高技术产业R&D经费占工业增加值比例

The Ratio of R&D Expenditure to Value Added of Industry of High Technology Industry in Selected Countries

(%)

国别 Country		高技术产业 High Technology Industry	飞机和航天器制造业 Aircraft and Spacecraft	医药制造业 Pharmacruticals	办公、会计和计算机制造业 Office,accounting and computing Machinery	广播、电视及通信设备制造业 Radio,Television and communication Equipment	医疗、精密仪器和光学器具制造业 Medical,Precision and Optical Instruments
中国	China (2007)*	6.01	15.40	4.66	3.87	6.78	6.28
美国	USA (2003)	29.01	30.82	20.71	32.99	26.87	42.10
日本	Japan (2003)	25.74	12.47	23.75	95.67	15.19	32.71
欧盟	EU (2002)**	24.19	-	26.50	20.89	34.57	12.86
德国	Germany (2005)	20.85	28.25	23.64	14.29	28.46	13.10
英国	UK (2003)	27.58	31.37	51.29	2.47	27.53	7.24
法国	France (2002)	28.59	29.45	27.19	15.81	57.20	16.11
意大利	Italy (2005)	12.96	53.48	5.91	7.42	17.56	6.78
加拿大	Canada (2002)	34.85	15.14	27.16	64.96	53.68	-
西班牙	Spain (2005)	14.50	27.99	15.60	6.08	13.72	6.59
韩国	Korea (2005)	19.47	26.90	5.12	14.67	23.00	7.28
瑞典	Sweden (2002)	62.53	34.90	38.40	26.04	552.95	22.93
丹麦	Denmark (2003)	30.15	-	32.96	22.85	31.37	24.82
挪威	Norway (2005)	17.18	3.68	12.61	10.78	26.85	17.55
芬兰	Finland (2003)	28.08	-	-	13.84	30.11	15.97

*按大中型工业企业计算。Calculated by large-size and medium-sized enterprises data.
** 欧盟15国，不含奥地利、希腊、卢森堡和葡萄牙。EU15 excluding Austria, Greece, Luxembourg and Portugal.
数据来源：国外数据来自经济合作与发展组织《结构分析数据库2007》、《研究与发展统计2007》。Foreign Countries' data sourced from OECD, DSTI (STAN Industrial database) 2007 and Research and Development Statistics 2007.

6-3 部分国家高技术产业增加值占制造业增加值的比重(1999-2005)

The Ratio of Value Added of High Technology Industry to Value Added of Manufacturing in Selected Countries

(%)

国　别	Country	1999	2000	2001	2002	2003	2004	2005
中　国	China*	8.7	9.3	9.5	9.9	10.5	11.5	11.5
美　国	USA	17.9	18.8	17.6	16.8	16.7	16.5	16.7
日　本	Japan	17.8	18.7	16.8	15.9	16.8		
欧　盟	EU**	12.0	12.4	12.0	11.8			
德　国	Germany	10.4	11.2	10.5	10.8	11.4	11.8	12.4
英　国	UK	16.3	17.0	16.9	16.1	15.6		
法　国	France	13.8	15.0	15.1	14.9	14.7	13.5	13.4
意大利	Italy	8.7	9.3	9.5	9.4	9.0	8.9	8.5
加拿大	Canada	10.3	10.5	8.7	8.1			
西班牙	Spain	7.0	6.9	6.9	6.2	6.2	5.8	5.9
韩　国	Korea	22.6	24.4	22.2	22.9	23.5	25.3	24.6
瑞　典	Sweden	19.6	16.7	13.1	15.6	17.5	20.8	21.0
丹　麦	Denmark	14.4	15.1	16.5	14.6	16.3	15.8	17.8
挪　威	Norway	8.1	7.9	7.5	7.8	7.6	7.7	7.8
芬　兰	Finland	21.4	23.5	20.2	23.3	23.7	21.6	21.9

*按全部工业企业计算。Caculated by all industry enterprises' data.

** 欧盟15国，不包括卢森堡。EU15 excluding Luxembourg.

数据来源：国外数据来自经济合作与发展组织《结构分析数据库2007》。Foreign Countries' data sourced from OECD, DSTI (STAN Industrial database) 2007.

6-4 部分国家高技术产业出口占制造业出口的比重(1999-2005)

The Ratio of Exports of High Technology Industry to Exportsof Manufacturing in Selected Countries

(%)

国　别	Country	1999	2000	2001	2002	2003	2004	2005
中　国	China	21.5	23.9	27.0	30.6	34.3	37.1	37.5
美　国	USA	35.5	35.3	34.3	33.5	32.6	32.3	31.8
日　本	Japan	26.3	28.3	26.2	24.5	24.1	23.7	22.5
德　国	Germany	15.8	18.0	17.7	16.8	16.3	17.2	16.9
英　国	UK	29.8	30.0	31.0	29.6	24.3	24.2	28.0
法　国	France	22.5	23.8	22.7	20.8	19.1	19.1	20.0
意大利	Italy	8.1	9.2	9.4	9.0	7.8	7.7	7.8
加拿大	Canada	14.8	18.6	16.6	14.3	14.0	13.6	14.4
西班牙	Spain	7.6	7.6	7.5	6.9	7.3	7.0	7.1
韩　国	Korea	31.9	34.8	29.6	31.3	32.1	32.8	32.3
瑞　典	Sweden	21.3	22.1	17.1	17.9	15.4	17.2	16.7
丹　麦	Denmark	19.4	20.7	20.1	21.7	19.6	19.7	21.6
挪　威	Norway	16.5	17.1	18.9	22.3	18.6	18.3	17.3
芬　兰	Finland	23.9	27.3	24.3	24.2	23.8	20.9	25.2

数据来源：国外数据来自世界银行《世界发展指标2007》。World Bank, World Development Indicators 2007.

附　　录

Appendix

7-1 高技术产业统计分类目录

Statistics Catalogue of High-technology Industry Classifications

行业代码	行业名称	行业代码	行业名称
2530	核燃料加工	405	电子器件制造
2665	信息化学品制造	4051	电子真空器件制造
27	医药制造业	4052	半导体分立器件制造
2710	化学药品原药制造	4053	集成电路制造
2720	化学药品制剂制造业	4059	光电子器件及其他电子器件制造
2730	中药饮片加工	406	电子元件制造
2740	中成药制造	4061	电子元件及组件制造
2750	兽用药品制造	4062	印制电路板制造
2760	生物、生化制品的制造	407	家用视听设备制造
2770	卫生材料及医药用品制造	4071	家用影视设备制造
368	医疗仪器设备及器械制造	4072	家用音响设备制造
3681	医疗诊断、监护及治疗设备制造	409	其他电子设备制造
3682	口腔科用设备及器具制造	411	通用仪器仪表制造
3683	实验室及医用消毒设备和器具制造	4111	工业自动控制系统装置制造
3684	医疗、外科及兽医用器械制造	4112	电工仪器仪表制造
3685	机械治疗及病房护理设备制造	4113	绘图、计算及测量仪器制造
3686	假肢、人工器官及植(介)入器械制造	4114	实验分析仪器制造
3689	其他医疗设备及器械制造	4115	试验机制造
376	航空航天器制造	4119	供应用仪表及其他通用仪器制造
3761	飞机制造及修理	412	专用仪器仪表制造
3762	航天器制造	4121	环境监测专用仪器仪表制造
3769	其他飞行器制造	4122	汽车及其他用计数仪表制造
40	通信设备、计算机及其他电子设备制造业	4123	导航、气象及海洋专用仪器制造
401	通信设备制造	4124	农林牧渔专用仪器仪表制造
4011	通信传输设备制造	4125	地质勘探和地震专用仪器制造
4012	通信交换设备制造	4126	教学专用仪器制造
4013	通信终端设备制造	4127	核子及核辐射测量仪器制造
4014	移动通信及终端设备制造	4128	电子测量仪器制造
4019	其他通信设备制造	4129	其他专用仪器制造
402	雷达及配套设备制造	4141	光学仪器制造
403	广播电视设备制造	4154	复印和胶印设备制造
4031	广播电视节目制作及发射设备制造	4155	计算器及货币专用设备制造
4032	广播电视接受设备及器材制造	4190	其他仪器仪表的制造及修理
4039	应用电视设备及其他广播电视设备制造	621	软件业
404	电子计算机制造	6211	基础软件服务
4041	电子计算机整机制造	6212	应用软件服务
4042	计算机网络设备制造		
4043	电子计算机外部设备制造		

注：此目录由国家统计局国统字（2002）033号文件发各地实施。

7-2 高技术产业统计资料整理公布格式

Published Format for Sorting-out the Statistical Data of High-technology Industry

行　　业	对应代码
一、核燃料加工	253
二、信息化学品制造	2665
三、医药制造业	27
其中：化学药品制造	271+272
中成药制造	274
生物、生化制品的制造	276
四、航空航天器制造	376
1. 飞机制造及修理	3761
2. 航天器制造	3762
3. 其他飞行器制造	3769
五、电子及通信设备制造业	40-404
1. 通信设备制造	401
其中：通信传输设备制造	4011
通信交换设备制造	4012
通信终端设备制造	4013
移动通信及终端设备制造	4014
2. 雷达及配套设备制造	402
3. 广播电视设备制造	403
4. 电子器件制造	405
电子真空器件制造	4051
半导体分立器件制造	4052
集成电路制造	4053
光电子器件及其他电子器件制造	4059
5. 电子元件制造	406
6. 家用视听设备制造	407
7. 其他电子设备制造	409
六、电子计算机及办公设备制造业	404+4154+4155
1. 电子计算机整机制造	4041
2. 计算机网络设备制造	4042
3. 电子计算机外部设备制造	4043
4. 办公设备制造	4154+4155
七、医疗设备及仪器仪表制造业	368+411+412+4141+419
1. 医疗设备及器械制造	368
2. 仪器仪表制造	411+412+4141+419
八、公共软件服务	6211+6212

注：受统计资料来源的限制，本年鉴只包括三、四、五、六、七类行业。